儒学第三期的人文精神

杜维明先生八十寿庆文集

陈 来◎主编

人民出版社

1961 年，获得台湾地区大学生演讲比赛第一名

做了十二年哈佛燕京学社社长

2008 年，离开在哈佛经常使用的阶梯教室前，在黑板上写满了中文

与贺麟（右一）、梁漱溟（右三）、张岱年（右五）等先生共同参加学术会议

2012 年，第三次中美核心价值对话在伯克利举行，杜先生是重要促成者之一

2014 年，与罗斯柴尔德爵士、基辛格博士在伦敦交谈

獲聘早稻田大学荣誉教授

赴韩讲学，师生题诗相赠

2010 年，北京大学高等人文研究院成立，与时任北大校长周其凤先生共同揭牌

北大高研院成立以来，杜先生在大陆招收培养了九位博士

2012 年，杜先生主持的北京大学世界伦理中心开幕

目　录

文化中国与根源意识

启蒙反思与全球视野

文明对话与对话的文明

儒家伦理的现代转化

祝 寿 诗 文

前　言

陈　来

今年是杜维明先生八十寿辰，杜先生的友人、弟子、后学各撰论文，结为此集，为杜先生寿。这是一件值得庆贺的喜事。

杜维明先生是驰誉海内外的著名儒学思想家，若从其大学时立下弘扬儒学的宏愿算起，他的儒学思考已愈六十年。纵观杜先生六十年来的学思历程，其思想经历了不同阶段，每阶段有其关怀的重点。而且，他在近三十年间，拓展了众多论域，提出了很多深刻的思考。那么，在其学术思想的领域，有没有贯穿其中的一条主线呢？回答是肯定的。我以为，从"地方性知识"迈向"全球性意义"，乃是他学术生平中越来越清晰的思想要求，也是他推动诸多论域后面统之有宗的方法自觉。

这一从"地方性"走向"全球性"的历程，决不是从行迹上说的。虽然，杜先生从东海大学毕业，到哈佛大学求学，先后任教于美国顶级大学普林斯顿、伯克莱和哈佛，学术活动和思想对话的足迹遍及世界。而我们对其思想学术走向的把握，并非在这个意义上讲的，而是指其儒学追求的文化自觉。杜维明先生青年时代在台湾便已明确确立了对儒学的认同，并开始置身于当代新儒家的阵营。而哈佛留学时期则是其儒学理想转型的起点。哈佛数年的留学使他超越了原有的仅仅从民族文化认同为基础的儒学观，转进至在希腊—希伯来为代表的轴心文明的视野中重建儒学人文精神的探索。于是，从 1966 年开始，从欧洲回归东亚的旅行,正式开启了他的儒学探索之旅:"儒家的话语如何在与两希文明的对话中获得新生命、找到新思路"。这也就是他后来常说的"绕道纽约、巴黎、东京才能回家"的思想内涵,即通过和世界各地体现轴心文明的大师大德交流、讨论、对话,找到新的儒家人文精神的话语,这才是他心目中的儒学第三期发展的使命。然而,这决不是脱亚入欧的路径,而是在"地方性"和"全球性"之间,在"本土的根源性"和"全球的普适性"之间建立起辩证的有机联结。就地方性而言,他没有离开自己的精神家园,反而扎根中华文化的意愿更为加深,并且提高了自觉。就全球性而言,他对"具有全球意义的地方知识"这一观念的深刻理解,激励了他在扎根精神家园的同时,在世界范围内展开创造性的对话,不断追索儒学的、当代的全球意义,从而使阐发儒学作为"具有全球意义的地方性知识"日益成为他的自觉志业。

为了开展这些交流对话,杜维明先生建立了多个论域,以为最终的凝道进行准备。其中最重要的课题,如"现代性"的反思,"宗教性"的理解,"精神性"的拓展等等,为他的理论的建立确立了基础。他主张现代性不能忽视传统,现代性有不同的文化形式,尤注重对启蒙现代性的反思。他重视儒学的宗教性维度及其意义,认为宗教性有助于认识儒学的生命形态,超越启蒙的平面思维局限,与终极信仰相沟通。他以精神性来联系人与自然和天道,以对治启蒙的凡俗性人文主义。今天,在对他的思想进行总体把握时,我们需要超越那些众多论域的具体讨论,以把握住其背后的主导线索和归结,来解释他六十年来的哲学探索与建构方向。这就是,在他的英文学术写作和公共领域论说之外,在几十年来的儒学思考中,他越来越明确地体现出这种自觉,即通过与世界各地各大精神传统及地方文化的对话,建立包含个人、社群、自然、天道四维的新体系,以表达新的人文精神,来体现儒学作为"具有全球意义的地方知识"。他在这一方向上的探索,最终凝结为一个特定的体系,他在其后期把这一体系命名为"精神性人文主义"。这一精神性人文主义的儒学，不是对古典儒学的复制，也不是"当代新儒家"的简单延伸，而是以儒学为基础，对全球性地方知识的一种建构，这也是他的"做"儒家哲学的道路。换言之，他中年以来在"具有全球意义的地方性知识"的概念指引下，广泛关注各种思想文化的论域，而在其后期，他把在这些论域中形成的思考，凝结为、归向于一个中心点："精神性人文主义"。在其后期思想中，精神人文主义不再是一个准备性的论域，而是一个总结性的体系，他用这样一个体系来揭示儒家思想具有全球性的普适意义，或者说建构起具有全球性普适意义的当代儒学。

几年前，我曾经为杜先生的论著集写了推荐辞，我把其中一段写在下面，与大家分享，作为本前言的结束：

杜维明先生是当今世界最重要的儒学思想家。他提出，新轴心时代的儒家已经从"一阳来复"走进了"否极泰来"，而当务之急是超越凡俗人文主义，重构新的儒家人文主义。这将使受启蒙心态和现代性所影响的凡俗人文主义，转变为充满生态关怀、有敬畏感和终极关怀、以儒学普遍性价值与现代性价值互动的新轴心时代的儒家人文主义，即"精神性人文主义"。杜维明先生的这一思想，不仅对于儒学的创造性转化，而且对当代中国与世界具有重要、深刻的意义。

2019 年 8 月 5 日于北京

儒学第三期的人文精神与精神人文主义

杜维明先生精神人文主义的新贡献

郭 齐 勇

杜维明先生是现代著名哲学家，现代新儒学的代表性人物。在杜先生八十华诞即将到来之际，我与同仁向杜先生致以衷心的祝福，祝愿他福寿双全，万事胜意！衷心感谢杜先生对我本人及武汉大学同仁、学生的支持、提携与照顾。杜先生多次来武大讲学与出席学术会议，多次在他执教的哈佛大学、北京大学等校接待武大的学者与学生，我们深受他的思想的影响与精神的感召。他的为人、为学堪称表率，他以自己的生命实践着他推崇的儒学精神及人格理想。

杜先生在长期运思及其丰富成果的基础之上①，近些年特别提出"新人文主义"，即"精神人文主义"的问题与建构，极具启发性。

杜先生创造性地提出的"精神人文主义"，主张回归轴心文明，照顾人的全面发展，体现"天人合一"的精神，肯定人与天、地、人、物、我的关系，尤其是人的终极关怀、超越意识，与狭隘的"人类中心主义"、"世俗人文主义"区别开来。

杜先生强调，一个全面的人，不仅要使个人的身、心、神、灵得以整合，人与人之间有健康的互动，人与自然能够持久和谐，还需要使人心与天道

---

① 关于杜先生的思想及其贡献，参见郭齐勇：《现当代新儒学思潮研究》，人民出版社2017年版，第32—33页。又，该书第十三、十四章讨论了杜维明先生的启蒙反思与文明对话等论域及儒学宗教性的反思。

相辅相成。杜先生指出:"作为一个包容而综合的人文主义,精神人文主义一共分为四个不可分割的侧面:第一个是个人,指个人的身体、心知、灵觉和神明的融会贯通。第二个是个人与他者、与社群之间的健康互动,这个社群包括家庭、邻里、社区、城市、国家、世界,乃至更大的宇宙。第三个是人类和自然世界的一种持久和谐。最后,我认为也是非常关键的,就是人心和天道的相辅相成。一般我们思考人文主义时,只考虑前三个侧面,但其实真正的精神人文主义,还应该包括人和天道的关系问题。"① 这是"精神人文主义"的四个向度。

杜先生的"精神人文主义",看来是他"新仁学"或"新心学"的系统。他认为:"仁"是个体的主体性,相当于康德的自由意志;"仁"包含了爱人、爱物与爱己,三者统一。孔子讲:"为仁由己,而由人乎哉"(《论语·颜渊》);"我欲仁,斯仁至矣"(《论语·述而》)。孟子传统中有一种强烈的自由意志。陆王心学也是如此。仁心、良知对外部世界有无限反应的可能,它开放、多元、包容,可以包含整个宇宙。仁是在人的成长过程中不断丰富的。仁也是一种觉悟,其力量与所有人可以成为一体,有公共性。仁就是通,通达,往外通。仁是天生人成,寓含着地球的存活是人类无可推卸的责任。以上是杜先生近年对仁学与心学的新阐发。

与启蒙运动以后,西化、现代化、全球化思潮以经济为唯一导引的人文主义不同:"精神人文主义"要富强和自由,也需要正义;要发展理性,但也要同情、慈悲;要发展法律,但也要注重礼乐;要个人尊严,但还要注重社会和谐;要人权,也必须注重人的责任。恰好,杜先生说,在中国传统文化中,正义的价值和自由一样重要;同情比理性更必要;人的责任,特别是个人对家庭、社会、人类的责任,比权利更重要;礼治比法治更基础;社会和谐比个体发展更优先。

以下,我想从过去、现在、未来的时间维度,讨论杜先生此说的贡献。

---

① 杜维明先生 2017 年在北京师范大学"首届京师中哲名家论坛"上的发言。

一、"精神人文主义"是对儒家传统人文主义的继承与推进

儒学非哲学非宗教，亦哲学亦宗教。我们知道，"天"在中国人心中并不仅仅是指自然界，而是会对人们的生活产生重要影响的根源性存在。自古以来就有"天佑大德"、"以德配天"之说。就儒家而论，"天"也是有意志的，它代表人所不能控制的神秘力量。孔子在面临困境和高徒颜回去世时，就发出对"天"的感叹。《礼记·郊特牲》云："万物本于天，人本于祖，此所以配上帝也。"《礼记·礼运》认为人事是以天为本的："礼必本于天"，"政必本于天"，而且，"圣人作，则必以天地为本。"人的命运虽然有赖于人事修为，但能否实现以及实现的程度又不完全是由人自己所决定的。

在《尚书》、《诗经》、《左传》中，保留了不少宗教神性意义的或权威意义的人格神的"天"的资料。在《诗经》中，也保留了不少人们怀疑权威意义的人格神的"天"的资料。

《论语》中有关"天"的看法，也比较复杂，既有宗教神性或主宰意义的"天"，有形而上的"天"，有道德义理的"天"，有自然的"天"，也有偶然命运的"天"。

孔子把对超越之天的敬畏与主体内在的道德律令结合起来，把宗教性转化为内在的道德性。天赋予了人以善良的天性，天下贯于人的心性之中。天不仅是人的信仰对象，不仅是一切价值的源头，而且也是人可以上达的境界。人本着自己的天性，在道德实践的工夫中可以内在地达到这一境界。这就是"下学而上达"。孔子强调要在人事活动中，特别是在道德活动中去体认天命。于此，才能"不怨天，不尤人"（《论语·宪问》）。正因为生命有了这一超越的理据，所以儒者才有了积极有为的担当意识和超越生死的洒脱态度："人能弘道，非道弘人"（《论语·卫灵公》）；"朝闻道，夕死可矣"（《论语·里仁》）；"未知生，焉知死"（《论语·先进》）；"三军可夺帅也，匹夫不可夺志也"（《论语·子罕》）；"不降其志，不辱其身"（《论语·微子》）；等等。由此我们可知儒家对于人格尊严的重视、强调与维护。孔子思想并

不是如黑格尔在《哲学史讲演录》中所说，只是一些俗世伦理或常识道德。如上所说，孔子的人性、天命、天道的思想有深刻的哲学形上学与宗教的终极关怀的内容。

可见，儒学的终极性、宗教性不能消解。儒家人文主义不是斩头的人文主义，而是有敬畏的有神性意义的人文主义。儒家人文主义不与宗教相冲突。这种天人的相关性，是"精神人文主义"最重要的一个维度，也是对传统人文主义的继承与发展。

二、"精神人文主义"对现代世界一些病症的反省与批判

"精神人文主义"的反思性、现实性与批判性很强，它包含了启蒙精神，又针对单面化、平面化的启蒙理性的片面性。它批判了原子论式的个体主义的张扬，批判了片面的单维的西化、现代化、全球化，反省了生态环境的危机、人性的危机、世界伦理的困境。杜先生指出，启蒙运动以来的几百年，世俗人文主义成为主导的世界意识形态，整个世界日趋功利化，财富和权力成为人们最关注的对象，乃至发展为金钱拜物教、权力拜物教，启蒙运动以前人们所珍视的价值不再被重视。这样发展的不良后果尤多，包括侵略性的人文主义、帝国主义、殖民主义，物质欲望的膨胀及占有性的个人主义的强力扩张。

"精神人文主义"呼应、总结了百多年来各国新人文主义思潮对现代性的反省与批判。我国的文化守成主义、现当代新儒学思潮也立足于此。这一类的思想家认为，工业文明、现代化确实给人类带来了许多新的问题，人类的特性及其全面发展的问题，人的生命存在和生活意义的问题，人类产生的种种疏离和困惑的问题，乃至环境污染、生态平衡的问题，等等。以"天人合一"模式，"圆而神"的智慧和儒家伦理转出或融摄西方的科学与民主，然后补西方文化之偏弊，救西方文化之自毁，为全人类各民族文化提示一新的方向和模式，现当代新儒家学者建构的哲学人类学，在人类存在这一永恒课题的研究上所作出的世界意义的贡献，将逐步被人

们所体悟。因为,不论现代化如何推进,人的终极托付,"内在的安心立命始终是一个不可替代的问题,它不能靠对于一个超越外在的上帝的信仰来解决。"①

杜维明长期反思的"启蒙心态",不是指历史现象,不是指哲学理念,而是指"心灵积习"。这种"心灵积习"在现代中国起了很大的作用。西方"启蒙心态"所代表的人文精神的特性是人类中心主义,强调工具理性,而不是沟通理性,突出实用、功利。例如,富强是价值,不能富强就是非价值。这种人类中心主义的另一层意思是反对神性。②

杜维明认为,五四运动以来,中国知识界主要崇尚的是这种具有排斥性、侵略性的人类中心主义,即反自然、反宗教、反传统、反精神价值的现实主义、功利主义、物质主义、科学主义和单线进步观,而忽视了宗教信仰、社会习俗、人与人之间的交往礼仪、体现爱心的渠道、心性修养、民间艺术等等的存在意义,甚至要消灭汉字、中医、古建筑等,取消具有民族性、民间性的丰富多样的宗教、语言、伦理、艺术、习俗。其实,各种类型的社会资本和文化资本都有深刻的意义与价值。五四以来成为强势的"启蒙心态",不能提供足够的资源,让我们面对 21 世纪。我们应该有更高的人文关怀,有更丰富的意义领域。生态环保、多元宗教的思考有助于我们反思"启蒙心态"。对启蒙价值——个性自由、理性、法治、人权等,今天都需要作出重新思考和超越,并相应辅以群体公益、同情、礼仪教化、责任等等价值。对具有普遍性的现代性因素——市场经济、民主政治、市民社会、个人主义,在肯定的前提下,也应作出反省、批评与转化。

杜维明深刻检讨启蒙理性、工具理性、人类中心主义,肯定生态环保、女性主义、多元文化和全球伦理思潮对启蒙的挑战,但他充分认识启蒙价值,肯定启蒙精神,肯定五四,只是反省、超越其片面性。

---

① 刘述先:《当代新儒家的探索》,《知识分子》(纽约),1985 年秋季号。
② 杜维明先生关于启蒙反思的论述,详见《杜维明文集》第五卷"二、启蒙反思",武汉出版社 2002 年版。

三、"精神人文主义"对我国与世界的可能贡献

（一）"精神人文主义"重视人的德性的养育与社会公德的建构，有助于当下中国社群伦理的提升

近代以来，讨论中国现代转型往往倾向认为中国过重于私领域，亟待向公领域转型。如孙中山曾说中国一盘散沙，梁启超则参照福泽谕吉说认为中国偏重私德缺少公德。此一偏之辞皆忽视了中国的公领域必然是从私领域完善后推扩所得。其实任公也说"公德者，私德之推也"、"蔑私德而谬托公德，则并所以推之具而不存也"①。这正是《礼记·祭义》所言"立爱自亲始"，也是阳明所谓"冬至一阳生，必自一阳，而后渐至六阳"、"抽芽、发干、生枝叶"②的譬喻。在中国文化精神中，"亲亲"的人格成长和发展，有利于"仁民"的人格成长和发展；"齐家"能力的增长，也可以促进"治国"能力的增长。因此，修齐治平，亲亲仁民爱物正是生命的体证与实践，而非一种逻辑的推导。③这正表明儒家的人既是道德人格的主体，也是一种关系性的存在，更是在关系中培养与成就自我的。此正是"施于有政，是亦为政"的要义，传统政治并不以公民普遍参政为最高准则，而是探寻政治本体意义，在社群之中涵化民众对关系的维护，从而完成良好的秩序建构。

儒家一方面正视贤与不肖的差别，从而要求选拔士人参与政治，有恤民之担当；另一方面也强调庶民皆应修养德性，能近取譬，从孝亲为始逐步向外推扩，这两方面本身便呈现一种良好的交融互动秩序。徐复观揭示了修己与治人两端差别的内涵，认为修己是将自然生命不断底向德性上提，决不在自然生命上立足，决不在自然生命的要求上安设价值。而治人居于

---

① 梁启超：《论公德》，《饮冰室合集》第6册《专集之四》，中华书局1989年版，第12页。

② 《王阳明全集》卷一《语录一》，上海古籍出版社1992年版，第26页。

③ 参见郭齐勇：《中国儒学之精神》，复旦大学出版社2013年版，第180页。

第二位,是承认德性标准且必以人民的自然生命的要求居于第一的地位。① 即使是治人,孔子也是强调士子应承担保国恤民的义务而非统治的权利,所谓"人君为政在于得人,而取人之则又在修身。能修其身,则有君有臣,而政无不举矣"②。可见中国文化精神的治理架构在于使个体成为一个"德性的真实",卓然自立于天壤之间,关联着人之为一道德的存有。换言之,正因现代化的生活世界具有"以培养抽象的自我认同为目标和促使成年个体化的社会化模式"③,故不得不将德性重建的使命重新赋予个体。道德主体的重建,主体间的相互作用,有助于健康的民主政治的实现。

近些年我在前贤基础上提出了新六伦、七伦重建的问题,即对五伦作出创造性改造。新六伦或七伦之新,在于各伦增加了新的内涵,更强调平等互动互补,且增加了同事一伦与群己一伦。正常的同事关系、上下级关于有助于现代职业伦理的建构,正常的群己关系有助于新的社群、公民道德与文明间的对话。这两伦可应对个人与社会、国家、人群之间或陌生人之间的交往,乃至调整人类与天地、山河、动植物类的关系,处理好自我与他者的关系问题。④

(二)"精神人文主义"对人类永续发展可能作出的贡献

新人文主义打破了天人彼此的隔阂,强调两者的互动互补。"天人合一"的主张,实包含有荀子的智慧,即经过区分天人、物我之后,重新肯定人与自然、人与超自然的统一,强调的是顺应自然而不是片面征服、绝对占有自然。中国哲学家强调整体的和谐和物我的相通,不仅把自然看作是一和谐的体系,不仅争取社会的和谐稳定,民族、文化间的共存互尊,人际关系的和谐化与秩序化,而且追求天、地、人、物、我之关系的和谐化。它强调用物以"利用厚生",但不可能导致一种对自然的宰制、控御、破坏;它强调人文建构,批评迷信,但决不消解对于"天"的敬畏和人所具有的宗教精神、

---

① 参见徐复观:《儒家政治思想与民主自由人权》,台湾学生书局 1988 年版,第 197 页。
② 朱熹:《四书章句集注》,中华书局 1983 年版,第 28 页。
③ [德]哈贝马斯:《现代性的哲学话语》,曹卫东等译,译林出版社 2004 年版,第 2 页。
④ 参见郭齐勇:《新时代"六伦"的新建构》,《孔学堂》创刊号,2014 年 8 月。

终极的信念与信仰。中国哲学甚至主张人性、物性中均有神性，人必须尊重人、物（包括草木、鸟兽、瓦石、山水），乃至尽心—知性—知天，存心—养性—事天。至诚如神，体悟此心即天心，即可以达到一种精神的境界。

"仁爱"思想是中华民族的核心价值理念。孔子以"爱人"为"仁"，爱人、同情人、关切人，包括爱、同情、关怀他者、下层百姓，是"仁"的主旨。"忠"与"恕"接近于"仁"。"忠"是尽己之心，"己欲立而立人，己欲达而达人"；"恕"是推己之心，"己所不欲，勿施于人"，综合起来就叫忠恕之道或絜矩之道。"忠"与"恕"是仁道的一体之两面。这不仅是人与人之间关系的仁道原则，推而广之，也是国家、民族、文化、宗教间相互关系的准则，乃至是人类与自然的普遍和谐之道。重视人类和谐共存，有助于当下世界文明的对话，特别是宗教间、伦理间的对话与互补，和谐相处。

总之，提倡宽容、平和、兼收并蓄的"精神人文主义"可以贡献给全人类。

（作者单位：武汉大学哲学学院、国学院）

东亚儒家传统中的人文精神

黄 俊 杰

 所谓"人文精神"（humanism）是一个言人人殊的名词，很难找到一个所有人都同意的定义。① 虽然中国古代早已有"人文"一词，《易·贲·彖传》："刚柔交错，天文也。文明以止，人文也。观乎天文，以察时变；观乎人文，以化成天下。"② 但是"人文主义"或"人文精神"到了 20 世纪上半叶才广为中国知识界所使用。③ 大概在 15 年前，欧洲学界朋友邀我与他们合作编辑两大系列有关人文精神的丛书，在欧洲出版。④ 我们都感到"人文精神"这个字已经被 17 到 18 世纪欧洲启蒙文明（Enlightenment）所掌控，充满了 18 世纪以后欧洲文化的偏见。在 21 世纪全球化新时代里，我们深感有必要多听取一点"非欧洲的声音"。

 今天的报告，主要论点已见于很多年前所撰写的 *Humanism in East Asian Confucian Contexts*（《东亚儒家脉络中的人文精神》）⑤ 这本书，也是

---

① See Alan Bullock, *Humanism Tradition in the West*, London: Thames and Hudson, 1985, p. 8.

② 周振甫：《周易译注》，中华书局 1991 年版，第 81 页。

③ 参见章可：《中国"人文主义"的概念史（1901—1932）》，复旦大学出版社 2015 年版。

④ 其一是《全球化时代的人文精神》丛书（*Humanism in the Era of Globalization, Bielefeld*, Germany: Transcript Verlag, 2009），其二是《人文精神的思考》（*Reflections on (In) Humanity*, Göttingen: V&R Unipres Press, 2012–   ）。

⑤ Chun-chieh Huang, *Humanism in East Asian Confucian Contexts*, Bielefeld: Transcript Verlag, 2010.

我多年来思考这个问题的一点浅薄心得,敬请各位指教。

我想从以下三个问题出发进行论述:

第一,东亚儒家人文精神核心价值是什么?要如何来看儒学在东亚的发展?为什么要从东亚的视野来看儒学,而不是从单一国家(如中国、韩国或日本)的框架来看儒家人文精神?

第二,东亚儒家人文精神的主要的面向有哪些,其中最重要的是什么?

第三,东亚儒家人文精神对于 21 世纪的人文教育有何新启示?

一、东亚儒家人文精神的核心价值

首先,在提出"东亚儒家人文精神的核心价值是什么"这个问题的同时,我们已经无意间潜藏着一个"比较研究"的视野。因为当我们探讨某一个学派、某一个思想"有何特质"的时候,一定是在与其他学派或思想作比较的基础之上。如果将东亚儒家人文精神与西方文化传统中的人文精神加以比较,我们可以发现,古代西方文化传统中的人文精神,基本上是在"人的意志"与"神的意志"之紧张性中发展出来的。举例言之,在古代希腊悲剧作家索福克勒斯(Sophocles,前 496?—前 406?)笔下,伊底帕斯王(Oedipus the King)的悲剧命运就是由神所订下——弑父娶母。伊底帕斯王终其一生在逃避这样的命运,从"人"对"神"的对抗之中,发展出古希腊的人文精神。

犹太基督宗教的人文精神,也是在"人"与"神"的张力中发展出来的。《旧约圣经·创世记》第 22 章中,上帝为了试验亚伯拉罕,指示他将钟爱的独子带到默利亚山上,将儿子杀死后献祭给神,以证明他对神的忠诚。亚伯拉罕照办无疑,直到最危险的时刻,天使才出现阻止。这是《创世记》里面非常有名的一段故事。这段故事在基督教神学家的解释中,有前后不同的发展。早期神学家注重的是在信徒对神毫无保留的服从;晚期的解释,特别强调亚伯拉罕对神的信仰坚定不移,前者诠释焦点在于"服从",后者注重的则是"信仰"。

19 世纪上半叶, 现代存在主义的奠基者之一、丹麦哲学家祈克果 (又译为克尔凯郭尔, Søren Kierkegaard, 1813—1855) 的经典著作《恐惧与战栗》①, 就是从《创世记》第 22 章这一段故事开始, 在这本书的最后, 他写道 "人的最高激情就是信仰" (Faith is the highest passion in human passion), "每一代当中都没有人走得那么远, 但也没有一个人脚步, 能够超过信仰"。从《创世记》第 22 章中, 我们可以看到犹太基督宗教的人文精神, 也是在 "人" 与 "神" 的互动之间产生的。相对来讲, 东亚各国儒家传统中的人文精神, 与古希腊和犹太基督宗教的人文精神不同。东亚人文精神在中、日、韩各国各有不同的细部表现, 但都分享 "仁" 这个核心价值。这个人文精神传统奠基于孔子 (前 551—前 479), 在中国数千年的发展中, 承载这个人文精神价值的是知识阶级, 也就是宋朝以后所谓的 "士大夫" 阶级, 北宋名相文彦博 (1006—1097) 曾回答宋神宗 (1048—1085) 说, 我朝 "为与士大夫治天下, 非与百姓治天下也"②。因为中国地大物博, 帝国事务繁多, 需要通过科举考试吸纳优秀知识分子协助治国, 知识分子同时也分享政权; 唐朝以后, 经过科举考试, 家中贫寒的子弟也可以进入帝国的官僚体系。但是, 日本德川时代 (1603—1868) 并没有科举考试制度, 在德川日本社会里, 承载儒家价值的 "儒者" (じゅしゃ), 并不是官僚阶级组成的一部分, 儒者可视为一种社会上的 "公共文化财产"。朝鲜王朝 (1392—1910) 时代, 朝鲜社会中承载儒家人文精神的是文武 "两班" 的官员贵族阶级。虽然在东亚中、日、韩各国人文精神的承载者各不相同, 但是他们都共同分享儒家人文精神的核心价值, 也就是对于 "人之可完美性" 的信念。不论阶级、年龄、出身, 只要人愿意修身, 终有一天可以达到孔子所谓 "君子" 的境界, 或者孟子所谓的 "大丈夫" 之境界, 成为 "圣人"。中华文化并没有作为文明的主流思想的创世神话, 古代虽然有女娲补天、夸父追日等神话传说, 但在中国文化数千年来并不成为主流论述。正如当代美国哲学家芬

---

① [丹麦] 祈克果:《恐惧和战栗》, 张卓娟译, 商务印书馆 (香港) 有限公司 2017 年版。

② 李焘:《续资治通鉴长编》第 9 册, 中华书局 2004 年版, 第 5370 页。

加瑞(Herbert Fingarette, 1921–   )在他的经典著作《即凡而圣》(*The Secular as Sacred*)[1] 这一本论孔子思想的书中所提出,中国文化"以俗为圣",体神化不测之妙于人伦日用之间。

儒家文化的核心价值在于"人之具有可完美性",而"人之可完美性"表现在四个方面:(1)在身心关系上,主张"身心一如";(2)在自他关系上主张"自他圆融";(3)在人与自然或超自然关系上主张"天人合一";(4)在人与历史传统的关系上,"历史意识"特别发达。

相对而言,犹太基督宗教则建立在"原罪"与"创世论"之上,因为人是被创造的,因此人永远不够完美。在《马太福音》第26章中耶稣告诉彼得:"你们要祈祷、要祷告,你们要远离诱惑,因为你的心诚然是愿意的,但是你的身是脆弱的。"[2] 基督宗教对人的内心的软弱,有非常深刻的掌握,基督宗教的人文精神展现一种对"人之堕落性"(fallibility of man)的深刻认知与警惕。

二、儒学在东亚地区的发展

所谓"东亚儒学",并不是一个不证而自明的名词,首先我们可以从"部分"和"整体"的关系,来思考所谓"东亚儒学"。

东亚各国在不同程度之内共同分享儒家价值,它们形成一种所谓"儒学共同体"。在这样的"儒学共同体"之下,东亚各国仍有其殊性与共性,而所谓"东亚儒学"是存在于东亚各国的交流活动"之中",而不是存在于各国"之上"的僵固而不可改变的意识形态。"东亚儒学"在东亚历史发展过程中,与时俱进、因地制宜,甚至因人而有所创新、转化。南朝文学批评家刘勰(465—521)所撰《文心雕龙》[3] 的前三篇,就是《原道》、《宗经》、《征

---

① Herbert Fingarette, *Confucius: The Secular as Sacred*, New York: Harper & Row Publishers, 1972;中译本:《孔子:即凡而圣》,彭国翔、张华译,江苏人民出版社2002年版。

② 《新约全书·马太福音》(26:41),《新旧约全书》,圣经公会1962年版,第40页。

③ 刘勰著,黄叔琳校:《文心雕龙注》,台湾开明书局1978年版。

圣》,我们也可以运用这样一个三角架构来分析,东亚儒学的"道"、"圣人"与"经典"三者,构成一个不可分割的三边关系。

再者,从"形式"与"本质"的关系来思考"东亚儒学"。正如上一节所述,东亚各国儒家价值之承载者形式不同,在中国是"士大夫"、在日本是"儒者"、在朝鲜是"两班";各国儒者之"存在结构"(existential structure)①与社会氛围(l'ambiance sociale)互异,但各国儒者均有其"家族相似性"(family resemblance)②。以东亚儒者对"经典"的重视为例,相对于西方的经典解释比较着重"文本的开放性",东方侧重的是经典义理之"可实践性"。因此,西方经典阅读的核心问题是"如何经由解释文本而论证真理?"而东亚各国儒家学者读经,则侧重于"读者的生命如何受到文本中义理的感召、浸润而有所提升?"

19世纪日本阳明学者山田方谷(1805—1877)的学思历程,很可以说明经典文本对读者所产生的精神上的"召唤"。山田方谷自述他读书历程,从1829年(日本文政十二年)25岁起游学京都,从宋学入门,再上溯汉唐诸儒及三代之书,但均心有未安,而后再习朱子学,仍未能完全接受③,直到1833年(日本天宝四年癸巳)山田方谷29岁时读王阳明(1472—1529)《传习录》才深受阳明精神感召,他记录自己阅读心得说:"癸巳之秋,余闲居洛西,久不接于物,取王氏《传习录》,时时读之,熟于口而得于心,犹空水明月相映于无间也。"④山田方谷以"空水明月相映于无间"形容他读阳明《传习录》时,与阳明心心相印的悸动。已故日本京都大学前辈学者岛田虔次(1917—2000)先生生前曾说,他一生学问是从王阳明《传习录》入手。《传

---

① Maurice Merleau-Ponty(梅洛庞蒂),*Phenomenology of Perception*, trans. by Colin Smith, London: Routledge & Kegan Paul, 1962.

② "家族相似性"是维特根斯坦(L. Wittgenstein, 1889–1951)意义理论(Meaning Theory)中的一个重要概念。

③ 参见〔日〕山田方谷:《与帆足鹏卿书》,《山田方谷全集》第1册,日本山田方谷全集刊行会1951年版,第145—146页,引文见第145页。

④ 〔日〕山田方谷:《传习录拔萃序》,《山田方谷全集》第1册,日本山田方谷全集刊行会1951年版,第178页。

习录》对于读者确实能产生精神的激励。

当代新儒家的精神导师熊十力（1885—1968）先生所撰《读经示要》、《十力语要》，影响了一代又一代的儒学研究者。在《读经示要》一书中，熊十力开宗明义写道："经为常道，不可不读"，他自述撰写此书时的心情："念罔极而哀凄，痛生人之迷乱。空山夜雨，悲来辄不可抑；斗室晨风，兴至恒有所悟。上天以斯文属余，遭时屯难，余忍无述"[①]，我在1965年初次读到熊先生《读经示要·序》，内心深受感动，对当代新儒家学问中之悲愿与本怀有所体悟。用社会学大师韦伯（Max Weber, 1864—1920）的名词来说，"经典"对东亚各地的阅读者发出难以抗拒的"召唤"（calling）[②]，撞击读者的心灵，使读者奋起心志，与文本的作者对话，并从经典中别开生面，出新解于陈篇。

我在这里所说的所谓东亚"儒家共同体"一词，很容易引起误解，也许会使人误以为历史上中国、朝鲜、日本都是所谓"儒教国家"（Confucian state）。但是，我所谓"儒家共同体"一词，是指出儒家价值理念（尤其是"仁"、"忠"、"孝"等）为中、日、韩三国之知识分子所共享此一事实而言，并不是指中、日、韩三国的国家体制皆依儒家之思想而建构制度，成为"儒教国家"。事实上，中国历史上的政治传统，就不能以"儒教国家"一词简单综括。萧公权（迹园，1897—1981）先生就指出帝制时代中国政治文化的特征如下：

（一）帝制中国开始时是一个法术之国，然而当君主体认到只赖武力与法律权威无法维系广大帝国时，乃思依赖儒家道德的稳定影响以控制臣民之心，帝制中国遂变成一部分是儒家式的；（二）在中国是官式儒教国的时代，儒家思想并非是对帝国行政独一无二的影响力，反

---

① 熊十力：《读经示要》，台湾洪氏出版社1983年版。

② By Max Weber, translated and edited by Hans H. Gerth, *The Religion of China: Confucianism and Taoism*, Glencoe, Illinois: The Free Press, 1951. 中译本：《中国的宗教：儒教与道教》，简惠美译，台湾远流出版社1989年版。

而大都仅作为实质上源自法家思想之专制措施的辅助工具；（三）赞成儒家思想的君主是有选择性的，强调为他们的政治利益服务的箴言而接近法家，同时忽视不能与专制政体的基本目标相调和的儒家学说。因此，自秦至清，中国有一段时间仅仅部分是儒家式的，而且是在一特殊意义上的儒家。①

萧先生之说完全可以说明帝制中国的政治文化"阳儒阴法"之实相。②再看德川时代的日本，事实上是神道教国家，乃至于佛教在社会上的影响力都远胜于儒家，Herman Ooms（1937— ）的研究指出，16 世纪的日本天台宗僧人天海（慈眼大师，1536—1643）对德川幕府就颇有政治影响力。③

然而，儒学确实是塑造中华文明的主流思想，规范了中国文明的主要面貌。在东亚各国，儒学传统是社会上珍贵的公共精神资产与文化资产。当公元 1600 年，日本儒者藤原惺窝（1561—1619）穿着儒服拜见幕府将军德川家康（1543—1616）时，日本的"儒学共同体"意识已经展现；当朝鲜时代的李滉（退溪，1507—1571）倾毕生心力，精读朱子著作，勾元提要，终于在 1556 年编纂完成《朱子书节要》巨著，我们可以说朝鲜的朱子学意识已经完全成熟。

在这个"儒学共同体"中，各国的经典解释者，都必须面对三个层次的诠释的权威。第一是孔孟的权威，也就是后人的经典解释，必须经得起《论语》、《孟子》等原典的印证；第二是朱子学的权威，朱子的经典解释将汉注唐疏熔于一炉而冶之，并出以己意，对《四书》施以集注，成为第 12 世纪以后东亚思想界的典范；第三，各国儒学前辈的权威。以王守仁（阳明，

---

① 萧公权：《法家思想与专制政体》，《迹园文录》，台湾联经出版事业公司 1983 年版，第 89 页。

② 如汉宣帝曾云："汉家自有制度，本以霸王道杂之。"（班固撰，颜师古注：《汉书》卷九《元帝本纪》，台湾鼎文书局 1986 年版，第 277 页）

③ 参见 Herman Ooms, *Tokugawa Ideology: Early Constructs, 1570–1680*, Princeton: Princeton University Press, 1984, pp. 173–186. 日译本：ヘルマン・オームス著，黒住真等译：《德川イデオロギ》，東京：ぺりかん社 1990 年版，第 224—236 页。

1472—1529）为例，他在《答罗整庵少宰书》中说："平生于朱子之说，如神明蓍龟。一旦与之背驰，心诚有所未忍。故不得已而为此。"[1] 这一段话，是他经历贵州龙场 3 年（1507—1510）居夷处困，从"百死千难"中悟"致良知"[2] 之教，决定走自己的思想道路，告别朱子（晦庵，1130—1200）的一段心路历程的表白。从此之后，阳明常起而批判朱子的"旧说"。[3] 在同样的状况下，朝鲜的儒者在解释经典的过程，也必须要面对李退溪所建立的典范；日本儒者则无法回避伊藤仁斋（维桢，1627—1705）所建立"仁斋学"的儒学权威。

在"儒家共同体"形成的过程中，产生一种"互文性"现象，不只是互相影响（influence），而常常更是一种转置借用（transposition）。例如在中国文学中，晋朝陶渊明（365?—427）的《桃花源记》就深刻影响了唐朝的王维（692—761）《桃源行》、张旭（675—750）的《桃花谿》之创作，而在儒学思想中形成类似克利斯提娃（Julia Kristeva, 1941-　）所谓的"互文性"（intertextuality）之现象。[4]

三、为什么要从东亚视野看儒学？

接着，我们探讨为什么在 21 世纪新时代中，要从东亚的视野来看儒

---

[1]　王阳明：《答罗整庵少宰书》，陈荣捷：《王阳明传习录详注集评》第 176 条，台湾学生书局 1983 年版，第 253 页。王阳明又说朱子对他有"罔及之恩"（《王阳明全集》卷二十一，上海古籍出版社 1992 年版，第 809 页）。

[2]　王阳明：《传习录拾遗》第 10 条，陈荣捷：《王阳明传习录详注集评》，台湾学生书局 1983 年版，第 396 页。

[3]　例如王阳明在《答顾东桥书》中，批评顾东桥来书所说："人之心体，本无不明。而气拘物蔽，鲜有不昏。非学问思辨，以明天下之理，则善恶之机，真妄之辨，不能自觉，任情恣意。其害有不可胜言者矣"这一段话系"似是而非。盖承沿旧说之弊"（王阳明：《答顾东桥书》，陈荣捷：《王阳明传习录详注集评》，台湾学生书局 1983 年版，第 173 页）。阳明所谓"旧说"，指朱子之学说而言。

[4]　See Julia Kristeva, ed. by Leon S. Roudiez, tr. by Thomas Gora et. al., *Desire in Language: a Semiotic Approach to Literature and Art*, New York: Columbia University Press, 1980, p. 15.

学，而不是像 20 世纪的前辈学者一样，在东亚各国国族框架里面来研究儒学？①

首先，儒学是东亚各国共同的精神磁场，孔子不只是对中国人讲学，孔学的影响遍及整个东亚世界。所以，我们不应该以国家为框架，对于儒学仅进行一种"国族论述"，这也正是目前东亚各国学者儒学研究有待创新之处。

20 世纪是亚洲人民风狂雨骤的百年，欧美列强侵略亚洲，亚洲各国经历苦难的时代，20 世纪的学问需要疏解国家民族的苦难。20 世纪当代新儒家学者们，生长于动乱的中国，在 1949 年以后漂泊香江，栖迟台岛，他们高举儒学的大旗，他们的儒学是作为历史民族象征意义下的一种"文化民族主义"（"Historical ethno-symbolism"，Anthony Smith 语）。② 在那样的一个苦难的岁月中，湖北黄冈熊十力、四川宜宾唐君毅（1909—1978）、湖北浠水徐复观（佛观，1904—1982）、山东栖霞牟宗三（1909—1995）等当代新儒家学者，生于"中华民族之花果飘零"③ 的时代，他们以文化的民族主义抚慰 20 世纪受到严重创伤的中华民族的灵魂。在那个苦难时代里，这些当代新儒家以儒学唤醒国魂、复兴民族，正如徐复观先生改动梁任公的诗曰："国族无穷愿无极，江山辽阔立多时。"④ 唐先生展现温润圆融的人格风范；如果说徐先生的生命情调是风狂雨骤，那么，牟先生的生命格局可说是英俊挺拔。20 世纪当代中国新儒家的悲愿，以及他们穷尽毕生生命最后的力量，将个人对儒学的心得化成一部一部伟大的著作，这样用生命研究学问的精神，令人动容、感佩。

---

① 我曾申论"东亚儒学"在 21 世纪的重要性，参见黄俊杰：Chun-chieh Huang, *East Asian Confucianisms: Texts in Contexts*, Taipei and Göttingen: National Taiwan University Press and V&R Unipress, 2015, prologue, pp. 9–22。

② See Anthony D. Smith, Nationalism: *Theory, Ideology, History*, Cambridge: Polity Press, 2010, pp. 60–63.

③ 唐君毅：《说中华民族之花果飘零》，台湾三民书局 1974 年版。

④ 关于徐复观研究，参见黄俊杰《东亚儒学视域中的徐复观及其思想》，台大出版中心 2018 年增订新版。

可是,20世纪东亚儒家各国传统研究仍有其局限性,这个局限性就是所谓"国家归属主义"(沟口雄三语)①,"自我中心主义"障蔽了20世纪儒学研究对于儒学跨域、跨时的发展历程的认知。20世纪中日韩各国的儒学研究论著,在不同程度上呈现日语所谓的"一國史(いっこくし)"的特征,使儒学的研究囿于单一国家的框架里面。20世纪日本伟大汉学家吉川幸次郎(1904—1980)在他所撰的《我的留学记》一书里面就说:京都大学的汉学研究,基本上是对江户汉学的反叛,江户汉学是一种日本民族主义的学问,所以并不能真正了解中国。②正如朝鲜儒者李退溪编《朱子书节要·序》中所说:"况今生于海东数百载之后,又安可蕲见于彼,而不为之稍加损约,以为用工之地。"③朝鲜儒者在吸收中国儒学的同时,致力于建立朝鲜儒学的主体性。东亚各国的"自我中心主义",是我们在21世纪研究儒学时必须超越的障碍。对20世纪东亚各国儒学研究的反思,指出国族论述的不足,是我提倡从东亚的视野来看儒学的第一个理由。

第二,"人文精神"(humanism)这个名词,长期以来已经深深地浸润在18世纪以降欧洲启蒙文明的思想氛围之中,我们希望在21世纪弘扬儒家人文精神,致力于建构全球化时代的新人文精神。21世纪全球化时代,更需要多元的"人文精神"论述。

然而,我所谓"东亚儒学"的研究致力于21世纪建构"东亚儒家新人文精神",并不在于"效用义"的东亚儒学,而是"价值义"的东亚儒学。所以,建立"东亚儒学"并不是以儒学作为"工具",而是提倡、弘扬东亚儒学的核心价值,如"仁"、"孝"、"王道"等"内在价值"(intrinsic value)④。在日本语境中的"东亚"这个名词存有战前日本帝国历史阴影,所以,战后日本

---

① [日]沟口雄三:《方法としての中国》,东京大学出版会1989年版,第304页。

② 参见[日]吉川幸次郎:《中国印象追记》,《我的留学记》,钱婉约译,光明日报出版社1999年版,第4页。

③ [韩]李滉:《朱子书节要序》,《陶山全书》(三)卷五十九,旧抄樊南本陶山全书影印本,韩国退溪学研究院1988年版,第259页。

④ 关于"内在价值"的涵义,参见 G. E. Moore, ed. by William H. Shaw, *Ethics, and "the Nature of Moral Philosophy"*, Oxford: Clarendon Press, 2005, chap. 7, pp. 116–131。

学界习用"東アジア"而不用"東亞（とうあ）"，但这是日本知识界的历史
问题，不是汉语知识界的问题。

四、东亚儒家人文精神的主要面向

儒家思想的特质在于"人文精神"，这是 20 世纪当代中国新儒家学者
之间的共识。但是，在这项共识之下，当代新儒家学者的意见也有其异趣。
徐复观先生主张周初人文精神的跃动，建立在殷商原始宗教的转化；而唐
君毅与牟宗三先生则认为，儒家虽经人文化，但仍有其宗教之本质，是一种
"人文教"或"道德宗教"。[①]

大体言之，东亚儒家人文精神有以下四个主要的面向：

（一）身心一如

徐复观先生曾说，中国的"心"学是一种"形而中学"，不是"形而
上学"。[②] 这个作为"形而中学"的儒家身心哲学，开启了"自我"这个概念。
孔子特别强调"自我"是意志方向的决定者，他肯定"自我"是一个自由的
主体，他们更肯定世界的规范源于"自我"的意志。余英时（1930— ）先生
将这种层层推扩的生命观与世界观，称为"儒家整体规划"（"the Confucian
project"）[③]，在《论语·宪问》中，子路问何谓"君子"？孔子回答"修己以
敬"，子路追问"只有这样吗？"孔子说"修己以安人"，子路又问"就只有
这样吗？"孔子说道："修己以安百姓"，连尧舜都不一定做得到，"尧舜其犹
病诸"。

儒家的"自我"概念的抒展，在"克己复礼"一章中最具理论之意趣，

---

① 参见李明辉：《儒家人文主义与宗教》，《宗教与哲学》第 3 辑，社会科学文献出版社
2014 年版，第 307—318 页；李明辉：《儒家与人文主义》，《中国哲学与文化》第 11 辑，
漓江出版社 2014 年版，第 27—38 页。
② 参见徐复观：《心的文化》，《中国思想史论集》，台湾学生书局 1975 年版，第 242—
249 页，尤其是第 243 页。
③ 余英时：《试说儒家的整体规划》，《宋明理学与政治文化》，台湾允晨文化实业股份
有限公司 2004 年版，第 400 页。

亦深具思想史之内涵。孔孟都相信人类可以自作主宰,不需要一个人格神的救赎,通过自我的转化可以完成世界的转化,展现出儒学的健动精神与人文精神。孔子曰:"一日克己复礼,天下归仁"(《论语·颜渊》),二千年来中、日、韩各国儒者对孔子这句话说解纷纷。"自我"(己)与"世界"(天下)是什么关系?我曾撰写专书分析东亚儒家"仁"学[1],并归纳中国儒者对孔子这句话所采取的三种诠释进路。(1)理学的进路:朱子以"天理之公"对"人欲之私",朱子增字解经,将"克己"解释为"克去己身之私欲"之义,朱子这种理学的诠释进路,显示出一种"伦理的二元论"立场。(2)心学的进路:宋代心学一系儒者杨简(慈湖,1141—1225)、王夫之(船山,1619—1692)的解释。譬如王夫之在《四书训义》中,将"仁"理解为"吾心存去之几,而天下感通之理也"[2]。心学进路是以"心"作为贯通自我与世界的平台。(3)第三个进路强调"克己复礼"必须建立在"重知"的扎实基础之上,这是余英时先生所说的清代儒家知识主义(intellectualism)的进路。[3] 戴震(东原,1724—1777)解释"克己复礼为仁"时,强调"礼"是一种客观至当不易的规则,若要达到"克己复礼",人们必须在知识上先对何为"礼"有所认识。[4]

孟子思想中的"自我"的概念,是一种"道德的自我",是"居天下之广居,立天下之正位,行天下的大道",这种人格状态是"富贵不能淫,贫贱不能移,威武不能屈,此之谓大丈夫。"(《孟子·滕文公下》)孔子所遗留下来的思想问题,尤其是对于"道德自我的建立"的问题,到了孟子都被夯实并加以补充。

荀子(约公元前298—前238)思想继承儒家传统,其自我概念特重

---

① 参见黄俊杰:《东亚儒家仁学史论》,台大出版中心 2017 年版。

② 王夫之:《四书训义》卷十六《论语十二》,岳麓书社 2011 年版,第 684 页。

③ See Ying-shih Yu, "Some Preliminary Observations on the Rise of Ch'ing Confucian Intellectualism," *Tsing Hua Journal of Chinese Studies*, New Series XI.1/2 (December 1975), pp. 105–144, in Ying-shih Yu, *Chinese History and Culture*, New York: Columbia University Press, 2016, Vol. 2, pp. 1–39.

④ 参见戴震:《孟子字义疏证》卷下《权》,中华书局 1961 年版,第 56—57 页。

"学"，并强调"自我"主体可以经由学习而改善，荀子说：

> 君子之学也，入乎耳，箸乎心，布乎四体，形乎动静；端而言，蝡而动，一可以为法则。(《荀子·劝学》)
>
> 使目非是无欲见也，使耳非是无欲闻也。使口非是无欲言也，使心非是无欲虑也。及至其致好之也，目好之五色，耳好之五声，口好之五味，心利之有天下。(《荀子·劝学》)

上引荀子第二段话中最值得注意的是"欲"这个字。荀子以"欲"一字点出人与世界的关系取决于"自我"的意志，也就是人的"心"之抉择，正是《论语》原典中"为仁由己"的意思。

先秦儒家的论述，也得到日本儒者阳明学者大盐中斋（平八郎，1794—1837）的呼应，他说："自形而言，则身裹心，心在身内焉。自道而观，则心裹身，身在心内焉。……其觉身在心内者，常得超脱之妙……。"[1] 大盐中斋指出，人如果能够真正掌握自己的"身"、使之受到"心"的控制，就能够得到自我的超脱，而只有深刻认知到"身在心"者，才得到自我主体的自由。

总而言之，东亚儒家的身心观及"自我"论述强调"身心互渗"及"身心一体"。这种论述与西方的身心二元论不同，譬如在柏拉图《理想国》中对死亡的定义是"精神脱离了身体的桎梏"，而"哲学的生活"则是无视于身体的愉悦，专注于精神的愉悦。这种"身心二元论"(dualism)是西方悠久的传统，到了梅洛庞蒂(Maurice Merleau-Ponty, 1908–1961)才有所转变。相对而言，东亚儒者所谓的"修身"即是"修心"，而"修心"是以"诚"作为根本。朱订《中庸》第22章云：

> 唯天下至诚，为能尽其性；能尽其性，则能尽人之性；能尽人之性，

---

[1] ［日］大盐中斋：《洗心洞劄记》，［日］相良亨等校注：《佐藤一斋·大盐中斋》上册，《日本思想大系》第46卷，日本岩波书店1980年版，第6条。

则能尽物之性；能尽物之性，则可以赞天地之化育；可以赞天地之化
育，则可以与天地参矣。①

"诚"这个概念，对 18 世纪以后的日本思想界影响也非常深远。以上
是东亚儒家精神第一个方面。

（二）自他圆融

"自他圆融"表现在东亚儒家的"社群主义精神"中，而"社群主义精
神"体现在儒家的"仁"学论述之中。《中庸》第 20 章有"仁者，人也"一语，
可见孔子是在复杂的社会政治脉络中、在人与人的互动之中来定义"人"。
《论语》全书 15988 个字，其中"仁"这个字在 58 章中共出现 105 次，毫无
疑问是儒学最重要的关键词。

"仁"字意义随着时空背景的转换而有其流变。在先秦孔孟的思想中，
"仁"被理解为以"爱"为核心，是一种具体的行为。在《论语》里面，弟子
请问孔子什么是"仁"，孔子每次的回答都不一样。孔子对"仁"的涵义，并
不是一个柏拉图式的超越的、抽象的定义，孔子随机点拨，指导弟子怎么样
做、做什么事情才能成为"仁"者。仲弓、子张、樊迟问仁，孔子都是从具体
行为来讲。《论语·学而》，孔子说"泛爱众而亲仁"。樊迟问仁，孔子说"爱
人"（《论语·颜渊》）。有时孔子也从反面来讲，说"巧言令色"者，他的"仁"
的内涵恐怕是很有限的。（《论语·学而》）

孟子论"仁"也以"爱人"为主。例如《孟子·离娄上》："爱人不亲反
其仁"、《孟子·离娄下》："仁者爱人"、《孟子·尽心上》："仁者无不爱也，急
亲贤之为务"、《孟子·尽心下》："人能充无欲害人之心，而仁不可胜用也"、
《孟子·梁惠王上》："未有仁而遗其亲者也"、《孟子·离娄上》："仁之实，
事亲是也"与《孟子·尽心上》："亲亲，仁也"，孟子思想中"仁"之涵义均
以"爱人"为主，这确实是孔门的典范，"仁"这个字充满西方当代的社群主
义（communitarianism）精神。

---

① 朱熹：《四书章句集注·中庸章句》，台大出版中心 2016 年版，第 43 页。

　　"仁"的涵义到了 1173 年朱子所撰《仁说》得到了一个极大的跳跃。《仁说》是中国儒学史上最重要的论文之一,篇首引用程颢(明道,1032—1085)"天地以生物为心"① 这一句话,后面继续顺着明道的思路来讲,"人物之生,又各得夫天地之心以为心也",这篇文章实在非常精彩,结构完整、论述清晰。《仁说》对日韩儒学影响深远,德川时代有很多日本儒者,都以"仁说"为题目,各自写了论述"仁"的文章。正如钱穆(1895—1990)先生所说,朱子的"仁说"提高了中国人生命的高度,完成了中国人的"大我之寻证"②。

　　李明辉教授的《四端与七情——关于道德情感的比较哲学探讨》③ 一书中,有一章讲"仁说",他说"仁说"包括四个秩序:存有论的秩序(onto-logical order);宇宙论的秩序(cosmological order)是"春、夏、秋、冬";存有—伦理的秩序(onto-ethical order)是"仁、义、礼、智";伦理—心理的秩序(ethico-psycological order)是"爱、恭、宜、别"④。朱子在《四书集注》和《朱子语类》里面讲"仁者,心之德,爱之理也"⑤。牟宗三先生在《心体与性体》中说到朱子"仁说"论述中的"仁"成为"爱之存在的存在性"⑥,都是非常有启发的说法。

---

① 朱熹撰,陈俊民校订:《朱子文集》卷六十七,台湾德富文教基金会 2000 年版,第 3390 页。明道先生这句话,出自《河南程氏遗书》卷三(《二程集》上册,中华书局 2004 年版,第 366 页)陈荣捷先生从明人沈桂之说,认为此语出自程明道,今从其说。(参见陈荣捷:《中国哲学文献选编》下册,台湾巨流图书公司 1993 年版,第 766 页)

② 钱穆:《国学概论》,《钱宾四先生全集》第 1 册,台湾联经出版事业公司 1994—1998 年版,第 278 页。

③ 李明辉:《四端与七情——关于道德情感的比较哲学探讨》,台大出版中心 2012 年版。

④ 李明辉:《四端与七情——关于道德情感的比较哲学探讨》,台大出版中心 2012 年版,第 88 页。

⑤ 朱熹:《四书章句集注·论语集注》卷一,台大出版中心 2016 年版,第 62 页;《朱子语类》卷六《仁义礼智等名义》,《朱子全书》第 14 册,上海古籍出版社、安徽教育出版社 2002 年版,第 252 页。

⑥ 牟宗三:《心体与性体》第三册,台湾联经出版事业公司 2003 年版,第 244 页。

儒家人文精神的第二个面向,是经由"仁"而完成自他圆融。日本古学派大师伊藤仁斋(1627—1705)32 岁时也写了一篇《仁说》,他当时所采取的是以"爱"言"仁"的进路,但是他也注重"体""用"不能两分。朱子说"仁者,心之德,爱之理也"的时候,对"用"方面揣摩比较少。

伊藤仁斋长子伊藤东涯(名长胤,1670—1736),质疑"天地以生物为心"这个程明道先生的命题,并以"气一元论"来驳斥宋儒的"理气二元论"与形上伦理的二元论。他说:"天地以生物为心,而鸷鸟之害物,恶兽之啖人,亦生乎其中,何哉?"[①] 程明道讲"天地以生物为心者也",但在现实世界中,猛禽会猎捕动物,恶兽食人,难道鸷鸟和恶兽就不受"天地以生物为心"这个法则所管控吗?为什么呢?他提出他的解释,他说其实"天地生生万物不过阴阳二气",他用"气论"来解释,那像老虎"气"是比较强的,相对于老虎来讲,人的"气"比较弱,但是人又可以作捕鼠器来抓老鼠,相对老鼠来讲,人的"气"比较强,他用这种方式来解释自然界的现象。

儒家的"仁"这个核心价值,到了 18 世纪朝鲜儒者丁若镛(茶山,1762—1836),就提出了新解,他说"仁者,人也,二人为仁"[②],这是从孔孟以降到汉代都如此解。但是丁茶山进一步解释:"父子而尽其分则仁也,君臣尽其分则仁也,夫妇而尽其分则仁也"[③],在父子、君臣、夫妇,没有完成各自的道德义务之前,没有资格讲"仁者,心之德,爱之理也"。丁茶山这种对"仁"的诠释,是将朱子学里面仁学论述的"理"的"先验性"(a priori)转化成"经验性"(a posteriori)。[④]

---

① [日]伊藤东涯:《闲居笔录》卷二,《日本儒林丛书》第 1 册,日本凤出版社 1978 年版,第 59 页。

② [韩]丁若镛:《论语古今注》卷六《颜渊第十二》,载茶山学术文化财团编:《(校勘·标点)定本与犹堂全书》第 9 册,韩国茶山学术文化财团 2012 年版,第 15—16 页。

③ [韩]丁若镛:《论语古今注》卷六《颜渊第十二》,载茶山学术文化财团编:《(校勘·标点)定本与犹堂全书》第 9 册,韩国茶山学术文化财团 2012 年版,第 15—16 页。

④ 丁茶山说:"仁义礼智之名,成于行事之后。故爱人而后谓之仁,爱人之先,仁之名未立也……"([韩]丁若镛:《孟子要义》卷一《公孙丑第二》,载茶山学术文化财团编:《(校勘·标点)定本与犹堂全书》第 7 册,韩国茶山学术文化财团 2012 年版,第 68 页)

"自"与"他"如何能够圆融呢？它具有一种儒家特色的身体哲学作它的基础，在东亚各国儒者看来，"身体"类似于梅洛庞蒂（Maurice Merleau-Ponty, 1908–1961）所说的作为"错综体"（chiasma）出现的"现象的身体"（phenomenal body）[①]，而不是"生理的身体"（physical body）。"身体"在儒者眼中并不是一个客观认知的对象，而是浸润在文化价值意识之中，与具体的社会政治情境密切互动的一种"身体"。这一方面是一种"理性的身体"，但一方面也是一种"感性的身体"，身体在空间上是处于社会政治意识、社会政治脉络之中，在时间上受到历史意识的召唤与洗礼，因而成为一种既是理性又是感性的主体。

但这样的论述也可能造成各种问题，譬如在现实经验中，"身"和"心"恒有其紧张关系。《马太福音》中，耶稣告诉彼得，"你们要祷告，你们要远离诱惑，因为你的心固然愿意，你的身是脆弱的"[②]。"身"、"心"是有一种紧张关系存在的。如何化解这层紧张关系，是儒家思想必须面对的问题。

儒家思想浸润在社会文化氛围当中，我认为儒家思想作为"文化认同"的意义，远大于作为"政治认同"的意义。因为是建立在"文化认同"的基础之上，东亚各国儒家都认为自我与他者的和谐是可能的。因此，当18世纪的丁茶山读到日本儒者伊藤仁斋、荻生徂徕（1666—1728）、太宰春台（1680—1747）等人的著作以后，他就在写给儿子的信中，判断日本不会侵略朝鲜。因为他认为日本文化水平极高，能够产生仁斋、徂徕、太宰春台这样的思想大家，这样的国家必不会成为侵略者。然而，丁茶山个人的判断终被日本侵略朝鲜的历史事实所推翻。他的错误判断带给我们很大的启示，就是"道德判断"和"事实判断"的落差，这种落差是一种逻辑的落差，也是一种历史的落差，逻辑的落差是理论的落差，历史的落差是一种现实的落差。关于"道德判断"与"事实判断"之落差，可以激发我们

[①] See Maurice Merleau-Ponty, tr. by Colin Smith, *Phenomenology of Perception*, London: Routledge & Kegan Paul, 1962, pp. 148–149.
[②] 《新约全书·马太福音》（26:41），《新旧约全书》，圣经公会1962年版，第40页。

进一步思考。①

（三）天人合一

接着，东亚儒家人文精神第三个面向是"天人合一"，儒家认为人与自然之间有一种"诠释的循环性"。儒家的自然观是自然秩序和人文秩序是和谐的，而不是对抗的关系。孔子讲人与自然的关系，认为"人"与"自然"之间有其连续性，又有其一体性。

例如孔子讲"仁者乐山，智者乐水"（《论语·雍也》），是在自然山水这种情境里面，读入了"仁"与"智"的道德意涵。这也显示出中国文化的"形象思维"之悠久传统，相对于西方文化的"逻辑思维"，有着极大的不同。传统中国人看到山想到"仁"，看到水想到"智"，看到笔砚就想到文臣，看到甲胄就想到武将，这就是一种最典型的形象思维。

关于"人"与"自然"的一体性，一方面人与自然相融合，一方面人要顺应自然而提升其道德的内涵。例如孟子在《公孙丑上》"知言养气"章中，便把作为自然意义的"气"转化成作为一个道德意义的"浩然之气"。

在儒家看来，因为"人"与"自然"都共享一个共同的本质，就是"仁"。在《论语·先进》所说的"曾点境界"，所呈现的是人对自然的孺慕之情。曾点曰："莫春者，春服既成，冠者五六人，童子六七人，浴乎沂，风乎舞雩，咏而归。"夫子喟然叹曰："吾与点也！"所谓"曾点境界"有许多不同解读，宋儒对"曾点境界"不能掩其向往之情，明道先生说"孔子与点，盖圣人之志同，便是尧舜之气象也，诚异二三子者之撰"。朱子注《论语》的时候，对这一段也再三致意，他用朱子学的二元论架构来思考这一章，朱子说："曾点之学，盖有以见夫人人欲尽处，天理流行，随处充满，无少欠阙。"② 王阳明在明朝武宗正德三年（1508），五十三岁的时

---

① 牟宗三（1909—1995）先生说："对于历史，道德判断与历史判断无一可缺。……无道德判断，而只有历史判断，则历史判断只成为现象主义，历史主义，此不足以真实化历史。无历史判断，而只有道德判断，则道德判断只是经，而历史只成为经之正反事例，此亦不足真实化历史。"（牟宗三：《政道与治道》，台湾广文书局1961年版，第223页）

② 朱熹：《四书章句集注·论语集注》卷六，台大出版中心2016年版，第180页。

候，大宴门人于天泉桥，阳明先生看到他的学生，缱宴欢愉，退而作诗，诗中有"铿然舍瑟春风里，点也虽狂得我情"①之句，传诵千古。关于"曾点境界"是"人"与"自然"融合于自然之中，这种"天人合一"观到了北宋是讲"人"与"物"同体，如二程在《识仁篇》中所说"仁者，浑然与物同体"②。朱子进一步阐释"天人合一"之所以可能，因为人心，就是天地之心。

18世纪下半叶朝鲜的朱子学者奇学敬（1741—1809），延续朱子学的诠释取径，说天与人的可能合一乃是因为"吾心之自然流动者"就是"天地生物之心"，以"人心"即于"天地之心"。王阳明说："大人者，以天地万物为一体者也，其视天下犹一家，中国犹一人焉；若夫间形骸而分尔我者，小人矣。大人能以天地万物为一体也，非意之也，其心知仁本若是。"③阳明的论述可以分析成三个命题，第一是人与自然界万物共构成为一体；第二，凡是分而为二都是不理想的状态；第三，人之所以与自然万物成为一体，乃是因为人的心本来就具有"仁"这个质素，而不是人有意为之。

（四）强烈的历史意识

自古以来中国史学家就有一个悠久的史论传统，我在过去的研究中曾对这个史论传统多所著墨。④传统中国史学家以历史叙事为手段，而以提出道德或哲学命题为目的，所以他们常常在历史事件或人物的描述之后，附上一段评论。这种史论可以见之于《左传》的"君子曰"、《史记》的"太史公曰"、《汉书》的"赞"、《三国志》的"评"，司马光（1019—1086）的《资治通鉴》之"臣光曰"，到王夫之（船山，1619—1692）的《读

---

① 王守仁：《月夜二首》，《王阳明全集》卷二十，上海古籍出版社1992年版，第787页。
② 《河南程氏遗书》卷二上，《二程集》上册，中华书局2004年版，第16页。钱穆先生释此语云："天地万物尽融化在此绝对之仁体中。"（钱穆：《中国思想史》，《钱宾四先生全集》第24册，台湾联经出版事业公司1994—1998年版，第180页）
③ 王守仁：《大学问》，《王阳明全集》卷二十六，上海古籍出版社1992年版，第968页。
④ 参见黄俊杰：《儒家思想与中国历史思维》第2章，台大出版中心2014年版，第55—86页。

通鉴论》、《宋论》，以及北宋文人苏洵（1009—1066）与苏轼（1037—1101）等人评论历史与人物的论文，都即"事"以言"理"，循迹以求本，沿波以讨源，呈现中国传统学术中史哲贯通之特质。甚至到 20 世纪有伟大史学家陈寅恪（1890—1969）先生，在《隋唐制度渊源论稿》、《唐代政治史论稿》中都有"寅恪案"之类的文字。从历史事实中提炼历史判断，这是中国史学最大的特征，这一个特征还影响到周边的国家。譬如说第 11 到第 12 世纪的朝鲜史家金富轼（1075—1151）撰写《三国史记》，依循中国史论传统，以有《本纪》、《年表》、《志》、《列传》分类撰写，而且在《本纪》和《列传》后面常赋予一段文字"论曰"来评论时事、评断古人。连雅堂（1878—1936）写《台湾通史》，每一卷起始或者结尾的时候，常常有"连横曰"，在那里表达他对历史事实后面，他的价值如何安立的问题。

中国的史论传统特别注重"寓褒贬"，在中国古代史家笔下，如果皇帝是明君，帝王死了就写"薨"字，如果皇帝是昏君，则写"毙"字，正如刘勰所讲，"褒见一字，贵谕轩冕；贬在片言，诛深斧钺"[1]。

中国史学家叙述历史事实时，特别肯定"人"的作用，肯定人是有自由意志的，《左传》宣公二年有一段"赵盾弑其君"的记载，赵盾根本没有杀国君，但史官说，"子为正卿，亡不越境，反不讨贼，非子而谁"[2]，就因此等于弑君。孔子就称赞记载"赵盾弑其君"这段历史的史家是"古之良史也"[3]。从这一段故事，孔子启示我们，中国是浸润在儒家价值的史学的传统，对人的自由意志赋予绝对的肯定。

儒家与近代西方自由主义精神，有可互相发明之处。当代法国汉学家（François Jullien，1951—　）原来的专业是希腊哲学，后来醉心于中国文化，成为汉学家，他有一本书名为《事物的倾向》（*The Propensity of Things*），特

---

① 刘勰著，黄叔琳校：《文心雕龙注》卷四《史传》，台湾开明书局 1978 年版，第 1—2 页。

② 杨伯峻：《春秋左传注》上册《宣公二年》，中华书局 1995 年版，第 662—663 页。

③ 杨伯峻：《春秋左传注》上册《宣公二年》，中华书局 1995 年版，第 663 页。

别提到在历史中中国人讲"势"。[①] 中国从《孙子兵法》开始就讲有"时势"、有"形势",但他忽略了中国人讲"势"的同时还注重"人"的作用,正如朱子所讲"唯圣人为能察其理之所在而因革之"[②],强调圣人具有洞悉大化流衍与历史发展趋向的能力,懂得如何顺应趋向并将其导引至更完善的方向,以成就人文化成之功,中国传统思想对"人"的作用相当重视。

综上所述,中国的史学常常以"道德学"或"伦理学"的方式呈现,中国史家垂变以显常,述事以求理,因为他们深信历史隐含着永恒的"常道",而历史是为了提炼那个常道而存在的。因为有"常道",所以中国历史解释常常呈现一种静态的而非动态的价值观。我在旧著《儒家思想与中国历史思维》书中曾说,传统中国史学著作中的"时间性"(temporality)潜藏着"非时间性"(supra-temporality),中国历史思维正是在"时间性"与"非时间性"中往复进行。然而中国历史思维中潜藏的理论问题是:"历史的偶然性"与"历史的必然性"到底是什么关系? 这是值得思考的一个问题。

东亚的各国儒家学者都具有深厚的历史意识,历史在他们看来不是"木乃伊",而是充满了教训与智能的图书馆,人是可以"执子之手,与子偕行"[③],我们就可以进入历史,执古人之手,与古人偕行。

中国儒家的"历史意识",可以以朱子作为代表,朱子展现一种"崇古的历史观",朱子的"崇古的历史观"以"理一分殊"的哲学作为基础。朱子基本上将历史事实看成是永恒而唯一的"理"在人间的呈现,这在朱子的哲学系统中是完全符合的。可是在 21 世纪,这个唯一的"理"在人间的呈现有诸多的问题可以被现代人探讨,朱子哲学里面的"理"既是规律,又是规范。因为"理"是唯一的,所以朱子学的历史解释系统有其弱点,它不容

---

① 参见 François Jullien, *The Propensity of Things: Toward a History of Efficacy in China*, translated by Janet Lloyd, New York: Zone Books, 1995。但正如该书书名所示,作者过于强调人力不可抗拒的"势",而忽略了中国儒家思想家所强调的人的努力在诱导历史中"势"的发展所发挥之作用。

② 朱熹:《古史余论》,《朱子文集》第 7 册,台湾德富文教基金会 2000 年版,第 3639 页。

③ 前句典出《邶风·击鼓》:"执子之手,与子偕老。"后句出自《秦风·无衣》。

易提出解释力很强的论述，特别是针对历史上的黑暗时代。朱子常常美化"三代"的历史，称之为人类最理想的时代，然后经由古今的对比，以"三代"作为他批导现实的精神的杠杆。例如在《朱子语类》第一三四卷以下，朱子对中国历史上人物都有所评断，其中以唐太宗（598—649，在位于 626—649 年）最受朱子批判，他批评唐太宗表面上仁义道德，但实际上是利欲熏心。但是，唐太宗在德川日本却评价很高，在相当程度之内呈现日本倾向"功效伦理学"（ethics of consequence）的立场。

以上的报告指出，儒家人文精神有四个主要方面："身心一如"、"自他圆融"、"天人合一"，以及"历史意识"。这样的东亚儒家人文精神，对我们 21 世纪人文教育会带来何种展望呢？

首先，东亚儒家人文精神应可提供 21 世纪新时代一种新的学习方法，从过去"机械论"的生命观，跃上"有机论"的生命观。自从牛顿（Isaac Newton，1643—1727）以后，在欧洲文明视野下，生命和宇宙被当作一个机械式的大钟表。达尔文（Charles Robert Darwin，1809—1882）提出的演化论，乃至演变成为"社会达尔文主义"，将自然生物界与人类社会均纳入"物竞天择，适者生存"的命题，使近代的西方的浮士德的精神非常昂扬。

可是，在 21 世纪这个新的时代，我们需要从儒家的人文精神切入，提出有机体论的生命观，也就是让身与心、人与人、人与自然、人与超自然得到和谐的状态，这种有机体论的生命观，能让生理的生命转化为文化的身体，乃至完成身心的统一，并以文化认同为基础，化解并转化自我与他者的紧张关系，建构一个"信任的社会"（fiduciary community）。①

20 世纪教育哲学的旧轨道是"事实"与"价值"的两分，使得教育一天一天走向数量化、客观化、商品化，近年来台湾特别提倡研究和教学的"商品化"，造成高等教育的伤害莫过于是。21 世纪教育哲学应该吸取儒家的

---

① 美国哲学家伯兰尼所谓的 fiduciary community（信任的社会），参见 Michael Polanyi, *Personal Knowledge: Towards a Post-Critical Philosophy*, Chicago: University of Chicago Press, 1958, pp. 203–245。

智慧,转向"事实"与"价值"的融合,并且在价值的脉络里面来反思事实的意义。教育必须"转识成智",把所学习的价值理念传达到自己的心中,让我们共同努力,以东亚儒家人文精神作为教育的核心,点亮"心灯",使自己的"身"与"心"、"自"与"他"、"自然"与"人文"均达到和谐的境界,并浸润在时间感与历史感之中。让我们期许以这种新教育典范,培养出新时代的人才。这样的人不会将气温的升降误以为是气候的本质,将澎湃的波浪误以为是海水的本质;让我们期许新教育典范所培育出的人才,能够在面对现实世界的万千变化时,仍旧抱持内心的贞定。

(作者单位:台湾大学、台湾"中央研究院"中国文哲研究所)

儒家人文主义与宗教[*]

李 明 辉

不少儒学研究者主张：儒家是一种"人文主义"。"人文主义"一词系译自英文的 humanism 及其他西方语言中的对应词（如德文的 Humanismus、法文的 humanisme）。此词首度出现于德国教育学家尼特哈默尔（Friedrich Immanuel Niethammer, 1766—1848）于 1808 年出版的《在我们时代的教育课程理论中博爱主义与人文主义之争论》（*Der Streit des Philanthropinismus und Humanismus in der Theorie des Erziehungs-Unterrichts unserer Zeit*）一书中。但是"人文主义者"（humanist）一词早已在 16 世纪流传，特别是在意大利。就思想内容而言，有的论者将人文主义上溯到古罗马的西塞罗（Marcus Tullius Cicero, 前 106—前 43），甚至上溯到古希腊哲学家普罗塔哥拉斯（Protagoras, 前 485—前 415）的"人是万物的尺度"之说。

本文无意、亦无法讨论"人文主义"一词在西方脉络中的复杂涵义。简言之，"人文主义"并不是一个学派，而是一种精神方向，它是由于人的自觉而对人的地位之重新肯定。严格而言，人文主义是近代西方文化的产物。一般学者在讨论"人文主义"时，至少会提到两个时期：一是 15、16 世纪文

---

[*] 本文曾于 2010 年 9 月于山东济宁的首届"尼山世界文明论坛"中宣读，事后有较大幅度的修改与增补，并发表于《宗教与哲学》2014 年第 3 辑。本文所谓的"耶教"系指英文的 Christianity，涵盖旧教（习称"天主教"）与新教（习称"基督教"）。为避免与新教混淆，故不称为"基督教"，而称为"耶教"。

艺复兴时代的人文主义，二是 18、19 世纪之交德国的人文主义。前者包括彼特拉克（Francesco Petrarcha, 1304—1374）、萨卢塔蒂（Coluccio Salutati, 1331—1406）、布鲁尼（Leonardo Bruni, 1370—1444）、亚尔贝蒂（Leon Battista Alberti, 1404—1472）、伊拉斯谟（Desiderius Erasmus of Rotterdam, 1466?—1536）等人。后者则包括莱辛（Gotthold Ephraim Lessing, 1729—1781）、赫尔德（Johann Gottfried Herder, 1744—1803）、席勒（Friedrich Schiller, 1759—1805）、洪堡特（Wilhelm von Humboldt, 1767—1835）、施莱格尔（Friedrich Schlegel, 1772—1829）、歌德（Johann Wolfgang Goethe, 1749—1832）、荷尔德林（Johann Christian Friedrich Hölderlin, 1770—1843）等人。

在这两个不同脉络中出现的人文主义均表现出对西方古代文化（希腊、罗马文化）的强烈兴趣，并且强调西方古典学对于人格陶冶的重要意义。与此相关联的是对以耶教为主导的中世纪文化之抗拒。它藉由复兴古代文化而重新肯定人的地位，并摆脱中世纪以神为本的耶教文化。因此，西方的人文主义自始便与宗教形成某种张力，甚至对抗的关系。不过，人文主义思潮也有助于耶教的改革，它不但启发了宗教改革家马丁路德（Martin Luther, 1483–1546）的主要助手梅兰克通（Phillip Melanchthon, 1497–1560），也对耶稣会的教育方式产生了深远的影响，故有所谓"耶教人文主义"（Christian humanism）之说。但既然在耶教，人的地位不论如何崇高，依然从属于神，故"耶教人文主义"之说实有混淆视听之嫌。不过，它至少显示：在历史的发展过程中，人文主义与耶教之间并不全然是对立的关系。

在中国，先秦儒家与殷商的原始宗教之间也存在一种微妙的辩证关系。一方面，先秦儒学脱胎于殷商的原始宗教；另一方面，先秦儒家逐步以道德意识取代了殷人的宗教意识。根据《诗经》《书经》等古籍的记载，中国人在周代以前的确具有强烈的宗教意识，并且有频繁的祭祀活动，而祭祀的对象包括天地、祖先、鬼神、日月星辰、自然现象（如四时寒暑、水旱）、四方等，甚至包含一种对于至高的人格神（天、帝、上帝）之信仰。徐复观在其《中国人性论史·先秦篇》中将由殷商到周代的思想发展理解为由原始的宗教意识逐步人文化之过程。根据他的说明，这种人文化的过程系通过周人的"忧患意识"而发展，而这种"忧患意识"则是通过"敬"的观念来表现。他将这种"忧患意识"与原始宗教所依托的"恐怖意识"加以对比：在原始宗教当中，人往往在恐怖与绝望中感到自己过分渺小，而放弃自己的责任，将自己的命运诿诸外在的神；反之，"忧患意识"却是起源于人在精神上的自觉，而表现为对事物的责任感，故是一种道德意识。[①]他特别说明：

> 周初所强调的敬的观念，与宗教的虔敬，近似而实不同。宗教的虔敬，是人把自己的主体性消解掉，将自己投掷于神的面前而彻底皈归于神的心理状态。周初所强调的敬，是人的精神，由散漫而集中，并消解自己的官能欲望于自己所负的责任之前，凸显出自己主体的积极性与理性作用。[②]

在这个发展过程中，孔子发挥了一个关键性的作用，此即：藉由其学说与道德实践，他一方面将周文中**外在的**礼乐秩序，另一方面将《诗经》、《书经》中作为人格神之**超越**的"天"、"帝"或"上帝"，一起**内在化**于人的本性及其道德实践之中。在孔子的思想中同存在两个面向：一方面，他保有对于"天"或"天命"的强烈意识；但在另一方面，"天"的概念在他那里表现出理性化与人文化的转向。第一个面向显然继承自殷商的原始宗教，第二个面向则显示道德意识的觉醒，是孔子为"天"所创造的新意涵。尽管孔子自言"述而不作"，其实他是在述中作，以现代的用语来说，即是"批判地继承"。换言之，孔子并未直接挑战传统的天道观，而是藉由道德意识将它人文化、内在化，可说是"旧瓶装新酒"。

这个人文化、内在化的过程完成于《中庸》。《中庸》首章三句"天命之

---

① 参见徐复观：《中国人性论史·先秦篇》，台湾商务印书馆 1969 年版，第 20—22 页。
② 徐复观：《中国人性论史·先秦篇》，台湾商务印书馆 1969 年版，第 22 页。

谓性,率性之谓道,修道之谓教"明确地表示由"天"的超越性转向其内在性之思维;但是《中庸》在强调"天"之内在性时,并不否认其超越性。相较于孔子思想中的"天"仍保有人格神的意味,《中庸》的"天"或"天命"则进一步理性化,而抖落了这种意味。牟宗三将孔子对天的态度称为"超越的遥契",而将《中庸》所代表的态度称为"内在的遥契"。他解释道:

> 孔子在他与天遥契的精神境界中,不但没有把天拉下来,而且把天推远一点。虽在其自己生命中可与天遥契,但是天仍然保持它的超越性,高高在上而为人所敬畏。因此,孔子所说的天比较含有宗教上"人格神"(Personal God)的意味。①

至于"内在的遥契","不是把天命、天道推远,而是一方把它收进来作为他自己的性,一方又把它转化而为形上的实体"②。接着,牟宗三强调这两种遥契天道的方式并无冲突矛盾,而且"由超越的遥契发展为内在的遥契,是一个极其自然的进程"③。他将两者的关系总括如下:

> 超越的遥契着重客体性(Objectivity),内在的遥契着重主体性(Subjectivity)。由客观性的着重过渡到主体性的着重,是人对天和合了解的一个大转进。而且,经此一转进,主体性与客观性取得一个"真实的统一"(Real Unification),成为一个"真实的统一体"(Real Unity)。④

---

① 牟宗三:《中国哲学的特质》,台湾学生书局1990年版,第37—45页;《牟宗三先生全集》第28册,台湾联经出版事业公司2003年版,第40—50页。
② 牟宗三:《中国哲学的特质》,台湾学生书局1990年版,第40页;《牟宗三先生全集》第8册,台湾联经出版事业公司2003年版,第39—40页。
③ 牟宗三:《中国哲学的特质》,台湾学生书局1990年版,第44页;《牟宗三先生全集》第8册,台湾联经出版事业公司2003年版,第40页。
④ 牟宗三:《中国哲学的特质》,台湾学生书局1990年版,第45页;《牟宗三先生全集》第8册,台湾联经出版事业公司2003年版,第44页。

《中庸》所代表的"天人合一"观与"即内在即超越"的思维模式基本上为宋明儒所继承。在这种"天人合一"观当中,超越与内在、宗教与人文是一体之两面。在这个意义下,我们便可以论儒家的"宗教性"。例如,杜维明便撰有《论中庸》一书①,以《中庸》为例,来说明儒家的宗教性。但是这里出现了一个问题:这种"宗教性"究竟属于儒学的"本质",还是历史发展过程中的"残余"?对于这个问题,当代新儒家的看法并不一致。唐君毅、牟宗三持"本质"说,徐复观则持"残余"说。笔者曾将这两种看法归纳如下:

> 对唐、牟二人而言,宗教与人文、超越与内在,在儒家思想之中,是一体之两面,彼此相即而不可分,然亦具有永恒的张力。但对徐先生而言,儒学的本质显然是落在人文与内在的一面。他固然不否认儒学原先具有宗教性,但此宗教性在历史发展的过程中却逐步为人文精神所转化、乃至取代。简言之,对唐、牟二人而言,宗教与人文、超越与内在之间的张力构成儒学的本质;但徐先生却仅赋予儒家的宗教性一种阶段性的历史意义,而非其本质要素。换言之,对徐先生而言,儒学是不折不扣的人文主义;至于其宗教性,仅是历史的残余而已。②

---

① Tu Wei-ming: *Centrality and Commonality: An Essay on Chung-Yung*, Honolulu: University of Hawaii Press, 1976;此书后经扩充并改名为:*Centrality and Commonality: An Essay on Confucian Religiousness*, Albany: State University of New York Press, 1989。后者有段德智的中译本:《论儒学的宗教性——对"中庸"的现代诠释》,《杜维明文集》第三卷,武汉出版社 2002 年版,第 357—485 页。

② 李明辉:《从康德的"道德宗教"论儒家的宗教性》,载李明辉、林维杰编:《当代儒家与西方文化:会通与转化》,台湾"中央研究院"中国文哲研究所 2007 年版,第 24—25 页;哈佛燕京学社编:《儒家传统与启蒙心态》,江苏教育出版社 2005 年版,第 235 页;李志刚、冯达文:《从历史中提取智慧》,四川出版集团巴蜀书社 2005 年版,第 10 页;李明辉:《儒家与康德》,台湾联经出版事业公司 2018 年增订版,第 242 页。关于徐复观与唐、牟二人对儒家宗教性的不同看法,参见李明辉:《徐复观论儒家与宗教》,载冯天瑜编:《人文论丛:2006 年卷》,武汉大学出版社 2007 年版,第 402—412 页。

就儒学的实际发展而言，笔者较为赞同唐、牟的"本质"说。因为我们实在很难同意：儒家的"三祭"（祭天地、祭祖先、祭圣贤人物）之礼，以及在《中庸》、《孟子》、《易传》与日后宋明儒学中有关"天人合一"的所有论述，均只是历史的"残余"。

由于牟宗三将宗教性视为儒学的本质成分，他将儒学称为"人文教"或"道德宗教"①。他进而说明此义：

> 此则即宗教即道德，而为人类建立一"道德的宗教"也。此则既与佛教之以舍离为中心的灭度宗教不同，亦与基督教之以神为中心的救赎宗教不同。在儒家，道德不是停在有限的范围内，不是如西方者然以道德与宗教为对立之两阶段。道德即通无限。道德行为有限，而道德行为所依据之实体以成其为道德行为者则无限。②

"道德宗教"一词系牟宗三所造，但是康德（Immanuel Kant, 1724–1804）也有"道德宗教"（moralische Religion）之说，其涵义与牟宗三所言极为接近。③ 徐复观与唐、牟二人均将儒学理解为一种"人文主义"，但其涵义不尽相同。徐复观所理解的"人文主义"较接近西方人（尤其是在文艺复兴时代）所理解的意义，即强调它与宗教间的张力（甚至对立）。反之，唐、牟所理解的"人文主义"则与宗教不隔，甚至预设了宗教性。牟宗三带有贬义地将与宗教对立的人文主义称为"寡头的人文主义"④。

---

① 牟宗三：《人文主义与宗教》，《生命的学问》，台湾三民书局1970年版，第72—80页；牟宗三：《心体与性体》第1册，台湾正中书局1973年版，第3—6页；《牟宗三先生全集》第5册，台湾联经出版事业公司2003年版，第5—8页。由于台湾三民书局发行人刘振强拒绝授权，《生命的学问》一书未能收入《牟宗三先生全集》。
② 牟宗三：《心体与性体》第1册，台湾正中书局1973年版，第6页；《牟宗三先生全集》第5册，台湾联经出版事业公司2003年版，第8页。
③ 参见李明辉：《从康德的"道德宗教"论儒家的宗教性》。尽管牟宗三对康德的著作下了极大的功夫，并且翻译了其三大批判，但他似乎未注意到康德的"道德宗教"之说，否则他在将儒家称为"道德宗教"时，必然会提及康德。
④ 笔者曾亲耳听过牟宗三在课堂上使用此词，但在其著作中似乎未见此词。

从明末清初耶稣会传教士来华起，"儒家是否为宗教？"这个问题便一再引起争论。其实，"宗教"一词在西方亦如"哲学"一词，具有极其复杂的涵义，而且是在不断的变迁之中。若以西方的"亚伯拉罕宗教"（耶教、伊斯兰教、犹太教）为标准，儒家并不符合"宗教"的形式条件，因为它既无教会与神职人员，亦不信奉唯一的人格神。笔者在《从康德的"道德宗教"论儒家的宗教性》一文中主张：我们若要将儒家视为一种宗教，它只能是康德所谓的"道德宗教"。这种宗教系建立在实践理性的基础之上，它既不需要教会，亦不需要来自上帝的启示与恩宠。在这个脉络中，康德谈到"无形教会"（unsichtbare Kirche）。简言之，"无形教会"有别于在历史上实际存在的"有形教会"（sichtbare Kirche）；它其实是一个作为理想的伦理共同体，只要是愿意服从上帝的道德立法的人，都属于这个教会。因此，康德的"道德宗教"与"无形教会"均代表一种超越时空的普遍理想。

康德的"道德宗教"与"无形教会"极有助于我们理解儒家的宗教性。作为一种"道德宗教"，儒家可说是一种无宗教形式的宗教。其身份归属完全取决于当事人的自我认同，而不依赖具体的皈依仪式。只要是自觉地认同儒家理想的人，均属于儒家的"无形教会"。表面看来，这种意义的"宗教"似乎欠缺现实的基础，但它却有极大的渗透性。一个自觉的儒家信徒可以同时是基督徒。因此，身为基督徒的南乐山（Robert Cummings Neville）与白诗朗（John Berthrong）可以自称为"波士顿儒家"。但我们实在很难想象：一个基督徒可以同时为伊斯兰教徒或佛教徒。

在中国的帝制时代，本身欠缺"有形教会"的儒家之所以能成为各个领域的主导力量，主要系由于它依托于三项制度：君主专制制度、考试制度与家族制度。到了近代，随着西力东来，这三项制度上的依托也动摇了。1905年，清廷废除了隋、唐以来的科举制度。1911年的辛亥革命结束了中国长达两千多年的君主专制制度。而在中国被迫进入现代化的过程中，传统的大家族制度也逐渐为现代的小家庭（核心家庭）制度所取代。这些制度上的剧变使儒家在现代社会中成为余英时所谓的

"游魂"。① 在这个脉络中,余英时特别指出:

> 儒学与基督教不同。基督教在中古时代也曾与许多俗世制度融为一体,自从经过宗教改革和启蒙运动的洗礼以后,由于它是有教会组织的宗教,最后终能托身在宗教制度之内。政教分离的结果是基督教与俗世制度之间划清了界线,然而不必变成游魂。传统儒学并无自己的制度或组织,而是以一切社会制度为托身之所。②

面对儒家的这种困境,并且受到耶教历史的启示,康有为(1858—1927)在清末倡议以孔教为国教,尊孔子为教主,并建立孔教会,其目的在于为儒家重新寻求制度上的依托。民国成立之后,他与陈焕章(1880—1933)、严复(1854—1921)等知名学者进一步推动孔教运动,并且得到袁世凯(1859—1916)的支持。但是随着袁世凯"洪宪帝制"的瓦解,孔教运动也终告失败。③

无独有偶,在百余年之后,蒋庆藉由提倡"王道政治",也试图作类似的努力。他主张以儒家的"王道政治"来取代西方的民主政治。在他看来,"王道政治"优于民主政治之处在于:民主政治在政治合法性的问题上仅强调民意合法性,而王道政治却是基于"三重合法性"——人心民意的合法性、超越神圣的合法性、历史文化的合法性——之间的

---

① 参见余英时的《现代儒学的困境》一文。此文为余英时于 1988 年 8 月底在新加坡东亚研究所主办的"儒学发展的问题及前景"研讨会中发表的论文,首先刊载于同年 8 月 29 日的《中国时报·人间副刊》,其后收入其《中国文化与现代变迁》,台湾三民书局 1992 年版,第 95—102 页;亦收入其《现代儒学论》,八方文化企业公司 1996 年版,第 159—164 页。

② 余英时:《中国文化与现代变迁》,台湾三民书局 1992 年版,第 100 页;余英时:《现代儒学论》,八方文化企业公司 1996 年版,第 163 页。

③ 关于康有为的孔教运动,参见干春松:《儒家的制度化重建:康有为和孔教会》,《制度儒学》,上海人民出版社 2006 年版,第 105—186 页;唐文明:《敷教在宽》,中国人民大学出版社 2012 年版。

制衡。① 为此,蒋庆特别设计了一个三院制的议会,以"通儒院"代表超越神圣的合法性,以"庶民院"代表人心民意的合法性,以"国体院"代表历史文化的合法性,再由议会产生行政系统,对议会负责。在这三院当中,只有"庶民院"是由选举产生,"通儒院"由推举与委派产生,"国体院"则由世袭的衍圣公指定。② 透过"国体院"与"通儒院"之设立,儒教作为国教的地位得以确立。

在《再论政治儒学》一书中,蒋庆进一步提出"儒教宪政"的构想。除了上述的"议会三院制"之外,这个构想还包括"太学监国制"与"虚君共和制"。他将"太学监国制"视为儒教宪政的"监督形式",而将"虚君共和制"视为儒教宪政的"国体形式"。他反对西方"主权在民"之说,而强调:"'儒教宪政'在义理上的根本特性,可以用一句话来概括,就是'主权在天'。"③太学是中国传统的制度,他根据这个"学治传统"提出"太学监国制"。根据他的设计,现代的太学具有六项权力,即国家最高监国权、国家最高养士考试权、国家最高礼仪祭祀权、国家最高罢免权、国家最高仲裁权与国家最高维持风教权。④ 他强调:太学因具有这六项权力,它"在'主权'的合法性上亦即在宪政意义上是国家的最高权力机构"⑤。太学由"太学祭酒"与"太学大学士"组成。太学大学士由太学祭酒选拔任命。太学祭酒之产生,先由通儒院与全国儒林推举三十名儒家学者组成"儒学家委员会",再由该委员会以无记名方式选出;太学大学士则由国家征辟、民间察举、现代科举及太学祭酒选拔任命等方式产生。⑥ 至于"虚君共和制",则是以衍圣公为"虚君",代表"国体",来保证国家精神性、国家历史性、国家持续性、国家神

---

① 参见蒋庆:《生命信仰与王道政治:儒家文化的现代价值》,台湾养正堂文化事业公司 2004 年版,第 299—312 页。

② 参见蒋庆:《生命信仰与王道政治:儒家文化的现代价值》,台湾养正堂文化事业公司 2004 年版,第 313—317 页。

③ 蒋庆:《再论政治儒学》,华东师范大学出版社 2011 年版,第 128 页。

④ 参见蒋庆:《再论政治儒学》,华东师范大学出版社 2011 年版,第 140—151 页。

⑤ 蒋庆:《再论政治儒学》,华东师范大学出版社 2011 年版,第 151 页。

⑥ 参见蒋庆:《再论政治儒学》,华东师范大学出版社 2011 年版,第 152 页。

圣性、国家威严性、国家价值性及国家忠诚性。①"太学监国制"与"虚君共和制"的设计进一步确立儒教作为国教的地位。

不可否认,儒家宗教化的现象曾出现于某些特定的历史脉络之中。例如,宗教学者发现:在中国的民间宗教(如一贯道、鸾堂)当中,儒家认同与儒家经典扮演了极为重要的角色。德国学者柯若朴(Philip Clart)以台湾的"儒宗神教"为例,提出"民间儒教"之说。②台湾学者钟云莺则将这个概念加以扩展,来探讨民间宗教的四个个案(月光老人、王觉一、观礼堂、救世新教)。③然而,这些个案所显示的,与其说是儒家的宗教化,不如说是儒家对民间宗教的影响与渗透。在印度尼西亚,"孔教"虽已有百年的历史,但近年来在苏哈托下台之后,始获得印度尼西亚政府的准许,得以公开活动。"孔教"基本上是以祭祖及家庭伦理为核心。它在印度尼西亚之所以成为宗教,实因印度尼西亚的特殊环境与印度尼西亚政府的宗教政策所致。

在笔者看来,无论是康有为的"孔教运动",还是蒋庆的"王道政治",都是不可欲,亦不可求的。因为在中国的现代社会试图恢复儒学作为国教的地位,正如在西方的现代社会试图恢复政教合一的制度,无异是要回到中世纪,是时空错置、不切实际的。此外,在业已"除魅"的现代社会中,这种主张也违背多元主义的原则,只会引发冲突。

德国社会学家卢克曼(Thomas Luckmann)在其《无形的宗教——现代社会中的宗教问题》一书中考察欧洲与美国在经历工业化以后的宗教现象之转化。他指出:随着现代社会之日益世俗化,宗教在现代社会并未式微或消失,而是经历了一番转化。这项转化便是宗教之私人化,即以教会制度为基础的"有形宗教"已逐渐成为一种边缘现象,取而代之的是以个人虔

---

① 参见蒋庆:《再论政治儒学》,华东师范大学出版社2011年版,第180—188、203—224页。
② 参见柯若朴:《"民间儒教"概念之试探:以台湾儒宗神教为例》,《近代中国史研究通讯》(台湾)第34期,2002年。
③ 参见钟云莺:《清末民初民间儒教对主流儒学的吸收与转化》,台大出版中心2008年版。

信（individual religiosity）为基础的"无形宗教"。① 他一则写道："现代的神圣宇宙之实际社会基础既不能在教会中，亦不能在国家中，更不能在经济体制中找到。"② 再则他写道："现代工业社会中的一般个人主要是在'私人领域'中——且因此在其'**私人的**'经历中——发现'终极'意义。"③

2005 年罗马教廷选出德国枢机主教拉辛格（Joseph Aloisius Ratzinger）为教宗本笃十六世时，德国的《明镜》（*Der Spiegel*）周刊做了一个专题报道，题为《教宗回到一个非耶教的国家》（"Heimkehr des Papstes in ein-unchristliches Land"）。众所周知，包括新旧教在内的耶教是德国人民的主要信仰，何以说德国是一个"非耶教的国家"呢？因为该周刊同时做了一项意见调查，调查德国民众对于宗教信仰与教会的看法与态度，得到的结论是："固然有三分之二（的德国民众）相信一个更高的存有者，但是许多人想到的是一个与耶教的上帝不再有关的神。"因此，"大多数德国人的上帝意象与耶教学说的关系不大"④。这也佐证了卢克曼的上述观点。"有形宗教"一方面透过信徒身份的认定来坚定其信仰，另一方面却加大了人与人之间的界线。尽管"9·11"事件有其复杂的国际背景，但又何尝不是种因于伊斯兰教徒与耶教徒间的长期隔阂与敌对？过去数十年在北爱尔兰，同属耶教的新旧教徒却相互仇视与杀戮，对耶教的博爱精神岂非绝大的讽刺？

18 世纪的德国诗人莱辛在其诗剧《智者纳坦》（*Nathan der Weise*）中藉由指环的寓言，试图消弭耶教、伊斯兰教、犹太教三个"亚伯拉罕宗教"之间的畛域。在该诗剧的第三幕第七场，莱辛藉由一位古代犹太富翁纳坦与阿拉伯苏丹萨拉丁的对话叙述了这个寓言。寓言的内容如下：有一位东

---

① 此书最初以英文出版，题为 *The Invisible Religion: The Problem of Religion in Modern Society*, New York: Macmillan, 1967，其后才有德文版 *Die unsichtbare Religion*, Frankfurt/M.: Suhrkamp, 1991。覃方明所译的中文版于 1995 年由香港汉语基督教文化研究所出版。

② Luckmann, *The Invisible Religion*, p. 103.

③ Luckmann, *The Invisible Religion*, p. 109.

④ "Glauben als Patchwork", *Der Spiegel*, Nr. 33/15. 8. 2005, S. 138.

方的父亲想将其作为传家之宝且具有神奇力量的一枚指环传给其三个儿子之一。得到这枚指环的儿子便会成为这个家族的族长。但是这三个儿子都很贤能，他也都很喜欢，而难于取舍。于是他想到一个办法：他让工匠另外打造两枚完全一样的指环，凑足三个，而将这三枚指环分别传给这三个儿子。在他去世之后，便产生了一个问题：在这三个儿子当中，谁继承了"真正的"指环，而该成为族长呢？由于仿制的指环惟妙惟肖，连工匠都无法辨识其真伪，三个儿子为了"谁的指环才是真的指环"而争论不休。他们便一起上法庭，请法官裁断，但法官也无法做裁决。最后，法官说：

> 我的忠告是：你们完全接受现状。如果你们每个人都从父亲那里得到了他的指环，每个人就确信自己的指环是真的。——可能是：父亲不再愿意容忍一枚指环在其家族中的专制！他的确爱你们三个人，而且同样地爱，因为他不愿为了偏爱一个而委屈其他两个。——好啦！每个人都要尽力效法父亲那种纯洁无瑕、毫无偏见的爱！你们每个人都应当竞相显示自己指环上宝石的力量，藉温厚、藉衷心的和顺、藉施惠、藉对上帝的全心委顺，来唤起这种力量！当宝石的力量在你们儿孙的儿孙身上表现出来之际，在千万年之后，我邀请你们重新站在这个审判席前面。届时将有一位更有智慧的人坐在这个审判席上。①

在这个寓言中，三枚指环分别象征耶教、伊斯兰教与犹太教。它的寓意是：指环只是宗教的形式，"真正的"宗教应当是它所代表的精神。这使人想到康德的"无形教会"之说。因此，莱辛被视为典型的人文主义者。时至今日，莱辛的慧识依然不失其意义。在这个意义下，儒家未成为"有形宗教"，或许并非坏事，反而符合多元化的现代社会之需求，为个人提供一套可供选择的安身立命之道。至于儒家在政治、社会、文化等"外王"的领域

---

① Gotthold Ephraim Lessing, *Werke* (Darmstadt: Wissenschaftliche Buchgesellschaft, 1971), Bd. 2, S. 279f. 译文参见 [德] 莱辛：《智者纳坦》(研究版)，朱雁冰译，华夏出版社 2011 年版，第 84—85 页。

中还可能发挥何种角色，则非本文所能讨论，需要另外处理。①

最近大陆学界出现一股"重建儒教"的呼声，提倡者包括蒋庆、唐文明、陈明等人。② 蒋庆的构想在上文已讨论过了。唐文明甚至提出"从毛泽东回到康有为"的主张。③ 陈明则提出儒教作为"公民宗教"（civil religion）的构想。④ 然而揆诸莱辛的慧识及卢克曼的上述理论，蒋庆与唐文明的主张在现代社会中既不可欲，亦不可求。陈明的"儒教之公民宗教说"则是基于较软性的"宗教"概念，尽管在现代社会仍可能有争议，但较具可行性。无论如何，笔者虽然乐于见到中国出现各种提倡儒家思想的团体，但怀疑有必要在现代社会将儒家建立为一种以教会为基础的组织宗教，遑论国教！

（作者单位：台湾"中央研究院"中国文哲研究所、台湾大学、中山大学）

---

① 参见李明辉：《儒学知识化与现代学术》，《中国人民大学学报》2010 年第 6 期。

② 相关的论文极多，很难一一列举，但可参考任重、刘明编：《儒教重建：主张与回应》，中国政法大学出版社 2012 年版。

③ 参见唐文明：《政治自觉、教化自觉与中华民族的现代建构》，载干春松、陈壁生编：《经学与建国》第 2 辑，中国人民大学出版社 2013 年版，第 73—76 页。

④ 参见陈明：《儒教之公民宗教说》，载任重、刘明编：《儒教重建：主张与回应》，第 15—26 页；陈宜中：《公民儒教的进路：陈明先生访谈录》，《思想》（台湾）第 20 期，2012 年。"公民宗教"的概念出自美国社会学家贝拉（Robert N. Bellah）。关于此概念，参见 [美] 罗伯特·贝拉：《美国的公民宗教》，陈勇译，《原道》第 13 辑，首都师范大学出版社 2007 年版；陈勇：《公民宗教论综述》，《原道》第 13 辑，首都师范大学出版社 2007 年版。但要特别强调的是：陈明并不赞成蒋庆的"儒教宪政"方案。

义理的体系与信仰的系统*

——考察儒家宗教性问题的一个必要视点

李 景 林

儒家的宗教性是一个很重要的问题。我认可儒家并非宗教，但有宗教性的观点。但是，怎么理解儒家的这个宗教性，却是一个困难的问题。本文拟从儒家与中国传统社会的信仰系统之关系入手，对这一问题提出自己的一点浅见。

一、哲理与信仰

儒学既是一个哲理的系统，又在中国传统社会中承担着核心的教化职能。它与西方的哲学与宗教既有区别，又有相通之处。儒学的这一特点，使我们难以给出一种儒家是不是宗教的简单判断。认定儒家是宗教的学者，对儒家与一般所谓宗教之有显著的区别这一点，其实是心知肚明。而否定儒家是宗教的学者，则无法对儒家在中国社会有类于宗教的教化功能作出令人信服的说明。

学界有关儒家宗教性的讨论，虽观点纷歧，然要而言之，实质上都和儒

* 本文为国家社科基金重大项目"中国传统价值观变迁史"（14ZDB003）的阶段性成果，发表于《北京师范大学学报》（社会科学版）2016 年第 3 期。

家与中国传统社会的信仰系统之关系这一问题有关。

肯定儒家是宗教的学者，往往引中国礼乐、礼仪传统中有天帝、鬼神祭祀的内容以为根据。不过，这里需要指出的是，中国社会天神、地祇、人鬼的神灵及与之相关的祭祀礼仪系统，在孔子之前便已存在，并普泛地渗透于古代社会生活的各个方面，并非为儒家所专有。或有论者采取将儒教的传统追溯到孔子之前的方法来论证儒教是宗教。但是，古来言百家之学，皆自老孔墨始。西周以上，学在官府，其礼乐文明及其宗教伦理传统，为百家诸子之共同的思想文化渊源，并不能归之于一家。其时所谓"儒"，为术艺之士之统称。孔子区分"小人儒"与"君子儒"，以"道"贯通于术艺而为其本，始成儒家之所谓"儒"。① 《汉书·艺文志》谓儒家"游文于六经之中，留意于仁义之际，祖述尧舜，宪章文武，宗师仲尼"。是言儒家以六经为其经典，以仁义为其道和思想之原则，以孔子为宗师或其学脉之开创者，并上溯于文武以至尧舜以明其思想文化之渊源。《汉书·艺文志》对儒家的这个概括，是全面的，也是准确的。因此，讨论儒学的宗教性问题，需要切实地研究儒学与传统社会祭祀礼仪及其神灵系统的关系，但却不能直接、笼统地把传统社会的宗教神灵和观念归之于儒家。

否定儒家为宗教的学者，则往往据孔子"不语怪力乱神"，"敬鬼神而远之"的态度，认为孔子否定了传统天命观念的人格神意义，不信鬼神，甚至为儒家加上一顶"无神论"的桂冠。其实，孔子所反对的，只是时人所流行的对于神灵的功利态度，并非否定神灵。一般人亵近神灵，甚或谄媚鬼神，非其鬼而祭之，实已忘其本分与夫人道之当行，而外在地祈神邀福。孔子所反对者在此。以后儒家特别批评"淫祀"，其意亦在于斯。孔子"迅雷风烈必变"（《论语·乡党》），敬畏天命，祭神如在②，对天命至上神，保持一

---

① 《论语·雍也》："子谓子夏曰：女为君子儒，无为小人儒。"何晏《集解》："孔曰：君子为儒将以明道，小人为儒则矜其名。"

② 《论语·季氏》："孔子曰：君子有三畏：畏天命，畏大人，畏圣人之言。小人不知天命而不畏也，狎大人，侮圣人之言。"《论语·八佾》："祭如在，祭神如神在。子曰：'吾不与祭，如不祭。'"

种内在的诚敬之心。儒家尤重丧祭礼仪,对其思想文化内涵,有系统的诠释,并特别强调致祭者的诚敬与敬畏之心对于道德养成及其形上价值挺立之意义。① 因此,认儒家否定神灵或人格神的说法,根据是不充分的。

当代新儒家对儒家的宗教性问题亦有深入的思考。新儒家学者论儒家的宗教性问题,主要是通过对宗教的重新定义,从儒家所具有的"内在超越"精神的角度,来揭示儒学的宗教意义。

唐君毅、牟宗三先生以儒家主张人有超越性的本心本性或无限智心,而能践仁知天,即人文而达于超人文之境,即道德而遥契超越的天道,而将其定位为一种"人文的宗教"或"道德的宗教"。此说实已突破了学界对宗教的一般理解。值得注意的是,第二代新儒家更关注儒家义理与社会生活的内在联系。牟宗三先生从儒家即礼乐作为人的"日常生活之道"而"启发人的精神向上之机,指导精神生活的途径"这一层面,来理解儒家思想的宗教意义②,唐君毅先生亦特别关注儒家三祭(祭天地、祖宗、圣贤)之礼的实践和宗教意义,都表现了这一点。强调儒家通过礼乐特别是丧祭礼仪关涉于社会生活,这一点对于理解儒家的宗教性,具有关键性的意义。但是,古代"非天子不议礼,不制度,不考文"(《礼记·中庸》),制礼作乐,为天子之事。礼乐制度及与之相关的礼俗和信仰系统,属于整个社会,并非专属儒家。儒家的角色,是礼乐和社会信仰系统的思想诠释者,而非其创制者。对二者之间的关系,仍有必要作出适当的分疏。

第三代新儒家继承了前代"内在超越"的思想理路,试图赋予宗教概念以更宽泛的涵义,着重于从儒家学理系统本身来理解其宗教意义。刘述先先生反对把基督教作为宗教的一般模型,以神的观念为中心来定义宗教的思想理路,转而借鉴美国神学家田立克的观点,以超越的祈向和人的终极关怀来重新定义宗教信仰,用以诠释儒家的宗教性。据此,他认为,孔子之"天"的观念,已全无人格神的特征,但却仍具超越性的意义。"仁"是儒

---

① 参见李景林:《儒家的丧祭理论与终极关怀》,《中国社会科学》2004年第2期。
② 参见牟宗三:《中国哲学的特质》第十二讲之六,上海古籍出版社1997年版。

家所遵循的"道"，这个"道"，既超越又内在。人自觉地承担起弘道的责任，乃能通过既尊重内在又尊重超越的两行之理的体证，建立其安身立命之所。① 刘述先先生通过重新定义宗教概念的方式来揭示儒学的宗教性义涵，这在现代新儒家对儒家的宗教性反思中，颇具代表性的意义。

应当说，当代新儒家对儒家"内在超越"观念的理解，准确地把握住了儒家思想的精神特质，具有重要的哲学意义和理论解释力。把拥有一种终极关怀、宗教信仰和超越的祈向当做宗教的核心要素，据此来讨论儒家的宗教性，这一点也没有问题。② 不过问题在于，刘先生认为儒学的天、道观念已不复有古代社会天帝观念的人格神的意义。在此前提下，如果仅仅把儒学的超越性的指向和终极的关怀局限为一种"道"或"理"，尽管我们可以把这种"道"或"理"理解为一种"生生"之"道"，生命之"理"，但仅就儒学自身而言，它是否可以成为一种"宗教信仰"，对这一点，仍有必要做进一步的讨论和思考。

其实，田立克不仅用终极关怀来定义宗教信仰，同时对哲学与宗教关涉终极实在的方式亦做了明确的区分。在《信仰的动力》一书中，田立克指出，哲学与信仰虽然都关涉到终极实在，但哲学对这终极实在的显示，主要通过概念对存在作基本结构描述的方式来达成。而宗教则是通过象征的方式来寻求终极的意义。宗教的信仰，总是以上帝作为基本的象征，并把我们所可归诸上帝的诸如全能、慈爱、正义等神圣性及一系列神圣事物、事件、仪式、教义等，通过神话的形式汇合为一个象征的系统，由此而向我们开启那终极的意义。二者的区别还表现在，哲学对显现终极实在之存在结构的概念描述，是超然的或对象性的；而信仰对于终极意义的关怀，则表现为一种卷入性的参与或全身心的投入。基于宗教信仰的绝对性、无条件性，那

---

① 参见郭齐勇：《当代新儒家对儒学宗教性问题的反思》，《中国哲学史》1999 年第 1 期。

② 应当指出，我们可以把终极关怀或者宗教的信仰作为宗教的一种核心要素，但讨论宗教概念，不能局限于此。它应当还包括教义、经典、仪轨、制度、组织、场所、神物、法器、神职人员与仪式行为等要素所组成的一套系统。即便我们不给宗教下一种确定的定义，这些内容似乎亦不能不予考虑。

些对有限性现实事物的追求和崇拜（譬如对金钱、成功的追求、国家崇拜、无神论等），则理应被排除在宗教信仰和终极关怀之外。①

田立克对哲学与信仰的区分，对我们理解儒学的宗教性这一问题，具有重要的意义。一般宗教都有自身的一套哲学理论，但它的内容乃围绕神话和神灵的象征系统展开，其作为哲学，可称之为是一套神学意义的哲学。它宣讲这套义理的活动，意在布道，而非讲学。哲学却不同。它通过理性的概念来展示存在的结构和意义，以一种可理解性和公共性的逻辑、知识形态展示于人。在现代社会，布道须限于特殊的场所，而哲学则可进入公民教育等公共的领域，二者的差异于此亦可见一斑。如康德要限制知识，以为信仰留下地盘。但他由实践理性引出意志自由、灵魂不朽、上帝存在三个理念，其实只是一种理论圆满之逻辑必要性的设定。其所谓道德的宗教，其意义亦在于为何谓真正的宗教提出一种理论的判准。康德对信仰和宗教的讨论，仍是一种关于信仰与宗教的哲学理论。同样，儒家有一套自己的形上学的理论，其有关天、命、性、道等终极实在的讨论，亦是以概念和反思方式所进行的一种义理的建构，而并非用神话的方式对终极意义做一种象征性的开启。在这个意义上，当代新儒家谓儒家的天、天道观念弱化甚至否定了古代社会天帝观念的人格神的意义，是准确的。但这样一来，儒家的形上学学说，则只能说是哲学而非宗教。现代亦有学者根据儒家作为中国文化之主流，而否定中国文化有宗教信仰。② 从这个角度看，单就儒家的学理体系立论，无法对儒家的宗教性作出合理的说明。

田立克虽以终极关怀来定义宗教信仰，但同时又强调，宗教信仰的特征在于通过上帝、神圣性、神圣事物所构成之象征系统以开启终极的意义。可见，这个定义，在对宗教之本质内涵的理解上并未有实质性的改变。一

---

① See Paul Tillich, *Dynamics of Faith*, Harper & Brothers, New York, First Harper Torchbook edition published 1958, pp.90–92, 44–54.

② 近来即有人根据儒家的哲学和政治理论，提出"中国人没有宗教信仰，但有文化信仰"和"政治信仰"的说法。（参见赵启正：《中国人没有"宗教信仰"但有"文化信仰"》，《人民日报》2013 年 5 月 14 日）

种真实的宗教信仰，必须具有一种超越的指向性；这个超越性，最终会指向一种以位格或神格为中心的象征系统。西方的宗教是如此，中国传统社会的天、天命和上帝信仰亦是如此。一种有关终极实在的哲学理论，可以引发对其所描述的终极实在之意义的理解或兴趣、关切，但其本身并不能建立一种信仰。因此，信仰的终极指向不能只是一种主义或道理。① 纯粹作为本体的"神"的逻辑理念，亦无法构成为信仰的对象。同时，真实的信仰对象，亦不能是任何一种现实的人格或实存物，而必为一种具有超越意义的位格性存在。如果我们把某种实存物当作信仰的对象，就会导致拜物教；在政治上，如果我们把一种实存的人格当作信仰的对象，则往往会导致偶像崇拜，引发政治上的狂热。这种教训，在历史与现实中所在多有，为祸不浅，不可不引以为鉴戒。

哲学与宗教有着明显的区别，这一点，绝不会因吾人对宗教定义的改变而发生根本的改变。哲学形上学与宗教信仰关涉终极实在的方式并不相同。如牟宗三先生所说，儒家"轻松"或消解了"天启"的观念，其立教的重心是以人如何体现天道，而非"以神为中心"或围绕天、天道的人格神意义展开其教义。② 刘述先亦指出，儒家"天"、"道"、"仁"的概念，虽具有超越性的意义，实已全无人格神的特征。现代新儒家的对儒学宗教性的思考，实质上更清晰地刻画了儒学的哲学特质。因此，单从儒学的义理系统入手，以求通过改变宗教定义的方式来曲通儒家与宗教，适足以混淆模糊哲学与宗教之界限，而于儒家宗教义之证立，似并无助益。

同时，哲学与信仰又非绝对对立。事实上，历史上那些最重要的哲学体系，总是兼具伟大的思想力量和对其描述所显示的终极意义的强烈关切，这往往与哲学家个体的宗教信仰或终极关怀密切相关。③ 不过，西方哲学

---

① 吉林大学王天成教授在一次座谈中指出：信仰的对象应该有其位格性。此说与田立克的宗教信仰说有相合之处。本文的讨论，受到他的启发，谨此致谢！

② 参见牟宗三：《中国哲学的特质》第十二讲之六，上海古籍出版社1997年版。

③ See Paul Tillich, *Dynamics of Faith*, Harper & Brothers, New York, First Harper Torchbook edition published, 1958, pp.91–92.

与宗教信仰之间的关联方式，却有很大的区别。西方哲学与宗教在职能上有明确的分工，哲学可以通过其有关终极存在的理论，施其影响于宗教的信仰，但它本身与个体以及社会的宗教生活之间却并无直接和必然的联系。中国古代社会本有一套以天帝信仰为中心的神灵信仰和礼仪系统。一方面，这套系统产生于孔子之前，乃属诸整个古代社会生活，并非儒家所专有。另一方面，儒家学者并不否定中国古代社会的天命天帝信仰，其形上学的体系，亦由对古代社会的信仰系统及其礼乐传统的反思与义理的建构而成，并非一种自身封闭的单纯的哲学理论。它以对社会宗教信仰和礼乐系统之反思、升华，并赋予其超越性意义的方式，密切关联并施其教化于社会生活。这种方式，儒家名之为"神道设教"[1]。神道设教，是儒家引领中国社会精神生活以实现其终极关怀的一个重要途径和教化方式。

因此，要准确理解儒家的宗教性问题，既不能取"案文责卦"的方式，在宗教定义这一点上兜圈子，单从儒家的义理系统来立论，亦不能简单地把属诸整个社会的信仰系统归之于儒家，而需要厘清儒家义理体系与传统社会信仰系统的区别与联系，从儒家教化方式的角度来开辟新局。

二、神格与神道

中国古代的哲学，乃由宗教转化而来。前孔子时代宗教观念的一个重要特点，就是它重视信仰对象的神道方面，而不重在其神格方面。[2] 这一点，对前述儒家"神道设教"的教化方式之形成，有很大的影响。

我的老师邹化政先生所著《先秦儒家哲学新探》一书，对前孔子时代的宗教观念提出了一个独到的观察视角：

在回教、犹太教、基督教的神道观念中，强调和突出的与其说是它

---

[1] 《周易·观·象传》："观天之神道，而四时不忒，圣人以神道设教，而天下服矣。"
[2] 三代宗教从其演进的历程看，有其阶段性的区别，对此，学界已有很深入的探讨。与本文的问题相关，我们所关注的是它的结构性的特征。

的道，毋宁说是它的至高、至上的人格和意志本身，而它的道却是非常抽象的。与此相反，中国人在殷周之际的神道观念，强调和突出的与其说是它的那个主体——至高至上的人格或意志，毋宁说是它的道，是它主宰人伦与自然统一体的规律系统，并且把这规律系统具体化为各种特定的礼义形式。中西方的这种差别，决定了中国人一元化的宗教意识，难以得到充分的、独立的发展，它必为有关这个天道观念的哲学意识所代替，特别是为儒家哲学意识所代替。①

邹师此书，出版于 25 年前，其写成更早在"文化大革命"期间，但其有关中国古代宗教观念的这一观察视角，至今对我们仍有重大的启示意义。邹先生这一观察角度的核心点，是把宗教的神道观念区分为至上人格与"道"两个方面，并从二者之间的关系的角度来理解中西方宗教的区别。

从这一观察角度看，宗教信仰的对象是神。这个信仰的对象，可以概括为两个方面：一是其神格，一是其神道。西方的宗教的特点，所凸显的是其"至高至上的主体"，亦即其神格方面的意义，而其"道"或神道这一方面，却非常抽象。其对神道内容的探讨，乃围绕着神灵主体或神格来进行。由此形成的神学系统，其所表述者，乃是一个超越于现实世界的天国神界。中国古代的宗教观念的情形却正好相反，其关注的重点在"神道"而不在"神格"。三代宗教的核心概念是"天命"和"上帝"，法则昊天上帝，亦是当时人所流行的观念。但这上天之则②或神道的内涵，则是统合自然与人伦之道为一体的礼义道德原则。在这里，神与人乃统合为一，并未抽离为两个独立的世界。

20 世纪 80 年代，一些西方学界的华人学者提出"连续性"这一概念，来考察中国古代文明和宗教观念的特征。对理解这一点，也有重要的借鉴意义。

---

① 邹化政：《先秦儒家哲学新探》，黑龙江人民出版社 1990 年版，第 73 页。
② 《诗经·大雅·烝民》："天生烝民，有物有则，民之秉彝，好是懿德。"

张光直用"破裂性"与"连续性"两个概念,来区分中、西方两种文明起源的特征,把中国文明称作"连续性"的型态,把西方文明称作"破裂性"的型态。① 张光直先生所谓的"连续性",指的是人与自然或文明与自然之间的连续,即人与它所从出的自然之间,始终保持着一种内在的联系。"破裂性"文明的特征,则是人借助于其所创造的世界和文化、文明,将自己与原初自然的世界和环境分隔开来。张光直先生用"连续性"这一概念,主要是要揭示中国文明起源的特征。杜维明先生则用"连续性"这一概念来探讨中国人的自然观和宇宙观。在《存有的连续性:中国人的自然观》一文中,杜先生用连续性、整体性和动力性三个关键词来论述中国人的自然观或宇宙观的特点。这三个关键词,所表现的是一种对宇宙存在及其过程的理解。在这里,宇宙被表征为一个有机的、连续的生命过程(连续性);其中,它的所有部分都具有内在的关联,因而整合构成为一个有机的统一体(整体性);同时,它又表现为一个开放的、内在转化生生不已的生命创造过程(动力性)。杜先生强调,这样一种"存有连续性"思想基调,不仅表现在中国的哲学中,亦普遍地贯通于中国古代宗教、伦理和美学的观念中。②

分化是文明产生的前提,文明首先表现为人所创造的世界与自然的脱离。但这种分化并不必然导致人与自然的分隔和隔离。中国在夏代已进入文明社会,在宗教上,也已形成了天、帝至上神的观念,并且经过一个逐步理性化的过程,从殷代的祭祀文化到周代的礼乐文化,由"自然宗教"发展为"伦理宗教",从而形成为一种"真正的宗教"。③ 不过,中国古初文明时代的国家,乃由原始氏族制度转化而来,国家社会组织仍主要以氏族和宗族关系而非地域关系为基础。从古史的记载看,中国原始氏族时代曾有过一个"家为巫史"、"民神杂糅"的阶段。④ 文明社会地上王权的建立,导致

① 参见张光直:《连续与破裂:一个文明起源新说的草稿》《从商周青铜器谈文明与国家的起源》,《中国青铜时代》,生活·读书·新知三联书店 1999 年版。
② 参见《杜维明文集》第三卷,武汉出版社 2002 年版,第 222 页以下。
③ 参见陈来:《古代宗教与伦理》第一章第三节,第四章第八、九、十节,生活·读书·新知三联书店 1996 年版。
④ 参见《国语·楚语下》观射父述"绝地天通"一段话。

王者对通天之权的独占，促成了神人的分化与统一的至上神的产生。中国古代进入文明的方式及其宗教系统的形成，都表现出了一种文明与自然连续性的特征。这种连续性的文明转进方式，使野蛮时代那种自然生命的整全性和整体性意识在文明社会的分化形式中仍然得以保持。

相对而言，讲"文明与自然的连续"，着眼点在文明起源的方式；讲"整体性"的观念，则着眼于宇宙观和对存在的理解方式。后者乃以前者为基础。这个整体性的宇宙观，是强调宇宙存在的各种形态、各个层面，皆内在关联而构成为一个有机的整体。在这个意义上，我更愿意用"内在关系论"这个用语来表征这种宇宙观的特征。杜维明先生强调，这样一种连续性和整体性的存在观念，不能允诺一个在这个宇宙整体之外的"造物主"的观念。[1] 商周的天、帝至上神观念，并非创世神。张光直先生指出，中国有关宇宙起源的神话至早在东周时期才出现[2]，而这种宇宙起源神话，亦属于"变形式的起源说，而非圣经式的创造说"[3]。创造的过程，乃表现为一种混沌的分离和业已存在之物的变形与转化。造物与创世的观念，分神人为两界，是西方"破裂性"文明型态在宗教观念上的典型表现。殷周的天、帝至上神，则内在于宇宙存有和人伦世界而为其神性的光源与超越性的基础；王者"代天理物"，天帝之神性，乃贯穿并即自然与人伦而显。基于上述连续性和内在关系论的观念，殷周时期的宗教，虽已发展为一种"伦理宗教"的形态，但其至上神，却既非一种"唯一神"，亦非处于此世界之外的造物和创世神。其关注"神道"而不重"神格"，盖由于此。

中国古代的宗教神灵信仰，乃表现为一种以天帝至上神统摄众神的多神系统。《礼记》所记祭祀仪式和对象，内容极其广泛。其制祭的原则是"报"、"报本复始"，即报恩和追思存在之本原。凡对于人生有"本"和"始"

---

① 参见《杜维明文集》第三卷，武汉出版社 2002 年版，第 222 页以下。

② 参见张光直：《商周神话之分类》，《中国青铜时代》，生活·读书·新知三联书店 1999 年版。

③ 张光直：《连续与破裂：一个文明起源新说的草稿》，《中国青铜时代》，生活·读书·新知三联书店 1999 年版，第 490 页。

之意义的对象,皆可在祭祀之列。《礼记·祭法》:

> 燔柴于泰坛,祭天也。瘗埋于泰折,祭地也。用骍犊。埋少牢于泰昭,祭时也。相近于坎坛,祭寒暑也。王宫,祭日也。夜明,祭月也。幽宗,祭星也。雩宗,祭水旱也。四坎坛,祭四方也。山林川谷丘陵,能出云,为风雨,见怪物,皆曰神。有天下者,祭百神,诸侯在其地则祭之,亡其地则不祭。

《祭法》又记制祭之原则云:

> 夫圣王之制祭祀也,法施于民则祀之,以死勤事则祀之,以劳定国则祀之,能御大菑则祀之,能捍大患则祀之。是故厉山氏之有天下也,其子曰农,能殖百穀。夏之衰也,周弃继之,故祀以为稷。共工氏之霸九州也,其子曰后土,能平九州,故祀以为社。帝喾能序星辰以著众,尧能赏均刑法以义终,舜勤众事而野死,鲧鄣鸿水而殛死,禹能修鲧之功,黄帝正名百物以明民共财,颛顼能修之,契为司徒而民成,冥勤其官而水死,汤以宽治民而除其虐,文王以文治,武王以武功,去民之菑,此皆有功烈于民者也。及夫日月星辰,民所瞻仰也。山林川谷丘陵,民所取材用也。非此族也,不在祀典。

按照这个"报"或报恩的制祀原则,天地、日月、山川、社稷、祖庙、五祀、河流、先祖、天神、地祇、人鬼,皆在祭祀之列。不仅如此,《郊特牲》讲"天子大蜡八",所祭不仅有作为农耕创始者的"先啬",甚至包括猫、虎、堤、渠之神。"蜡之祭也,主先啬而祭司啬也,祭百种以报啬也。"祭猫,"为其食田鼠也"。祭虎,"为其食田豕也"。猫可以捉田鼠,虎可以食田豚,免除庄稼之害,皆于人有益,所以均属"报"的对象。此为古人报本反始,追思本原之方式。其祭祀范围之广,亦由此可见。从这个角度说,中国古代社会的宗教,为多神崇拜。

不过，这个多神的存在，本身亦有其秩序，并非杂乱无章。这一点，可以从祭祀的系统得到理解。《祭法》谓"有天下者，祭百神，诸侯在其地则祭之，亡其地则不祭"。《礼记·曲礼下》亦云："天子祭天地，祭四方，祭山川，祭五祀，岁遍。诸侯方祀，祭山川，祭五祀，岁遍。大夫祭五祀，岁遍。士祭其先。"《礼记·王制》："天子祭天地，诸侯祭社稷，大夫祭五祀。天子祭天下名山大川，五岳视三公，四渎视诸侯，诸侯祭名山大川在其地者。"《公羊传僖公三十一年》："天子祭天，诸侯祭土。天子有方望之事，无所不通。诸侯山川有不在其封内者，则不祭也。"祭祀关涉于信仰的对象。基于人间的秩序，这个作为信仰对象的神灵系统，也被秩序化了。在这里，天子可以说是"最高的祭司"。唯天子可以祭天，祭天地；诸侯有方望之事，祭名山大川在其地者；大夫祭五祀；士祭其先，形成了一个上下统合的祭祀系统，这个祭祀系统所指向的神灵，包括天神、地祇、先祖等，最后都统合到一个作为至上神的"天"。而这个"天"，本身并没有独立的内容，它的内容就是这样一个人间社会从上到下的伦理的体系。同时，唯天子有祭天通天之权，其祭天通天之意义，亦贯通于不同层级之祭祀活动而赋予其以天人贯通的神圣超越性的意义。

古代的信仰体系以天帝为中心，它虽有意志的力量，但人格性的特征则较弱。它的内容乃具体表现于现实世界的法则和规则。

马克斯·韦伯论中国古代的宗教意识，特别强调"天"之逐渐非人格化的特性，以及"天道"观念与仪式法则和历法作为自然法则的内在关联性："中国的宗教意识把用以制服鬼神的巫术性宗教仪式和为农耕民族制定的历法结合起来，并赋予它们以同等的地位和神圣不可侵犯的性质，换言之，它把自然法则和仪式法则合二为一，融于'道'的统一性中……作为终极的、至高无上的、非人格的、始终可与自己同一的、时间上永恒的存在，这种存在同时是永恒的秩序的超时间的表现。非人格的天威，并不向人类'说话'。它是透过地上的统治方式、自然与习俗的稳固秩序……来启示人类的。"①

---

① ［德］马克斯·韦伯：《儒教与道教》，洪天富译，江苏人民出版社1993年版，第35—36页。

韦伯这里所说的"中国宗教意识"的特点,当然只是一个比较笼统的概括,但他对"天"通过仪式和自然秩序性以表现自身这一方式的理解,却是一种合乎实际的深刻洞见。它与前引邹化政先生的观点,亦可相互印证。

古人讲法天、则天。这法天、则天有两个方面的意义,一个方面是与农事相关的历法与政事的内容;另一方面就是对天、对日月星辰的祭祀仪式和祭祀活动。儒家称述尧舜事迹,特别注重其为政行事之法天则天之意义。如《论语·泰伯》:"子曰:大哉尧之为君也。巍巍乎,唯天为大,唯尧则之。"《尚书·尧典》:"帝尧……乃命羲和,钦若昊天,历象日月星辰,敬授人时。"又:"正月上日,受终于文祖。在璇玑玉衡,以齐七政。肆类于上帝,禋于六宗,望于山川,遍于群神。"即表明了这一点。从《尧典》下文所记来看,这所谓"钦若昊天"的内容就是:第一,"历象日月星辰,敬授人时",亦即历法、农事;第二,"寅宾出日"、"寅饯纳日"、"平秩南讹,敬至"等祭仪与祭祀活动。这表明,中国古代作为农业社会,其天神信仰,与天文历法的观念有着紧密的关系。

实质上,这两个方面,即人对上天和日月星辰的祭祀活动,其意义完全落实在历法和农事这一方面。《尚书·皋陶谟》:"无旷庶官,天工人其代之。天叙有典,敕我五典五惇哉! 天秩有礼,自我五礼有庸哉! 同寅协恭和衷哉! 天命有德,五服五章哉! 天讨有罪,五刑五用哉!""天工人其代之"这一命题,很好地表现了这两个方面关系的实质内容。《甘誓》记启伐有扈氏,谓"有扈氏威侮五行,怠弃三正,天用剿绝其命,今予惟恭行天之罚。"《洪范》亦以洪范九畴为天之所畀。《康诰》则强调,孝友之道乃"天惟与我民彝"。三正、五行,亦与天文和自然的律则相关。可知在古人看来,"天生烝民,有物有则",而包括农事安排、设官职,立政长,创制礼法制度,这一套人事伦理的内容,皆为王者代天行事。"天"和"天意"本身,实际上无外乎此类人伦、人事和政事的内容。

古时又有朔政制度,亦表现和延续了这一传统。《周礼·春官·太史》:"正岁年以序事,颁之于官府及都鄙,颁告朔于邦国。"郑玄注:"天子颁朔于诸侯,诸侯藏之祖庙,至朔朝于庙,告而受行之。"《大戴记·用兵》论列桀纣罪状,有云:"历失制,摄提失方,邹大(即孟陬)无纪,不告朔于诸侯。"告朔制度的内容,实亦不外乎上引《尧典》所言观象授时。同时,古时只有天子拥有通天祭天之权,天子颁朔,按照历法所作对农事、政事的安排与实施,因而亦被理解为一种"代天理物"之事。由此,其政事行为亦被赋予了某种本原于、出自于"天"的神圣性的意义。在这里,天的神圣性与神格之内容,并非表现为另外一个天国世界的存在,它的内容就展显于此农事、政治、人伦的系统中。

古代的法天则天观念,表现了"天"作为至上神观念关联于自然法则的意义,同时,这"天"的观念更与祖先神有着密切的联系。

古籍中多记有三代的感生传说。殷商时代的始祖感生传说,最早见于《诗经》。《诗经·商颂·玄鸟》:"天命玄鸟,降而生商。"《长发》说:"有娀方将,帝立子生商"。《大雅·生民》:"厥初生民,时维姜嫄……履帝武敏歆,攸介攸止,载震载夙,载生载育,时维后稷。"《鲁颂·宓宫》说:"赫赫姜嫄,其德不回,上帝是依,无灾无害,弥月不迟,是生后稷。"从这些感生神话中,我们可以看到氏族图腾制的遗迹。在原始氏族时代,人们把图腾神物看作本氏族的始源或祖先,这表现了原始人追溯生命本原的方式。在图腾的崇拜中,祖先被神化了。而在这些记载着商周内部氏族传说的诗句中,祖先神则被认为本原于作为至上神的天命、上帝。有学者认为商周的天、帝至上神起源于其氏族神,看来并非全无根据。

殷人之上帝与祖先神关系密切。殷代有帝廷的观念,上帝居于天上,有控制天象,令风、令雨、降旱、授佑,降祸福赏罚于人间的权能。殷人之先公先王死后可上宾于天帝,在上帝左右,亦可降祸福于人间。值得注意的是,殷人不直接祭祀上帝,其祭祀求福,要祭祀祈求先祖,由之转达于上帝。① 张光直先生对此的解释是:殷人"上帝与先祖的分别并无严格清楚的界限"。"殷人的'帝'很可能是先帝的统称或者是先祖观念的一个

---

① 参见胡厚宣:《殷代之天神崇拜》,《甲骨学商史论丛》,台湾大通书局 1972 年版,第328—329 页。

抽象。"① "上帝的观念是抽象，而个别的子姓祖先代表其实质。"② 就是说，殷人通过祭祀祖先神而转求祈福于上帝这一现象，表明殷代上帝之观念乃以祖先崇拜为其实质内容。

周人亦以"上帝"为至上神，但又多言"天"，以天、帝并称。《诗·大雅·文王》："文王陟降，在帝左右。"《下武》："三后在天，王配于京。"可见周人亦以为先王死后可以升天而在帝左右，此与殷人无异。不过，周人言上帝与人之关系，则多以"天命"出之。如《尚书·康诰》说："惟乃丕显考文王，克明德慎罚……惟时怙冒闻于上帝，帝休，天乃大命文王殪戎殷，诞受厥命越厥邦厥民。"《大诰》："尔亦不知天命不易。""天命不僭，卜陈唯若兹。"在周代，作为至上神的天帝与祖先神，有了较明确的分界。但其间意义上的关联，似又较殷人更为密切。我们注意到，殷人言"帝令"，周人则讲"天命"。"帝令"与"天命"，皆可用作主谓结构的使动形式。殷人之"帝令"，均作使动用法；而周人之"天命"，则既用作"天命于人"的使动形式，同时，又常作名词称谓使用。"天乃大命文王殪戎殷"，即如"帝令"之使动用法。"天命不易"，"天命不僭"，此"天命"即作名词用。殷人以"帝"为神体，其令风令雨，降祸降福，惟系于"帝"之喜恶。周人则以"惟德是辅"规定天意之内涵，是天之福佑，必降于有德者。因而天之降命，必有常则，而不由乎"天"作为神体之好恶与任意。由是，"天命"一辞，乃转成为一具有必然性内涵的本体概念。③ 三代有以祖配天的观念，周人尤重先祖以德配天之义。《诗·周颂·思文》："思文后稷，克配彼天，立我烝民，莫非尔极。"《大雅·文王》："文王在上，於昭于天。周虽旧邦，其命维新。有周不显，帝命不时。文王陟降，在帝左右。"又："上天之载，无声无臭，仪刑文王，万邦作孚。"又："无念尔祖，聿修厥德，永言配命，

---

① 张光直：《商周神话之分类》，《中国青铜时代》，生活·读书·新知三联书店 1999 年版，第 372 页。

② 张光直：《商周神话与美术中所见人与动物关系之演变》，《中国青铜时代》，生活·读书·新知三联书店 1999 年版，第 415 页。

③ 参见李景林：《殷周至春秋天人关系观念之演进初论》第二部分，《孔孟学报》（台湾）第 70 期，1995 年。

自求多福。"周人认为其先祖之德可以配天,天乃降大命于小邦周。因此,仪刑先王,承继绍述先祖之志意德业,既构成了周人承续天命的基本方式和途径,亦规定了其所理解的天命之内涵。《尚书·康诰》记周公告诫康叔,乃将父爱子孝、兄友弟恭、敬事先祖等宗法伦理内容视为"天惟与我民彝",就表明了这一点。殷人之上帝直接令风令雨降祸福于人,周人之天、天命,则成一必然之律则。与殷人之"帝"相较,周人的"天"作为神体,实更为抽象,其人格性的意义亦更趋弱化;同时,其内容乃具体表显为"德"的政治和人伦意义。

总而言之,商周的宗教观念及其信仰系统,集中体现了上述"连续性"文明的特征。自然与文明的连续,构成了一种神性内在于存有的、整体论或内在关系论的信仰系统。由于天帝与祖先神的内在关联性,商周的至上神,本自缺乏独立存在的特质。与"德"的观念之兴起相伴随,殷代上帝干预人世之"帝令"方式,逐渐独立为一种作为名词称谓的"天命","天"的观念更凸显为一种道德的律则和本原。"上天之载,无声无臭","天"本无形迹,不与人言。然"天生烝民,有物有则",并"与我民彝";此民彝物则,包括前引《皋陶谟》所谓"天叙"之典、"天秩"之礼,皆本原于天。人间之伦理秩序,及与之相关的天地秩序,礼乐系统,悉本原于天。学者认为,周之天作为至上神,已转成为一种"道德的神"[1],周人之信仰系统,已发展到"伦理宗教"的阶段。同时,殷周之宗教,并非一个一神教的系统,而是一种以天帝至上神统摄众神的多神系统。董仲舒所谓"天者百神之君也,王者之所最尊"(《春秋繁露·郊义》),说的就是这个意思。天帝并未割断与人的亲缘性。王者独占祭天通天之权,并可遍祭群神;自诸侯以下,所祭祀之对象,各由其先祖及于众神,依尊卑上下之义,其权界各有等差。由是,王者以祖配天之天人相通的意义,乃通乎不同层级之人及其祭祀活动;天帝亦"神而明之",以其神性内在贯通并存诸人伦之世界,而构成一神道的系统。夏代史料不足征,殷商以下,上帝之人格意

---

[1]　许倬云:《周人的兴起及周文化的基础》,《史语所集刊》第三十八本,1968 年。

义渐次弱化,而其显诸人伦物理之神道意义,乃愈益显豁。商周宗教之所重,要在于此。

前孔子时代宗教信仰系统的这一特点,为儒家"神道设教"教化方式的形成,提供了文化和存在的前提。

三、义理的体系与教化的方式

康德把所有的宗教区分为"追求恩宠的宗教"与"道德的宗教"两类。前者希望仅仅通过祈求上帝的协助而得到永远的幸福或成为一个更好的人;后者则秉持这样的原则:每个人仅需尽己力成为一个更好的人,而不必和无意祈求上帝之协助。康德认为,只有这种"道德的宗教"才配称为"真正的宗教"。[①] 需要强调指出的是,周代的礼乐文化,虽由天帝之伦理规定而进至"伦理宗教"的范围,但其作为康德意义上的"道德的宗教",却尚未真正得到确立。而其实现其作为"道德的宗教"或"真正的宗教"这一本质性的跨越,则正有赖于儒家哲学的创造与转化。

郑开教授从结构的意义上把周代的礼乐文化界定为一种"德礼体系"。"德"的一面,表示建构于礼的精神气质,"礼"的一面,则呈现为制度和秩序。[②] 不过,若从形上学的角度看,周人的"德",尚未形成为一个以自因或自律为根据的自足性概念,因而无法构成社会伦理体系的价值基础。学者已注意到,西周"德"这一观念的内涵,主要侧重于与政治行为相关的

---

① 参见李明辉:《从康德的"道德宗教"论儒家的宗教性》一文的第二部分:"康德论'道德宗教'",载哈佛燕京学社编:《儒家传统与启蒙心态》,凤凰出版传媒集团、江苏教育出版社 2005 年版。

② 参见郑开:《德礼之间》第二章,生活·读书·新知三联书店 2009 年版。需要说明的是,郑开教授认为周人所谓"德",主要表现为一种政治语境中的"德"。这是很正确的。但同时也要看到,《尚书》、《诗经》和周代金文中都载有大量有关"德"的道德伦理意义的内容。"天命有德","天讨有罪",天降王祚于有德者,这个意义上的"德",还主要是就道德伦理意义而言的,可以把它与维持王权国祚的政治指向相对区分开来。这"德"的内涵,不能仅从西方学者所谓"卡里斯玛"的意义上来理解。本文主要是从这个角度借用郑开教授"德礼体系"这个概念的。

"行"。① 而这"德"的本原，并非发自于内，或人自身的决断，而是出于一种对政治后果的考量和功利性的动机。故周世的宗教系统，基本上体现了一种功利主义的宗教观念。这包括两个方面。一方面，天为至善的本原。《左传·僖公五年》引《周书》云："《周书》曰：皇天无亲，惟德是辅。又曰：黍稷非馨，明德惟馨。又曰：民不易物，惟德繄物。"是言天帝为"德"或至善之本原。另一方面，人之行德，则又以功利为目的。天之佑有德而惩无德，主要表现为天命亦即王权的转移。在周人看来，夏殷先王因能"明德恤祀"而受命于天，而又皆因"惟不敬厥德，乃早坠厥命"（《尚书·多士》、《召诰》）。周人以小邦承大命，其言天命，语多惊惧，表现出一种很深的忧患意识。而其所谓"敬德"，亦非出于对人自身道德使命之自觉与决断，而是出于王权永续之功利动机。《尚书·召诰》："肆惟王其疾敬德。王其德之用，祈天永命。"召公告诫成王要以夏殷的失德坠命为鉴戒，特别强调要"疾敬德"，而此"敬德"，行德之目的，则要在"祈天永命"。可见，周人之宗教观念，乃以天为至善之本原，认天帝为一"道德的神"；但人之敬德、行德，目的却在功利，人乃被理解为一功利性的存在。这种对人的功利性理解，与其神性内在于人的命义是自相矛盾的。

商周文明之连续性与整体性的特征，使其宗教的观念，具有一种神性内在于人的本质义涵。神性内在，表现于人，人性亦当具神性而有"善"的内在规定。不过，从上述讨论可以看到，这种神性内在，在周代的宗教和信仰系统中主要体现为一种"民彝物则"本原于天的观念，尚未能在"德"的层面上达到自觉。周代"性"的观念，基本上被理解为一种基于自然生命的欲望要求，其所谓"节性"，亦只是由"敬"或敬德而来的对欲望的节制。②因此，当周末社会高下陵夷，社会剧烈变动，德、福显著地不能达到一致的现实境域下，天之作为至善本原的神圣超越性及其德福一致之确证者的意义，必会遭到怀疑与否定。在《诗经》反映厉、幽时代的诗中，出现有大量

① 参见郑开：《德礼之间》生活·读书·新知三联书店 2009 年版，第 92—95 页；陈来：《古代宗教与伦理》第七章，生活·读书·新知三联书店 1996 年版。

② 参见徐复观：《中国人性论史·先秦篇》，上海三联书店 2001 年版，第 28 页。

疑天的诗句,就表明了这一点。① 由此,礼作为伦理的原则,亦趋于形式化,甚至成为诸侯争霸,权臣窃国之手段。在这种情况下,周代缺乏自身自律性德性基础的"德礼体系",必然会趋于崩解。西方"破裂性"的文明,在宗教上断神人为两界,以人负原罪而不具神性,故需上帝之神恩拯救,人由是而有对上帝之景仰敬畏之心与恪守上帝立法之义务。而在商周这样一种"连续性"的文明形态中,人并无如基督教那样的原罪意识。因此,如不能将其宗教和信仰系统所本具的神性内在义转变为一种内在的德性或人性的自觉,周世礼乐文明的"德礼"结构,便无法获得理论上的自洽性和存在上的必然性;其宗教和信仰系统之作为"伦理宗教"、"道德宗教"之义,亦无由真正得以确立和圆成。

人是一种矛盾性的存在者。一方面,人是一种"定在",因而其存在有自身的限度。基督教断神人为两界,以人不具神性,是凸显了人的存在之限定性、有限性的一面。中国连续性的文明所构成的神道系统,则凸显了人的存在的另一面,即神内在于人,神人之内在连续和本原统一性的一面。这后一方面,经过东周社会因王纲解纽,礼坏乐崩,神圣价值失坠所引发的理性反思,在儒学的系统中获得了一种人的存在层面上的自觉及由此而来的人性观念上的转变。一方面,这一自觉和转变,构成了一种哲理和思想的系统,具有西方学者所谓的"哲学的突破"的意义;同时,经由此"哲学的突破"的奠基,传统的信仰系统亦达到了自身真理性的自觉,实现了其作为"道德的宗教"之本质性的转变。

儒学所达成的这一转变,主要表现在以下三个方面。

第一,孔子通过对"义、命"的内在区分,发现人之唯一可自作主宰、自由决断的最本己的可能性,乃在于行"仁"由"义",从而转变周人对人的功利性理解,把"善"的原则转变为人之本有的规定。

孔子所关注的角度,仍然是商周信仰体系中那个"神道"的方面。如前所述,这神道的内容,实质上是一个伦理的、规则的体系。在周人的观念中,

① 参见徐复观:《中国人性论史·先秦篇》第三章第一节,上海三联书店2001年版。

这一套民彝物则,悉源出于天或天命。孔子继承了这一观念,但对这个统摄人伦物则的天命观念,作出了一种"义"与"命"的内在区分。《孟子·万章上》:"孔子进以礼,退以义,得之不得曰有命。"这个概括,深得孔子学说之神髓。周人所谓"天命",本包含"德、福"两方面内容。天命有德而讨有罪,人之德福之一致性,乃由天或天命来保证。"天"为人至善之本原;人"祈天永命",其动机、目的却在于求福报。孔子则通过对人的存在所本乎天的天命之内涵所作内在的义、命区分,实现了一种人的存在自觉上的意义翻转:仁义在我而福命在天。

孔子亦以天为至善的法则和本原,此与周人同。[①] 不过,在孔子看来,天命于人,乃包含有相互关联的两方面内容:人行之界限与事功之结果。前者属"义",后者则属"福"。对此,《论语》有相当多的论述。《雍也》:"伯牛有疾,子问之,自牖执其手,曰:亡之,命矣夫!"《颜渊》:"子夏曰:商闻之矣:死生有命,富贵在天。"《宪问》:"子曰:道之将行也与,命也;道之将废也与,命也,公伯寮其如命何?"《微子》:"子路曰:……君子之仕也,行其义也。道之不行,已知之矣。"凡此所谓"天"、"命",皆指人行之福报和行为之效果而言。对此一方面,人无决定之权,故属诸天或者命。而另一方面,人之行仁、由义,其决定之权,却在内而不在外,在我而不在人。《论语·颜渊》:"为仁由己,而由人乎哉?"《述而》:"仁远乎哉? 我欲仁,斯仁至矣。"《里仁》:"有能一日用其力于仁矣乎,我未见力不足者。"《述而》:"求仁而得仁,又何怨?""君子喻于义,小人喻于利。"这些论述,表现了孔子对"人"的一种全新的理解。在孔子看来,行仁、义乃是人唯一不靠外力,而凭自己的意志决断和力量所可求可欲,并实现于自身的东西,因而它规定了人的本质,为人的本性之所在。人之行为的价值,在于其选择躬行其所当行(仁、义);人行之结果如何,则不在人所直接可求之范围,故只能归诸"命"或"天命"。而这"义"与"命"之间,又

---

① 《论语·泰伯》:"子曰:大哉尧之为君也! 巍巍乎! 唯天为大,唯尧则之,荡荡乎,民无能名焉。"就表现了这一点。

有一种动态的、内在的统一性。人的道德或行为抉择,既表现了人对自身使命之了解和自觉,亦具有赋予其行为及其结果以正面与负面价值之意义。人行其所当行,得其所应得,其结果,既是天命之实现,同时亦是其人格和存在之完成,此即孔子所说的"知命"或"知天命"。正是在这个意义上,孔子把是否能够"知命"或敬畏"天命",看做区分君子与小人的根本判准。①"知命"与"知人",对于人的存在与价值之实现,在孔子看来,实一体两面,不可或分。这种对义、命关系的理解,使商周的天命观念产生了一种价值上的内转:把行德行义由外在性的祈天邀福之手段,确立为为人之最本己的能力和人性之内涵。孔子说"仁者人也"②,讲的就是这个道理。在这个意义上,善的原则乃转变为人之本有的规定。孔子对"人"的这一重大发现,确立了儒家人性本善的思想基调和价值取向,规定了以后儒家天人关系观念的基本内涵。

孔子所奠定的儒学这一精神方向,经孔子后学至孟子的发展,形成了自身完备的学说体系。子思《中庸》言:"天命之谓性,率性之谓道,修道之谓教。"此"道"即人道(其内容为礼或礼乐),"教"者教化。是言人伦教化,悉本诸天命之性。近年出土简帛《五行》篇,以人心本"悦仁义"、"好仁义",而言"心贵";并以此为仁义之"端",谓人能"进端"、"充端",即扩充实现此仁义之"端",便可最终实现仁德,成就为君子。③郭店简特别重视乐教。《性自命出》"凡道,心术为主"之说,与《礼记·乐记》相通,所重在人的情态生活,突出强调乐教的教化之效,并以"反善复始"的"复性"义规定此

---

① 《论语·尧曰》:"不知命,无以为君子也。"《季氏》:"孔子曰:君子有三畏:畏天命,畏大人,畏圣人之言。小人不知天命而不畏也,狎大人,侮圣人之言。"

② 《礼记·中庸》引孔子语。

③ 帛书《五行》:"心也者,悦仁义者也。""循人之性,则巍然知其好仁义也。""源心之性,则巍然知其好仁义也。""能进端,能终〈充〉端,则为君子耳矣……不藏尤〈欲〉害人,仁之理也;不受吁嗟者,义之理也……充其不尤〈欲〉害人之心,而仁覆四海;充其不受吁嗟之心,而义襄天下。而成〈诚〉由其中心行之,亦君子已!"(庞朴:《竹帛〈五行〉篇校注》,《庞朴文集》第二卷,山东大学出版社 2005 年版,第146、148、144 页)

教化成德之本质内涵。① 仁义既为人之最本己的可能性，为人心所悦所好，则其必为人性之所本具之先天内容。

由此，孟子进一步转孔子之"义命"之论为"性命"之说，直以仁义规定人性之内涵。《孟子·尽心下》："孟子曰：口之于味也，目之于色也，耳之于声也，鼻之于臭也，四肢之于安佚也，性也，有命焉，君子不谓性也；仁之于父子也，义之于君臣也，礼之于宾主也，知之于贤者也，圣人之于天道也，命也，有性焉，君子不谓命也。"人之欲望要求及功利性满足，与仁义礼智圣的道德规定，皆本原于天或天命。孟子乃于此进一步作"性、命"之区分：以前者为"命"，后者为"性"。其思想理路全本之孔子。《尽心下》："可欲之谓善。"《告子上》："仁义礼智，非由外铄我也，我固有之也，弗思耳矣。故曰：求则得之，舍则失之。或相倍蓰而无算者，不能尽其才者也。"又《尽心上》："求则得之，舍则失之，是求有益于得也，求在我者也。求之有道，得之有命，是求无益于得也，求在外者也。"孔子讲"欲仁仁至"、"求仁得仁"，孟子亦以求之之道的区别来区分"性"、"命"。仁义礼智是"求则得之"、"求有益于得"、"求在我者"，其所主在我，本乎人心，是人唯一可以通过反躬自省，自我决断、自作主宰而能够达到和实现的东西，故可谓之"性"。与此相对，人心之欲望要求和功利性的满足，则是"求无益于得"、"求在外者"，其受制于各种外部复杂的因素，其决定之权在"他"而不在"我"，只能由乎其道而俟其所成，故谓之"命"。仁、义、礼、智诸德为人心所直接"可欲"、"可求"者。孔子既说"欲仁仁至"，又说"求仁得仁"，可知"可欲"与"可求"，可以互训。不过，二者又各有侧重。孟子言仁、义、礼、智之"可求"，"求则得之，舍则失之"，偏重在"思"或内省反思；言"可欲"，则着重于仁义、理义之"悦我心"② 的意义，偏重在情意呈显一面。是仁、义、礼、智不仅为人心内省反思可得，同时亦在人性中具有先天的内容，儒家性本善之义由是而得以证立。

---

① 参见李景林：《教化的哲学》，黑龙江人民出版社 2006 年版，第 199—205 页。
② 《孟子·告子上》："心之所同然者何也？谓理也、义也。圣人先得我心之所同然耳。故理义之悦我心，犹刍豢之悦我口。"

孔孟仁义在我而福命在天之义，并不意谓福命全然无关乎人。孟子既区分"正命"与"非正命"①，又有"修身"以"立命"之说②，意在指出，"义"与"命"，人的价值抉择与其事功效果之间，有着一种内在的、存在实现意义上的因果关联性。仁义内在于人之实存，为人行之所当然之则；人之处身境遇，则有顺逆穷通之异。在儒家看来，"命"或"福"固非人力所直接可与，但亦非现成摆在某处的一种宿命。"命"之所以存在正面（正命）和负面（非正命）价值之差异，乃是因为，人的价值抉择在转变其当身处境的同时，亦对其所行之结果发生着一种内在的赋义的作用。小人固"无义无命"（《孟子·万章上》），而君子之"正命"，则必由其人道之抉择所"立"并赋予它以正面的价值。因此，"天命"并非某种外在于人的现成设定与宿命，而是一种存在的"实现"。这个实现，乃由乎"自力"，由乎人性的自觉与完成。商周连续性文明，所包含之神性内在、神人内在连续的精神，由此义命分合之动态实现的义理系统，始达到本质性的自觉，社会信仰系统之道德自律基础，亦由此而得以奠立。

第二，与此相应，孔子提出了一种新的神灵观念和对待天命鬼神的态度。或谓孔子"不语怪力乱神"，主张"敬鬼神而远之"，是否定鬼神。其实，孔子此一态度，恰恰是要使神灵回归于它应有的神圣地位。这一点与前述孔子对"人"的发现有密切的关系。

《论语·雍也》记孔子答樊迟问"知"曰："务民之义，敬鬼神而远之，可谓知矣。"此语集中体现了孔子"神道设教"的社会教化观念。"务民之义"，何晏《集解》："务所以化道民之义"。"敬鬼神而远之"，《集解》："敬鬼神而不黩"。这个解释是对的。儒家的政治理念，其最终的目的在于教以人伦，导民至善，成就其为"王者之民"③。"务民之义"，即标明了此一目的。"敬

---

① 《孟子·尽心上》："莫非命也，顺受其正。是故知命者不立乎岩墙之下。尽其道而死者，正命也。桎梏死者，非正命也。"
② 《孟子·尽心上》："存其心，养其性，所以事天也；夭寿不贰，修身以俟之，所以立命也。"
③ 李景林：《"民可使由之"说所见儒家人道精神》，《人文杂志》2013年第10期。

鬼神而远之",则指出了达到此目的的教化之道。

所谓"远之",意在反对亵近鬼神。人神之间有分位,亵近讨好以取悦于神灵,是一种功利的态度。周人虽以天或上帝为人间道德伦理之本原,然其"祈天永命"的态度,则是功利性的。一般百姓的宗教信仰,亦有很强的功利性。董仲舒谓"夫万民之从利也,如水之走下,不以教化堤防之不能止也"(《汉书·董仲舒传》),即点出了日常百姓生活这种功利性的特点。民间一般的卜筮、祈祷、祭祀活动,其目的多在祈神邀福。中国古代社会的神灵信仰,是以天帝为至上神统摄众神的一个多神的系统;社会每一成员,亦各依其在社会伦理关系中之分位差异,而有不同的致祭对象。《论语·为政》:"子曰:非其鬼而祭之,谄也。"《八佾》:"王孙贾问曰:与其媚于奥,宁媚于灶,何谓也? 子曰:不然! 获罪于天,无所祷也。"祭有常典,位各有当。非其所当祭而祭之,名为"淫祀"①。淫祀的本质,是谄媚鬼神以求福报。人怀利益之心,用供奉财利一类手段,以求亵近取悦于神灵,实质上已将神灵降低为一种喜谄媚、爱财贿的功利之神,因而失去了它所本有的超越性和神圣性。是之谓"黩神"。"谄",是就主观一面而言,"黩",是从客观一面言。由谄媚亵近神灵,而必致于黩神,故为孔子所不取。与之相对,"远之",正是要把中国古初以来社会的信仰对象——天、神,摆回它应有的位置,重新确立起其神圣性的意义。

"远之",是从对象方面讲,即要恢复信仰对象所应有的神圣性;"敬",则是从主体方面讲,其所关注者,在人内心的诚敬。"远"与"敬",犹一体之两面,不可或分。《论语·学而》:"曾子曰:慎终追远,民德归厚矣。"此言丧祭之义②,要在追思生命本原,以敦民化俗,成就德性。这"民德归厚"之前提,则是内心之真诚与敬畏。儒家论丧祭,对亲亲孝心之诚敬十分强调。孔子祭必亲与,祭神如在③,所突出的,就是内心的诚敬。"子不语怪力乱神"(《论语·述而》),其意亦在于此。古人有天佑有德,鬼神赏善罚恶的观念。

① 《礼记·曲礼下》:"非其所祭而祭之,名曰淫祀。淫祀无福。"
② 何晏:《论语集解》:"慎终者丧","追远者祭"。
③ 《论语·八佾》:"祭如在,祭神如神在。子曰:吾不与祭,如不祭。"

此一观念,虽对民间社会伦理秩序之保持有重要的作用,但其在实践上却易于引发追逐外力,谄媚亵近鬼神的功利态度,实无益于真正的信仰之建立。《论语·先进》:"季路问事鬼神。子曰:未能事人,焉能事鬼?曰:敢问死。曰:未知生,焉知死?"《说苑·辨物》记孔子答子贡问死人是否"有知"曰:"吾欲言死者有知也,恐孝子顺孙妨生以送死也;欲言无知,恐不孝子孙弃不葬也。赐,欲知死人有知将无知也,死徐自知之,犹未晚也。"这也可以印证,孔子对鬼神之"不语"、"远之"的态度,并非否定鬼神,而是避免启人外在追逐神灵福佑的功利心,唤回人对其自性、自心、自力的专注。孔子强调,为人当行人道,尽人事,确立内心的诚敬与敬畏以对越神明天道,而非僭越躐等,外在于人而亵近鬼神企慕天或天道。这使上古以来的天帝神灵信仰,发生了一种由外向内的转变。

第三,因任传统社会的礼乐教化方式而对其作出人文的解释,以行其教化于社会生活。

一般的宗教教化,落实到实践方面,必有自己的一套仪式仪轨系统。儒家行其教化,亦特别注重礼仪的作用。《礼记·昏义》:"夫礼,始于冠,本于昏,重于丧祭,尊于朝聘,和于乡射,此礼之大体也。"冠、昏,关涉于个人和家庭生活;丧、祭,关涉于宗教生活;射、乡,关涉于社会生活;朝、聘,关涉于政治生活。"经礼三百,曲礼三千"。在孔子之前,周代的礼乐文明,已经以一种完整系统的形式,运行于从个体、家庭、家族到政治、社会以至于宗教生活的方方面面。值得注意的是,这套礼乐的系统,乃由历史传统之延续而形成,为中国古代社会所本有,并非儒家另起炉灶的创制,亦非为儒家所专有。儒家所做的工作,是在每一个时代对它作出一种因时制宜的重建,同时,又着力于对此礼乐传统作人文的诠释,以建构其超越形上的基础。《礼记·中庸》:"君子之道费而隐,夫妇之愚,可以与知焉,及其至也,虽圣人亦有所不知焉;夫妇之不肖,可以能行焉,及其至也,虽圣人亦有所不能焉……君子之道,造端乎夫妇;及其至也,察乎天地。"《易·序卦传》:"有天地然后有万物,有万物然后有男女,有男女然后有夫妇,有夫妇然后有父子,有父子然后有君臣,有君臣然后有上下,有上下然后礼义有所错。"

在儒家看来，那"察乎天地"的形上之道，与作为生活样式之礼仪，同本于百姓日用伦理之常。故儒家既由社会生活之反思以建构其超越之理，同时又经由社会本有之礼仪形式，而施其教化的理念于民众生活。

《说文》："礼，履也。所以事神致福也。"从文字学的角度说，"礼"字之初文本与献祭神灵、沟通神人的祭祀礼仪相关。[①] 古时行礼，亦必有祭仪。是以古代社会的礼仪，与人的宗教生活有着密切的关系。儒家于诸礼之中，又特别注重丧祭礼仪。前引《礼记·昏义》言儒家于礼"重于丧祭"。《祭统》："凡治之道，莫急于礼；礼有五经，莫重于祭。"《中庸》亦引孔子说："明乎郊社之礼，禘尝之义，治国其如示诸掌乎！"都表明了这一点。礼或礼乐，是中国传统社会生活的样式，具有移风易俗，潜移默化，化民于无形的实践、教化功能。丧祭礼仪更直接关乎传统社会的宗教观念与神灵信仰系统，故尤为儒家所重视。儒家论丧祭礼仪，并不否定此丧祭礼仪所指向的神灵世界和信仰系统，同时，又通过一种人文的反思和义理的建构，来揭示其意义，引领其精神的方向，表现了一种独特的接引神圣世界的方式。[②]

与前两点相关，儒家对"礼"的反思与义理建构，亦使其发生了一种内向性的转变。要言之，儒家谓礼之义非在祀神致福，而在于返本复始，追思并挺立人的生命本原，礼文乃称情而立，根于人性，礼之本质及其发展之内在动源，实本乎文质之连续与统一；是以祭之义，必内求之于心，报本反始，由此上达契合于天地生命之本，以建立人之存在的超越性基础。请略述之。

曾子以"慎终追远，民德归厚"论丧祭之旨，儒家论礼所以成立之根据，复有"三本"之说。《大戴礼记·礼三本》："天地者，生之本也；先祖者，类之本也；君师者，治之本也……故礼，上事天，下事地，宗事先祖而宠君师，是礼之三本也。"天地为一切存在物生成之本原，先祖为血缘族类之本原，君师则为道德人伦创制之本原。从直接性上讲，吾人之生命出于父母先祖，然原其本始，则必归宗于天地之一本。而人之生命，又非仅仅是一种自然

---

① 参见刘翔：《中国传统价值观诠释学》第二章之二，上海三联书店 1996 年版；陈来：《古代宗教与伦理》第六章之一，生活·读书·新知三联书店 1996 年版。

② 参见李景林：《儒家的丧祭理论与终极关怀》，《中国社会科学》2004 年第 2 期。

的存在，须经由人伦之创制，道德之养成，乃能得以实现，故"君师"亦得居"三本"之一。

此所谓三本，并非平列的关系。《礼记·郊特牲》论天子郊天之义云："万物本乎天，人本乎祖，此所以配上帝也。郊之祭也，大报本反始也。"《礼记·祭义》："君子反古复始，不忘其所由生也。是以致其敬，发其情，竭力从事以报其亲，不敢弗尽也。"古代社会，唯天子有祭天之权。天子郊天之祭，乃标示并赋予了祭祀以本质性的意义。在儒家看来，祭祀之要义，在于返本复始，追思生命之本原。而此本原之追踪，则是通过"法祖而敬天"的方式，以亲亲为发端，循着由内及外，由近及远，以上达契合于天地生物之本的途径来实现的。

儒家反身据亲亲而追思上达生命之本原，其所论祭祀之义，乃由外向功利性之祈神致福，而转为通过情感真诚之内心安顿以达天人之合一。《礼记·祭统》："夫祭者，非物自外至者也，自中出生于心也。心怵而奉之以礼，是故唯贤者能尽祭之义……内尽于己而外顺于道也……贤者之祭也，致其诚信与忠敬，奉之以物，道之以礼，安之以乐，参之以时，明荐之而已矣，不求其为。此孝子之心也。"即表明了这一点。"物自外至"，"物"指祭物。以求神致福为目的，所重者必在"物"及其外在的形式仪文。贤者孝子之祭，虽亦需有"物"，然其所重，却在"自中出生于心"，"内尽于己"，"致其诚信与忠敬"，尽其内心之诚敬以契合于"道"。郑注："为，谓福佑为己之报。""不求其为"，是特别强调，祭祀非当以求福佑为目的。故祭非仅备物而已，其要旨在于尽其内心情感之真诚。

由此，礼之内涵乃被理解为本于情的文质之连续与统一。《大戴礼记·礼三本》："凡礼，始于棁（脱），成于文，终于隆。故至备，情文俱尽；其次，情文佚兴；其下，复情以归太一。"礼，有情有文，有义有数。文和数，指礼的仪文和形式。情是其内容，义言其本质。礼之"义"即表现并完成于此情文的统一与连续性中。《史记·孔子世家》："孔子……观殷夏（之礼）所损益，曰：后虽百世可知也，以一文一质，周监二代，郁郁乎文哉，吾从周。"是情文亦即质文。情或质，指人的自然生命；文，则指人文的创制。周世文明，兼综夏殷而统合质文，故能成就一代文治之盛。"情文俱尽"，为礼之意义之最完满的表现。从逻辑和结构的角度，可以把礼的内涵表述为质、文两个方面的统一。从历史发生的角度来看，礼"始于棁（脱），成于文，终于隆"，则表现为一个由质到文，由疏略而趋于繁缛的过程。一代之制，或有所偏，然其内容，要不外质文之互动互涵，二者犹一体之两面，不可或分。孔子谓礼固代有损益，而后虽百世可知者以此。

质文互涵，"质"标识人的存在之自然的一面，"文"则表现为人的自然生命于其精神层面的开显。儒家论礼之质文，曰"称情而立文"（《礼记·三年问》），曰"因人之情而为之节文"（《礼记·坊记》），凸显了情、质对于仪文的根本性意义。孔子自称"信而好古"、"好古敏以求之者"（《论语·述而》），言治道，则曰"行夏之时，乘殷之辂，服周之冕，乐则韶舞"（《论语·卫灵公》）。《礼记·礼器》说："礼也者，反本修古，不忘其初者也。"前引《郊特牲》也说："郊之祭也，大报本反始也。"要言之，复古、贵本、重质、重情，构成了儒家礼论和文化观念的一个基本特色。而这个复古贵本，并非实质性地回到自然，其要在于"贵本而亲用"。《大戴礼记·礼三本》："大飨尚玄尊而用酒，食先黍稷而饭稻粱，祭齐大羹而饱乎庶羞，贵本而亲用。贵本之谓文，亲用之谓理，两者合而成文，以归太一，夫是谓大隆。"在这里，礼文仪节及其伦理的规定乃被理解为人的自然生命存在（"质"）在其精神规定和人文自觉层面（"文"）的敞开与实现。周世信仰系统中"民彝物则"（礼仪、礼乐）本原于天的观念，亦由此而获得了内在的人性意义。

以上三个方面的转变，第一个方面关乎中国古代社会信仰系统之内在价值本原的建立；第二个方面关乎敬畏作为终极关怀之神圣性基础的挺立；第三个方面关乎礼乐作为实践性的社会生活样式之重建。这三个方面，作为一个内在关联的整体，其根本点，乃在于中国古代社会信仰系统之自律性德性基础的建立。应当指出的是，这种转变的契机，本潜存于中国古代社会的信仰系统中，但它作为这一信仰系统之内在真理性的自觉，却使之发生了一种脱胎换骨性的本质转变，此即前文所说"道德的宗教"之圆成。

综上所论，儒学的思想作为一个自成系统的义理体系，与中国社会古初以来所形成的宗教信仰系统，又存在着一种密切的相关性。这种相关性，正是前述"转变"所以可能的前提。这使儒学既能保持其作为一种哲理体系的独立性，同时又能够以其对社会信仰系统的诠释和升华作用，施其教化的理念于社会生活。

帛书《易传·要》篇记有孔子对弟子子贡解释其"老而好《易》"的一段话，恰如其分地揭示出了儒家义理体系与传统社会信仰系统的这种相关性：

> 子曰："《易》，我后其祝卜矣！我观其德义耳也。幽赞而达乎数，明数而达乎德，又仁（守）者而义行之耳。赞而不达于数，则其为之巫；数而不达于德，则其为之史。史巫之筮，乡之而未也，好之而非也。后世之士疑丘者，或以易乎？吾求其德而已，吾与史巫同途而殊归者也。"①

在这段话中，孔子用"同途而殊归"一语来说明自己与"祝卜"、"史巫"之道的区别和联系。借孔子此语，我们可以对儒家思想与古代社会信仰系统之相关性作出一个确切的定位。

《易》本为卜筮之书。卜筮是古人测知神意以谋划未来的一种方式，此祝卜和史巫之所为。子贡对夫子"老而好《易》"的不理解，亦由此而生。子贡提出的疑问是："夫子它日教弟子曰：'德行亡者，神灵之趋，知谋远者，卜筮之繁。'赐以此为然矣。以此言取之，赐缗行之为也。何以老而好之乎？"② 缺乏德行和智慧的人，只知外在地求神问卜，而不知返归本心本性以决定其行止。在这一点上，子贡对孔子之教的理解并没有错。不过，孔子的回答表明，在他看来，德性的成就和教化与一般百姓的宗教信仰之间，既有差异，同时又具有一种内在的关联性，并非一种相互排斥的关系。

---

① 廖名春：《帛书〈要〉释文》，《帛书〈易传〉初探》，文史哲出版社1998年版，第280页。
② 廖名春：《帛书〈要〉释文》，《帛书〈易传〉初探》，文史哲出版社1998年版，第279页。

孔子并不否定古代社会以天帝神灵、祭祀礼仪、筮数占卜等为内容的信仰系统。儒家的形上之道，其至虽"察乎天地"，具有终极的超越性和极高的理想性，但同时又"造端乎夫妇"，为百姓所"与知"、"能行"。春秋世衰道微，礼坏乐崩，道术为天下裂，孔子自觉承接担当斯文，尤其注重于中国古初以来的礼乐文明的重建。孔子自称"吾百占而七十当"①，《易》本卜筮之书，孔子为之作《十翼》，并据以建立其"性与天道"的形上学系统，亦未否定卜筮对于民众生活的意义。《荀子·天论》："卜筮然后决大事，非以为得求也，以文之也。故君子以为文，而百姓以为神。"亦表现了这种精神。这个君子"以为文"与百姓"以为神"，虽有不同的意义，但其对象和内容却又是同一的。儒家形上学的体系，乃由对中国古代社会生活及其信仰传统的反思与义理建构而成，而非出于纯粹的理论兴趣。这与西方哲学那种"载之空言"式的体系建构方式是有根本区别的。此即孔子所谓的"同途"。不过，儒家的意义指向，却与"祝卜"、"史巫"所代表的社会信仰系统有本质的不同。"祝卜"、"史巫"之道，意在亵近神灵，测知神意，其指向是功利性的。"我观其德义耳"，"幽赞而达乎数，明数而达乎德"，"仁（守）者而义行之"，"吾求其德而已"，乃由对神灵的外求而转向于内，本内在德性的成就以奠立其超越性的价值基础。孔子这里所讲的这个"德"或"德义"，指的是《周易》所包含的义理或哲学的内容。② 此即孔子所谓的"殊归"。"吾与史巫同途而殊归"。"同途"，表明了夫子教化之道与社会信仰系统之间的一种相切和相关性；"殊归"，则表现了孔子思想学说与社会信仰系统之间存在一种本质上的差别性或异质性。

孔子"同途而殊归"一语所点出的这样一个儒家义理体系与社会信仰系统之相关性和异质性统一的关系，对于我们理解儒家宗教性的特点，具有十分重要的思想和文化意义。

二者之"殊归"的一面，赋予了儒学作为哲学的义理体系的独立性特

---

① 廖名春：《帛书〈要〉释文》，《帛书〈易传〉初探》，文史哲出版社 1998 年版，第 280 页。
② 参见李学勤：《周易经传溯源》，长春出版社 1992 年版，第 228—229 页。

质。如前所述，儒学依其对殷周宗教系统之"连续性"、神性内在精神之理论自觉，建立其性命论和人性本善的观念系统，确立了儒家内在超越的价值根据。其所建立的具有超越性意义的仁、道、天、天命等形上学的概念，并无人格神的特征，其所重，在于经由德性的成就以体证天道，而非"以神为中心"来展开教义。对此，现代新儒家已有很充分的论述。依照田立克对哲学与信仰的区分，儒家思想的体系，是理性人文义的哲理，而非宗教信仰义的教理，是哲学，而非宗教。故儒学之思想义理，可与康德、黑格尔一类哲学理论，同讲论于现代大学的学术殿堂，而非如宗教神职人员之布道，须限定于特定之宗教场所。

二者之"同途"的一面，乃使儒家思想对于中国社会生活及其信仰系统，具有一种内在的因应和切合性因而获得了一种实践和教化的意义。西方传统的哲学，着重在通过一种理论和知识体系的逻辑建构，为社会诸文化部门提供某种普遍的"公度性"，其对社会生活并无直接的教化作用。中国东周时期之"哲学突破"，其中代表性的流派当为儒、道、墨三家。道家秉持自然的原则，其对礼乐文明之反思，深具批判性与消解性的意义，而缺乏肯定性的顺适和建构。墨家延续了古代宗教观念对人的功利性理解，以一种尚功用的精神，否定传统的礼乐文明，同时也强化了人格神的天帝鬼神信仰。其对古代社会的信仰系统，适足以扬其所短而避其所长。唯有儒家秉持一种文质合一的精神，力求在新的历史条件下去反思重建西周以来的信仰和道德传统。是以其思想义理，对传统固有的宗教信仰系统，既有"殊归"义的异质性之超越，又保持着"同途"义的相关性之切合。这种"异质性的超越"，使之具备了对社会宗教信仰系统之转化升华的可能性；而这种"相关性的切合"，则又使之能够对社会生活发生实际的影响和教化的作用。现代以来，儒学的思想传统发生断裂，中国社会虽不乏各种精妙的哲学理论，但其多由西方舶来，缺乏与社会信仰和民众生活的关联性，因而无法对社会生活起到提升和引领的作用。一方面是哲学理论的游谈无根，另一方面是社会生活的无依无靠，当代中国社会之信仰的缺失，道德的失坠和堕落，盖由于此。可见，儒学义理与社会信仰之"同途"与"殊归"这两个方面的关系,缺一不可,而其"同途"义的相关性一面,尤见重要。

"同途而殊归"这样一种关联社会生活的方式,使儒学获得了一种其自身独有的文化和精神特质。前孔子时代的礼乐和信仰系统,具有普泛的社会意义,经由儒家形上学的提升与点化,其道德自律的基础乃得以建立,其作为"道德的宗教"之意义,亦始得以圆成,因之而可大可久,构成几千年中国社会之超越性价值与信仰的基础。儒学的宗教性和教化作用,即体现于这种以"神道设教"的教化方式中。一般的体制化宗教,在信众群体上有局限性,其仪式仪轨系统亦为特定的宗教和教派所专有,因而具有固定和排他的性质。而儒学所据以关联于社会生活之礼仪及与之相关之信仰系统,既为社会所本有,并具施及全社会的普泛性,故其教化之所行,在中国社会,既最有普遍性意义,同时亦具有对其他信仰的广泛的包容性。而儒学作为一种哲理体系对整个社会之持续的精神引领作用,亦赋予了这种信仰生活以更强的理性特质,而弱化了常常会伴随宗教信仰而来的非理性的狂热。这是儒家教化之异于西方宗教与哲学之独具的特点。

(作者单位:北京师范大学价值与文化研究中心)

"学"何以"成人"?*

李兰芬

一、"学"的古典与现代含义——
以荀子及杜维明先生为例

"学"与"成人"在古典文献中有经典论述。

"学"的基本含义引用《康熙字典》解释，除有"觉悟"之"明"义外，还有于王、君子，甚至人而言的"获"、"效"等"修"（藏）、"游"（息）、"建"之用。学之用所获，与"亲师"、"信道"、"多闻"有关。①

将"学"与"成人"关联，并作深刻论证的，荀子为其中名家之一。在其有名的《荀子·劝学篇》中，他对此的经典论述为：

---

* 本文同为贵州省哲学社会科学规划国学单列课题基金项目"文化坚守者与学问方式的张力——汤用彤玄学研究分析"和广东省社科基金项目"玄学的现代命运——汤用彤魏晋玄学研究的思想寄托及其困境"成果，部分内容曾在北京大学高等人文研究院"首届精神人文主义工作坊"（2018 年 5 月）发表。

① 《康熙字典》在《寅集上·子部》对"學"有这样的训义："《唐韵》胡觉切《集韵》《韵会》《正韵》辖觉切，音鷽。《说文》觉悟也，本作斅，篆作学。《增韵》：受教传业曰学。朱子曰：学之为言效也。《诗·周颂》：日就月将，学有缉熙于光明。《书·说命》：王，人求多闻，时惟建事。学于古训，乃有获。《礼·学记》：君子之于学也，藏焉修焉，息焉游焉，夫然，故安其学而亲其师，乐其友而信其道。"（汉语大辞典编纂处整理：《康熙字典》〔标点整理本〕，汉语大辞典出版社 2002 年版，第 218 页）

　　君子知夫不全不粹之不足以为美也。故诵数以贯之。思索以通之。为其人以处之。除其害者以持养之。使目非是无欲见也。使耳非是无欲闻也。使口非是无欲言也。使心非是无欲虑也。及至其致好之也。目好之五色。耳好之五声。口好之五味。心利之有天下。是故权利不能倾也。群众不能移也。天下不能荡也。生乎由是。死乎由是。夫是之谓德操。德操然后能定。能定然后能应。能定能应。夫是之谓成人。天见其明。地见其光。君子贵其全也。

　　荀子在这段话里，实际是将泛义的"人"重新界定为有德性并有作为的"君子"，如说"成人"，荀子认为成为君子才称得上"成人"。为此他在《荀子·劝学篇》对孔子《论语·宪问》中著名的"古之学者为己，今之学者为人"一语，作了这样的转换解释："君子之学也，以美其身；小人之学也，以为禽犊。"从"成人"的角度来说，荀子重释了孔子的"为学"思想："己"，与切身有关，"人"与人性及广义的"美"有关。简单说，学，在儒家思想里就是通过自己的努力，成为更美好的人。

　　何为"美"？荀子将其与人之"品格"（《荀子·劝学篇》）所描述的"使目非是无欲见也，使耳非是无欲闻也，使口非是无欲言也，使心非是无欲虑也。及至其致好之也，目好之五色，耳好之五声，口好之五味，心利之有天下。是故权利不能倾也，群众不能移也，天下不能荡也"）及学之内容"全"联系起来。

　　另外，荀子同样在《荀子·劝学篇》中，认为"学"所以能成就"君子"（成人），与学的品性及学的内容有关。他对真正的学者作这样的界定："学也者，固学一之也。一出焉，一入焉，涂巷之人也；其善者少，不善者多，桀纣盗跖也；全之尽之，然后学者也。"

　　正是有这样的看法，荀子将儒家"学"的含义扩展至"知"（全）与"持养"（德操）双重意味，而从"全"的意义上，体现儒家之"成人"（君子）与"天""地"共光明之"全"与"美"。

　　或者说，荀子秉承孔孟的"为学"、"成人"之思，强调儒家之"学"，与人立足于自身,对人性善、美的向往,与人与天地、道共融、合一的追求,而作出的努力有关。这种努力不仅体现于"知"的"学"上,而且体现于"行"的"修"与"养"上。"学"从其涵盖"知"与"行"双重意义上说,便是"学以成人"的"为学"。

几千年来,儒家一直坚守着这样的"为学""成人"之宗旨。

当代,杜维明先生在其"学以成人"倡导中,用儒家"精神人文主义"对儒家"为学"经典说法作了新诠。

儒家以"成人"为"学"之的传统,在 2018 年首次于中国举行的第二十四届世界哲学大会,成为所有参与的哲学家共同探讨的主题:"学以成人"(Learning to Be Human)。

这个主题的含义,使荀子的"学"与"成人"的独特意味,在当代的处境中被得到丰富而深刻的扩展。

其中,"学"的含义,倡导者杜维明先生认为是与身心性命有关的"觉"。"学"关联人内在的、对人之为人本性的觉醒、觉悟,关联在反省中塑造己与群、天、地合一的工夫。[①] 因而,"学"毫无疑问有"知识"的含义:相关于我们的身心,相关于他人、宇宙、自然;有修身、修心的"工夫"含义:相关于人性及道德的、相关于理想境界的"觉"和"修"。

而其"成人"的含义,杜维明先生将之创新性地阐释为儒家的精神性人文主义(Spiritual Humanism)。其基本含义被描述为:

> 杜维明先生以儒家"仁"的根源性为基础,从全球视野出发提出了精神人文主义(Spiritual Humanism)的思想。"精神人文主义"以"仁"为枢纽,"自我"为核心,拓展为与人类经验息息相关的四个维度:自我(己)、社群(群)、自然(地)、天道(天)。精神人文主义将"自我"视作一个动态的、整体的、开放的系统。个人的身体、心知、灵觉、神明的

---

① 参见杜维明:《为什么要"学做人"——关于第二十四届世界哲学大会主题的思考》,《光明日报》2018 年 8 月 11 日。

充分发展与协调塑造了内在自我，与此同时，自我绝不是孤立的和封闭的个体，必须在对社群、自然、天道的"体知"中理解并实现自我；在社群层面，广义的社群包括家庭、邻里、村镇、城市、国家乃至世界，精神人文主义关注个人与社群之间如何健康互动；在自然层面，精神人文主义反对人类沙文主义，生态文明建设的题中之意是使人们体贴到"万物一体"的和谐共振，在大地上诗意地栖居；在天道层面，精神人文主义指涉人心与天道的互感互通。

精神人文主义作为"具有全球意义的具体人性"（global significance of concrete humanity），其旨归是在具体的、活生生的、独一无二的个人的基础上，展现为既客观化、又普适化的人文价值。①

在这个释义中，有两点是非常值得重视的。其一，杜维明先生强调，儒家对精神性的看待，是立足于具体的个体而理解的人之特殊性。其二，杜维明先生还强调，儒家对精神性这种立足于个体而呈现的特殊人性，同时看成是具有丰富的人文意味：它不仅指向对人的尊重与肯定，而且将这种尊重与肯定建立在坚信人性上深含着的人必会通过自我努力，与他人（社群）、自然（地）、天道（天）共融，体现人之为人的价值的基础上。

杜维明先生坚持认为，儒家对人性的理解中，有一个重要的面向：重视人，是因人"不仅仅是爱人，而且还要爱物、爱己，三者不能分离"。人之仁爱，不仅体现为"心知"，而且体现为身体力行（仁与礼、义、智、信的结合）。也即是说，人之精神性在"知"中，在"行"中，创造性地转化人与人、人与自然、人与天道的关系。这是一种具有宗教性（神圣与超越结合）的精神人文主义。② 也即是说，对儒家精神性的理解，与如何理解"体知"及"知识与智慧的关系"，还有人、社群、自然、天道的关系等

---

① 邱楚媛：《学界研讨"精神人文主义"》，《光明日报》2018 年 6 月 2 日。

② 在《儒家心性之学的当代意义》中，杜先生强调儒家的特色是"在人伦日用中就能追求到最高的价值"，而不追求另一种与人不一样的另种价值（参见《开放时代》2011 年第 4 期）。

相关。①

从这种角度看，精神性的人文主义功能与传统儒家"学"中隐含着的"知"与"行"不分离，即学与"修""养"及"教""化"关联（体知）的强调一致。也正是在这样知、行不分的精神性理解（"为学"的意味）中，儒家的人文主义，不仅体现对人的个性的关怀、对人的价值的尊重与肯定，而且体现对人类共同命运、对宇宙万物共生共存命运的责任担当。②

杜维明先生认为，这种以"学以成人"的儒家精神性人文主义，是当代社会应当提倡的一种全面理解人性、深含"天人合一"精神的"新人文主义"。③他也进一步指出，从解决当前人类共同面对的问题来说，儒家传统角度理解的精神性人文主义，"应该可以拓展我们从启蒙运动发展以后被狭隘化的心态，而获得一种更加深沉厚重的道德积蓄"④。

无疑，杜维明先生的新诠，让儒家传统的"学"与"成人"在当代有了开放、深远的大意义。

---

① 杜维明博士研究生邱楚媛在论文《从"文化中国"到"精神性人文主义"——体知"精神性人文主义"》中，通过追溯杜维明思想的历程，强调："杜维明先生的思想植根于儒家人文精神，以思孟心学为根源，提出了以自我主体性为中心的新人文主义，试图反思并转化近代以来在启蒙心态影响下所塑造的社会价值形态。这一宏阔的思想体系经过数十年的探索才全面展开，重要论域分别提出于不同历史时期，主要体现为'启蒙反思''文化中国''文明对话''精神性人文主义'，尤其是承载儒家人文精神的综合性的、'能力理论'的视域中的'体知'。他在问题关切和解决思路的基础上探讨了儒学在自我与社会层面的意义空间中最终呈现出'创造性自我转化'。"（邱楚媛：《从"文化中国"到"精神性人文主义"——体知"精神性人文主义"》，载涂可国编：《中国文化论衡》，社会科学文献出版社 2017 年版）
② 参见杜维明在 2016 年华东师范大学"桑德尔与中国哲学"国际学术研讨会上发言 Self from the Perspective of Spiritual Humanism。（北京大学高等人文研究院 2018 年"精神人文主义"工作坊资料）
③ 参见杜维明在 2014 年天地之中（嵩山）——华夏文明与世界文明对话论坛之"天人合一与文明多样性"开幕式上的讲演 On the Spiritual Humanism（北京大学高等人文研究院 2018 年"精神人文主义"工作坊资料）。
④ 杜维明 2017 年在北京师范大学"首届京师中哲名家论坛"上的发言《全球视野下的精神人文主义》（北京大学高等人文研究院 2018 年"精神人文主义"工作坊资料）。

但需仔细分析,"学"对于"成人"的人文主义功能何以发挥? "学"中"知"与"行"或"修""养"为何有极大的关联? 这种关联,影响了儒家精神在当代如被赋予一种特别的学术形态(如哲学)解释时,其人文主义的功能,是否如提倡者期待的那样,能够全面体现呢?

二、一个个案的分析及问题:"学"中的何种知与行?

本论文企图通过下面接着要分析的个案"汤用彤对儒家精神的理解",尝试将问题的探讨,进一步置放在近现代中国社会剧烈变动的历史中,看儒家精神性如何被一些持温和的文化保守主义立场的知识分子所看待,他们对儒家精神的看待与他们对新旧学术的人文主义功能期待是否有关,并追问这种相关是否在他们本身的"为学"实践中得到落实。

汤用彤先生是近现代中国新旧文化交替过程中的一位温和的文化保守主义者。他的温和,首先与他对传统文化的执着情怀有关,其次与他对外来文化相对开放的态度有关。

作为转型时期的知识分子,汤用彤先生既有深厚的儒家传统文化底蕴,又有从人文角度接受西方规范教育的丰富经历。① 他期待从"玄学"(中国特殊的具有超越、抽象意味的精神性解释)上复活儒家思想(他视作为中国真精神)在新时期的生命力。

实际上,作为学者或知识分子的汤用彤先生,最引人注目的一点,便是他用学术的方式:玄学(不纯粹是复古魏晋时期的玄学,而且更重要现代哲学的方式〔如本体论、存在论、认识论、人生哲学等〕)诠释儒家思想的精神性特质,而体现他对中国文化传统的坚守情怀,同时体现他将传统学术与外来文化融合的努力。

汤用彤先生这种通过"学"而重述儒家"精神性"(人文主义)功能的

---

① 吴宓的日记中,曾提到陈寅恪先生感叹其时的中国留学生,唯汤用彤专注形而上学。而汤用彤自己的学习,是较为自觉地学习与精神性分析相关的一些人文学科(如神秘主义哲学、唯理论、印度哲学、心理学等)。

做法,固然使他对儒家思想的理解有与传统接合的可能,但是否也有可能使他的诠释与儒家思想本来的品格有疏离?

或者说,观察和分析汤用彤先生对"学"(与他侧重精神性的"知"一面)的强调,有可能引起的问题,可以重新思考杜维明先生曾提出过的"知识与智慧""体知"等问题,在体现儒家精神性特质时的不可或缺性。①

三、汤用彤玄释的儒家精神性与"学"

汤用彤先生一生的学术成果中,直接讨论儒家思想的篇章极少。②但作者认为,对儒家精神作出新诠释,并期待儒家精神在中国历史发展中重新有大作用,是汤用彤先生一生的意愿。他的魏晋玄学研究、中国佛教史

---

① 杜先生在 2010 年于中山大学发表的讲话及其他的演讲、文章中,曾反复强调对儒家精神性的理解,与如何理解"体知"及"知识与智慧的关系"还有人、社群、自然、天道的关系等相关。

② 作者曾在已发表的另篇论文《析汤用彤对中国真精神之玄解——再谈〈理学谵言〉》(《学术月刊》2018 年第 2 期)的第 14 注中注明过汤用彤先生学术资料中提及他对儒学的关注:"据孙尚扬整理的《汤用彤学术年表》,汤用彤的《理学谵言》自 1914 年 9 月至 1915 年 1 月连续刊布于《清华周刊》第十三至二十九期。(参见孙尚扬《汤用彤》,台湾东大图书公司 1996 年版)除这篇正式刊发的讨论儒家思想的论文外,汤用彤还曾在 1913 年达德学会主办的《益智》杂志'文篇'栏目发表了阐述儒家政治思想观的《道德为立国之本议》一文,在 1917 年《清华周刊》第三次临时增刊的'课艺'栏目发表《论成周学礼》一文。两文均由赵建永整理,重刊于《中国哲学史》2010 年第 4 期。除此之外,汤用彤还有一篇尚待整理、发表的讨论儒家思想的文章。与这篇文章相关的演讲,在吴宓日记中被提到。(参见《吴宓日记》第 8 册,生活·读书·新知三联书店 1998 年版)汤用彤未刊文稿整理者赵建永在他《汤用彤未刊稿的学术意义》一文中提到,汤用彤未刊的、在 1941 年于武汉'儒学会'所作的演讲稿为《儒家为中国文化之精神所在》。(见氏文《汤用彤未刊稿的学术意义》,《哲学门》2004 年第二册。)我们从主题看,应该是回应他 1914 年发表在《清华周刊》杂志上的《理学谵言》的主张:'理学者,中国之良药也,中国之针砭也,中国四千年之真文化真精神也。'另,参见汤用彤:《儒学·佛学·玄学》,江苏文艺出版社 2009 年版,第 36 页;赵建永:《汤用彤与现代中国学术》,人民出版社 2015 年版)。"

研究,还有后来的道教史的研究,在某种程度上,与他力图理解儒家传统如何具有超越性、如何与外来宗教(传统)对话等问题有关。①

汤用彤先生将儒家理学(汤用彤先生也将之喻为"中国的真精神","儒家的精神")与魏晋玄学、中国佛教史等研究关联起来考虑的做法,也可在任继愈先生对自己一篇早期论文的写作渊源的追思中,得到旁证。②

任继愈先生在《理学探源》③一文中,提到该文是在汤用彤的指导下作成的。重刊文章是因为,"这篇文章使人联想起四十多年前某些知识分子在漫漫长夜中梦想'学术救国'艰难前进的状况"。

任继愈先生的论文共分八节:"一、绪论,二、理学之渊源,三、汉代中印思想之调和,四、魏晋玄学之建立与本末问题,五、南朝之佛性问题,附夷夏问题及神不灭问题,六、隋唐四宗,七、唐宋之际儒佛之交融,八、理学之兴起。"任继愈先生强调:"本文所论为探研理学之渊源。"④他概述说:"宋兴百年儒学复振于五代禅学鼎盛之后。袭魏晋之玄风,承孔孟之余绪,于理气性命心体善恶之问题作一空前之总结,内之如心性之源,外之如造化之妙,推之为修齐治平,存之为格致诚正,无不尽其极致。两宋以迄清末,八百年来哲学界逐为理学所独擅,岂为偶然?然亦须知此固一种思想之自然演进,非为被动,亦非自葱岭带来也。"⑤

那么,何为汤用彤先生眼中的儒家精神呢?

汤用彤先生理解的儒家精神,在他最早的长文《理学谵言》中有表现,

---

① 赵建永撰写的《汤用彤先生编年事辑》(中华书局2019年版)中,对汤用彤先生在魏晋玄学、中国佛教史、道教史及典籍、文献研究中,始终关注儒学问题,有很多史料上的佐证。

② 这个章旁证,本文作者曾在多篇讨论汤用彤先生思想的论文中提及。

③ 任继愈:《理学探源》,载《汤用彤先生纪念论文集》编辑委员会编:《燕园论学集——汤用彤先生九十诞辰纪念》,北京大学出版社1984年版。

④ 任继愈:《理学探源》,载《汤用彤先生纪念论文集》编辑委员会编:《燕园论学集——汤用彤先生九十诞辰纪念》,北京大学出版社1984年版,第302页。

⑤ 任继愈:《理学探源》,载《汤用彤先生纪念论文集》编辑委员会编:《燕园论学集——汤用彤先生九十诞辰纪念》,北京大学出版社1984年版,第307页。

而在他的魏晋玄学研究中,讨论谢灵运、王弼、郭象等涉及"圣人"问题时,有进一步的体现。在他最负盛名的中国佛教史研究中,他坚持佛教来中国后,是佛教中国化这一点上,儒家精神也有体现。①

最早体现汤用彤对儒家精神理解的《理学谵言》,究竟是如何表述作为中国真精神的儒家思想呢?

在本人已发表的一篇论文《理学的另类解读——析汤用彤〈理学谵言〉》②中,曾对汤用彤如何理解儒家精神作过这样的概括:

> 首先,他从理学在中国传统文化中的地位及作用来强调,他有一著名的说法:"理学者,中国之良药也,中国之针砭也,中国四千年之真文化真精神也。"③
>
> 其次,从理学与近人崇尚的西方科学与理学相比,突显理学的精神特性。他这样断言:"不置夫以古之理学与今之科学比,则人咸恶理学而求科学矣,不知理学为天人之理,万事万物之理,为形而上之学,为关于心的;科学则仅为天然界之律例,生物之所由,驭身而不能驭心,驭驱形骸而不能驱精神,恶理学而乞灵科学,是弃精神而任形骸也。"④
>
> 再次,从他自己的感动与选择、担当来释理学:"余尝观昔贤讲学之风,雍雍穆穆,朴茂之气凛然,洵堪为浇俗之棒喝,则心为之神往者。""国人皆恶理学,则一国之人均行尸走肉耳,国乌得国乎?噫,金瓯不圆,陆沈有日,坐而思之,能无慨然。我虽非世人所恶之理学先生者,然心有所见不敢不言,以蕲见救于万一,于是擅论古人,著其语之

---

① 在对中国佛教思想的品格分析上,汤用彤认为,佛教思想来中国后是中国化了(受儒家思想的影响)。但他这种看法,在研究中国佛教思想史的其他学者那里,并不完全被接受,例如吕澂。

② 李兰芬:《理学的另类解读——析汤用彤〈理学谵言〉》,《中山大学学报》(社会科学版)2013年第1期。

③ 汤用彤:《理学谵言》,《理学·佛学·玄学》,北京大学出版社1991年版,第1页。

④ 汤用彤:《理学谵言》,《理学·佛学·玄学》,北京大学出版社1991年版,第1页。

有合于今日,尤有益于侪者于篇。"①

从这三点表述中,可以看到,汤用彤对理学的理解既与他自己选择的文化守成主义的立场相关,也与他在后来学术研究中显现出来的"玄学"情结有关:他较为侧重儒学的心性、精神方面的作用。

从上所说可以看到,汤用彤先生对儒家精神的重新认识,与其对儒家思想,尤其是宋明理学之学风的新看待有关。首先,理学是儒家精神的体现,是中国传统的核心。其次,理学是精神性的,其特质因其究万物之理,是形上之学,并有驭心而不任形骸之功能。再次,汤用彤先生自己是从文化担当的角度,从为学的角度,重诠理学,重诠儒家精神。

从汤用彤先生所受的传统教育来说,他坚持,思想意义的被诠释,必须与严谨的学问方式结合。这种对严谨学术方式,因其侧重学问内涵着形而上之学的一面,使之与"玄学"、"哲学"结缘。首先,汤用彤先生坚持,从根本上说,对儒家精神的"玄"解,只是强调中国文化之真精神即儒家的"理学"不纠缠枝末,不为人欲所驱。另外,汤用彤先生认为,"玄"不意味着空与虚,它必须是真"知"实"学"与"存养省察"及"克己"结合的"为学工夫"(阳明);必须是朱熹所倡的心性养成相关的主敬工夫与对事物各理穷尽、通明的为学工夫,还必须是反躬实践的省察工夫三者结合的"穷理之学"。②

学问或学术,因汤用彤先生的这种界定,显然有了"知"与"行"的双重意味。

近现代转型时期的传统士人及新派学人的学术风气,让汤用彤先生一度对宋明儒学的体现方式有所拒斥。但当他自己进入经典中,他痛感朱子学、阳明学的宗旨被曲解,尤其是阳明学。

----

① 汤用彤:《理学谵言》,《理学·佛学·玄学》,北京大学出版社 1991 年版,第 1—2 页。

② 汤用彤玄解儒家精神的两个特点,作者论文《析汤用彤对中国真精神之玄解——再谈〈理学谵言〉》(《学术月刊》2018 年第 2 期)有较为详尽的分析。

汤用彤先生认为，阳明所讲的真"知"实"学"首要是"立志辨诚伪"，其次是"得个头脑"，再次是"由己"而不"从物"，最后便会"从心所欲不逾矩，只是志到熟处"①。这是一整套的"为学工夫"。汤用彤先生尤其强调阳明的"存养省察"及"克己"工夫。他还认为"改过"也被阳明看作是学问之重要阶段。从"格物"之"诚"，汤用彤先生坚持，阳明实际是将"为道"与"读书"相联。读书需做之工夫，实际上也是修身养性之工夫。

而"知"在时下学者那里有阳明唾弃的"滋人欲"、"蔽天理"的可能。当对圣人为学之"知"与时下追逐西学知识的"学"混淆，便会日趋"受教育而无道德"，"不知本末，无烛远之眼光，心羡今日之富强，而不为将来之长治久安计"②，或如阳明所痛斥："不知作圣之本，却专去知识才智上求圣人。知识愈广，而人欲愈滋；才力愈多，而天理愈蔽。"③

进一步来说，汤用彤先生提出，能破时人对阳明学的误解，能应对其时认为学习西方，便是只求知识，不讲智慧（按汤用彤先生自己的话来说，便是只求科学，而淡漠精神）的误国、误人之做法的良药，是朱子学。

汤用彤先生认为，朱子的"穷理"、"格致"，实是将"修身"与"为学"结合的大工夫。朱子并未将"理"与"心"、"性"分开，也没有将"穷理"与"性善"分开。④ 正所谓，天理不远人，需固及进；人欲不远人，需黜及退。**因而，为学之道，尤为儒学之道，在朱子那里，便是成圣之道。**为学或穷理本身，就是做去人欲之私、彰显天理的省察存养工夫。这对儒者而言，是个

---

① 汤用彤引申说："阳明谓数年切磋，只得立志辨诚伪，则此足以见立志之必须时时萦心，不少宽假也，及至用力之久，则心底日明，德养日精，工夫至此少见效至于通神圣之域，此身毫无系累，行为在轨范之中而不溢出于外，则观止矣。故阳明曰，从心所欲不逾距，只是志到熟处，故立志之初步为坚定，而其最终之效果为化工也。"（汤用彤：《理学谵言》，《理学·佛学·玄学》，北京大学出版社1991年版，第5—6页）

② 汤用彤：《理学谵言》，《理学·佛学·玄学》，北京大学出版社1991年版，第4—5页。

③ 汤用彤：《理学谵言》，《理学·佛学·玄学》，北京大学出版社1991年版，第4页。

④ 参见汤用彤：《理学谵言》，《理学·佛学·玄学》，北京大学出版社1991年版，第14—17页。

漫长而需自觉警醒的躬行实践过程。只是养成这种省察存养的功夫，必须先有个"收心"、"敬畏"的涵养。汤用彤先生断言，自孟子以来，儒者为人之学归根结底就是心学。"敬"便是"收心"涵养养成之要。借用黄梨洲的话，便是"涵养须用敬，进学在致知，此伊川正鹄也"①。

他针对朱子以后的儒生对朱子学说的种种曲解，重申朱子穷理之学，是与心性养成相关的主敬工夫，是对事物各理穷尽、通明的为学工夫，是反躬实践的省察工夫。汤用彤先生尤激赏朱子将刻苦的为学与真诚的做人相结合的做法，认为这才是真正的孔子之为己、为人之道。

从在理学中寻找医治当时中国之弱病的良方的愿望出发，汤用彤先生坚信："朱子之学反躬实践，无时无地不用功夫，正是反弱而强的药剂。王阳明之学知行合一，即知即行，不行不知，坚确专一，实为荒惰无恒者的绝好针砭。"②

但问题是，朱子学、阳明学的内涵毕竟不完全是能为汤用彤先生认为能体现儒家思想超越性的玄学所体现，更不能完全为现代学术形式的哲学所体现。③

汤用彤先生玄释儒家精神，究竟给儒家"学以成人"的倡导提出什么问题呢？

四、汤用彤先生的"为学"能"成"什么？

显然，如儒家传统一直坚持的那样，"学"与"成人"是相关的。但何种

---

① 转引自汤用彤：《理学谵言》，《理学·佛学·玄学》，北京大学出版社 1991 年版，第 17—18 页。

② 麻天祥：《汤用彤评传》，百花洲文艺出版社 1993 年版，第 14 页。

③ 本文作者曾有两篇论文讨论玄学与哲学在中国思想史上的问题：《玄思的魅与惑——王弼玄学再探讨》(《华东师范大学学报》〔哲学社会科学版〕2006 年第 5 期)；《被质疑的哲学——以清末民初四位学人的看法为例》(《中山大学学报》〔社会科学版〕2016 年第 1 期；载林维杰主编：《近代东西思想交流中的西学东渐》，台湾"中央研究院"中国文哲研究所 2016 年版)

"学"才可"成人",汤用彤先生在他对朱子学及阳明学的诠释中,有他自己自觉与不自觉的侧重。

汤用彤先生如当时很多有文化保守情怀的知识分子一样,始终坚持"学"与救国抱负不分,并且,汤用彤先生同时认为儒家的"为学"不是纯粹的知识学习,儒家之学与儒家强调如何成人有极大关系。他为此明确,"学"的内容与儒家德性养成有关;"学"的工夫,与儒家"修身养性"的工夫不应分割。更重要的是,"学"的过程,本就是一个"反躬实践"、"知行合一"的过程。汤用彤先生将这三方面的认定,都看成与儒家对"理"(从人理、事理至天理)之"诚"、"敬"心有关。他对朱子学的更倡导就是缘由于此。

正因早期的汤用彤先生并没有将近现代转型的"新学",与传统儒学的"成人"内涵及功能分开,其时的汤用彤先生殷殷期待,通过"为学"而开发出儒家思想救国、救心、救身的大作用。

但是,近现代中国学术转型中的新学中,"为学"与"成人"并不天然一体,何况在为何种"学"(分科情形下的具体学术形式)尚未清晰的时候。

近现代中国在遭遇西方的冲击后,发生最大改变之一,是新教育制度和新教育方式的设立。狭义的"学"、"学习"不具备传统意义上的"学"及"为学"的功能及作用。

传统的"学"所指非常明确,是经、史、子、集等经典中包含的思想与行为。[①] 其中,因侧重的是人问题的探讨(人性、行为、秩序、文化及表现形式等),对物的探讨尽管显现在如人的自然生命、天文、地理、农业、军事等问题的思考中,但不会独立成近现代意义上的"自然科学"。近现代的"学"所指,从科举制度被改变和西方列强进入中国后,就表现了很多的含糊性。知识性的学习,甚至是工具性的学习,越来越远地将"智慧"所内含的"成人"(德性意义上)意味削减、消弭。置身在现代教育体制中的汤用彤先生,如同很多近现代中国知识分子一样,情感上有浓烈的文化保守情怀,但

---

① 《论语》首篇《学而》,及荀子的《劝学篇》,还有《大学》等,非常典型地表达了儒家对于"学"与"为学"之涵义及意义。

"学"、"学术"方式上，多大程度上能成功地将传统之"学"转换成知识意味的"学"，是一件并不算是很明白的事情。

没有过多地将智慧的"学"与知识的"学"界定清晰，并弄清二者的复杂关系，导致占优势的知识之"学"常常压倒智慧之"学"。

在汤用彤先生来说，情况还更加复杂。尽管汤用彤先生如其时之热血青年一样，期待所"学"能具救国、重振民族心的大作用，但反观他解读朱子学及阳明学时所述，便可看出，他对"修身"之"身"，究竟是一国之身，还是一民族之身，还是一己之身，还是人类之身，并不明确。与之相连的，"心"（精神），又是何种"心"（精神）呢？

汤用彤先生从魏晋玄学研究中，愈加不自觉地倾向于，知行合一的"学"与"为学"功夫，成就的应是个体的德行品性。而现代知识意味的"学"与"为学"，成就的就是人对人、事、物的知识（智力）。公共领域中的知识分子还能担当宏道的使命吗？"学"与"为学"的不明确，使汤用彤先生迷惑了。①

后来愈加专注于学术②的汤用彤先生，真的忘记了自己"学"、"为学"的初衷吗？作者相信，汤用彤先生从来没有忘记过。

"为学"与"成人"究竟是一种什么样的关系，或更确切地回到传统儒家及杜维明先生"学以成人"的倡导上来看，儒家精神性的人文主义功能，即"为学"与"成人"之大作用的体现，在近现代学术语境里，应是个与相对清晰的学术形式与具体功能之认识有关、值得再仔细分析的问题。

（作者单位：中山大学哲学系）

---

① 汤用彤晚年的病发与他内心的困惑应有关联。也请参见赵建永：《汤用彤先生编年事辑》、孙尚扬：《汤用彤》（台湾东大图书公司1996年版）、麻天祥：《汤用彤评传》，陈徒手《故国人民有所思》（生活·读书·新知三联书店2013年版）等，对汤用彤先生心路历程的史料考证。

② 传统学术与新学术结合的历史学、训诂学、考据学等。与哲学（玄学）、宗教学等人文学几已无关。

人文主义的精神与有"精神"的人文主义

陈 立 胜

一、西方人文主义的精神与反思

何谓人文主义?"对于'人文主义'一词,没有人能够作出使别人也满意的定义。即使在人文主义的发源地西方,这个名词也含义多变,在不同的时代和不同的地方,不同的人会对它作出不同的理解。甚至在素有权威之称的各种版本的大百科全书里,它的定义也不完全一致。"① 因此,人文主义不是一种具体思想流派、哲学学说,而是"一种宽泛的倾向",一个跨越不同的时代与国度(文艺复兴时期意大利的人文主义、启蒙运动时期法国与德国的人文主义以及 19 世纪英国、美国的人文主义)的"思想和信仰的维度"。

尽管人文主义是一个十分宽泛的概念,但布洛克认为人文主义是西方"天人关系"三种模式——超自然的神学模式、人文主义模式、自然或科学模式——中的一种,前者以上帝为中心,人是上帝创造物中的一部分,后者以自然为中心,人是自然秩序的一部分,而人文主义则以人为中心,一切从

---

① [英] 阿伦·布洛克(Alan Bullock):《西方人文主义传统》,董乐山译,生活·读书·新知三联书店 1997 年版,第 1 页。人文主义的内涵还可参阅白璧德的《文学和美国的大学》、威廉姆斯的《关键词:文化与社会的词汇》、福柯的《何谓启蒙》等相关文献。

人的经验出发,以人的经验作为理解自己、上帝与自然的出发点,故人文主义仍有一些基本内核:第一,关注人,而非神、自然。第二,关注人的尊严、自由、创造与个性。第三,关注人的理性思维。这三点大致涵盖了传统人文主义的"精神"。

不过,在现代各种反思人文主义的思潮之中,这种人文主义尤其是启蒙运动以降的人文主义一直被认为缺乏某种"**精神**"。

雅克·马里坦(Jacques Maritain,1882—1973)在 20 世纪 30 年代就开始倡导一种"真正的人文主义"。他认定文艺复兴与宗教改革所酝酿的人文主义是一种"人类中心主义的人文主义"(anthropocentric humanism),这种人文主义是由路德、笛卡尔与卢梭联袂造就的:路德将信仰与理性对峙,把福音归结为个人的内心体验,激发出现代反理性主义的主观主义;笛卡尔不仅将信仰与理性对峙,更进一步将理性与感觉、思维与身体对峙,人类的认知遂跟"天使"的认知一样;卢梭则依靠个体心灵内部的情感来衡量意志与善。这种以人为中心的人文主义将人类带到了"文明的黄昏时分"。而"完整的人文主义"、"宗教人文主义"则以神为中心,它要在"超越的主体性"之中重新发现真正的人性。①

针对萨特存在主义是一种人文主义的说法,海德格尔在其《论人文主义的信》(1946)对人文主义进行了激烈批判。②古今人文主义的本质在于对人的本质的理性主义的规定。现代人文主义起源于文艺复兴,而文艺复兴所复兴的乃是西方第一个人文主义即罗马的人文主义。罗马的人文主义的基础在于希腊的教化(paideia)观念。希腊哲学认为人的本质在于人的理性,而这一本质只有通过"教化"才能得以实现。罗马人把希腊人的"教

① 马里坦对基督教人文主义精神的阐述见其 *The Range of Reason*(New York, Charles Scribner's Sons, 1952)一书,对马里坦完整人文主义思想的讨论可以参阅利文斯顿的《现代基督教思想》(何光沪译,四川人民出版社 1992 年版)第 786—790 页。
② [法]萨特《存在主义是一种人道主义》与海德格尔《论人道主义的信》的中译本均将"humanism"译为"人道主义",本文为统一译名起见,均一律改称为"人文主义"。

化"理解为使人合乎其本质、使人变成具有理想人性的"人性"(humanitas)概念,这就是罗马的人文主义。而在海德格尔看来,"理性的动物"对人的本质的规定与"形而上学—技术"的世界图景联系在一起,其最终的结局是将人拖入一种无所不在的宰制性、控制性的"座架"这一"存在的命运"之中,而架空了人的本质,使整个人类陷入无家可归的困境之中。所以,海德格尔认定**"对人的本质的一切最高度的人文主义的规定都还不知人的本真的尊严"**,他反对人文主义乃是因为**"那人文主义把人的人文放得不够高"**。汉斯·约纳斯(Has Jonas)在《生命的现象》一书中同样对现代人文主义的最新版本存在主义进行了深刻的反思,他指出现代人文主义、现代性背后乃是一"虚无主义的深渊",人与整个宇宙的断裂乃是"虚无主义根本","人与自然(physis)的二元论乃是虚无主义处境的形而上学背景",人的尊严的高扬,是以孤独感、疏离感、陌生感、脆弱感为代价,故现代人文主义貌似高扬人之尊严,实则将人置入"变化无常、无聊、不安"乃至"虚无"的困境之中。[1] 埃伦费尔德(David Ehrenfeld)在其《人文主义的僭越》(*The Arrogance of Humanism, Oxford University Press*, 1981)一书中则批判一切人文主义所共同具有的对人类理性、人类控制力、主宰自己命运的能力过度的信任,并指出绝对相信我们有能力控制自己的命运,乃是一种危险的谬误。[2]

可以说,马里坦、海德格尔、约纳斯等对人文主义的反思从不同的角度逼近同一致思的方向:近代以降的人文主义是没有"精神的",人文主义的"人文"、"人道"、人的尊严都还未达到真正人的高度。

宗教现象学家伊利亚德(Mircea Eliade)指出,近代欧洲文化一直囿于西方中心的视野而落入"文化地方主义"(cultural provincialism)的危险之中。欧洲与欧洲之外文明的接触与交流,必须以"对话的方式"进行,而真

---

① See Jonas, *The Phenomenon of Life: Toward a Philosophical Biology*, Chicago: The University of Chicago Press, 1982, p. 219.

② 参见 [美]埃伦费尔德:《人道主义的僭妄》,李云龙译,国际文化出版公司1988年版。

实的对话就必须深入文化的核心价值及其宗教源头，文明的遭遇在根本上是"灵性"、"宗教"的遭遇。只要在西方文明与东方文明之间的宗教资源展开对话，从而完整地把握"宗教人"的生存结构，"一种世界规模的**新人文主义**就会产生"①。白璧德（Irving Babbitt,1865—1933）则指出，近代人文主义之中的知性的扩张（以培根为代表）与情感的扩张（以卢梭为代表）已经将内敛的、克制的人文主义拖入无节制的、无限制的泛滥的科学人道主义与感伤的人道主义（humanitarianism）与自然主义的泥沼之中。而要克服这种人文主义的偏执与片面则需要一种"真正世界性的智慧"，这种智慧来自"远东的道德经验"："我们可通过两个人——孔子和佛的教育与影响来概括远东的道德经验。"②

二、"儒家式人文主义"之设想

"人文主义"一词在中国近代流行的历史大致与中国对西方近代历史的认识、对西方现代性的认识以及对中国文化的精神的自我理解紧密联系在一起。③

就新儒家而论，1950 年，徐复观翻译了日本哲学家三木清（Mikikiyoshi,1897—1945）的《西洋人文主义的发展》一文（刊于《理想与文化》第九期）。其后，唐君毅、牟宗三、徐复观三位先生撰文反思西方人文主义的得失，并阐述中国人文主义精神重建之方向。牟宗三撰写了《人文主义的基本精神》、《人文主义的完成》和《人文主义与宗教》等系列文章，唐君毅撰写了《人文精神之重建》、《中国人文精神之发展》、《中华人文与当今世界》等著作，徐复观撰写了《中国古代人文精神之成长》、《一个中国人文主义者所了解的当前宗教（基督教）问题》以及其代表作《中国人性论史·先

---

① Eliade, *The Quest: History and Meaning in Religion*, Chicago: University of Chicago Press, 1969, p.3.
② ［美］白璧德：《卢梭与浪漫主义》，孙宜学译，河北教育出版社 2003 年版，第 8 页。
③ 参见章可：《中国"人文主义"的概念史（1901—1932）》，复旦大学出版社 2015 年版。

秦篇》。

徐复观指出,中国文化既不是以神为中心而展开的,也不是以自然为中心而展开的,最早便是以人的自身为中心而完成其发展。故中国文化不妨"似乎"称为人文主义的文化。① 但中国文化之中的"人文"实则与"天文"、"地文"并置的。② 人作为"参赞化育"的一极("人极")与天地一道成为"共同的创造者"(co-creator)。这当然有别于西方文化将天人、人物对峙的种种"主义"(ism)中的二元思维定向。在儒者民胞物与万物一体的情怀之中、在尽心知心知天的心路历程之中,"天道"("天文")、"地道"("地文")、"人道"("人文")实则是三位一体之大道之有机环节,通天地人曰儒,故儒家之人文主义天然地即与宗教精神、自然精神不成对峙之势。徐复观对以人文主义称儒家思想表现出某种谨慎性,称中国文化为人文精神的文化,在以人为中心这一点上与西方人文主义相同,"但在内容上,却相同的很少,而不可轻相比附"。徐复观这一观察无疑有其合理性,但他认定中国的人文精神在历史中已经"取代了"宗教意识,并将儒学之中的具有宗教性的观念与思想统统视为"历史的残余"或思想的"歧出",则不免折射出某种二元对峙思维的定向。③

唐、牟认定人文主义的精神是一种文化意识,它反对"物化"、刍狗人,"视人纯为一物质的机器"的唯物主义、僵化的理智一元论与科学一层论。但西方人文主义没有一"**本原上健康的传统**"。在西方学术文化传统

---

① 参见黎汉基、李明辉编:《徐复观杂文补编》第 1 册,台湾"中央研究院"中国文哲研究所 2001 年修订二版,第 142 页。

② "天文"与"人文"并置始于《易·贲卦·象传》:"贲,亨,柔来而文刚,故亨;分刚上而文柔,故小利有攸往。刚柔交错,天文也;文明以止,人文也。观乎天文,以察时变;观乎人文,以化成天下。"而《谦卦·象传》中则出现了天道、地道、鬼神、人道并置的提法。刘昼《新论·慎言》则明确将天文、地文、人文并置:"日月者,天之文也;山川者,地之文也;言语者,人之文也。"

③ 对徐复观的宗教与人文主义关系之考察参见李明辉:《徐复观论儒家与宗教》,载冯天瑜编:《人文论丛:2006 年卷》,武汉大学出版社 2007 年版,第 402—412 页。

中，偏于自然主义与理性主义之希腊思想（"物本"），与信超自然主义重启示信仰，而以神为本之希伯来主义、中古思想（"神本"），构成一根本的对立。西方文化的精神**在"物本"与"神本"之间倾注摇摆，二本夹逼，"人本"无法出头，主体之门（"人本"）无法打开**。存在主义虽旨在开"人极"，这在西方文化中是"一个新的方向"，但始终未能在根本上"全部彻底透出"①。不难看出，这一对近代人文主义的批判跟马里坦、海德格尔、白璧德等对人文主义的反思有诸多合辙处。实际上，牟宗三就明确将排挤宗教性的人文主义称为"寡头的人文主义"，而唐君毅则径引马里坦的看法："近代人之人文主义之大病，则在文艺复兴时代之人文主义之与宗教隔离、与神隔离，而人欲以其自己为世界中心。然由人之对神傲慢，欲自为世界中心之结果，则使人日益堕落而物化，而在近代文明之各种病态中，自失其尊严。**此由近代人文主义者之欲专尊人，而终于使人失去其可尊之处。**"②

唐、牟**"儒家式的人文主义"**（牟宗三语）共同取向即在于以儒家"立人极"的方式在现代文明中重新打开"主体门"。这个主体既不是近代人文主义张扬理智一元论与科学一层论的宰制性、控制性的"物化主体"（在这一点上新儒家与海德格尔是同路人），亦不是流于激情荡越的浪漫主义的"生命主体"（在这一点上新儒家与白璧德是同路人）。儒家式人文主义念兹在兹的是宏大而辟、深闳而肆的**"道德的精神主体"**。而在唐、牟看来，惟有中国文化才能彻底透出此"道德的精神主体"。这个"人本"的彻底的透出实又是对"物本"与"神本"的超克而完成的：它将"科学"（"非人文"）系于"思想主体"（"知性"）而"统摄消融"，从而接续上"科学的传统"而又不为之限囿；它将"宗教"（"超人文"）的"向里收敛与向上超越"的精神纳入"道德主体"而"综摄消融"，以宗教精神之中的超越性、崇

---

① 牟宗三：《实存哲学的人文价值》，《牟宗三先生全集》第 27 册，台湾联经出版事业公司 2003 年版，第 21 页；唐君毅：《中国人文精神之发展》，台湾学生书局 1984 年版，第 85 页。

② 唐君毅：《中国人文精神之发展》，台湾学生书局 1984 年版，第 70 页。

高性提升人文主义的"人文",以"人文主义"的"人文"消除、克服宗教的
偏执。① 人之各种精神追求皆在此主体之门中调适上遂,畅尽其趣,范围天
地,曲成万物,人文主义遂成为领导全幅文化生命的最高原则。显然,牟先
生"三统"重建说即是此"儒家式的人文主义"的基本架构:将儒家的德性
生活融摄西方之"超人文"即宗教的超越向度而进一步上提,塑造为一种
具有宗教性的道德宗教(内在超越),此即**"道统之重建"**;在此基础上形成
日常生活的"文制"化(即由道统所设立的人道之尊具体落实于日常生活、
社会生活),而进一步(通过"良知的坎陷")开出民主与科学,此即**"政统"**
("政治生活的文制")与**"学统"**之重建。这一设想同样也见于唐君毅的人
文主义论述之中:发展中国人文精神与宗教思想相融通,以重建吾人之道
德生活,"以此思想,融解中国重德性之人文思想,与西方重个人自由、重国
家、重社会组织之各种之政治思想之冲突,而使中国人今后之努力于民主
建国之事,为成就中国人文精神之发展之事"②。

三、精神人文主义的"精神性"

杜先生的"精神人文主义"是对"儒家式人文主义"的"主体门"的深
化与拓展。

毫无疑问,杜先生的问题意识与理论视野与前代新儒家相比发生了很

---

① "任何伟大的宗教精神,亦将在人文主义的提挈消融中,渐渐消除其偏执,使其逐
步反省其自己以充分调整开拓通达其自己。"(牟宗三:《道德的理想主义》,《牟宗三
先生全集》第 9 册,台湾联经出版事业公司 2003 年版,第 236—237 页)唐君毅也
指出:世俗流行的宗教精神之意义,或是指一种坚执不舍,一往直前的意志。或是
指一种绝对的信仰、绝对的希望。或是指一种人对于其所信仰所希望实现的目标之
达到,有一定的保障之感。此三义可相连,统可如詹姆士之名之为一信仰的意志。
而真正的宗教精神,是一种深切的肯定人生之苦罪之存在,并自觉自己去除苦罪之
能力有限,而发生忏悔心,化出悲悯心;由此忏悔心悲悯心,以接受呈现一超越的
精神力量,便去从事道德文化实践之精神。(参见唐君毅:《人文精神之重建》,台湾
学生书局 1974 年版,第 25 页)
② 唐君毅:《中国人文精神之发展》,台湾学生书局 1984 年版,第 2 页。

大变化。面对全球化时代下的文明冲突问题、全球生态问题以及伴随现代性现象而生的意义丧失、认同危机种种问题（查尔斯·泰勒所说的"现代性的隐忧"），如何通过重新挖掘中国文化中的人文主义传统，掘地及泉，有力地回应这些**世界性的问题**，这大致是精神人文主义的致思宗旨。

就人文精神之打开的"主体门"而论，杜先生精神人文主义的突破在于，它明确地提出一种道德主体性的存在论（ontology），即精神人文主义的四个向度：第一个向度是自我本身的内在关系，杜先生用"身、心、灵、神的统一"刻画这一内在关系；第二个向度是个人与他者的关系，个人与社会、人与人之间的健康互动而建立的"信赖社群"（fiduciary communities）；第三个向度是人与自然的关系，人类与自然需要达成一种持久的和谐。第四个向度是人心与天道相辅相成的关系。这四个向度构成了人之为人的基本存在向度。这个主体性存在论的四个向度构成了人之为人的不可分割的整体结构：将任何一个向度孤立化，人便陷入"单向度"的偏执。这一精神人文主义的"主体性"既是一种自尊、自立、自主、身心一如的主体性，同时又是向他者敞开、扎根于"大地"、容身于相互信赖的"社群"之中的"互为主体性"。[①] 对"天"的敬畏、对大地的依托、对他人的尊重与对"自我的关注"是一体不可分的。与唐、牟"融摄""物本"与"神本"而成就一种"儒家式人文主义"相比，唐、牟融摄"物本"旨在开出"学统"，而精神人文主义对"物"的思考更注重与自然的亲和；唐、牟融摄"神本"旨在开出"道统"，而精神人文主义对"神"的思考更注重为一种"对话文明"植根："它超越各种不同宗教的要求——不仅超越，而且可以协助一个有强烈精神人文主义关

---

① "生命力的内在共鸣如此有力，致使由人体中最精致细微的气所构成的心，与自然万物不断产生一种交感的和合。这种'感应'功能赋予自然以'太和'的特色，并使心也具有此特色。心……对自然的审美欣赏，既不是主体对客体的占用，也不是主体强加于客体，而是通过转化和参与，把自我融入扩展着的实有。""人道既不是神中心的，也不是人类中心的。毋宁说，它指向了天人之间的一种互动性。由于坚持天人之间的互动，人道一方面要求必须使人的存在具有一种超越的依据，另一方面也要求天的过程得到一种内在的确认。"（杜维明：《论儒学的宗教性》，《杜维明文集》第三卷，武汉大学出版社 2002 年版，第 235、379 页）

怀的人，成为一个更好的基督徒、伊斯兰教徒、犹太教徒、佛教徒或印度教徒等"，不仅如此，对自我的关注、对信赖社群的委身、对"大地"的信赖，亦可以让"基督徒、伊斯兰教徒、犹太教徒、佛教徒或印度教徒等"成为一个更好的人文主义者。

以"精神"二字来刻画、标榜这种人文主义更能彰显儒家人文主义的"普适性"与"圆融性"。"精神"在不同的文明中其原意即是呼吸、气息，后具有圣灵、灵性的意思。[①] 在今天的西方文化中"精神性"一词大致可以刻画为以下几点：(1) 精神性是普遍的、普世的；(2) 精神性是一种人性，是人与生俱来的自然潜力；(3) 精神性的内核是对神圣者的渴求，是对生命的赞美；(4) 精神性是我们对超自然的对象做出反应的能力；(5) 精神性是一种创造力，一种生命力；(6) 精神性是一种同情，是对他者的爱。[②] 这些精神性的意涵与中国古典文献之中"精神"二字有很多重叠之处。精神者何谓也？"精"是"精气"、"灵气"，"神"是"精"之妙用。故"精神"不是一种意识现象，而是天地生生不息的力量，精神的源头在天，乾元即是一生生不息的力量。用《庄子·刻意》的话说，它"四达并流，无所不极，上际于天，下蟠于地。"故"存有的连续"实则即是一精神力量之连续，此是**"精神"的宇宙论内涵**。这跟西方诺斯替主义将"灵"与"物"完全对峙的二元论全然不同，后者导致的最严重的后果是将大自然、人的身体视为是"无精神的"、黑暗的存在。科学一层论、技术主义、虚无主义是"无精神的"自然主义的必然结局。人是这一天地精神的"发窍处"，天地"聚精会神"而成人，人是天地的心，身体是天地精神之舍（"精舍"），"心之精神是谓圣"（"心之良知是谓圣"），仁的自觉即是天地精神在人心（良知）这里得到豁醒、觉悟。在人这里豁醒的精神性无疑是一种有深度的、创造性的、情感饱满的、有智慧的爱之力量。人在宇宙中之所以能占有"天生人成"的参赞化育（co-

---

① 圣灵（Holy Spirit）在希伯来语（rūăh）原本即"呼吸"的意思，而印度教之中的 Atman 原意亦是呼吸。

② 参见 [美] 艾尔金斯（David N. Elkins）：《超越宗教》，顾肃等译，上海人民出版社 2007 年版。

creator）的地位其根本的原因在于此天地精神之豁醒（仁的自觉），**此为精神的心性论内涵**。人通过"自我转化"可以与天地精神相往来：人我、人天、人物之间的精神感通，此为**精神的工夫论内涵、体知内涵**。

精神的力量是"无限的"，这些精神性力量，恰恰就是在个人的心身灵神的生活、艺术生活、社群生活以及与自然、天道的互动之中得到体现的。杜先生在讨论宋明儒学的宗教性时指出，儒学虽然缺乏西方"全然他者"的观念，但其"自我转化"的承诺却必然包含着超越的层面，"它是由人的主体性的不断深化和人的感受性连续扩展的双重过程构成的"，对主体性的深化需要不断地超越自我中心、裙带主义、种族主义与沙文主义，最终摆脱人类中心主义而与天地万物为一体。儒学的精神性与宗教性力量就内在于当下的日常生活之中（"即凡即圣"）。唐、牟这一代新儒家对宗教性的理解基本上是参照西方基督宗教，但我们是否可以设想一种非宗教的精神性？或者说我们是否可以突破"三祭"的范围设想一种范围更加广泛的精神生活、灵性生活、宗教生活？实际上，如果回顾20世纪西方60年代的"人的潜力运动"、80年代的"新时代运动"以及90年代的"朝向精神性的运动"，确实可以设想一种更加广泛的精神生活（灵性生活），"迄今还没有一个宗教组织在教会建筑的围墙之内把上帝或神圣者守住。"宋明理学所说的观圣贤气象（"历史"）、观天地生物气象（"自然"）、观未发前气象（"心灵"）等等，即已是一精神性、灵性开展的工夫。就此而论，在日常生活之中，在我们的心灵生活、我们的人际交往、我们人物交流、我们的人天交通之中，培养、增进我们对"精神"（灵性）的敏锐的感受力、虔敬意识、欣赏意识、尊重的意识，这或许是在对儒家宗教建制性想象之外，对儒家宗教性想象的更加合理、更能切入时代的一种路径吧。

（作者单位：中山大学哲学系）

何谓"境界"？试论现代中国
思想界中对儒家精神性的定义*

吴疆 著　陈之斌 译

"精神性"这一术语，即使在西方世界也没有得到清楚的界定。而且，此概念在某些宗教传统中也明显阙如。按照柯慎士（Ewert Cousins）的澄清，精神性即为"被某些传统中'精神'所称之为精神的人之内在维度。这一精神内核是人最深层的中心。正是在此意义上，人向超越维度敞开，并经历到终极实在"①。这个作为"世界精神性"研究课题的暂设定义，突出了超越和终极实在的概念。

对儒家精神性的探索是此专案的一部分。杜维明、罗尼·泰勒（Rodney Taylor）、白诗朗（John Berthrong）、玛丽伊夫林·塔克（Mary Evelyn Tucker）以及其他学者，把儒家的精神性确立为"一种对超越的回应"。通过他们的努力，儒家的精神维度在宗教研究中已经被越来越多的学者所认可。在他们的诠释中，超越的概念同样受到了重视。然而，用"超越"这一术语来宣称儒家精神性的有效性，在近来的"超越性论辩"中受到

---

* 此文曾发布于 1999 年 2 月由哈佛东亚协会举办的研究生会议，后发表于《华裔杂志》*Monumenta Serica* 50 （2002）。感谢我的导师杜维明教授对此文章的评论。在此课题研究期间，同样得到很多教授的非常有益的帮助，如方克立、郭齐勇，以及景海峰等。

① Ewert Cousins （ed.）, "Preface to the Series", *World Spirituality: An Encyclopedic History of the Religious Quest*, New York, 1987.

了挑战。笔者对此问题之视角,是从新儒家哲学,也就是由杜维明定义的第三期儒学出发的。我将分析他们中的四位思想家,王国维、冯友兰、唐君毅和牟宗三。在他们的精神性理论中有一个共同的分母(因素),即境界这一术语。[①]

在本文中,我试图从新儒家的视角把"境界"确立为描述儒家精神性的一个范畴。首先,我将证明在儒学的发展中为什么需要重新定义儒家的精神性;我将详细分析王国维的境界论,并揭示其被长期忽视的精神上的重要性。其次,我将以冯友兰、唐君毅和牟宗三为例,解释他们在儒学精神性的共同点以及他们关于境界的不同诠释。

1998 年春季刊发的《东西方哲学》(48.1)以及 1997 年夏季在哈佛大学举办的儒家精神性会议,重新点燃了儒家学者对儒家精神性的热情。[②]由杜维明、罗尼·泰勒、白诗朗以及其他学者参与的卓有成效的研究为儒家精神性奠定了一个基本图式,并被杜维明表达为:"我们可以把儒家的宗教性定义为终极的自我转化、公共行为、一种对超越者的忠实的对话回应。"[③] 在此定义中,儒家宗教性被表达为个人、社群以及超越三者之间的关系。此处"超越者"的概念显然非常重要。按照杜维明的观点,超越不是彻底的超越,而是"内在的超越":

---

① 关于"境界"的翻译有多种:刘若愚(James Liu)和波纳(Joey Bonner)翻译成"the world",李又安(Adele Austin Rickett)"sphere of reality delineated",欧迪安 Diane Obeinchain "spiritual realm",唐君毅 "world or horizon",以及冯友兰 "sphere of living";其词源来自佛教术语 visaya,意指"一个地区,领土、环境、周围、地域、范围"。(参见 William Edward Soothill-Lewis Hodous, *A Dictionary of Chinese Buddhist Terms*, London, 1937, p.421)由于该术语内涵的丰富性,正如我即将谈到的四位思想家所诠释的那样,我宁愿保留这一术语而不去翻译。我将根据语境使用以上所列的部分翻译,并在括号中提供直译。

② 参见 Tu Weiming-Mary Evelyn Tucker(eds.), *Confucian Spirituality*, New York, 2002. 作为会议助理,在为期两天而富有洞见的讨论中,我受益颇深。

③ See Tu Weiming, *Centrality and Commonality: An Essay on Confucian Religiousness*, Albany, N. Y. 1989, p.94.

按照心本身在所有它者中的地位，心不会作为绝对超越之心而保持一纯粹客观性，就其自身实现来说，须经由在时空中个人之主体性来完成……其真正本性在于内在的超越维度而非彻底的超越。①

然而，这个由牟宗三提出的"内在超越"之概念已经受到郝大伟和安乐哲的挑战。在其三部著作中（《通过孔子而思》〔1987〕，《期望中国》〔1995〕，以及《汉哲学思维的文化探源》〔1998〕），他们认为，如果从"严格的意义"上来讲，用"超越"这一概念来概括中国哲学的特征是不恰当的。②按照他们的观点，史华慈、牟宗三以及李明辉的阐释都是经由西方视角所产生的误读。郝大伟和安乐哲的命题是"中国传统是非超越性但同时又具有深刻宗教性的传统"③。他们认为，我们应该停止把超越性这样的语言强加于中国人对精神性的感受之上。也有一些儒家学者如费乐仁（Lauren Pfister）④ 和艾文贺（Philip Ivanhoe）⑤ 大声疾呼，对此问题之复杂性要给予正确之对待。问题是，如果儒学运动本身是由不同思想方向的不同人物组成，那么其所展示的精神性也应该是多种维度的。

例如，在现代中国思想史中，如以王国维为代表的文人，精神性被体现在同样重要的文学传统中，我们如何理解他们的精神性呢？如果文学作品

---

① Tu Weiming, *Centrality and Commonality: An Essay on Confucian Religiousness*, Albany, N. Y. 1989, pp. 120–121.

② 郝大伟与安乐哲指出，所谓超越在"严格意义"上的定义是："对于 A 和 B，如果 B 的存在和意义不借助于 A 可以被充分解释，那么 A 相对于 B 来说就是超越的，反之则不成立。"（*Thinking Through the Han. Self, Truth, and Transcendence in Chinese and Western Culture*, Albany, N.Y. 1998, p.190）

③ Hall-Ames, *Thinking Through the Han. Self, Truth, and Transcendence in Chinese and Western Culture*, Albany, N.Y. 1998, p.233.

④ See Lauren Pfister, "The Different Faces of Contemporary Religious Confucianism: An Account of the Diverse Approaches of Some Major Twentieth Century Chinese Confucian Scholars", in: *Journal of Chinese Philosophy* 22（1995）1, pp. 5–79.

⑤ See Philip J. Ivanhoe, "On the Metaphysical Foundations of Neo-and New Confucianism: Reflections on Lauren Pfister's Essay on Religious Confucianism", in: *Journal of Chinese Philosophy* 22（1995）1, pp. 81–89.

中充满精神意涵,那么在绘画、印章和石刻等常与儒家文人相关联的审美活动中,其蕴含的精神之重要性又是什么呢?如果儒家的精神性主要是以哲学家们的哲学性表达为基础,那么这种阐释如何能扩展到那些在其艺术创造性中发现他们深刻精神性表达的文人身上呢?近来,裴玄德(Jordan Paper)[①]在此问题上的研究很有启发性。尽管他没有关注儒家精神性,却清楚地指出:除了他们的审美价值外,文人所完成的审美活动具有很高的宗教意涵。他建议有关中国宗教精神性的研究应该多加关注此特征。总之,目前的问题是,为了反思儒家阵营的复杂性,是否需要重新定义儒家精神性的一般特征。

把 spirituality 翻译为精神性并不令人满意。正如秦家懿所言,"精神性"这一语词通常在基督教语境中加以理解。[②]中文"精神性"的字面含义,暗含一种精神与物体二元区别的信念以及超越的概念,而这种含义很有可能与强调宇宙非二元论特征的中国精神传统相矛盾。我认为"境界"可以有效表达儒家的精神性,而不是用"超越性"或精神性这些易产生误解的术语。不仅这一术语源自佛教术语 visaya(境),并融入中国文化,而且几位杰出的新儒家学者也在此术语上建立了他们自己的儒家精神性理论:王国维首先激发了对境界的热情,冯友兰随后用"四种境界"的理论来概括他的新理学;唐君毅则在其最后的著作中用"心灵九境"体系来总结他的思想;牟宗三甚至认为中国哲学的精髓就是境界形上学。

把冯友兰和王国维纳入新儒家阵营,也许会受到来自新儒学运动中学者的质疑。一般把《为中国文化敬告世界人士宣言》[③]作为新儒学运动开始的标志。那么,与这个宣言紧密相连的学者都应该看作新儒家。其中,熊十力的弟子牟宗三、唐君毅和徐复观最为著名。正如刘述先所言,把冯

---

① See Jordan Paper, *The Spirits are Drunk: Comparative Approaches to Chinese Religion*, Albany, N.Y. 1995.

② See Julia Ching, "What is Confucian Spirituality", in: Irene Eber (ed.), *Confucianism. The Dynamics of Tradition*, New York-London, 1986, pp.63–81.

③ In: Carsun Chang, *The Development of Neo-Confucian Thought*. Vol. II, New York 1962, pp. 455–483.

友兰排除在外是因为他把儒家哲学误解为"空的",而且他没有很好地理解"生生"的含义。①

显然,刘述先评判新儒家的标准来自于他对其导师牟宗三的说法。然而,与其单纯关注熊十力—牟宗三这一传统②,对新儒家阵营之成员,我宁愿采取一种更包容性的观点。尽管冯友兰的儒家哲学不同于熊—牟的建构,但确实代表了一个新的方向。③ 正如罗曼诺夫(Alexander V. Lomanov)所言,冯友兰的新理学和梁漱溟的新心学构成了新儒学运动之双翼。④

在当前有关儒家精神性的讨论中,这种涵盖性的观点促使我把王国维也包含进去。王国维在 20 世纪从来没有宣称过儒家的复兴。他年轻时不愿学习儒家经典,并且认识到了儒学在现代化进程中的不足。由于张之洞坚持"中体西用"的教条,在清朝统治的最后几年中,王国维是其教育改革计划猛烈的批评者。王国维甚至认为,中国所欠缺的哲学,应该成为教育的核心。在此意义上,为了从广义上而非狭隘的儒家道路上探索真理,他成为了儒学改革的开拓者。另一方面,他也坚信儒家的美德。在波纳(Joey Bonner)的研究中,王国维被描绘为一个"道德理想主义者":他坚定地相信,教育的目标就是培养"完全之人物",即在智、美、德三方面臻于完美。⑤

---

① 参见刘述先:《平心论冯友兰》,《当代》1989 年第 35 期;刘述先:《当代中国哲学论人物篇》,香港八方文化企业公司 1996 年版,第 111—123 页。

② 余英时认为他导师钱穆的思想取向与熊十力和其弟子们的大不一样。(参见余英时:《钱穆与新儒家》,《犹忆风吹水上鳞:钱穆与现代中国学术》,台湾三民书局 1991 年版)在中国大陆,由国家社科基金资助〔1985—1995〕,方克立和李锦全领衔的当代新儒家研究项目,把冯友兰也包括进去。(See Lin Tongqi-Henry Rosemont Jr.-Roger T. Ames, "A Philosophical Essay on 'the State-of-the-Art'", in: *Journal of Asian Studies* 54〔1995〕3, pp. 727–758)

③ 参见吴疆:《如何接着新理学讲:冯友兰与中国哲学的语言学转折》,载冯钟璞,蔡仲德主编:《冯友兰先生百年诞辰纪念文集》,清华大学出版社 1995 年版,第 253-263 页;《中国哲学现代发展的逻辑线索》,《齐鲁学刊》1995 年第 2 期。

④ See Alexander V. Lomanov, "Religion and Rationalism in the Philosophy of Feng You-lan", in: *Monumenta Serica* XLVI (1998), pp. 323–341.

⑤ 参见王国维:《论教育之宗旨》,《王国维先生全集》第五卷,台湾大通书局 1976 年版,第 1769 页。

他的自杀是对恪守这一根本原则的表达。这种道德理想主义，正是儒家的特征，也是他精神性的一部分。因此，我将论证他的境界学说中暗含着道德理想主义的寓意，并贯彻在其晚年生活中。在此意义上，其境界学说中所彰显的精神性具备儒家的特征。更为重要的是，王国维对精神性的探索，代表了儒家精神性被长期忽视的一面，即经由审美活动来达致精神性。

然而，这四位思想家的诠释都运用了大量的哲学假设，其中有两个相互关联的问题对我们理解"境界"的含义非常关键：本体论承诺以及达致精神性的认知能力。有关于此，已经有两类答案：王国维和冯友兰在"本体"问题上，并没有展现任何本体论承诺；相反，由于唐君毅和牟宗三受熊十力的影响，对"本体"都表达了强烈的本体论承诺，而且他们都认为存在一种"先天的认知能力"来感知实体。

一、王国维对"境界"的阐释及其精神维度

在中国近代史上，王国维被看作一个伟大的美学家和政治保守主义者。他通常被描述为最先把康德、叔本华和尼采哲学介绍进中国的先驱，一位伟大的传统诗人，和一位最终超越西方哲学的影响，并把其美学完全奠基于中国文学传统之上的伟大的理论家。他也被哀悼为一个信奉政治保守主义的、悲剧式的文化和政治活动家。最终，他却以一种充满了象征意义的方式自杀了。[①]简单地讲，他的境界理论通常被认为是一种文艺美学理论。我则试图把王国维的思想解读为儒家精神性的现代表述，并探究其境界理论的精神内涵。

王国维曾经发表了一系列有关中国传统诗词之美学价值的评论——《人间词话》[②]，并把境界作为其美学思想的核心概念，刘若愚和波纳则把其

---

① 参见叶嘉莹：《王国维及其文学批评》，香港中华书局 1980 年版，第 56—122 页。

② 载《国粹学报》（1908—1909），第 47、49、50 页。又见 Joey Bonner, *Wang Kuo-wei. An Intellectual Biography*, Cambridge, Mass., a. o. 1986, pp.122–123. 其他重要著作：Adele Austin Rickett, "Wang Kuo-wei's *Jen-chien tz'u-hua*: A Study in Chinese Literary Criticism", Ph.D. Diss., Ann Arbor, 1967; James J.Y. Liu, *The Art of Chinese Poetry*, Chicago-London, 1962; Ching-I Tu, "A Study of Wang Kuo-wei's Literary Criticism", Ann Arbor, 1967.

翻译为"世界"。王国维认为境界是诗词的根本,有境界的诗词才称得上是好诗。这一术语并不仅仅指向客观世界,它也包含主观情感:"境非独谓景物也。喜怒哀乐,亦人心中之一境界。"[1] 然而,仅仅把客观世界或境界与主观情感并置,并不等同于境界的真正含义。他指出,"境界"是情与境的融合,这是一种在情与境之间无法作出的区分。

按照王国维对境界的划分,有写境与造境。前者乃按照现实而实际描绘的境界,而后者则是出自作者主观情感之理想地创造出来的境界(《人间词话》上二)。还有"有我之境"与"无我之境"。前者乃"以我观物",在此模式中,"物皆著我之色彩";后者则是"以物观物"。[2] 王国维还区分了"诗人之境"与"常人之境",并高度赞扬"诗人之境",认为其"深刻、崇高且富有洞见"。而且,"诗人之境"乃诗人生存关怀之表达。他写道:"若夫悲欢离合,羁旅行役之感,常人皆能感之,而惟诗人能写之。故其入于人者至深,而行于世也尤广。"[3] 王国维认为境界的标准是"真"。不管是情感还是情景,基本原则都是展现"真实"。而且,"真"只有通过对世界的直观理解才能获得。他把此种理解称之为"不隔"[4]。"不隔"使情感与情景直接诉诸知觉,并使"境界"立刻现身。"大家之作,其言情也必沁人心脾,其写景也必豁人耳目。"[5] 平庸的诗人以"隔"为主,他们根本无法达到最高的"诗人之境"。

自从 1908 年《人间词话》出版后,王国维的境界理论对中国知识界产

---

[1] 王国维:《人间词话》上六。英文翻译参见 A dele Rickett, "Wang Kuo-wei's Jen-chientz'u-hua", p. 109。

[2] "无我之境"似乎高于"有我之境"。事实上,王国维所指的是康德美学的两个范畴:美与崇高。在无我之境中,个人与情感的要素得到了超越,而宁静之美由此而致。在"有我之境"中,作者的意愿和情感被强烈地投射到世界之上,因而包含崇高之感。因此,在王国维看来,"有我之境"没必要从属于"无我之境"。

[3] Wang Guowei: *Renjian cihua*, remark1 28; trans.Rickett, "Wang Kuo-wei's Jen-chientzuhua", p. 87.

[4] 我认为把"不隔"翻译为"non-obstruction"更加合适,出自佛教术语"碍"的翻译,而非刘若愚和波纳突出其哲学意涵的"not-veiled"。(参见《人间词话》上三十六、三十九、四十、四十一)

[5] Joey Bonner, *Wang Kuo-wei. An Intellectual Biography*, p.124.

生了极大的影响。很多人称赞他为中国美学的奠基人。刘若愚把王国维与王世贞、王夫之并列，称他们为"直觉主义者"，因为他们都提倡对诗歌主旨的无中介地理解（Unmediated apprehension），即客观与主观的交融。①无论学者如何评价王国维的理论，其境界理论已逐渐被视为一种美学理论，尤其是一种诗词欣赏理论。毫无疑问，《人间词话》系统表述了他在文艺美学方面的观点。然而，王国维试图传达的信息也非常清楚：除了诗词的文学形式之外，还有一种更深的向度决定着诗词的价值。就我所见，这种向度不仅是关于美的审美趣味，而且富有深刻的精神内涵。

王国维的精神探求始于对"形上实体"的追寻。他对哲学的探寻是为了解决"宇宙和人生问题"，并探究"宇宙和永恒真理"。他认为这些问题是哲学的主要课题，尤其是形而上学。②他指出，中国缺乏这样一种致力于追求真理的哲学传统，因为中国大部分知识传统，包括儒家，都与政治纠缠在一起。尽管有一些思想家，如《系辞》与《说卦》的作者、《中庸》的作者涉及一些形而上学的问题，但主要是为其道德哲学提供一个形而上学的基础，并使形而上学从属于政治学。③在他对德国观念论的形而上学研究中，王国维特别重视终极实体或本体世界。正是康德的批判哲学，首次启发了王国维。在康德的影响下，王国维试图通过解释来消除传统形上概念如"理"、"性"的客观性，并把"形上实体"置于人类理解之外。④然而，王国维很快认识到康德对本体世界持怀疑态度，而这正是他考察的重点，因为康德拒绝承认本体世界的认知属性，并把它拒之于人类知性的理解之外。⑤

---

① See James J.Y. Liu, *The Art of Chinese Poetry*, Chicago-London 1962, pp. 81–87.

② 参见王国维：《论文学家与美术家之天职》，《王国维先生全集》第五卷，台湾大通书局 1976 年版，第 1748—1749 页。

③ 参见王国维：《哲学家与美术家》，《王国维先生全集》第五卷，台湾大通书局 1976 年版，第 1751 页。

④ 参见王国维：《论性》，《王国维先生全集》第五卷，台湾大通书局 1976 年版，第 1519—1570 页；又见《释理》，《王国维先生全集》第五卷，台湾大通书局 1976 年版，第 1570—1596 页。

⑤ 参见王国维：《释理》，《王国维先生全集》第五卷，台湾大通书局 1976 年版，第 1576 页。

康德对本体世界的这种消极态度受到了叔本华的攻击,而叔本华的积极定义则吸引了王国维的注意力。他称赞叔本华的观点,即世界是"意志"的表象和自我的直观。然而,叔本华强烈的主观主义倾向使王国维不安,因为他对世界持一种客观主义的态度。同样,尼采对现象与本体间区分的消除,以及对权力意志的阐释,并没有给他提供有关纯粹形上世界之终极追求的满意方案。王国维的著名论述,对我们理解他曾经多年致力于西方哲学的研究中所遇到的困境,提供了一个有益的线索:"哲学上之说,大都可爱者不可信,可信者不可爱。余知真理,而余又爱其谬误。伟大的形而上学,高严的伦理学,与纯粹之美学,此吾人所酷嗜也。然求其可信者,则宁在知识论上之实证论,伦理学上之快乐论,与美学上之经验论。知其可信而不可爱,觉其可爱而不能信,此近二三年中最大之烦闷。"①

这段文字形象地描绘了王国维对西方哲学的幻灭:真、善以及美,不能在一个哲学系统中加以认识。西方哲学的世界都被划分为不同的领域,真、善和美都被严格限制在它们自身所属的领域,以免引起可能的混淆。然而,王国维试图寻找一种能够体现三者合一的精神性。用王国维的术语来说,真、善、美在西方传统中都是"隔"。在此意义上,他的精神性探求在境界理论中达到顶点,凭借直接性和直观就可认识真、善、美。

然而,王国维认为,境界并不能靠哲学论证的系统表述来获得,而是经由艺术活动。初看起来,他好像把自己从对形而上学的根本探求降到具体而感官的艺术形式。但是,他实际意图是要提升艺术活动的地位,并赋予其宗教的社会功能。从 1906 到 1907 年间,他逐渐远离哲学,在其文章中声称艺术是"上流社会宗教"②。由于接受了叔本华和尼采的美学理论,王国维认为审美冲动是多余精力的一种发泄,是从痛苦和厌倦的一种逃离。然而,在当时没有"真正的慰藉"可以转移多余的精力,并把中国人民从痛苦和厌倦中释放出来,他们沉浸在鸦片的放纵之中。他认为,宗教扮演着

① 王国维:《自叙二》,《王国维先生全集》第五卷,台湾大通书局 1976 年版,第 1827 页;trans. Joey Bonner, *Wang Kuo-wei. An Intellectual Biography*, p.95.

② 王国维:《祛毒篇》,《王国维先生全集》第五卷,台湾大通书局 1976 年版,第 1875 页。

转移普通人精力的角色，而艺术则针对上层阶级。对一般民众来说，宗教可以为他们的来生提供某种安慰。而对上层知识分子来说，由于他们处理着世界上更广阔的知识，宗教并不能给他们提供像普通民众那样的功能。因此，他认为艺术作为一种"高尚之嗜好"（Lofty pastime），给知识分子提供了一种情感释放。在王国维看来，艺术世界充满了"权力意志"（Will to power），它们急于寻求发泄。进一步讲，他完全承认艺术的生存关怀，尤其是文学，是所有宗教的共同主题。按照他的观点，叔本华之痛苦与厌倦的概念、尼采之"权力意志"概念可比为对人类基本条件的存在主义关怀，犹如佛教之于人生之苦的悲悯。

毫无疑问，尽管王国维的境界理论充满了审美趣味，我们仍然可以从中管窥到它所传达的宗教向度。经由文学欣赏而致的境界，乃即刻体现真善美原则的终极实体之直接实现与知识。境界中所包含的经验不仅是美学的，也是宗教的和存在主义的。通过对王国维境界论述的仔细阅读，已经展现了此概念的丰富精神内涵：直观下主体与客体之交融、真善美之圆满以及一种深沉的存在主义关怀。

二、新儒家的"精神境界"

儒家思想在现代中国社会所面临的问题，乃是儒家圣人之学的危机。在宋明儒家看来，成圣不仅意味着内圣，也意味着按照儒家的社会伦理规范行事。因而，按照朱熹的观点，成圣之学包含"小学"与"大学"，前者以社会礼仪为主，后者则通过"格物"来探究万物之理。儒学主要集中于经典的学习，而这些经典在现代中国的社会和政治领域已经失去了自身的有效性。这种情形迫切需要重新定义儒学及成圣之内涵。新儒学或由杜维明定义的"第三期"儒学①，乃儒家传统之现代转变的结果。由于完全意识到这

① See Tu Weiming, "Towards a Third Epoch of Confucian Humanism", in: id., *Way, Learnin and Politics. Essays on the Confucian Intellectual*, Albany, N.Y. 1993, pp. 141–159.

种挑战，新儒家们转向内在纬度，即心性之学，开始展开对儒家精神性的哲学探求。依我看来，他们所借助的概念工具之一乃是"境界"这一概念。

（一）冯友兰

冯友兰的境界理论构成了其"新理学"哲学的核心部分。① 境界或"人生境界"② 这一术语，基于冯友兰创造的另一个术语之上：觉解。他解释道："人与其他动物的不同，在于人做某事时，他了解他在做什么，并且自觉他在做。正是这种觉解，使他正在做的对于他有了意义。他做各种事，有各种意义，各种意义合成一个整体，就构成他的人生境界。"③ 基于人生与宇宙的不同觉解，有四种不同的境界等级：④

（1）自然境界：一个人无须经过任何反思，而完全按照"其本能或社会规范"行事。这样的人在艺术创造或依照伦理规范行事方面，可能会展现出非凡的天赋。然而，他们缺乏自我意识，因而纯粹出自于自发性。在冯友兰看来，这是最低的精神等级，人不能停留于此。

（2）功利境界：此境界中，人之行事以自我利益为主。他们以自身利益

---

① 冯友兰也许是在西方研究最为充分的新儒家学者，部分原因出于其两卷本的《中国哲学史》在西方的普及性以及其他著作的英文译本。更为全面的介绍，参见 Michel C. Mason, *Philosophy and Tradition. The Interpretation of China's Philosophical past: Fung Yu-lan, 1939–1949*, Taibei, 1985. 近年来，欧迪安翻译了由中国学者写的一组文章，参见 *Journal of Chinese Philosophy* 21 (1994) 3–4。又见 Feng Youlan, *The Hall of Three Pines. An Account of My Life*. Trans, by Denis Mair, Honolulu, 2000。还有几本未刊发的英文博士论文：William Alfred Wycoff, Jr., "The New Rationalism of Fung Yu-lan", Columbia University, 1975; Lu-jun Yin, "Against Destiny: Feng Yu-lan and a New Hermeneutics of Confucianism", Stanford University, 1992。

② 此翻译曾在 *The Spirit of Chinese Philosophy,* London, 1947 和 *A Short History of Chinese Philosophy*, New York, 1960 中使用过。欧迪安有时把冯友兰的"精神境界"翻译为"spiritual realm"。在此部分，除非有其他特殊用法，有关冯友兰思想的大部分术语以上面提到的两本书为主。

③ Fung Yu-lan, *A Short History of Chinese Philosophy*. Ed. by Derk Bodde, New York, 1960, p.338.

④ 有关冯友兰境界理论的论述以《新原人》为主，参见《三松堂全集》第四卷，河南人民出版社 1986 年版。又见《中国哲学简史》The Spirit of Chinese Philosophy 中的简介，第 13—14 页。

为目标,并优先于其他一切动机。此种人的一个伟大的功绩可能是,可创造一个新的帝国。当然,他们也可以做一些在世人看来非常道德的事情。但是,他们的动机完全是以自我为中心的。

(3)道德境界:此境界之人以"仁""义"为原则。他们认识到自我与社会内在地关联着,人类本性生来乃社会的;因而,人应该承担在人伦与社会角色方面的责任。冯友兰把此种人叫作"贤人"。但是,"贤人"仍然不够完美,因为他所达致的道德仍然是"天理"与"人欲"间斗争的结果。这一阶段离自由还很远。

(4)天地境界:冯友兰认为,达到此境界之人就是圣人。他已经获得最高的"觉解",不仅在社会角色方面,在宇宙或天中也找到了自己的位置。此阶段之人能"知天"、"事天"、"乐天",并且"同天"。

显然,天地境界具有宗教意涵。按照冯友兰的论述,他似乎承认中国哲学传统中超越之重要性。这是否意味着他对"超越性"有一种本体论承诺?在本文的第三部分,我将继续阐释他对超越性的理解,并与牟宗三做对比。

(二)唐君毅

唐君毅[1]认为把境界翻译为"world"或"horizon"[2]最为合适。他对此术语的定义与佛教用法有几个相同之处:境与心之间的关系不同于西方哲学中主体和客体间的关系。客观世界可以是境,主观精神状态也可构成境。在此意义上,该定义与王国维的类似。然而,与王国维相比,唐君毅假定存在一个"超越的心灵"可以"关照"世间万物。他把此超越心灵称之为"心本体",它

---

[1] 有关唐君毅的英文研究文献,请参考 Frederick J. Streng, "Three Approaches to Authentic Existence: Christian, Confucian and Buddhist", in: *Philosophy East and West* 32 (1982) 4, pp. 371–392; Thomas A. Metzger, "T'ang Chun-i's Concept of Confucian Self-fulfillment", in: id., *Escape from Predicament: Neo-Confucianism and China's Evolving Political Culture*, New York, 1977, pp. 29–49; William Ng, "T'ang Chun-i on Transcendence: Foundations of a New-Confucian Religious Humanism", in: *Monumenta Serica* XLVI (1998), pp. 291–322.

[2] 唐君毅:《生命存在与心灵境界》,《唐君毅全集》第二十三卷,台湾学生书局1991年版,第11页。

乃宇宙的基础。因而,唐君毅阐述中的不同视域,乃"心本体"之显现。

唐君毅在其最后著作《生命存在与心灵境界》中系统阐述了他的境界理论。这些境界象征着人类经验相互关联的不同等级。在其系统中,他论述了从知觉、情感、人类知识以及各种宗教体验等各种人类经验。他把九种境界分成三个大类:客观境界、主观境界和超主客境界。在每个境界的探讨中,他试图加入一些针对相关问题的哲学讨论,尤其是那些被西方思想家讨论过的问题。例如,当他探讨"感性世界"时,就引入实在论与理念论的争论,涉及的思想家则有贝克莱和摩尔。当他处理一元论传统时,主要以上帝存在论证明为主。就目前的研究来说,"超主客境界"是我们理解其境界理论的关键。进而,唐君毅又把"超主客境界"分成三个阶段,分别代表三种不同的宗教传统:(1)神教境或归向一神境:在此境界中,人类宗教活动以上帝为中心;(2)佛教境或我法二空境:通过我执与法执的消除,由此达致佛教最高阶段——涅槃;(3)儒教境或天德流行境:经由道德实践实现天人合一。

很显然,唐君毅主要关注象征"心本体"显现的"超主客境界"。他把超主客境界的存在归因于人类对"超越的向往"。他认为,既然超主客境界超越了主客二分,因而没有经验证据或理性论证来证实这一境界。对人类心灵来说,这是一种真正的渴求。

(三)牟宗三

牟宗三[①]的哲学通常被冠以"道德形而上学"之名,不同于"道德底形

---

① 有关牟宗三思想的中文研究著作较多,代表性的有:《牟宗三先生的哲学与著作》,台湾学生书局1978年版;李明辉:《当代儒学的自我转化》,台湾"中央研究院"中国文哲研究所1994年版;郑家栋:《本体与方法》,辽宁大学出版社1992年版。相关英文研究著作则数量有限。John H. Berthrong, *All under Heaven. Transforming Paradigms in Confucian-Christian Dialogue*, Albany, N.Y. 1994, pp. 103–132; Li Tongqi-Zhou Qin, "The Dynamism and Tension in the Anthropocosmic Vision of Mou Zongsan-A Reflection on Confucian Concept of Tianren Heyi", in: *Journal of Chinese Philosophy* 22 (1995) 4, pp. 401–440; Liu Shu-hsien, "The Contemporary Development of a Neo-Confucian Epistemology", in: Arne Naess-Alastair Hannay (eds.), *Invitation to Chinese Philosophy*, Oslo-Bergen-Tromso, 1972, pp. 19–40.

而上学"①。按照牟宗三的观点,儒家心性之学,乃一种道德形而上学,主要处理两个问题:第一个问题涉及"道德实践之可能性的超越根据",换言之,心性的客观性问题;第二个问题则涉及道德实现方式之完成。牟宗三认为,前者探讨"本体",而后者则讨论"功夫"②,揭示了道德实现的主观根据。因而,牟宗三的道德形上学中由两个联系密切的部分构成:内在与超越。简言之,儒家道德形上学的目的在于回答这一问题,道德实践的基础如何同时乃"即内在又超越的"。

牟宗三指出,尽管儒释道三家对境界的理解不尽相同,他们所希望达到的最高阶段都是境界。在《才性与玄理》中,牟宗三认为有两种非常不同类型的形上学:由西方哲学代表的"存有的形上学"(刘述先翻译)以及由中国哲学代表的"境界的形上学"(或刘述先翻译的"metaphysics of realization")③。前者关注本体的客观性,因而宗教类型依次而建,如基督教强调上帝的客观性;后者则凸显个人存在的主观性,或者在魏晋玄学家传统中达到顶点的审美经验。在牟宗三看来,理想的形上学应该是此两种形上学的结合,并展现出主观性与客观性的统一。④

尽管牟宗三承认境界乃儒、释、道三家最高的精神形态,但他还是认为儒家要高于其他两家。在他看来,虽然魏晋玄学家能够正确地指出主观经验乃"无之境界",但是他们无法理解儒家圣人境界的客观基础。牟宗三认为,儒家圣人所追求的不仅仅是一种主观经验,也是"人类心性"之客观实体的显现。因而,儒家的境界既是主观的又是客观的。在此,牟宗三暗中指向其道德形上学,意图建立人类心性的客观性。他认为他的道德形上学并不仅是一种理论建构,相反,其最终目的实际是为了达到由此种形而上学所维持的境界。正是在此意义上,他把其形上学称之为"境界的形

---

① 牟宗三:《心体与性体》第二册,台湾正中书局 1968 年版,第 140 页。

② 该段来自《心体与性体》第一册(台湾正中书局 1968 年版,第 8 页)中牟宗三的阐释。

③ Liu Shu-hsien, "On New Frontiers of Contemporary Neo-Confucian Philosophy", in: *Journal of Chinese Philosophy* 23,(March 1996)1, pp. 39–58.

④ 参见牟宗三:《才性与玄理》,香港人生出版社 1963 年版,第 274—278 页。

上学"。

王国维、冯友兰、唐君毅和牟宗三似乎用境界隐喻地指向某种精神体验或精神状态。这并不意味着隐喻的使用乃他们思想中的瑕疵,尽管隐喻的语言学分析表明了隐喻不仅在人文学科中扮演着重要的角色,在科学中也同样重要。从他们对境界的阐释中传达出的更重要的信息,就是他们都不认为儒家精神性的终点是一种形上学理论,而这种信息常常暗藏在他们那令人印象深刻的哲学建构中。他们都认为,在其境界理论的阐述中,那种主观的精神体验才是他们哲学思考的真正目标。然而,这样一种对精神体验的渴望都奠基于他们的形上学信念之上。

大多数当代新儒家们以一种哲学的方式来重建儒学。他们的基本策略乃是运用西方哲学,尤其是德国观念论,来解决儒学在现代所面临的问题。无须多说,四位思想家都把境界看作儒学渴望达致的最高精神状态;然而,他们所面临的问题是,如何重构进而重新诠释由"心性之学"所支撑的境界状态。可以肯定,王国维不会同意把心性之学作为境界的先决条件。由于受到康德的影响,他认为理、义等形上概念超出了人类知识。而被熊十力惊醒的唐君毅①,则坚信"心本体"的存在。冯友兰和牟宗三分别代表了境界诠释的两个方向,其心性之学的观点也决然相反。冯友兰把境界诠释为一种缺乏对人类心性存在之本体论承诺的个人体验。他借助于维也纳学派,试图构建一种"空的形上学"来支持他对境界的诠释。另一方面,牟宗三继承了熊十力的观点,把心性存在确定为本体,而境界只是此本体之"显现"。简单来讲,两者的冲突在于境界的本体论承诺之中。

三、本体论承诺之争辩

此处讲的本体论承诺与蒯因(William van Orman Quine)讲的有所不

---

① 请参考唐君毅在《中国文化之精神价值》(台湾正中书局1953年版)中的相关论述,第2—3页。

同。蒯因的本体论承诺的概念仅是相信"何物存在"①。在牟宗三看来,这种本体论乃"内在形上学",它只关涉现象或经验对象,而不是针对形上实体之存有的"超绝形上学"。②尽管其重要性已经得到牟宗三的充分重视,"内在形上学"显然不是新儒家的兴趣所在。正是在"超绝形上学"的意义上,新儒家展开了本体论承诺的建构。冯友兰与牟宗三的不同,生动地表现在一则与他们相关的轶事中。

牟宗三回忆到,《中国哲学史》(上海 1931—1934)出版后,冯友兰曾拜访过熊十力,两人在很多观点方面都存在分歧。在谈到良知时,冯友兰认为良知仅仅是一个假定,熊十力则愤怒地回答道:"你说良知是个假定。这怎么可以说是假定。良知是真真实实的,而且是个呈现,这须要直下自觉,直下肯定。"③这霹雳一声,对牟宗三来说简直是振聋发聩,而冯友兰则无所反应。

这个故事就是被广为传诵的"熊冯公案",值得我们深思。为什么冯友兰认为"良知"是个假设?而熊十力则认为"良知"是"真实地呈现"?

熊十力认为哲学是关于"本体的知识",宇宙本体乃一切变化之源头,它自身就包含实现变化的要素,它是"无条件的"、"绝对的"、"非二元论的"。"本体"就是"本心",而"本心"则天生具有觉知本体的能力。因而,本体并不是有别于自我的另一种实体。当它被良知觉察到时,它就呈现之,而不是在主客二元论框架下的"客体"。

尽管熊十力希望完成在良知能力之知识论问题方面的理论建构,但是仅完成了新唯识论的本体论部分。牟宗三继熊十力之愿,他坚信本体、仁体、天道或以其他形式出现,乃是承载道德的本体实在,其首要特征即"内

① W.O. Quine:"On What there is", in: id., *From a Logical Point of View Nine Logico-Philosophical Essays*, 2 ed., rev. Cambridge-London, 1971, pp. 1–20.
② 参见牟宗三:《智的直觉与中国哲学》,台湾商务印书馆 1971 年版,第 3 页。
③ 牟宗三:《我与熊十力先生》,《生命的学问》(台湾三民书局 1970 年版)。Liu Shu-hsien, "Postwar Neo-Confucian Philosophy. Its Development and Issues", in: Charles Wei-Hsün Fu-Gerhard Spiegel (eds.), *Religious Issues and Interreligious Dialogue*, New York, 1989, pp. 288–289.

在超越"①："天道高高在上,有超越的意义。天道贯注于人身之时,又内在于人而为人的性,这时天道又是内在的 (immanent)。因此,我们可以用康德喜用的字眼,说天道一方面是超越的 (transcendent),另一方面又是内在的 (immanent 与 transcendent 是相反字)。天道既超越又内在,此时可谓兼具宗教与道德的意义,宗教重超越义,而道德重内在义。"②

牟宗三对"内在超越"的阐述清楚地表明,其本体论实体的许诺以人类道德活动为基础。进一步讲,他的兴趣在知识论方面:人类如何认识本体。正如"熊冯公案"中指出的那样,熊十力坚信良知可认识存在于人类心灵之内的"本体",尽管他意图建立此种能力的知识论上的有效性,但是在他有生之年一直没有完成。而牟宗三则试图借助康德的认识论模型来解决此难题。

康德对牟宗三的吸引力表现在他对本体与现象的划分,而且这也是他导师熊十力的核心议题。然而,康德的主要任务是区分本体与现象,并对理性认知能力划界,与此相反,熊十力则认为本体界与现象界是完全不能分开的,两者之间的关系是不一不二。对康德来说,本体只有消极的意义,换言之,我们无法获得任何有关本体的积极知识。

康德之所以反对本体的积极意义,乃由于他对"智的直觉"(intellectual intuition) 的否定。在康德看来,如果某种本体的感觉是可能的,那我们必须首先能够把先天感官形式,即时间和空间,运用于本体之上,但是感性直观只有在现象界才是可能的。因此,感性直观不能运用于本体之上。进一步讲,智性范畴同样不能运用于本体之上,因为它们只对感性直观所处理的材料有效。因此,如果本体的知识是可能的,那么必定存在一种兼具智性与非感官的认知能力。但是康德却否定了此种能力。"这样一种直观,即'智的直觉'不属于认知能力的一部分,因而对范畴来说,绝不可能有任何超越经验界限的应用。也许存在一些与我们感性直观完

① 有关内在超越的辩论参见 David Hall-Roger Ames, *Thinking Through the Han*, pp. 219–232.
② 牟宗三:《中国哲学的特质》,台湾人生出版社 1963 年版,第 20 页。

全没有任何联系的智性存在，但是，对于仅仅作为感性直观的思想形式来说，我们的知性概念无法扩展其上。因而，本体必须在消极的意义上才能被我们加以理解。"①

康德对智的直觉的反驳正好与熊十力和牟宗三所持的观点相反。熊牟认为，本体完全可以被人类所认知，而且是心性的当下"呈现"。因此，牟宗三质疑康德对"智的直觉"之可能性的否认，并试图修正康德对"本体"的"保守主义"观点。

在牟宗三看来，智的直觉是否可能，对儒家及所有中国哲学的认识论基础来说至关重要。他认为，儒家传统历来强调人类天生赋有觉知天道的能力，那就是，"智的直觉"在儒家传统中是完全可能的。② 因此，牟宗三对智的直觉持肯定的观点，为儒家建立了认识论基础。按照传统中国哲学术语来讲，人性乃本体之天道所赋予。在此意义上，本体就具积极性意涵，因而"智的直觉"也必须成为可能。

熊牟的"良知呈现"理论，乃由他们智的直觉的认识论论证以及对"本体"的承诺所支撑。那么，为什么冯友兰认为良知是个假定呢？其理论基础何在？在其"超主客境界"的阐述中，冯友兰实质上继承了玄学和禅宗的思维方式，那就是，最重要的事情莫过于从一切束缚中解放出来。③ 尽管冯友兰的观点与康德的主要论述相近，即本体仅具有消极的含义，或换言之，仅仅是假定，他还是通过维也纳学派间接受到康德的影响。

冯友兰认同维也纳学派的观点，那就是西方传统形而上学由于缺乏

---

① Immanuel Kant, *Critique of Pure Reason*. *Trans*. J.M.D. Meiklejohn, London, 1905, pp.186.

② 牟宗三认为，智的直觉同样存在于佛教与道教传统中。参见《智的直观与中国哲学》，第 19 章。

③ See Fung Yu-lan,*The Spirit of Chinese Philosophy*, p.204. Hans-Georg Möller, "Der Philosophische Daoismus in der *Neuen Metaphysik* (*Xin lixue*) Feng Youlans", in: *Monumenta Serica* XLV (1997), pp. 381–398; *id., Die philosophischste Philosophie. Feng Youlans Neue Metaphysik*. Opera Sinologica 6, Wiesbaden, 2000.

"意涵"（meaning）应该受到谴责。① 然而，他并不同意他们"拒斥形而上学"的口号。他认为传统形而上学没有把自身同经验科学区分开来，而且试图对"经验世界做积极的诠释"。与此种传统类型的形上学不同，冯友兰把其自己的形上学称之为"真正的形上学"，乃是"逻辑的释义"。

冯友兰主张，"天地境界"仅仅是一种个人体验，它是对人类生命与宇宙的最高"觉解"。如同牟宗三把境界理论构建于形上学之上一样，冯友兰也把境界理论建立在他所称之为的"空的形上学"之上，因为其所包含的概念与命题仅仅是"逻辑的"。因此，这种新的形上学必须依靠冯友兰的"逻辑方法"。从他所认可的唯一综合命题"有物存在"开始，冯友兰推导出四组分析命题，并运用这些命题间的逻辑蕴涵关系推出四个概念。② 由于这些概念、命题以及推理过程都是纯逻辑的，故把基于其上的形上学称之为"空的形上学"。

在此没有必要详细描述冯友兰关于这些逻辑命题的推理过程。更重要的是，确认其境界理论与其形上学理论之间的关系，进而找出回答"良知"这一问题的线索，那就是为什么作为心性之学基石的"良知"仅仅是个假定。显然，从其"空"的标准来看，冯友兰并不认为良知是一个有意义的形上学概念。按照他的推理，只有当它是经验心灵的知识，或是纯粹的逻辑知识时，正如冯友兰的形上学所试图做的那样，心性之学才是有意义的。因而冯友兰选择前一个解释，最好的情况莫过于把良知当作一个假定，而最坏的情况则无非是一个错误而已。

不同于熊十力与牟宗三，冯友兰的境界理论乃是一种个人体验，或是没有对形上之心性之学作出本体论承诺的一种个人理解。冯友兰的一些概念如"理"、"气"、"道体"和"大全"，都是纯逻辑的，不具有本体的地位。

① 维也纳学派的主要观点可简单概括如下：只存在两种有意义的命题：分析的和综合的。由黑格尔、费希特以及谢林所代表的形而上学命题，既不是分析的，也不是综合的，因而是没有意义的。

② 详细论证参见 *The Spirit of Chinese Philosophy*, pp.202–221。又见《新知言》，《三松堂全集》（河南人民出版社 1986 年版）第五卷。

他甚至认为境界的体验近似于一种神秘体验。在其早期著作中（1937年《新理学》出版之前），由于受詹姆斯的影响，冯友兰把"天人合一"与神秘体验联系起来，认为中国哲学中存在一种神秘主义的传统。道家及魏晋玄学的主要思想家如老子、庄子和郭象等人都是神秘主义者，因为他们都渴望通过有意识地摆脱智性知识，以此来达到詹姆斯所称之为的"纯粹经验"。《中庸》的作者、孟子以及宋明儒家如朱熹、陆象山、王阳明等人，都是神秘主义者，因为他们都持如下观点：（1）天地万物一体；（2）由于人的私利而造成自我与他者的二元对立；（3）人应该去除私欲，恢复自我之原初的天地合一。① 冯友兰认为，最高的精神境界就是神秘体验。当他的《贞元六书》出版后，冯友兰把此种神秘体验的方法称之为"负的方法"，而把用来推导那些逻辑概念以及逻辑命题的方法称之为"正的方法"，并用此种方法来建构"空的"形上学。然而，如果最高的精神境界可以达到，唯一的方法则是使用"负的方法"，因为它不能对世界提供任何肯定的答案，因而称之为"负的"。② 正如冯友兰指出的那样："哲学上一切伟大的形上学系统，无论它在方法上是正的还是负的，无一不把自己戴上'神秘主义'的大帽子。负的方法在实质上是神秘主义的方法。"③ 因此，他骄傲地把其境界理论称之为神秘主义。

我们可以设想熊十力与牟宗三对冯友兰的诠释的反应。熊十力的反应已经在"熊冯公案"中被生动地描绘出来了，而牟宗三同样表示了对冯友兰把中国哲学的特质描述为神秘主义的担忧。④ 总之，有关境界的分歧在于他们对待心性形上学的不同态度：冯友兰不相信此种肯定本体之存在的形

---

① 参见冯友兰：《中国哲学中的神秘主义》，《燕京学报》1927年第1期，收于《三松堂全集》第十一卷，河南人民出版社1986年版，第90—102页；《人生哲学》，《三松堂全集》第一卷第二章第六部分和第十三章第二部分；《中国哲学史》（商务印书馆1934年版）第一编第三部分的孟子和第六部分的庄子。

② 参见冯友兰：《新知言》，《三松堂全集》第五卷，河南人民出版社1986年版，第264页。

③ Fung Yu-lan, *A Short History of Chinese Philosophy*, p.341.

④ 参见牟宗三：《中国哲学十九讲》台湾学生书局1983年版，第333—337页。

上学,并把精神境界仅仅看作是一种经由"负的方法"而来的主观的神秘体验,而且不需要对本体做出本体论的承诺;牟宗三则承认存在一种主观的境界维度,但是坚持强调境界的客观意涵,那就是,把心性的真实存在当作宇宙实体与"智的直觉"之天赋能力。

冯友兰、唐君毅以及牟宗三在境界方面的论述,乃是对当时儒家所面临之处境的一个回应:儒家失去了在帝国时期曾经维持传统的制度支撑。而儒家经典之学同样在现代化进程中,作为一种无效的工具而惨遭遗弃。因此,儒家变成了一个没有"身体"寄居的"游魂"。对当代儒家来说,仍然受启发的乃是儒学中有关圣人的精神资源,而这正是心性之学的目的所在。

冯友兰、唐君毅以及牟宗三有意识地承担了儒学复兴的大业,试图重新诠释成圣之意涵。他们所做的也就是从境界方面——一个具有纯粹精神意涵的术语——来诠释圣人。这里的回顾已经揭示了他们在境界诠释方面的重要性,并试图发掘他们的诠释是如何丰富我们对儒家精神性的理解的。

对我们来讲,核心问题是如何定义境界这一术语,并决定它是否适合用来描述儒家精神性的特征。正如安乐哲与郝大伟指出的那样,"内在超越"这一概念在概述儒家时还是有缺陷的。而我的顾虑则是,目前对"超越的"诠释受到牟宗三思想的过多影响,那就是对"形上实体"之本体论承诺的优先关注。冯友兰则显然代表了另一个传统,他认为本体概念,如天,只具有名义上的意涵。①

四位思想家的第一个共同特征是,他们都强调合一的体验。他们所追求的最高阶段都是非二元的统一体。对王国维来说,判断境界深度的重要标准就是"不隔",这意味着主客的统一;唐君毅之最高的"境界"同样超越了主客之分;冯友兰认为最深刻的精神境界就是与天合一;而牟宗三的"心体呈现"同样指明了这一诠释趋势。天人合一乃中国哲学中的古老话题,

---

① 一般都把一些本体论概念,如天,翻译为"万物之共名"。此传统也许与刘述先所称的"内在一元论"有关。(参见 Liu Shu-hsien, *On Huang Tsung-hsi's Understanding of Mencius*, unpublished, presented at a Harvard seminar, July 31, 1998)

且具有非常重要的意涵(如董仲舒的天人感应思想)。如果我们同意冯友兰的阐释,把这种合一体验当成一种神秘主义体验,我们将发现它与詹姆斯的四个特征以及史太斯的七个特点有某些共同之处。①

郝大伟和安乐哲同样注意到了中国哲学传统与西方神秘主义传统之间的联系。他们指出,超越的概念与精神的/神秘的传统密切相关。然而,目前有关神秘主义的学术研究,呈现出逐渐被所谓的"构建主义"(constructivism)压倒的趋势,他们声称神秘体验不过是一种主观的精神状态,由主体自身的语言和文化无意识地建构而成。②像"构建主义者"(constructivist)一样,郝大伟和安乐哲希望他们抛弃那些"诠释的包袱",把"天"和"道"等概念从西方教条的束缚中解放出来。

儒家精神性与神秘主义的关系,在新儒家境界理论中变得更加清楚。使冯友兰和牟宗三产生分歧的两个核心问题,与在神秘体验研究中提出的两个相似的问题产生了共鸣:神秘主义者所做的本体论陈述具有真值吗?人类真的具有一种认识真理的特殊的天赋能力吗?这两个问题分别关涉神秘体验的本体论和认知状态,成为新儒家境界理论的一个潜在议题。冯友兰自觉地接过这些问题,并试图把最高的境界限定在主观领域,也就是他所说的神秘体验。因此,他给予神秘体验的形而上的"包袱"是"空的"。王国维确定不会把他的境界当成神秘的,但是他会采取同样的推理过程,把对礼、心等概念的本体论承诺变成背景,并减少境界的理论负担。在此意义上,王国维和冯友兰都遵从了"构建主义"原则。与此相反,牟宗三、唐君毅以及他们的导师熊十力,则强烈坚持人之心性的本体论地位,认为人类具有一种天生的认知能力,如智的直觉。

---

① 参见 William James, *Varieties of Religious Experience. A Study in Human Nature*, New York 190, pp.380–382; W. T. Stace, *Mysticism and Philosophy*, London 1960, pp.131–133);陈来也归纳了明代儒学之神秘体验的七个特征。(陈来:《心学传统中的神秘主义问题》,《有无之境:王阳明哲学的精神》,人民出版社1991年版,第390—416页)

② 我猜想这正是为什么郝大伟和安乐哲在新英格兰旅行时遭遇此问题的背景,即"存在没有超越性的神秘主义么"。(Hall-Ames, *Thinking Through the Han. Self, Truth, and Transcendence in Chinese and Western Culture*, Albany, N.Y. 1998, p.203)

以上所展现的这些联系，并不意味着新儒家就是神秘主义者。他们只是表明，其有关境界的论证与神秘主义具有某些共性。"构建"的盛行，并不能证实冯友兰的观点，而"去情境化"（decontextualization）或"后构建主义"（post-constructivism）的复兴，则证明了牟宗三及唐君毅的相关论证不容小视。这些"后构建主义者"只是坚定地主张，一种能够认知实体的"天赋能力"，正如神秘主义者那样，确实存在。①

与神秘体验的这些联系表明，新儒家的境界理论乃是一种精神传统而非理论传统，因而有关境界的研究应属于宗教体验的范畴。然而，儒家学者并没有充分认识到这一特征。王国维已经赋予儒家宗教体验另一重要维度，却总是在儒家精神性的研究中被不经意地忽略了：美学的方法。由于审美体验和精神体验都试图去表述并理解实体，因而审美体验必定构成精神性的一个重要部分，对于儒家精神性的研究更是如此。王国维的美学方法同样代表了精神性在中国文学中的一个悠久传统，并且给我们提出了这样一个问题，那就是如何评价四位思想家对儒家精神性的贡献。

（作者单位：亚利桑那大学；译者单位：湖南大学岳麓书院）

---

① See Robert K.C. Forman (ed.), *The Innate Capacity: Mysticism, Psychology, and Philosophy*, New York-Oxford 1998.

世俗化时代的精神性人文主义：
杜维明先生的学术归趣

陈 赟

一、世俗化时代与精神性人文主义的主体观

　　杜维明先生的思想系统，可以用他本人所说的"精神（性）人文主义"加以总括。要标划出杜维明先生的精神性人文主义在人类思想地图上的位置，必须要注意到"世俗化"这一人文事实。①查尔斯·泰勒曾经区分世俗化的三重含义：世俗化1指宗教在公共生活中的退出，这意味着基于社会视角的组织形式对以宗教为基础的公共生活形式的替代；世俗化2指宗教信仰和宗教实践的衰落；世俗化3涉及信仰条件的改变，宗教信仰下降为多元价值的一个选项。②于是这意味着宗教的，甚至形而上学的神圣因素退出公共建制而进入到个体的内在领域，只能以价值观的方式自我延续，成为塑造个人生存风格的形式。③与世俗化时代相应的是"自足性人文主义"（exclusive humanism）④，它主导了对人性的理解："世俗时代是这样的

---

① 参见杜维明：《建构精神性人文主义——从克己复礼为仁的现代解读出发》，《否极泰来：新轴心时代的儒家资源》，北京大学出版社2016年版，第316页。

② 参见［加］查尔斯·泰勒：《世俗时代》，张容南等译，上海三联书店2016年版，第3—28页。

③ 参见陈赟：《现时代的精神生活》，新星出版社2008年版，第3—15页。

④ ［加］查尔斯·泰勒：《世俗时代》，张容南等译，上海三联书店2016年版，第25页。

时代,在其中,超越人间福祉的所有目标的东西都被遮蔽,变得是可想而知的;或者更确切地说,这种遮蔽属于大众可以想象的生活之范围。这是世俗性与自足的人文主义之间的关键联系。"① 在杜维明那里,这种自足的人文主义有两种基本形式:"凡俗人文主义"、"外在人文主义"。

凡俗的人文主义,被视为启蒙以来发展起来的大传统。杜维明认为,"启蒙思潮是从反对宗教和神学权威开始的,在批判荒谬的宗教信仰的同时,不仅消解了神圣性,把人的最高的精神追求和价值诉求也切断了",这种"去宗教"、"去神圣"的取向,就是凡俗的人文主义的一大盲点,它是精神性缺失的人文主义;其另一盲点是"去自然",它"相信知识就是力量,相信人类可以把握自然,理解自然的目的是征服自然,宰制自然,把自然界只当作人类发展的资源"②。杜维明以为,何炳棣在解释"克己复礼为仁"所采取的倾向正好诠释了凡俗的人文主义,后者从西方文艺复兴发展出来,要摆脱上帝,以理性来理解自然和人性,既"放弃了上帝的神圣性,更不会接受内在的主体性,而是纯粹的科学主义、工具理性"③。

而芬格莱特理解儒家时所采取的那种倾向,即"从外在的神圣性出发,不接受内在主体,形成了一套社会伦理的解释。不过他的神圣性并没有归结到上帝,就没有了终极性,因此他认为孔子没有十字路口的艰苦选择,没

① [加] 查尔斯·泰勒:《世俗时代》,张容南等译,上海三联书店 2016 年版,第 26 页。
② 杜维明:《新人文与新启蒙》,《文明对话中的儒家:21 世纪访谈》,北京大学出版社 2016 年版,第 226—227 页。在《儒学、儒教与文明对话》中,杜维明更明确指出:"在这两三百年来世界上最有影响力的思想——人文主义,是一种凡俗的人文主义(secular humanism)。这个凡俗的人文主义以启蒙运动为代表,以世俗化为标志,和市场经济、民主社会都有非常密切的关系,开创出很多重要的价值。可是这个运动有两个很大的盲点,我在很多地方都谈过(也许不止两个):一个是精神世界的问题,它是从基督教传统中蜕变出来的,所以它反宗教,去宗教化,我们叫它凡俗化;另外一个是对自然的侵略和宰制态度,而且是要利用、征服,认为人类的资源是无限的。"(杜维明:《文明对话中的儒家:21 世纪访谈》,北京大学出版社 2016 年版,第 155—156 页)
③ 杜维明:《建构精神性人文主义——从克己复礼为仁的现代解读出发》,《否极泰来:新轴心时代的儒家资源》,北京大学出版社 2016 年版,第 329 页。

有人性的自主性，人追求的最高目标只是神圣的礼器，可以称之为外在的人文主义。"外在人文主义虽然与基督教传统的"外在超越"相关，但毕竟不同，芬格莱特"所说的即凡而圣，只是成为神圣的礼器，并没有真正的神圣性。所以这里所说的外在人文主义，与基督教等文明不同，后者有超越性；而芬格莱特所描述的外在没有超越性，只是外在形式而已，这是重要的差别"[1]。

一旦有了区别的对象，便可以刻画精神性人文主义的归趣，它是在世俗化时代对精神性的重新辩护。精神性人文主义，"虽然是对应着现代的思潮而提出的，但其实质则是儒家传统乃至中国文化传统的基本立场"[2]。就此而言，与其说精神性人文主义是杜维明先生个人的学说或思想体系，毋宁说他是以此来理解儒家传统乃至中国文化的精神传统。在这里，显示了他以儒家传统乃至中国文化的当代传人的心志与自期。与凡俗人文主义对比，"儒家的思想特点是最高的人文理念，要在最平实的日常生活中体现，仅仅从'凡俗'的角度，是不足以理解'人文主义'的完整性的。所以我们提出，对于'人之为人'的理解不仅要超越人类中心主义，也要超越人类学意义上对人的理解，人要成为'完人'"[3]。儒家的这种超出人类中心主义的宇宙视野，也是其不同于基督教的重要方面，后者对自然抱着宰制的态度，将人视为上帝委派的管理万物的代理者。[4]

---

[1] 杜维明：《建构精神性人文主义——从克己复礼为仁的现代解读出发》，《否极泰来：新轴心时代的儒家资源》，北京大学出版社 2016 年版，第 328—329 页。

[2] 杜维明：《建构精神性人文主义——从克己复礼为仁的现代解读出发》，《否极泰来：新轴心时代的儒家资源》，北京大学出版社 2016 年版，第 329 页。

[3] 杜维明：《新人文与新启蒙》，《文明对话中的儒家：21 世纪访谈》，北京大学出版社 2016 年版，第 227 页。

[4] 基督教的世界图景支持的是上帝的计划或设计论：上帝为人类而创造万物，也为自己创造人类，人的优越性是神圣计划的核心；"人类可以被看作世界中心，因为如果把人类从这个世界抽取出去，余下的就会乱套，漫无目的"。基督教甚至被认为是"历史上最人类中心主义的宗教"（Lynn White Jr 语），它被视为对自然界征服态度的发动者。（参见 [英] 基思·托马斯：《人类与自然世界》，宋丽丽译，译林出版社 2009 年版，第 8、12 页）

如果将人类从宇宙中抽去，则基督教的世界图像便必然沦落为虚无主义的深渊；反过来，从基督教传统出发，很容易将人视为世界意义的缔造者——这可以视为凡俗的人文主义与基督教传统在深层上的一脉同源。金耀基曾经将西方人对自然的态度概括为"始于惊奇，终于征服"，而与此相对，中国的态度则是"始于欣赏，终于相忘"①。这种态度的不同体现了中西文明的类型学差异。相对于外在的人文主义，精神人文主义坚持人的主体性及其存在深度。精神性人文主义的基本信念，被总结为三个彼此关联并不断深化的取向：其一，承认人的内在主体性，这种主体性具有终极性，人因此可以相信自力，而儒家所谓"仁"正是这种内在主体性的通德；其二，主张以物随心转而不是心随物转的方式来行事，由此才有精神性的价值、义利之辨的坚定立场；其三，由内在主体性的深化与扩展推己及人，综合自我与群体所形成的共通性来建立礼仪制度，这即是要求主体性的建制化条件。②

主体性这个概念曾被黑格尔视为现代性意识的成就，黑格尔主张："说到底，现代世界的原则就是主体性的自由，也就是说，精神总体性中关键的方方面面都应得到充分的发挥。"③他强调："主体之特殊性的法权，是寻求自我满足，或者说，这种法权就是主观自由的法权，它构成古代和现代之区分的转折点和中心点。"④但是在对主体主义的批判中，可以发现启蒙主义的主体性其实是上帝缺位之后的人为替代。⑤更进一步，"在孤独的主体性中，神的世界成了由我们所设定的东西"⑥。考虑到

①　杜维明：《文明对话中的儒家：21世纪访谈》，北京大学出版社2016年版，第156页。
②　参见杜维明：《建构精神性人文主义——从克己复礼为仁的现代解读出发》，《否极泰来：新轴心时代的儒家资源》，北京大学出版社2016年版，第329—332页。
③　[德]哈贝马斯：《现代性的哲学话语》，曹卫东译，译林出版社2004年版，第20页。
④　[德]黑格尔：《黑格尔著作集》第7卷《法哲学原理》，邓安庆译，人民出版社2016年版，第225页。
⑤　参见孙周兴编选：《海德格尔选集》，上海三联书店1996年版，第774页。
⑥　[德]哈贝马斯：《现代性的哲学话语》，曹卫东译，译林出版社2004年版，第21—22页。

以上背景,杜维明对主体性的使用其实已经包含着某种对启蒙心态(the enlightenment mentality)的警惕。①启蒙心态的两大特色,正是安东尼·吉登斯所概括的现代性的两大特色,一是"去宗教"或"去精神"(de-spirit),一是"去自然"(de-nature)。于是,"所谓现代性就是理性化,就是专业化,就是凡俗化,就是所谓的祛魅,所以现代性就是完全把宗教排斥在外,理性挂帅,通过认识、实验、理解对自然进行宰制和征服。这一套思路也就是西方的现代化是唯一一条路的思路,……这个人类中心主义的致命伤即是没有办法了解生态环境对人类的重要意义,没有办法把人摆在更宽广的自然环境中,从而导致了非常大的混乱"②。启蒙心态相信:"通过工具理性,我们能够解决世界上的主要问题;进步主要就经验言,是人类整体的渴望和需求";"人不仅是万物的尺度,还是经济繁荣、政治稳定、社会发展的惟一动力源";"人类的生存条件是可以改善的,以理性的方式解决世界问题是众所渴望的,个人尊严应该得到尊重。"然而,正如杜维明主张的那样,"对启蒙心态的公正理解,需要直率地讨论现代西方的黑暗面"③。仅仅一个"奥斯维辛"就可以直接击中这种黑暗面,"最残酷的集体主义和最能够发展人性光辉的个人尊严,都在启蒙之中",而奥斯维辛所体现的"完全没有任何同情,完全不能想到别人的痛苦和悲惨,把

① 杜维明区分了启蒙精神与启蒙心态:"我所说的启蒙精神就是启蒙主义所倡导的自由、理性、法治、人权和个人尊严等基本价值,而启蒙心态则是指那种绝对的人类中心主义、工具理性的泛滥还有直线进化论。我所反对的是现代性主宰下的启蒙心态,而启蒙精神则是在人类的各种思想精华中普遍存在的因子,儒学中同样也有……假如儒家人文精神的重建能继承启蒙精神而又超越启蒙心态,那么儒学就可以为当今世界提供新的思想资源。"(杜维明:《为往圣继绝学　为万世开天平》,《文明对话中的儒家:21世纪访谈》,北京大学出版社2016年版,第244、245页)类似的说法还有:"启蒙所带来的西方的现代性,在两个侧面无法发展,一个是启蒙的心态下不能了解宗教,包括哈贝马斯写学说中都没有给予宗教一定位置。另外启蒙心态不能解释对自然的掠夺和抗衡。"(杜维明:《中国的崛起向世界传达的信息》,《否极泰来:新轴心时代的儒家资源》,北京大学出版社2016年版,第92页)
② 杜维明:《文明对话的发展及其世界意义》,《否极泰来:新轴心时代的儒家资源》,北京大学出版社2016年版,第110页。
③ 杜维明:《超越启蒙心态》,雷洪德、张珉译,《哲学译丛》2001年第2期。

杀人完全当作工具理性"，乃是内运在"启蒙心态"中的真正罪恶。① 在西方思想内部，哈贝马斯"试图把整个启蒙所代表的全面深刻的理性再带回生活世界"，然而，哈贝马斯那里的三重缺失使其无力回应解构主义的挑战：缺少对神圣世界的深刻理解；基本没有相对人和自然的问题；完全没有比较文化学的经验，跳不出西方中心主义和欧洲中心主义。福柯将现代性的危机归结为康德建构的理性主义，德里达反思启蒙心态中的逻各斯中心主义，但囿于西方中心主义，却无法给出同情和普通常识两个范畴以哲学性的肯定意义。

与此相反，儒家却有丰富的资源，其精神深深扎根于日常生活之中，由凡而圣，能把习俗与礼当作有生命力的哲学资源来看待。② 杜维明认为，儒家的仁，是恻隐之心、同情与移情，这种价值不仅是社会的润滑剂，还是人之所以为人的本质定义。"人基本上是一个感性的动物，他可以发展他的理性，他可以发展他的政治性，可以发展很多其他的价值，但基本上他对人有情、对物能感，是能够发自内心的情，也是能够感物而动之情，与外部世界息息相关之情。程颢说'仁者与天地万物为一体'，这种情所展现出来的理性，是理性的自我，是目的理性，就是说人之所以为人因为他有和天地万物直接联系的感性觉情，这是从最核心的理性来了解人的特质，是人的最根本的特质。因为如此，这是最合理秩序的基础。人与人建立最合理秩序必须通过同情，不是出自盲目，而是对他人存在的感同身受。"③ 仁在杜维明那里不仅是觉悟之觉，还是同情关切的感通。所有的儒家核心价值，都要靠仁来制约。④ 不难看到，杜维明从儒学的仁学出发转换启蒙思想，推进现

① 参见杜维明：《启蒙的反思》，《文明对话中的儒家：21世纪访谈》，北京大学出版社2016年版，第136页。
② 参见杜维明：《启蒙的反思》，《文明对话中的儒家：21世纪访谈》，北京大学出版社2016年版，第140—142页。
③ 杜维明：《启蒙的反思》，《文明对话中的儒家：21世纪访谈》，北京大学出版社2016年版，第146—147页。
④ 参见杜维明：《从新轴心时代看对话文明与求同存异》，《否极泰来：新轴心时代的儒家资源》，北京大学出版社2016年版，第230—231页。

代性的自我转化。

精神人文主义所建构的主体性,虽然强调精神,强调人的主体性,但却并不将之化约为那种以逻各斯中心主义所表述的抽象理性、精神性或道德性。相反,它首先指向的是此时此地的具体的这一个活生生的人。"孔子提供了一种全面而完整的学以成人的方式。儒家哲学以此时此地具体的、生活着的人为出发点。具体是指人的整体,包括身心在内","整体的人的具体性不仅包括肉身、心灵、心智,还包括灵魂和精神。"活着的具体性可以囊括所有生物的具体性,但只有人类意识到这种具体性,"其他人可能偶尔会意识到我的存在,但只有我一个人能够出于我自己的选择,一直意识到我此时此地的存在。我们说儒家哲学以此时此地具体的、活着的人为出发点,是为了强调自我意识的重要性"①。这里传达的乃是杜维明先生对人之所以为人的人性的理解。

杜先生所理解的人,不是一个可以透明性地、一次性地通过客观认知而完全给予的存在者,不是现成化的实体存在,而是始终在延展中,并具有纵深与厚度的立体性存在:"一个活生生的有血有肉的人是一个具体的人,因而必然是一个有籍贯、性别、年龄、脾性、社会背景、历史因缘、经济条件和政治立场的人。但是这个人如果确是个活生生的有血有肉的人,也必然是个知痛痒、有感受、能判断的人。"② 这种有血有肉的人,并不能简单化约为生物—物理的存在,而"是包括身体、心知、灵觉和神明四个层次的人,因此人能够'以天地万物为一体',和自然乃至宇宙的生化大道结合起来。不仅如此,人还能由尽己之性、尽人之性及尽物之性以达到参天地之化育的'三才'境界。以主体精神旁通客观精神,而且上契宇宙精神。""应当强调,身、心、灵、神四层次在儒家人学里并不是截然分离的四阶段,而是一个连续过程中互相融贯的四度超升。孟子所谓'可欲之谓善,有诸己之谓

---

① 杜维明:《精神人文主义:己、群、地、天》,第二十四届世界哲学大会王阳明讲座,2018 年 8 月 18 日,北京。

② 杜维明:《从身、心、灵、神四层次看儒家的人学》,《灵根再植:八十年代儒学反思》,北京大学出版社 2016 年版,第 105 页。

信，充实之谓美，充实而有光辉之谓大，大而化之之谓圣，圣而不可知之谓神'（《尽心下》），正是说明这种自我超升的人格发展。"① 人不是给定的实体，而是一种自我上升的能力，一种在其广义生命内部——身心灵神四者之间——自我贯通的能力，这种自我的上升运动与贯通的活动没有尽头，是一种与生命相终始的无尽事业。人内在的仁的觉情是其能与天地万物贯通的主体性条件。仁"既是最高的价值，又是最有渗透性的价值。"② 这是精神性人文主义的最核心的概念，正是它界定了精神性与主体性的本质。对杜维明来说，在儒家的金字塔中，顶上是仁，下来是仁和礼，再下来是智、仁、勇，再下来是仁、义、礼、智四端，再下来是仁、义、礼、智、信五行。不管在金字塔的哪一层，仁都是渗透性的又都是终极性的。③ 杜维明以仁来刻画的主体性，是那种保留了启蒙精神又克服启蒙心态的主体性，它也超克了逻各斯中心主义与理性主义传统，而展开为身体、心智、灵觉、神明的四维贯通。这种精神性人文主义的主体性，意在回应的一方面是基督教所提出的超越性问题，"尤其是对于他们对超越的理解和身心性命之学应有的创造性回应"，另一方面是深度心理学问题，如弗洛伊德的学说，特别是关于人性阴暗面的理论。④

---

① 杜维明：《从身、心、灵、神四层次看儒家的人学》，《灵根再植：八十年代儒学反思》，北京大学出版社 2016 年版，第 109 页。
② 杜维明：《启蒙的反思》，《文明对话中的儒家：21 世纪访谈》，北京大学出版社 2016 年版，第 149 页。
③ 参见杜维明：《启蒙的反思》，《文明对话中的儒家：21 世纪访谈》，北京大学出版社 2016 年版，第 149 页。这个金字塔，固然标画了仁的核心位置，但几个层次在何种意义上构成一个金字塔则是有待说明的。这里需要进一步清晰的是，仁作为道与作为德是不同的，正如在仁与礼中，礼是作为道而不是作为德出现的，而在仁义礼智信中礼则是内在的德性。这其实是不同的层次。即便在德中，依然可以有层次性的问题，每一层次回应何种问题、面对何种条件，都是需要进一步明确的。
④ 参见杜维明：《为往圣继绝学　为万世开天平》，《文明对话中的儒家：21 世纪访谈》，北京大学出版社 2016 年版，第 248—249 页。

二、分化状况下的存有之贯通

世俗化与马克斯·韦伯所谓的世界的祛魅化相关①,当各种不同的宗教都承诺其教义的普适性时,那么在此一宗教内部,无法达成与其他宗教贯通而连接为更大共同体的要求;如果需要各种宗教互补地发生提升人的生存智慧及其精神性的效用,那么,必须需要一个并不隶属于任何一个宗教的共同平台。这个共同平台其实也是协调各种相互竞争的宗教的终极权威,在当代西方被构想为民主社会。"一个真正的民主国家不可能是信仰基督教的(或者基督教的任何一个教派或其他相关宗教,如罗马天主教、犹太教或伊斯兰教),但它必须欣然允许基督教、犹太教或伊斯兰教在共同体中享有自己的空间",在这个意义上,"一个真正的民主国家必须是世俗的,不论其国内的任何个体是否相信超自然力量及其与我们日常生活的关系"②。说到底,在多元宗教的背景下,民主国家必须作为在宗教问题上的中立化,这就是世俗主义的民主国家的自我定位。这本身已经是世俗化分化的一个部分,即政治与宗教的分化。但在这里,以分化的方式,达到的毋宁说是国家之绝对化,而所有以绝对性宣称的宗教(譬如基督教)本身都被相对化了。不受宗教或教化约束的利维坦,固然可以成为各种多元宗教之外的调节者,但这种分化本身却强化了作为一个日益强大的利维坦系统对个人及其生活的压力。

与世俗化密切关联的分化(differentiation)的概念,意味着"这样一种过程,原本一同进行的功能瓦解分为不同的领域,每个领域有其自身的

---

① 韦伯强调:"我们时代的命运具有理性化和理智化的特点,尤其是具有'世界的祛魅化'的特点。"(韦伯:《科学作为天职》〔*Science as a Vocation*〕, in From *Max Weber:Essays in Sociology*, ed. H.H. Gerth and C. Wright Mills, New York:Oxford University Press, 1998)

② [英] 乔治·莱文编:《世俗主义之乐:我们当下如何生活》,赵元译,译林出版社2019年版,第4页。

规范、规则和制度"①。这一分化过程关联着世界的祛魅、社会的碎片化、共同体的消失、官僚制的兴起、理性化等一系列现代性现象。这是因为社会的观点替代了宗教的宇宙图景，而社会"的不同领域各有不同的模式。按照不同节奏变化，并且由不同的甚至相反方向的轴心原则加以调节"②。现代社会紧张的结构性根源就在于不同存在领域的断裂。而每一分化领域均要求独立价值，领域分化使得价值的分化乃至断裂合法化了。哈贝马斯通过马克斯·韦伯所发现的现象，即真、善、美被作为不同的价值加以理解，以及科学、伦理与法、艺术各有所明而不再相通。③ 总而言之，统一的世界图像与自我图像变得支离了，"现代道德秩序中的成员，他们作为能动者，本质上并不植根于一个反映并连接于宇宙的社会，而是走向联合的一群脱嵌的个体"④。正是这种无法确立的统一图景导致了人的自我定位与世界理解的碎片化困境。当个人不再通过归属地方共同体的方式来归属更大更高的秩序时，个人与利维坦的关系的各种形式的中介消失了。这样，系统的功能性征召及其压力可以直接降落到个人这里，一个全球性的困境在于，利维坦的毛细血管可以无中介地渗透到人体的每一个细胞中去。

在更深维度，被杜维明要求反思的启蒙心态，将人设置为意义的构造主体，它确信世界离开人类便会成为意义的荒原，这与利维坦的自我正当化逻辑具有深层的共谋关系，它将人的意欲通过管理、征服、主宰映射到世界的每一个角落中。世俗主义以祛魅所表达的是世界与万物内在价值的丧失，这种丧失伴随着人的主体主义的凸显和膨胀，"在前现代世界中，意义不仅属于心智，也可以存在于事物之中或人类之外、宇宙之内的各种主体

---

① Olivier Tschannen：《世俗化理论》第四章，转引自 [加] 查尔斯·泰勒：《世俗时代》，张容南等译，上海三联书店 2016 年版，第 483 页。

② [美] 丹尼尔·贝尔：《资本主义文化矛盾》，生活·读书·新知三联书店 1992 年版，第 56 页。

③ 参见陈赟：《现时代的精神生活》，新星出版社 2008 年版，第 24—40 页。

④ [加] 查尔斯·泰勒：《世俗时代》，张容南等译，上海三联书店 2016 年版，第 507 页。

之中"①，但是现代性意识弥漫的世俗主义时代，意义被维系于人，宇宙、事物在意义上的自在的可能性几乎被掏空，意义现在被认为是由人遵循其意欲、需求、目的等原则而生产出来的一种从广大宇宙与世界中被隔绝的孤岛，它彰显的似乎是人之去世界化的那种至上孤独。

在这种为世俗主义所刻画的时代氛围中，杜维明坚持使用"本体论的'存有的连续性'"来揭示精神人文主义在"分化"的支离世界中所能抵达的贯通，这就是在自己、社群、大地与天道之间的贯通。这种贯通有两个值得注意的维度，一是根源性，一是开放性或公共性。"就根源性而言，我们议定要落实在我们的身体、我们的家庭、这块土地上。这就是发端，要扎根在你的家庭、你的社会、你的国家、你的人类。"② 这里颇不同于以抽象的普遍性与世界性处理中国问题的逻辑，杜维明强调地方性必须作为出发点，即便行程与道路是通向世界性的。地方性在这里是具体的"这里"，是文明论上的"此时此地"，是开放时间链条中的"当下"，因而它是一种出发点。对于世界的经验无法脱离这一出发点，它要求的是对世界的当下承担。③ 开放性意味着走向文明对话，甚至实现人与天地万物的贯通。故而杜维明既拒绝抽象的普世主义，也不接受封闭的特殊主义，二者都"站不住，前者惨白空洞，后者走向原教旨主义。真正的文明对话的基础必须是具体的、活生生的人之间的对话。儒家在这方面，通过它的世界公民的语言，能够发展出一种对话，通过容忍和各种机制来创造一种对话的文明"④。对杜维明而言，从基督教传统蜕变出来的启蒙心态，"明显缺乏共同体思想，更不用说全球共同体的思想"⑤，然而这种启蒙心态又以其理性主义、逻各斯中心主义而消解存在的具体

---

① ［加］查尔斯·泰勒:《祛魅—返魅》，载［英］乔治·莱文:《世俗主义之乐:我们当下如何生活》，赵元译，译林出版社 2019 年版，第 66 页。

② 杜维明:《儒学、儒教与文明对话》，《文明对话中的儒家:21 世纪访谈》，北京大学出版社 2016 年版，第 156 页。

③ 参见陈赟:《文明论视域下的中西哲学及其会通》，《武汉大学学报》2019 年第 4 期。

④ 杜维明:《儒学、儒教与文明对话》，《文明对话中的儒家:21 世纪访谈》，北京大学出版社 2016 年版，第 166 页。

⑤ 杜维明:《超越启蒙心态》，雷洪德、张珉译，《哲学译丛》2001 年第 2 期。

性,消解作为出发点的此时此地,因而导致虚悬的世界主义,支持这一点的仍然是西方中心主义的某种变形。相反,杜维明在儒家哲学的人学中所发现的是那种开放的多元性:"儒家把此时此地的、具体的、活生生的人作为出发点,去发展他们的哲学的人学。他们认识到人的生存条件是有其根源的。我们所说的内在于儒家思想中的原初联系(种族、性别、语言、地域、阶级和基本的精神取向)的深层意义,在于它们充分展示了文化的多元性(这不能与任何形式的恶性相对主义混淆)。"① 抵达这种开放的多元性需要一种全球性的视野。杜维明强调,"从 20 世纪 60 年代开始,人类第一次离开了地球、反观地球,用太空人的眼睛看整个地球",这是一个标志性的事件,它将这个地球纳入视野。19 世纪"真正属于世界的哲学家是黑格尔,因为黑格尔的理念涵盖了全世界所有哲学领域的思考,他把所有的非西方的文明——波斯的、中国的、印度的都当作人类文明的曙光,然后太阳一定要降到西方,最后归结到他的哲学。这个哲学是全面的,各方面都包罗的。我们看它影响到马克思、韦伯,一直到欧洲中心论。这样一来,今天我们即使第二、第三流的思想家,都可以称为全球的思想家,global thinkers。你的视野就是全球。我们今天才是真正地可以做到全球的或世界性的哲学思考"② 。而儒家本身就包含着这种视野,"儒家只有一种语言,就是世界公民语言,从家到天下的语言,天下为公的语言,所以这一套思想严格来讲是没有真正意义上的教条"③ 。儒家提倡的学以成人,与具体宗教倡导的学以成为某种教徒有着原则性的差异。做人与做教徒的关系,就如同卢梭所发现的成为人与成为公民的关系问题一样,具有深刻的张力。成为某一宗教的教徒,就不再能成为另一宗教的教徒,但并不妨碍学以成人。在这个意义上,成为人是相对成为教徒更高、更普遍的原则。精神人文主义并不排

---

① 杜维明:《超越启蒙心态》,雷洪德、张珉译,《哲学译丛》2001 年第 2 期。

② 杜维明:《儒学、儒教与文明对话》,《文明对话中的儒家:21 世纪访谈》,北京大学出版社 2016 年版,第 171 页。

③ 杜维明:《当代世界的儒学与儒教》,《否极泰来:新轴心时代的儒家资源》,北京大学出版社 2016 年版,第 244 页。

斥成为公民、成为教徒，但它强调的是，此二者必须受到成为人这一更高原则的制约和调节。成为教徒，永远是面向一部分人的，因而它在教内与教外建立分别，但成为人则贯通教内与教外。如果教内的存在原则违背了成为人的原则，那么这就必然影响该宗教本身的正当性。成为人是面向一切人的，因为只有以此为原则，才可能具有会通、调和各种宗教的可能性，这就可以解释何以只有在儒教中国才出现三教合一、五教合一（如围棋大师吴清源参加的红卍会就主张五教合一）的观念与实践，而在其他文明尤其是在一神教的基督文明中，由于一神教的排他性而使这一点根本不可能。换言之，各大宗教可以和而不同地共处而不至于发生宗教战争，这唯有在成为人被作为更高的调节原则之后才有可能，这就是精神性人文主义馈赠给中国社会的遗产。

存有的连续性并不是现成化了的事实，而是必须作为人的事业，通过人的自我转化来实现。一如杜先生之所见，在全球视域中讲存有的连续性，其实包含着一种通过转化自我而转化世界的观念："在全球这样一个大的环境中，正因为儒家传统的特殊属性就是要入世而转世，入世而不认同这个世界，其游戏规则与这个世界是完全不同的，它要'转'之，但在这过程中它拒绝在人伦日用之外创造一个精神家园，我们把这叫做存有的连续性，所以它就是要用这种并非外在于这个世界的语言来达成自己的创造。"[①] 而当贯通超出了人类社会的层面时，可以发现人与所有存在方式——矿物、植物和动物——的相关性。但在这个相关性之中，人的独特性在于，人自身就包含开端的属性，与天地一样构成万物的本原，"人也是使水、火、草、植物和动物产生的同一过程的组成部分。然而，作为一种起源的属性，人是独一无二的；它不能被化约成它的组成部分。……我们不能通过将这种起源性的特质化约为衍生力量，虽然正是起源性力量使其成为可能。"并且，"'存有的连续性'并不意味着一个线性的过程，而是一个加速协调、合

---

① 杜维明：《儒学、儒教与文明对话》，《文明对话中的儒家：21 世纪访谈》，北京大学出版社 2016 年版，第 174 页。

作和复杂化的过程"①。通过存有连续性所抵达的贯通,为利维坦对人的非中介征用提供了缓冲地带,也为人之自我充实,将利维坦重新纳入整个生活世界提供了可能性。更重要的是,它在支离破碎的世俗化时代提供了一种并不需要借助超验性的绝对性而重建世界的统一性的可能性。这种统一的图景其实是以下四个侧面的再连接:其一是个人的问题,也就是人的主体性问题;其二是群体的问题,就是能从家庭到国家所开展的各种公众领域,从自我到他人,从家庭到族群,从国家到天下⋯⋯"在这动态辩证的关系里,要有一个强烈的认同,要修身齐家,使得在人类复杂的关系里,有尽量协调、发展、开拓的机制。这个开拓出来的各个不同的社会领域,事实上也就是哈贝马斯所处理的人和社会的问题"②;其三是自然的问题,实现人与自然万物的沟通;其四是天道的问题,指向人与天道的纵向贯通③。

但存有的贯通本身并不是在这个世界之上以思想的形式建构另一种世界,如布克哈特、沃格林等所要求的那样重新返回到经验与超验的二元张力结构。杜维明所倚重的是儒家传统,在那里,"本末、显隐、前后、上下、始终、分全和内外等概念是用来表示相互影响、相互改变、相互依赖和一体同感的。在这样的眼光下,天人之间是相互蕴涵的。地球不是'外在的'物质实体,而是我们之为我们的根本。地球不仅仅是我们的居住地,更是我们的家园;不仅仅是'客体的集合',更是'主体的共同体',通过'气'与我们的本性连系在一起。因为我们与天地是一体的,所以人类为了精神的自我实现,就应该不仅成为自然的保护者,还要以审美的、伦理的和宗教的态度,成为协同自然的能动创造者"④。这其实是将人视为宇宙的本原,人与

---

① 杜维明:《精神人文主义:己、群、地、天》,第二十四届世界哲学大会王阳明讲座,2018 年 8 月 18 日,北京,第 41 页。

② 杜维明:《儒家人文精神与宗教研究》,《文化中国:扎根本土的全球思维》,北京大学出版社 2016 年版,第 183 页。

③ 参见杜维明:《儒家人文精神与宗教研究》,《文化中国:扎根本土的全球思维》,北京大学出版社 2016 年版,第 182 页。

④ 杜维明:《否极泰来:新轴心时代的儒家资源》,北京大学出版社 2016 年版,第 18 页。

天地一样构成万物的不同然而又互补的共同本原：天生、地养、人成，三者不仅有明确的分工，而且有功能上的互补性，正是这种构思，使得完整的世界并不突出任何一极，而是在三极的协调中各成其能。"自然的和谐关系有赖于人的培育。通过这种培育，他们实现了天、地、人三才同德，因此成为完全的宇宙存在。互动的意识和三才同德的意识根本不同于人类征服自然的欲望，也不是把人的意志强加于天。"①

世界在启蒙心态中蜕变为意义的荒原，然而这只是一个幻像，它并不体现世界的本质，而只是传达现代人的病理。当人突破狭隘的现代主义，走向古今之连接所构成的大视域时，就会发现，"世界尚未失去意义：'它惊艳、美丽、可怕、迷人、危险、性感、真实'"。即便是对一个有着物理学训练和一般科学训练的人来说，世界的魅力也无法消除。霍夫斯塔特说："我看到最坚固、最熟悉的物体或经验在趋近无限小时逐渐消散，最终成为奇特的非实体以太，成为无数瞬间生灭、有着几乎无法理解的数学活动的旋涡，此时会产生深深的敬畏感。这在我心中引起无尽的敬畏。对我而言，简化论不是'通过揭示消除'神秘，而是增加了神秘感"②。对杜维明而言，重要的并不是西方思想所理解的神秘或魅力，而是身体、世界乃至地球本身的神圣性。对精神人文主义来说，"地球的神圣性是理所当然的。它赞同存有的连续性。言下之意，它并不相信彻底的超越，比如鲁道夫·奥托所提出的'全然的他者'。我想借用一句赫伯特·芬格莱特的名言'即凡而圣'。换句话说，生活世界在本质上是有意义的。生命的终极意义是可以实现的，也是应该实现的。对一个精神人文主义来说，我们植根于地和群，尤其是家庭。我们的肉身是我们思想、灵魂和精神的合宜家园。凭借着地、群和肉身，我们学会了做一个完整的人。我们的精神转化并不是偏离我们所处的位置，而是通往我们内在存有的旅程。矛盾的是，我们存有的最深处，我们自我知识的来源，正是根植于我们存在中的宏观现实。当然，地、群和肉

---

① 杜维明：《否极泰来：新轴心时代的儒家资源》，北京大学出版社 2016 年版，第 28 页。

② ［加］查尔斯·泰勒：《祛魅—返魅》，载［英］乔治·莱文：《世俗主义之乐：我们当下如何生活》，赵元译，译林出版社 2019 年版，第 73 页。

身约束着我们。他们把我们塑造成具体的形式。我们不可避免地是世俗的、社会的和肉身的。"① 但这并不因而意味着肉身在意义上是匮乏的和贫瘠的,相反,它是丰富的和充实的。

但这同样也不意味着这种世俗的、社会的、肉身的本身就是现成的、业已完成的,相反它是需要进一步被发现的、需要进一步被证成的,因而,它仍然是对于主体性开放的,所谓的"践形"就是更高维度上对肉身的发现与肯定,它是主体性的创造能力的体现。"使大地、身体、家庭和社群转而进入天德流行,就是创造生命力甚至创造本身",而"承认大地、身体、家庭和社群的神圣性是转化的第一步,通过改变观念,外部世界就从'客体的集合体'转化为'主体的共同体'了"②。因而,世界的神圣性的发现必须在主体的自我转化与提升中展开,这就要求主体的自我上升运动,这就是修身所能达到的效能。杜维明强调:"修身是整体观的人文主义成为可能的关键。它引进了一个自我超越的不断过程,永远关注着大地、身体、家庭和社群,并以此为立足之地。通过修身,人心'像同心圆一样一圈一圈地向外扩展,从自身出发到家庭,到身居其中的社群,再到国家,最后直到全人类'。"③

存有的连续性中最重要的维度是天人之际的问题,邵雍在《皇极经世·观物外篇》中写道:"学不际天人,不足以谓之学。"这是一个典型的中国思想的取向,它涉及的是性与天道的贯通问题,对于启蒙心态通过去宗教与去自然所显现出来的人类中心主义,这一贯通具有防御与治疗的意义。"我们关于天之创造力讨论的方式基于'天人的'(anthropocosmic)视角。一方面,认识到天作为人类概念化、解释、想象的一个结果,不可避免地是人类学的。另一方面,作为产生各种存在形态的原动力,天不可能只局限在关于宇宙的人类中心的图景里","'天人合一'的观念传达了表现在宇宙

---

① 杜维明:《精神人文主义:己、群、地、天》,第二十四届世界哲学大会王阳明讲座,2018 年 8 月 18 日,北京,第 53 页。
② 杜维明:《否极泰来:新轴心时代的儒家资源》,北京大学出版社 2016 年版,第 23 页。
③ 杜维明:《否极泰来:新轴心时代的儒家资源》,北京大学出版社 2016 年版,第 25 页。

学过程中的天和体现在天的生生转变中的人类创造力之间的相互影响"①。
这种视域导致了对人的富有中国思想特质的定位,即"人不仅仅是创造物,
而且就是宇宙过程的协同创造者(co-creator)。他们积极地参与到'大化'
(大的转变)中来。一旦我们理解了天是一种创造力的象征,是一种我们自
己创造想象的内在部分的时候,我们就必须为这个'天人的'相互影响负责
任。用《周易》里的话说,宇宙从来不是一个静态结构,而是一个动态过程。
在其不断的开展中产生新的现实,通过创造性地将充满矛盾的既存秩序转
变成不断创新的适宜过程。人类用入世进取、自我修养或某一灵修形式来
仿效天之创造力。天之创造力实现在人类中,同样也实现在其自身之中,
它是开放的、动态的、转化的、无休止的。对人类而言,它同样是内在的"②。
当人作为协同创造者的角色出现时,同时也被赋予了理解天作为创造力本
身的智力和智慧,这可以视为对基督教传统中人作为受造者被动服从一个
绝对不可理喻的力量或根本不同神圣的修正。杜维明主张:"从协同创造
者的观点出发,我们可以推断出天人相互关联性更为深远的意义。无论作
为个人,还是作为群体,人类都有责任通过自身修养去实现我们用来欣赏
天之足智多谋的审美能力,以及可以积极地继续天的伟大工作的道德力量。
中国古人所说的'天生人成'准确地表达了这种'天人'观的精神。"③ 天生
人成勾画了天人之际的根本方式,即天人各自的职分,天生而不成,人成而
不生。这样一来,生与成都被视为创造性("作")的表达方式。当然,儒家
天人观也可以视为"作"与"述"的统一,当人以继承天道的方式,遵循人道
的原则而运作时,在更大范围内,这其实是一种对天道的"述",但这种"述"
本身又必须作为"作"来理解,因为人文化成的符号化过程,带来了天道本
身所没有的人文事物,譬如国家的缔造、礼法的建构、科学艺术等等,这些

---

① 杜维明:《儒家视域之创造力》,《否极泰来:新轴心时代的儒家资源》,北京大学出
版社 2016 年版, 第 253 页。

② 杜维明:《儒家视域之创造力》,《否极泰来:新轴心时代的儒家资源》,北京大学出
版社 2016 年版, 第 254 页。

③ 杜维明:《儒家视域之创造力》,《否极泰来:新轴心时代的儒家资源》,北京大学出
版社 2016 年版, 第 254 页。

都是人道的发明，但又是对天道的继述和推进。事实上，杜维明不仅正确看到，"人类有能力欣赏自然，有能力培养出一个作为天之创造力的人类对应物的、基于信用的社会，被认为是这个天人相关的一个例证"①，而且，他还深刻地指出："儒家选择承受'人类象征性的行为'的意义，文学、历史、哲学、艺术等积累的传统的保存，经济、政治、社会、文化机构的精心的组建，作为将天之创造力体现在人类意识上或无意识上的尝试"，"对任何人类的创造都采取积极的观点，特别是那些与天的生生功能相和谐的创造"②。于此，杜维明关于存有连续性的思想，不再仅仅是充满形而上意味的，而同时是具有历史纵深感与文明厚度意识的。

　　杜维明勾勒的存有的连续性图景，要求着主体的自我转化与自我上升，这典型地体现了精神哲学的进路。问题是这种存有的贯通之达成必须作为主体自我修身的成就，还是对深处体制性压力中的个人而言必须通过体制性动员方能达成？查尔斯·泰勒曾经区分了两种理想类型：一者 AR 即旧体制（ancient regime），一者是 M，即动员时代（Age of Mobilization）。前者基于前现代观念的秩序，此秩序又根源于宇宙和更高时间，而 M 形式与现代道德秩序观念相关，是基于互利原则的平等者共存的方式；AR 形式先于归宿它们的实际人类存在之间，并定义了他们的地位和角色，而 M 形式提供了一个我们被号召去实现的模型，人类能动性在世俗时间中将这种设计付诸实现，在这里，动员体现在，人们不是被责令停在原处以返回先前位置，而是被诱导、被强迫或被组织起来，去接受他们在新结构中的角色，他们必须被征召，参与新结构的创造；AR 形式是有机的，社会被表达成构成性的社会等级，一个人通过归属于这些构成性部分或环节而归属于整个社会，而 M 社会则是直接进入的，个人直接成为公民，无关乎这些不同的群体，可以凭借个人意志决定是否参与这些群体；AR 形式的世界一般是迷魅

① 杜维明：《儒家视域之创造力》，《否极泰来：新轴心时代的儒家资源》，北京大学出版社 2016 年版，第 255 页。
② 杜维明：《儒家视域之创造力》，《否极泰来：新轴心时代的儒家资源》，北京大学出版社 2016 年版，第 255 页。

世界，而迈向 M 的世界则包含着越来越严重的祛魅。① 相对之下，杜维明所要求的并不是 M 的世界，这个世界只有横向的人与人的关系，他更要求人与万物的横向关系、与天道的纵向关系，但杜也拒绝重返充满迷魅的有机世界，他更多的是一种生态的关注对现代性的进程进行必要的校正，"促进天人之间和谐而可持续的交通关系是向着它自身的基地回归，而不是离开它的源头"②。

总之，精神性人文主义的四个方位（个人、社群、自然和天道）通过三个基本坐标（个人及社群的健康互动、人类与自然的持久和谐、人以及天道的合一合德）而得以综合。而使得这三个坐标、四个方位构成一个整体的理念乃是"仁"。③ 人在其存在中的贯通存有之连续性的生命实践，代表了儒家传统的人文精神，它"不仅是一个横向的扩展，同时也是深化的过程"。这个过程也正是人的人格性的生成历程："从人的身体到心知、到灵觉、到神明，是逐渐深化、逐渐扩展的整合过程。"④

三、精神性人文主义视域中的"体知"

存在之连续性不是作为一种被给定的事实，而是作为主体性的实践与获得性成就来实施，这个实践必须从主体的自我转化开始。而"体知"被视为这样自我转化的形式，一种包蕴着主体自我意识与自我的存在上升意味的"知"的运作机制。杜维明强调："体知就是体验之知，是体之于身的一

---

① 参见［加］查尔斯·泰勒：《世俗时代》，张容南等译，上海三联书店 2016 年版，第522—523 页。
② 杜维明：《否极泰来：新轴心时代的儒家资源》，北京大学出版社 2016 年版，第 26 页。
③ 参见杜维明：《儒家人文精神与宗教研究》，《文化中国：扎根本土的全球思维》，北京大学出版社 2016 年版，第 188 页。还可参见杜维明：《全球化与本土化冲击下的儒家人文精神》，《文化中国：扎根本土的全球思维》，北京大学出版社 2016 年版，第 246 页。
④ 杜维明：《儒家传统的启蒙精神》，《文化中国：扎根本土的全球思维》，北京大学出版社 2016 年版，第 151 页。

种了解"①,当存在之连续性通过身体而体现在主体的存在中时,主体自身也必然造成某种转变,这是存在连续性被证成过程中,主体也必将受用这种证成,无论是受用还是转变首先指向身体的转化:"身体其实是一个创造出来的价值,而不是与生俱来的,因为从出生到爬、到走、到学会说话、到能够用我们的手,我们的脚,都要通过复杂的自知自证,慢慢才能够和我们的身体融而为一。但是,我们有心知,有灵觉,还有神明。从身体,即体之于身的身体,从心灵的理解,从灵性的开发和神灵沟通这些价值,都可以和身体配合起来。"② 身体并非现成存在,也并非有着既成的边界,而是随着身体的功能的展开,不断展开自身的实在;身体并不能仅仅被定位为生物—物理的存在物,而是显现人自身存在的一种区域,在这个区域里,身体的存在即是身体的功能,身体的功能指向对人之存在的敞开。

但这样一来,"身体并不是一具由父母一次给定的血肉之躯,而是一个需要自身不断修养的达成(attainment)。作为一个达成,就不仅是社会性的结构,而且是持续的意识努力的结果。事实上,身体的个体性尽管经验上可见,公众意义上可问责,但在深层次却是个人的。如艾略特·杜里奇(Eliot Deutsch)所想:我们并不拥有我们的身体,我们成为了我们的身体"③。强调身体的不断达成,强调身体的"成为"、"造就",为的是拒绝身体的现成性,但这并不意味着将身体完全视为人的作品,它的运作完全遵循"人的机制"④,它仅仅可被理解为主体的成就。身体还有出于天而不系于人的向度,它不仅由主体的实践主动构成,同时还有被动给予的维度,这两个维度同样重要,缺一不可。身体还是一个自组织的宇宙,它遵循天

① 杜维明:《全球化与本土化冲击下的儒家人文精神》,《文化中国:扎根本土的全球思维》,北京大学出版社 2016 年版,第 249 页。
② 杜维明:《全球化与本土化冲击下的儒家人文精神》,《文化中国:扎根本土的全球思维》,北京大学出版社 2016 年版,第 249 页。
③ 杜维明:《儒家视域之创造力》,《否极泰来:新轴心时代的儒家资源》,北京大学出版社 2016 年版,第 261 页。
④ 关于人的机制与天的机制,参见陈赟:《庄子哲学的精神》,上海人民出版社 2016 年版。

的机制而运作。"对于儒家而言,人能够理性地、有责任地行动的一个本质原因就在于他们相信自己的微观宇宙里存在着微妙的平衡。通过模仿天人的宏观宇宙,他们尽力使他们的自组织系统保持稳定、有弹性和平衡,以适应新的挑战。"[1] 在身体的感性层面与生物性层面,"天的机制"的运作正是其维持平衡的关键。这意味着,身体作为自组织存在,它的运作方式很大程度上超出了主体的意识、测知与控制,它不仅不是主体的意欲、需求的构造物,相反,它难以为主体的意欲、需求所穿透。我可以向我的手足表达我的意志的要求,使之动,但却难以自觉地指令我的五脏六腑使其按照我的意欲而运动,身体的运化是超出这些的。更何况,身体并不仅仅包含着生物性的维度,心知、灵觉、神明等都是广义身体的内在构成部分,作为身体的机能,它们离开身体不再成就其官能,其官能只有在作为身体的内在部分时才可正常发用。对于杜维明而言,当孟子说"形色,天性也;惟圣人,然后可以践形"时,这意味着"身体不仅是生物物理的,而且是社会的和文化的"[2]。至少身体是可以承载"斯文"的,道之不在天下,犹可在于一身,这意味着以身载道的可能性。

体知作为"以身体之"的体验,它"有自己独立自主的能动性。它不同于普通的感受,它不仅仅是被动的回应,也是主动的探索。然而,它并不仅仅在经验层面发挥作用。它的关联性是包容一切的。它通过接触和连接来形成关系。从更深的意义上来说,它是通过参与和转化来联系的。这的确是一种认知功能,但也是一种情感。事实上,我们所有的身体感觉(视觉、听觉、嗅觉、味觉和触觉)都是兼具认知和情感的"[3]。体知作为认知形式,它不是那种撇开情、意的纯粹认知,而是知、情、意的统一体。不仅如此,它是一种自反性的知识,无论它的对象延伸到哪里,它总是自我指涉的,它

---

① 杜维明:《儒家视域之创造力》,《否极泰来:新轴心时代的儒家资源》,北京大学出版社 2016 年版,第 264 页。

② 杜维明:《儒家视域之创造力》,《否极泰来:新轴心时代的儒家资源》,北京大学出版社 2016 年版,第 261 页。

③ 杜维明:《精神人文主义:己、群、地、天》,第二十四届世界哲学大会王阳明讲座,2018 年 8 月 18 日,北京,第 48 页。

传递着主体自身的处境与状况，所有对对象的知识都同时被转化为自我理解。换言之，体知具有一种能力，它将自我与事物关联在一起，在对更大更深的存有连续性的揭示上，体知的自我回返的能力得到了强化，越是回归自我，就越是更深地融入世界。

在人文科学的知识也都被社会科学化，而社会科学的知识又被自然科学化了的时代，杜维明强调的"体知"所具有的"实学"特征。作于1983年的《"实学"的含义》已经在纠正对实学的流俗理解，即将宋明儒学身心性命之学视为实学的对立物，由此实学被狭隘地理解为重视客观、专门注意实际民生的有用之学。杜维明强调："以宋明儒学的发展为线索，实学至少反映三层意义：一、对照泛论形上课题而言，实学表示扣紧客观世界的具体分析；二、对照骋思空无哲理而言，实学表示深入人伦社会的存在感受；三、对照追朴利禄虚文而言，实学表示固执（借《中庸》'择善而固执'语）、反身自得的人生真趣。如果引用阳明的教言，也许实学的现实意义正在诱导我们步向较广和较深的自我认知：让我们的视野更开阔，人那边给我们的慧解更潜沉。"① 如果一言以蔽之，体知作为实学，充分展现了《道德经》所谓的"修之于身，其德乃真"的洞见。唯有知识化为主体自身的存在，进入主体的变化气质的过程，主体才能真正受用这种知识。杜维明强调："宋明儒学讲圣人之学不是空谈哲理，而是要有受用。换句话说，也就是要如同身受。身教，相对言教，代表儒门身体力行高于文字记诵的教育思想。'身体'在这里有'以身体之'的意味，因此作为动词的'体'字，在儒家，特别是宋明时代的儒家，便保函许多哲理。"② 当然，强调主体性的受用，并不是否定体知的客观意义："应当说明的是：儒家的体验之学虽然正视自家受用的内在知识，强调变化气质的修养工夫，但却不轻视外在客观的人伦的世界、自然秩序乃至宇宙生

---

① 杜维明：《"实学"的含义》，《现龙在田：在康桥耕耘儒学论述的抉择（1983—1985）》，北京大学出版社2013年版，第71—72页。

② 杜维明：《从身、心、灵、神四层次看儒家的人学》，《灵根再植：八十年代儒学反思》，北京大学出版社2016年版，第103页。

化的浩浩大道。"①

　　杜维明在对陆九渊的研究中，多次强调了体知的意义。他引用陆九渊"每理会一事时，血脉骨髓都在自家手中"②；他慨叹包恢所撰的《三陆先生祠堂记》短短一百多言中一口气用了 9 个"实"，"盖学之正而非他，以其实而非虚也。故先生尝曰：'宇宙间自有实理。此理苟明，则自有实行，有实事。实行之人，所谓不言而信。'又自谓：'平生学问惟有一实，一实则万虚皆碎。'呜呼！彼世之以虚识见，虚议论，习成风化，而未尝一反己就实，以课日进日新之功者，观此亦尝有所警而悟其非乎？"③ 其实，在陆九渊的时代，学者已经分为两途："一途朴实，一途议伦。"④ 学术职业化、学院化的现时代，人文学术尤为如此，朴实渐失而议论不断被强化，专业化取向催化了理论意识，儒家人文的研究落在思辨、考辨上，身心之学下降为口耳之学。在这种情境下，杜维明重提陆九渊的如下言述，便具有深刻的意义："学问不实，与朋友切磋不能中的，每发一论，无非泛说，内无益于己，外无益于人，此皆己之不实，不知要领所在。"⑤

　　由此，杜维明对体知的强调，表达了一种转识成智、体道凝德的要求。通过体知，认识与理解本身才能进入人格的自我超升与发展的通道。但相对于基督教的神灵传统与西方的诺斯替传统所追求的摆脱身体而导致的出窍入神，体知概念强调的并不是脱离身体而对灵魂的成就："如果不要过分执着于四层次的提法，'善信'可以说是'身心'的第二度超升；'美大'是'心灵'的第三度超升；而'圣神'则是'灵神'的第四度超升。可是我们必

① 杜维明：《从身、心、灵、神四层次看儒家的人学》，《灵根再植：八十年代儒学反思》，北京大学出版社 2016 年版，第 104 页。
② 杜维明：《论陆象山的实学》，《灵根再植：八十年代儒学反思》，北京大学出版社 2016 年版，第 128 页。
③ 《陆九渊集》附录《年谱》，中华书局 1980 年版，第 529 页；杜维明：《论陆象山的实学》，《灵根再植：八十年代儒学反思》，北京大学出版社 2016 年版，第 129 页。
④ 《陆九渊集》附录《年谱》，中华书局 1980 年版，第 489 页。杜维明：《灵根再植：八十年代儒学反思》，北京大学出版社 2016 年版，第 130 页。
⑤ 《陆九渊集》，中华书局 1980 年版，第 477—488 页。杜维明：《灵根再植：八十年代儒学反思》，北京大学出版社 2016 年版，第 131 页。

须牢记,儒家的自我超升绝不是离身心以成就灵神的模式,相反地,只有在身上真切下功夫才可知心,才可觉灵,才可明神。孟子说只有圣人才能'践形',确有深意。"①

　　体知走向的自我理解与自我成就,并不追求逻各斯中心主义的透明性。西方启蒙思想所带来的理性主义思路认为,人类凭借知性和理性,可以洞明、驱散一切黑暗,然而,杜维明认为相对于理性的启蒙式自负,"另一种思路比较符合事实:我们越知道得多,我们越知道自己应该知道而不知道的更多;我们理智的光芒越向前推,黑暗之幕可能越来越大"②。正因为黑暗之幕的存在,所以体知者总是生活在敬畏的基本情调中,只要保持这种情调,世界便仍然具有某种迷魅本性。在迷魅的世界里,宗教的性质决定了宗教的实践不仅仅是,或主要不是个人实践,而应是整个社会的实践。与此相应,在旧制度中,教会的成员资格与成为国家,尤其是地方共同体的一分子紧密相关;这种关联的巩固,一方面由于官方正统仪式与祈祷共存,另一方面则与防卫、运气和抵挡邪恶相关的礼仪形式。③ 但精神性人文主义不可能要求与旧体制相应的方式,它必须强调主体的自觉性与能动性。但对主体的能动性与自觉性的强调,需要超越启蒙心态特有的浮士德式自负,人必须作为宇宙的成员在存有之连续性中展开他的自我理解。④ 杜维明主

---

① 杜维明:《从身、心、灵、神四层次看儒家的人学》,《灵根再植:八十年代儒学反思》,北京大学出版社 2016 年版,第 109—110 页。

② 杜维明:《哲学的精神转向》,《否极泰来:新轴心时代的儒家资源》,北京大学出版社 2016 年版,第 276 页。

③ 参见 [加] 查尔斯·泰勒:《世俗时代》,张容南等译,上海三联书店 2016 年版,第 500 页。

④ 尚待考察的是,精神性人文主义是否思及它之所以可能的社会政治条件,精神性人文主义是否适应一切政治社会的生活形式,还是满足于以自我体知的方式对存在真理予以主体化的呈现?然而现代个体所面临的问题,主要是来自系统化的建制化压力,这种系统化的体制压力已经是全球性的问题,这种压力使得成人与修身的问题,在当代社会政治条件下,会招致与那种"学为圣人"的理论同样的命运,后者只能生存在少数群体的论说之中,即便这少数群体也不能构成这一论说的践履主体。如何回应体制性压力,这也是精神性人文主义所要面对的课题。

张："荀子讲人的发展，万物皆有气，到植物才有生命，到动物才有知觉，但只有人才有义，我们通过演化，从气到生，到知、到义，所以我们是扎根在整个宇宙大化这种。而这种演化，也看到人的 99.99% 就是动物、植物、微生物，但它有 0.01% 是人之所以为人的本质特征，也就是四端。而四端中的恻隐之心让我们与其他人、动物、植物、山河大地都连贯而成一个伟大的有机体。"[1] 通过存在连续性而重新抵达的宇宙有机体，在某种意义上可以视为主体的大身体。践形的实践作为体知的最高成就，意味着我们的认识主体与对象的同一，认识本身作为对伟大宇宙有机体的认识，而又被以自我回返的方式体现在伟大的宇宙有机体中，因而体知就成为宇宙有机体自身的"眼"、"耳"、"鼻"、"口"、"身"、"意"各个各有所明的独立部分彼此贯通的方式，这种贯通将启蒙以来塑造的知识主体重新带回到智慧的地基。

　　总而言之，正如杜维明先生所论述的那样，精神性人文主义，是"把天、地、人结合在一起的人文精神，是一种既有广度又有深度的人文精神"，在其中，"主体性、客体性和绝对精神可以十字打开"[2]，"精神人文主义是对人性的信仰，学以成人的任务是'天地万物合一'，因为内在与超越是内在统一的"[3]。

　　　　　　　（作者单位：华东师范大学哲学系暨中国现代思想文化研究所）

[1] 杜维明：《"仁"的反思》，《否极泰来：新轴心时代的儒家资源》，北京大学出版社 2016 年版，第 312—313 页。

[2] 杜维明：《儒家传统的启蒙精神》《文化中国：扎根本土的全球思维》，北京大学出版社 2016 年版，第 151—152 页。

[3] 杜维明：《精神人文主义：己、群、地、天》，第二十四届世界哲学大会王阳明讲座，2018 年 8 月 18 日，北京，第 54 页。

论精神人文主义视角下的道家信仰*

陈　霞

精神人文主义提出的背景是对启蒙运动的反思。杜维明先生说:"人文主义有多种,但落实到内在的人本身并不多,所以我们提出精神性的人文主义,希望扬弃外在人文主义、凡俗人文主义的不足之处,重视、发掘内在主体的重要作用。当然,外在人文主义、凡俗人文主义在各自的领域都有其积极意义,但是不要跨越所应有的限度,对其他事物比如内在的精神性有逾越地宰制。我们相信,精神性人文主义,可以与其他多元价值一起,共同作为人文学的基本立场,相互协调,促进人类的未来发展……首先,精神性不仅仅是内在心灵,还可以是外在超越的宗教信仰,后者也可以泛称为精神性人文主义(或者说信仰性人文主义)……其次,精神性人文主义希望在充分认知自我的基础上,很好地处理外物。"① 精神人文主义注重精神性,从而避免世俗人文主义因祛魅而缺失的对灵性的关照;又是人文的,从而不再重蹈中世纪宗教对其他领域的宰制。在这个视角下,道家之"道"具有典型的精神人文主义的特色,精神人文主义在道家中的资源非常丰富。

---

* 本文部分内容发表于《哲学研究》2017 年第 9 期,标题为《论道家之"道"的信仰特色》。
① 杜维明:《建构精神性人文主义——从克己复礼为仁的现代解读出发》,《探索与争鸣》2014 年第 2 期。

一、最高信仰之"道"

在老子之前,中国经历了很长时间以"巫"为特征的历史时期。"国之大事,在祀与戎",人们频繁地举行各种祭祀活动。张光直(1931—2001)将中国青铜时代(夏、商、周三代)人神交往的祭祀活动概括为"萨满式"或巫术性宗教。[①]后来在中国宗教史上发生了"绝地天通"事件。《尚书·周书·吕刑》记载:"乃命重、黎,绝地天通,罔有降格。"阻隔地天之间的交通是希望人神不扰、各得其序、无相侵渎。这意味着人神的沟通开始受到限制、禁止。在绝地天通这一重大举措之后,地和天不能再任由任何人随意沟通,曾经密切交往的天上的神与地上的人开始各不相干。到了周朝,周公"制礼作乐",出现"周人事鬼敬神而远之"(《周礼·表记》)的时代风气变革,人们的视线从天上转向人间,"巫"开始向"史"转变,世俗性、人文性的"德"、"礼"、"法"被突出出来,并催生出诸子哲学,中国历史进入雅斯贝斯(Karl Jaspers)所谓的"轴心时期"。[②]这个转变对中国人的信仰生活产生了深远的影响。

同样地,老子也超越了他那个时代的自然崇拜、原始宗教、巫术和天命思想。他在曾经的最高概念"天"、"帝"之外提出了更高的概念——"道"和"自然"。如"天法道","天"需要效法"道";如"吾不知谁之子,象帝之先"(《老子》第4章)。在曾经的最高神"帝"之先前还有"道";如"以道莅天下,其鬼不神"(《老子》第60章)。"道"居然能使神妙莫测的"鬼"发挥不了神力。《经法·名理》说:"道者,神明之原也。""道"居然还是"神明"的根源。这些都显示出"道"是高于"天"、"帝"、"神"、"鬼"的存在。对"道"进行这样的追问有着与"巫术"宗教不同的理性

---

① 参见张光直:《中国青铜时代》,生活·读书·新知三联书店1999年版,第482—483页。

② 参见郑开:《德礼之间:前诸子时期的思想史》,生活·读书·新知三联书店2009年版,第11页。

思维的特点。即便如此，我们还是能够发现道论中蕴涵着深刻的信仰内涵。① 道家依然持有信仰，但这已经不是旨在操纵自然的巫术性崇拜和祈求神恩的仪式性祭祀，而是理性地信仰那不可洞悉的宇宙之神秘，并以此充实个人的生命、规范行为、引领社会、纯化和提升对超验事物的信仰。"道"的提出批判和否定了殷周以来的天命神学，指出"道"才是最高的信仰。老子之"道"消解了主宰一切的、遥不可及的"帝"，剔除了"天"的人格神意味，强调"道"的自然性。"道"作为最高的信仰，却并不体现造物主的强制，也不强行干预人间秩序。不仅仅止于此，它还反而会随顺着万物之自然，辅助万物成为万物自身。

对"先天地生"、"自本自根"、"自古以固存"的超越了人类经验的终极根源之"道"的认识，有两种途径：一是通过理性推导其必有，二是通过信仰体悟其实有。

《字汇》解释"信"为"不疑也"，《广雅》说："信，敬也。"信仰就是对某种东西的不怀疑和虔敬。《简明不列颠百科全书》界定信仰为，"在无充分的理智认识足以保证一个命题为真实的情况下，就对它予以接受或同意的一种心理状态"。可见，中西对"信仰"的定义有相同之处，这就是在不能确定地认识一个对象的情况下，产生的无条件的信仰，它伴随有思想上的赞同、态度上的接受、意志上的响应。当老子说"有物混成，先天地生"，在天地之先"道"就在那里，且"独立而不改、周行而不殆"之时；当庄子说它"自古以固存"，即它自古及今就一直在那里之时；当《管子》说"道也者，动不见其形，施不见其德，万物皆以得，然莫知其极（《管子·心术上》）之时，就带有信仰的意味。"道"的这种超验性是我们作为有限者无法经验到的，

---

① 也许与"道"兼具理性和信仰的维度有关，在老子之后几百年，《老子》一书成为了一个制度化宗教的理论基础，变成了道教产生的理论先导，老子也被奉为教主。一位哲学家被直接转为教主，太上老君直接成了"道"的化身，道教以这种方式来道成肉身，这在世界宗教中也极为罕见。在西方，即使柏拉图主义被宗教界人士所推崇，用以去证明其神学思想，但也没有把柏拉图直接变为教主。饶有兴味的是，"道"在宗教信仰中比在哲学思辨中得到了更充分的发展，对民族的精神生活产生了深远的影响。

是"不可致诘"(《老子》第14章)的,我们不能将之作为依靠理性去认识和证明的知识对象,但我们却如此笃信其永恒存在,这就是一种信仰。康德曾经对上帝存在的本体论证明、宇宙论证明、设计论证明都一一进行了批驳,认为用实证的办法、用求知的方式去认识超验事物是理性的狂妄。宗教的问题应由宗教来解决,那就是信仰。不能确知,依然相信,信仰是需要智慧和勇气的。

《老子》的其他表述也蕴涵对"道"的信仰意涵。典型的如老子说"道"是"玄之又玄"①。老子用表示幽远、深藏、隐秘、神秘、黑暗的"玄"字描述"道"。"玄"所包含的这些意义都指向某种神妙莫测、高深玄远的存在。这表明"道"具有相当的神秘性。又如,老子说:"道者,万物之奥。"②(《老子》第62章)"奥"字如"玄"字一样也深含宗教意义。说"道"是"万物之奥",即是说"道"在尊处,居祭祀之所,能荫庇万物,具有超验性和神圣性,是万物祈求、信仰的对象。

老子还具体描述了敬畏这个对象的状态。他说:"古之善为道者,微妙玄通,深不可识。夫唯不可识,故强为之容:豫兮若冬涉川;犹兮若畏四邻;俨兮其若客"。(《老子》第15章)在这个存在面前,人们是如此谦卑顶礼、虔诚悚惕、充满敬畏。老子接着说:"古之所以贵此道者何?不曰求以得,有罪以免耶?故为天下贵。"人们之所以把"道"当作尊贵的对象,是因为我们向它祈求便能遂愿,甚至罪得赦免。

庄子也提到过因为"得道",事物都成就了各自的目标。他说:

> 夫道有情有信,无为无形;可传而不可受,可得而不可见;自本自根,未有天地,自古以固存;神鬼神帝,生天生地;在太极之先而不为

---

① "玄"字在语义学上有如下含义。王弼注解说:"玄者,冥也,默然无有也。"《说文》说:"冥,幽也。""玄,幽远也。"《广雅》说:"冥,暗也。"

② 王弼注解该字道:"奥,犹暖也,可得庇阴之辞。"即是说"道"能够庇护万物。"奥"在《说文》中解释为:"宛也。室之西南隅。"段玉裁对此注解说:"室之西南隅,宛然深藏,室之尊处也。"《礼记·曲礼》曾提道:"为人子者,居不主奥。"《仪礼·士丧礼》也说到祭祀"设于奥"。

高,在六极之下而不为深,先天地生而不为久,长于上古而不为老。狶
韦氏得之,以挈天地;伏戏氏得之,以袭气母;维斗得之,终古不忒;日
月得之,终古不息;勘坏得之,以袭昆仑;冯夷得之,以游大川;肩吾得
之,以处大山;黄帝得之,以登云天;颛顼得之,以处玄宫;禺强得之,
立乎北极;西王母得之,坐乎少广,莫知其始,莫知其终;彭祖得之,上
及有虞,下及五伯;傅说得之,以相武丁,奄有天下,乘东维、骑箕尾而
比于列星。(《庄子·大宗师》)

综上可见,老子对"道"的描述和认定有着深厚的信仰情怀。

在信仰对象上,人类有对自然事物如动物植物、日月星辰、风雨雷电等
的崇拜,崇拜者祈求的多是现实的目的,如五谷丰登、消灾免难、驱祸祈福
等等。人们也有对人的崇拜,这种崇拜多局限在对人的某种生理功能,如
生殖功能的崇拜,以繁衍人口、壮大部族。另外就是神化祖先、首领、英雄、
发明家等本民族的杰出人物,希望他们保佑家族、氏族、宗族、民族的繁荣
昌盛。还有就是世界性宗教的信仰,抛弃了自然神灵和神的民族性,它以
每一个人为教化对象,信仰一个无形、超验而全能的彼岸的绝对者。

对"道"的信仰不是对自然现象的直接崇拜,不是对民族杰出人物的膜
拜,不是信奉彼岸的他者。老子突破了他那个时代的对自然现象、天、帝、
鬼、神的信仰,却没有否认信仰本身,而是转向了对"道"的信仰。对"道"
的虔信表达了一个深刻而简单的思想,即深信存在着一种"终极实在",一
个超越的本原。人的生活空间是有限的,但信仰带来的精神世界是无限的;
人的肉体难以摆脱必然,但信仰可以让人获得自由。因为对"道"的信仰,
我们能在现实中求得普遍,在时间中求得永恒,并能够祈望不断趋近以至
达到无限这个终极目标。

人类通过理性推证本体和通过直观进入信仰的原因是深刻的。宇宙万
物包括人类自身,无时不处于生灭变化之中。在生生不息的宇宙之中,如
何理解人的存在? 生命究竟有没有意义? 人应该以怎样的方式存在? 人的
存在有什么原因和目的? 生命难道就是各种毫无目的的偶然,也没有非得

要去到的地方？人与世界之间有没有稳定的联系？种种疑问带来人存在的不安。一切都有原因，只有当整个世界也有前提、原因时，人的存在才有终极的理由，那根会思考的芦苇，才有一个安顿的去处。所以，对宇宙的最终合理性的期待、个人最终会在这合理性中得到安顿的信赖感是人的意识深处最为执着的一个问题。当这种对宇宙合理性的期待变成自觉的精神诉求时，就成为宗教产生的根源。①

"道"作为道家的终极理念，是无所不覆、自生自化、永恒存在、派生万物的形而上的宇宙本体。"道"如此重要，但它具体是什么，却是我们无法知道的。"得道"甚至也不能用语言来表达。庄子形容这种状态为"形解而不欲动，口钳而不欲言……心困焉而不能知，口辟焉而不能言，故游心于物之初"（《庄子·田子方》）。由于知道其不可知，道家，甚至后来的道教都没有发展出西方那种深究神圣意志结构、揣摩神圣计划、弄清神圣意志的神学。

在康德看来，试图通过理性去认识和把握超验领域是理性的妄想，因为在超验的世界里，因果关系终止了，找不出什么规律来。在感性、知性和理性三者之间，往下落实则走向物理、化学的世界。在这个世界，我们获得的全部是科学规律和不可改变的东西。在物质的世界里，没什么自由可言，我们所遇到的基本上都是必然性，能够为自然发展观、必然性、客观规律性所左右；但是，越是往上，精神越丰富，到了理性，甚至产生了妄想。当然，康德对理性的限制并没有贬低理性的意思，因为在理性能达到的范围内，他坚持要树立理性至上的权威。但在理性之外，可以由信仰去把握。那种认为理性万能的唯理主义、科学主义、彻底的唯物主义，把理性夸大到它本不可及的领域，认为一切存在都可以为理性所认识。这就造成下面的后果，把理性达不到的领域理性化，也即将信仰领域理性化，而事实上又不能实现理性的占有，从而成为迷信。迷信不是非理性领域的信仰，而是对理性领域采用信仰和在非理性领域强作理性化的结果。

---

① 参见唐逸：《荣木谭——思想随笔与文化解读》，商务印书馆 2000 年版，第 187—189 页。

　　道家倒是客观地先确定了"道"不可知，没有强行地给人类的理性它不可完成的任务，赋予"道"确定的名称和内容，而是提出了另外的途径来面对信仰。老子说："为学日益，为道日损"。（《老子》第 48 章）"为道"主要是虔信，是敬畏、体悟和直觉，以"得道"、"合道"、"归真"、"返朴"为终极目标。"为道"面对的是一个超出了经验和因果律的世界，在经验对象中找不到它的对应者，也不能依靠逻辑推理来找出其规律和必然性。所谓超验，就是无法在经验中直接得到其对象，必须借助人的信念、想象、思维等才能"显现"的存在和力量。老子主张"不出户，知天下；不窥牖，见天道"，认为"其出弥远，其知弥少"（《老子》第 47 章）；庄子提出"堕肢体、黜聪明，离形去知"，"坐忘"、"心斋"（《庄子·大宗师》）；等等。这些就是试图用知觉感官之外的超验方式去把握"道"的种种努力。"为道"也不仅仅是出于经验的原因，如对功利得失的计算，而是在内心深处直接感受其召唤，人们自愿追随和向往神圣的境界、超验的力量。因为它，而使自己一往无前、随心而行，生命潜能得到充分的展开，精神得以极大的纯化和提升。这种通过超越世俗，全身心去体悟以接近并参与到终极实在之中的方式主要是一种直观。在直观中，主体和对象处在一种能够应答的经验性关系中，主体直接地、内在地、独自地参与到超验、无限而神秘的实在之中，与之融为一体，并因此而最终获得了自身。

　　所以，对于信徒，有两个世界和两个不同的真理来源。那种通过"日益"获得的"为学"的真理，是独立于信仰之外的知识性真理，是与我们分离的，是我们必须遵循和服从的真理，正如我们必须按自然规律办事一样。但与"为学日益"相提并论的"为道日损"则试图表明，"为道"的信仰也是真理，是信仰的真理，是我们需要参与其间、融于其中的真理。信仰的真理是实践的，不是知识的，其重点不是认识其对象，而是引导认识者拯救和提升他自己。信仰的真理是自我规定的，并将决定我们的处世态度、价值观念、生活目标和人生归宿，是可以为之生、为之死的真理。它可能是现实中不存在，或难以实现，但在信仰中可以建立起来的世界，人们藉此可以安顿个人的生命、规范社会生活，将生命向上提升，将世俗社会建设得更为合理，使我们生活在一个充满神圣意义的世界之中。这个真理与客观的"为学"的真理同样甚至更为重要。

二、信道的特色

道家将"道"作为最高信仰,代替了"天"的地位。由于"道"具有"无"的特点,没有固定的形态,也没有统一的标准,信仰"道"就不是信仰一个固定的、统一的、外在的他者,而是把不确定和变化本身接纳在信仰之中,与之合一而随同变化,其中有让人忘我、感人至深、震撼心灵的美感和神圣感。"道法自然",这个最高的本体没有居高临下地指引人,反而降贵纡尊来顺应人,努力去成就个体的价值。个体价值的维护、个体差异性的实现,需要一个尊重他人、宽容异己的包容性社会,在法律、道德、信仰的共同作用中保持社会的基本秩序,将人安顿在不同的产生归属感的群体中,并将人类凝聚为一个大的、有神圣性的命运共同体。

(一)在诸神隐退、信仰缺失的虚无主义时代,何以有现代人诗意栖居的自由?

这是海德格尔从存在论层面的自由运思走向生存论意义上的自由的终极关切。海德格尔对自由的深层追寻最后指向这样一种自由的态度,即"向着物的泰然任之"和"对于神秘的虚怀敞开"。怀特海的过程哲学、海德格尔的存在主义与西方传统哲学有重大差异,而与道家思想却能相通。

道家接纳了信仰对象的不确定性,并希望顺随其变化。相对于固定的准则和信条,这样的开放性信仰给追随者无疑带来了更大的挑战。它要不断面临无法预见的未知领域、无限开放的宇宙、错综复杂的事件。冒险进入这个领域需要巨大的勇气,充满艰辛和失败,但也带来了创新和奇妙,实现了自由。莱辛(Gotthold Ephraim Lessing)在《再答辩》中说:"人的价值与其在于掌有真理,毋宁在于追求真理中付出的努力与艰辛;因为人的能力不是通过掌有真理,而是通过探求真理而获得。在这追求中,人方能不断地完善自我;而掌有却令人怠惰傲慢。假若上帝右手持着全部真理,而左手持着追求真理的艰辛和失误，命我抉择的话，我便要谦卑地奉取左手之握，称："天父啊，赐我左手，绝对真理永归天父。"[①] 道家的信仰正是如此，即使在信仰的不确定中充满困苦、迷惑、失误，也不愿将之固化为绝对的真理，并以真理的掌握者自居，盛气凌人地宰制万物。由于对自身有限性的认识，"道"的追随者是谦卑的，他们被褐怀玉，能够欣赏万物的差异，理解各自的立场，接纳彼此的不完美，并尽量成全他者。

（二）发现自我

"道"是道家的最高信仰。但"道"作为最高信仰，创生了万物，却没有掌控和决定万物命运的强势作为，反倒是谦逊地顺应万物，让万物成为万物自己。"道法自然"，"自然"即自然而然，它包含了流变过程中各个物的独特性。个人去发展那种独特性就符合了"道"，就是"道"，就是徜徉在信仰的路上。所以对"道"的信仰，一是对宇宙之无尽奥秘的敬畏，这种敬畏本身不带来强制。二是希望与终极实在趋近乃至合一的渴望。这并不是在信仰任何外在的、高高在上的他者，反倒是"道"屈尊自己来随顺万物，尊重世间万物的种种差异，并辅助着各种差异的充分展开。所以，对"道"的信仰没有统一的形态，趋近"道"也没有统一的方式。"道"把权力下放给了人类，它让人成为他自己思想的主人。每个人都可以按照最能使自己心灵获得安顿和幸福的方式"得道"，发现并实现自我。"得道"就是一个充分实现了的"我"的完成。正如费希特在《论人的使命》里提到的：

> 人的最终和最高的目标是人的完全自相一致……在人的概念里包含着这样一个意思：人的最终目标必定是不能达到的，达到最终目标的道路必定是无限的。因此，人的使命并不是要达到这个目标。但是，人能够而且应该日益接近这个目标；因此，无限地接近这个目标，就是他作为人的真正使命……完善就是人不能达到的最高目标；但无限完

---

① 转引自唐逸：《荣木谭——思想随笔与文化解读》，商务印书馆2000年版，第208页。

善是人的使命。①

　　"得道"即是自我的完成，这是没有标准答案的题目，没有固定终点的旅程，却引领着世人提升自己的精神境界，使人生充满美好和神圣。

　　林同济 1980 年在美国的演讲《中国思想的精髓》中说："在发展我们人格的同时，我们是在实现自己的内在本质。在实现自己内在本质的同时，我们也在实现宇宙的本质……你在神的身上发现人，在人的身上也能找到神，二者合二为一。所以，以神的方式行事，你就是在以自己的方式行事。……自己和宇宙是同一个东西。"相比之下，"世界知名的各种宗教用诸如转世或救赎之类的概念来超度灵魂，但时空仍然沉甸甸地压在人的心头。只有道家弟子才能获得那种奇特缥缈的、似乎包容了时空的灵性"②。林同济对道家之向往与宇宙合一、人即是神等思想的理解是深刻的。雅斯贝斯在《老子和龙树——两位亚洲神秘主义者》中对宗教进行了比较，发现老子的情怀中"无佛教轮回之威胁，不求摆脱痛苦之轮；亦无基督的十字架，没有对无法摆脱的原罪的恐惧，不需要神化作凡人赴死以救赎人类的恩典。……中国精神视世界为自然的现象，生动的循环，静中有动的宇宙。……对我们西方人来说，世界不是封闭的，而是与现世无法把握的超自然的东西相关联。世界与我们的精神处于同自身及客体争斗的紧张状态中，它们在斗争中构成历史，具有一次性的历史内涵。老子那里没有对一位发号施令、暴躁好斗的神的暗示"③。在现代，人的终极命运成为形而上学的核心问题。道家的上述超越性特征为解决现代人的形而上学困境提供了思路。

　　"你在神的身上发现人，在人的身上也能找到神，二者合二为一。"马克

---

① ［德］费希特：《论学者的使命、人的使命》，梁志学、沈真译，商务印书馆 2005 年版，第 10 页。

② 林同济：《中国思想的精髓》，《中国心灵——道家的潜在层》，《天地之间：林同济文集》，复旦大学出版社 2004 年版，第 203、187 页。

③ ［德］卜松山：《时代精神的玩偶——对西方接受道家思想的评述》，《哲学研究》1998 年第 7 期。

思在肯定路德的宗教改革时说:"他破除了对权威的信仰,是因为他恢复了信仰的权威,他把僧侣变成了世俗人,是因为他把世俗人变成了僧侣。他把人从外在的宗教笃诚解放出来,是因为他把宗教笃诚变成了人的内在世界。"[①] 马克思还说:"对宗教的批判最后归结为人是人的最高本质这样一个学说,从而也归结为这样的绝对命令:必须推翻使人成为被侮辱、被奴役、被遗弃和被蔑视的东西的一切关系。"[②] 同理,我就是道,道就是我,得道就是发现并实现自我。在对自然的崇拜、对民族或国家等组织形式的崇拜中,"我"是隐形的。顺应自然的道家通过信仰把被忽略的"我"变为显性的"我"。"道"在内心生活中展示自己,从客观回到主观。客观化的"道"就是"我","我"就是"道"。这是非常个人化的信仰,以每个独立个体为最终目的。自己是信徒、是牧师、是僧侣,是自己拯救自己。"我"不需要证明,我的任何情绪、感觉都可以证明"我在"。但"我"并不等同于我在,"我"不同于我的情感、精神,不是我本身,它们只是我的属性。"我"不能用概念、范畴、知识去归纳,不能成为知识,但"我的"可以成为知识。所有的"我的"都附属于我,其实还不是"我"。"我"是一切"我"的前提,但一切"我"的,都是经验性的,与"我"不相同。因此,作为一切"我的"之"我",是先验的、不可知的、是能够知道、想要知道一切的条件。

为了真正发现自我、塑造自我,就需要一个政教分离、信仰自由的社会。以"道"为最高信仰的道家本身就没有强烈的建制化的企图,没有以制度的形式来表达人与神圣意志的沟通,以此来加强对神圣意志的确认和信仰,并形成独立于个人、政权之外的另一种社会组织形式。

在信仰上,现代社会最大的变化就是政教分离。过去能够一统天下之世界观和价值观的宗教,随着信仰的私人化和社会的分化丧失了其意识形态方面的核心地位,个人获得了相对于组织的独立性,出现了"私人领域"。同时,现代国家也不再像传统社会那样需要利用宗教来进行组织,通过神

---

① 《马克思恩格斯选集》第1卷,人民出版社2012年版,第10页。
② 《马克思恩格斯选集》第1卷,人民出版社2012年版,第10页。

道设教把信仰与权力结为一体,并把信仰置于国家权力之中。国家不再把自己看成是科学真理、形而上学真理、道德准则、终极信仰的卫道者。在过去大多数时代里,国家曾经就是这么设定自己的主要功能的。但在当今,政府放弃了拯救公民灵魂的工作,放弃了它千百年来对个人精神领域的掌控,把拯救灵魂的事情交由私人和社会。对于信仰,政府的责任只限定在保护宗教信仰自由,容许每个公民享有相同的选择自己信仰的权利,而不是去宣扬或压制任何宗教,政府在不同宗教之间保持中立。在这种情况下,放弃了宗教权力的政治可以走上更现实和理性的道路;放弃了政治权力的宗教,也不再需要依附于世俗的权力结构来推行。这就使得精神的事可以回归到精神本身,而不必再借助于与精神无关的世俗政权。

由于政教的分离,个人信仰的资源不再由一个具有普遍效力的宗教来承担,个人可以以自己的判断、认定去信仰宗教或不信仰宗教,而不以权威为依据,这就超越了只有一个宗教、一个领袖垄断真理的局面。洛克说,"对于那条通往天国的唯一小路,官长并不比其他人更熟悉,因此我不能放心地让他来充当我的向导。因为对这条道路他可能同我一样的无知,而且他肯定不象我自己那样关心我的灵魂得救"[①]。个人把终极存在想象成什么样完全是私人自己的事情。个体可以拥有更多的自由和能力去寻求他认为适宜的象征,发现并创造自己的意义体系。这就给个人的精神信仰留下了一个未加组织和决定的领域,每个人都获得了历史上前所未有的个人自主生活的机遇。在这种情形下,个人必须成长、成熟起来,承担起拥有自由而带来的一切责任,去寻找并创造承担个人生命意义的信仰。相对于公共宗教,私人信仰是秘密的、不公开的,仅与个人命运联系,更为关注个人的生存境遇和自身体验,维系每个个体特定的亚世界。

宗教的私人化是现代社会最具革命性品质的事情。但是,不管现代社会的形式结构如何变化,宗教如何私人化和世俗化,根植于人内心世界的宗教性却仍然完整地存在着,人对生命意义的探寻依然如故。所以,宗教

---

① [英]洛克:《论宗教宽容》,吴云贵译,商务印书馆 1982 年版,第 21 页。

因此会获得前所未有的空间。①"人事实上在自己的主观意识内,在自身的'深处'的某个地方'发现'了宗教。"② 这样的自我宗教让信徒减少了来自统一教规或权威教义的束缚,从而可以更加专注于自己内心的精神世界,专注于信仰本身。当然,信仰也不再把功利看成自己的核心目标,并不去关注行为所带来的可预期的结果,人们不计利害地、超然地、不为外物所累地展开自己的信仰活动。因为内心的充实、信仰的丰富,人们更能在见素抱朴的简单生活中怡然自得。人们没有损失感,也没有强烈的求回报的意念,只关注生命活动中是否体现着自己的意志,是否能倾听到自己内心的声音,是否能按照自己的良知行事。只有为自己的生命价值所接受和认同的信仰才是自己真心坚持和拥戴的信仰,才是他真正需要的信仰;也只有这种信仰才能被信仰者努力践行,成为指引其前行的精神动力。

(三)与人共在

人们信仰"道",但"道"却要来效法万物并"辅万物之自然"。"道不违自然,乃得其性,法自然者,在方而法方,在圆而法圆,于自然无所违也。"(王弼《老子注》第25章)万物各各不同,"辅万物之自然"也即辅助万物各自之独特性的完成。前面提到,在对"道"的信仰里人们发现了自我,以充分发展了的自我作为最高目标。每个自我各各不同,追求不同,信仰不同。这种不同是在一个共同体内与他者相比较而显现出来的。共同体是我们与他人共在的基础。这就需要建立一个既能保护和实现个体独特性,又能维持共同体秩序的社会。在维护共同体方面,虽然主要靠法律和道德,但信仰也有重要的意义。对某种精神性存在物的信仰和实践能将其信仰者团结为政治的、文化的、道德的团体,并维系这个团体的持续存在。宗教能激发、维持或者重建集体中的某些心理状态,提供意义和象征体系、价值标准,人们依赖这些去解释世界、表达情感、作出判断、采取行动。这些基本的共识

---

① 参见韩军:《宗教私人化的现代反思》,《贵州民族学院学报》(哲学社会科学版)2010年第3期。

② [美]贝格尔:《天使的传言——现代社会与超自然再发现》,高师宁译,汉语基督教文化研究所1996年版,第177页。

构成对社会的某种约束,避免了因私人信念各各不同,离心力太大,走向极端时引起的对社会的离散性。

所以,信仰除了安顿个人的心灵,对于维护一个共同体也是非常必要的。在保护个人自由信仰不同宗教的基础上,道义认同、价值共识同样有助于一个共同体的存在。即使在经过了世俗化洗礼的现代国家,宗教信念仍然是人的各项权利的合法性基础,为某些政治进程提供了超验目标、赋予政治权威以宗教上的正当性和神学上的保障。关于宗教在维系现代社会方面的重要性,霍布斯(Thomas Hobbes,1588—1679)、施米特(Carl Schmitt,1888–1985)、卢梭、托克维尔(Alexis Charles Henri Clérel de Tocqueville,1805–1859)等都有过论述。在《利维坦》中,霍布斯强烈主张主权者对于国家意识形态的掌控,表现在那个时代就是主权者一定要通过王权来统一教权。施米特则有这样的担心,他说:"也就是在这个地方,也就是一统宗教和政治之主权的登峰造极处,那若非如此便完整无缺而且无可匹敌的统一体中出现了断裂……在这个断裂中,他马上认出了现代自由主义的重大缺口,这缺口可以使霍布斯所奠定和意欲的内外、公私关系转向其反面。"① 孙向晨评论说:"当公共权力只想保持其为公共的时候,当国家像霍布斯设想的那样,只要把内心信仰赶入私人领域就可以万事大吉时,一种沉默的、安静的反作用力则会在内心茁壮成长起来,外在的势力看似很强大,但在这种内外之别中,内在对外在具有优越性,私人对于公共也具有优越性,这种优势得到了实质性的确认。最终人民所具有的内在纷乱必然会导致纯粹公共和纯粹外在的权势因其空心化而丧失生命力。"② 他于是提出了一种纳粹式的民族宗教,通过政治强权而建立民族信仰。卢梭也论证过信仰对于共同体的意义。他说:"一旦人们进入政治社会而生活时,他们就必须有一个宗教,把宗教维系在其中,没有一个民族曾经是,或者将会是

---

① [德] 施米特:《霍布斯国家学说中的利维坦》,应星、朱雁冰译,华东师范大学出版社 2008 年版,第 93—94 页。

② 孙向晨:《公民宗教:现代政治的秘密保障》,《复旦学报》(社会科学版)2012 年第 6 期。

没有宗教而持续下去的。假如它不曾被赋予一个宗教，它也会为自己制造出一个宗教来，否则它很快就会灭亡。"① 托克维尔同样非常看重基督教在美国民主体系中的作用，他说："法律虽然允许美国人自行决定一切，但宗教却阻止他们想入非非，并禁止他们恣意妄为。"②

现代社会的公民宗教既希望维持个人的信仰自由，又希望维持个体对共同体的忠诚以避免社会分崩离析。孙向晨认为这几位学者中以卢梭对"公民宗教"信条的总结最为经典。卢梭说："公民宗教的教条应该简单，条款很少，文辞精确，无须解说和诠释。全能的、睿智的、仁慈的、先知而又圣明的神明之存在，相信未来的生命，正直者的幸福，对坏人的惩罚，社会契约与法律的神圣性——这些就是正面的教条。至于反面的教条，则我把它只限于一条，那就是不宽容；它是属于我们所依据排斥过的宗教崇拜的范围之内的。"③ 卢梭提出的公民宗教这几条宽泛的信条能够最大限度地承载已有的多样性宗教和传统，限制它们对既有政治制度的破坏，同时成为一种对民族进行宗教的自我理解的真正载体。

从道家思想中也能推出一些维护共同体的基本的信仰共识，如尊重与保护生命、追求超脱的精神境界和自由，使物我都能自足其性，促进互相之间的平等交流、欣赏、对话和补充。道家期待充分发展的个人，期待一个有限的政府对个人限制的减少，期待这个制度保护人们按照他们喜欢的方式生活，安其居、乐其俗，期待没有战争，没有欺诈，人们内心善良、淳朴，又富有创造性，这就是道家希望的理想社会生活。这些底线式共识和信仰与卢梭的公民宗教内容有重合之处。这样的信仰易于形成敬畏、宽容的心灵倾向。在重建信仰、尊重信仰、促进宗教对话和人类和平的当今社会，这些共识对于维持一个共同体有着举足轻重的作用。

实现宽容和多样性需要自由开放的社会环境，允许进行充分自由的讨论和各种信仰之间的对话交流，寻求人类更为深刻的共识。所以，底线式

---

① ［法］卢梭：《社会契约论》，何兆武译，商务印书馆 2005 年版，第 167 页注 1。
② ［法］托克维尔：《论美国的民主》上卷，董果良译，商务印书馆 1966 年版，第 339 页。
③ ［法］卢梭：《社会契约论》，何兆武译，商务印书馆 2005 年版，第 182 页。

共识与政教合一的强制性的信仰不同,遵循的是宽容、自由、开放的原则。道家鼓励信仰的多样化和对信仰的宽容。

历史和事实告诉我们,将个人、组织、机构、主义等有限的东西当成信仰对象,都带来了冲突、流血和战争。现代社会是多元文化社会,没有一种信仰能一统天下。人人有信仰自由,个人的信仰也就不可能普遍化为全社会的统一信仰。当今世界维系多元社会的方式,是在制度、法律和社会基本共识的基础上,个人根据自己的选择而拥有不同的宗教身份。信仰自由尤其需要加以保护,因为它是人类心灵最深处的决定、认同和追求。压制这样的信仰就是在心灵最深处对同类的压制。自由即是最高的信仰,而信仰的自由也是最为根本的自由。现代社会普遍接受信仰自由,把宗教信仰当作个人的精神权利。这一权利,既成为精神的权利,也是人的所有其他权利的基础,这已为世界大多数国家和国际组织所承认。

信仰与道德、法律一道,参与了人们对于社会秩序的构建和认同。信仰是一种特殊的情感和心理体验,一旦信仰者对信仰对象有一种积极而自觉的认识、情感和态度,他就会营造一种更加良好的、内在的、持久的精神环境,其道德行为就更具有自觉性和持久性。这就为社会的法律规范和道德要求提供了一种有益的补充。

(四)与道合一

"上帝死了"之后,宗教日益世俗化了,其功能日益被取代,如中国近代以来,就有以哲学代宗教、科学代宗教、伦理代宗教、美学代宗教等种种取代宗教功能的思考。作为一种复杂的社会现象,宗教包含了人类社会得以维系的几乎全部要素。宗教不仅仅是安顿个人生命的个人的信仰,也不仅仅构建着现实之外的天国和地狱,宗教其实也从未置身于社会之外,而是一直与社会互动,互相影响、互相塑造、互相改变。

失去信仰的人类会进入到虚无主义之中。一旦失去超验的信仰,没有了对神的敬畏,缺乏最高的价值支撑,人会处于一种无根基的状态;人是有限和脆弱的,也难以容忍无边的空虚、黑暗、无限,以及对此的无知和无助。

宗教是希望的一种特殊表现形式。人有宗教性,人类对超验世界的信仰体现了人类有努力去理解无限的心理动机和能力；宗教信仰超自然的东西，由于人自己的天然局限性，通过信仰超自然的东西却赋予了人自己无限的能力；对某物的信仰会作用于人的良知，给人带来抚慰和力量，产生一种令人鼓舞的影响。宗教信仰也使人对道德秩序有坚定的信念和执着的追求，促使人们追求道德上的自我完善；宗教还会从真、善、美扩展到神圣，神圣是宗教所独有的。因此，在现代社会，人的这种宗教性起着重要的导向作用。

杜维明先生2017年在北京师范大学"首届京师中哲名家论坛"上发言时提道："超越我们这个时代各种狭隘的特殊主义，世俗的人文主义就是其中一种，而在世界各地正在兴起的国族主义、民粹主义更是其中的典型。""我们需要建构的是一种可以容纳尽可能多层重要价值的人文主义，我们应注重关系、注重和谐、注重人对社会的责任，而同时也注重自由、注重法治、注重权利。也就是说，基于儒家思想的精神人文主义，要走的是一条能够充分容纳当前有关人的重要价值的道路。立基于它，我们既可以与其他文明进行真正的对话，也可以批评各类负面的、特殊性的价值观念。也就是作为一个包容而综合的人文主义。"今天，世俗的人文主义是主导世界的意识形态。当今社会需要重建信仰，这种信仰既是精神性的，也是人文性的。它是一种建立在对宇宙的本质唤起敬畏的洞见基础上的意义感。道家对变化的接受，将诸种不确定整合为流动的秩序。它能为信仰生活提供充满活力的宇宙论和认识论支持，兼容维系共同体的宽容、自由、开放性原则，让迷茫而绝望的人们看到生活的希望和意义，为人们的生活提供指引，推进社会的合理和进步，维护一个与他人共在的、神圣的、和谐的命运共同体，最终与道合一，产生敬畏之心，使世界充满神圣感。

（作者单位：中国社会科学院哲学研究所）

道家道教的"己群地天"一体观念

——基于"精神人文主义"视域的讨论

郭 武

近年来,杜维明先生提出了"精神人文主义",在学界引起了很大反响。与西方文艺复兴、启蒙运动以来反对宗教压制之世俗性的"人文主义"不同,杜维明先生提出的"精神人文主义"既以"人"为根本,同时又从自我(己)、社群(群)、自然(地)、天道(天)四个维度来展现"人",强调"自我"以外的其他存在如社群、自然、天道等,其意在于提出一种全人类都能接受的"人文主义",以图解决目前人类社会面临的困境。① 杜先生提出的"精神人文主义",多基于儒家的传统学说②,不过正如杜先生自己所言:"一种在中国兴起的人文主义,一定天然地与中国的儒家、道家有关,否则它将缺乏深沉的思想根基。"③ "精神人文主义"确与道家道教思想有着密切联

---

① 世俗的人文主义在"启蒙运动"之后,曾给世界带来了诸多不良后果,如带有侵略性的人文主义、帝国主义、殖民主义、过强的欲望以及占有性的个人主义等,而"精神人文主义"则倡导"天人合一"的理念,要求对天敬畏、对地球尊重和爱护,进而建立一种互相信赖的社群,并以"天下太平"为文明对话之目的。(参见杜维明、安乐哲等:《中国哲学研究的世界视野与未来趋向》,《哲学动态》2018 年第 8 期)

② 参见杜维明:《精神人文主义:己、群、地、天》,第 24 届世界哲学大会论文,"豆瓣网"(https://www.douban.com/note/698489259/)。

③ 杜维明、安乐哲等:《中国哲学研究的世界视野与未来趋向》,《哲学动态》2018 年第 8 期。

系。以下,试对道家道教的"己群地天"观念进行说明,以图呼应杜先生提出的"精神人文主义",有裨于当代人文精神的重建。

一、"道生万物"与"人"之复杂

众所周知,道家学说以推崇超越性的"道"为特征,如《道德经》言:"道可道,非常道;名可名,非常名。无名,天地之始;有名,万物之母。"(第1章)又言:"道生一,一生二,二生三,三生万物。"(第42章)不过,道家学说却又以"人"为落脚点,其有关"天道"的各种讨论,实是为了说明"人生"或"人事"之根据,例如《道德经》主张"人法地,地法天,天法道,道法自然"(第25章)、"道常无为,而无不为"(第37章),同时又多将"自然"、"无为"等原则与"人"联系起来①,强调"圣人处无为之事,行不言之教"(第2章)、"天之道,利而不害,圣人之道,为而不争"(第81章)。

道家之重视"人",还表现在其将"王"(人)视为与"道"、"天"、"地"并存的"四大"之一,如《道德经》言:"道大、天大、地大、王亦大。域中有四大,而王居其一焉。人法地,地法天,天法道,道法自然。"(第25章)也就是说,"道"、"天"、"地"、"王"(人)乃是《道德经》话语系统所涉的四个层面,《道德经》所倡学说实际上是同时贯通于这四个层面的。不仅如此,《道德经》还有许多章节将"人"(王)与"天"、"地"、"道"等视为同一系统。如第16章言:"致虚极,守静笃,万物并作,吾以观其复。夫物芸芸,各复归其根。归根曰静,是谓复命。复命曰常,知常曰明,不知常,妄作,凶。知常容,容乃公,公乃王,王乃天,天乃道,道乃久,没身不殆。"第39章则言:"昔之得一者,天得一以清,地得一以宁,神得一以灵,谷得一以盈,万物得一以生,侯王得一以为天下正。"由此,亦可见其说以治"身"及"天下"为务的倾向。也正因为如此,有学者曾将道家学说的重点归结为作为"治身"与"治国",

---

① 如《道德经》第37章言:"道常无为,而无不为。侯王若能守之,万物将自化。"第17章言:"功成事遂,百姓皆谓我自然。"(王卡点校:《老子道德经河上公章句》,中华书局1993年版。本文所引《道德经》皆为此版本)

如陈鼓应先生认为：

> 治身与治国是道家两个重要的组成部分。《老子》主要谈治国，兼
> 谈治身，庄子承杨朱而谈治身，尤重于个人精神境界的提升。黄老道
> 家中，帛书《黄帝四经》仅谈治国，《管子》四篇（《内业》、《白心》、《心
> 术》上下）则是治国治身二者兼顾，而《内业》偏重治身，《心术》上则
> 偏重治国。读司马谈《论六家要旨》中所标举的道家，有两个要点，即
> "以虚无为本，以因循为用"以及对于形神关系的重视……①

后世的道教更将"治身"一事发展到极致，将个人生命永存作为立教之
矢的，极力宣扬"长生成仙"信仰。② 汉以后道教对"人"之理解，较诸先秦
道家及儒家更为丰富，且多赋予人"精神性"色彩，以下略述之。

道教所谓"人"，是从作为宇宙根源之"道"那里来的，并禀有本体之
"道"的属性。先秦道家虽然认为"道"能够产生"万物"且"无所不在"③，
但却未曾专门针对"人"来讨论这种关系，而汉代道经《太平经》则明确说：
"夫天将生人，悉以真道付之。"④《老子想尔注》也说："精者，道之别气也，
入人身中为根本。"⑤ 这样，作为个体之"人"从生命产生时就已经与"道"
相联，拥有作为根源本体之"道"的属性。换句话说，降生人间的"人"虽
然不可避免地属于世俗，但同时却也具有一种先天存在的"精神性"。对
于这种来自先天的"精神性"，道教内丹家多将其称为"一点元阳"或"先
天之气"，如元代道士丘处机曾详细说明了"人"之生命与"先天之气"的
关系：

---

① 陈鼓应：《关于先秦黄老学的研究》，载丁原明：《黄老学论纲》，山东大学出版社
　 1997 年版，第 2 页。
② 参见郭武：《论道教的长生成仙信仰》，《世界宗教研究》1994 年第 1 期。
③ 曹础基、黄兰发点校：《南华真经注疏·知北游》，中华书局 1998 年版。
④ 王明：《太平经合校》，中华书局 1960 年版，第 259 页。
⑤ 饶宗颐：《老子想尔注校证》，上海古籍出版社 1991 年版，第 27 页。

天地本太空一气,静极则动,变而为二。轻清向上,为阳为天,重浊向下,为阴为地。既分而为二,亦不能静。因天气先动,降下以合地气,至极复升。地气本不升,因天气混合,引带而上,至极复降。上下相须不已,化生万物……盖人与天地禀受一同,始因父母二气交感,混合成珠,内藏一点元阳真气,外包有精血,与母命蒂相连。母受胎之后,自觉有物,一呼一吸,皆到彼处,与所受胎元之气相通。先生两肾,其余脏腑次第相生,至十月胎圆气足。未生之前,在母腹中,双手掩其面,九窍未通,受母气滋养,混混沌沌,纯一不杂,是为先天之气。才至气满,神具精足,脐内不纳母之气血,与母命蒂相离,神气向上,头转向下降生。一出母腹,双手自开,其气散于九窍,呼吸从口鼻出入,是为后天也。①

丘处机所说的"太空一气"或"先天之气",亦即《太平经》所说"真道"或《老子想尔注》所说"道之别气",实际上就是根源本体之"道"在"人"身体中的表现,也是"人"之生命赖以存在的依据。也正是基于此,道教认为"人"可以通过宗教修炼而将体内的这种禀自"道"的属性"开发"出来,并因此获得生命的永恒和能力的无限;由此,而形成了作为道教学说核心的"成仙信仰"。② 兹不赘述。

道教所理解的"人",并非单纯的肉身躯体,而是还有支撑生命存在的精、气、神,以及魂、魄和性、命等,如《紫阳真人悟真篇注疏》言:"一形之中,以精气神为主,神生于气,气生于精。"③ 而精、气、神三者通常又被理解

① 《大丹直指·序》,《道藏》本。
② 参见郭武:《论道教的长生成仙信仰》,《世界宗教研究》1994年第1期。
③ 《紫阳真人悟真篇注疏》卷七,《道藏》本。另,《上阳子金丹大要·精气神说》又细分精、气、神为"先天"与"后天"两类,以为"后天"的精、气、神即交媾之精、呼吸之气、思虑之神,而先天之精则为老子所谓"窈窈冥冥,其中有精,其精甚真,其中有信"者,先天之气乃"自虚无中来",先天之神"元来无头无尾、无背无面、无名无字,乃能与佛同名同号",即所谓"此神即非思虑神,可与元始相比肩"者。(参见《上阳子金丹大要》卷三、四,《道藏》本)

为"命",如《玄宗直指万法同归》言:"命者,太极混沌中元命之命也。以无为自然、妙有清虚为本,以专气致柔、抱元守一为宗,在肾曰精,在身曰气,在心曰神。"①与"命"相对的则是"性",元代李道纯《性命论》曾将其与"身心"、"精神"等相联系而论曰:

> 夫性者,先天至神一灵之谓也。命者,先天至精一气之谓也。精与性,命之根也。性之造化系乎心,命之造化系乎身。见解智识,出于心也。思虑念想,心役性也。举动应酬,出于身也。语默视听,身累命也。命有身累,则有生有死。性受心役,则有往有来。是知身心两字,精神之舍也,精神乃性命之本也。性无命不立,命无性不存,其名虽二,其理一也……高上之士,性命兼达,先持戒、定、慧而虚其心,后炼精、气、神而保其身。身安泰则命基永固,心虚澄则性本圆明。性圆明则无来无去,命永固则无死无生。至于混成圆顿,直入无为,性命双全,形神俱妙也。虽然,却不可谓性命本二,亦不可做一件说,本一而用则二也。②

不仅如此,"性命"、"身心"还与意志、魂魄、神灵、生死等相关,如《太清境真一经》释之曰:

> 真一之气因道而生,受气而生,受气而成,而谓之命。自真一禀形,能全其性。性命之动,皆主乎心。心若有所思,则谓之意。意之运动,有所思虑,而谓之志。思虑以至成事,而无不固者,谓之智。智周万物谓之虑。动以营身谓之魂。静以镇身谓之魄。流行骨肉谓之血。保形养神集气谓之精。神和而悦,气清而快,谓之和。神集气而后有所营护,总括百骸,谓之身。众象备见谓之形。块然不动谓之质。形貌可则谓

---

① 《玄宗直指万法同归》卷二,《道藏》本。
② 《中和集》卷四,《道藏》本。

之体。小大有分谓之躯。众思不得谓之神。漠然变化谓之灵。气来入身谓之生，气去于形谓之死。所以通生谓之道。道者，有而无形，无而有精，变化不测通神。

由此，不仅可见道教所谓"人"之复杂性，而且可知其各种形式实乃"道"的不同表现，在根本上具有"精神性"。这种复杂性与精神性，既是道教"成仙信仰"及其修炼行为展开的依据，也是道教徒超越"凡俗"而进入"神圣"的基础。

二、社群伦理与"度人—度己"

作为一个生活在世上的"人"，难免要与周围的人群发生关系，因此如何处理人与人之间的关系，乃是各种学说关注的问题。先秦道家虽然推崇"老死不相往来"的"小国寡民"社会（《道德经》第80章），但这却并不意味着其否认各种关系的存在。老子尊崇"道"与"德"，以为儒家所倡伦理规范不过是"道德"沦丧后的一种补救措施，如《道德经》言："大道废，有仁义；智慧出，有大伪；六亲不和，有孝慈；国家昏乱，有忠臣。"（《道德经》第18章）又言："失道而后德，失德而后仁，失仁而后义，失义而后礼。夫礼者，忠信之薄而乱之首。"（《道德经》第38章）由此，世人多以为儒道两家的伦理观念是相互抵牾的。不过在事实上，儒道两家的伦理观念并不矛盾，因为"忠—孝"与"道—德"是在不同境界层次上而言的，各自有其功用，并非舍此即彼的关系。这种相互补充、并行不悖的关系，在后来的道教学说中阐述得尤为明确。

西汉以后，汉武帝在董仲舒的鼓动下"罢黜百家，表彰六经"（《汉书·武帝纪》）[1]，儒家学说逐渐在中国社会取得了优势地位；面对这一现实，

---

① 《汉书·董仲舒传》载董仲舒曾向汉武帝上对策曰："愚以为诸不在六艺之科、孔子之术者，皆绝其道，勿使并进。邪辟之说灭息，然后统纪可一而法度可明，民知所从矣。"

以"仙道贵生，无量度人"①为信仰目标的道教，在不放弃自己"尊道贵德"的原则之前提下，开始尝试将"道德"与"忠孝"等观念结合起来，以图更好地在现实社会中发展。早在汉代，道教的《太平经》就试图糅合儒家的"忠孝"观念，如该经《六极六竟孝顺忠诀》主张"为子当孝，为臣当忠，为弟子当顺"，并说：

> 子不孝，则不能尽力养其亲；弟子不顺，则不能尽力修明其师道；臣不忠，则不能尽力共敬事其君。为此三行而不善，罪名不可除也，天地憎之，鬼神害之，人共恶之，死尚有余责于地下。②

由上可知，《太平经》所主张的"忠孝"并不像儒家一样依赖个体自觉，而是依靠"天地憎之，鬼神害之"等外在力量来维系，在根本上是服务于"天人一体"神学思想与"善恶报应"宗教学说的。③ 这种以宗教信仰融摄世俗规范的做法，也是后世道教伦理学说的基本特点和一贯风格。

魏晋南北朝时期，为了消除自己的异端色彩、迎合封建王朝的需要，道教更加积极地以世俗社会之伦理规范来约束信众的行为，其典型者如东晋道士葛洪主张："欲求仙者，要当以忠孝、和顺、仁信为本。"④北魏道士寇谦之也要求信徒"专以礼度为首，而加之以服食闭练"（《魏书·释老志》）。经过这种改造以后，道教赢得了世俗统治者的认可和扶持，并在唐宋时期蓬勃发展、风靡一时。⑤ 得宠于封建帝王的唐宋道士，更加自觉地宣扬儒家的伦理规范，并努力说明其与道教观念的兼容性，如唐末道士杜光庭曾将儒家的各种理想纳入道教的"修道"范围，以为"修道"即可实现世俗理想，其言：

---

① 《灵宝无量度人上品妙经》卷一，《道藏》本。
② 王明：《太平经合校》，中华书局 1960 年版，第 405—406 页。
③ 如《太平经钞》（《道藏》本）卷二言："天人一体，可不慎哉！"卷七又言："善自命长，恶自命短。"
④ 《抱朴子内篇·对俗》，《道藏》本。
⑤ 参见卿希泰主编：《中国道教史》第二卷相关章节，四川人民出版社 1996 年版。

不修道之身，动违正理，名辱身危；修道之身，外绝众缘，内染一气，除垢止念，守一凝神，以慧照自观，证了实相，不滞空有，深入妙门……不修道之家，不睦六亲，不遵五教，动掇灾否，上下崩离；修道之家，九族允和，众善咸萃……不修道之乡，礼敬不行，长幼失序，贵贱陵虐，上下交争；修道之乡，德既优长，人叶其序，肃静喜顺，境泰人和也……①

同时，他还以"感应"来解释以上现象之原因说："身修于内，物应于外，德发乎近，及乎远。"② 如果说以往道教对儒家伦理观念的融摄，更多的是属于一种外在层面的糅合，那么杜光庭的解释，则将世俗伦理融入了宗教修炼（"修道"或"修身"）的范围。而这种将社会规范与个人修炼结合的做法，在宋元时期的净明道中得到了很好的运用。③

道教处理社群关系的另一个特点，是强调"度人"与"度己"的密切关系。所谓"度己"，即解决自己的归宿问题，在道教中表现为个人的宗教修炼、得道成仙，多与"生命"、"治身"、"仙道"、"出世"等说法相关。所谓"度人"，即帮助他人解除痛苦，在道教中表现为弘道传教、济世救人，多属"生活"、"治国"、"人道"、"入世"诸论范围。笔者曾撰文认为：道教之"度人"（度他），并不仅仅是一种思想观念，而且还表现为一系列的服务社会的行为，例如斋醮科仪、符箓法术等皆属此类。④ 这种将宗教行为融入社会服务的做法，亦颇值得当代的"精神人文主义"借鉴。

---

① 《道德真经广圣义》卷三十八，《道藏》本。
② 《道德真经广圣义》卷三十八，《道藏》本。
③ 参见郭武：《〈净明忠孝全书〉研究——以宋元社会为背景的考察》，中国社会科学出版社 2005 年版。
④ 参见郭武：《净明道的道德观及其哲学基础——兼谈道教"出世"与"入世"之圆融》，《四川大学学报》2005 年第 6 期；《"出世"与"入世"：道教的社会角色略论》，《宗教学研究》2014 年第 4 期；《"度人"与"度己"：关于当代道教发展的一点思考》，《世界宗教文化》2017 年第 6 期；《"生命"与"生活"：理解道教学说的两个维度》，《宗教学研究》（待刊）。

三、"道法自然"与"天人一体"

　　杜维明先生在阐释"精神人文主义"时,强调我们应该把握四种关系,其中之一即"(人)与自然的关系",也就是"人类与社会、人类与自然需要一种持久的和谐"①。这种关系,实即杜先生所倡"精神人文主义"之"地"的维度,其根据在于中国传统文化之"天人合一"观念;对此,王建宝先生曾撰专文予以阐发,指出其"为回应当代的生态环保问题和关爱地球问题提供了新的理论资源"②。

　　"生态"一词在古代汉语里的含义,是指事物的美好姿态或生动意态。我们今天常说的"生态",实多与西方的"生态学"(ecology)这门学科有关。西方的生态学源于古希腊哲学家(科学家)对自然界及其历史的观测记录,其目的在于研究有机个体之间及其与外在环境之间的互动关系,后来成为"生物学"的一个分支。公元前5至前4世纪的希波克利特、亚里士多德等古希腊哲学家对于自然历史的观测记录,发现不同物种之间存在着相互影响的关系,而希罗多德关于自然界中存在着一种"平衡"或"规则"的说法,则为早期的"生态学"概念注入了特色内容。至19世纪德国科学家恩斯特·海克尔首次提出"ecology"这个词语,"生态学"的概念及其理论才逐渐流行。到了20世纪六七十年代,随着环境保护运动在西方的兴起,"生态学"才开始引起了普罗大众及科学家们的兴趣,并逐渐与"环境保护"和"环境管理"等紧密结合起来。此后,"生态学家"们也开始积极地介入环境保护的各种活动,将他们对于地球生态系统退化的知识介绍给环境保护部门,并帮助其制订相关法律和保护措施。后人之所以常将"环境保护"与"生态"一词联系起来使用,是因为"生态学"研究的对象是有机个体之间及其与外在环境之间的互动关系,并且认为不同有机个体之间及其外在

---

① 杜维明:《以精神人文主义应对全球伦理困境》,《文汇报》2017年10月1日。

② 王建宝:《从精神人文主义看儒家生态伦理》,《船山学刊》2017年第3期。

环境是相互联系和相互影响的，由此形成了一个"生态系统"，破坏其中任何一个部分都会伤害到系统中的所有个体，这种理论非常适合人们强调对于人类以外的自然环境之尊重与保护。

但事实上，西方"生态学"与"环境保护主义"的这些说法，早就存在于古代中国的道家文化之中。道家的生态环保思想，主要体现于"道法自然"、"天人一体"等观念中，以及后来作为宗教的道教之养生修炼、清规戒律、日常伦理等一系列主张中。众所周知，道家的根本精神在于推崇"道法自然"，其一方面认为"道"是宇宙万物赖以产生的最终根源，另方面又认为万物的运动变化都遵循"自然"原则，如《道德经》言："人法地，地法天，天法道，道法自然。"（第25章）所谓"法"，意为"仿效"、"效法"、"法则"等；所谓"自然"，则是"自然而然"的意思，也就是"自己如此"。《道德经》主张"道法自然"，是说"道"的本性或本质乃"自然而然"、"自己如此"，因为作为终极本源或最高存在的"道"是"独立而不改，周行而不殆"（第25章）的，自己本来就如此，无所仿效、无所取法，如汉代《老子道德经河上公章句》言："道性自然，无所法也。"另一方面，"道法自然"也可表示"自然"乃是"道"所效仿的状态。这就是说，"自然"实是道家推崇的最高法则或理想状态，也是万物运行的根本规律。这层意思，与前述"无所仿效"并不矛盾，因为"无所仿效"是从存在、时间的角度来讲，而"效法自然"则是从规律或状态的角度来讲；"自然"并不是与"道"相对待的实体，而仅仅是一种比喻性的状态，且这种状态（自然而然）也是"道"本身所具有的性质。

《道德经》中作为一种状态的"自然"，并不能等同于我们今天所说的"自然界"，因为从存在时间的角度来讲，后者乃是"道"化生出来的产物。不过，这种作为状态的"自然"却也与所谓"自然界"有些类似，因为"自然界"中的万物，顺其本性生长，没有人力干涉，恰是"自然而然"状态的写照！《道德经》中所言"自然"，也多与推崇本性、排斥"人为"有关，如说"莫之命而常自然"（第51章），又说圣人"辅万物之自然而不敢为"（第64章）。如前曾述，道家主张"无为而无不为"（第37章），这其实也是推崇"自然"的一种表现,其意乃为不对事物横加干涉,而是顺应万物自身的变化规律来达到"无不为"之目的。既然"道法自然"是最高境界,世界万物的最佳状态是"自然而然"、"自己如此",则一切不合乎事物本性的人为干涉都是有害的,需要加以摒弃,如《道德经》说:"为学日益,为道日损,损之又损,以至于无为。"(第48章)又说:"圣人处无为之事,行不言之教。"(第2章)总之,道家推崇的"自然"虽然不能完全等同于"自然界",但是其中所蕴含的遵循万物自身的发展规律、排斥人为意志的妄加干涉,亦即"辅万物之自然而不敢为"的思想,却与今天的"生态学"理论和"环境保护主义"颇有契合之处。"生态学"理论认为破坏"生态系统"中任何一个部分都会伤害到系统中的所有个体,而"环境保护主义"则力图避免破坏人类生存的外在环境,这其实与道家主张的"自然"、"无为"思想是相通的。

道家的"天人一体"思想,也包含有丰富的生态环保观念。"天人一体"本来是古代中国流行的一种思想观念,不仅道家道教宣扬之,儒家、医家也同样推崇之,只不过各家的具体表述不尽相同,如汉代儒家有"天人相副"、"天人感应"之论,宋儒张载则提出了"天人合一"之说。这些思想的主旨,是在说明个体之"人"与自然之"天"的关系,以为"人"与"天"是相互类似、相互感应的,同时二者又是一个整体,甚至可以完全"合一"。事实上,早期中国对于"天人关系"阐述得最多者,乃是为人治病祛疾的医家,他们通过观察和思考发现人与自然界存在着相类、同构、感应等关系,如《黄帝内经·灵枢》言:"天圆地方,人头圆足方以应之。天有日月,人有两目。地有九州,人有九窍。天有风雨,人有喜怒。天有雷电,人有音声。天有四时,人有四肢。天有五音,人有五藏。天有六律,人有六府。天有冬夏,人有寒热……"虽然其说有"比附"的因素在内,但这种思想却被众多的中国古人接受了。战国道家的庄子,更从哲学的高度来思考人与自然的关系,在《齐物论》中指出:"天地与我并生,而万物与我为一。"《淮南子·精神训》也阐发"天人同构"的思想说:"头之圆也象天,足之方也象地。天有四时、五行、九解、三百六十六日,人亦有四支、五藏、九窍、三百六十六节。天有风雨寒暑,人亦有取与喜怒……"汉代道经《太平经》进一步将这种关系表述为

"天人一体"，以为："天人一体，可不慎哉！"①

这种个体之"人"与自然之"天"属于一个整体的思想，实与"生态系统"的理论一脉相通。"生态学"理论认为，某个系统中的任何一个部分受到破坏都会影响到其中的所有个体，而道教的"天人一体"思想也同样具有这种"系统"的观念。如《太平经》卷十八《合阴阳顺道法》首先指出"阴阳"系统的重要性，认为："道无奇辞，一阴一阳，为其用也。得其治者昌，失其治者乱。"卷四十八《三合相通诀》又提出阴、阳与中和的"三合"系统说："(阴、阳) 与中和气三合，共养凡物，三气相爱相通，无复有害者。"卷四十五《起土出书诀》则详细说明"天地"乃是"人"赖以生存的条件，并对违反时令、破坏土地等"贼害"行为进行了谴责，以为："天地，人之父母也，子反共害其父母而贼伤病之，非小罪也。"② 上述说法虽然染有宗教神学色彩，但其中包含的"系统"观念以及自然—人类相互影响的思想，却是显而易见的。

也正是由于将天地万物与人类社会视为一个有机的整体或系统，主张"道法自然"、"天人一体"的道教明确地反对破坏作为人类生存环境的自然界，并提出过大量可贵的"生态环保"主张。如宋代道教劝善书《太上感应篇》反对"射飞逐走"、"发蛰惊栖"、"填穴覆巢"、"伤胎破卵"以及"决水放火"、"用药杀树"、"春月燎猎"、"杀龟打蛇"等破坏生态环境的行为；《文昌帝君阴骘文》则主张，"禁火莫烧山林，点夜灯以照人行，勿登山而网禽鸟，勿临水而毒鱼虾"。除此之外，后世道教有关养生修炼、清规戒律及洞天福地等思想中，也包含有大量的"生态环保"观念，如在1998年6月美国哈佛大学举办的"道教与生态"国际学术会议上，二十余位与会学者曾从不同的方面深入阐发了道教思想与生态环保的关系。③ 兹不赘述。

---

① 王明：《太平经合校》，中华书局1960年版，第16页。
② 王明：《太平经合校》，中华书局1960年版，第11、148、115页。
③ 参见刘笑敢等主编：《道教与生态：宇宙景观的内在之道》，江苏教育出版社2008年版。

总之，道家道教思想包含有丰富的"精神人文主义"内容，其有关"人"之生命来源、归宿的主张，有关社群伦理、"度人—度己"的看法，以及"道法自然"、"天人一体"等观念，实可为"精神人文主义"之己、群、地、天四个维度提供很好的建构材料。深入研究道家道教的思想内容，实有裨于当代人文精神的重建，有助于解决目前人类社会面临的困境。

（作者单位：云南大学历史系）

"天人合一"的儒学阐释[*]

孔祥来

  大陆学者研究"天人合一",多数将之理解为人与环境、人与自然的和谐关系,所以我也曾相信"天人合一"就是一个应对人类生态危机的观念。直到2012年秋开始编撰《杜维明思想学术文选》,读到杜先生的一篇演讲稿——《人心与天道:儒家的终极关怀——如何回应钱穆先生的"彻悟"》,才认识到"天人合一"观在儒家的思想体系中,并不是协调人与自然的关系那么简单,而是关乎人心与天道的问题,是儒家精神人文主义的"终极关怀"。[①] 当然,钱穆先生讲"天人合一"观是"整个中国传统文化思想之归宿处"[②],未必完全拘于儒家的立场,因为在中国文化传统中,不仅有儒家的"天人合一",还有道家的"天人合一"、禅宗的"天人合一"。但是,若要理解钱先生对"天人合一"的定义,理解"人生与天命的和合为一"的内涵,则必不能不采取儒家精神人

---

* 我对"天人合一"问题的思考始于为杜先生编撰文选,因而对"天人合一"的理解深受先生精神人文主义论域的影响和启迪。此文初撰于2018年初,曾投稿第24届世界哲学大会,后又多次修改和补充。今欣逢先生八秩寿辰,谨以此篇学习精神人文主义的阶段性心得,为先生庆。

① 参见杜维明:《人心与天道:儒家的终极关怀——如何回应钱穆先生的"彻悟"》,载《钱宾四先生百龄纪念会学术论文集》,香港中文大学新亚书院2003年版,第457—468页。

② 钱穆:《中国文化对人类未来可有的贡献》,《中国文化》第四期,1991年。(钱先生的这篇"彻悟",构思始于1989年9月参加新亚书院四十周年庆典期间,1990年端午节写成。原载台湾《联合报》1990年9月26日)。

文主义的立场。从儒家精神人文义的立场理解，"天人合一"就是"天命之性"的充分展开，追求"天人合一"是一个持续实践的过程，是一个需要不断学以致知的过程，而可以合一之"天"也必然具有精神性的内涵。

一、"天命之性"的充分展开

儒家的"天人合一"不是人类与自然的和谐共存，也不是审美意义上"人与世界的交融"[①]，更不是人神感通，而是讲的人心与天道的关系，讲的人生表露和发明天命的问题。钱穆先生说："中国人认为'天命'就表露在'人生'上。离开'人生'，也就无从来讲'天命'。离开'天命'，也就无从来讲'人生'。""人生最大目标，最高宗旨，即在能发明天命。"[②] 说人生表露和发明天命的最高境界就是"人生"与"天命"的和合为一，无疑是对儒家"天人合一"观的最精确界定。既然人生能表露和发明天命，人生与天命最终能达到"合一"，则人心与天道、人生与天命之间必然存在着联系——这个联系就是"天命之性"。

儒学的主流，就是心性之学。孔子罕言"性与天道"（《论语·子罕》），但他"为仁由己"（《论语·颜渊》）的断语，却昭示着对人性之善的高度期许。"大学之道，在明明德"（《大学》），"明德"即"人之所得乎天而虚灵不昧，以具众理而应万事者也"[③]。大学之道，就是探讨如何发扬这种得自于天的光明德性。这个光明德性，就是天命之性。《中庸》曰："天命之谓性，率性之谓道，修道之谓教。"郭店楚简《性自命出》、上博简《性情论》亦云："性自命出，命自天降。"[④] 皆是说人性得自于天命，要求个体自觉地去体现它，

---

① 张世英：《天人之际——中西哲学的困惑与选择》，北京大学出版社 2016 年版，第 162 页。

② 钱穆：《中国文化对人类未来可有的贡献》，《中国文化》第四期，1991 年。

③ 朱熹：《四书章句集注·大学章句》，中华书局 2005 年版，第 3 页。

④ 武汉大学简帛研究中心、荆门市博物馆编：《楚地出土战国简册合集》（一），文物出版社 2011 年版，第 99 页；马承源主编：《上海博物馆藏战国楚竹简》（一），上海古籍出版社 2001 年版，第 222 页。

去展开它，以实现生命的成长，将人生与天命建立起直接的联系。人性得自于天，是天之本质属性在人之生命中的凝聚，因而有着必然趋善的规定性，故"孟子道性善"（《孟子·滕文公上》）。这个"善性"居于人心，所以孟子又说"人皆有不忍人之心"（《孟子·公孙丑上》），即每个人都有一颗有着善的规定性的不能忍受他者遭受痛苦的心。心与性通，性与天通，故曰："尽其心者，知其性也。知其性，则知天矣。存其心，养其性，所以事天也。"（《孟子·尽心上》）但"事天"的途径不是礼拜，而最终目标是循着天命之性，将"不忍人之心"尽可能地扩充出去，在人生中表露和发明天命。宋儒将天之本质属性称之为"理"，人性也就是天理在人身上的别名。程子曰："心也、性也、天也，一理也。自理而言谓之天，自禀受而言谓之性，自存诸人而言谓之心。"[1] 程朱说"理"，陆王传"心"。

遵循天命之性，扩充不忍人之心的过程也就是"仁"。此天命之性，我生而受命于天，本来具足，率不率性在我不在人，所以孔子才说："仁远乎哉？我欲仁，斯仁至矣。"（《论语·述而》）"为仁由己，而由人乎哉！"（《论语·颜渊》）《中庸》将仁与天命之性的这层关系明确地揭示出来，说仁、知是"性之德也"，看作"吾性之固有"[2]。而《性自命出》云："仁，性之方也。"[3]则是将仁看作人性的表现，是人性发扬的标志。这个观点到孟子得到进一步阐发，乃谓仁义礼智皆根于心，四者之端——恻隐、羞恶、辞让、是非之心皆与生俱来地蕴含在我的"不忍人之心"中，无是"四端"非人也（《孟子·公孙丑上》）。又曰："仁义礼智，非由外铄我也，我固有之也，弗思耳矣。"（《孟子·告子上》）"四端"虽根于我心，然亦需我将之表露发明、扩而充之才是仁义礼智。郭店楚简《五行》曰："仁形于内谓之德之行，不形于内谓之行。"[4]"形于内"，即根于内在心性而有五行；"不形于内"，即通过外在学

---

① 朱熹：《四书章句集注·孟子集注》，中华书局2005年版，第349页。
② 朱熹：《四书章句集注·中庸章句》，中华书局2005年版，第34页。
③ 武汉大学简帛研究中心、荆门市博物馆编：《楚地出土战国简册合集》（一），文物出版社2011年版，第114页。
④ 武汉大学简帛研究中心、荆门市博物馆：《楚地出土战国简册合集》（一），文物出版社2011年版，第47页。

习而能五行。五种根于心性的"德之行"统称为"五行","五行"就是心性之德，就是心性的表露和展现。庞朴先生说，一方面"是人对天道的'得'，得天道于人心"，另一方面是"天道在人心中找到了自己的形式，通过人心将自己最终完成"，这就是"天人合一"的模式。① 人心本具天道，不过天道不是"通过人心将自己最终完成"，而是由人心表露于人生中，在人生中完成自己，才是"天人合一"的境界。

"天命之谓性"，不仅意味着人人之性受命于天，而且意味着物物之性亦受命于天，人与人、物与物，以及人与物之间在"性"的层面上存在着关联。所以扩充本性之善，便不能只是"独善其身"，还必须"兼济天下"，不能只是关心自我，还必然有对他者乃至对万事万物的同情之心、同理之心。故孟子曰："万物皆备于我"，"亲亲而仁民，仁民而爱物"（《孟子·尽心上》）。横渠曰："民吾同胞，物吾与也。"② 伊川曰："仁者，以天地万物为一体，莫非己也。"③ 将这个对万事万物的同情心、同理心推广出去，将这个与万事万物有着本质联系的"天命之性"扩充出去，必然是一个"己欲立而立人，己欲达而达人"（《论语·雍也》）的过程，必然是一个"明明德"而"新民"的过程，必然是一个"成己"而"成物"（《中庸》）的过程。杜维明先生将这个过程分为循序渐进的四个层次：一是个体于心、身、灵、神四个层次的有机整合，二是个体与社群、社群与社群之间的健康互动，三是人类与自然的持久和谐，四是人心与天道的相辅相成。④ 其实也就是一个在人生中尽己之性，到尽人之性，到尽物之性，到人生与天命和合为一的过程。《中庸》曰：

① 参见庞朴：《天人三式》，《郭店楚简国际学术研讨会论文集》，湖北人民出版社 2000 年版，第 33 页。
② 张载：《正蒙·乾称篇》，《张载集》，中华书局 2006 年版，第 62 页。
③ 《二程遗书》卷二上，《二程集》上册，中华书局 2006 年版，第 15 页。
④ 参见杜维明：《自序：新轴心时代的文明对话》，《杜维明文集》第一卷，武汉出版社 2002 年版，第 11 页。对于儒家精神人文主义的这四个层次，杜维明先生在他的演讲与论文中屡有表述和强调，最新的论述可以参见他于 2018 年 8 月 18 日在"第二十四届世界哲学大会·王阳明讲座"上的主题演讲《精神人文主义——己、群、地、天》。

"唯天下至诚，为能尽其性；能尽其性，则能尽人之性；能尽人之性，则能尽物之性；能尽物之性，则可以赞天地之化育；可以赞天地之化育，则可以与天地参矣。"

"尽性"就是将自我心性中的善充分表露和发明出来，只有"尽性"才算真正实现了"天人合一"，而"尽性"的途径则是"率性"。"率性"而行，扩充"不忍人之心"是一个过程，是一个推己及人的过程，是一个持续不间断的过程，也是一个"由仁义行"（《孟子·离娄下》）的过程。故孔子曰："君子无终食之间违仁，造次必于是，颠沛必于是。"（《论语·里仁》）曾子曰："任重而道远"，"死而后已"（《论语·泰伯》）。而"天人合一"，就是个体不间断地推己及人之过程的最高阶段，是仁的最高境界，是"圣"的境界——"大而化之之谓圣"（《孟子·尽心下》）。孔子曰："吾十有五而志于学，……七十而从心所欲，不逾矩。"（《论语·为政》）"从心所欲，不逾矩"，正是臻于大化的圣人之境，是其"不忍人之心"充分扩展之所至，是天命在其人生中得到充分表露和发明的见证。但即便到了这个至高的境界，也不能戛然而止，也不能静止在那儿以葆永恒，而仍然是一个需要在广度和深度上继续不间断地拓展的过程。所以，不仅"率性"以追求"天人合一"的境界是一个持续的过程，维持"尽性"和"天人合一"的境界也是一个无限的过程，仍然必须时时刻刻努力在自己的人生中表露和展现天命，努力使自己的人生与天命和合一致，直到生命的结束，否则便会偏离"天人合一"的状态。因而曾子才说："死而后已，不亦远乎！"（《论语·泰伯》）

明道曰："故有道有理，天人一也，更不分别。"① 又曰："天人本无二，不必言（合）。若不一本，则安得先天而天弗违，后天而奉天时？"② 天道人道皆是一道，天理人理皆是一理，故在"一本"的层面上，天人无二，没有分别，自不必言合。但问题是个人的气禀存在着不可否认的差异，在现实世界中又受到外物的诱惑，因而不可避免不同程度地存在着背离"一本"之性的倾

<hr>

① 《二程遗书》卷二上，《二程集》上册，中华书局 2006 年版，第 20 页。
② 黄宗羲著，全祖望修补：《明道学案上》，《宋元学案》第一册，中华书局 2007 年版，第 563 页。

向。所以，个体必须通过后天的努力，消除这种背离"一本"的倾向，使自己的行为回归到"理"与"道"上来。伊川曰"圣人与理为一"①，但圣人并不是生而为圣人，也是经过在人生中努力修正了与天理、天命之性的背离才达到圣人境界。孔子所谓"生而知之者"（《论语·季氏》），并非说其生而为圣人，而只是言其能自知本性之善而率循之。如不能率循本性，虽生而知之，亦不免沦为小人。在天曰理，其赋予人曰性，人能尊天理，率性而循道，便能重新取得与"一本"的和合，便是"天人合一"。所以，这个"合一"的过程，一定是一个在社会生活与工作中艰苦实践的过程。

二、立足于现世的持续实践

儒家的"天人合一"，是人生与天命的和合为一，是需要在人生中表露和发明天命，所以，它不是发生于哲学家蛰伏书斋里的想象与思辨之中，也不是发生于宗教徒匍匐于神像前的冥想与祈祷之中，更不是发生于隐君子逃离社会的隐居与修行之中，而必须到社会生活与生产实践中去追求和成全，是个体在客观世界中的充分成长，是我之生命本质在社会实践中的充分呈现。实践是达到儒家"天人合一"的唯一途径，而且必须是积极参与到社会生活与生产中的实践，而不是离群索居的实践。离开了社会实践，就没有儒家的"天人合一"，甚至也不可能有儒家任何一项价值的落实。故孔子曰："鸟兽不可与同群，吾非斯人之徒与而谁与？"（《论语·微子》）

儒家追求"天人合一"的实践规模，"大学之道"可以概括，其纲领则曰"在明明德，在亲民，在止于至善"，其条目工夫则曰格物、致知、诚意、正心、修身、齐家、治国、平天下（《大学》）。"明明德"是自明其明德，含摄格物、致知、诚意、正心、修身之工夫；"亲民"是推己及人，含摄齐家、治国、平天下之工夫。"亲"，程子认为当作"新"。朱子曰："修身以上，明明德之事也。齐家以下，新民之事也。"曰："正心以上，皆所以修身也。齐家以下，则举

---

① 《二程遗书》卷二十三，《二程集》上册，中华书局 2006 年版，第 307 页。

此而措之耳。"① 又曰:"致知、格物,是穷此理;诚意、正心、修身,是体此理;齐家、治国、平天下,只是推此理。"② "亲民",其工夫则齐家、治国、平天下,自然是一个实践的过程。"明明德"含摄格物、致知、诚意、正心、修身五层工夫,格物、致知是"穷此理",固然是一个"知"的过程,但其求知则不能不有学的活动;诚意、正心、修身之"体此理",虽仍不离"知",却更不能不在社会实践中去"体"。由格物、致知到诚意、正心,到修身,五层工夫层层递进,就是杜先生所说的个体于心、身、灵、神四个层次的有机整合过程。作为一个整合过程,当然也是一个实践过程。

"穷此理"然后"体此理","体此理"然后"推此理"。"推此理"就是一个由"成己"到"成物"到"成仁"的生命实践过程。弟子问仁,孔子曰:"先难而后获。"(《论语·雍也》)"先难",行也,"后获",行之效也。曰:"己欲立而立人,己欲达而达人。"(《雍也》)曰:"爱人。"(《论语·颜渊》)"立人"、"达人"、"爱人",皆需见诸行动,是推己以及人,是"新民"之事,是齐家、治国、平天下之事。曰:"克己复礼为仁。"曰:"出门如见大宾,使民如承大祭。己所不欲,勿施于人。在邦无怨,在家无怨。"(《颜渊》)曰:"居处恭,执事敬,与人忠。虽之夷狄,不可弃也。"(《论语·子路》)曰:"工欲善其事,必先利其器。居是邦也,事其大夫之贤者,友其士之仁者。"(《论语·卫灵公》)曰:"能行五者于天下,为仁矣。"(《论语·阳货》)皆是从"行"上讲仁,皆是要弟子在社会实践中去成仁。《中庸》曰"力行近乎仁",仁就是一个个体生命实践的过程,必力行而后近之。"人皆有不忍人之心",仁义礼智根于我心,孟子曰:"凡有四端于我者,知皆扩而充之矣,若火之始然,泉之始达。苟能充之,足以保四海;苟不充之,不足以事父母。"(《孟子·公孙丑上》)苟不能将"四端"扩充出去,则"不足以事父母",乃至沦为禽兽。只有将内涵"四端"的"不忍人之心"扩充出去,推己及人,在人伦日用与建功立业中去爱人、立人、达人,才能实现人生与天命的和合为一。

---

① 朱熹:《四书章句集注·大学章句》,中华书局 2005 年版,第 4 页。
② 《朱子语类》卷十五,中华书局 2007 年版,第 312 页。

　　"推此理"首先是"己"与"群"之间的健康互动，即个体与父母、妻子、兄弟、朋友、同事、邻里以及可能发生交集的任何其他人之间的健康互动，所以成仁的个体生命实践不离人伦日用。孔子曰："仁者人了，亲亲为大。"（《中庸》）有子曰："孝弟也者，其为仁之本与！"子夏曰："贤贤易色，事父母能竭其力，事君能致其身，与朋友交言而有信。虽曰未学，吾必谓之学矣。"（《论语·学而》）孟子亦曰："亲亲，仁也。"（《孟子·告子下》）仁始于孝亲，即首先要将自己的"不忍人之心"、将自己的爱推及自己的父母。父子是五伦之首，但"不忍人之心"的扩充不止于父母。天下之达道五："曰君臣也，父子也，夫妇也，昆弟也，朋友之交也。"（《中庸》）孔子以自己未能事父、事君、事兄、于朋友"先施之"为遗憾。儒家以父子、君臣、夫妇、兄弟、朋友为五伦，可以概括人类一切社会关系。合宜的五伦关系，就是要做到"父子有亲，君臣有义，夫妇有别，长幼有序，朋友有信"（《孟子·滕文公上》）。圣若文王，亦止曰："为人君，止于仁；为人臣，止于敬；为人子，止于孝；为人父，止于慈；与国人交，止于信。"故《礼记·王制》有七教，曰："父子、兄弟、夫妇、君臣、长幼、朋友、宾客。"经有八礼，冠、昏、丧、祭、乡、射、朝、聘。《礼记·昏义》曰："夫礼始于冠，本于昏，重于丧祭，尊于朝聘，和于乡射，此礼之大体也。"八礼之功能，除丧祭而外，皆是构建"己"与"群"、人与人之间的健康互动——"冠以明成人，昏以合男女，丧以仁父子，祭以严鬼神，乡饮以合乡里，燕射以成宾主，聘食以睦邦交，朝觐以辨上下"[1]。

　　"推此理"的个体生命实践不离人伦日用，但绝不止于人伦日用。立人、达人、爱人必须有实际的表现，必须通过自己的行为实实在在地惠泽他人，而不仅仅是保持合宜的人际关系。所以，扩充"不忍人之心"，构建"己"与"群"的健康互动，远远超出了人伦日用的范围，而必须进一步参与到现世功业中去。参与现世的功业，在古代主要就是参与国家天下的治理，或出仕做官，或裂土封侯，或平治天下。故孔子论孝，必曰："始于事亲，中于事君，终于立身。"（《孝经·开宗明义章》）其在《大学》则曰："家齐而后国治，

———————————

① 皮锡瑞：《经学通论·三礼》，中华书局 2008 年版，第 14 页。

国治而后天下平。"子路曰："不仕无义。"(《论语·微子》)如果只是止于独善其身,或止于齐家,而不能进一步兼济天下,则对天命之性、"不忍人之心"的扩充就不充分,对"立人"、"达人"、"爱人"的推广就不充分,对天命的表露与发明就不充分。所以,尧舜鸡鸣而起,孳孳为善;大禹昼不暇食,夜不暇寝;伊尹之一夫不获,引为己辜;周公一沐三握发,一饭三吐哺;孔子拘于匡,伐树于宋,要盟于蒲,绝粮陈蔡,所以知其不可而为之,栖栖皇皇者:无非知天命在厥身而时不我待,欲亟亟表露和发明天命而已。故管仲"器小"(《论语·八佾》),孔子却许他以仁,曰:"如其仁,如其仁",正以其"相桓公,霸诸侯,一匡天下"的不朽功业,"微管仲,吾其被发左衽矣"(《论语·宪问》)。子曰:"吾岂匏瓜也哉?焉能系而不食?"(《论语·阳货》)

"推此理"的实践,无论是人伦日用还是建功立业,要"成己"、"成物",都必然涉及如何利用自然资源为自己和为他人创造物质生活资料和生产资料的问题,因而都必然涉及人与自然世界的关系问题,必然涉及人类如何对待自然的实践问题——促进人与自然的和谐,也是当前大陆学术界对"天人合一"观念最流行的理解。但构建人与自然的持久和谐,仍然主要是一个实践问题,而不仅仅是一种观念。帝尧时已根据天地运行的规律制定了历法,以指导人民的生产活动,大禹治水更是构建人与自然持久和谐的最佳实践案例。传说共工"欲壅防百川,堕高堙庳",导致洪水泛滥,以害天下。尧命鲧治水,鲧仍然采用堙堵的办法,乃以失败告终。后来舜命禹继续治水,禹"高高下下,疏川导滞,钟水丰物,封崇九山,决汨九川,陂障九泽,丰殖九谷,汨越九原,宅居九隩,合通四海"(《国语·周语下》),洪水才得到治理,人民才重返家园,得以发展生产。儒家从这些传说的圣王实践中已深刻认识到,只有顺应自然规律才能有效应对自然灾害,才可以保障人民的生活,促进生产的发展。故《礼记·月令》详细规定了四时所宜与不宜进行的生产活动。孟子亦曰:"不违农时,谷不可胜食也;数罟不入洿池,鱼鳖不可胜食也;斧斤以时入山林,材木不可胜用也。谷与鱼鳖不可胜食,材木不可胜用,是使民养生丧死无憾也。养生丧死无憾,王道之始也。"(《孟子·梁惠王上》)至若"子钓而不网,弋不射宿"(《论语·述而》),"君子远庖厨"(《梁惠王上》),皆是"仁术"也。

到了宋明,儒者说"仁"愈加精密,但常务于虚言而忽视实行。故朱子批评说:"盖专务说仁,而于操存涵泳之功不免有所忽略,故无复优柔厌饫之味、克己复礼之实,不但'其蔽也愚'而已。而又一向离了爱字悬空揣摸,既无真实见处,故其为说恍惚惊怪,弊病百端,殆反不若全不知有仁字,而只作爱字看却之为愈也。"① 邹颖泉氏亦云:"学莫切于敦行,仁岂是一个虚理?礼仪三百,威仪三千,无一而非仁也。知事外无仁,仁体时时流贯,则日用之间,大而人伦不敢以不察,小而庶物不敢以不明。人何尝一息离却伦物,则安可一息离却体仁之功?一息离便非仁,便不可以语人矣。颜子视、听、言、动,一毫不杂以非礼,正是时时敦行,时时善事吾心。"② 近代学者常常以"内圣"和"外王"概括儒家的修身和入世追求,或重"内圣"之学,或重"外王"之学,乃致互相割裂二者,割裂"知"与"行",认识与实践。但儒家的"内圣"与"外王"绝对不可割裂对待,"由仁义行"就是一个由"内圣"向"外王"的自然流转过程,是一个"知行合一"的持续过程。

三、立足于"学"的知识求索

儒家的"天人合一",自然是超越了主客对立,但也不是不分主客③,实践的展开必须建立于主体对客体的认知之上。《书》虽曰"非知之艰,行之惟艰"(《说命中》),然没有"知"也不会有"行"。知而不行非真知,不知亦无以行,所以儒家见诸行事的"天人合一"观必然重视"学"与"知"的问题。学以致用,知行合一,是儒家一贯的宗旨。这与道家完全否定"学"与"知"的态度不同,道家认为"绝学无忧"(《道德经》第十九章),"为道日益,

① 朱熹:《晦庵先生朱文公文集》卷三十一《答张敬夫·类聚孔孟言仁处》,《四部丛刊》影明嘉靖本。
② 《江右王门学案一·颖泉先生语录》,载黄宗羲:《明儒学案》上册,中华书局 2008 年版,第 344 页。
③ 参见刘学智:《"天人合一"即"天人和谐"?——解读儒家"天人合一"观念的一个误区》,《陕西师范大学学报》(哲学社会科学版) 2000 年第 2 期。

为学日损"（《道德经》第四十八章）。与法家排斥历史文化的态度也不同，法家主张"以吏为师"，人民只能学习法令、医药、卜筮和种植的知识（《史记·秦始皇本纪》）。儒家不仅重视技术性知识，也重视历史文化知识，不是要求个体成为一个个的"器"，而是鼓励个体通过学"道"而造"道"，故"君子尊德性而道问学"（《中庸》）。"德性之知"与"闻见之知"①，共同指导个体实践趋向"天人合一"的境界。

儒家重视的首先是"德性之知"。"德性之知"源于心性，个体本来具足，为什么还需要"学知"呢？人人之性受命于天，人人之性中平等地涵有着善的规定性，所以从理论上说每一个个体皆有着成仁成圣，达到人生与天命和合为一的潜质。但现实之中，涵有是性之个体不必然为善，也不必然能将人性之善充分表露与发展。造成这种状况的原因，孟子认为是受物欲之遮蔽，宋儒认为源于气禀之拘滞。孟子曰："富岁，子弟多赖；凶岁，子弟多暴。非天之降才尔殊也，其所以陷溺其心者然也。"又以牛山之木为喻，曰："虽存乎人者，岂无仁义之心哉？其所以放其良心者，亦犹斤斧之于木也"，其旦昼之所为"有梏亡之矣"，"梏之反覆"，乃至于"违禽兽不远矣"（《孟子·告子上》）。如何能认识到这种危险的倾向并找回放失的本心呢？如果不是生而知之者，就只能通过学习。子曰："生而知之者，上也；学而知之者，次也；困而学之，又其次也；困而不学，民斯为下矣。"（《论语·季氏》）《中庸》曰："或生而知之，或学而知之，或困而知之，及其知之一也。"所学所知，首先就是要找回那个梏亡的本心。故孟子又曰："学问之道无他，求其放心而已矣。"（《孟子·告子上》）朱子作《大学章句序》，将这个追求"德性之知"的过程说得更加明白，曰："盖自天降生民，则既莫不与之以仁义礼智之

---

① "德性之知"与"闻见之知"的划分见张载《正蒙·大心篇》，曰："见闻之知，乃物交物而知，非德性所知；德性所知，不萌于见闻。"（《张载集》，中华书局2006年版，第24页）此语表面上似有重"德性"而轻"见闻"的倾向，但杜先生认为这个提法"为的是厘清德性之知的内涵，并没有贬低经验知识的意愿，更没有严格区分道德和知识的企图"（杜维明：《论儒家的"体知"——德性之知的涵义》，孔祥来、陈佩钰编：《杜维明思想学术文选》，上海古籍出版社2014年版，第116页）否则，与《中庸》"尊德性而道问学"的观点就抵牾了。

性矣。然其气质之禀或不能齐，是以不能皆有以知其性之所有而全之也。一有聪明睿智能尽其性者出于其间，则天必命之以为亿兆之君师，使之治而教之，以复其性。"① 陆象山亦曰："古之学者为己，所以自昭其明德。"曰："心之体甚大，若能尽我之心，便与天同。为学只是理会此'诚者自成也，而道自道也'，何尝腾口说？"②

既知本性之善，找回了那个放失的"本心"，又该如何在实践中去表露它去扩充它呢？《中庸》曰："天命之谓性，率性之谓道，修道之谓教。"循性而行便是道，教是修道，学则学道。《礼记·学记》曰："人不学，不知道。"那么所修是何道？所学又是何道？曰礼义是也。礼义是"德性之知"与"闻见之知"的联结。其中义是抽象原则，礼是义的具体化，故所学又重在礼。孔子曰："克己复礼为仁。"（《论语·颜渊》）这显然不是说仁是礼的表现，"克己复礼"与"成仁"之间也不是并列关系，而是说的礼是为仁的路径。儒者历来对"克己"二字存在不同的理解，马融训为"约身"，范宁训为"责己"，程朱训为胜己私欲。③ 但无论约身、责己还是胜己之私欲，其实最终都要落实到"复礼"上来，"复礼"才是孔子要说的成仁之道。所以孔安国训"克"为能，曰"身能反礼则为仁矣"④，才切中孔子的本意。陈来教授认为孔子"克己复礼为仁"的讲法，是"在礼文化笼罩下对仁体显发的局限或障蔽"⑤，否定"复礼"对于"为仁"的重要价值，只能违仁愈远。孔子曰：

---

① 朱熹：《四书章句集注·大学章句》，中华书局 2005 年版，第 1 页。

② 《陆九渊集·语录下》，中华书局 2010 年版，第 444 页。

③ 有关古今对"克己复礼"的讨论，参见程树德：《论语集释》第 3 册，中华书局 2011 年版，第 817—821 页；向世陵：《"克己复礼为仁"——持续的争议与历史的教益》，《纪念孔子诞辰 2560 周年国际学术研讨会论文集》，纪念孔子诞辰 2560 周年国际学术研讨会暨国际儒联第四次会员大会，北京、山东曲阜，2009 年 9 月 22 日；黄俊杰：《孔子"克己复礼为仁"说与东亚儒者的诠释》，《外国问题研究》2017 年第 1 期；杜维明：《诠释〈论语〉"克己复礼为仁"章方法的反思》，《中国文哲论丛》第 2 号，台湾"中央研究院"中国文哲研究所，2015 年。

④ 《论语注疏》卷十二《颜渊第十二》，阮元校刻：《十三经注疏》下册，中华书局 1982 年版，第 2502 页下。

⑤ 陈来：《仁学本体论》，生活·读书·新知三联书店 2014 年版，第 105 页。

"人而不仁，如礼何？"（《论语·八佾》）又曰："不学礼，无以立。"（《论语·季氏》）正是强调的循礼以成仁为归趣，而不学礼则无以成仁自立。孔子十七岁时便以知礼而闻名于鲁国，自述"三十而立"（《论语·为政》），正立于礼也。根据《礼记·学记》的记载，"古之教者，家有塾，党有庠，术有序，国有学"，而贵庶子弟八岁入小学，十五岁入大学，所学所试无不与礼有着密切关系。礼的内容，也不止于洒扫应对进退，揖让周旋，而是包括了习俗、仪典、制度和法律在内的一切社会规则。《左传·昭二十五年》郑子大叔与赵简子论礼，对礼的价值和内容论说最为详尽。孔子曰："道之以德，齐之以礼，有耻且格。"（《论语·为政》）荀子劝学即是劝人学礼义，可惜他基于性恶的假设，重礼义只是要化性起伪，而没有深入探讨礼与仁的关系。

礼规范了行仁的路径，指明了率性之道。但是，扩充"不忍人之心"，率循天命之性仍需要在具体的实践中体现为具体的事功，所以"学"的内容就不能只是礼，所求之知也必须包括人类生活与生产实践所需的一切技艺。《周礼·地官司徒》："保氏掌谏王恶，而养国子以道。乃教之六艺，一曰五礼，二曰六乐，三曰五射，四曰五驭，五曰六书，六曰九数。乃教之六仪，一曰祭祀之容，二曰宾客之容，三曰朝廷之容，四曰丧纪之容，五曰军旅之容，六曰车马之容。"《礼记·学记》云："比年入学，中年考校。一年视离经辨志，三年视敬业乐群，五年视博习亲师，七年视论学取友，谓之小成；九年知类通达，强立而不反，谓之大成。"孔子既教弟子以礼乐射御书数，又以《诗》、《书》、《礼》、《乐》教，曰："其为人也，温柔敦厚，《诗》教也。疏通知远，《书》教也。广博易良，《乐》教也。絜静精微，《易》教也。恭俭庄敬，《礼》教也。属辞比事，《春秋》教也。"（《礼记·经解》）对于古代教育，朱子有一个简明的介绍，曰："人生八岁，则自王公以下，至于庶人之子弟，皆入小学，而教之以洒扫、应对、进退之节，礼乐、射御、书数之文；及其十有五年，则自天子之元子、众子，以至公、卿、大夫、元士之适子，与凡民之俊秀，皆入大学，而教之以穷理、正心、修己、治人之道。此又学校之教、大小之节所以分也。"[1]

---

[1] 朱熹：《四书章句集注·大学章句序》，中华书局2005年版，第1页。

对知识的追求，不但是生命实践活动的需要，而且是体认此种生命实践的需要，是体认"吾心之全体大用"的需要。朱子十分重视格物致知的工夫，他解释格物致知之义曰："所谓致知在格物者，言欲致吾之知，在即物而穷其理也。盖人心之灵莫不有知，而天下之物莫不有理，惟于理有未穷，故其知有不尽也。是以《大学》始教，必使学者即凡天下之物，莫不因其已知之理而益穷之，以求至乎其极。至于用力之久，而一旦豁然贯通焉，则众物之表里精粗无不到，而吾心之全体大用无不明矣。此谓物格，此谓知之至也。"[1] 在这个解释中，所致之知所格之物，自然不只是仁义天性，不只是人伦日用，也不止于治国平天下之事，而是涵盖对一切事物进行深入研究的意思。因为人物之性皆来自于天命，故而万事万物在本质上都是相通的，能做到"众物之表里精粗无不到"，然后"吾心之全体大用"无不明。并且，格万事万物，穷万事万物之理，也十分必要，因为"其知有不尽"的根本原因，是"于理有未穷"。人要想明"全体大用"，就要努力格尽天下物理。虽然穷尽天下物理在事实上并不可行，但这个解释实际蕴含了研究任何事物的必要性，也蕴含了研究任何一个事物而明"全体大用"的可能性，当然也蕴含了进行自然科学研究的意义。

张世英先生批评中国传统以"天人合一"为特征的哲学，缺乏主客二分和主体性原则，不注重认识论和宇宙论，尤其不重视对自然世界的认识。[2] 这个批评有一定的道理，确实切中了传统哲学包括儒家哲学在发展中的一些问题。但这个问题并不是儒家"天人合一"思想的内在痼疾，而只是先儒理解上的偏差。从根本上说，万物一体，本没有"合"的需要。但现实中个体由于物欲的牵引而逐渐遮蔽了其"天命之性"，不自觉地从整体中分离出来，所以就产生了"合一"的需要。对于这个分离，儒家虽不曰主客二分，而是个体从整体的分离，实则是主客二分。因为个体是从自我的角度来看待整体和整个事情的，而这正突出了个体的主体性。是我认识到我原来和

---

① 朱熹：《四书章句集注·大学章句》，中华书局 2005 年版，第 6—7 页。

② 参见张世英：《天人之际——中西哲学的困惑与选择》，北京大学出版社 2016 年版。

天地万物一体，认识到我的现在从整体中分离出来的事实，认识到重新回归整体的需要而积极主动的追求"合一"。这个"合一"的过程，也是自我积极投身于实践活动，在实践活动中表露和发明天命的过程。在实践活动中表露和发明天命，则不能不研究和学习实践的技术。故孔子曰："游于艺。"（《论语·述而》）这个艺就不仅是上面所说的做人的道理、做人的途径，甚至也不仅是治国平天下的知识，还必然地包含着从事实践活动的一切知识，当然也包含着改造自然和利用自然的科学知识。《周易·系辞下》所记古代圣王象法天地以制器，正是对自然科学知识的探索和应用。马一浮云"自然科学可统于《易》"，"以其言皆源于象数而其用在于制器"①，不是没有道理的附会。只是自然科学的发展必赖于生产发展的需要，而非完全是人类主观计划的产物。

总之，"天人合一"的实现，关键在于致知和实行。学是为了知，知是为了行，知行不能为二。学的内容不仅包括道德知识，更包括如何行、如何把事情做好、如何建立事功的技术知识。知在行先，知是为了行，但知不等于行。儒家向来主张知行合一，孔子曰："学而时习之，不亦说乎！"（《论语·学而》）阳明曰："知者行之始，行者知之成，圣学只一个工夫，知行不可分作两事"，"真知即所以为行，不行不足以谓知。"②皆强调知与行的统一性，知而不行同于不知。在儒家思想中，"知行合一"与"天人合一"存在密切关系，"知行合一就是为了达到天人合一的最高境界，知行合一是方法，是手段，天人合一是理想，是目标"③。张新民教授也指出，在"天人合一"的观念下必须提出"知行合一"以圆成与"天"一体通贯的生命本体的完整统一。④但知易行难，在现实的道德实践中，人们往往有以知代行的倾向，值得警惕。

---

① 马一浮：《泰和会语》，吴光主编：《马一浮全集》第 1 册，浙江古籍出版社 2013 年版，第 17、18 页。

② 《王阳明全集》（上），上海古籍出版 1992 年版，第 13、42 页。

③ 张世英：《天人之际——中西哲学的困惑与选择》，北京大学出版社 2016 年版，第 151 页。

④ 参见张新民：《天命与人生的互贯互通及其实践取向——儒家"天人合一"观与"知行合一"说发微》，《天府新论》2018 年第 3 期。

四、"天"的精神性内涵

儒家的"天人合一"不能仅仅视为一种文化观念，它实际上蕴含着深刻的精神信仰，是维系我们这个文化颠而复起，衰而复兴，绵延不绝，生生不息的价值根源。钱穆先生晚年郑重其事地提出他的"彻悟"，并说那是他"晚年最后的成就"①，绝不是仅将它作一种普通的或具有中国特色的观念，而是认为它就是未来世界文化之归趋处，强调它是一种与西方天人二分的宗教信仰不同的人文主义的信仰——杜维明先生将这种具有信仰义涵的人文主义称为"精神人文主义"。② 既然作为一种信仰，则个体之生命实践、仁心之扩充的过程，便不只具有俗世的道德实践意义，而必然具有一层超越性的意义。这种超越性的意义，主要就体现在所欲"合一"的"天"上。这个"天"，不是我们所看到的渺渺苍穹，而是一种具有精神的超越性存在。

"天"在中国文化中具有多重涵义。金岳霖先生说："如果我们把'天'了解为'自然'和'自然的神'，有时强调前者，有时强调后者，那就有点抓住这个中国字了。"③ 认为"天人合一"观中的"天"就具有上述两个意思，但他却没有具体讨论作为"自然的神"的天，而只是讨论了人与自然之天和谐相处、融合一体的现实意义。冯友兰先生指出在中国文字中"天"字至少有五种涵义，即物质之天、主宰之天或意志之天、命运之天、自然之天、义理之天或道德之天④，他自己十分向往与宇宙同一的"天地境界"。张岱年先生认为中国古代哲学中的"天"有三种涵义——最高主宰、广大自然、最高原理，但他否定儒家"人性即是天道"命题的现代意义，因而只在人与自然的关系框架内讨论"天人合一"问题。⑤ 季羡林先生也认识到"天"在中

---

① 钱穆：《中国文化对人类未来可有的贡献》，《中国文化》第四期，1991年。

② 参见杜维明：《二十一世纪的儒学》，中华书局2014年版。

③ 金岳霖：《中国哲学》，钱耕森译，《哲学研究》1985年第9期。

④ 参见冯友兰：《中国哲学史新编》上册，人民出版社2003年版，第103页。

⑤ 参见张岱年：《中国哲学中"天人合一"思想的剖析》，《北京大学学报》（哲学社会科学版）1985年第1期。

国古代哲学中的意义并不统一,有时指"一有意志的上帝",有时指"物质的天,与地相对",有时又指"有智力有意志的自然",不过他在对"天人合一"的讨论中仍然只关注自然之天。[1] 任继愈先生考察了中国古代"天"的五种涵义:曰主宰之天,曰命运之天,曰义理之天,曰自然之天,曰人格之天,但认为现代哲学的任务不是去论证天人能否合一或是否合一,而是应该探讨天人之间究竟是什么样的关系,以应对人类社会面临的各种问题,显然也是只关注"自然之天"。[2] 冯契先生在讨论"天人合一"的命题时,更是径直把天当作自然界来处理了。[3]

脱离精神性而谈"天人合一",当然只能在人与自然和谐的关系框架下讨论了,但却背离了儒家"天人合一"的真正义涵,必然也使钱穆先生晚年"彻悟"的意义隐而不彰。李申教授在《四库全书》中找到了二百余条明确表述"天人合一"的材料,发现其"天"字包含着以下五个方面的内容:"1.天是可以与人发生感应关系的存在;2.天是赋予人以吉凶祸福的存在;3.天是人们敬畏、事奉的对象;4.天是主宰人、特别是主宰王朝命运的存在(天命之天);5.天是赋予人仁义礼智本性的存在。"而将"天人合一"作为"人与自然合一"的内容一条也没有找到。[4] 可以很清楚地看出,这五种内容的"天"皆不是指我们抬头可见的渺渺苍穹,当然也不是指我们本来身处其中从来没有,也无法从中分离出去的自然世界。事实上,根据上述多位学者对"天"之涵义的考察,中国传统之"天"有多个面向或层次。伊川曰:"夫天,专言之则道也,天且弗违是也;分而言之,则以形体谓之天,以主宰谓之帝,以功用谓之鬼神,以妙用谓之神,以性情谓之乾。"(《周易程氏传·上经上》)我们不妨将"天"分为三个层次或三个位格:第一位格是自然之天,这是我们直接肉眼可见的渺渺苍穹,是我们可以直接感受到且生活在其中

[1] 参见季羡林:《"天人合一"新解》,《传统文化与现代化》1993年第1期。

[2] 参见任继愈:《试论"天人合一"》,《传统文化与现代化》1996年第1期。

[3] 参见冯契:《中国古代哲学的逻辑发展》上册,华东师范大学出版社1983年版。

[4] 参见李申:《序言》,蒲创国选编:《天人合一说》,国家图书馆出版社2013年版,第1页。

的整个自然世界；第二位格是主宰之天，我们将之拟人化为一个有形象的上帝，将我们自己无法理解的人世一切幸运和灾难都归因于怹的行为；第三位格是一个抽象的精神性存在，或称为义理之天，也是最高位格的天。这个最高位格的精神之天是世界一切生命一切事物之本质性的根源，是"天命之性"的根源。第一位格的天是自然之天，第二位格的天是人格化之天，第三位格的天才是儒家"天人合一"的天。一而三，三而一，自然之天是具象，人格化之天是想象，抽象的精神或义理之天是本原，三个层次或位格的天，最终都统一于义理或抽象精神之下。

作为自然之天，如帝尧所谓"钦若昊天"（《尚书·尧典》），孔子所谓"天何言哉"（《论语·阳货》），荀子所谓"天行有常，不为尧存，不为桀亡"（《荀子·天论篇》）者，人类本身生活于其中，无论对其如何破坏，总也无法分离出去，所以不存在需要合一的问题。作为人格化之天，也即文献中的上帝，各宗教的至上神，如尧舜所谓"四海困穷，天禄永终"（《论语·尧曰》）、武王所谓"天视自我民视，天听自我民听"（《尚书·泰誓》），孔子所谓"获罪于天，无所祷也"（《论语·八佾》）者，是一个外在于我们的最高权威，决定着人世间的一切祸福命运，怹有自己的意志和喜怒哀乐，甚至一些人士自称可以与怹对话，传达怹的旨意，但我们只能遵从怹的律法，绝不可能与怹合而为一。只有第三位格的义理之天，孔子所谓"天生德与予"（《论语·述而》），《礼记·乐记》所谓"人生而静，天之性也"，《中庸》所谓"天命之谓性"者，是一个抽象的精神存在，其以阴阳五行化生万物，"气以成形，而理亦赋焉"，"于是人物之生，因各得其所赋之理，以为健顺五常之德，所谓性也"①。人之性与物之性皆由其赋予，人类的一切价值皆根源于这个抽象的精神存在。也只有这一位格的"天"，万事万物与其本来一体，因而才存在"合一"的可能性。

义理之天的显现发生在中国的"轴心突破"时代，亦即殷周更代之后，当周公提出"明德慎罚"的告诫时，义理之天已开始走上中国文化的

---

① 朱熹：《四书章句集注·中庸章句》，中华书局 2005 年版，第 17 页。

前台。按照余英时先生的说法，这时及以后的"天"便不再只是原来的鬼神世界，而是"指一个超越的精神领域"，是"'道'—'气'构成的宇宙全体"①。到宋明，儒家以"理"释天，天的义理性质也就更加彰显无遗了。朱子曰："天地以生物为心者也。而人物之生，又各得夫天地之心以为心者也……盖天地之心，其德有四，曰元亨利贞，而元无不统；其运行焉，则为春夏秋冬之序，而春生之气无所不通。故人之为心，其德亦有四，曰仁义礼智，而仁无不包；其发用焉，则为爱恭宜别之情，而恻隐之心无所不贯。"②义理之天的产生与发展，是对第二位格拟人化之天的否定与消解，当然这个否定与消解的过程经历了漫长的时代，直到程子朱子才完成——这正是利玛窦以降的传教士特别攻讦宋明理学的一个重要原因。但儒家义理之天仍是一精神性的天，义理蕴含在精神性之中，其抽象的精神性不容置疑。否定天的义理性质，人们对人格之天的迷信必然沉滓泛起，而否定了天的精神性，则无以理解儒家"天人合一"的信仰价值。唐君毅先生曰："吾人谓中国儒者之天或天地，至少在《孟子》、《中庸》、《易传》作者之心中，乃一具形上之精神生命性之绝对实在。由是可知中国人之祀天地，或祀天，与天地君亲师神位中之有天地，亦不能谓之只祀一块然之物质天地，或只有生命之自然；而实含视之为一精神实在之意。唯先哲因恒对物质、生命、精神三者，不加截然区别，故人恒易不知觉间以天或天地唯指感觉界之自然。实则中国后儒亦多以天或天地，直指形上之精神实在。"③

不揭示天的精神性，则儒家"天人合一"的信仰价值就不能彰显，钱穆先生晚年"彻悟"的意义便打了折扣，杜维明先生"精神人文主义"的论域也无法推展下去。钱先生之所以将"天人合一"看作中国文化对人类未来求生存之最主要的贡献，杜先生之所以将"天人合一"作为精神人文主义的

---

① 余英时：《论天人之际——中国古代思想起源试探》，台湾联经出版事业公司 2014 年版，第 182、183 页。

② 朱熹：《晦庵先生朱文公文集》卷六十七《仁说》，《四部丛刊》影明嘉靖本。

③ 唐君毅：《中国文化之精神价值》，台湾正中书局 1953 年版，第 454—455 页。

最终目标,都绝不只是认为它仅可以处理人与自然界的关系——这样的话就没有多少实质性意义,因为人类已经基于大自然的残酷报复而有了更痛切地认识,不必再回过头去乞灵于一个空洞的哲学概念。钱先生的"彻悟",杜先生的洞察,真正的意义皆是为现代社会的人类提供一种不同于人格神崇拜的信仰,提供一种不同于将人生意义寄托于幻想的彼岸或天堂的信仰,这种信仰不离于人伦日用,不离于个人追求俗世功名利禄的事业,而是在人伦日用之中、在追求功名利禄之中为之提供一种规定和指引,将它们接引到"成己""成物"以"成仁"的道路上来。

"天人合一"的概念产生于宋代,虽然儒者多有使用,却不专属于儒家[①],但从儒家精神人文主义的视角去界定它的内涵,则使它不再是思想史上那个意义飘忽的习语,而是成为一个涵盖儒家思想精髓的最高哲学范畴。不同于其他宗教文化中物质与意识、此世与彼世、人间与天堂的二元对立,儒家对于"天命之性"的设定,使得自我与他者、主观与客观、世俗与超越都有了根源上的连续性。因而,人类在这个星球之上不必再感到孤独,不必再感到自卑,当然也不应再自私傲慢。连续性不是混淆物我,不是抹杀分别,而是建立了个体推己及人,推人及物,通过生命实践在此世实现超越的可能性。合一不是一种纯粹的思想境界,不是一个纯粹思维的游戏,不是自我情感的陶醉,而是在人伦日用之中,在建功立业的生命过程中,证成人生的真正意义。因而,这就提出对学与知的需要,提出了认识主观与客观世界的需要——不仅是对道德世界规律的认识,还要有对自然世界规律的探讨。缺乏知识论的传统不是儒家的痼疾,而对科学的探索却可以成为儒家"成己"、"成物"以"成仁"的助缘。与人类生命息息相通之天,当然也不是一个纯粹自然的物质之天,更不是一个虚拟化的偶像之天,而是具有精神性的义理之天,这个天通过"性"将其生物之心转给

---

① 参见刘笑敢:《天人合一:学术、学说和信仰——再论中国哲学之身份及研究取向的不同》,《南京大学学报》(哲学·人文科学·社会科学)2011 年第 6 期。

人,使人也具有了生生的德性根源,从而获得超越而内在的精神性信仰。"天人合一",实是儒家终极关怀的最好概括,是儒家人文主义之精神性的最高呈现。

(作者单位:浙江科技学院)

《中庸》"配天"叙事的超越意涵

王 小 超

"配天"不仅仅是中国文化传统中的重要词汇,也是儒家祭祀实践中的重要主题。后世皇家的宗庙祭祀中,可以配天者,往往为开朝或继统之帝王。而在儒家的语境中,可以配天者,除却传说中集内圣外王于一身的尧舜以外,则首推圣人孔子,也就是"素王"。《中庸》是儒家经典中言性与天道的最重要作品,其中子思以"配天"来称誉孔子,这一叙事有着深刻的超越意涵。

一、"配"字第一义:靠近

要解释"配天"究竟是什么意思,首先要说明"配"字的涵义。追究"配"字在《诗》、《书》、《易》中的用法,我们可以看到,"配"字大多数情况下本就是与"上帝"、"天"、"命"等字一同出现的。如此一来,"配"字的涵义又应当从"配天"这个词背后的整体语境中得到解释。这样,我们就陷入了循环解释的困难。

然而,我们可以另辟蹊径,从"配"字的字形进行考察。"配"字甲骨文作配,从"酉"从"卩"。但这一字形到了《说文》时代已经湮没,而转为从"酉"从"己"。所以段玉裁只能推测说:"己非声也。当本是妃省声。故假为妃字。"①

---

① 许慎撰,段玉裁注:《说文解字注》,上海古籍出版社1981年版,第748页。

段玉裁的这个论断很准确,查"妃"字的甲骨文字形𢁘,可以看出"妃"字本也不从"己"。"妃"、"配"两字义近,且都与"己"、"纪"、"记"等意义难以建立联系。所以,"配"字的古义与"己"旁并无关联,而与"卪"则甚为相关。"卪"象一人跪坐面朝一方,《说文》认为是"瑞信"之意,又以玉卪、虎卪等解之,认为"象相合之形"①,可说是比较接近了。考察"即"字的甲骨文字形𨚫,与"配"字非常相似,区别之处仅为"即"字一人跪坐面朝食物,而"配"字一人跪坐面朝美酒。

因此,"配"字之第一义,应为接近、靠近。在𦣹(配)的字形中,我们看到,端坐的人与象征德、命的美酒"在一起",这表达着一种事关存在的意涵。在这个意义上说,"配"字起着与系动词一样的作用,几乎可以说它也是一个"存在系词"。"是"在古文中意为"这个"、"这儿"、"在这里",其作用是将某种存在的状况凸显出来、带领出来;"即"经常就是"靠近"的意思,在现代文中也常常就做系动词来使用;而"系"则是将两种存在者相互绑定、牵连,使之同一。而"配"则是一个颇具中国哲学特色的动词,在它的引领下,存在者与某种境况、某种色彩一并显现出来。而这种一并的显现必然蕴含着"靠近"、"接近"、"在一起"的意象,否则,又何以称之为"一并的显现"呢?

"配"字在后世中的演化用法也可以作为这个观察的佐证。分配、匹配、配置、装配、配套都意味着某种处分,某种安排。在这种语境下,两种事物伴随出现,而且以非常合适的形式出现。而所谓"配得上",或者"高配"、"中配"、"低配"的说法,又为这种存在的秩序提供了某种评判。"配"作为评判的标准是主观的,然而又是主体所能够领悟的。"配"的这一功能与"安"亦相似,它们都为存在者提供了某种安置。

这样说来,诗书中的"配天"、"配命"、"配上帝"的说法便得到了很好的解释:人类族群带着无限归往、怀念、眷恋的情感,与超越之存在恒久地"在一起"。而"王配于京"(《诗经·下武》)、"追配于前人"(《尚书·君牙》)、

① 许慎撰,段玉裁注:《说文解字注》,上海古籍出版社1981年版,第430页。

"以配祖考"（《豫卦·象传》）这些用法也得到了很好的解释：作为子孙的人类与祖考、先王"在一起"，恒久地安置在这一超越的文明传统背景之下。

二、"配"字第二义：当值

"配"字的第二义是当值。所谓当值，指的是在使用"配"字的语境中所涉及的当事者往往是实力相当的、可以分庭抗礼的两方，而且，两方的关系是直接交锋的，再没有一个中间方加以间隔。敌对、相当的涵义，可以由《左传》的这句话得到很好的解释：

> 内宠并后，外宠贰政，嬖子配适，大都耦国，乱之本也。（《闵公二年》）

王后、执政、嫡子、国都本来都应该是独立的、特出的、无可匹敌的存有，本来不应该有实力相当者与之争斗，因此内宠、外宠、庶子、大城的势力膨胀就是危险的。并、贰、配、耦这几个近义词传达出的，都是相当、敌对的意思。而"嬖子配适"的"适"，即"嫡子"的"嫡"字，与"敌（敵）人"、"敌（敵）国"之"敌（敵）"声符相同，意义也相近。嫡子在祖先与后代的序列上与父亲是可以相匹敌的[1]，而"敌国"一词在《春秋》中经常指的就是实力相当之国。

嫡子作为父亲的继承人，作为神圣祖先和在世子孙之序列中的重要一环，作为时间意识中未来的象征，都有着重要的价值。因此震卦说：

> 震，亨。震来虩虩，恐致福也。笑言哑哑，后有则也。震惊百里，惊远而惧迩也。出可以守宗庙社稷，以为祭主也。（《震·彖传》）

---

[1] 父子的相"敌"不仅仅是常见的情感体验，甚至古人起名之法也暗含了这一意义。也速该以刚刚打败的塔塔尔部首领"铁木真"为儿子命名，"铁木真"既是他的儿子，又是敌人。晋献公诡诸的名字也来自于其父晋武公的俘虏。

为什么伴随儿子的到来,父亲的感受首先是恐惧和敬畏,然后才是欢喜?因为儿子是面向神圣宗庙的祭主,是与自己相同的存在者。儿子所给予父亲的存在震慑,是纷扰繁杂的世间琐事所无法给出的。所以,丧礼之中,子女为父母服三年丧,父亲为长子也服三年丧。① 在此,父亲与嫡子是抗礼的、相当的。

从这一观察角度,我们再来看《公羊传》:

> 郊则曷为必祭稷?王者必以其祖配。王者则曷为必以其祖配?自内出者无匹不行,自外至者无主不止。(《宣公三年》)

这段话历来难解。以"王者必以其祖配"来解释鲁国祭天礼中对后稷的祭祀是没有问题的。但下文中"匹"、"主"、"出"、"至"、"行"、"止"与祖先、与"配天"究竟是怎么发生关系的呢?更为头疼的是,《公羊传》在给出这条原则之后,就不再有任何进一步的解释了,就好像这一解释已经完满,而且对古人来说没有任何的理解困难和疑义一般。但作为身处两千年之后的今人,我们却不得不细细探究和体味这段话的涵义。上文已述,"匹配"、"祭主"与祖先序列的关系是明显的。那么行走和止息呢?它们是古人理解世界的两个重要隐喻。

我们先看行走。《公羊传》中何休注曰:"匹,合也。无所与会合,则不行。"而《庄子》中也有一句与《公羊传》极为相似的话:"自外入者,有主而不执;由中出者,有正而不距。"(《则阳》)在此取代"匹"字的是"正"。《说文》:"正从止,古文正从一足。"② 甲骨文"正"写作"𝍌",这是一幅行走的图画。行走的落点是结实的,与足相匹配、应合,不能是邪路或者陷阱。一步一个脚印的、踏实的行走,就是所谓"正"。天道之"行"亦需要与之相配合者,而这个与天相配合者就是人。《易传·系辞下》说:"苟非其人,道不

---

① 《仪礼·丧服》中斩衰有"父为长子"。(参见重刊宋本《十三经注疏·仪礼注疏》,艺文印书馆 2007 年版,第 346 页)

② 许慎撰,段玉裁注:《说文解字注》,上海古籍出版社 1981 年版,第 69 页。

虚行。""其人"就是天道之行的显现,是天道之行的"正"。而后稷作为"履帝武敏歆"(《诗经·生民》)而生的祖先神话,作为名副其实的"天生之子",作为有大德的周人、鲁人的神话祖先,自然是"配天"的最佳典范。我们看到,《中庸》的叙事仍然展示了"道"与"人"相配的逻辑:"礼仪三百,威仪三千,待其人然后行。故曰:苟不至德,至道不凝焉。"在这种逻辑下,天与人、道与行道者是相合的、匹配的,不是分离的、毫不相干的。

我们再看止息。在这里,《公羊传》和《则阳》的关键词都是"主",也就是"住"。《孟子·万章上》:"吾闻观近臣,以其所为主;观远臣,以其所主。若孔子主痈疽与侍人瘠环,何以为孔子?""主"作为一个动词双向联结了主人和客人。主客的匹配是很重要的,所以孔子适合"主"蘧伯玉,而不可能"主"在小人家里。《礼记·坊记》:"天子四海之内无客礼,莫敢为主焉。"《公羊传·庄公元年》:"天子嫁女乎诸侯,必使诸侯同姓者主之。"天子将女儿嫁与诸侯时,因为诸侯地位无法与天子平等,所以就托同姓的诸侯(公)来为女儿出嫁作"主",所以天子之女才被叫做"公主"。《礼记·丧服小记》:"诸侯吊于异国之臣,则其君为主。"诸侯去别国吊唁大夫,只能由该国的国君来接待。这些都体现了相配、相敌的精神。

除了作为祭主的嫡子之外,妻也是家中之"主",《礼记·哀公问》:"合二姓之好,以继先圣之后,以为天地宗庙社稷之主,君何谓已重乎?……妻也者,亲之主也,敢不敬与?"对于一个归家的旅人来说,器物、管家和仆人都不是主。没有"主",也就谈不上"至"了。因为若是家中没有"主"人,那么空空的房屋适足以衬托出归者的寂寞,使他无法产生真正"到家"的感觉。因此,与宗庙祭祀大为相关的"至",便成为一个与"主"一样重要的词汇。这也是诸侯会盟、外交或战争之后必须到宗庙去行"告至"礼的意义所在:我已经回到了国都,回到了家,但我去跟哪一个"超越的他者"说一声呢?没有一个可以对话的、"相人偶"的存在者,我何以确定自己是不是真的"到"了呢?

日常宗庙祭祀的原理亦如此。祖先在宗庙的祭祀中多次地降临,与子孙会面、宴饮、对话,因为他们同属于一个时间性的序列,同属于一种时间中的存在形式,他们之间是相"配"的、相当的、正值的。在此,祖先与子孙、鬼神与世人、天与人之间达成了互为主宾的、可以抗礼的、几乎可说是平等的联系。这也体现出中国文化的一贯精神:相"配"的主体之间才可能有真正的对话,否则,是不会产生真正的关系、沟通和交流的。

三、"配"字第三义:类似

"配"字的第三义是类似,或者象、如、类比、比拟、仿象、比方等等。[①]使用这一用法的语句很多,比如《中庸》的"博厚配地,高明配天,悠久无疆",还有《易传》的"广大配天地,变通配四时,阴阳之义配日月,易简之善配至德"(《系辞上》)。这些都是将某种抽象的道德品质和某种较为具象的、显明的存在形式"配"起来。很显然,这是一种类比的、象的用法。这种用法重在求同而非存异。目的在于取两者神似之处,而不在于分析其具体差别。"如"字的用法亦然,重点在于将我们带往某种存在之境域,而不是一种判然的分析。所以,当孔子说出"祭如在"之时,并不是让我们若存若亡地处于某种迷惑中,而是纯粹地想要使我们前往那个"在"的清明状态。在这种用法下,正确的解读只能是"祭如在",而不能是"如在如不在";只能是"如在其上,如在其左右"(《中庸》),而不能是"如不在其上,如不在其左右"。所以"如"字本身也常有"去往"某处的用法,比如"十年春,王正月,公如齐"(《僖公十年》)。在我们使用"象"、"配"、"如"来匹配所讨论的两个存在者时,我们意欲使它们面朝同一方,而不是要将它们对立起来,进行分析和判别。

除了用法之外,我们应当说明,这种"共同朝向某种现象"的思维背后

---

① 其实,我们给出的这个解释的词群,就已经体现出了"象"的精神。与"配"相似,"象"也是相当主观的。"配"可以有不配、有点配、一般配、很配、非常配、极配、真配等情况,"象"也可以有不象、有点象、很象、非常象、极象、真象等情况。所有这些区分都是极为模糊和主观的。但是,主观并不等于错误,它表达的真实并不比客观少。

有着更加深入的原理。因为相提并论的、共同出现的、感通为一体的存在必然有着某种相似性，这是中国哲学一贯的思维模式。否则，所谓"万物一体"岂不是某种不知区分的狂妄吗？所谓一体，重在指出所有存在者都具有某种相似性，或曰，它们在根本上来说是"同类"的。所以《孟子·告子上》才说："故凡同类者，举相似也，何独至于人而疑之？圣人与我同类者。"《中庸》也说："夫妇之愚，可以与知焉，及其至也，虽圣人亦有所不知焉；夫妇之不肖，可以能行焉，及其至也，虽圣人亦有所不能焉。"这是在强调圣人与普通人的类似。《乾·文言》说："同声相应，同气相求。水流湿，火就燥，云从龙，风从虎，圣人作而万物覩。本乎天者亲上，本乎地者亲下，则各从其类也。"这是在强调同类现象的聚集。《系辞》说："方① 以类聚"，这是指出一般的归类法则。

在古人看来，最大的分类就是天、地，它们也拥有最大的普遍性。《礼记·孔子闲居》说："天无私覆，地无私载，日月无私照。奉斯三者以劳天下，此之谓三无私。"所以，《中庸》中的圣人便自然是与天地类似者："仲尼祖述尧、舜，宪章文、武；上律天时，下袭水土。辟如天地之无不持载，无不覆帱，辟如四时之错行，如日月之代明。"甚至"类"便是古代圣人祭祀的名称——"肆类于上帝"（《尚书·舜典》）。《易传》也说圣人"与天地相似，故不违"（《系辞上》）。所以，毫不奇怪，与先秦儒学一脉相承的宋明理学对圣人修养的期许，也使用着同样的话语。朱子说："吾之心即天地之心。……但天命至正，人心便邪，天命至公，人心便私，天命至大，人心便小，所以与天地不相似。而今讲学，便要去得与天地不相似处，要与天地相似。"② 阳明说："须要时时用致良知的功夫，方才活泼泼地，方才与他川水一般；若须臾间断，便与天地不相似。"③ 甚至道家也分享着同样的观念，比如《庄子·德充符》中的兀者就以"天地"为标准来期待孔子："夫天无不覆，地无不载，吾以夫

---

① 注意"方"字，我们以上解释"配"的词群中就有"比方"一词。《庄子·田子方》："万物莫不比方"，指的仍是万物与太阳所保持的方向一致。

② 《朱子语类》卷三十六，中华局书 1986 年版，第 977 页。

③ 邓艾民：《传习录注疏》，上海古籍出版社 2012 年版，第 216 页。

子为天地，安知夫子之犹若是也！"

四、三义合观下的"配天"

其实，接近、当值和类似，这"配"字之三义也并不能区分得那么清楚。相配的二者之所以当值，必然是因为他们很接近，他们共享着同一个真实的或想象的时空；而将他们相提并论，无形中就已经是把他们归入一个大的分类了。而这个分类，可以就是"存在"本身。所以，在"天命之谓性"的命题中，人的生存（"性"）与超越的存在（"天"）之间便建立了一种存有的连续性。在"天命"的背景下，人与人之间、人与万物之间，又建立了无限丰富的连续性。① 接近意味着共存，共存意味着并立，并立又意味着相互对话和影响，而对话又使这些存有形成了一个命运的共同体。

宽泛说来，因为"天命之谓性"的命题主张每个人都是天命所生，所以每个人都至少在微弱的程度上是"配天"的。这也就是庄子所谓"皆天之所子也"（《人间世》）。但严格说来，"配天"者要求与"天"的极度相似。也就是说，要求人能够完全觉解、完全体现"天"的普遍性和创生性。这样的话，便只有"圣人"才能"配天"。《中庸》："凡有血气者，莫不尊亲，是谓配天"。配天者必须要达到"天"的普遍性，为万有提供价值的来源，做到"莫不尊亲"。《庄子·天地》中"有族有祖，可以为众父，不可以为众父父"的啮缺，就是因为其关怀局限在了一个族群，不能拥有足够的普遍性，所以不足以"配天"。另外，圣人的"聪"、"明"、"圣"、"知"使他能够与"天"有着良好的对话和感应，从而与天地之间的一切存在者都有着良好的对话和感应。而普通人却总有一些自私、狭小和昏沉，不够"聪"、"明"，无法捕捉时间的真义，所以在不同程度上是"不肖"的。

我们知道，"圣人"的另一个称号是"天子"，而"天"和"子"的组词法

---

① 杜维明、牟复礼和张光直都将存有的连续性当作中国世界观不于同西方的特点，而"配"字所传达出的信息与存有的连续性是有着同样面向的。

是将天人比拟为父子。父子是相敌、相当、相配的。而且，"子"有朝一日是会成为"父"的。因此，"天子"与"天"之间没有永恒的裂缝，而是共享着某种极为相似的特质。所以《中庸》中的圣人本身就是天道的体现："诚者，天之道也；诚之者，人之道也。诚者不勉而中，不思而得，从容中道，圣人也。"圣人在此已经打了一个转身，实现了对"人道"的超越，而进至"天道"之域。这也是圣人"配天"的另一个意义所在。

所以"中"是圣人所必然达到的。作为天命下降至人间的源发之点，"中"在世间不再有任何倚靠，任何依赖。相反，它是世间万有所要倚靠、所要依赖者。所以《中庸》说："唯天下至诚，为能经纶天下之大经，立天下之大本，知天地之化育。夫焉有所倚？""中天下而立"的圣人要是"中立而不倚"的，他为世界立下了"大本"，也就是"中"。他以此德行与天地配，与天地参，是"天地位焉，万物育焉"的前提。所以《孝经》引用《甫刑》说："一人有庆，兆民赖之。"这"一人"指的便是作为"天子"的圣人。

"和"亦然。"和"是唱和，是对话，是应答，是契合，是相与，它的对象首先是"天"，而绝不仅限于世间。所以《庄子·天道》说："夫明白于天地之德者，此之谓大本大宗，与天和者也；所以均调天下，与人和者也。与人和者，谓之人乐；与天和者，谓之天乐。"《人间世》和《大宗师》反复提及"与天为徒"和"与人为徒"的不同，并说明在天人的抉择上，"天之君子"首先是"侔于天"的。正因为圣人的存在本质首先是"天"所赋予的，所以"天下"对他来说，就只是一个次级的概念。因此，《论语·泰伯》说："唯天为大，唯尧则之。"尧的首要关怀是效法、仿象、配得上"天"。"舜禹之有天下也，而不与焉。"舜、禹的首要关怀也不是和"天下"的相与。"禹，吾无间然矣。菲饮食，而致孝乎鬼神；恶衣服，而致美乎黻冕；卑宫室，而尽力乎沟洫。禹，吾无间然矣。"大禹也绝不会沉迷于世俗的饮食、衣服和宫室，而是将关怀首先指向了超越的存在。

"庸"亦然。庸，用也。它代表着一种对自我的使用，是一种"任重而道远"的功夫，它期待实现自己的使命，而这使命仍然是指向"天"的。换句话说，圣人所禀赋的是"天命"，所实施的事业则来自于"天使之"。所以大禹"尽力乎沟洫"的功业本质上仍不是世俗意义的。

其实,比较一下《圣经》传统,我们可以将超越与世俗的区分看得更加清楚。亚伯拉罕无比忠诚于与上帝的约;雅各与神匹敌摔跤,从而获得了"以色列"的名字;大卫拥有了人间的一切尊荣,却忘我地跳舞娱神。他们的首要关怀都不在这个世间,不在他人。当然,严格说来,他们是"与上帝订立契约"者,这一表述与"配天"者多有不同。但是,所谓契约不也是一种唱和、对话、契合吗?在这个意义上,也可以说他们是符合了"中庸"、"中和"之道的。

不过,我们需要重申的是,"配天"的叙事方式重在指出人与天的互相类似,而不是强调天人之间不可跨越的鸿沟。圣人之可以"配天"便在这个鸿沟上凭空架起了一道桥梁,为人之生存给出了希望。而"不配",或者说不像、不如、不肖,这些否定性的词汇道出的是众人与圣人的差距。当然,差距并不是最根本的,是可以通过行道和修养弥补、改变的。其改变的动力,仍来自于每个人自身。这就将可比拟于天的创造力和自由意志还给了每个人。

反之,既然是自由,就一定包含着拒绝的权力。换句话说,"诚之"的"人之道"依赖于每个人自己,"诚"和"中"、"忠"、"如在"这些命题一样,都是"操则存,舍则亡"(《孟子·告子上》)的。所以,对天命的弃绝,对仁义的假借,对道的隔离,这些与儒家基本命题截然相反的认知和做法,其权力仍在于每个人本身,而不能被儒家所剥夺。[①]只是,知天命、畏天命者是君子,不知天命而不畏、无忌惮的是小人;性之、身之的是圣王,假之的是霸者;不可须臾离道、慎独的是君子,闲居为不善的是小人:这些自然是儒家的题中应有之义了。至诚则可以"配"天,不诚则"不配"。自己的努力和反省,别人的观察和评价,最终是可以达成一致的。

最后,不诚、"不配"的行为,也就是对"天命"的最彻底的拒斥,其所

---

① 《孟子·离娄上》:"不仁者可与言哉?安其危而利其灾,乐其所以亡者。不仁而可与言,则何亡国败家之有?"这是说对"不仁"的选择仍然是众人的权力,仁义是不能被圣贤所强加的。

导致的结果就是经传中常常出现的"绝"。《孟子·离娄上》:"既不能令,又不受命,是绝物也。"《公羊传·桓公十六年》:"十有一月,卫侯朔出奔齐。卫侯朔何以名? 绝。曷为绝之? 得罪于天子也。""绝"是对连续性的阻断,是对一体之"命"的打破。得罪于天子,便不能再"充其类"了。所以,曾子临死时念念不忘"而今而后,吾知免夫"(《论语·泰伯》),他所"免"的是不仁不义、自绝于天命的罪过。无疑,否定超越之存在,从而自"绝"于天,这是儒家所绝不忍心看到的。这也是儒者所绝不敢触碰的底线,因为真正的儒者对超越之"天"拥有笃定的信仰,对他们来说,"获罪于天"是"无所祷"(《论语·八佾》)的。

(作者单位:中山大学哲学系)

哲学，何以作为生活方式？[*]

——漫谈皮埃尔·阿多

史 少 秦

皮埃尔·阿多及其"精神修炼"学说，是我在博士论文写作期间的额外收获。在那段时间，我常常向杜先生汇报我的博文写作情况，先生总能根据我的境况和问题，提出精确而又启示极强的建议。每次向先生问学，都能收获满满，不仅在学术上，也在修身等其他方面。关于修身哲学，我印象较为深刻的是先生和我讲阿多的"精神修炼"，而我那个时候根本还不知道阿多为何人，先生提醒我阿多所说的"精神修炼"是理解古希腊哲人以"哲学的方式"生活的重要切入，这种修身哲学，是理解儒家精神磨炼方式的有益参照。

而后，有了这篇小文，作为一个简单的读书札记。

皮埃尔·阿多（Pierre·Hadot）（1922—2010），法国当代著名哲学家和历史学家，以其深厚的古典文献学造诣在国际上享有盛誉，国内关于阿多的译著却并不多，研究论文更是鲜见，其著作的中文译本最早在国内发行已经是他逝世之后的事情了。^①阿多出身于法国的一个天主教家庭，童

---

*　本文发表于《读书》2017 年第 12 期，此处略有改动。

①　[法] 皮埃尔·阿多：《古代哲学的智慧》，张宪译，上海译文出版社 2012 年版。

年和青年时期在基督教修道院和神学院中度过，基督教经院哲学，尤其是托马斯主义神学是他哲学思考的开始，然而阿多对于哲学和生活的思考、对于自我和世界的认知，起于斯却未终于斯，转向了"作为生活方式的哲学"。对于神秘主义的兴趣，对于古希腊罗马思想的热忱，使得他与基督教信仰渐行渐远，逐步脱离"神圣"而步入"凡俗"，从宗教的生活转向哲学的生活。阿多将哲学看作是"对世界的知觉的一种改变"，毕生在追求一种作为生活方式的哲学，或者说一种哲学的生活方式。这种作为哲学的生活方式，在阿多看来，与基督教信仰的体验不同，也与凡俗的、无意识的生活方式迥异。这种具有"精神性"的修炼方式，或者生活方式，是阿多对于"自我"在世界中的实现的一种解释，也是其整个哲学研究的核心概念之一：纵观阿多的整个哲学生涯，对于"什么是做哲思？"的追问贯穿始终。对于阿多而言，哲学是一种亲身参与的"体验"，而非体系性的构建，古代哲学文本的书写方式与哲学话语中的不连贯之处使得它们难以形成严密的体系，但是阿多表明，这些不连贯之处是可以解释的，这些古代文本不是在传授知识，而是在促成一种哲学"培育"的效果，即具有"引导性"，引导众人进行"思想的体验"与"如何思考"的实践，也就是"精神修炼"。

一、如何理解古代哲学？

人们对于古代哲学的文本进行研究的时候往往会犯这样的错误：忽略时间性问题，将古代哲学文本与现代哲学文本等同对待，不去考虑词语涵义的古今之变，也未曾领会思想与心态的历时演变。阿多对此提出批评，他强调对于文本的诠释要谨慎地结合具体语境或语法，当然不仅仅只是文本的问题，还涉及语词涵义、语境等方面。同样对文本中的语境给予重点关照，最为著名的莫过于以英国政治思想史家昆廷·斯金纳为代表的剑桥学派。斯金纳强调著者的"意图"，因为著者是在某个特定的历史语言环境中，面向特定的读者而进行书写，对于其著作的真正理解，就不能限于单纯的文本，而是要对文本存在其中的"语境"加以考察。阿多与斯金纳的相似点在于对于文本客观性的重视，他认为在诠释时要达到某种客观性，尽可能对文本做客观的定位，要考虑到文本所处的传统与具体的语境；尽可能地减少主观的影响，作品应当放置到它所出自的历史实践中去研究。当然，这并不意味着古代哲学文本对当下价值的缺失：古代文本书写的目的并不是为了当下的此刻，其时下之意在于为我们提供特有的来自于古代的源泉与启发。

阿多格外重视文本的写作方式，尤其关注古代哲学文本以对话录体裁所呈现出的口语性。对话形式决定了书写情境的特定性，问题或回答总是有所目的，相互熟悉的问者与答者在特定的语境中进行对话，并非为面向普遍性而言说，而是以一种自由对谈的方式呈现出思想的跃动。阿多认为这体现了人们之间的一种生动的关系，他在这里借鉴了维克多·戈尔德施密特的话形容这样的情景："哲学与其说传达信息，不如说培育心灵。"

以对话录、格言集这样的文学体裁为代表的古代哲学文本，在今人看来缺乏系统性，呈现片段化，阿多将此称之为古代哲学的"对话性特征"，在阿多看来，在当前的时代恢复古代哲学的这种特征是极为困难的，因为现代哲学的系统性论述都带有提出"自足体系"的愿望，这与古代哲学不同，现代哲学日益走向纯粹，强调话语、体系，而远离人和人的生活。在阿多这里，现代哲学存在追求自我满足的体系的危险，它偏离了哲学的本质，而倾向于话语体系的建构，放弃了"广袤星空不可描述"的体验，而去追逐"言说的自成系统"，这是一种哲学的"异化"。"诚然，两千年里，哲学用了种种方法来禁止那些与自身不一致的思想，在此意义上，哲学本身确实是在体系化。但是，一旦对注释性质的思想运动进行具体研究，我们即可发现，思想是按一些非常多样化的方式在运作的。"[①]哲学话语需要一种新的伦理观，借助于此，"哲学话语才能拒绝把自身作为自足的目的或者更糟糕地把

---

① ［法］皮埃尔·阿多：《古代哲学研究》，赵灿译，华东师范大学出版社 2017 年版，第 10—11 页。

自身作为哲学家的雄辩展示,而化为一种自我超越的渠道,抵达宇宙理性的层面并朝向他者敞开"①。

二、精神修炼

对于哲学文本中表面上的不连贯和不一致问题的思考促成了皮埃尔·阿多"精神修炼"观念的诞生,他将这种"精神修炼"视为一种自我的实践,目标在于实现个体的一种转变,或者一种自身的转化。古代的哲学文本不会追求一种体系性的"自我满足",而是希望产生一种"培育"的效果。"精神修炼",更偏向一种生活的选择,一种生活模式的感受或者改变,引导或者转变受众的心态,以及他们认识周围事物的方式。阿多将所有的哲学都视为一种修炼,这种修炼包括教诲性的话语和引导我们行动的内心话语。在他看来,关键在于思量如何去实践我们的知识,而不是执着于苦思冥想。当然,哲学话语并不能理解成修炼本身,"修炼"是哲学"话语"向自身"行动"转化的必经之路,这意味着对于"话语"的接受,转化,以及付诸"行动":思想的"转向"或者是行动的实践。"外部话语"转化为"内心话语","内心话语"引导着"自我"的转变,阿多认为"精神修炼"更倾向于通过内心话语的形式进行,这意味着"精神修炼"不只是一种心理过程,更可以表述为一种自我的"内在超越"。哲学,作为生活方式,面向的是对于人本身的思考。

在柏拉图那里,"哲学思考"意味着修炼面向死亡;在伊壁鸠鲁派那里,"精神修炼"意味着对意识的审查;在斯多葛学派那里,"精神修炼"意味着迎向生活困苦的准备⋯⋯种种这些,都是"人"本身的问题,都是面向作为存在的"人"的修炼或思考,这关涉到人的"精神性"的生活,有一种"神秘主义"或者说是超越理性的思维与存在,它是对于人的生活,抑或是生存方

---

① [法] 皮埃尔·阿多:《作为生活方式的哲学:皮埃尔·阿多与雅妮·卡尔利埃、阿尔诺·戴维森对话录》,姜丹丹译,上海译文出版社 2014 年版, 第 73 页。

式的思考,是对于至善的探究,是"人"与"世界"的整体性、统一性状态的体悟。所以阿多指出"精神修炼旨在确立灵魂中的安宁"。

精神修炼的哲学与纯粹思辨的哲学存在某种形式的对立,阿多将此描述为两种传统的分化:"从中世纪以来我们可以观察到两种传统的延续性——一种偏重哲学话语,另一种则在哲学中容纳生活方式与实际亲历的习练的视野。"① 这在某种程度上可以视为"现代的"(尤其是 18 世纪及其以后)哲学与"古代的"(尤其是古希腊罗马)哲学的一种对立,前者沉溺于建立自说自话的话语体系,后者则与生活相关,介入人的实践领域。一切还需要去实践,阿多指出"完善话语的自满自足"对所有的哲学家都意味着一种危险。"非知之艰,行之惟艰。"哲学的"未完成"才是哲学永恒的美。

三、唯有当下是我们的幸福

皮埃尔·阿多"精神修炼"中一个重要的内容是"思索死亡",并不是思考死亡本身,而是去思考如何去面对"死亡"。死亡,是人类诞生至今挥之不去的永恒恐惧;人,向死而生,死亡彰显出了人存在的意义,思索死亡与思索人生是一个问题的两个方面。世界,呈现出人的空间性;死亡,呈现出人的时间性。人存在于时间与空间的坐标体系当中,人的无数瞬间之"时刻"共同组成了人从生到死在空间中的轨迹。唯有在当下瞬间,我们是存在的,过去与未来都是我们所无法把控的,阿多认为,当下"就是我们可以行动的唯一时刻"。

阿多指出我们要意识到当下时刻的无限性。由于经历过几次需要麻醉的大手术的缘故,阿多对于死亡有深入的体悟和思索。关涉死亡的精神修炼最主要的内容在于对当下生活的思考,即:在死亡来临之前,我们如何进行生活?阿多赞同两种对待生活之"瞬间"的态度:一种是强调生命在死亡

---

① [法] 皮埃尔·阿多:《作为生活方式的哲学:皮埃尔·阿多与雅妮·卡尔利埃、阿尔诺·戴维森对话录》,姜丹丹译,上海译文出版社 2014 年版,第 139 页。

面前的严肃性,将每天作为最后一天来度过,将每个时刻当作最后一个时刻来度过,以一种尊重的态度对待生命的每一个瞬间;另一种是将生命中的每个时刻以一种平常心对待,赋予每个瞬间以绝对的价值,无论这个"瞬间"处于怎样的"过去"与"未来"之间,即使平庸,即使谦卑,但具有它与众不同的绝对意义,尊重并完成此刻之事,享受此刻有限却无穷的美好。

人类对于死亡的恐惧,来源于对于"永恒性"的迷恋和"不朽"的诱惑。当下瞬间的体悟是存在的最为真切的感受,是"自我"与"时间"关系的现世呈现。在时间的领域里,时间是唯一永恒。"永恒"与"不朽"对于"自我"而言,体现出的是一种关于"时间"的目的性;"当下"对于"自我"而言,则体现出一种关于"时间"的片段性,作为人生过程的某个片段瞬间。阿多指出,"幸福就在当下的此刻",因为"我们仅仅生活在现在",又因为往事不可追,来事不可待,而"现在的每个时刻都给我们提供幸福的可能性"。从这个意义上而言,当下的无限可能意味着一种"永恒",一种"精神性"的永恒,这种"永恒性"是需要通过"精神修炼"而为自身所认识的,在阿多看来,对于当下时刻的专注的修炼不仅在于享受它作为一个"时刻"所呈现出的美好,而更在于体悟这种有限时刻所蕴含的无限价值。他援引了《浮士德Ⅱ》里的一句诗来形容这种修炼:"因而,精神既不前瞻,也不后顾。唯有现在,是我们的幸福。"

如果我们以皮埃尔·阿多对待古代哲学的方式去研究皮埃尔·阿多:亲历其整体的思想运动,探寻其作品的全部意图,我们会发现阿多对于哲学话语与哲学式的生活选择进行了区分。他对于哲学话语的自足性时刻保持警惕,以一种"生活方式"的态度对待哲学,以一种"精神修炼"的方式进行哲学的思考。作为"生活方式"的哲学,是关于"人"的思考,是关于"人"在世界中的存活的思考,是在"世界"之中"审视生命之存在"的哲思,这是哲学基本且永恒的主题;"精神修炼"的运思方式,是一种时刻鲜活的内心实践,"修炼"的无限延续性契合着哲学的"未完成"状态,"完满体系"有其终结,唯有对于哲学的思索永恒。

哲学,何以作为生活方式?哲学真能走出抽象理论的象牙塔,面向世俗的生活实践完全敞开?转向生活方式的哲学,并不是将哲学与生活混为一谈,而是在生活中以一种"精神修炼"的方式对待生活,这与那种习惯性的,凡俗的生活相迥异,是引导和"培育"众人去体悟个人在世界中的存在,去体悟时间、智慧与生命的意义,进行一种哲思的生活实践。将哲学作为生活方式,意味着对于生活和哲学的观念的双重改变。

(作者单位:中国社会科学院古代史研究所)

精神人文主义的情感基础

——基于"同情"的中西方哲学考察

王凯歌

一、情感研究的西方之镜

西方哲学对情感的理解明显与中国语境中情的含义不同,前者对情的解释基于心理学的视野以及感性(经验)、理性(先验)二分的哲学架构,而儒家情感的内涵具有多样性与层次性,不能简单地以心理学上的情绪、倾向、刺激—反应的模式来理解。

首先,西方汉学家对儒家"情"的含义的研究受到葛瑞汉研究的影响,后者认为先秦文本中"情"的涵义只有"情实"一项。[①] 依据西方汉学家,先秦的"情"是人在与外物发生关联时一种带有强烈情感色彩的反应的倾向。那么,"情"的概念就不是指那些具体情感如喜怒哀乐爱恶欲的总称,而是

---

① 西方汉学家如葛瑞汉否认先秦的情具有"情感"(passion)的义涵。葛瑞汉指出先秦文本中"情"的基本涵义是"物的精髓"(what is essential)或"真实"(genuine),而"激情"、"情感"的涵义到了宋代才发展出来。他指出从前者向后者涵义转变的迹象在《荀子》和《礼记》的文本中可以被考察到,也恰是在那里该概念第一次被灌入情感意义上的内涵。(See Graham, "The Background of the Mencian Theory of Human Nature", in *The Tsing Hu:Journal of Chinese Studies*, New Series, 1967, 6.1–2. Reprinted in Graham, *Studies of Chinese Philosophy*, Singapore: The Institute of East Asian Philosophies, 1986, pages 59–65)

指一种内在的回应外界的倾向与反馈机制。陈汉生（Chad Hansen）认为我们必须找到"情"的单独的、完整的义涵。他的建议是："情"意指"事实反馈"（reality feedback）[1] 或者"事实输入"（reality input）[2]。"总体而言，'情'意味着由事实诱发的区别或者造成区别的反应……"[3] 这些反应包括诸如此类的事情：快乐、愤怒、悲伤、恐惧、爱、憎恨、欲望，但是"情"意指"事实反馈"，而不是这些情感状态本身。[4] 南乐山（Robert Cummings Neville）把荀子《天论篇》中的"天情"（好恶喜怒哀乐）界定为感觉（feelings），把"天官"（耳目口鼻触）界定为感官（sensibilities）。[5] 迈克尔·普明（Michael Puett）指出，先秦文本中"情"概念有宽泛的语义范围，包括了如下这些义涵诸如基本的趋向（basic tendencies）、倾向（inclination）、意向（dispositions）（包括情感的意向 emotional dispositions），以及基本的特性（fundamental qualities）。[6]

安乐哲、郝大维指出，"情"不仅是一种对外界的反馈机制，而且具有情境塑造与情感指向的作用。他们认为"情"兼具作为事实的"情实"与作为价值的"情感"的涵义于一身正说明了古典儒学并没有将对事实的描述与针对事实的因应之道区分开来，正如同"是非"既意味着"是这个/不是这个"（事实），也意味着"赞同/反对"（价值）。那么，"情"不仅仅是回应

[1] Hansen, "Qing (Emotions) in Pre-Buddhist Chinese Thought", *Emotions in Asian Thought,* Albany, NY, State University of New York Press, 1995. p. 196.

[2] Hansen, "Qing (Emotions) in Pre-Buddhist Chinese Thought", *Emotions in Asian Thought,* Albany, NY, State University of New York Press, 1995. p. 201.

[3] Hansen, "Qing (Emotions) in Pre-Buddhist Chinese Thought", *Emotions in Asian Thought,* Albany, NY, State University of New York Press, 1995. p. 196.

[4] See Hansen, "Qing (Emotions) in Pre-Buddhist Chinese Thought", *Emotions in Asian Thought,* Albany, NY, State University of New York Press, 1995. pp. 196–197.

[5] See Robert Cummings Neville, *Boston Confuciansim*, State University of New York Press, p.27.

[6] See Michael Puett, "The Ethics of Responding Properly: The Notion of Qing in Early Chinese Thought", Eifring H, *Love and Emotions in Traditional Chinese Literature*, Leiden: Brill; 2004. pp. 37–68.

的倾向与能力，更是一种塑造处境和角色的感情特征的情感性的东西。"无论是'性'还是'情'，都不只是对于其他某种东西的回应。当'性'和'情'是由发动和承受这两方面构成的事件时，一个人就完全是共同创造者，他最大限度地对经验有所赋予，也最大限度地从经验中有所获得"①。

以上研究只是管窥一豹，略窥西方汉学家眼中先秦儒家的"情"与情感思维的特征。在这个意义上，苏格兰启蒙运动休谟、亚当·斯密的同情概念（sympathy）是这些汉学家把"情"理解为一种反馈机制的先驱与滥觞。

与康德相反，亚当·斯密试图把道德的根据建立在情感上，指出人与人之间的社会交往不是借助他们的理性而是他们的同情能力（即想象能力）而相互沟通（设身处地地为对方着想）。亚当·斯密认为同情是人天生的一种道德感（moral sentiment），进而把同情作为道德判断的根据。他所谓的"同情"不是指怜悯意义上的具体情感，而是指一种情感共鸣的心理机制。这种机制是上帝给我们的心灵设定的一套精妙的道德情感的系统，是自然智慧的体现。人的心灵就像一个精巧的手表，而社会就像一个庞大运转的机器。这种机制具体表现为"行为者—公正无私的旁观者—行为的合宜"。行为者在表达激情的时候，他为了获得别人的同情共感，就在自己的内心设想一个公正无私的旁观者来反观与评判自己的行为。他必须把自己的激情控制在合宜、适度的范围内，才可以获得旁观者的同情。而对于任何一个现实的旁观者，当看到行为者处于某种情境中而产生的具体情感时，会设身处地地想象自己也处在那种情境中，因此他会产生与行为者相近的情感。旁观者与行为者的情感程度越是相近匹配，那么就说明行为者的行为越是合宜越是正当，越值得赞许（praiseworthy）。因此，在他看来，美德就是情感的合宜。由此，公正的旁观者的同情就成为判断行为合宜性的标准。亚当·斯密的道德情感论可以表述为：情感经过旁观者同情的赞许而达到行为的合宜，这就是由情感到美德的情感主义方式。斯密的这套论说

---

① 安乐哲、郝大维：《〈中庸〉新论：哲学与宗教性的诠释》，彭国翔译，《中国哲学史》2002 年第 3 期。

很接近于儒学所讲的"絜矩之道",以及戴震所讲的"以我之情絜人之情"。然而,若把这种心理机制的理解套用在儒家的恻隐之心上,则把儒家道德情感的丰富意蕴给狭窄化与单一化了。

在这个问题上,以耿宁为代表的现象学家就否认了把恻隐之心与同情(sympathy)的心理机制进行会通的尝试。① 从现象学角度来看,耿宁认为,恻隐之心是人在面临孺子将要入井之情境的最原初意识(primary experience),这一原初意识中包含着行动的趋向,即采取行动去救助孺子。这意识是当下即视的,因而不需要移情机制所要借助的想象与联想。从现象学分析,在孺子将入井的例子中,我们是为小孩子所处的不幸处境而痛苦,因而是更为自发,更为原初,在其意识结构中更为直接。我们的担惊受怕不是指向我们自己,而是针对另外一个人的危险处境,我们为他担惊受怕,倾向于行动去拯救他。而休谟、斯密所说的同情共感,需要借助想象与反思他人的情感,需要互换位置来思考他人的感受,并将他人的苦作为自己悲伤的对象,因而是**一种对他者感情与感受的反思性的当下化**。而恻隐之心的朗现从现象学角度来解释,**是不需要在认知上把他者的主观体验当下化的**,而呈现为最原初的体验方式,即对他者处境的一种情绪的参与、一种为处境的他者行动的倾向。

陈立胜也认为当代西方现象学和心理学对孟子"恻隐之心"的探讨均从移情(empathy,把他者的感受注入自我中)与同情(sympathy,设身处地想象他人的感受,与他人形成情感共鸣)的意向性构造分析是有问题的,无论同情或同感是指向自我,还是指向他者,这种意向性构造分析背后都预设了一种个体主义的自我观。② 而在儒家的语境中,恻隐之心并不单单是一种道德情感,而是一种涉及宇宙论、存在论的仁者浑然中处于天地万物之中、与天地万物一体相通的觉情,是儒者在世的一种基本生存情调,揭示

---

① 参见耿宁:《孟子、斯密与胡塞尔论同情与良知》,陈立胜译,《世界哲学》2011年第1期。

② 参见陈立胜:《恻隐之心:"同感""同情"与"在世基调"》,《哲学研究》2011年第12期。

了人之为人的一个共处、共享、共在的生存结构。

综上，无论是把儒家的情理解为一种回应外界的反馈机制，抑或是一种移情的、同情共感的能力与现象，还是一种自发的最原初的意识，这些把儒家的情化约为一种心理主义的解读或者原初的精神现象的看法都是有问题的，都不足以解释中哲学心、性、天相通的道德形而上学的真谛。诚如陈立胜指出的，作为道德情感的恻隐之心所揭示的是更深层次的生存论的问题①，由此可以上达本体宇宙论。因此，对于情感的分析必须具备更深层次的视野与框架。

二、恻隐之心：一种生存论的分析

由上文可知，汉学家与苏格兰启蒙运动思想家把"情"解释为一种刺激—反应的机制或移情的心理机制，不能完全说明儒家情的内涵与种类。例如，悲悯、恻隐、忧戚等情怀并不一定针对具体的对象而发，而是主体当下即有的一种"情态"，此即所谓的常怀悲戚之心。因而，这种情态是先于主客、物我二分的源始性现身情态，已经不属于心理学分析的范畴，而成为存在论（或生存论）分析的范畴。在西方哲学中，这是由海德格尔开启的对此在的生存论分析带来的视角。

海德格尔以存在论分析终结形而上学，他对人生在世的现身情态的生存论分析揭示出，忧、烦、畏、操心等并不是心理学的情绪，而是此在被抛与沉沦在世就带有的情态。此在是在这些基本的情态中现身的。因而它们并不是先有主客、物我二分然后主体才对外物产生的心理情绪与感受，而是先于主客二分的，是本源的、源始的情态或情调。在这个意义上，海德格尔是把忧、烦、畏等现身情态当作此在在世的"本体"（然而此本体非形而上学的本体）。李泽厚基于海德格尔"生存情态"的概念指出，情感不只是

---

① 海德格尔认为对此在的存在性质的分析就是生存论，被认为是基础的存在论。（参见［德］海德格尔：《存在与时间》，陈嘉映译，生活·读书·新知三联书店，2012年版，第154页）

心理学上外物引起的反应，还应包括日常生活中非常实在且常在的情结、激情、心境。即使是无喜无悲、无怨无爱，也是一种情境、心绪。他高度评价海德格尔的哲学贡献，即此在的生存情况本身是本体，把它概括为"心理成本体"。现身情态是人们现时代实在的感性生存状况本身，具有本体的性质（此本体非形而上学的 onto，而是指最本质的实在、本根）。

对于本文来说，海德格尔对忧、畏、操心等的存在论与现象学分析给我们提供了一种考察儒家情感的重要视角，即相比于心理学的情感，儒家所重视的情大多属于海德格尔这种作为人本真性存在的现身情态或心境（Befindlichkeit），如圣人之忧（本真性的忧）、孔颜之乐（本真性的乐）、恻隐之心（本真性的同情）等都不是对某种对象的反应，而是主体自身所萦怀的心境与情态。在这个意义上，仁是一种内心不安不忍感的醒觉，如牟宗三对诸葛亮"揭然有所存，恻然有所觉"一句所作的哲学分析：

> 此是注重在恻然之觉之本身，不是顺"所"字去觉一个对象。……如常有不安不忍之感、悲悯之怀，不必问所不安所不忍的特殊对象是什么，也不需要问所悲悯的特殊对象是什么。悲天悯人、天与人已经很笼统，并非一特定的对象……只看这悲悯之怀之自身，只看这不安不忍之感之自身，这便是仁了。"鼓万物不与圣人同忧"，不必问圣人所忧的是什么，只这忧自身便是圣人之襟怀，便见圣人之仁体呈现。……然则于此"恻然有所觉"，能起不安之感，那便是仁了。仁不仁著重在安不安之本身，不著重在所安与不安的对象。这才是以"觉"训仁的切义。①

综上，李泽厚借鉴的是海德格尔存在论的概念来阐释作为一种现身情态的恻隐之心，指出它先于主客二分的本源性特性。他所谓的心理成本体，并非西方形而上学意义上的最高本体（onto），而是指人的现身情态（如忧、

---

① 牟宗三：《心体与性体》第三册，台湾联经出版事业公司 2003 年版，第 307 页。

烦、畏) 是人的终极实在。牟宗三先生对"恻然有所觉"的哲学分析与海德格尔对忧、烦、畏的生存论分析不谋而合,然而前者依然是在中国哲学的传统中进行创造性诠释,这个传统就是"以觉训仁"的古解。

三、以觉训仁到万物一体

从哲学史上看,恻隐之心最先由孟子提出,他说"恻隐之心,仁之端也"又说"恻隐之心,仁也",以此表明仁义内在于本心而非外铄。在后世的诠释中,道德本心具有先验性与超越性,但是又通过感性经验层 (如见孺子入井的情境与怵惕恻隐的经验感受) 表现出来。[①] 因此,对恻隐之心的理解就关乎对儒家核心思想"仁"的理解。宋明理学基于恻隐之心建构了本体宇宙论的哲学,把恻隐之心提升为"仁体"的宇宙本体,这是由程颢以觉训仁、从疾痛相感的感通上诠释仁者"与天地万物为一体",继而由王阳明"良知是真诚恻怛之心"来完成的心学仁体论。这条路向侧重直觉的体认、体悟 (不同于感性直觉,牟宗三认为是智的直觉) 与逆觉体证。与之相对,程颐、朱熹以穷理尽性、格物致知的"顺取"路径来建构"仁性爱情"、"性体情用"的仁体论,这条路向侧重认知与穷理,所以反对"以觉训仁"。

本文认为,以觉训仁才是理解儒家道德情感论 (道德直觉论),也是理解儒家万物一体论的恰当方式。牟宗三先生曾以"本体论的觉情"来称呼这种道德的直觉,把此仁心觉情看成一超越的、创生的道德实体。这是就仁体的感通与润物而言的 (仁以感通为性,以润物为用) 的宇宙本体与道德实体。在道德实体 (仁体) 的意义上,就可以理解是非之心与恻隐之心之间的关系。不安、不忍、恻然之觉体 (仁体) 一旦呈现,自能随事感通,当机而发,此即仁体的感润无方。相应于仁心的觉情,是非之心是智心的觉照 (以觉照为性,以及物为用)。牟先生这样解"以觉训仁"之"觉"字:

---

① 这一点是牟宗三、李明辉、蒙培元、于连、梁涛等所共同承认的,即不能用经验—先验、感性—理性二分的架构来解释恻隐之心。

觉是"一个本体论的实体字,而不是一个认识论的认知字,是相当于 feeling(觉情),而不相当于 perception(取相的知觉)。Feeling 是 moral feeling, cosmic-feeling 之 feeling,吾人可名之曰'本体论的觉情'(ontological feeling),而不可看成是'认识论的取相的知觉'(epistemological perception)。……此仁心觉情是一超越的、创生的道德实体。当机而动,直接相应其自体而显发是不安、不忍;对可羞恶的事,显其义相;对恭敬辞让的事,显其礼相;对是非辨别,即其智相。义礼智都以仁心觉情之超越体为其底据,是此体自身起了约约,显出纹路与脉络……有一特殊的定向,有了一曲折的局限,是相应于所当之机而约起来的屈曲的局限与定向"①。

"仁心觉情在对特殊之机上澄然贞定收敛而为智相,其最初之收敛是孟子所谓'是非之心',是明辨道德上的是非者,常与羞恶之心连在一起合用。"② 王阳明良知只是个"是非之心",应当是对孟子是非之心的创造性发展。此非对象化的认知(见闻之知),却是道德认知(德性之知),但德性之知却离不开见闻之知(如孝悌的德行离不开对冬温夏清、奉汤侍药、晨省昏定的知识)。

可以说,牟先生把恻隐之心放在"以觉训仁"与仁者"与天地万物为一体"的哲学框架中,建立了基于一种"具身感受性"的"觉情"概念,它是宇宙大化一气贯通的生命的觉情。因此,恻隐之心(怵惕恻隐之心)就是不忍人之心、真诚恻怛之心。仁以感通为性,知疾痛相感就是仁,反之,麻木不仁即为不仁。正如杜维明先生对"以觉训仁"的阐发:"痛感体验乃是为人之本质特征;无能感受痛苦既被视为是健康方面的一个重要缺陷,而且也被看作是道德方面的一个重要缺陷。人即可以感受到痛苦,无能于此即是有害于我们的仁。这种对痛苦的肯定态度是基于具身化(embodiment)与感受性(sensitivity)乃是仁的两个基本特征这一信念推出的。"③ 正是这种

---

① 牟宗三:《心体与性体》第三册,台湾联经出版事业公司 2003 年版,第 308 页。
② 牟宗三:《心体与性体》第三册,台湾联经出版事业公司 2003 年版,第 309 页。
③ Weiming, T., 2010, The Global Significance of Concrete Humanity: Essays on the Confucian Discourse in Cultural China, New Delhi: Center for Studies in Civilizations.

"具身感受性"使得儒家道德本心在本质上是嵌在肉身之中的"觉情",是"智性的觉识与道德的觉醒"。

进一步而言,恻隐之心所体现是自我与他者处于一种"本源性的联系"之中,即杜先生一直强调的"存有的连续性"①。不忍人之心是自发的,这又表明儒家式自我并非孤立的、隔绝的个体,而是在本源上具有关切他者、与他者共在的生存属性。法国汉学家于连指出,相比于西方启蒙思想家从理性(康德)与感性(卢梭、叔本华)为道德奠基的方式,孟子从恻隐之心为道德奠基的做法更具优越性。因为恻隐之心具备两个特征:首先,通个体式、通感性;其次,它又不否认个体,承认自我与他者处于本源性的互动关系中。儒家的我是"万物皆备于我"之我。"我是接通于万物的,所以我是在本源意义上与万物相关。"② 人一旦反观自我,发现自己确实关心他者(即疾痛相感),就会意识到自己与天性相协调(即反身而诚),所以才会"乐莫大焉"。"仁义道德就在于通过我们的行为展发这原初的关系,在我们的生存过程当中将这个生命之本原意义上的融通关系具体化;按照人之'当是'去做人,就是把潜在于我身上的对别人的关心在我四周的生活空间中也实现出来……后来的中国人以人的身体来把握仁之特性。"③ 这也是宋明儒者以身体的感觉来把握仁的特性的原因所在。

四、觉情与感通:万物一体的机理

由上文可知,仁主要体现为一种道德直觉,一种"智性的觉识与道德的觉醒",一种不安不忍的悱恻感,一种真诚恻怛之感。牟宗三先生对"以觉训仁"的阐发是符合孔子仁教的真精神的。因为,孔子对仁并非采取定义

---

① 杜先生指出"联系性的宇宙观"有连续性、整体性、动力性三个特征,并指出连续性的基础在于"气"的连续存有。

② [法]弗朗索瓦·于连:《道德奠基——孟子与启蒙哲人的对话》,宋刚译,北京大学出版社2002年版,第76页。

③ [法]弗朗索瓦·于连:《道德奠基——孟子与启蒙哲人的对话》,宋刚译,北京大学出版社2002年版,第76页。

的方式，而是在具体行事上当机指点仁心。孔子以仁发明斯道，虽然是当机指点，然而是以"此心的不安、不忍、愤悱之不容已"来指点人的真实德性生命。从人心的悱恻不安、触之即动、动之即觉的本心来指点仁。这就表明，人心（仁心）的最本质特征是"感通"，因"感"而"觉"而"通"，仁心的朗现就体现为"感—觉—通—万物一体"的反应。而在宋明儒者看来，若是不通是由于心有所私，私欲阻隔了物我、人我的相通。因而，牟宗三先生说"仁以感通为性"是再恰切不过的。

同时，仁心要发挥它的作用是通过"觉润"来实现的，觉是道德发动的真几。牟先生从仁的觉润作用生出仁的创生之义。觉就是因不安、不忍、愤悱之感而感通觉润，如时雨之润，温暖之贯注，因觉润而诱发外物之生机，故觉润即起创生。因而纵着讲，觉润就是道德创造的真几，就是天命建行不息、德行纯亦不已。关于仁的论述已经蕴含着万物皆备于我、反身而诚（感通无碍、觉润无方）的两大特征。牟先生晚年以阳明学的良知（知体明觉）的感应来说明仁心的感通，以至于与天地万物为一体。"由真诚恻怛之仁心之感通，或良知明觉之感应，而与天地万物为一体。……感应于物而物皆得其所，则吾之行事亦皆纯正而得其理。就事言，良知明觉是吾实践德行之道德的根据；就物言，良知明觉是天地万物之存有论的根据。故主观地说，是由仁心之感通而与天地万物为一体，而客观地说，则此一体之仁心顿时即是天地万物之生化之理。"①

与牟先生相似，唐君毅先生也阐发了基于情之感通的万物一体论，指出万物一体的境界是由仁心的感通无碍来实现的。唐君毅基于《论语》、《孟子》、《中庸》、《易传》阐发了一种与物相通的自发自动的宇宙情。唐君毅认为，孟子《中庸》、《易传》中所说的性情是"实有一超个体生命而与一切人物相感通而成就之之心情"②。这种情不是被动的情，而是依于内在之性而与物感通的自发自动的情。在这种情上，人可以见性养性而存心。这是

---

① 牟宗三：《现象与物自身》，台湾联经出版事业公司2003年版，第458页。
② 牟宗三：《现象与物自身》，台湾联经出版事业公司2003年版，第106页。

由于《孟子》、《中庸》、《易传》是从性情说心之虚灵明觉。儒家的心是虚灵明觉，然而由性情充实，性情即为心之本，性情保证了心的虚灵明觉不落为虚空（区别于佛老）。因为心必须通过与外物交接而发生感通，才能认知外物，形成知识，在感通中形成统贯的万物一体，自然生命能突破其自身限制。这全在于心与外物交感而实现成己成物的仁心。"故在感通之际，此心之虚灵明觉，必特殊化而具体化，复因有所感通而充实化。由是而见心之性虽虚灵，而又能充实，亦即心有求充实之性。"[1] 唐君毅揭示了感通的机制：心的虚灵就在于心与物感通时候能感此而感彼，觉此而觉彼。感通意味着无私，超越狭隘的个人主义，走向自我与他者的连续性存有。"吾人之心情，乃一超越于我个体之主观，而涵盖他人与外物于其内之一客观性的或宇宙性的心情。"[2] 防止心被私欲遮蔽的办法就是感通，反躬自思，推己及人，以矩之道待人。

总之，无论牟宗三还是唐君毅，都是在程明道"以觉训仁"的传统上对"感通"加以创造性发挥的。相较于西方哲学二元论所造成的"德性之知"的阙如（如康德依据人的有限性提出人没有智的直觉）与外在的超越，牟、唐以感通的无限性打破现象界与本体界、知识与道德、经验与超验之间的鸿沟，由心身一如的感知直达形而上本体，以肯认一个即存有即活动、有创生义的、即内在而超越的道德实体与宇宙本体。因而，"感通"恰是此道德本体（仁心、自由无限心）的特性（仁以感通为性），仁体的感通无碍、遍润无方才能通有限于无限。由此，新儒家对感通的研究是一种本体宇宙论的、道德形而上学的哲学诠释。

五、精神人文主义的情感基础：觉情与感通

本文认为，杜维明先生近年来阐发的精神人文主义是对牟宗三、唐君

---

① 牟宗三：《现象与物自身》，台湾联经出版事业公司 2003 年版，第 108 页。
② 牟宗三：《现象与物自身》，台湾联经出版事业公司 2003 年版，第 107 页。

毅先生感通思想的进一步阐发。在精神上，精神人文主义所包含的四个向度天（天道）、地（自然）、群（社群）与己（自我）之间的贯通是依靠觉情与感通的效应而实现的。

杜维明先生在长期与基督教、伊斯兰教、佛教的文明对话中所沉淀下来的"精神人文主义"（spiritual humanism）思想传统恰好是对儒学宗教性"极高明而道中庸"的阐发。精神人文主义的"精神性"体现在个体修身的身、心、灵、神的四个层次上，同时，在价值的开显上把孟子的"十字打开"更加撑开，扩展为"天、地、群、己"的四个维度。一方面，精神人文主义可以对治西方启蒙运动以来消解形而上学的上帝概念（上帝死了）之后所导致的"宰制性"的凡俗人文主义（secular humanism）的问题（如工具理性的膨胀带来的经济—技术主义思维的压制、价值理性的衰落、诸神之争、历史虚无主义、相对主义等），同时精神人文主义又秉持人文的、入世的精神，是对传统神学以超越的彼岸为终极追求的转换，它同时又认可启蒙哲学开启的人文化、理性化的价值转向。

首先，杜先生强调的儒家内在而超越的超越性体现了天与人、自然与人的感通，这其中必然包含一种敬天法祖、体认天命与仁民爱物的情感体验。具体来说，从超越性的角度来看，儒家人文主义的精神性体现在对天道的敬畏与遵从上。儒家对天地山川祖宗的祭祀之礼中必然包含着诚敬的宗教性情感。尤其是对祖先的祭祀体现了至诚感格的道理，这体现了生者与死者在精神与情感上的感应感通。与西方人格神宗教不同，超越不超越的关键不在于是否拥有一个"超绝"的个体化的人格神作为终极的实体，而在于主体自身超越的蕲向。这与齐美尔强调宗教性在于主体的宗教情感而不在于信仰超验的形而上客体有相似之处。[①] "宗教主要是构成整体关系

---

① 齐美尔区分了宗教性与宗教。宗教性是宗教的内形式，是指献身、忠诚、依附与归属的情感倾向。而宗教是指体现为外部形式的宗教建制（超验世界、教堂、教义、救恩事工等）。宗教可以随时代而变化，而宗教性却不变。这表明宗教信仰只是主体的一种灵魂功能，超验的绝对客体（如上帝）是否存在是无关紧要的。（参见 [德]齐美尔：《宗教的地位问题》，《现代人与宗教》，中国人民大学出版社2003年版，第54页）

一方的人的主观态度，或是人对该关系现实性的主观反应。它纯粹是人的感觉和信仰，是我们灵魂的一种状态或经历。"① 杜维明先生早年强调的儒家个体通过在社群中践行"礼"的要求而实现内在的创造性转化就是儒家所特有的"超越"。儒家理解的自我并非孤立的原子，而是处在以自我为中心向外辐射形成的同心圆社群的关系网络中。自我通过践行礼仪实现从非本真（虚假的自我 selfish）到向着主体性（即诚实的、真正的、实在的人性)② 的转化（克己复礼为仁），这是在人伦日用中实现的自我超越。③ 经过这个循环（从天到人、又从人到天；从个体到社群、再由社群到人）的提升，个体回到的已经不是原来的自然生命的我，而是转化后的道德我。如他所说儒家的宗教性在于一种终极的自我转化："这种自我转化既是一种群体行为，又是对超越者的一种诚敬的对话性的回应。儒家的宗教性是经由每个人进行自我超越时具有的无限潜在和无可穷尽的力量而展现出来的。这里涉及个人、社群和超越者。"

其次，同情心、恻隐之心体现了人与人、群与己之间的感通。杜维明先生在多次演讲中一再强调的人的多样维度，除了理性经济人的维度外，他强调人更是一种有同情心、慈悲心的存在，在强调理性经济人追求利益最大化的今天，我们更加彰显同情恻隐的价值，这本身就是觉情与感通的体现。精神人文主义不是康德意义上把情感完全排除出去的纯粹理性主义，而是彰显同情恻隐与关切他人等情感效应与体验的人文精神。诚如亚当·斯密在《道德情操论》指出的，市场经济运行的成功不是靠理性经济人的自私自利之心，反而是依靠市场主体相互间的移情与同情（将心比心、换

---

① ［德］齐美尔：《论宗教的认识论》，《桥与门——齐美尔随笔集》，涯鸿、宇声译，上海三联出版社 1991 年版，第 109 页。

② 参见杜维明：《论儒学的宗教性——对中庸的现代诠释》，段德智译，武汉大学出版社 1999 年版，第 92 页。

③ 唐文明认为只有顺从天命、认同终极伦理才能返回本真自我。"自我从根本上是由终极伦理构成的，人只有在天人之伦中方能确立自己。原始儒家的自我是天命的自我。因为人伦是天之所命，背后的根本是天人之伦，是终极伦理。"（唐文明：《与命与仁》，河北大学出版社 2002 年版，第 69、234 页）

位思考) 来实现的。

　　总之, 为了对治启蒙运动强调的理性主义造成的人类中心主义、生态破坏、人的物化等现代性问题, 精神人文主义彰显一种同情的、关爱的、强调责任与正义的关怀伦理, 关爱地球, 保护生态, 同情弱者, 保护社会正义, 从而解决人类能否存活的根本问题。因此, 基于觉情与感通的效应, 天地群己的四个维度才可以被贯通, 天地万物一体的仁者境界才可以实现。

　　　　　　　　　　　　　　　　　　(作者单位: 中央社会主义学院)

首届"精神人文主义"工作坊综述[*]

邱 楚 媛

　　由北京大学高等人文研究院主办的首届"精神人文主义"工作坊于 5 月 19 日在北京召开。来自北京大学、清华大学、中国人民大学、武汉大学、中山大学、香港中文大学等高校的学者齐聚一堂,对"精神人文主义"论域的定位与解读、"精神"的深层意涵与开展等论题进行了深入探讨。

一、何为"精神人文主义"

　　北京大学高等人文研究院院长杜维明教授在 2014 年 5 月 19 日庆祝基辛格博士九十寿辰的演讲中正式提出"精神人文主义"论域。治学五十余年来,杜维明先生始终关注儒家传统的现代转化。在开展"文明对话"、与各民族的宗教和文化传统对话的过程中,印度学者巴拉苏布若门尼(R.Balasubramanian)向杜先生建议应该把儒学当作一种具有精神性的人文主义,以区别于世俗的人文主义。受此启发,杜先生以儒家仁学,尤其是思孟心学的精神价值为核心,提出了"精神人文主义"。"精神人文主义"以"仁"为枢纽、"自我"为核心,将"人"展现为四个维度:自我(己)、社群

---

*　本文发表于《光明日报》2018 年 6 月 2 日第 11 版,标题为《学界研讨"精神人文主义"》。

（群）、自然（地）、天道（天）。自我绝不是封闭的，人作为世界的参与者、欣赏者与共同创造者，通过对社群、自然、天道的"体知"，来塑造整全的人性。"精神人文主义"旨在以具体的、独一无二的个人为基础，发展具有普遍意义的人文价值。

武汉大学郭齐勇教授认为，"精神人文主义"是杜维明新仁学、新心学思想的总结。论域充分肯定了启蒙运动的正向价值，同时对现代性的问题作出反思与批判。北京大学张学智教授指出，西方文艺复兴、启蒙运动的人文主义以反对宗教压制为核心，发展至今，流弊为工具理性对人的宰治。"精神人文主义"重新理解"人"，能够纠正工具理性的弊端。浙江大学董平教授也提出，通过全面理解"人"来理解世界文明与文化，可以看到"精神人文主义"对人类面临的危机有着深切关怀。

"精神人文主义"对多元文化具有包容性，对未来具有开放性，同时也是对儒家传统的创造性转化。香港中文大学郑宗义教授考察了从唐君毅到杜维明对人文主义的继承、发展、创新的历程。唐君毅的"心灵九境"说注重推扩心灵向上与向下两个维度，对道德、宗教、哲学都提出重建的思路。"精神人文主义"对此有所继承，并致力于重建当代的人文精神。中山大学陈立胜教授指出，唐君毅、牟宗三等学者对宗教性的理解基本上参照西方基督教，"精神人文主义"则设想了一种非宗教的精神性——它扎根于存有的连续性之中，以"体知"、"亲证"的方式开显主体性。

二、自我、人伦与天道

在"精神人文主义"开展的己、群、地、天四个维度中，自我与人伦、天道的关系是学者讨论的焦点。清华大学唐文明教授指出，"精神人文主义"强调人的具体性，这是一条从自我到人伦的建构进路。然而在儒教传统中，自我是在人伦中呈现的，应如何看待自我与人伦的关系？陈立胜认为自我和人伦共生共存。从工夫论层面来看，有了自我的觉醒，才可能形成人伦；就存在论层面而言，则自我是在人伦之中觉醒的。中国人民大学梁涛教授以儒家"慎独"概念为出发点,认为"独体"呈现出从关系中摆脱出来的自我意识,此意识塑造了对外在的批判精神。同时,孝亲之情是以自我不容已的内在意识为基础,因此应当由"己"出发理解人伦。山东大学颜炳罡教授则认为,自我在面对不同对象时有不同的意义,必须在关系网络之中才能凸显"己"的不同向度和价值。郑宗义从比较哲学的角度指出,康德在有限性中思考自我,在对人的超越性、理想性和无限性进行肯定的同时,也对人的有限性有着深邃洞察。而这种思想也集中呈现在中国传统的"敬畏"观念中。人的有限与无限两面,对于构建"精神人文主义"都十分重要。

人伦之维塑造了社会性的人,也限制了自我的呈现方式,人的天道维度则彰显了自我的超越本性。如何理解自我与天道的关系?中山大学张卫红教授将王阳明对心物关系的讨论作为思想资源,指出"己"与"天"作为人的根本性维度是一体的。"己"展现心体的内核,"天"展现心体的高度,因此"精神人文主义"是即内在而超越的人文精神。郭齐勇教授也指出,儒家的终极性和宗教性在现代被消解,"精神人文主义"重新建立天人的相关性,使传统的灵性与神性得以继续发展。杜维明教授总结道,天与人是共生、互补的关系,"天"无所不在、无所不知,但并非无所不能。"人能弘道,非道弘人"并非人的自傲,而是具有强烈宗教意味的责任感之体现。

三、建构有"精神"的人文主义

如何理解"精神"的内涵、在学术研究和现实语境下落实"精神人文主义",是学者共同的关切。武汉大学吴根友教授考察了现代汉语中的"精神",认为"精神"指与物质相对的、由人建立的抽象价值符号。"精神"牵涉的空间非常广阔,"精神人文主义"追求的是更具有包容性的价值观念体系。中山大学陈少明教授从意识与经验的角度,指出"精神"涵摄空间和时间,必须由人的意识体现。人可以通过记忆与想象突破当前的限制,从而使"精神"超越具体时空。在超越经验的限制、可以界定为"精神"层面的意识与想象方面,人们的个体意识差异非常大。因此,"精神人文主义"需要关注人的精神境界如何通过教化与修养来提升。中国人民大学姚新中教授指出,在基督教传统中,精神与物质相对立。在基督教的对照下,可以看到"精神人文主义"是人本主义而非神本主义,它重视心灵培养,不仅关注人与外界的关系,也关注人与自身的深层关系。

"精神人文主义"论域的提出得益于印度学者的启发,"精神"或"灵性"正是印度哲学的核心思想。北京大学郑开教授通过阐论全秉薰和徐梵澄对"精神"的探讨,挖掘"精神"的深层意涵。全秉薰从内丹学出发,讨论心与身的复杂互动所展现的精神性。徐梵澄认为"精神"就是彻上彻下的知觉性,他融合中国哲学的思想推进对精神哲学的理解,开显了"精神"的广度。天津社科院李卓副研究员指出,徐梵澄主要由阿罗频多的哲学阐发"精神"。就个人而言,"精神"主要指心灵、性灵,就宇宙而言主要指超越性。

"精神"不仅存在于印度哲学中,唐文明指出,"精神性"就是"灵性",中国古代有很强的灵性传统。中国社科院陈霞教授以道家信仰的精神性为切入点,认为道家对"道"的信仰基于人心对世界的感悟,削弱了信仰对象的人格性。"道"把过程和变化接纳在"无"之中,从而使人的个体性与自我精神得到成全。中国社科院王正副编审提出,中国传统的工夫论是对"精神人文主义"的开显与落实。先秦没有明确的"本体"概念,但"天道"论说蕴含了"本体"义,修身既是"天道"的下贯,也是"学以成人"的无限过程。中山大学李兰芬教授从汤用彤对儒家精神的理解出发,探讨"学"何以"成人"。中山大学赖区平副研究员以经学与子学的心灵观念为关注点,考察了从封建到郡县的制度变革对不同知识范式中"心灵"理论的影响。北京大学白宗让博士从"体知"的角度探讨了修身、情感与艺术共同具有的"身体感"。

"精神人文主义"有很强的现实关怀。随着技术主义与世俗主义的深化,传统的天人关系、人与自然的关系都受到技术主义的重塑。吴根友教授指出,"精神人文主义"不仅要思考后工业社会的新技术浪潮,在未来还要思考"学以成神"的人与人工智能的关系等问题。厦门大学谢晓东教授从现代性与自由主义的视角,认为社会儒学能够进一步发展"精神人文主义"。长江商学院人文与商业伦理中心主任王建宝博士认为"精神人文主义"是活泼泼的生命的学问。

　　杜维明教授在总结中说道,身心灵神是一个整体,这种整体性能够形成既有群体性、又有自主性的共同意识。最内在的核心价值绝不仅仅是中华民族的价值,而且是掘井及泉的普遍价值。"精神人文主义"走的是一条通向普遍的人、通向普遍价值的道路。

(作者单位:北京大学高等人文研究院)

文明对话的睿见与中国儒学的新形态

——首届"精神人文主义"工作坊感言

陶　金

2018 年 5 月，偶然得知杜维明先生首届"精神人文主义"工作坊即将召开的消息。匆匆买了机票进京，辗转拜托前辈引荐，终有幸如愿参会。5 月 19 日，在北京大学燕园，第一次见到杜先生。

5 月的北京，已然是初夏天气。中哲界的众多知名学者齐聚高研院，我坐在杜先生斜后方不远的位置，望着先生专注听会的背影，见他时而凝神，时而提笔记下发言者的睿思灼见。让我心生敬意的是，一上午会议，先生一直在场静听，简单的工作餐之后，下午的会议，先生竟然再次准时出现在会场。前辈们发言结束，已近下午 4 时。两位青年学者发言之后，前辈们念我远道专程赶来参会，也允许我简单发言并提问。那是我第一次在杜先生面前说话，心里虽有些怯怯的，但还是忍不住把心里埋藏了很久的问题和盘托出：

"杜先生好，请问您关于'精神人文主义'的思考是从什么时候开始的？2005 年，您与日本新佛教团体创价学会的会长池田大作先生曾有过非常深入的对话，通过这样的基于儒学与佛教立场的对话实践，您如何看待和评价日本新佛教团体开展的文明对话、宗教对话活动呢？"

先生也许不知，这两个看似简单的问题，埋在我心里，已然 5 年之久了。提问中谈到的池田大作先生是日本当代新佛教团体创价学会的第三代会长,也是日本宗教界开展世界文明对话实践最积极的代表人物之一,40年来一直致力于与世界各国的政治、教育、文化界代表人士的对谈,先后对话 1700 余人,出版对谈录 80 余部。我关注池田大作的文明对话思想和实践,始于十多年前的研究生时代,博士论文阶段曾系统梳理过池田大作与世界名人的对谈实录,近些年也一直以宗教对话、文明对话理论为主要研究方向。也正是这样的机缘,我在池田大作大量对谈资料中发现了极具特色的一部,就是他与杜维明先生的对谈集《对话の文明》。在这一部对谈集中,我拜读到杜先生关于世界各大文明间的交往与对话、世界宗教精神、儒家人文主义等诸多问题的思考与创见。在杜先生之前,池田大作也曾与中国的季羡林、金庸等学者和文化名人有对谈集出版,但大多是围绕佛学、文学等某一领域而论,而与杜先生的对谈则以当代文明对话问题、佛教和新儒家的人本主义精神问题为主要着眼点展开,对谈视角宏阔,内容笃实,有理有据。杜先生的不凡见地,有力阐释了融合西方与东方智慧的当代理性对话精神,且秉持科学的对话原则,将二人的对谈不断引向深入,言语间精见睿思叠出,精彩之处让人眼界升拓,心生敬意。

由于博士阶段攻读的是宗教学专业,近年来我一直以宗教对话理论为主要研究方向,宗教对话与文明对话的异同问题,是我一直在思考的重点问题。在精读了杜先生与池田大作的对谈集之后,我开始查阅杜先生在各种会议与文献中关于文明对话问题的相关思考,并重点关注杜先生推展的中华文明与世界他文明的对话实践活动。随着对文献资料的采集和梳理,我发现,杜先生在广泛拓展"文明对话"实践基础上,对于当代宗教学前沿领域——宗教对话问题的思考更具代表性和创新意义。正如先生所言,1989 年 7 月至 1990 年 9 月,先生时任夏威夷的东西方中心"文化交流研究所"所长,主要任务是推进"文明之间的对话",特别是探究"宗教之间的对话",以此作为在全世界构筑"和平文化"的出发点。在将这项研究计划概念化时,曾同研究轴心时代文明颇有建树的主要学者和实践家们共同探讨"世界精神性"问题。"世界精神性"中包涵人的宗教性,伊瓦特·卡曾斯先生曾花费 20 余年时间探究这一问题。以此为基础,杜先生及其团队把"未来的方向性"作为主要研究对象,并将其选定为研究题目。从这一回答来看,我推测,"精神人文主义"这一概念的提出,杜先生关于"精神性"的思考,或许就集中于这一时期。

不仅如此,在与池田大作先生对话的过程中,杜先生还指出了两个重要问题。

其一,宗教对话的语言问题。宗教对话语言具有不可通约性,这是诸宗教对话过程中的难题之一。对此,杜先生指出,"现代的宗教人士,我认为,一方面要讲'各自信仰共同体的语言',另一方面必须要讲'作为世界公民的语言'。精通这两种语言,才能够对'文化的独特性的要求'和'人类共同的幸福'两个方面做出回应。"正如杜先生所言,宗教信仰本身具有独特性,人类在超越国籍、意识形态等差异的基础上对于"幸福"这一目标有共同追求,现代宗教对话的成功,需要对宗教人士本身提出要求,即:要具备"世界公民"意识,具有"世界精神"。①

其二,关于"对话"问题的认识。杜先生谈道,"所谓的对话方式,并不是单纯谋求同一性和均等性。它是一种'成为人'的多样而有效的方法。我们要通过与不同生活方式的接触,来练就'倾听'的技术,培养关爱他人的伦理观和发现自我的能力。"在此基础上,关于"宗教之间的对话",杜先生首先是从批判地回顾现代西方启蒙主义的精神结构开始探究。他强调,"我们都是启蒙主义思想派生的产物,从启蒙主义运动产生的制度和价值观中获得了莫大的恩惠。但是,另一方面,我们也有必要对其未曾意料到的负面影响予以细心的注意。如果说,在这个'理性时代'的遗产中有非常重要的物理的、心理的、精神性的要素,是在这些要素的推动下产生了世俗主义、物质主义、功利主义、实证主义、科学万能主义等现代社会最为强大的意识形态,那么,我们所关注的问题就是:怎样才能改变现代的闭塞状况,怎样才能集结这些世界宗教的精神资源?"由此论可见,杜先生已经把

---

① 参见[日]池田大作、ドゥ・ウエイミン:《対話の文明》,日本第三文明社 2007 年版,第 76—77 页。

"对话"的方式理解为是一种"成为人"的方法。而宗教对话,则作为一种集结世界宗教精神资源的方式被重视。这种思考的启发意义在于,"对话",将不再是一种行为,而应作为一种全球化时代的现代人,乃至现代宗教的存在方式被加以重视。①

学界提到杜维明先生,大多关注杜先生作为当代新儒家的代表人物做出的学术贡献。而事实上,自 20 世纪 80 年代开始,杜先生就已经投身世界文明对话、宗教对话的理论建构与实践拓展工作,倾注自己 30 多年最旺盛的学术热情,搭建起了中华文明与世界各大文明之间沟通与交流的"对话"之桥。因此,对于杜先生提出的"精神人文主义"理论,我们或许不应仅从儒家新思潮的视角来概观,而应更多关注杜先生在与世界对话过程中,对话实践与学术真知的关联性意义与价值。

2019 年 6 月,我的专著《会通与互鉴——池田大作文明对话思想研究》出版,其中一个章节重点论述了池田大作与杜维明先生基于佛教与儒学立场的对话。7 月,我申请的国家社科基金一般项目《东亚视阈下日本宗教对话的理论与实践研究》获批,选取中日韩三国有代表性的宗教对话人物展开对比研究是目前已拟定的研究计划之一,作为现代中国致力于文明对话、宗教对话实践的代表人物,相信杜先生在对话理论方面的学术贡献与丰富的对话实践经验,定会为中国的文明对话、宗教对话研究提供宝贵借鉴和启迪。

在喜迎先生八十寿诞之际,匆匆撰小文汇报研究近况,感恩先生昨年会上答疑释惑,遥祈先生"文明"思睿、"对话"恒远,福寿绵长。

（作者单位:大连海事大学外国语学院）

---

① 参见 [日] 池田大作、ドゥ·ウエイミン:《対話の文明》,日本第三文明社 2007 年版,第 78—79 页。

文化中国与根源意识

"文化中国"与儒家传统*

——我与杜维明先生的两次对话

刘 梦 溪

1999 年，我在哈佛访学期间，杜维明先生正在致力于各文明之间的对话。当时的一个话题是儒家思想与自由主义的对话。他看到了中国文化与西方文化对话的历史契机正在来临，但担心我们自己的资源没有准备充足。因为不是让人家跟唐朝的中国文化或者宋朝的中国文化对话，而是跟现在的中国文化对话，这就有一个自己的传统资源如何整合的问题。所谓对话能力，就是文化的反思和批判的能力。近二三十年我们在连接传统和恢复记忆方面成绩相当可观，但真正形成与西方主流思想界对话的条件，还有相当一段距离。所以维明先生提醒不要轻视印度，不光是软件业，印度培养出来的知识分子，很多可以和西方平起平坐的辩难。他看到中国经济发展迅速，在世界上的影响增强，为减少国与国之间的误读，他关注向外部世界传递什么样的信息的问题。

兹事体大，时至今日尤须值得我们重视，所以当时我们对话的题目叫做《中华民族的再生和文化信息的传递》。我很赞赏"再生"两个字，也许比时下流行的"崛起"要更稳妥一些。本来为呼应维明先生的理念，我在哈佛还主持过一次"十年机缘待儒学"的学术恳谈会，维明作引言，十名当时

---

* 本文原载《切问而近思——刘梦溪学术访谈录》，香港三联书店 2016 年版。

在哈佛的访问学人参加。可惜由于回国后我大病一场的原因，未能及时整理出来。真感到对不住与会的各位同道，更对不住热情支持此议的维明先生。现在将此次的对话的全文，还有此前1992年我们的另一次对话，分别移录在这里，请关心相关话题的朋友不吝指教。

第一次对话
时间：1992年9月9日下午2时至5时
地点：哈佛大学教授俱乐部

"文化中国"的内涵和定义

刘梦溪：我这次来哈佛参加"文化中国：诠释与传播"学术研讨会，启程之前就有一个心愿，希望在会议间隙有机会与杜先生就"文化中国"和儒家传统问题，做一次访谈。1980年和1985年您两次在大陆较长时间的讲学活动产生了影响，我当时因为有另外的课题，未获听讲，但您的关于第三期儒学发展前景的文章，我大都拜读过。20世纪80年代中期大陆兴起的文化热，您实际上起了助波引流的作用。现在"文化中国"的概念在海外流行起来，可否请杜先生对这一概念的内涵和定义作些说明，然后我们再探讨一下文化与传统的关系以及第三期儒学的发展问题。

杜维明："文化中国"这个概念所以能为人们所接受，一方面由于中国的人文学者的学术目标之一，就是通过对中国文化的研究来建设一个现代的文化中国；另一方面，这个概念所包括的内容具有超越性，站在不同位置的人容易找到共同语言。文化中国的内涵是与地域、族群、语言等联系在一起的。具体地说，可以分成三个世界：一是中国大陆，包括台湾、香港，这是文化中国的第一意义世界；二是世界各地的华人，为第二意义世界；三是各国研究中国文化的学人，不妨看作第三意义世界。"文化中国"的论说，开始是在1991年2月，由夏威夷的东西中心邀请各方学者研讨。从那以后，北美举行了四次会议：一是1991年5月在普林斯顿大学举行的座谈会；二是6月夏威夷的知识分子座谈；三是 1992 年 2 月在哈佛举行的"定义与前景"讲座；四是讨论"思潮及取向"，也是在普林斯顿，时间为 1992 年 5 月。1992 年 7 月在洛杉矶举行的"世纪之末的中国人"研讨会，也接触到类似的课题。

这几次有关"文化中国"的会谈，提出了不少值得深抠的问题，如知识分子的边缘化、民间社会、多元文化、中心价值，以及传统的现代转化、批判地继承、启蒙心态的文化反思、激进与保守、现实与理想、公众空间、责任伦理和沟通理论等，我在这次会议的引言里提到了这些问题，当然没有可能逐一阐述。贯穿这些课题的思路是如何化解在思想界因民主建国与民族认同互相对峙而引发的暴戾之气。换句话说，作为民族认同的儒家传统和作为民主建国不可或缺的自由思潮能否有健康互动的可能性？而且"文化中国"与资本主义和社会主义尖锐对抗消失后的世界新秩序有密切关系，在这种情况下，我们文化工作者应该提出一些言之成理、持之有效的论点，为"文化中国"的公众领域创造各种发议的空间。

"文化中国"的精神资源

刘梦溪：这样看来，"文化中国"概念的提出和围绕这一概念展开的论议，实际上体现了现代知识分子的担当感。我主编的刊物叫《中国文化》，但"文化中国"这一概念的内涵和理路与我们的办刊宗旨并无隔梗。我在《中国文化》创刊词中曾申明："文化比政治更永久，学术乃天下之公器。"为的是申扬学术与文化的超越精神。"文化中国"的概念，也可以说包含有观察中国问题的超越精神。我注意到，杜先生最近一个时期对"文化中国"的精神资源问题，似乎格外关注，站在《中国文化》编者的立场，觉得这是尤其能引发我们兴趣的问题。

杜维明：我对"文化中国"的精神资源问题的确比较关注，因为我多年以来所致力所研究的主要是这方面的问题。不过在这个问题上应该消除一个误解，以为我主张儒学是传统思想文化的主流。"文化中国"的精神资源是极为丰富的、多元的，儒家思想只是其中的一部分，我个人并不接受儒学主流说。历史上的儒家，从孔子开始，是非常艰苦的奋斗过程。汉武帝独尊儒术，但其他思想很活跃，独尊只是意愿。魏晋到唐，经学传统在发展，社会政治制度的许多方面儒家影响较为集中，社会思想则是道家和佛教的天下。唐代第一流的思想家很少有不与佛道结缘的。当时最受上层尊重的知识分子是玄奘。所以韩愈才大声疾呼，说孔孟以后的道统中断了。如果儒家思想一直是传统思想文化的主流，韩愈就不需要写《原道》了。

刘梦溪：我非常赞同您的看法，以前不知道杜先生对这个问题是这样看的，确实有误解。去年在南京召开"中国传统思想文化与二十一世纪"研讨会，我提交的论文是《论陈寅恪先生的文化态度》，但在演讲时，主要针对传统即儒学的儒学中心说做了辩驳，后来香港《明报月刊》刊出了我的演讲，题目是《传统的误读》。陈寅恪先生在《冯友兰中国哲学史下册审查报告》里就说过："二千年来华夏民族所受儒家学说之影响，最深最矩者，实在制度法律公私生活之方面，而关于学说思想之方面，或转有不如佛道二教者。"

杜维明：正是这样。所以我认为"文化中国"的精神资源是多资多源，而不是少资单源，儒学只是其中的一支，当然这是特别重要的一支。

文化传统与传统文化

杜维明：儒家的包容性是无可怀疑的。最突出的例证是利用佛教资源加以内化，丰富了自己，产生宋明儒学。不过在讲宋明儒学之前，我们不妨先谈谈文化传统和传统文化这两个概念。有人主张对这两个概念要区分开来。张光直先生做的那部分自然是传统文化，因为考古发掘直接接触的是文化积存。而文化传统更多则是今天人们所拥有的作为心理结构一部分的精神资源。

刘梦溪：这种区分看来很必要。是否可以说，传统文化是有形的，包含的内容非常广泛，既有精神形态的文化，也有物化形态的文化。而文化传统更多则是无形的，至少物化形态不包括在内。

杜维明：可以这样理解。讲传统文化，在各家中佛教的影响非常大。明中叶以后基督教也有影响。还有回教，拥有一千多万教徒。值得注意的是民间传统的作用。关于大、小传统的分别就不作介绍了。大传统是民间传统的精致化的成熟，它渗入到民间，反过来民间传统又对知识分子发生影响。中国的知识分子不欺侮农民，农民也尊重知识分子。美国有的学者认为大、小传统之间不是互相影响和渗透的关系，而是互相抗衡，这种理论用在中国不尽符合。中国的传统常常表现在道德日用，不是精英主义的思辨。知识分子家道中落的很多，结果是精英到民间。士、农、工、商，彼此转业不是很难，儒生可以务农。只不过表现出人有四种价值：农耕的价值、制造器物的价值、货物流通的价值和意义的制造的价值。士的贡献在意义结构上，是很辛苦的。中国重农而不轻商，但反对过分突出商业资本。实际上中国的商业资本出现得非常早，汉代就有高利贷。

刘梦溪："重农而不轻商"是重要的判断。我们《中国文化》在第二期发表过一篇赵冈教授的文章，他提出亚当斯密在《原富》里阐述的控制市场均衡机制的"不可见之手"，司马迁的《货殖列传》已经看到了，但孔、孟对形成市场均衡的机制却未能观察到。中国的文化宝藏非常丰富，但中国文化本身的特性使中国文化不容易凝结为传统，特别是近百年来，传统的传衍成了问题。记得您说过中国近代历史有许多断层，现代中国人缺乏一种统一的、明确的、持续的历史感，我对此深感共鸣。这次我提交的论文，就是阐发这方面的问题，所以叫《文化中国：传统的流失与重建》。

杜维明：看得出您对这个问题有深沉的忧虑。把遥远的传统变成在现实中有生命力的东西，实在是个难题。就拿儒学来说，本来是最切近的，它讲的是做人的道理，人人日用，谁也离不开。19世纪以后儒学是没落了，但会不会出现第三期的发展，要放开眼光来看。

二期儒学和三期儒学

杜维明：儒学的第二期发展是大家都承认的，因为宋明理学与先秦儒家以及汉唐儒学确有不同。一期儒学由诸子源流发展为中原文化,二期儒学我认为是东亚文明的体现,已经影响到日本、朝鲜、越南等国家。如果有第三期发展,那就是世界性的了。关键是面对西方的挑战儒学能否作出创造性的回应。

　　一个虔诚的基督教徒、佛教徒,都可以为儒学的发展作出贡献,成为三期儒学的助力。儒学有一定的宗教性,但不是宗教,主要是一种生命形态伦理规范和生命哲学,因此它完全能够做到与不同的思想体系对接。事实上,在中国本土不能想象的事情,日本、韩国已经出现了,这又反映出儒学传统的多样性。如果在阐释儒学传统时不一定都用汉语,还有一个转译问题,弄得不好就会发生误读、误导。如何把儒学传统翻译成各种文字,有没有值得保留的精神资源,是一个大课题。

　　刘梦溪:你讲的儒学不是宗教,我完全认同,记得陈寅恪在研究魏晋思想的一篇文章中就讲过,儒家不是真正的宗教。儒家讲的"教",是教化的教,"有教无类"的教,而不是宗教的意思。因为不是宗教,才有极大的包容性。我插入一个问题,您在会议讨论时提到不久前在纽约举行一次《荀子》会读,能不能介绍一下为什么举行这样的会读,以及西方思想界出于什么原因如此重视荀子? 在历史上,孔子死后,儒分八派,荀、孟虽然并称,但荀子的影响还不及孟子,更不及墨子,汉至唐差不多一千年湮没无闻,现在西方转而重视荀子,其中因由,愿闻其详。

　　杜维明:最近一次《荀子》会读是在纽约进行的,二十左右个人参加,有五名研究生,一字一句,边读边讨论。在这之前,曾进行过《大学》会读和《孟子》会读。《荀子》有 John Knoblock 的英文全译本,现在以《荀子》为题的讨论在西方确很流行。至于原因,我想有几点:一是荀子主张"性恶",与基督教的原罪可以连类;二是在认识论上荀子提出"解蔽";反对"蔽于一曲而暗于大理",这很有现实意义;三是荀子的语言界限比较严格,有定义性,在方法学上对今人有启示,容易把握。

　　刚才我说过了,三期儒学应该是世界性的,表现形态多种多样。儒学传统比"文化中国"所能掌握的精神资源还要宽泛些,因为事实上包括了日本、韩国、越南等东亚国家，儒学在这些国家的影响有自己的特点。问题在于儒学能否对西方的挑战作出创造性的回应，如果回答是肯定的，我认为这就是儒学的前途所在。

儒学与家庭伦理

刘梦溪：就理论认知的层面来说，我想有三方面的意思是接踵而来的，即第一，包括儒学在内的中国传统思想文化，近百年来一直在面对西方现代思潮的挑战；第二，中国传统思想文化在如此巨大的挑战面前，处于一种什么样的态势，是否已经或者能不能作出创造性的回应；第三，怎样以及通过什么方式才可以作出创造性的回应。林毓生先生特别强调对传统要进行创造性的转化，这次会议毓生先生又进一步做了阐释，但究竟由谁来转化，转化什么，通过什么途径来转化，恐怕仍存在问题。而且包括儒学在内的传统思想文化，特性之一是不容易操作，即使理论认知上不发生疑问，具体运作也非易事。

杜维明：是的，中国传统的思想方式没有明显的工具理性的特点，因此思想文化的传承也有自己的方式。二期儒学靠书院，三期儒学靠学术。钱穆先生是把儒学和学术结合得最好的一个。这里涉及传承的能力问题，有了能力才能传承。语言工具很重要，特别是传统学术强调的小学的基本功，是担任传承的人必备的技能。清代的乾嘉汉学对传统思想文化的承接与传播功不可没，在一定意义上可以说是与西方的学风相配套的，开始有了现代意义的学统。大学、报刊、一些设施，也是传承的必要条件。至于传承、转化什么的问题，只用取其精华、去其糟粕的二分判断，嫌过于简单。在交流中互动，不是先判定优劣，然后去取，而是融解中转化。对待传统也是这样。但传统文化中的"三纲"与"五伦"，是代表两个互相矛盾冲突的方面，在今天要发挥"五伦"，必须扬弃"三纲"。"三纲"所要求的是君权、父权、夫权的专制，和民主不相容。"五伦"出自《孟子》："使契为司徒，教以人伦。父子有亲，君臣有义，夫妇有别，长幼有序，朋友有信。"这"五伦"都是双轨互动、互为条件的，父亲也是儿子，每一对关系都有内在延续性。"三纲"容易政治化，"五伦"主要在道德层面。道德不只要求一般百姓，更重要的是领导者，有权势、掌握精神资源的人，要自我约束。怎样把"三纲"、"五伦"区分开来，而有所取资，是一件细致的学术工作，不仅新儒学，也是知识分子的共同课题。

刘梦溪：陈寅恪先生在《王观堂先生挽词》的序里曾谈到中国文化的定义，认为班固《白虎通义》里面的"三纲六纪"之说，表现出抽象理想的最高境界。《白虎通义》提出的"六纪"，包括诸父、兄弟、族人、诸舅、师长、朋友。值得注意的是，孟子讲的五伦，包括了君臣一伦，而六纪则剔除了君臣关系，将父子扩大到父母两系的尊长，长幼一伦则以整个宗族为单位来划分，而又增加了师长一纪。如果把"五伦"、"六纪"综合考虑，则整个传统社会的人伦秩序都在其规约之内了。这个家庭和社会秩序的伦理，肯定不会成为过去，而是以各种方式延续至今。但纲纪作为理想的抽象物，必须以一定的社会制度为依托，那种社会制度不存在了，也许如您所说，"三纲"和"五伦"或者"三纲"和"六纪"，可以作适当的剥离。

杜维明：是这样，我们从这里可以引出儒学与现代性的课题。

儒学与现代性

杜维明：如同儒学传统是多样的而不是单一的一样，现代性的表现型态也不是只有一种。所以我强调工业东亚的经验。过去是异根而发，到20世纪七八十年代，工业东亚一些国家的现代性，在经济结构、文化心理上有相通的一面，而与欧、美等西方国家相当不同。本来在六七十年代学者们一致认为：现代性这一概念应包括市场经济、民主政治、个人主义三方面的要素，但现在高度文明的社会，这三个要素都可以另外考虑，如革命思潮在法国，民主主义在德国，英国的怀疑主义，美国的市民社会，思想根源不同，三个要素的具体表现也不完全相同。

工业东亚的现代性与上述欧美国家更有所不同。如韩国、中国台湾等，不简单是市场经济在运作,政府的领导作用也很重要,当然政府不是采取指令性的政策,而是顺应市场经济的发展。政府是强势政府好还是弱势政府好?能不能有一党民主?威权主义是否一定和民主相冲突?传统和民主要否有共同性?工业东亚的经验使我们不能不对这些课题重新加以检讨。至少个人主义作为现代性三特征之一,在这里不一定有位置。

新儒家的传统

刘梦溪: 我理解您的意思,看来您不主张把儒学的概念狭隘化,而强调传统的多样性和现代化的多种形态,致力于儒学和现代性的结合,在学术研究中发掘传统、阐释传统、转化传统。那么,是否请您谈一谈,新儒家有没有形成自己的传统?学术界对新儒家的概念及其涵义在解释上甚为分歧,余英时先生的《钱穆与新儒家》一文,对这个问题做了相当深入的分疏,我们《中国文化》在第六期刊登了这篇文章,不知您怎样看与此有关的一些问题。

杜维明: 我是不希望把儒学的概念理解得过于狭窄的,所以一再讲儒学传统的多样性。余英时先生、张灏先生都是为儒学作出贡献的学者。按照希尔斯的观点,延续三代就可以成为传统。新儒家已经有三代人的努力,五四前后开始有一部分知识分子在西方思潮的挑战面前,提出可否根源于儒学传统作出回应,熊十力、梁漱溟、冯友兰、贺麟、张君劢等做的就是这个工作,不止是一种心愿,而且在人格上有所确立。抗战以后又有一批人在做,海外尤其突出,其中杂有政治情绪性的部分已成为过去,他们的努力是属于未来的,包括钱穆、方东美、唐君毅、牟宗三等,在思想界形成了气候。第一代新儒家的承继性非常强,并且受佛教的影响,特别 1922 年南京建立的支那内学院,培养、训练了许多人,没有这个训练不会有熊十力。梁漱溟一直受佛教影响更是众所周知,唐、牟也是如此。如果说三传可以成为传统的说法可信,新儒家就有自己的传统。

儒学的特点在于它的承继性。就国内学术界的状况而言,最有影响的是不是西化派?

刘梦溪: 西化派在国内并没有太多的市场,如果影响大,也不能说明这一派是有根基的,因为它是与西方思想撞击中的爆发,不是累积而成,虽有影响,却不一定有根基。儒学经过三代人的努力,一步步在深化,总的还处于弱势,能否有进一步的发展,取决于大家的工作。

关于何炳棣先生的批评

刘梦溪: 香港《二十一世纪》双月刊发表的何炳棣先生的《"克己复礼"真诠》一文,以及您的以《从既惊讶又荣幸到迷惑而费解》为题的回应,国内外学术界为之瞩目,后来又有刘述先先生的辩难文章,何炳棣先生又作回答,一时成为学术论争的一个热点,不知您是否会进一步作出回应,大家很关注。有人认为这场论争是史学和哲学的冲突,您赞成这种看法吗?

杜维明: 我认为不是这个问题。何炳棣先生诚然是历史学家,余英时先生也是历史学家,但他们的共同语言很少,反而是我与余先生的共同语言多。何炳棣先生已退休了,他想对孔子的"礼"和"仁"作研究,用意可嘉,但在文章中对新儒家有一种强烈的排拒感。他认为可以找到对古典的"真诠",在哲学领域一般是不这样看的。有没有诠释的能力和诠释的尺度,这两者不同,但何炳棣先生混淆了。诠释总是相对的、无限的,不可能只此一家,但多种多样的诠释中,有影响的又是少数几家。站在哲学的立场,追求"真诠"是危险的。现代解释学的一种理论认为,已经发生的事情便不能复制。

刘梦溪: 中国传统诗学有"诗无达诂"的说法,很接近现代解释学的本义。

杜维明: 是这样,所以"真诠"这一概念对解释学来说,显得相当无力。就一个学者而言,学术层次的高低比正误更重要。孔子的"克己复礼为仁","文革"断句强调"克己复礼",少了"为仁",不是选择,而是肢解了。

对这次会议的评估

刘梦溪：最后，我想请杜先生谈一谈怎样评估这次会议？与前几次"文化中国"研讨会比较，是否有新的创获，对今后的讨论有些什么设想？

杜维明：这应该由您以及其他与会者来评估才好，我是组织者，评估起来容易产生自我主观的看法。一定要我评估，我想有两点比较突出：一是这次会议真正达成一种共识，即把传统当作了资源，承认我们每个人都是传统的受惠者和开发者，应不应该做是没有争议了，问题是怎样做；二是知识分子的自我定位问题。萧萐父先生提出的把"文化中国"当作多元的、开放的、有内部张力和中心价值的课题，在这点上，与会者也有共识。不足之处是"三边互动"问题没有展开。"文化中国"的三个意义世界，作为一个文化圈，或者叫汉字文化圈或筷子文化圈，和、共、同多，利害冲突少。这个文化圈有文化的根源性，包括族群、地域、语言、信仰，以及对女性的态度，每一方面都值得深抠。有族群才有民族气质和爱国主义，当然又要超越、突破族群。语言，涉及母语即汉字汉语的生命力，同时又以不同的语言为参照系，形成论说。"文化中国"的论说，可以有不同的信仰，不是讨论儒学就不要讨论佛教，没有这个意思。如果对"文化中国"的三个意义世界都有深入的阐发，就能达致"三边互动"，会议的收获会更大。

刘梦溪：我的印象，这次会议的内容非常丰富，提出的问题比较多，虽然对牵及共通性的问题的理论阐述有待深入，但可以启发人们的思路，为进一步探讨铺设了条件。

杜维明：是的，下一次再开"文化中国"研讨会，我相信比这次会更加深入。"文化中国"与儒学传统是个说不完的课题。

刘梦溪：我们已经谈了三个多小时，好像刚刚开始，的确是说不完的题目。回国后我要把这次访谈整理出来，在《中国文化》上发表，让更多的学术同道知道您的"文化中国"的思路。

杜维明：谢谢。

第二次对话

时间：1999 年 2 月 11 日下午 4 时至 7 时

地点：哈佛燕京学社杜维明先生办公室

哈佛燕京的传统

杜维明：我听说你和史华慈的讨论有一段录音没有录上，太可惜了。

刘梦溪：他那天讲得非常精彩，我把请他谈的问题列了一张纸，提前送给他。他的兴致很高。他说当这样谈的时候，他感到欣慰。林同奇先生的翻译只翻译他谈话的三分之一，这三分之一我已经意识到他讲的有多精彩。——好，我们来谈正题。

刘梦溪：来了一段时间，收获很大，谢谢杜先生。

杜维明：哪里。

刘梦溪：哈佛果然与众不同，它的传统好像是从环境的氛围里长出来的，一种很特殊的庄重有序的感觉，在其他大学没有这样的感受。我还观察到，好像燕京学社现在正走向一种新的景况。

杜维明：其实老的燕京我也不很熟悉。

刘梦溪：所以想请您重点谈一下您对燕京学社的新构想和新理念。当然儒学、文化中国、人文关怀、现代性，不妨不设边界的谈，总之愿闻高见。

杜维明：我想我们还是一起谈比较好，等于是对话一样。

杜维明：燕京学社是 1928 年成立的，缘由是一个铝业公司的创办人叫查尔斯·马丁·霍尔（Charles Martin Hall），他留下遗嘱，决定把部分财产捐资给教会在亚洲办的教育与学术事业。他是奥柏林 Oberlin 学院毕业，由于有一种独特的治理方式，所以得到一大批资金。燕京学社的成立就是因为得到马丁·霍尔的一笔基金，目的是进行中美学术交流。开始第一任社长叫叶理绥（Serge Elisseeff），法籍俄裔，汉学家伯希和的学生，主要研究日本的语言和艺术。当时哈佛本来想请伯希和做第一任社长，由于伯希和的年纪已经比较大了，不能离开巴黎，就推荐了他的这位年轻的同事。

所以集中支持的项目，就是洪煨莲（洪业）先生的索引，这是当时燕京社的一项主要工作。从实际效用看，编索引对国计民生没有什么特别的关系，但从学术研究的尺度看，它是一项比较长远的计划，在电脑以前，这一套索引对促进学术研究作出了具体的贡献。

燕京社当时有两个目标：一个是希望发展哈佛的东亚研究，一个是帮助中国发展人文学研究。1954 年开始，美国与中国的关系已经断了，于是把范围扩大到东亚，主要是发展访问学人的计划，每年从东亚一些国家邀请十来位学人，有资深的，有年轻的，同时也资助一些从东亚到美国来攻读博士学位的研究生。我就是 1962 年得到哈佛燕京社的奖学金来美国的。那时很有弹性，研究比较文学，研究思想史，它都可以得到支持，只要大学能够接受你。我想研究哲学，可是我想研究的哲学的三个范围，美学、伦理学和宗教哲学，在哈佛哲学系都不很重视，他们只注重分析哲学，包括认识论和逻辑。所以我大半的时间还是在历史、思想史方面接触的比较多。

叶理绥在他的任内，哈佛燕京图书馆得到很大的发展，主要由于请了一位有眼光的裘开明先生来负责。做了几十年，很有成绩。继任者就是吴文津，上次你见过的。燕京图书馆已有七八十年的历史，主要就是两位馆长。现在的郑先生（按：郑炯文）是第三位。

刘梦溪： 我们今天见了面，中午一起吃饭，谈得非常好，我想他很有活力。

杜维明： 燕京社的第二任社长是赖世和，就是以前美国的驻日大使，他做了八年。继他的第三任是 John Pelzel 教授，他是一个人类学家。然后是克瑞格 Albert Craig 教授，历史学家。这几任都是研究日本的，或者以研究日本为主。一直到韩南（Patrick Hanan）接任，就是第五任，他是研究中国古典文学的。我 1996 年接这个位置，主要还是关注资料和学人两方面的事情。燕京社大概是一种细水长流的办法，特别是人文方面的人才，培养期是很长的。图书馆现在差不多有一百万册图书，数量不是很大，但它的运用力和它的开放、使用方便，是它的特长。因为有一个基本的信念，就是学术为天下公器，任何东西到了这个图书馆，都是向全世界开放，即使大家认为最珍贵的善本，如果要做研究的话，也一定是开放的。访问学人到现在，总数应该接近七百。

刘梦溪：是七十年的总数吧？

杜维明：是的，总共差不多七百。如果你现在看台湾地区、日本、韩国，部分还包括香港地区，甚至东南亚、泰国还有一些关系，最近还有越南。在人文学方面，台湾像"中研院"、台大，和哈佛燕京有关系的人不少。中国大陆，从 1981 年到现在，也差不多有将近一百人，可能已经超出了一百人。所以我接任的时候，访问学人的规模，已经有一定的特色，我们不需要改变它的特色。韩南说要考虑面向 21 世纪，我们曾经讨论过这个课题。我们有这样一个构想：自五四以来，东亚的知识分子，特别中国的知识分子，到西方都是取经，严格地说，胡适和冯友兰跟杜威的关系是一种师生的关系。这个情况在二战以后，更为凸显，因为美国变成一种"教导"文明，而且是一种强势的"教导"文明。燕京社的工作，多半与东亚有关系。如果往前看，从美国文化本身讲，是不是能从"教导"文明重新再恢复它的"学习"文明的优势，比如美国以前对欧洲，它是"学习"文明，把世界资源供自己掌握。但是对东亚，二战以来它养成了习惯，是"教导"文明，如果美国成为一种"学习"文明，是不是东亚也可以变成它的学习对象？当然从企业的方面来说，日本已经有很多可学习的经验了。我是从广义的文化着眼，有没有可能，东亚也成为美国"学习"文明的资源。这是我们的一个构想。

另外就是反思任何一种可以普适化的理论，不管是属于人类学的、社会学的、经济学的、社会科学的任何理论，如果不通过东亚，特别是中国现实的考验，它是否能够成为一种普适化的理论。这是一个很大的但应该是毫无疑问的问题。东亚的知识分子，从五四以后，一方面因为扬弃传统，另外一方面要走现代化的路，甚至把现代化和西方化混为一谈，要到西方取经，这种意愿越来越强。我们可以叫作西方启蒙心态。这种情形在中国知识分子群体中间特别突出，现阶段还没有明显改变的迹象。从学术角度说，很多地方知识都有它特定的文化背景，特定的地域限制，但却可以具有普适的价值。以前这种地方知识大半来自西方，比如说巴黎的年鉴学派，成为世界史学的一种潮流；美国的现代化理论，本来是针对美国现实社会所提出来的一些观点，却变成了似乎是放之四海而皆准的一个现代化理论。像市场经济的运作和民主政治的发展，都是以西方的特殊经验作为基础向世界各地传播。而东亚的知识分子，不仅愿意接受，而且认为能不能接受是判断他们有没有现代性知识的标准。我们想探讨，在这个大的趋势的背景下，有没有一种可能性，就是面向 21 世纪，有一些东亚的地方经验、科学知识或者思想体系，它是不是应该成为具有普适意义的东西，对西方的学者有参考价值，成为提供信息的必要条件。燕京社希望能够支持这种类型的东西，他们就叫作有全球意义的地方知识。

刘梦溪：用心良苦呵。

杜维明：假如是这样一个情况，它需要具备两个条件，一个是东亚地区的学人对自己存在的环境，它的文化传统，它的现实情况，应该非常熟悉而且根源性非常强。也就是他的地方知识需要掌握得非常周全。另一个是这批学者需要有全球性和国际性的视野。假如向这个方向走，如何能够开拓人文学术发展的空间，是我们在东亚社会、在中国应该做的工作。这是我和韩南——我们的一个共识。

我参加这个工作刚刚三年，只是对环境比较熟悉一点，还谈不上有什么新的创意。这个工作要取得发展，难度非常大，最大的困难是整个文化中国（广义的文化中国）的精神资源事实上比较薄弱。所谓薄弱，不是指民间社会，而是说知识群体。无论如何知识界开拓的价值领域是比较少的，因为主要的力量差不多集中在经济和政治两个方面，包括市场经济背景下跟政治有关的各种复杂的课题，如民主、人权、自由这些课题。人文学术相形之下是被边缘化了。所以现在的文化中国，企业界的人特别多，政治方面也相当多，但在人文学领域里面，困难相对比较大。

中国大陆的儒学重启

刘梦溪：从 20 世纪 80 年代开始，我感到你始终致力的是这个事业。

昨天跟周勤谈起来，觉得中国改革开放以后对传统重新检讨并恢复记忆，实际上与你在 80 年代中期连续几次的推动儒学，有一定的关系。你刚才讲的涉及改革开放之后的反思，我们把那一段经历看作是对传统恢复记忆的过程。事实上刚开始的几年，学术上的深入开拓谈不到，只不过是恢复记忆，重新连接传统而已。但今天过去十多年之后看这段历史，你在这个过程当中所做的推动，意义相当之大。

杜维明：我第一次回去大概是 1978 年，所以现在看起来已经有 20 年了。80 年我在北京住了一年，那个时候，我本身有很大的缺失，因为我当时的意愿比较集中，就是从事自己的学术研究，对大陆这一块大的园地几乎一无所知。事实上当 70 年代尼克松访华之前，很多像我这个背景，台湾受的教育，然后到美国留学，包括你熟悉的人很多朋友，如余英时、许倬云、金耀基，差不多都是这样。这一代人的经验，很多人认为他们永远回不到大陆，而且也不可能了解大陆的情况。当时研究中国多半是在香港，而且是通过香港接受的难民，很多学者后来成为中国专家，都是这样来接受信息的。现在已经不能想象了。因为门开了以后不能想象那时是怎么回事。但是我有一个强烈的意愿，就是我需要了解，有任何机会，我就要了解，而且不是片面的了解，需要直接的接触。1978 年我第一次有机会回去，在北京的时候，还跟马王堆的整理小组会谈过。我那时候回去，是海洋学的代表团，余英时是汉代文化遗迹的探访团。

刘梦溪：就是余先生回去的那一次？那次他去了敦煌。

杜维明：同一次。我们在北京的时间相同，所以我在北京的那一周，就参加了汉代的代表团，也去了马王堆小组，也去了北大，也去了北京图书馆。那时候我就做了一个决定，如果有机会，我愿意回去。但是这个决定我现在回头想起来有点奇特，因为我们这一代，跟我有相同背景的，没有任何人做过这个决定。因此 1980 年我在北师大住了一年，那一年对我的影响太大了，那时正好是 77、78、79 级进大学。北大历史方面还没有恢复，所以我到了北师大。白寿彝、何兹全、赵光贤几位先生，帮我安排了一个书房，我可以利用我的书房和同学、老师单独交谈，有时两三位一起谈。不仅是北师大，北京地区的高校我接触的很多，几乎每一天都有一些沟通。我发现"文革"以后出来的这一批知识分子，既有群体性又有批判性的自我意识。当时我是通过中美学术交流委员会的研究计划，在北京师范大学整整一年。我那时候去，很多人认为不现实。现在回头看起来，不仅现实而且有可行性。我接触的是纯粹学术界，就是接触知识分子，和官方保持了距离，包括统战部的邀请，我当时没有任何接触。我变成师大的人了。后来他们感觉到我语言没有困难，说你可以自己走，我们就不陪你了。这样的话，我就到了全国各地许多地方，包括普陀，都是以内宾的方式接待。

刘梦溪：这个经验不得了。

杜维明：我在普陀的时候，一天一块钱人民币，跟内宾一起，大家都是大铺。而且我来到了重庆，回到了昆明，我的出生地。也去了广州，还有曲阜，很多地方去了。当时事实上我问两个问题：第一，儒学作为一种学术传统、一种思潮，在中国能不能有发展？能不能当作学术而不是当作生活习惯，它有没有发展的可能？这是第一个问题。第二个问题是，当时的……

刘梦溪：我插一句，当时您这个想法是很不合时宜的。

杜维明：完全不合时宜。

刘梦溪：那是在"儒法斗争"的阴影里还没有完全摆脱的时候。

杜维明：是的，所以另外一个问题就是，在中国到底有没有相对独立的知识分子群体。又有群体性，又有批判性的自我意识，这样一种相对独立（不是完全独立，跟政府跟政治仍有密切的联系）的群体，有没有存在的可能性。事实上1980年我在北京的那一年，对这两个答案都是肯定的。我认为儒学的研究，在中国大陆可以发展，而且发展的前景不是一般外面的人所能理解的。另外它有一个知识分子本身的传统，虽然知识分子当时还心有余悸，还受到很大的迫压。

这样，从1980年开始，后来1981年、1982年、1983年，差不多每一年我都有机会去中国，时间有的短些，有的长些。1985年通过富布赖特访问学人计划，我去北大一个学期，帮他们上了一年儒家哲学的课。这个经验使我感觉到，如果燕京社的目的是要发展根源性非常强、既是地方知识又有普适意义的潜力，我们要看几个潮流：一个就是现在学术界讲的社会科学的本土化的问题，像杨国枢是一个例子。又比如心理学的本土化，就是把西方的那些方法，通过中国现实的经验，使它们能够和中国的实际情况有亲和的关系。但是还不止如此，还要看能不能从特殊的经验中摸索出一些方法学上的观点，而且它的解释模式又不限于东亚。一方面是把外边的东西通过本土化的过程，吸收成为自己的资源；另一方面，以自己地方性的资源为基础，向外面播放一些新的方法学上的信息。这两个方面互动的可能有没有？现在看只是一些苗头，并没有形成大的气候，但这个潮流我想是不可抗拒的。因此这里面就牵涉到一个比较大的课题了，就是二战以后到底有没有出现一个东亚的现代性？或者说有现代意义的东亚社会。

刘梦溪：这在当前很关键呵！

杜维明：对，关键的大问题，也牵涉到你前两天说的金融风暴，亚洲的金融风暴。假如我们肯定（这个中间还有争议）出现了一个东亚的现代性，还需要把社会主义的东亚和工业东亚分开来看。工业东亚包括日本、韩国、中国的台湾、香港地区，还有新加坡；社会主义的东亚包括中国大陆、越南和朝鲜。但是社会主义的东亚，在中国大陆经过改革开放以后，它的发展过程是一个梯形，就是从广州沿海一直到大连，然后从沿海通过长江深入到内地，到武汉，到重庆，它的发展和工业东亚的关系越来越密切。

刘梦溪：这个圈在不断套合，一部分一部分的套合，不是一下子完全一样的重合。

现代化的不同文化形式

杜维明：对，是一部分一部分的。有人甚至谈到所谓自然经济区的问题，不管从投资，从旅游，从学术交流各方面，中间的互动越来越频繁，这也成为文化中国的一种动力。这个现象说明，东亚的现代性深受西方文明的影响，包括西欧和美国，特别是美国。但是它在很多生命世界和西方的政治、社会、经济、组织，又有很大的不同，所受影响也不尽相同。它有自己所具有的文化的根，使它塑造成这样一个现代性，不能跟西方一般的现代性等而同之。可是大家对它的意涵解释很不同。我的看法是确定的，但并不是一厢情愿地来确定我的解释。有的解释则是一种取代性的解释，就是认为，以前是西方的强势，属于大西洋文明，现在被太平洋文明所取代了，西方的模式被东亚的模式取代了，十年河东，十年河西，现在已经变了。这个看法引起很大的震动，但实际上不仅没有这个力量，而且也没有现实的基础。我的说法不是取代性，是从一元逐渐走向多元的过程。假如东亚有东亚的现代性，意味着将来东南亚、南亚、拉美，都存在具有自己文化特色的现代性出现的可能。

刘梦溪：理论上讲，不同的文化的根性应该有不同的现代性，至少是不同形式的现代性。

杜维明：是的。东亚反证了一件事，就是把"西化"完全当作现代化是有缺失的。

刘梦溪：把现代化等同于"西化"是 20 世纪的一种思潮。其实不应该用一种现代性代替所有其他的各种可能。

杜维明：不是从甲到乙，而是从一到多。现在有了"一"的反证，意味着有其他可能的出现。这个观念联系到另外两个观念，一个就是现代性中的传统问题，我们最近在北京开了一个学术讨论会，集中在讨论这个课题。另外一个，就是现代化可以拥有不同的文化形式。

刘梦溪：可以有不同的文化模式。

杜维明：对，不是只有一种文化模式。

刘梦溪：现代性中的传统问题和文化模式的不同，这两个问题都非常重要。

杜维明：还有一个问题是，所有的现代性，不管是西欧、北美，如果我们把所谓的现代性再做一些分梳，法国、德国、英国、美国各种类型的现代性，没有例外都和它本身复杂的地方文化有千丝万缕的联系。所以突出现代性，是因为它有一些具有普遍性的东西，比如说民主政治呀，市场经济呀，或者是个人的尊严呀，等等。但是它具体呈现时，都有不同的性格。

刘梦溪：德国显然和法国不一样，和美国也不一样，比如民主制度。

杜维明：甚至市场经济也有各种模式。这样说来，经过互相参照，将来我们会出现一种情况，就是多元的现代性。今年 7 月份我要参加一个学术讨论会，议题就叫多元现代性，multiple modernities。多元现代性意味着什么？美国文理学院上次出了一个专号叫 Early Modernities，就是早期的现代性，比如 17、18 世纪中国的、西方的、拉美的，各方面的不同。如何从这个角度来看，西方现代性的出现，不管你说源远流长也罢，还是五百年或者最近二三百年的发展，它本身都非常复杂，内部充满了矛盾和张力，包含有不能完全谐调的各种不同利益集团的不同的价值，是一个集合体，这个集合体毫无疑问动力太大了，所以可以叫"浮士德的精神"。

刘梦溪：史华慈讲到了这一点，他也称现代性是一种"浮士德精神"，是一种不惜一切代价追求知识的无限欲望。

杜维明：它是浮士德精神。为了新的经验、新的价值、新的信息、新的科技发展，出现了这种精神，发展到后来有相当残酷的一面。不管是殖民主义，还是帝国主义的继续发展，都是身不由己。当然有西方现代性的突出的理性，但除了这个理性以外，也有一种非常反理性的带有强烈的浮士德精神的那种争夺的力量。所以法国大革命的下一段，就是雅各宾专政，后来又有拿破仑专政的出现。我们说现代性在西方错综复杂，人类的最崇高最有价值的理念和最残忍最有暴力性的现实纠缠在一起。既然如此，而且它已经成为人类共同的遗产，愿意也罢不愿意也罢，它这个大的论说已经涵盖一切，我们要对它进行反思，我们应该用什么资源来反思呢？

刘梦溪：那天史华慈教授的一个核心观点，是他认为永远不要把文化看成一个死的东西，看作完整的一块，他说文化是流动的，是一个松散的整体。

杜维明：对，一方面松散、流动，另外它们之间又互相参照。

刘梦溪：所以他说有跨文化沟通的可能。

杜维明：绝对有这种可能。

刘梦溪：他说把文化看作一个死的东西，那 20 世纪就有纳粹这样的极端,当然也有另外的极端。你不能把文化现象看成铁板一块。

杜维明:是的。另外一种论说,就是所有大的文明,像现在世界上还有生命力的一些大的文明,比如说从宗教哲学的角度看,世界七大宗教,包括基督教,佛教,中国的儒教、道教,印度教,中东的犹太教和伊斯兰教。它们都有向各个不同的领域发展与沟通的倾向,都不是铁板一块,都有包容性。像西方的现代文明,它突出了一种强烈的人类中心主义,带有侵略性和扩张性,我不是指对其他的民族,而是对自然。甚至在一定程度上扬弃了精神领域,因为它是反宗教反上帝的,现在它面对大的挑战。

刘梦溪:刚才你讲的,西方的现代性实际上有两个传统:一个是理性的传统,可以分解出许多东西,另外还有一个非理性的传统。这是很有意思的观点。

杜维明:西方现代性的非理性的成分很强,而且理性和非理性是纠缠在一起的。现在西方的学人,包括史华慈他们,开始重新诠释西方的现代性,希望能把现在还活着的有生命力的精神资源调动起来,使得西方现代性发展出来的包括对自然的侵略性,那种浮士德精神,怎么样才能有转化的可能。在这个前提下,他们重新开发西方固有的资源,其中包括希腊的哲学传统,特别是苏格拉底、亚里士多德的哲学传统以及犹太教的传统。史华慈在这方面有很深的感受。

所以刚才讲的一些考虑和燕京社的工作结合起来,就是希望注重人文学,注重具有东亚特色的地方知识的普适意义。那么东亚社会到底能够调动起来什么样的文化资源? 这些调动起来的资源面对强势的西方启蒙心态,它可能做出一些什么贡献? 这意味着东亚的知识分子,特别是中国的知识分子,在充分接受西方文明的洗礼之后,怎样开发自己传统文化的资源,是一个燃眉之急的大课题。在这方面的文化资源里面,包括道家、儒家、大乘佛教等等。因为我的目标比较集中,是自己学术方向的选择,也是自知之明,不能所有的东西都去搞,只是把儒家作为传统中的一支,看看儒家可能提供一些什么样的资源,它在今天的背景下能够有什么样的发展。

但以我自己的经验,可以说 60 年代来美国以后,是从儒家的命运已被判了死刑的困境中，逐渐开拓出一个新的空间。这个新空间，表面看相当长一段时间是在纯粹学术界，尤其是哲学界展开讨论。但这非常重要，中间我认为经过了好几代人的努力，一般来讲就是从熊十力、梁漱溟，到牟宗三、唐君毅两代人。实际上还不止于此，至少康有为、梁启超的思想批判也与此有关。更早一点，魏源、龚自珍开始面对西方冲击的时候，他们多半做的也是这方面的工作。就是面对西方文化的挑战，你怎样做才能够调动起自己的传统文化的资源，从而进行新的整合。确实经过了好几代的人努力。我们跟日本的情况相当不同，一般认为日本是成功的，我们则不够成功。但是这要看时间的长短，如果只看二三十年或者七八十年，日本可能比较有效，如果看一两百年，就不一定了。

刘梦溪：你的学术理想令人赞叹。其实据我的观察，比如说近五年以来，日本的声音似乎越来越弱了，我是指它的思想界的声音。

杜维明：我了解。

刘梦溪：因此就涉及一个问题，比如说我走访了美国一些大学，图书馆的管理人员有一些是日本人，日本学者当然重视自己的资源，于是就把中国的书放在角落里，像 Berkeley（伯克利大学），日本的书比中国的书显得格外突出。

杜维明：有这种情况。

刘梦溪：我想讲另外的内容，我是说日本的声音，它的真正的哲学的声音，是不是在萎缩？

杜维明：可是你知道，日本的京都学派、日本的禅宗，在西方世界不仅有极大的影响，而且在西方思想界已经扎根，这在现代中国和西方的沟通中间没有同样的例证。中国过去有过炫目的光辉，但近代以来还没有出现。另外日本脱亚入欧的路线基本上是成功的，现在是世界第二大经济体，但如何回到亚洲成了它现在面临的问题。

刘梦溪：是的。

杜维明：是不是能回得去，是很大问题。

刘梦溪：我想很困扰。

杜维明：这确实是很大的问题。日本有一个一厢情愿的想法，就是它是走纬度的，在 21 世纪，它是纬度的横跨，而不走经度。本来应该向南和朝鲜、和中国大陆发生新的综合性关系，但它想跨过去，只是和中国的台湾和香港，然后一直到澳洲，想在这方面找出一条生路。我认为这个意愿不大可能成功，它一定要和中国大陆有密切的关系才是正途。不过日本的本土化和全球化配合得是比较好的，它既有强烈的全球化倾向，又有本土化的生长。问题是除了全球化、本土化，还有亚洲化的问题。这中间的问题还是非常复杂，主要在于怎么样定位日本。按亨廷顿的观点，他把日本置于东西方之外的特殊地位。

刘梦溪：结果他等于没有解释日本。

杜维明：不仅没有解释，还把日本作为一个独立的文化单元，没有把它摆在主要的文化圈，这跟我们现在所了解的很不相同，跟赖世和的了解也有蛮大的距离。

刘梦溪：可是他也不简单地说日本就是西方。

杜维明：当然不是，他把它作为一个独立的单元。

刘梦溪：这个很有意思，可以启发我们从文化的视角重新认识国际格局。

中华民族之再生和文化信息传递

杜维明：因为亨廷顿认为，将来西方可能受到的挑战是来自东亚。我个人感觉得多少有一点忧虑，甚至也可以说是一个很严峻的课题，这就是在东亚现代性这个范围里，大家现在最重视的课题，是中华民族的再生和兴起问题。

刘梦溪："再生"这个概念很好，"再生"比"兴起"还好。

杜维明：这个"再生"，现阶段人们多半从经济、军事、政治上来理解。容易理解为，以前是"人为刀俎，我为鱼肉"，现在这个情况不再了。为什么我们那么关心人文学术的问题，关于"文化中国"的资源够不够的问题？

主要跟这一点有密切联系。换句话说，中华民族的再生，它传递的文化信息究竟是什么？假如传递的文化信息，只是中国人以前受欺负，现在我可以不受欺负，甚至我也有能力欺负人，就不是正常的文化信息。

刘梦溪：你今天讲的至为关键，我相信并没有多少人想到了这个问题。现在中华民族正面临一个往现代性大踏步前进的转型期，从一个角度看，可以说是古老民族的再生。但绝大多数中国人或者西方人，特别是掌握权力的人，他们只是从经济和军事来看中国，文化方面则被忽略了。但是你说的对，我们应该向外界发出什么样的文化信息呢？

杜维明：这个非常重要。所谓"中国威胁论"观点的出现，甚至在中国内部，也有人讲世界的游戏规则没有变，还是弱肉强食，还是强暴的或者强权的政治，只不过以前的强权多半是西方，现在多了一个人，这个人的价值观念跟西方的不一样。这种看法也是一种信息，但却是容易遭到误解的信息。当然国际社会的重组，是非常艰难的过程，现在想分一杯羹的人更多了。而且是不是由于中国的兴起，其他第三世界，以及那些无依无靠的民族，会更抬不起头来，是不是所有发展的资源都会被中国吞噬，或者中国蓄意要对日本、对西方、对美国进行抗衡挑战。

刘梦溪：以我的看法，当然不是这样，中国文化的特性从来不具有扩张性。

杜维明：但是现在中华民族的再生，它所传递的文化信息到底是什么？

刘梦溪：人们还没有明确看到。

杜维明：一方面没有看到，另一方面知识界不把它当作一个严肃的课题来做，比如说从整个"文化中国"的角度来论述这个问题。

刘梦溪：是的，中国的知识界好像还没有产生这样的文化自觉。如果文化信息的传递问题解决不好，刚才你说的被误解为增加一个分吃的大户，甚至多了一个抢土地的人，这对中国的现代化，对民族的再生，就不是有利了。

杜维明：但是这里面有一个最大的"死结"——不说"死结"，是一个症结,现在我们不仅没有过这个关,而且似乎"卡"在那里动不了。这个症结,其实就是中华民族的再生能不能解决好自己的内耗问题,即资源和思想的内耗问题。如果自己家里边的文化传统和思想资源不能得到正确的诠释,经济上又成为强势,又有长期受屈辱的历史,积郁的很多悲愤不能得到化解,表现出来的多是不平之气,与外部世界的沟通就困难了。

刘梦溪:百年中国受屈辱的历史人们仍然记忆犹新。

杜维明:这个情况如果从外面来看,会让人觉得有爆炸性的潜力,同时也是对中华民族再生的考验。这方面的课题,并不是哪一个党哪一个派的问题,而是民族长期发展的需要。为什么人文学术变得那么重要,这有几个原因:第一,人文学是对人的自我反思最贴切最直接的学问,文学、历史、哲学、宗教,所谓文化人类学,都关涉人的本身,因此当一个民族再生的时候,人文学和文化信息的传递直接相关;第二,假如中国现在突出经济资本而忽视社会资本,重视科技能力而忽视文化能力,注重智商而忽视情商,注重物质条件而不顾道德理性,这种情况下我们来解读中国当前的社会,就很难得出中华民族已经走向长治久安之道的文化信息。

刘梦溪:如果这样,实际上是文化偏至病,社会容易失衡。不过经济和科技的落后是困扰近代中国的大问题,如今经济力的提升对文化建设有直接的好处。何况商品化的结果,使僵化的意识形态也不容易站住脚。

杜维明:当然有这方面的功用。我是说如果把功利的、眼前的、钱和权的利益作为第一需要,那这个社会的自我反思和自我批评的能力,就会相对减弱。你跟我说的,全国最好的精英都被吸引到市场经济的框架里,以及科学技术领域。事实上,人文知识界最能够进行文化传统和思想资源的反思,假如不能形成队伍,应该是非常大的悲剧。从1981年开始,我就了解到甚至有一些人的自嘲,说自己从事的是"无用之学"。其实这样的"无用之学",它的"用"可能有更大的价值,那就是为社会寻求长治久安之道。我非常不愿意看到国内的精英大学人文学术滑坡。新加坡是很现实的社会,但它已经意识到人文的重要,你看他们最近的讨论,关于华文教育、关于创意精神、关于文化价值、关于语文等各个方面。他们从来不随便投资,不会做没有报酬的投资，但这样一个社会在面向 21 世纪的时候，从政治领导到学术界的领导都意识到人文的重要。新加坡大学整个在改制，我参加它们人文学的改制，他们甚至把哈佛的精英、行政的精英全都请去，研究中心科目怎么样设置，怎样培养人文学的人才。因为他们了解到，如果不这样做，下一步的竞争力就会减弱。现在是知识经济时代，人类已经进入另外一个竞争的领域。国内现在有一些学者开始做出了一些回应。我一直在强调，在中华民族再生这个历程中，一定要能够传递出正确的不容易发生误解的文化信息。比如说，不能忽视印度，而应该把印度作为一个重要的参照。

刘梦溪：实际上印度也已经被忽视了。

杜维明：完全忽视了。你看胡适之先生以前说，中国的大悲剧，就是印度化。他是指佛教对中国的影响。可是现在，我想不能忽视印度。它有大概至少八千万到九千万中产阶级，包括它的官员，它的知识分子，它的企业界人士。印度现在是世界第二大软件市场。另外它有几个特色，我觉得尤其值得我们注意。第一是印度有九千万到一亿说英文的，而且有完全能够进入英文世界的中产阶级。所以它和西方的联系，它对西方社会的理解，对西方社会批判的认识，要远远超出其他国家。另外一点，印度有五十年的西式民主制度，尽管西式民主制度有很多其他的缺失，但它为知识分子，为中产阶级创造了一个充分发挥才智的空间。印度所培养出来的知识分子，绝对可以和西方平起平坐地辩难，这和东亚与西方的关系很不同。他们可以说已经成为诤友，甚至在很多地方成为强烈的批判者。这中间我接触很多很多，他们不仅是能说善道，理论的基础也很牢固。

刘梦溪：他们的资源在哪里呢？

杜维明：他们的资源非常丰富。

刘梦溪：他们作为批评者的时候，使用的是本民族的文化资源吗？

杜维明：有各种不同的资源。西方几百年的殖民主义，特别是英国的价值、习惯，比如说英国饮茶的习惯，四点钟茶，现在英国很多地方已经没有了，但在印度却保存下来。很多习俗上的东西相当明显。当然它在制度上有它的困境，比如穷困问题、种族冲突问题，各方面的困境很明显。但它的民主化的传统这份资源不能忽视。还有印度是精神文明输出的大国。经过英国殖民主义好几百年，它的精神脊梁没有被打断，文学、艺术、宗教、舞蹈、音乐等各方面的人文资源，都能够调动，文化呈现多元的景观。

刘梦溪：它的民族语言有很多很多种。

杜维明：非常多，表面上看起来完全没有统一。我觉得印度在很多地方确实可以作为中华民族再生的参考。以前我们了解到，在18世纪，中国是欧洲启蒙思想家最重要的参考社会，儒家成为他们重要的参考性思想文化。19世纪欧洲中心主义形成以后，情况变了。现在面向21世纪，我相信那种情况会重新出现，就是各大文明之间的互相参照。亨廷顿的"文明的冲突"后边，一是预示文明是多元的，不能用一种文明来消解其他的文明；另一点就是他所说的文明之间的抗衡。其实他的看法有相当地局限，因为文明有可以有对话、可以有交融的一面。像基督教文明，现在已经成为比如说韩国文化的一部分。伊斯兰教的文明也不仅是中东，亚洲发展得也很快。反过来讲，儒家的文明也可以在欧美有发展的余地，都有互相借鉴、互相辩难、互相沟通和互相交融的可能。

从这个角度看，我感到现在不管你属于哪一个专业，哪一个学术的领域，对传统文化特别是对儒家文化的资源怎么开发，我相信应该是大家共同的关切。可以有各种不同的思想方面的选择，比如犹太民族的文化传统，所有跟犹太文化相关的知识分子，爱因斯坦也罢，Isaiah Berlin 也罢，或者现在 Derrida 这些人也罢，他们各人的取径不同，但犹太文化是他们每一个人后面的精神动源。这一点从爱因斯坦开始就很明显。回到我们的话题，如果说"文化中国"的知识分子后面的精神资源不够，这个是不是一个问题？我觉得是一个很大的问题。实际上等于说，对你影响最深刻、时间最长、对塑造这个文明最有影响力的这个文化本身，它的合法性并没有建立起来。你想这是什么问题？

刘梦溪：中国近代以来的文化断层是严重的，传统早已七零八落，当务之急是怎么样整合传统。这一二十年人们有所觉悟，开始恢复对传统的记忆，但理念论说的框架——是不是就是"合法性"，还没有建立起来。

杜维明：合法性的建立，不是一厢情愿的。尽管有很丰富的资源，但你不去开发的话，它的资源不可能发挥积极作用。我的感觉，事实上有两个方面多半是被误解的：第一个方面，要有全面和深入的批判意识，可能比五四时期更要加强；第二个方面，儒家文化对中华民族的心灵塑造所起的作用，就是鲁迅那时候所关切的东西，我们至少不能像他们当时那种如同对待包袱那样，有一种一丢了事的乐观。我们跟五四知识精英最大的不同，就是我们认为要更全面更深入地批判传统，可是这种批判，是建立在本民族的精神资源还有生命力，还有说服力还有价值的基础上。假如你认为自己民族文化资源里面，最健康的价值没有办法开发，只是凸显它的消极的东西，即使工作做得再努力，也不会有成效。

刘梦溪：那天史华慈对后现代思潮不很满意，他特别提出，希望中国不要丢掉自己的传统资源，在建设的时候，不要对传统一推了之。

杜维明：这个我跟他的意思完全一样。在开发资源的时候，需要彻底了解它的内在逻辑和它的核心价值，包括在社会上可能有的负面影响，因为传统资源的各种价值层面是在一个复杂的网络里面，例如权力层面可以有很负面的价值。

刘梦溪：当我们讲文化信息和文化资源的时候，后现代主义思潮对传统所采取的是一种解构的态度，企图消解任何权威和偶像。当然其中包含有对某一种既定社会秩序和文化秩序的反弹，也和市场经济的无序发展有一定关系。但后现代思潮所表现出来的文化态度，更多的是快意者的挑战。

杜维明：是呵！有很多人说市场经济是最大的自由主义者。

刘梦溪：史华慈对把一切都推向市场表现出了担心，他似乎很忧虑。

杜维明：充分接受市场经济的动力和赞同市场社会的出现，是相当不同的涵义。因为市场经济是好的，但市场社会是一个大悲剧。一个社会，比如说美国，很明显的市场经济在很多地方比中国要全面得太多了，但是像美国这样一个社会，它的大学制度，它的政府结构，它各种不同的民间团体、各种不同的职业团体和各种不同的社会运动，都不是靠市场的机制来运作。比如美国大学的最主要的力量，是来自通识教育，主要是精英的通识教育。这个通识教育绝对不是为市场服务，在很多地方它是培养领袖人才，而领袖人才一定不是局限于市场机制，需要有强烈的批判意识。大学绝对不能完全用市场的方式来运作，不然的话，梵文系以及很多市场效益很低的系，就没有办法成立。

一所大学能够有很大的动力，这表示它可以为很多没有市场效益的学术领域作极大的投资。如果仅仅以市场来考虑，整个人文学差不多都要被边缘化。美国的精英大学，有的只有 1000 多人，例如 Hamilton, Oberlin，很多这样的大学，所以在美国社会有那么大的影响力，就在于它维护社会最重要的核心价值，而且培养一代又一代的领袖人才。很多职业团体，比如律师、医生这些职业团体，它的权威的建立，大半也不是靠市场经济。大学里面的权力结构，跟市场机制也有很大的距离。所以说市场经济是健康的，但市场社会绝对不健康。另外，很多社会组织，比如说家庭，假若都按市场的规律来运作，我相信根本没办法维持。

我现在问一个问题：就是除了西方所能有的普适性的价值之外，比如说人权、自由、民主、平等、法制、理性这些价值之外，到底还有没有一批也具有普适意义的价值？让这类价值也得到充分发挥，使我们现在面临的复杂的社会，能够更平稳的渡过难关。比如说"信"、"忠"、"义"、"仁"、"礼"，这样一些价值是不是也是一种普适意义的价值？像我们今天开"儒家伦理"的课程，那我问几个简单的问题：通常说的人，到底是一个孤立绝缘的个人，还是一个关系网络的中心点？在道德实践方面，理性和同情当然一样重要。除法制以外，礼教（现代意义下的礼教，包括教养和教化）占有什么样的地位？除了权利的观念以外，义务的问题怎么样处理？我相信跟西方的价值一样，儒家的价值也应该有它的普适性。比如在美国这样的社会，儒家思想、儒家伦理有没有价值？有人说的有点俏皮，说可能儒家一些价值对美国现在的社会比在中国更有好处。

刘梦溪：其实这也是一种文明的参照问题。不过更重要的是对这些价值怎样做现代诠释。

杜维明：非常重要。

刘梦溪："仁"、"义"的观念，在现代社会仍然是有意义的。"礼"就更需要了。至于"信"，在市场经济和商业关系的背景下，人与人的交往当中，更需要诚信的精神。信是生之为人的最基本的道德准则，尤其是为商者必须遵循的定律。

杜维明：福山最近写了一本书，就叫《信》，他发现现代企业文明，日本和美国或者西欧对"信"的价值的认同，比很多发展中国家包括中国，更显得突出。

刘梦溪："信"和西方社会的契约观念也许有连带性。

杜维明：有非常密切的联结。

刘梦溪：中国对这些基本观念的解释往往弹性比较大。有一次星云法师讲，按照佛教的戒律不能讲谎话，不能打诳语，但一般的信徒完全做到事实上很难，因为一个人一生一句假话都不讲，这不大可能。他说比如有亲人患了癌症，先不告诉他，当然是打了诳语，但是这里边有一个悲悯和同情在里头，就不算犯戒。还有朋友之间如有很难堪的事情，你不想在某个时候向他提出，这里边是涉及对对方的尊重问题，使对方的人格和尊严得到保持，这也不能用说了假话来解释。

杜维明：是这样。很多人说这是模糊性，其实不一定是模糊性，里面的涵义特别复杂。你想用简单定义的方式，企图把它说得非常清楚，变成一个抽象原则，反而使你在实际运作中出了很大的毛病。你讲的这个例子说明，它后面的基本价值，是要为人提供可以进一步发展的条件和空间。其实基本价值没变，表面上说了谎话，实际上是因为尊重而表现出仁慈。

刘梦溪：甚至在法学领域，对法律里边人情成分的研究，可能是法学研究当中最具挑战性的课题。法律是有人情的，所以法律的解释空间也很大。据法学家讲，法律本身解释空间之大令人绝对难以想象。

杜维明：像日本也一直在研究义理和人情的关系，中国说"合情合理"，这些问题如果把它摆在生活世界里，作为处理人与人之间关系的影响因素，对法律的建构，对民主文化的培养等等，一定会有积极的作用。

中国文化背景下的宗教与信仰问题

刘梦溪：这里边有一个问题，就是阐释的语言问题。晚清以来由于西潮汹涌，东西方的交流互动，人们一般理解的阐释方法，都是要用西方的理念、范畴来诠解中国的传统，这在美学和哲学方面大体上是这样做的。但问题出现了，如果完全沿用西方的理念范畴作为参照系，你会觉得中国的很多传统资源是说不清楚的。就如同李慎之的想法，他认为中国没有科学，甚至还觉得中国也没有真正的学术，好像中国传统的资源什么都不行似的。那么应该用什么样的语言来诠解，来转注，来转释？这好像一直是个问题。因此知识界提出很多概念，包括过去用的"传统的转化"。

中国哲学、中国诗学以及古代文论，从孔、孟、荀，到汉代，到宋儒，到王阳明，他们的思想当然有自己的逻辑，有自己的系列语言。如果只用西方的哲学观念来诠解它，我觉得还未能达到预期的效果。甚至会逼向两个极端，一个极端是中国这套东西说不清楚，而且认为中国没有哲学，没有逻辑学，没有史诗，没有悲剧。另一个极端则认为，西方的诠释方法不适用于中国的文化经典，它不能把中国这套东西的精蕴表达出来。这个问题到底应该怎么解决？那天史华慈讲的一个内容对我启发很大，他是回答我提出的一个问题，就是怎样看中国文化背景下的宗教和信仰问题。国内的讨论很多，但没有得到解决。史华慈认为中国人当然是有信仰的，只不过这个信仰比较泛，有各种各样的神。他说你不能以为只有像西方那样的宗教才叫宗教，只有西方那样的信仰才叫信仰。他认为不能这样看。他提出宗教这个概念是从日本翻译过来的，"宗"已经把宗教教派化了，只有"教"这个字才接近中国自己的义涵，有教化的意思在内。从这个角度看，中国宗教的元素也许反而更丰富？

杜维明：我觉得需要从问题意识入手，光是着眼形式会遇到困难。现在形成这个问题和现代人碰到的各种挑战有密切关系。这是一个普适的问题，不是某个特殊文明所碰到的困难。传统跟现代的问题，人和自然的关系问题，还有很多基本的价值问题，如果从中国学术角度来看，它不能只是在中西、古今这样一个模式下来进行对话，应该在一个多元文明的背景下对话。所以我提出把印度文明当作参考，或者把伊斯兰文明当作参考。就是让中国知识分子考虑，如何在向西方取径、引进西方文明的背景下，应该有更多的参照。它不仅是古今中西的问题，像冯契先生讲的，从五四以来就是古今中西之争的问题。假如说现代性中的传统问题，是多元现代性的问题，除了西方以外——西方本身已经多元多样了，还有印度、伊斯兰等其他文化的参照。当我们面对现代性问题的特殊性的时候，在整合传统和利用西方的方法的过程中，选译应该是多元多样的。比如用我自己比较熟悉的传统来考虑，对儒家文化必须从比较文明和比较宗教的角度来了解，不能说只有中国才是儒家，还有越南，还有韩国，还有日本，甚至在南亚，在中国认为不太可能的情况下，他们已经创造了儒家思想与现代性融合的一些经验。

刘梦溪：我知道您始终关注工业东亚，他们有的也曾受过儒家思想的影响。也许不同类型的地方知识实际上都有一定的普适意义。当然特殊的东西难免有局限，但这个特殊是在全球问题的参照下形成的，所以必不可免地会与全球的现代化进程有所呼应。我想一定不会有与外部世界割断联系的单独一国的现代化。

杜维明：当然。其实也就是以前说的掘井汲泉，当你挖得越深的时候，碰到的泉水就越向外面流。现在常常用西方的观点来诠释中国哲学，中国美学或中国艺术，不成功的例子，多半是由于对中国本身的资源掌握得不够全面，同时也由于对西方的资源，包括它的复杂的背景缺少深入了解。如果把西方的方法所根据的理念，连同它的文化背景一起思考，那种复杂的情形就会变得简单一些。这种碰撞也可以使我们对自己的文化传统理解得更深刻一些。所以我说有四个问题，需要同时考虑：就是继承、扬弃、引进、排拒。这四个问题事实上是同一个问题的四个面向。你越深入了解自己的文化精华，越能对它的糟粕进行扬弃；你对自己文化的地方性、它的独一无二的特性有深入理解，对西方引进的价值就会看得全面，认识得深刻。

你对自己文化传统的批评越是粗暴,对西方那些价值的引进就会流于肤浅。

刘梦溪:讲得好。可是对自己的传统也好,对西方的价值也好,重要的问题是如何做出正确的诠释。阐释和诠释是一个圆圈,一种循环阐释。

杜维明:是的,是一个阐释的圆圈。但是,假如你不是通过狭隘的自我,而是通过开放的心灵,可以使诠释对象和你自己的境域之间,有一种融合。这种融合会提升你的自信力,从而更加拓展你的开放性,变成一种良性的循环模式。比如我举一个简单的例子(不一定是最好的例子),在儒家文明的传统里,没有西方的宗教性或西方的超越。但是一个尽量同情了解西方这些课题的人,他会把问题带回到自己的文化传统加以审视;虽然表面上好像是在探究一个不合理的东西,因为我们的传统里没有发展出关于上帝,关于外在超越的论说,但是如果我们进而思考儒家是不是有自己独特的宗教性? 它是用什么方式体现出来的? 和西方的不同在什么地方? 这些在本民族文化的语境里似乎是“不合理”的问题,却迫使你不得不重新思考并作出回应。而你的回应很可能对西方的方法是一种新的挑战。假如说中国有中国自己的宗教性,比如民间的天地君亲师,这些信仰具有不同的价值,却能让它们互相沟通交融,而不是互相排拒。宗教意识就是它有一种终极关怀,不仅是个人而且是群体的一个永恒发展的愿景。那么这些价值在中国社会起了很多积极作用,虽然它的宗教性没有西方那样强烈,比如关于上帝的理念的充分展现。

刘梦溪:宗教意识是一种强烈的皈依感。

杜维明:但没有强烈的皈依感,也意味着它没有强烈的排他性。表面上看,儒家又有宗教性又没有宗教性。这个我们叫作实践理性。把它当作一种实践理性 practice 中间碰到一个什么问题呢? 就是只要有儒家参加的文明对话,它使对话的两个方面的代表性,在很多地方发生变化。比如基督教和回教的对话,犹太教和佛教的对话,谁属于犹太教谁属于佛教,非常清楚。但儒家参加进去以后,情况不同,会出现儒家式的基督徒、儒家式的回教徒和儒家式的佛教徒。人间佛教就是儒家式的佛教。这样,“儒家式”作为一个形容词,它代表什么? 以前有一种错觉,认为你是基督徒又是回教徒又是佛教徒，那表示你的宗教真诚和宗教信仰的热度不够。可是儒家学说是一种特殊的精神文明的取向，它的特性是要你关切人现在所处的政治环境，不关心政治，不参与社会，作为儒家不可能。也就是通常所说的入世的特点。而基督教注重社会的福音，跟儒家自然有关系。因此从儒家的立场来了解宗教的特性，这个特性跟我们现在讨论的公众知识分子的信仰有很密切的关系。而公众知识分子的信仰，就是他的信仰的公共性。

刘梦溪：你讲的和我这两年考虑的问题直接有关，我非常关注中国文化背景下的宗教与信仰的问题。你刚才讲，如果是回教和基督教对话，界分很清楚，但儒家一旦掺入进去，就有新的东西出现，可能是具有儒学特点的基督教徒，也可能是有儒家特点的回教徒。那么表现在世俗生活方面，是不是和表现在信仰方面一样，也有它的特点？

杜维明：现在对比较宗教学是个大的考验，它叫 multiply membership，即一个人是不是可以同时接受一两种不同的宗教。

刘梦溪：还有一个问题，中国人的宗教信仰是有弹性的、比较宽泛的信仰。过去一般的看法（我也是这样的看法），觉得中国人的宗教意识太薄弱，不像西方那样全身心地皈依宗教，信奉者的心里除了上帝这个对象之外，没有其他的对象。上帝是不能假设的，可是中国人的宗教信仰有相当多的假定性的成分。"祭神如神在"，孔子这个说法就带有假定性，好像是对超自然力量的犹疑。

杜维明：你解释得很好，不过我不想用假定，这是非常有趣的，它不是一个 proposition，假设有或者没有，不是这样。鬼神，人以外的很多超自然的力量，在社会上起极大的作用，不然的话，中国人信什么风水，信什么其他各种东西。这不是迷信。一个人的理智不可能全面照察这个世界。中国人有一种虔敬之感，对天地虔敬。有很多东西你不能掌握，不能说是假设，因为都是存在。但是这个存在会影响到我，跟我自己主动自觉的做一个决定，方向性可以配合，对我将来人格的发展，以及各方面的发展它有决定性。当然是相对而言，它可以影响我，但不一定能够全面塑造我。它是突出人文精神的一种主观意愿，既不排斥自然，更不排斥天道。在这方面，它和西方从启蒙发展出来的一种人类中心主义,狭隘的凡俗的人文精神,大相径庭。那个人文精神是:你如果是信神的,就和我们不是同路人,而对自然它有一种掠夺和侵略的心态。我们不是这样。我们比较宽和。但是不是也有精神的强度? 有。它"任重道远","以天下为己任","死而后已",同样很有强度。它是一种强烈的为人类文明的进一步发展做贡献,但与天道和自然和鬼神不仅没有冲突,反而希望人与自然和睦相处,人道与天道交互影响。

刘梦溪: 不过中国人的宗教态度也太人文化了,离人近了,离神却远了。所以孔子也讲:"天道远,人道迩。"如果离"神"、离"天"很遥远,会不会偷工减料,马虎从事? 如果态度过分马虎,是不是会削弱宗教性。

杜维明: 不一定做这个判断。至少你不能说中国人的宗教性不强。你也不能说宗教性有好多种,有的健康有的不健康。也不能说这样的宗教态度是音盲,像韦伯所讲的。中国人对宗教不仅不是音盲,他还是知音。他可以听得到:"祭如在,祭神如神在。""如在"这个意思不是一个假设,as if 有更深刻的意义,是说如果我不与祭,就不祭,祭跟不祭一样。你看《论语》里面有一句话:"未知生,焉知死,未能事人,焉能事鬼。"大半的人认为这种观念是一种凡俗的人文主义,但它后面有更深刻的意义,就是:要真正的知生,必须知死;要真正的知人,必须知鬼。"未知生,焉知死",就是你还没有知道生,你就想知死,那是劣等。你要全面知道生,那你一定要知死。儒家对生事之以礼,死葬之以礼。祭的意思,是说过去的东西跟我们现在的生命有很密切的联系。

刘梦溪: 你的论证很精彩,至少此刻我被你说服了。就是说,只有真正知道了生,才有资格谈死;还不知道生,就来谈死,是不可能的。鬼神的事同样如此。

杜维明: 对! 同样,只有你真正"事人",你才可以"事鬼",而且"鬼神之德盛矣乎"! 它那个世界很丰富。最低的要求,是了解我们的"生",但要是最高体现的话,一定要对"死"有所理解。如果人还不了解,就想了解鬼,是没有用处的。可是对人的了解的最高体现,一定要了解鬼神。这样它的宗教性,它的强度,应该是一样的,只是属于不同的类型。

刘梦溪:但是它的强度为什么会是一样的?照说信仰的目标分散,信仰的强度容易削弱。人和神不分,人和天不分,神和天的神圣性也就减弱了。

杜维明:它的强度,是因为在整个宇宙生化创造的过程中,人是一个参与者,它既可以表现为是一个创造物,又可以表现为是一个创造者,当然也可能变成一个破坏者。所以人能弘道而非道弘人。人能弘道,意味着不是狭隘的人类中心主义,更不是自我中心主义,而是注重人的责任和人的命份。人的命份就是在宇宙生化过程之中,他作为一个参与者,要通过自己的充分理解来进行宇宙的转化,也等于说宇宙的意义需要让人来阐述。从前讲的"天不生仲尼,万古如长夜"(刘梦溪:这是韩愈的诗),意思是说孔子代表人之所以为人的基本价值。这种观念就是把人和天配合起来,实现宇宙的共生。这在中国人文精神里面处处都有体现。人生的终极意义是在日常生活中体现出来的,所谓日用常行。如果一个人平时能够在生活世界里展现自己的价值,它的意义不仅在道德层面,而且有宇宙生成的意义。

这样来看中国文化背景底下的宗教性,如同史华慈所说,它一方面比较松散,力量不是很集中,但另一方面,松散不表示它没有力度。一般人与人之间所碰到的问题,都可能具有深刻的宗教内涵,甚至个人在家庭内部的公私问题,都界分得非常清楚。如果个人是私,家庭是公;家庭是私,族群是公;族群是私,社会是公。一直到国家的利益是私,全球社群的利益是公;人类的世界可以算私,宇宙的大化可以算公。所以古人讲廓然大公。人不仅和家庭和社会族群可以联系,跟宇宙大化也可以联系。有人开玩笑,像郑培凯最近说,如果现代人还能相信张载的"为天地立心,为生民立命,为往圣继绝学,为万世开太平",那就是荒谬的,没有这种可能性。但是,中国的基本信念很奇怪,它主张哪怕是一介书生也罢,或贩夫走卒也罢,他的视域和他的情感世界,都可以看作跟宇宙是有联系的。

刘梦溪:我们中国文化研究所的学术厅就挂着"横渠四句",顾廷龙先生写的,有客人来,我常常解释张载的这四句话。但同时我也觉得,宋儒的理念是一种人生理想和社会理想,变成人生或者社会的现实,还有很大的距离。所谓"陈义过高"。而且主观的感受——自己觉得已经与天地万物为一体，不一定是客观的真实呈现。

杜维明：可是精神世界恰恰是主观的感受。另外还有"感应"，人的心量有无限的可能性，再遥远的心，再和我们不相干的东西，都可以进入我们心量的观照之中。而且每个人都可以如此，不光是哲学家。凡是有反思能力的人，都可以跟天地万物形成一体。这种信念，我相信它是通过一种所谓感性觉醒，不是通过理智的分析。这样它所储备的善缘可以非常丰富。以前说中国从家庭到国家中间，没有开拓出民间社会，事实上在家庭和国家之间的空间，充满了活力。

刘梦溪：中国的民间社会其实很发达，中国传统社会的特点，恰好是有一个长期的比较稳定的民间社会。

杜维明：你说得很对，是有这样一个民间社会，而且充满了活力，不管你从商业从学术从宗教任何角度看，它都是联在一起的。

刘梦溪：因为传统社会是以家庭为中心组成的，家庭是基本的社会细胞，一个一个家庭组成社会的网络，这个社会网络的总体就是天下。

杜维明：天下比朝廷还要更宽。

刘梦溪：而且比朝廷更具有哲学意义。

重建儒学人文价值的可能

杜维明：当然，这种理念不管从生态学的角度，从现代社群伦理的角度，都是现在人类碰到的最大的问题。一个生态环境问题，一个社会解体问题，都需要一种新的人文主义的理念来对待它。这个理念，第一，它一定要突破狭隘的人类中心主义，要以廓然大公的态度，以天地万物为一体的观念，不能为了这一代人现在的利益，而牺牲了整个宇宙的资流。很多民间宗教，比如一些土著宗教，他们有这样的信念，就是：地球不是我们的祖先留传给我们的遗产，地球是我们的后代——无穷的后代，委托我们保存的财富。这个观念，从中国的人生观、宇宙观看，完全能够配合。千秋万世的发展,我们起的是一个中介的作用。这种人文思潮和人类中心主义的人文思潮有很大不同,这是一点。另外一点,从社会组织的本身来看,我认为它是一个悖论,但这个悖论非常有生命力。这就是:一个人一定是具体的活生生的人,他在复杂的关系网络中间来呈现自己。但复杂的关系网络,每一个关节都可能成为禁忌。就看你实现怎样的转化,如何把限制转化成资源,作为自我发展的可能。这个悖论面对现代社会的全球化和地方化同时进行。

刘梦溪: 刚才讲的这个问题,是肯定中国传统的思想资源非常丰富,主要在于如何转化为现代社会的有用财富。

杜维明: 而且传统资源有合理性,是在人人日用之间摸索出来的,甚至可以成为培养民主生活的一些价值。

刘梦溪: 中国传统资源中有没有民主的元素是一个问题,但自由的价值肯定是有的,而且有自己的传统。

杜维明: 有很多自由的概念。本来一些历史时期受到了各种外力的限制,但这中间仍然有独立性的发挥,还是可以转化。这种情况涉及族群之间的冲突、性别的冲突、地域的冲突,要解决这些问题需要有新的理念来面对。你怎样跟各种不同的民族和平共存,假如说中华民族是一个长期跟各种不同民族有融合经验的民族,那么融合的双方都会发生变化。所谓同化我认为是双轨的。如果说汉人把满洲人同化了,汉人本身也变了。你看中国的文化精英,满洲人不少,特别是语言学方面,像启功先生。这和当时满洲人入关,以一个强势的外力来控制中国文化的情况,已经发生转化。

刘梦溪: 但这个问题比较复杂,涉及清代的历史作用的评价问题。

杜维明: 当然,很麻烦。

刘梦溪: 比如有一件事情很值得注意,这是我经常思考的问题。清代在道光以后情况越来越坏了,咸丰、同治年间仍然很不好。可是在咸同年间出了一个特异的现象,就是以曾国藩为首的一大批封疆大吏,所谓"中兴诸将",包括胡林翼、左宗棠、李鸿章、郭嵩焘,以及陈宝箴,一大批。这些人物的文化累积、知识建构、吏治才能,整个的气象和风范,都是历史上不容易找到的群体。

杜维明：对，这里边有一个强烈的文化抱负。

刘梦溪：不管这些人的功过是非，他们其实都犯了很多错误，他们并没有使清代的命运得以挽救，因为他们终归不能挽救历史。史华慈讲到"历史时刻"这个概念，正是在太平天国那个特殊的"历史时刻"，他们各种角色都出现了。这些人作为历史人物，他们的风范和精神气象，可以说达到了一个极致。包括李鸿章，当然他甲午战争有错误，但办洋务有功，终其一生，他还是一个爱国者。包括陈寅恪的祖父陈宝箴和父亲陈三立，都是中国历史上绝无仅有的人物。对这些人怎么解释？只能从中国文化上来解释。要往前比，只能和明末清初相比，当时满洲入关，甲申之后，乙酉南下，剃发易服，实际上是中国文化的大崩塌。当然也表现了精彩。当清兵南下的时候，每到一城，都遇到顽强的抵抗，明代的城守敌不过，很多都全家自杀，悲壮已极。清兵遇到的抵抗是原来想不到的，一直到南京周边，还有史可法守扬州，最后是郑成功的反清活动。如此精彩的瞬间，那是中华文化在起作用。可是清代一个大坏处是把文化的种性灭掉了很多，特别到康、雍、乾时期，文化统制的严酷，并世无二。

杜维明：但是从另外的角度说，他们自己本身也经历了汉化的过程。

刘梦溪：是的，满人的汉化是比较自觉的，康熙、雍正都特别强调，应该不分民族，满汉一家，而且它以中华文化的正统承继者的身份自居，从顺治到康熙、雍正、乾隆，都是这样。但也有宣传的成分，在官员的任用上，常常重满轻汉，乾隆时期督抚中不准有汉人。

杜维明：这使得知识分子没有办法发挥他的积极作用。

刘梦溪：清朝对知识分子是两手，一手是镇压，另一手是怀柔，举博学宏词，开四库馆，企图把高端人才都笼络在自己手中。研究乾嘉学派，如果不联系当时的时代环境，会感到莫名所以。

杜维明：不得了。

刘梦溪：乾嘉时期的学术，固然是学者的兴趣所致，但未尝不可以看作是知识分子的政治避难所。我甚至觉得当时有了一点现代学术的萌芽，主要是学术的独立性有所表现，他们慢慢地忘了学术以外的目标，把知识的对象当作了学术的目的。所以清代学术总成绩确实可观，但同时对文化也有破坏性的一面。咸同年间一大批封疆大吏的出现，实际上与乾嘉学术的影响不无一定关系。

杜维明：现在看大概又是一个历史的时机，又一个所谓的 moment，历史时机。

刘梦溪：可是现在缺人物，两岸三地都如此。你讲文化信息，累积到一个具体人物的身上，需要一个长过程。文化断层肯定会造成人物的断档。大陆这边是"文革"断裂，文化信息和文化累积薄弱，台湾那边的经济起飞得早，但现在进入泛政治时代。中华民族的再生过程，其实是文化重建的过程，但现在有它的问题。

杜维明：现在不做累积，下一代人还是非做不可，那就更艰难了。这涉及整个知识分子的命运问题。但是我认为现在的机会很好，当然还有其他燃眉之急的大问题，比如人口问题、环保问题等等。但现在慢慢有了一种新的共识：不能把西方人类中心主义的启蒙心态作为我们的出发点，而是有了重建儒家人文精神价值的可能，这种人文精神能够和西方的发展形成一种配合。

刘梦溪：很有可能是互相诠释，相辅相成。

杜维明：很有可能相辅相成。这个配合一定是非常有趣的过程。

刘梦溪：比如环保和人权。

杜维明：环保、人权和社会的解体问题。从康、梁开始，经过了整整一百年，你说是解构的过程，的确是解构的过程。

刘梦溪：也在重构。

杜维明：重构的工作尤其需要文化资源的累积。

刘梦溪：这个过程很漫长。

杜维明：但它的承继性是非常强的。平常说要经过三代人，才能成为传统，现在看要经过好几代人。我们还不能只看中国，还要看韩国，还要看日本，还要看越南，现在出来一些新的契机。

刘梦溪：知识分子的文化反省意识比任何时候都强，这应该是契机。

杜维明：就是群体的自我批判意识，它不是一厢情愿的去接受，而是强烈的现实感导引出来的批判意识。

刘梦溪：但是有一个问题，这种反省的自觉性虽然在增强，但反省的能力、资源的累积，还是相当不够。

杜维明：我感觉如果气顺的话，就可以有不同的人才、人物出现。但不是"中国可以说不"这种程度的东西，而且真正能够传递民族再生的文化信息。这个我认为可以用一个名词，西方也在讨论，就是公众知识分子。应该多元多样，不是只在学术界和文化界。

刘梦溪：企业界很厉害，企业精英有点这个意思。

杜维明：我认为有几个领域：一个是学术界，但学术界为数不一定很多；第二是媒体，媒体在西方极具影响力。

刘梦溪：但国内还看不出来。

杜维明：要看情况。媒体不仅是报章杂志，电视、互联网都包括在内，甚至包括流行歌曲。再就是企业界，还有政界，以及各种不同的社会职业团体。活跃在这些领域的大都是年轻人，他们的发展前景不容低估。

刘梦溪：可能跟经济状况有关，企业界有一些精英视野相当开阔。

杜维明：而且有气魄。

刘梦溪：这几部分人反映了中国中产阶级的早期状况，将来中国中产阶级的形成，就是这些人出场。

杜维明：这个过程可快可慢，但现在从事学术研究的人，从事文化事业的人，不管身处哪一个领域，贮备资源和培养人才，应该是最重要的。我说的"文化中国"的第三个意义世界，包括史华慈这些人，也会参与这些工作并作出贡献。

刘梦溪：不过像史华慈这样的人，即使在西方也是很少的。

杜维明：很少很少。

刘梦溪：他的立场既不是中国的也不是美国的，他面对整个人类讲话。

杜维明：对，他是一个文明的立场，而且对美国现况，他忧心如焚。

刘梦溪：是的，我知道他讲过的一句话，听说在他七十五岁生日的时候，他说有人爱中国，有人恨中国，他是尊重中国。我说我非常欣赏这句话，他笑了，他说："我也爱中国。"他说现在的美国他不太喜欢，他说你看克林顿的"鬼样子"（大笑）。"鬼样子"英文怎么讲？

杜维明：鬼样子。

刘梦溪：这是林同奇先生翻译的，可能翻译得比较好。

杜维明：积累本身是一个相当复杂的过程。我觉得燕京社的好处，如果说它从1928年开始，它好像不很急迫，积累的过程很慢，但目标集中，不管别人如何，它一直这样做。

哈佛的中国研究展望

刘梦溪：哈佛这里跟中国有关系的单位很多，费正清中心、新成立的亚洲中心、东亚系，甚至包括历史系、哲学系，关注中国的一流人物我知道是很多的。我想知道这些单位之间他们的互动情况如何。

杜维明：哈佛是一个很有趣的环境，它以教授为中心，不是以学院，不是以系，也不是以大学为中心，而是以教授为中心。以前在费正清和赖世和的时候，东亚研究这一块在哈佛是被边缘化的。我来到这里，到1981年，情况差不多还是如此。可是最近二十年出现了非常大的变化。变化之一，现在大学生中间可能有百分之五十以上要选跟东亚有关的课程。

刘梦溪：是不是包括您的儒学伦理的课？听说您的课创造了哈佛公共课听讲人数最多的纪录。

杜维明：那不会。

刘梦溪：有五百人吗？

杜维明：没有，没有。我以前最高的话，不过四百人，现在三百多人，这只是很多很多课程中间的一课。因为有些课，有好几百人，以前到过上千人。例如讲"文化大革命"，以及其他很多课，学生的涵盖面比较大。另外哈佛的中文部，就是中国中心，我觉得他们是在美国为中国文化创业，作出了真正积极的贡献。平常一般看不出来，以为不过是教汉语的中国老师。他们传播的不只是语言，他们其实是一字一句地教中国文化。现在哈佛已经有了差不多五百个学生，已经超出德文了，只是比法文和西班牙文要少一些。哈佛的亚裔只是百分之十七八，和 Berkeley 的亚裔到了百分之四十三，完全不同。但 Berkeley 的亚裔，Berkeley 的学生中间，真正能够听或者选关于东亚课和中国课的人，还是非常少。大半的亚裔都是所谓职业训练，基本上他们的兴趣不在这儿。哈佛这个情况我觉得是新情况，所以东亚研究已经成为学校教课方面的重要组成部分。

刘梦溪：学校当局怎样看这种情况？

杜维明：学校当局也是充分承认，所以我们横向的沟通，现在是最好的时候。以前燕京社和费正清中心有一些矛盾，传统研究和现代研究好像是分道扬镳，社会科学研究和人文学科的研究没有沟通，中国研究和日本研究也有矛盾。现在这些张力还都在，但是大家谈论沟通的情况很频繁。像我做的研究，应该说是传统研究吧，但我对现代转化的问题有兴趣。你说完全是人文学吧，可是我对社会科学碰到的议题同样有兴趣。你说完全是关于中国的吧，那我对东亚包括韩国、日本、越南的问题也有兴趣。这类例子现在比较多。所以现在是一个好的现象。其他的大学最近因为经济等各方面的原因，发展的态势有一点弱，相形之下哈佛的情况变得有一点突出。但并不一直如此。以前有一度哈佛在全国评比连第八名都上不了。美国这个社会竞争力太强了，东亚研究这一块经过十几、二十年大家共同努力，达到现在这种情况。假使我们不维持，后继无人，我们的状况还会下去。

另外，从全世界范围看哈佛，以前费正清的时候，中国大陆的动力没有起来，所以虽然在哈佛没有很大的影响力，在世界上却有很大的影响。现在在哈佛虽然有很大的影响力，但从整个中国文化研究方面讲，我们只能掌握很少一部分，只能维持它的精英水平。很大的一部分只有向其他地方学习。将来一定是这样，就是中国文化研究的重心，差不多都在中国，由中国的大学精英来从事，我们可以从不同的角度配合。因为日本研究的中心在日本，中国研究的中心一度不在中国，这是个不正常的情况。现在改变了，而且改变得相当快。当然还有许多限制。因为这个原因，所以我觉得康桥这个地方，我们还希望发挥作用。具体地说，就是为广义的"文化中国"的精神资源多作贮备，价值领域多开发。通过访问学人和其他的计划，能够使人文学这个领域，在商业大潮造成的学术研究滑坡的过程中间，不完全被边缘化。如果几个重要的精英大学，大家都有一个队伍，一方面有国际视野，另外又有深刻的地方知识，而且保持学术研究的兴趣和教学的责任，不能说一定会把任务完成好，至少我们觉得这是值得进一步努力地工作。

刘梦溪：可以说是用心良苦。谢谢您讲得这样透彻，我对哈佛的中国研究这一块知道的更全面了。谢谢。

杜维明：谢谢。

（作者单位：中国艺术研究院）

梁漱溟与修身之学

陈　来

　　如我以前曾指出的,20 世纪儒家哲学在现代哲学论域中占了相当重要的地位,从而,作为哲学的儒学在 20 世纪不仅不能说是衰微,反而是比较活跃的。但这仍不能改变儒学在现代中国的社会—文化方面的尴尬处境。① 本文讨论的则是,20 世纪的新儒家大师在哲学上、理论上对古代儒学做了颇多新的发展,而在传统所谓"心性功夫"方面论建较少。我在这里所指的,不是对古代的儒学如宋明儒学的功夫的关注和解说,这部分的内容在当代新儒家诸老的诠释著述中自然占了重要的部分;而是指作为现代儒学者,其自身的功夫、体认的陈述、对他人的功夫、实践的提点,与宋明儒学相比,皆甚不突出。昔陆象山言"为学有讲明,有践履",又言"大抵讲明、存养自是两节"。② 以此观之,即使是梁漱溟,在新儒家诸老中算是修己功夫甚严的学者,也仍然是"讲明"多于"存养"。如何理解此点,尚需深入进行分析,本文仅以梁漱溟为个案,对此做一些分析和探讨。

---

① 　参见陈来:《现代中国文化与儒学的困境》,《传统与现代——人文主义的视界》,北京大学出版社 2006 年版, 第 84 页。

② 　分别见《陆九渊集》卷十二《与赵然道》;卷七《与彭子寿》。

一

其实，梁漱溟对于"修养"是非常重视的，这首先表现为他用"修养"来理解、界定东方学术，把握、说明儒家与佛家的学术特质。如他论儒佛两家之学的相通说：

> 两家为说不同，然其所说内容**为自己生命上一种修养的学问则一也**。其学不属于自然科学，不属社会科学，亦非西洋古代所云爱智的哲学，亦非文艺之类，而同是**生命上自己向内用功进修提高的一种学问**。①

梁漱溟认为，东方古学如儒佛两家，都是生命的修养之学，此所谓生命是指宇宙生命进化为人所体现者。此所谓修养则有二义，一为向内，即向内心用功，一为提高，即提高其生命状态的境界。所谓修养就是在内心上用功夫，使内心和整个生命都得到提高。

由此可见，梁漱溟对于东西方学术的分类，有其自己的看法，他认为：

> 古今东西学术可分为四类，一曰科学技术，二曰哲学思想，三曰文学艺术，**四曰修持涵养**——修持涵养简称修养。②

在他看来，中国古代儒家等各家学术，不属于自然科学和技术、不属于文学和艺术，亦不属于哲学和社会科学。他特别指出，古代儒家等各家学术现在多被当作"哲学"来讲，这其实是不恰当的，中国各代各家学术应当属于第四类"修持涵养"。

---

① 《儒佛异同论》，《梁漱溟全集》第七卷，山东人民出版社 1992 年版，第 153 页。此处及以下引文中黑体者皆引者所加。

② 《东方学术概观》，《梁漱溟全集》第七卷，山东人民出版社 1992 年版，第 365 页。

所谓"修持涵养"，梁漱溟给出了他的解释：

此特指反躬者在自己身心生活上日进于自觉而自主，整个生命有所变化提高的那种学术，其中有知识、有思想，即**主要得之向内的体认，还以指导乎身心生活**。因其学问大有别于处理外在事物者，从而名之曰修持，曰涵养，曰证悟。[①]

向内是对向外而言，一般人都是向外用心，故相对向外用心，向内亦称为反躬；向内的功夫不外乎自省持守，故称修持涵养；向内的功夫不离体认，所以又称证悟。修养之学是指导人的身心生活的那种学术，而此种身心生活的修持即属基督宗教传统中所谓精神性的方面。[②] 在他看来，儒、释、道可以说都是"变化自己生命的学术"、"提高自己生命的学术"。[③]

梁漱溟曾作《东方学术概观》，其旧稿亦论及此意：

所谓东方学术的共同特征，其实就是第四大类修养之学的特征，这特征可以三义括举之：一、心力之用向内而不向外……二、学者志愿真切、有不容已……三、为学要在亲证离言。[④]

这三点和上面说的三点虽略不同，但其精神是一致的。心力向内即是反躬，亲证离言即是证悟，志愿真切一条当是从佛家发愿而化来，故定本后来改为涵养，可见旧稿和定本在论修养之学的基本特征上是一致的。

这种对儒家学术的解释是以修养为中心的解释。那么，哲学和这种修

---

① 《东方学术概观》，《梁漱溟全集》第七卷，山东人民出版社 1992 年版，第 367 页。

② 关于"儒家精神性"的理解，参见 Julia Ching: "What is Confucian Spirituality?" in *Confucianism*, Irene Eber ed, Macmillan, 1986.

③ 参见梁漱溟所说"道家佛家皆可目为改造自己生命之学"（《东方学术概观》，《梁漱溟全集》第七卷，山东人民出版社 1992 年版，第 363 页）。

④ 《东方学术概观》（昔年未完稿），《梁漱溟全集》第七卷，山东人民出版社 1992 年版，第 386 页。

养之学的关系是如何？

> 虽孔学于实践中自有思考在内，亦即自有哲学在内，但只为生活实践的副产物，最好不从思想理论来看待之。即如孔子所说的仁，所说的天命等词，吾人均不宜轻率解说之。解说自是需要的，但不可轻率地自以为是而已。**为学生讲说时当指示其各自反躬体认实践，默而识之，毋妄谈，庶几有所得。**①

> 把（儒家孔孟）**切己修养之学**当作哲学空谈来讲而不去实践，真是一大嘲弄！②

这是说，孔学中有哲学思考，但哲学思考只是孔学的一部分，而且不是其主要的部分，孔学中的哲学是对其实践的思考，只是孔学儒学实践的副产物。因此儒学是实践性的，学习孔学儒学主要是要依其所说，反躬实践、默而体认，而不在于概念的解说、理论的辨析、论点的证明。

二

梁漱溟以儒佛同为修养之学，这是二者的同处，儒佛的不同处又何在呢？只有明乎此不同处，才能了解梁漱溟对儒家精神性的主张。对此梁漱溟有其明白的见解。他认为，人的生命表现有两极（pole）：

> 一者高极，盖在其远高于动物之一面，开出了无可限量的发展可能性，可以表现极为崇高伟大之人生。它在生活上是光明俊伟，上下与天地同流，乐在其中的。一者低极，此既指人们现实生活中类近于动物者而言，更指其下流、顽劣、奸险、凶恶远非动物之所有者而言。

---

① 《儒家孔门之学为体认人的生命生活之学》，《梁漱溟全集》第七卷，山东人民出版社1992年版，第498页。
② 《孔学绎旨》，《梁漱溟全集》第七卷，山东人民出版社1992年版，第500页。

它在生活上是暗淡龌龊的，又是苦海沉沦莫得自拔的。[1]

梁漱溟认为儒家之学的特点就在于体认到人之生命高极的一面，而充分发挥，这样的儒家，其生命与天地同流，而乐在其中。

> 儒家之为学也，要在亲切体认人类生命此极高可能性而精思力践之，以求"践形尽性"，无负天（自然）之所予我者。[2]

梁漱溟也经常用"践形尽性"来表说儒家之学，所谓践形尽性，在梁漱溟即为发挥人的生命的高极的可能性。与之相对，他认为佛家基于众生莫不苦的人生观而来，佛家之学体认到人之生命低极的一面，彻见人生的苦厄出于贪取执着，而求其解放：

> 佛家之学要在破二执、断二取，从现有生命中解放出来，在一方面世间万象即为之一空，在另一方面则实证乎通宇宙为一体而无二。[3]

梁漱溟讲儒佛的不同，并非仅在两家对生命的理解和态度不同，更进一步，他还着重指出两家修行功夫和方法的不同。而所谓修行功夫的不同，在梁漱溟是围绕所谓"我执"为中心而展开其分析的。

他从佛教的分别出发，认为一切众生活动，都是根于我执：

> 于内执我而向外取物，所取、能取是谓二取，我执、法执是谓二执。[4]

我执有深浅二层，**其与生俱来者曰"俱生我执"**，主要在第七识（末

① 《儒佛异同论》，《梁漱溟全集》第七卷，山东人民出版社 1992 年版，第 155 页。
② 《儒佛异同论》，《梁漱溟全集》第七卷，山东人民出版社 1992 年版，第 155 页。
③ 《儒佛异同论》，《梁漱溟全集》第七卷，山东人民出版社 1992 年版，第 157 页。
④ 《儒佛异同论》，《梁漱溟全集》第七卷，山东人民出版社 1992 年版，第 157 页。

那识) 恒转不舍; **其见于意识分别者曰"分别我执"**, 则存于第六识 (意识) 上而有间断。只有行深般若波罗密多, 才能根除我执。①

我执有两个层次, 在第六识 (意识) 层面的我执称为分别我执, 相对来说比较浅; 而在第七识 (末那识) 层面的我执称为俱生我执, 即与生俱来, 是深层的我执。他认为, 只去除第六识的我执, 还不能根本解决问题, 必须在第七识的层面去除我执, 才能真正得到解放。而要去除第七识的我执, 唯有修行"六波罗密多"的功夫。

他指出, 从这个观点来看, 佛家是要破除俱生我执的, 而儒家是不破俱生我执的, 这是两家修养用功的根本差异:

> 如前论所云, 两家同为在人类生命上自己向内用功进修提高的一种学问。然在修养实践上, 儒家则笃于人伦, 以孝弟慈和为教, 尽力于世间一切事务而不怠; 佛徒却必一力静养, 弃绝人伦, 屏除百事焉。问其缘何不同若此? 此以**佛家必须从事甚深瑜伽行功夫 (行深般若波罗密多), 乃得根本破除二执, 从现有生命中解放出来**, 而其事固非一力静修、弃绝人伦、屏除百事不可也。**儒家所谓四毋, 既无俱生执、分别执之深浅两层**, 似只在其分别意识上不落执着, 或少所执着而已。在生活上儒者一如常人, 所取、能取宛然现前, 不改其故。**盖于俱生我执固任其自然而不破也。**②

儒家的思想体系本来没有这种对我执的两个层次的区分, 所以自然无所谓破或不破俱生我执的问题, 但在梁漱溟看来, 儒家处理的我执是浅层的, 儒家对深层的我执缺乏认识。

另一方面梁漱溟也看到, 儒家虽然不去破佛家所说的俱生我执, 却可

---

① 《儒佛异同论》, 《梁漱溟全集》第七卷, 山东人民出版社 1992 年版, 第 157—158 页。
② 《儒佛异同论》, 《梁漱溟全集》第七卷, 山东人民出版社 1992 年版, 第 159 页。

以使此俱生我执不为其障碍；在儒家的功夫里，心为形之主宰，可以超越俱生我执，达到与物浑然同体、与宇宙相通的境界。在这里，我执成为儒家"大我"的基础，而不成其为人世生命活动的妨碍。所以他说：

> 不破俱生我执而俱生我执却不为碍者，正为有以超越其上，此心不为形役也……而此心则浑然与物同体，宇宙虽广大可以相通而无碍焉……俱生我执于此，只见其有为生命活动一基础条件之用，而曾不为碍也，岂不明白乎？……
>
> 佛家期于成佛，而儒家期于成己，亦曰成物，亦即后世俗语所云作人。**作人只求有以卓然超于俱生我执，而不必破除俱生我执。此即儒家根本不同于佛家之所在。**①

这里所说的"不为碍"主要是指人在世间的各种活动而言，即儒家只要破除第六识的我执，达到意识层面的无我，就可以完成儒家追求的圣贤事业。但如果要摆脱轮回，从生命中完全解放，根除我执，就得弃绝人世，修六波罗密功夫，根本去除所谓俱生我执。所以他又说：

> 众生大惑在第七识缘第八识深隐的俱生我执上，而流俗每以第六意识上不存我念便为无我，那是很不够的。②

这些都是梁漱溟从佛家的立场所阐发的儒佛之别，吾人自不必完全赞同。其实，只是在无我的问题上，梁漱溟的此种说法有可参考之处；但儒学的功夫决不只在无我，这种说法只是以佛家为对比而消极地说。若积极地说，正如梁漱溟自己所说的，"光明俊伟，上下与天地同流，乐在其中"、"仁者以天地万物为一体"才是儒者的最高境界。

---

① 《儒佛异同论》，《梁漱溟全集》第七卷，山东人民出版社1992年版，第159页。
② 《重读马一浮先生濠上杂著》，《梁漱溟全集》第七卷，山东人民出版社1992年版，第847页。

关于儒学的修养实践的在世性,梁漱溟自有清楚的了解,如说"儒家则笃于人伦,以孝弟慈和为教,尽力于世间一切事务而不怠",指明儒家的追求在人世间,着力在人事生活中实践。故他又说:

> 是故儒家修学不在屏除人事,而要紧功夫正在日常人事生活中求得锻炼。只有刻刻慎于当前,不离开现实生活一步,从践形中求所以尽性,惟下学乃可以上达。①

其实这只是儒家的人伦实践,还不就是其个人修养的功夫实践,但儒家确实强调个人的功夫实践不能离开人伦日用,一切功夫须得在事上磨炼。这里的践形即尽力于日常事务,尽性则指提高其生命的境界。这里的"刻刻慎于当前"则表现了梁漱溟修身功夫主张的特点,详见后节的讨论。

三

儒家是不是仅仅关注社会人伦、人事之改进与个人反躬的实践呢?儒家有没有他所追求的更高的精神境界?梁漱溟《东方学术概观》之第二章专论"儒者孔门之学",其中从孔子自述为学,论到孔学的特质和孔子的境界:

> 孔门之学是一种什么学问?此从《论语》中孔子自道其为学经过进境的话可以见得出来:子曰:吾十有五而志于学,三十而立,四十而不惑,五十而知天命,六十而耳顺,七十而从心所欲不逾矩。要认明孔子毕生所致力的是什么学问,当从这里"吾十有五而志于学"以下寻求去。然而,所云三十而立,立个什么?却不晓得其实际所指。向下循求,四十而不惑,虽在字面上不惑总是不迷误之意,却仍不晓其具体内

---

① 《儒佛异同论》,《梁漱溟全集》第七卷,山东人民出版社 1992 年版,第 160 页。

容。五十而知天命的天命果何谓乎？当然是说在其学问上更进一境，顾此进境究是如何，更令人猜不透。六十而耳顺，何谓耳顺？颇难索解。七十而从心所欲不逾矩，字面上较耳顺似乎易晓，但**其境界更高**，实际如何乃更非吾人所及知。①

这一段的意思，梁漱溟讲过许多次，说明他对孔子的学问境界非常推崇。在他看来，十五志学讲的是志，志即是心；三十而立虽言之不明，但四十不惑讲的是心不迷惑；五十知命，是讲心之所知，是孔子精神境界更上一层；六十耳顺，字面上似不易解，其为精神之更高一进境则无疑；至于七十从心所欲不逾矩，"其境界更高"，"其实际如何已非吾人所及知"。因此孔子自述其为学，实际是以心为基点，自述其精神境界之成长历程，这也就是其一生"向内进修提高"的进境。他又说：

> 我们局外人虽然无从晓得孔子一生为学那一层一层的进境，却看得十分明白，其学问不是外在事物知识之学，亦非某些哲学玄思，而是就他自身生活中力争上游的一种学问。**这种学问不妨称之为人生实践之学**。②

儒家之学追求的不是知识之学，也不是玄思哲学，而是在生活中努力追求精神的向上进步，在人生中达到一种较高的境界，即其所谓"这是在自身生活上勉力造达一种较高境界"③。梁漱溟虽然始终避免直接说明孔子七十岁所达到的境界之具体所是，但他对儒家的这种境界亦有所揭示，简言之，即"天地万物一体"，"彻达宇宙生命之一体性"（详后）。

但是，要达到精神上较高的境界，需要落实到实践的功夫，才有可能，在这个意义上，他又常常把儒学概括为"践形尽性"之学：

---

① 《东方学术概观》，《梁漱溟全集》第七卷，山东人民出版社 1992 年版，第 329 页。
② 《东方学术概观》，《梁漱溟全集》第七卷，山东人民出版社 1992 年版，第 330 页。
③ 《东方学术概观》，《梁漱溟全集》第七卷，山东人民出版社 1992 年版，第 333 页。

孔门之学原是人类"践形尽性"之学。盖人心要缘人身乃看得见。是必然的；但从人身上得有人心充分见出来，却只是可能而非必然的。尽其性云者，尽其性所可能也。力争上游，使可能者成为现实之事，我故谓之人生实践之学……此学要在力行实践，以故后儒王阳明揭举知行合一之说，不行不足以为知。于是就要问，力行什么？此不必问之于人，反躬自问此时此地我所当行者而行之，可已。①

所谓践形就是要在自身生活中体现，尽性就是把人的高级的发展可能性充分显现出来，这就要力行实践的功夫。

梁漱溟最重视"慎独"的功夫，他认为慎独是儒家自孔子倡导"修己"以来的学脉和传统：

孔门修己之学一了百当，慎独之外更无他事。原吾人生命固自天地万物一体，慎独功夫到家天地万物都收进来，何莫非分内事乎。②

孔子提出"修己"，这是孔门一贯不易的宗旨，慎独正是发明此宗旨的功夫，慎独功夫到家，便可达到天地万物一体的境界。当然，从人的生命本然来说自是与天地万物为一体的，但蔽于习染贪欲我执，不能与万物相通，所以只有力行慎独功夫到家，才能与物通为一体，此亦是回复其生命的本然。

《论语》中不见慎独一词，然颜子、曾子所为兢兢者应不外此功夫。《中庸》、《大学》为晚出之书，慎独应为后来提出之术语……颜子悟之最早，继之者其为曾子乎。后来有功于此学者必数孟子，孟子好奇凌人，其书未见有慎独字样，而言修身。修身亦或云修己，信乎其为传此

① 《东方学术概观》，《梁漱溟全集》第七卷，山东人民出版社1992年版，第333页。
② 《试论晦庵朱子在儒家学术上的贡献兼及其理论思维上的阙失》，《梁漱溟全集》第七卷，山东人民出版社1992年版，第465页。

学脉者。①

固然,《论语》中只提修己,未提出慎独,但在梁漱溟看来,颜子不迁怒、不贰过,即是慎独,曾子之唯,亦即是慎独,孟子更继承孔子的修己而云乎修身。所以慎独功夫在早期儒家不仅是一贯的,而且直是孔门传承的学脉。在此意义上,梁漱溟对慎独的重视,可谓与宋明儒学中如刘蕺山等的"慎独"之学是一致的。② 值得注意的是,梁漱溟对修己、慎独的强调不仅是对孔学的解说,也体现了他自己的修身功夫的特点。

> 《大学》、《中庸》两篇所以为此学极重要典籍者,即在**其揭出慎独功夫,率直地以孔门学脉指示于人**。独者人所不及知而自己独知之地,即人心内蕴之自觉也。吾人一念之萌,他人何从得知,唯独自己清楚,且愈深入于寂静无扰,愈以明澈开朗。③

梁漱溟对独知的解释则同于朱子,即独是"人所不及知而自己独知之地",但梁漱溟对此更加以其现代的说明,这就是在他的思想中始终最为强调的"自觉",以独知为人心的自觉。而且他还指出,人心自觉的独知,在寂静中最为明澈。我们知道,他在其《人心与人生》中特别强调人心的"能静","静"就是不为本能所动,不受感情冲动所动,不为利害所动,是理智和理性的特征。④

> 《论语》上"修己以敬"的话,在各不同典籍如《孟子》,如《大学》,如《中庸》,则"修己"字样均易为"修身"。例如见于《孟子》者:"君子

---

① 《东方学术概观》,《梁漱溟全集》第七卷,山东人民出版社 1992 年版,第 335 页。

② 自然,这里只是就强调慎独而言,并非指梁漱溟与刘蕺山等慎独说相同。

③ 《东方学术概观》,《梁漱溟全集》第七卷,山东人民出版社 1992 年版,第 335 页。

④ 参见陈来:《梁漱溟〈人心与人生〉的人心论》,《现代中国哲学的追寻》,人民出版社 2001 年版,第 255—259 页。

之守，修其身而天下平。"字面微易，语意全然相同。而孟子此语亦就括尽了《大学》全篇旨趣。修身一词在《孟子》、《大学》、《中庸》层见叠出，其为此一派习用术语，十分明显。言修身，则切己近里，**精神集中当下，从而应物理事，刻刻不失自觉**；不言慎独，慎独在其内矣。往世为此学者，吾不得见之，吾所及见，广东番禺伍庸伯先生是能为此学而得其真者。①

梁漱溟指出，《论语》的修己，在《大学》、《中庸》、《孟子》皆说为修身，而意指是完全一致的，从而"修身"成为孔孟之学的核心术语。他还主张，修身包涵了慎独，慎独的提出则使修身功夫更为集中和简要。

关于功夫对人生的重要性，梁漱溟有明确的说明：

吾人自觉能动性的自觉，是即所谓内一面。何以还需要学问功夫呢？人心内蕴的自觉虽为人生所固有，却每每若存若亡；如何得精神集中当下，物来顺应，非易事也。盖为此心率累于其身（食色本能和种种习气），总在向外驰逐之所掩覆也。为此学者要在有以**反躬认取此自觉**（昔人所云良知、独知），**时时戒惧其有失焉**，其庶几乎。②

人虽然有其内在的自觉，有独知，但在现实生活中心累于身，故此自觉往往若存若亡，故必须有戒慎、慎独的功夫，有此功夫，人的精神才能集中于当下的内心，反躬认取，并时时保任，不使有失。

由以上可见，梁漱溟所说的慎独功夫，是指，未应物时精神集中当下，反躬认取独知；应物理事亦刻刻不失自觉，时时戒惧此自觉之放失。应当说，这种对功夫的理解与朱子关于涵养、省察，关于戒惧、慎独的指点是有一致处的，而梁漱溟的功夫论更易为现代人所了解。

---

① 《东方学术概观》，《梁漱溟全集》第七卷，山东人民出版社 1992 年版，第 358 页。
② 《东方学术概观》，《梁漱溟全集》第七卷，山东人民出版社 1992 年版，第 361 页。

对自己反躬功夫的重视与否，成为梁漱溟与熊十力的主要分歧，此在梁漱溟对熊十力的批评中甚为明显：

> 在东方古书中被看作是哲学的那些说话，正是古人们从其反躬向内的一种实践活动而来……在这里你要插入讲话，就得亦经一番修养实践功夫再来讲。①

这是认为，古代儒家书中所言，都是基于其反躬体认所得而言，故今人若要理解它、评论它，乃至加以伸论发挥，必须自己先经历一番修养实践的体认功夫，否则只是空谈乱谈，故他又说：

> 东方各家之学莫不有其反己之真实功夫为学说所自出，离开此等真实功夫而谈其思想理论，便成空谈乱谈，万万要不得。②

这些都是针对于熊十力，意谓熊十力没有反己的真实功夫、熊十力所谈的理论多缺乏反身功夫的基础。所以，他也明确批评熊十力"自己不事修证实践，而癖好着思想把戏"③。他认为，熊十力之所以如此，是因为熊十力脱离了儒家修己的实践传统，而去追求哲学家的一途：

> 熊先生严重的失败在其癖好哲学……走入了思想家、理论家一途，这便不免向外去了，而踏踏实实反身用功，循着儒家路子萃力于践形尽性之学，可能成就得大不同于今天；其人格面貌将不同，其给中国社

---

① 《勉仁斋读书录》《读熊著各书书后》，《梁漱溟全集》第七卷，山东人民出版社 1992年版，第 757 页。
② 《勉仁斋读书录》《读熊著各书书后》，《梁漱溟全集》第七卷，山东人民出版社 1992年版，第 759 页。
③ 《勉仁斋读书录》《读熊著各书书后》，《梁漱溟全集》第七卷，山东人民出版社 1992年版，第 756 页。

会的以至世界人类的影响将不同。①

在这里，梁漱溟实际是批评熊十力未能反身用功，未能践形尽性，未能在变化其人格面貌上用功，只是癖好哲学理论，从而限制了他的成就和影响。梁漱溟指出熊十力的缺失，在事实的层面是否如此，我们无从确定，故亦不加认定，我们只是要就此种批评中来看梁漱溟对哲学与实践的看法。

四

从梁漱溟一生的文字看，虽然他性格傲视不群，但常常反省，自我批评其言与行，其反省皆出于真诚，是显然可见的。从这点来说，他是颇能反己自省的。至于文字所言之外，他也有其他修为的功夫，这在其字里行间也可以看出。年过八旬之后，梁漱溟仍曾谈到其自己的信念功夫：

> 从如上所见（引者注：此指乐天知命是根本）而存有如下信念：一切祸福、荣辱、得失之来完全接受，不疑讶，不骇异，不怨不尤。但**所以信念如此者，必在日常生活上有其前提："战战兢兢，如临深渊，如履薄冰"**是也。临深履薄之教言，闻之久矣。特在信服伍庸伯先生所言反躬慎独之后，意指更明。然我因一向慷慨担当之豪气，不能实行。今乃晓得纵然良知希见苗露，未足以言"戒慎乎其所不睹，恐惧乎其所不闻"，**却是敛肃此心，保持如临深履薄的态度是日常生活所必要的。**此一新体会也。②

"一切祸福、荣辱、得失之来完全接受，不疑讶，不骇异，不怨不尤"，此信念

---

① 《勉仁斋读书录》《读熊著各书书后》，《梁漱溟全集》第七卷，山东人民出版社1992年版，第758页。
② 《谈乐天知命》，《梁漱溟全集》第七卷，山东人民出版社1992年版，第497页。从这里可以看出，梁漱溟的功夫有其传承，即谓其为伍庸伯弟子，亦无不可。

即是一种生活态度，一种精神境界，梁漱溟既说其存有此信念，则表示他在其晚年已经达到了此种境界。照他所说，达致此种境界要有日常功夫的前提，而此境界乃是日常功夫的自然结果，这前提与功夫便是"敛肃此心，如保持临深履薄的态度"。我觉得，所谓"敛肃此心"，颇与朱子所谓"敬"的功夫相近，"战战兢兢，如临深渊，如履薄冰"的态度便是他"慎独"的修己功夫，亦即前面所说"刻刻慎于当前"。日常力行此戒惧慎独的功夫，便自然能达到不怨天不尤人的精神境界。至于达到此种精神境界后还要不要慎独戒惧，梁漱溟在这里并没有说及，据我的推想，他应该主张，即使达到此种境界，仍然要戒惧慎独的功夫。虽然他对儒家传统的性善论仍主赞同，但由于深深地重视习心习气和此身的影响，梁漱溟很难相信这种精神境界通过短期的功夫努力便可达到。恰恰相反，从他的立场来看，达到这种境界必须过长久的功夫实践，而且我们很难确定，自己达到哪一个阶段或境界就可以从此永远不再需要戒惧慎独的功夫，因为那就是圣人的境界了。

梁漱溟七十余高龄所写的《深叹心不胜习》一文最明显地表达出他对修己功夫的重视，也表现出，除了戒惧慎独功夫外，他也注意修习源自佛家的功夫。如他说，"正念无力，闲杂念乃纷纷矣！然正念所以无力则悲愿不足故也，悲愿是一切之本"。他明确自陈，"我有悲愿是真的"，"从而有愿心，愿以所晓者晓人"，"东方古人之所明，不为今人所晓，有能以晓之者，今日非我乎？"[1]此悲愿不仅是立志以先觉觉后觉，更是发愿于修己的实践。他有《发愿文》，约写于20世纪六七十年代，中言"披沥一心作忏悔"、"而今一切深惭愧"、"立志发誓更不造"、"念念唯期显自性"[2]等，可见他发愿修己的严肃。他还说："念功夫当从大悲心及平等观得之入，凡习气发作时即运悲心以观照之。般若空观即是平等观，平等即不拣择，不起憎爱意，而后本有真心得以显现也。"[3]以悲心观入手，以平等观观物，这是他所企求实践的佛家式功夫。他还说：

① 《深叹心不胜习》，《梁漱溟全集》第七卷，山东人民出版社1992年版，第499页。
② 《发愿文》，《梁漱溟全集》第七卷，山东人民出版社1992年版，第227页。
③ 《深叹心不胜习》，《梁漱溟全集》第七卷，山东人民出版社1992年版，第499页。

众生为无始业力习气所缠绕笼罩出不来。然此种缚罩又虚妄非实。解缚之道，只有一味平淡，减业减习，而不憎耐烦；有恒而不用力，精进而不着急，平淡而不玩忽。从这一条隙缝（平淡）慢慢松开它，其他均不免适以增之也。①

为了克服习染的束缚，梁漱溟还提出以"平淡"减习的三句功夫，即"有恒而不用力，精进而不着急，平淡而不玩忽"，从这些地方可以看出，梁漱溟的确很注意其个人的修习功夫，而修习的最终目的是真心、自性得以显现，这才是梁漱溟所理解的"转识成智"。

梁漱溟早年已曾"习静"，他晚年回忆林宰平说，"先生亦留意佛典，且常默坐澄心，而我每习静鲜有所入，不及先生多矣"②。此处的习静应即指静坐的功夫。虽然梁漱溟称其自己"习静鲜有所入"，但他后来仍间断地行此功夫。如其 1958 年在政协整风小组会议的发言中提到，他有事请假不参加会议，是"想多保留时间给自己从事写作及习静功"③。他坦然说明："至于习静功，最初是因病而学习的，上次请假曾指为此。后来转入佛家修持一路，这是六波罗密之一，修之以破我法二执。"④佛家修习六波罗密，以破除我执，其六法中第五为禅定，"要在屏绝杂念，入于凝静专一之境，寂而照，照而寂"⑤。他晚年还有《谈静》一文，析论儒释道三家习静的异同。⑥

不过梁漱溟似乎在静功上并未涉入甚深，他在 1975 年写的《东方学术概观》中说：

① 《深叹心不胜习》，《梁漱溟全集》第七卷，山东人民出版社 1992 年版，第 499 页。
② 《怀念林宰平先生》，《梁漱溟全集》第七卷，山东人民出版社 1992 年版，第 569 页。
③ 《向党交心后在小组会议上的发言》，《梁漱溟全集》第七卷，山东人民出版社 1992 年版，第 57 页。
④ 《向党交心后在小组会议上的发言》，《梁漱溟全集》第七卷，山东人民出版社 1992 年版，第 57 页。
⑤ 《东方学术概观》，《梁漱溟全集》第七卷，山东人民出版社 1992 年版，第 357 页。
⑥ 《谈静》一文尚未发表，近承梁漱溟先生哲嗣梁培宽先生寄示，特表感谢。

　　瑜伽即是禅定,为六波罗蜜之一。修六波罗蜜,从静定中返照而得生命之一切,乃出以指说于为此学者。笔者未曾有此实践功夫……①

　　这说明他虽然注意习静,但并不是"主静"的学者,他的主要功夫还是戒惧慎独。

　　回到本文开始所提到的问题,现代儒学者,对其自身的功夫体认、对他人的功夫提点,论及较少,与宋明儒学相比,是"讲明"多于"存养"。而宋明儒者的"讲明",多关联功夫实践,现代儒学的"讲明"则不是关于功夫实践。当然,就宋明时代而言,儒者的"讲明"亦不限于心性功夫之讲明,而广泛涉及哲学义理之讲明,只是在现代儒学中"哲学"的"讲明"更为突出。

　　梁漱溟虽然论定儒家是修己之学,但他自己也承认儒学中哲学思考的发展是一自然的趋势,有其合理之处:

　　　　宋明以来之儒者好言心性、性命、性天以至本心,本体……如是种种,以是有"性理之学"之称。凡西洋之所谓哲学者只于此仿佛见之,而在当初孔门则未之见也。此一面是学术发展有具体事实而抽象概括之自然趋势;更一面是**为反身存养之功者,其势固必将究问思考及此**也。②

梁漱溟看到,宋明以来,儒学对心性、性命、性天等概念和问题做了不少理论的讨论,也探讨了本体等观念,由于有这些哲学性的讨论,故被称为性理之学。而这种讨论在孔子和孔门的时代并未出现。梁漱溟提出,早期儒家与宋明儒学的这种不同,乃是由于学术的发展必然会从具体事实进而为哲学的抽象,儒家对于反身存养的功夫,也必然会探论其根源、根据。这样看来,梁漱溟还是承认儒学中哲学思考的积极意义的。

---

① 《东方艺术概论》,《梁漱溟全集》第七卷,山东人民出版社1992年版,第353页。
② 《儒佛异同论》,《梁漱溟全集》第七卷,山东人民出版社1992年版,第161页。

很明显，虽然儒学以修己为主旨，但儒学从一开始也同时重视经世致用，故修己与治人莫能偏废。宋代以后，儒学面对佛教的挑战，必须大大发展其心性功夫和哲学理论，从而形成与先秦儒家不同的论说面貌。近代以来，儒学面对的最大挑战是西方哲学及宗教的挑战，因而 20 世纪新儒家从历史诠释入手，着重在哲学理论方面加以发展，这也是很自然的。事实上，从战国以来，儒学已经是一丰富的传统，包含着以传习六经为主要内容的"学"的部分，并非仅仅关注修身实践。汉代以后的经学研究，在各代儒学，尤其是汉唐时代，对学统的传承都有其重要的意义。宋代以后，理学家的经典诠释、理论申说，也都占了他们文字的大部分，这是因为，儒学在理论上的发展乃是其内在的需要。现代社会的人皆必从事于某种职业，不可能用全部或大部时间来专事"存养"，事实上，宋明儒者只要出仕，也必然是如此。故儒家之为儒家，并不在于是否以大部时间来存养心性，儒家的修身并不是脱离生活世界的独善之学，王阳明有言"致知在实事上格"，"有官司之事便从官司的事上为学，才是真格物"，"除却见闻酬酢，亦无良知可致矣"。应物、理事、著书皆出于儒家义理，应物理事著书之时皆不背于良知，不失其省察，这就是慎独"不离于格物"，就是儒学学者的生活实践。正如梁漱溟指出的，儒者和佛学者的不同在于，佛学者须全力进行精神修炼，而儒者则必须尽力于人事事务而不怠。

至于儒者的社会政治关怀与社会实践，梁漱溟是现代儒学中最富实践精神和付诸行动的代表者，这是 20 世纪中国历史略有知识的人都知道的。而他的社会活动正发自于他的儒家思想，他曾说过："内圣外王的话，见于庄子书中。人或称儒家为内圣外王之学，我于此不敢置可否。如我所理会：一个儒者不论生在任何时代，处在任何社会，其必于群众生活、公共事业抱持积极态度，大不同于佛家、道教，是一定的。他总是朝着进步方向走——这本于其学在求仁而来——亦是一定的，但此外似没有什么一定之规。"①

---

① 《东方学术概观》（昔年未完旧稿），《梁漱溟全集》第七卷，山东人民出版社 1992年版，第 390—391 页。

这表明，儒学的精神性虽然重视向内的功夫，但不离事事物物，不仅不离事事物物，而且其精神性必能发为积极的社会政治态度与实践，促进社会改造和政治改革。

　　此篇尚有未尽之义，因时间迫促，已不及深论，待今后有机会再加研讨。又本文属草之初，先立题为"梁漱溟论修身之学"，后觉有所未当。盖"论"修身之学者，自己未必有修身之功夫及实践；而"与"字连带较宽，可以兼为表出梁漱溟先生的修为及进境，故改今题，以教正于大家。

　　　　　　　　　　　　　　　（作者单位：清华大学哲学系、国学院）

"物"的转变与儒学形态的演化

汪 晖

一、"物"范畴的转化

伴随着天理的成立,古典宇宙论的模式发生了以理气二分为中心的重大变化;程朱以降,不是理、道、太极等有关起源与本体的概念,而是"格物"这一在儒学思想中处于次要地位的主题,成为儒学反复争论的焦点。理学与心学的分化,宋学与清学的殊途,以及儒学内部的其他一些更为细微的差异,几乎均与对这一主题的不同理解有关。这是为什么?

在天道/天理世界观的思想体系里,由于理与气的区分,出现了一个新的概念,即作为事实的"物"概念;又由于这一区分,产生了一个新的主题,即格物致知。"物"与"格物致知"当然不是全新的词汇,但在宋代思想的发展中,它们获得了不同以往的意义。从逻辑上说,"物"的转变源自"气"这一宇宙论概念的转变,而"气"概念的转变则源自"理"概念的确立。中国古代的"气"概念与阴阳有关,二者均为地理名词,但又非纯地理概念。《汉书·艺文志·数术略》:"形与气相首尾,亦有有其形而无其气,有其气而无其形,此精微之独异也。"[1] 在古代一元论的宇宙观中,天地宇宙与礼乐制度完全一体,不能将之区分为两个不同的领域。《天官书》

---

[1] 《汉书》,中华书局 1962 年版,第 1775 页。

云："天则有日月，地则有阴阳。"① 太史公以天地同构，列宿与州域并举，从而将天文、地理、制度与礼仪一并放置在精气的范畴之内。在另外的段落中，司马迁还赋予天象与地理以历史变化的含义，将上古至秦汉的时势变迁——如中国与外国、华夏与四夷的关系——纳入阴阳形气的转化之中。饶宗颐参照甲骨文、金文等资料与《国语》、《左传》等材料相互印证，说明与"形气"相关的天地现象均与"德礼"相关，此亦为佐证。"'德礼'既成为一专词，在《春秋》之世，'礼'亦赋予新之天地意义，与周初之'文'一词，具同等重要位置。"② 三事（天德—厚生、人德—正德、地德—利用）为德礼之三大目的，而从正德、利用、厚生三事的角度观之，六府（水、火、金、木、土、谷）亦属德礼的范畴。形气/德礼之间不存在宋代理气二元论式的关系。

在先秦儒学的想象和实践之中，礼乐秩序以天为中心和根据，从而礼乐制度本身即天意的展现。在事实评价（形气）与价值判断（德礼）完全合一的语境中，我们很难发现那种纯粹的、孤立的作为事实的"物"范畴。在礼乐范畴中，"物"以类相属，是自然/本然之秩序的呈现，如《周礼·夏官·校人》："辨六马之属，种马一物，戎马一物，齐马一物，道马一物，田马一物，驽马一物。"郑玄注："谓以一类相从也。"③《左氏春秋》："百官象物而动"，杜《解》曰："物犹类也……百官皆象其物类而后动，无妄动也。"④《正义》曰："类谓旌旗画物类也。百官尊卑不同，所建各有其物象。"⑤ 在这里，自然之分类与制度之分类是完全一致的，从而自然之评价与制度之评价也是完全一致的。礼乐的功能和意义以这一自然观为前提。《周礼·春官·大宗伯》："以礼乐合天地之化、百物之产，以事鬼神，以谐万物，以致

---

① 《史记》卷二十七，中华书局 2013 年版，第 1342 页。

② 饶宗颐：《阴阳五行思想有"形"、"气"二原与"德礼"关联说》，《中国史学上之正统论》，上海远东出版社 1996 年版，第 285—288 页。

③ 李学勤主编：《十三经注疏·周礼注疏》，北京大学出版社 1999 年版，第 859 页。又，《周礼句解》卷八载宋代朱申解："一物者谓以一类相从也。"文渊阁四库全书本。

④ 《左传杜林合注》卷十九，文渊阁四库全书本，第 11 页 a。

⑤ 《春秋左传注疏》卷二十三，文渊阁四库全书本，第 8 页 b。

百物。"① 一方面,礼乐能够让万物处于一种和谐的关系之中,从而"物"或"百物"不是孤立的、客观的事实,而是处于一定的关系、制度、秩序、规范之中的"物";另一方面,礼乐之能如此,又根源于人神相通的宇宙论前提。《礼记·中庸》:"诚者物之终始。"郑玄注:"物,万物也。"② 《礼记·乐记》:"其本在人心之感于物也。"孔颖达疏:"物,外境也。"③ 诚为宇宙之本性和物之终始,而这也是礼乐的本性和终始,从而"人心之感于物"能够直接地成为乐的根源。如果礼乐秩序亦即宇宙之秩序,那么万物之"物"也就是礼的规范,所谓"百官皆象其物类而后动"可以说是这一判断的最好注解。《周礼·地官·大司徒》:"以乡三物教万民,而宾兴之。"④ "三物"即六德(知、仁、圣、义、忠、和)、六行(孝、友、睦、姻、任、恤)、六艺(礼、乐、射、御、书、数),从而"物"概念与一整套礼制规范的范畴有着无法分解的关系。由于"物"与"诚"一致,而"诚"为自然的本性,从而"物"即自然秩序的呈现;又由于礼乐直接地体现了自然的秩序(以礼乐为天),从而体现自然秩序的"物"亦即礼乐/制度之规范。⑤ 在这个意义上,"物"包含了规范的意义。张载之学能够在气一元论的框架中追求"以立礼为本"的道学目标,正是根源于这一极为古老的宇宙论与"德礼"之关联。

但是,由于物与自然的关系取决于物的状态,物与自然的关系存在着

---

① 有关礼乐与万物的这种合一关系,还有许多例证。裘锡圭辑录了《周礼》、《尚书》、《吕氏春秋》和《淮南子》中若干以乐致物的例证。如《周礼·春官·大司乐》:"以六律、六同、五声、八音、六舞,大合乐以致鬼神示……凡六乐者,一变而致羽物及川泽之示,再变而致赢物及山林之示,三变而致鳞物及丘陵之示,四变而致毛物及坟衍之示,五变而致介物及土示,六变而致象物及天神。"(裘锡圭:《说"格物"》,《文史丛稿——上古思想、民俗与古文字学史》,上海远东出版社 1996 年版,第 8—9 页)

② 李学勤主编:《十三经注疏·礼记正义》,北京大学出版社 1999 年版,第 1450 页。

③ 李学勤主编:《十三经注疏·礼记正义》,北京大学出版社 1999 年版,第 1076 页。

④ 李学勤主编:《十三经注疏·周礼注疏》,北京大学出版社 1999 年版,第 266 页。

⑤ 例如《易·系辞下》:"仰则观象于天,俯则观法于地……近取诸身,远取诸物,于是始作八卦。"(李学勤主编:《十三经注疏·周易正义》,北京大学出版社 1999 年版,第 298 页)物在这里与身相对,但它被组织在象、法等抽象的概念之中。关于先秦"物"的用法,章太炎有《说物》一文。(《太炎文录初编》卷一,《章太炎全集》〔四〕,上海人民出版社 1985 年版,第 40 页)

变数,亦即我们可以根据自然概念将"物"区别为自然之物与非自然之物。在周人以礼乐为天的氛围中,庄子认为仁、义、礼均为自然的状态,但他坚持说:如果有意去"为仁"、"好义"和"行礼"反而是反自然的和伪善的根源,从而现实之礼乐并不能体现天意。这一判断可以归纳为两个层面:第一,仁、义、礼均为自然之物,从而自然之物与仁、义、礼是同构的;第二,一旦人为因素破坏了自然秩序,仁、义、礼即成为不自然的"物",亦即不具有道德含义(宇宙本性)的事实。因此,庄子在这里构筑了自然之仁、义、礼与非自然之仁、义、理的对立。他进一步说:"'失道而后德,失德而后仁,失仁而后义,失义而后礼。礼者,道之华而乱之首也。'……今已为物也,欲复归根,不亦难乎!"① "为物"的结果是物失去在自然秩序中的应然位置,从而"为物"之"物"已非"自然的"存在。在这里,自然即仁、义、礼的状态,非自然即非仁、非义、非礼而又以仁、义、礼的形态出现的状态。按照这一逻辑,"自然"范畴与应然秩序的概念密切相关,而"非自然"则表示应然秩序的紊乱,后者仅仅是不具有应然、本然、自然意义的事实。我们也许可以在前述排比句的最后加上"失礼而后物"的说法:仁、义、礼一旦脱离了自然本性就会转化为不具备道德含义和价值之"物"——在这里,反仁、反义、反礼亦即反自然,而反自然意义上的"物"即与自然之应然状态相脱离的、作为事实的"物"。

尽管庄子的看法被归于道家的范畴,但他所陈述的天道自然、礼乐秩序与物的转化这三者之间的关系其实正是理学的先声。理学的一个突出特征是将成德的问题与认知及其程序的问题密切地联系起来。正是这一联系构筑了理学道德论述中的一个争论不休的问题,即道德与认知的关系问题。所谓实然与应然、事实与价值的悖论是在道德论述与认知问题的内在连接的过程中被构筑出来的。由于将道德评价从礼乐论的范畴中抽离出来,评价过程与对礼的客观陈述不再是同一的,从而应然与实然或价值陈述与事实陈述从合一转向了对立,即事实陈述(如制度系统提供的客观评价)与道

---

① 《庄子·知北游》,郭庆藩:《庄子集释》,中华书局 1961 年版,第 731 页。

德评价（对于个人道德状况的评价）之间不再具有必然的关系。从认知的角度看，所谓与价值判断完全分离的事实陈述必须预设作为事实的"物"概念，即一个与规范、价值、判断无关的范畴。这是一个与在古典礼乐体系中的"物"概念完全不同的范畴。在理学体系内，作为事实的"物"概念源于礼序的异化：当礼乐制度不再体现天意（天理、本性）之时，礼乐制度也就不再具备道德评价的能力，从而礼乐制度及其设定的规范、形式等就会从评价的体系中飘逸出来，并成为不具有道德含义或价值的事实范畴。程颢《定性书》云："夫天地之常，以其心普万物而无心，圣人之常，以其情顺万事而无情。故君子之学，莫若廓然而大公，物来而顺应。"[1] 他把"仁"解释成与物同体，与庄子的看法是接近的。这与孔子仅在人心人事上说"仁"相去已远。二程、朱子之后，格物致知被置于道德实践的中心位置，恰当地说明了道德实践已经不能与对"物"的认知、体悟和合一分离开来理解。

在这个意义上，儒学范畴内的"物"的转化源于道德评价方式的转变。孔子礼乐论的道德判断建立在礼乐体系的"分位"观念之上，而宋儒天理观的道德判断需要"天理"提供客观基础。宋儒将《论语》、《孟子》的礼乐论和人性论与《中庸》、《大学》所提供的宇宙论和知识论密切地关联起来，从而在孔孟儒学中的作为礼仪规范的"物"概念逐渐地演变为天理框架中的作为一种认识/实践对象的"物"概念。在孔子的礼乐论的框架内，礼乐、制度、规范和行动都是在天的内在秩序之中展开的，从而礼乐、制度、规范和行动自身即是应然之秩序。然而，在天理世界观的范畴内，现实的礼乐、制度、规范和行动与天理之间有着深刻的鸿沟，它们既不体现应然秩序，也不能等同于应然之理，从而成为理与物的二元关系中的"物"。理与气、理与物的分野意味着道德评价与事实评价的分离，也意味着由物寻理的认知实践在道德评价中所具有的重大意义。这里略举一例。《诗》曰："天生烝民，有物有则，民之秉彝，好是懿德。"这里所谓"物"与《周礼》中"三物"的用法相似，故与"则"同义，都表明特定的制度、行为和规范，或者说物即礼乐

----

① 程颢：《答横渠张子厚先生书》，《二程集》，中华书局1981年版，第460页。

规范。程颢在解释这段话时说："故有物必有则，民之秉彝也；故好是懿德。万物皆有理，顺之则易，逆之则难。各循其理，何劳于己力哉。"①有物必有则并不等同于物即是则。程颢将"物"解释为万物，并在"万物皆有理"的范畴内谈论"物"，从而懿德不是遵循物之规范而是顺应**内在于物之理**。根据前者，"物"就是由制度所规定的道德价值，根据后者，"物"是一种内含了天理却又不同于天理的事实范畴。与程颐、朱熹的理气二元论有所不同，程颢的上述解释带有天道观的深刻印记，但这里有关"顺理"的提法已经将"物"从礼乐体系抽离出来，成为一种宇宙万物意义上的"物"概念。

对"物"的不同解释实际上体现了道德理解的变化，即从礼乐论向宇宙论或本性论转变。在上述《诗经》的例子中，道德评价包含了具有三重因素的结构：人、每一个人置身其间的礼仪（物，则），以及构成了人和礼乐之目的天或帝。作为一种道德体系，这一结构的特点是：人由天所生，天意直接地呈现为"物"和"则"，从而人随顺天意的方式即服从体现了天的意志、命令和规范的"物"与"则"。与此相对照，在宋代思想的框架中，"物"不再是一种礼仪制度的规范，以及由此规定的人的行为的内在目的，而是宇宙或自然的、有待认知的"物"。在上述转变中，作为事实的"物"上升为重要范畴，同时作为物的认识者和运用者的人（而不是一般礼仪实践者的人）也上升为重要范畴。这一过程也是儒学摆脱礼乐论的道德框架的过程。朱子曰：

> 问：虎狼之父子，蜂蚁之君臣，豺獭之报本，雎鸠之有别，物虽得其一偏，然彻头彻尾得义理之正。人合下具此天命之全体，乃为物欲气禀所昏，反不能如物之能通其一处而全尽，何也？
> 曰：物只有这一处通，便却专。人却事事理会得些，便却泛泛，所以易昏。
> 问：枯槁之物亦有性，是如何？
> 曰：是。他合下有此理。故云：天下无性外之物。

---

① 程颢：《河南程氏遗书》第十一，《二程集》，中华书局1981年版，第123页。

……

问：枯槁有理否？

曰：才有物，便有理。天不曾生个笔，人把兔豪来做笔。才有笔，便有理。

又问：笔上如何分仁义？

曰：小小底不消恁地分仁义。①

人、物，以及人为之物均各有理，这一判断以"天下无性外之物"为前提。按照"性即理"的判断，天下无性外之物的另一表述即天下无理外之物。但是，理一分殊、物各有理的命题不能等同于物即理的命题，恰恰相反，物各有理的判断正好表达了物与理的区别。

在儒学道德论述的转变中，如果没有对礼乐/制度框架的怀疑，"物"就不可能蜕化为事实范畴；如果不能预设一个隐藏在物背后的秩序（天理或性），也不能出现宋代"格物致知"范畴中的物概念。尽管在其他道学家的论述中也已经蕴含了相似的命题，但格物致知的主题仍然是程朱理学的特色。例如，邵雍在《皇极经世》（卷一一、一二）中反复提及"天地亦万物也"，"人亦物也，圣亦人也"，力图在"物"的范畴中发现和理解人的地位和价值。他的主观论中包含着"认识"的因素。② 但是，这里所谓"认识"不是指在主客关系之间展开的认识和研究活动，而是一种反思式的活动，亦即邵雍所谓"反观"——"反观"既不以建立一种人与万物的对立关系（即所谓认识论的关系）为条件，也不以形成一种"以我观我"的反省式的关系（即现代思想之自我意识及其延伸）为前提，"反观"要求的是"以物观物"。以

① 《御撰朱子全书》卷四十二，文渊阁四库全书本，"性理一"，性命条，第31页a—32页a。此条部分内容又见《中庸或问》，《朱子全书》第6册，第551页。

② 正由于此，钱穆把邵雍之学概括为"新人本位论"："非离人于物言之，乃合人于物而言之。即就物的范畴中论人，即于物的范畴中发见人之地位和其意义与价值。"他还认为，正是"物"范畴的重要性，使"康节于象数外实则别有见地，其得力在能观物，此一派学问，在中国颇少出色人物。"（钱穆：《濂溪百源横渠之理学》，《中国学术思想史论丛》〔五〕，台湾东大图书公司1978年版，第60—61页）

物观物与程朱之格物穷理都以达到所谓"总体之客观"为目的①，但其前提是有所区别的：后者清楚地预设了"格"与"穷"的主体和客体，前者却没有说明物与理的区别——所谓以物观物即要求以物的眼光来看待物，而不涉及"物"与"物之性"的分化。

近代欧洲道德理论中的实然与应然的矛盾产生于双重的分离：一，以机械论的和实证论的秩序观为前提，将事实范畴从价值论中分离出来构成一个独立的领域；二，以自我论的内在性概念为前提，将道德范畴从制度论中分离出来构成一个超越的领域。在理学的语境中，这两个条件至多只是部分的存在：天理概念及其秩序观将事实与价值以一种内在的方式关联起来，因而使道德认知的过程并没有彻底摆脱礼制论的框架，只是这种礼制论只能以一种内在性的方式来获得表达。天、地、人等"物"范畴最终从属于"天"或"理"这一内在的本性或正确的秩序。在以天理为中心的世界中，尽管"物"范畴的实在性大大增强了，但"物"并没有完全脱离价值范畴——在这个新的物概念中，价值成了一种内在的和有待实现的范畴。作为宇宙和世界的本质，"天"、"天道"、"天理"均不能通过对于宇宙实在或现实制度的描述而自然呈现，但又内含在宇宙实在或现实制度之中。在朱熹的世界中，事物或个体各有自身的"分殊"之性、道理或"太极"，正是这些性、道理或"太极"使得"物"之类属性成为可能。如果物与其类属性的合一预设了一种至善与和谐的宇宙秩序的话，那么，这一"物"概念与机械论自然观支配下的事实概念仍然是有距离的。因此，从历史的角度看，不是实然与应然的矛盾，而是礼乐论的道德论向天理观的道德论述的转化，构成了宋明理学的中心问题。

上述道德论述的转变必然影响宋儒对于学术方法的观点：认知的实践包括了校订、考证、注疏等经学方法，但又不能用校订、考证或注疏的方法来加以界定，因为经学方法以复原古代典制及其具体分位为取向，理学方

---

① 参见钱穆：《濂溪百源横渠之理学》，《中国学术思想史论丛》（五），台湾东大图书公司 1978 年版，第 62 页。

法则试图在一种宇宙秩序关系中通过对万物和自身的本质的知来获得天理——尽管天理必须通过对"物之理"的认知来把握,但"物之理"并不同于物(包括形式化的礼乐制度)本身。从注疏考证向格物(或格心)、格心和穷理的转变不是一个单纯的方法论转变,而是道德评价方式转变的后果。牟宗三曾经从天道观和性理之学的立场将礼教称之为"外部的",从而清晰地说明了宋明理学已经将个人的道德状态从礼乐关系中抽离出来,并与天理或天性直接地关联起来。①

"物"范畴的转变对于确定"格物致知"的含义具有关键性的作用。唐宋之际发生的身份制度的变化与道德论证方式的转变之间存在着某种相互呼应的关系,即由于新的制度方式(如科举取士制度、土地制度及官制)并不必然地保证制度内部的成员的道德状态,制度本身也就不再能够成为道德评价的客观性基础。例如通过举业而官居高品的人并不见得就是一个道德的人。在这种情况下,道德论证在一定意义上恰恰表现为对于制度框架的否定。但这种否定不是简单地表现为对制度的批判,而是表现为在天理观的框架内重新建立规范与事实、伦理与制度之间的统一关系。道德判断与制度的分离起源于制度本身的异化,而在天道观和天理观的框架内重建道德根据的目的是重构道德判断与秩序之间的关系——这个秩序不是现实存在的事物所构成的秩序,而是这些事物的本性所构成的秩序。总之,由于道德论证的背景条件的转变,道德结论无法像以前那样被合理地论证了。这就是朱子之格物致知论的起源。

道德不再以礼制规范(流品、分位、名器)为客观性基础,而是以天道或形而上学的天理预设为客观性基础,这一转变构成了天道和天理概念在儒学思想中的独特地位:道德论证不再在道德与制度之间进行,而在人与天道或天理的关系中进行。从逻辑上看,天道和天理概念的瓦解可能来自两个方面:第一,如果这一概念再度与现实秩序产生紧密的联系,天理概念就会丧失其超越性;第二,如果对天理的论证或把握需要诉诸一种摆脱

① 参见牟宗三:《心体与性体》,上海古籍出版社 1999 年版,第 14—15 页。

了任何价值含义的"事实"范畴,那么,道德论证就不可避免地陷入实然与应然的矛盾。天理的形而上学性质既无法通过现实的道德和政治实践提供共同的或客观的标准,也不能通过经验的或实证的方式获得论证:天理的客观性依存于人与天的关系的独特的论证途径。因此,理学面临的基本困难是:一方面,它对以礼制或分位为基础的道德论证的超越并不是对礼乐制度的否定,毋宁是对礼乐制度与其内在本性的合一的一种要求;在理学制度化和正统化的过程中,理学对于礼乐制度的批判会不会指向理学自身呢?另一方面,理学不断地诉诸理、性、气、物等范畴对僵化的礼制论进行批判,从而把格物致知置于道德论证的中心,那么,这种"格物"的实践会不会最终从道德评价的视野中分离出来而成为纯粹的认知实践,进而导致整个理学大厦的坍塌呢?这里有必要提及的是:近代科学世界观对于理学的致命攻击就是建立在原子论的"事实"或"物质"概念之上,它们是古典的"物"概念彻底"去魅"的产物,而科学概念的最初的流行译法正是"格致"。

二、"格物致知"之物与知

二程对"物"的解释遵循着事理一致、显微一源的原则。一方面,他们注重随事观理,拒绝把事物之本性或天理视为一种外在的规范;另一方面,他们又认为"事"、"物"之"理"是内在的,从而"事"或"物"本身不能直接地等同于规范本身。"物之理"或"物之性"的概念提示了认知的必要性和可能性。如果物各有理,那么,首先,格物穷理的含义不可能离开"物"及其特殊的情境来把握;其次,格物穷理的目的并不以"物"为宗旨,而是以恢复"物之理"为宗旨。

"物"概念和格物致知命题的重要性集中体现在宋儒对于《大学》的反复论辩与解释之中。《大学》原为《小戴礼记》之一篇,宋代始独立刊行。韩愈的《原道》、李翱的《复性书》均倚重《大学》作为弘扬儒家义理、判别儒与佛的重要文件。北宋司马光亦以格物新解分析道德衰败的根源。①　但是，直到二程以"入德之门"和"为学次第"论述《大学》的意义，《大学》在理学中的地位才真正确定。他们整理篇次，重修定本，为朱子与后儒反复改订《大学》、重新诠释其意义开辟了先河。朱子说："子程子曰：'《大学》，孔氏之遗书，而初学入德之门也。'于今可见古人为学次第者，独赖此篇之存，而《论》、《孟》次之，学者必由是而学焉，则庶乎其不差矣。"②在朱子看来，《大学》源自三代大学之教法，其功能是通过礼乐秩序保留仁、义、礼、智的先天之性，"而其所以为教，则又皆本之人君躬行心得之余，不待求之民生日用彝伦之外，是以当世之人无不学。"为学次第的根据是礼乐秩序的结构，从而唯有循序渐进，才能"无不有以知其性分之所固有，职分之所当为，而各俛焉以尽其力。此古昔盛时所以治隆于上，俗美于下，而非后世之所能及也！"③《大学》通过"为学次第"的表述把身、家、国、天下连接在一起，其最初的根据与礼制论有着密切的关系。但是，朱子认定三代之礼乐已经荡然无存，从而必须另觅蹊径，通过格物追究天理或先天之性，这样才有可能恢复礼乐的精神。正由于此，他明确地把"格物致知"从《礼记》中独立出来，并同《易传》中的"穷理尽性"相结合，使之成为理学方法论的重要范畴。④　在他拟订的三纲领、八条目中，格物、致知具有为学次第上的优先地位。

朱子学的众多方面具有内在的联系，其核心是以天理为存在根据展开求得天理的程序和过程。根据《大学章句序》的表述，朱熹的"物"概念和"知"概念没有彻底偏离伦理道德行为和伦理道德知识的范畴，从而很难用实然与应然的区别来描述这两个范畴。但格物致知论的确包含着对物的认识。朱熹不喜欢谈论"病根"、"本原"、"心之全体"，认为只有通过具体的

①　关于《大学》改本在理学、考据学与政治三者关系中的作用，参见黄进兴：《理学、考据学与政治：以"大学"改本的发展为例证》，《优入圣域：权力、信仰与正当性》，允晨文化实业股份有限公司 1994 年版，第 352—391 页。
②　朱熹：《四书章句集注》，中华书局 1983 年版，第 3 页。
③　朱熹：《四书章句集注》，中华书局 1983 年版，第 1 页。
④　关于《大学》与理学之关系，尤其是朱子《大学章句》补格物致知传之情况，陈来《朱熹哲学研究》（中国社会科学出版社 1993 年版）一书有详尽考订。此不赘。

物的探究才能把握天理。如果把朱子与孔子相比,"物"在朱子思想中的重要性是显而易见的。孔子曰:"五十而知天命",朱注:"即天道之流行而赋予物者,乃事物所以当然之故也"。钱穆评论说:"命为天道,可谓是孔子意,但谓其赋于物,似与孔子意不同。孟子言性,亦仅言人性,中庸始兼及物性。……今朱子言事物所以当然之故,则命赋于物,即在物内,命在物自身而不在外,即亦无命可言。"① 这是极为精确的观察。朱子论知与行,取知先行后,原因在于行之依据在礼序,而"及周之衰,圣贤之君不作,学校之政不修,教化陵夷,风俗颓败"②,如果不能从格物致知开始,怎么才能找到"行"的根据呢? 我们可以把这一问题视为格物致知论的根据。

朱子言格物,其最后结论见于《大学章句》之格物补传:

> 所谓致知在格物者,言欲致吾之知,在即物而穷其理也。盖人心之灵莫不有知,而天下之物莫不有理。惟于理有未穷,故其知有不尽也。是以大学始教,必使学者,即凡天下之物,莫不因其已知之理而益穷之,以求至乎其极。至于用力之久,而一旦豁然贯通焉,则众物之表里粗精无不到,而吾心之全体大用无不明矣。此谓物格,此谓知之至也。③

综合诸说,朱子的格物致知论包含了下述几个要点:

第一,"格物致知"是朱子理学体系的有机部分,它要解决的问题是"理"的自我回归。"理"是宇宙本原和最高伦理道德原则的本体,它经由"气"而派生了万物,所谓"理"的自我回归就是指它如何通过世界万物重新回到自身。但这个回归仅仅是逻辑上的过程,而不是从外到内的过程,因为按照性即理的意思,性无内外,理无内外,天下无性外之物,无理外之物。因此,尽管格物致知的直接表述是人对每一事物的"理"的认识过

① 钱穆:《程朱与孔孟》,《中国学术思想史论丛》(五),台湾台大图书公司1978年版,第206页。
② 朱熹:《四书章句集注》,中华书局1983年版,第1页。
③ 钱穆:《朱子新学案》(中),巴蜀书社1987年版,第707页。

程和认识的诸形式，但在理学结构中却只是本体"理"自我复归的过程。在这个意义上，"格物致知"是"理"达到自己与自己合一的不可缺少的环节。

第二，理与物的上述关系既为认识过程提供了先验的结果，又为这一过程规定了道德实践的含义。这里所谓道德不是单纯的、如同现代社会合理化的道德领域，因为人伦之理法与庶物之条理之间没有应然与实然的区别。所谓"性即理"的要义即在天为理、在人为性。朱熹在《大学章句》文末强调他所作格物补传"乃明德之善"，最终把格致之功归结为使"吾心之全体大用无不明"的道德境界，从而表明格致既是学问之道，更是正心诚意、明明德、止至善的基本方法。在这里，朱熹远离了西周时代"德"概念与礼制的紧密联系，而把"德"解释为一种内在的、建立在宇宙论框架内的道德境界。用他自己的话说："所谓格物云者，河南夫子所谓'或读书，讲明义理，或尚论古人，别其是非，或应接事物而处其当否'，皆格物之事也。"[1] "为此学而不穷天理、明人伦、讲圣言、通世故，乃兀然存心于一草木一器用之间，此是何学问？"[2] 格物致知是一种主体的道德实践（"心工夫"）、一种对于内在本性的反思，而不仅仅是对宇宙万物的认知。[3] 但是，格物致知论所预设的道德实践与象山的那种把对家族的爱、哀、敬钦之心扩大于世界宇宙有所不同，"朱子则凝视家族、村落、国家、世界的一切矛盾，为了解决其矛盾起见，而产生主知的穷理学"[4]。

第三，所谓"格物"包含"即物"、"穷理"和"至极"三个方面，这一为学次第以"穷理"为中心。朱熹认为理与气是宇宙和人类的要素，如果理是

---

① 朱熹：《答赵民表》，《朱子文集》卷六十四，文渊阁四库全书本，第3220—3221页。

② 朱熹：《答陈齐仲》，《朱子文集》卷三九，文渊阁四库全书本，第1649页。

③ 钱穆说："朱子所论格物工夫，仍属一种心工夫，乃从人心已知之理推广到未知境域中去"。（《朱子新学案》〔上〕，巴蜀书社1986年版，第93页。）钱穆有《朱子心学略》一文，详尽讨论朱子心学的若干命题及其与陆王心学的关系。（《中国学术思想史论丛》〔五〕，第131—158页）

④ 〔日〕赤冢忠、金谷治、福永光司、山井涌：《中国思想史》，张昭译，儒林图书公司1981年版，第247页。

一种内在的本质和条理的话，那么，所谓"气"则是构成物理的物质和人类的感性存在（感情、感觉、欲望等）。朱子发展了二程的"理一分殊"思想，认为天下万事万物均有一般与个别的理一分殊关系（"天下之理万殊"），这种"分殊"不仅指事物的共时性关系，而且指历史的变化和事物的多样性。"一物不理会，这里便缺此一物之理"，人心自然之知不等于穷理之后的知；"理有未穷，知有不尽"，非经即物穷理而至其极的切实功夫，不为透底彻骨之真知。正由于此，朱子高度重视"今日格一件，明日又格一件，积习既多，然后脱然自有贯通处"的"次第工程"①。"格物之论，伊川意虽谓眼前无非是'物'，然其格之也，亦须有缓急先后之序，岂遽以为存心于一草木器用之间而忽然悬悟也哉?!"②他在知识上特别强调对"理一"的认识必须经过经验知识的积累和体验，在伦理方面又注意必须经由特殊的具体规范上升到普通的道德原理。因此，尽管"穷理"的最终目的是把握天理，但这一过程本身却广泛地涉及具体事物的性质和规律；"为学次第"中的"即物"是格物致知的不可或缺的环节。

第四，如果我们把即物穷理与理一分殊等范畴综合起来考虑，那么，"格物"的要义就在于把握具体事物的特殊的"理"。所谓"豁然贯通"，指的不仅是心之知与物之理的合一，而且也是对事物之理与理本体的合一状态的洞察。理学的认知方式并不是以一种明确的分类学方式把握具体事物在宇宙秩序中的位置，但它承认分殊之性和豁然贯通，也就必然包含一种有关世界秩序及其事物间关系的理解。因此，一方面，朱子的事物概念是"分殊"之性，所谓"分得愈见不同，愈见得理大"③；另一方面，他的自然范畴则是一种品类的存在，一种通过各自的"理"或"性"而呈现出不齐、不和、不平、不同的秩序。这个呈现过程就是理经由物性的呈现而自己与自己的结合。格物论及其程序性所包含的认知的方面是无法否认的，它要求通过对于事物的分类研究来确定宇宙、自然以至社会的秩序总体，就这一点而言，它与

---

① 《河南程氏遗书》卷十八，《二程集》，中华书局 1981 年版，第 188 页。
② 朱熹：《答陈齐仲》，《朱子文集》卷三九，文渊阁四库全书本，第 1649 页。
③ 《朱子语类》卷六，中华书局 1986 年版，第 102 页。

作为分类的知识谱系的科学概念并没有那么大的差异。①

按照上述分析，格物致知论就是推导应然秩序的方法论。格物致知论在朱子学中的关键地位具有重要的含义。首先，它表明道德评价的客观基础不是现实的秩序——哪怕是相当形式化的秩序，而是宇宙的存在原理。其次，它表明宇宙的存在原理不能离开现实世界和人自身来求得，相反，"理"只有通过"物"与"人"的世界才能呈现。"即物穷理"的命题意味着：天理是一种内在于"物"的"合当如此"的"自然"或"条理"。"理"与"物"的关系没有发展出自我概念所预设的与外部世界的截然分离和对立。例如，就理事关系而言，朱子提出"未有这事，先有这理"，"未有天地之先，毕竟也只是理"，但同时又明确地指出他所谈论的理事关系仅仅是一种存在论意义上的逻辑关系，而不是理事之间的实际关系。② 二程认为，物即事，而事与理的差别没有大到完全无关的程度；相反，它们存在着内在的一致性。③ 在这个意义上，"合理"的过程并不需要超越"物"自身，毋宁是回到"物"自身的"合当如此"的自然之中。作为一种新的道德认知方式，格物致知论坚持透过（而不是按照）具体的事物追究道德的法则。在这一过程中，程朱提出了一系列微妙的概念——如"止"、"尽"、"合当"等等——重新界定礼乐制度及其分位。这些概念的确切含义是：只有处于"止"、"尽"和"合当"状态之下的君臣、父子、夫妇、友朋等关系才是道德的关系。一方面，这些概念证明现实的礼序关系不是真正的或自然的礼序关系；另一

---

① 但格物之零细功夫最终关注的不是事物的个别性，而是通过致知得到总体。朱子在回答"格物以观当然之理"时说："格物所以明此心。"（《朱子语类》卷一一八，中华书局1986年版，第2856—2857页）这当然表明格物的目的不是追求对经验世界的客观了解，但无论是格物的程序，还是明心见性的目的，都是和那种神秘的、主宰性的天观相冲突的。

② 参见《朱子语类》卷九五、卷一，中华书局1986年版，第2436、1页。朱子又说："今以事言者，固以为有是理而后有是事，彼以理言者，亦非以为无是事而徒有是理也。但其言之不备，有以启后学之疑，不若直以事言，而理在其中之为尽耳。"（《四书或问·中庸或问》卷上，《朱子全书》第6册，文渊阁四库全书本，第560页）

③ 参见《河南程氏遗书》卷一五，卷二十五，《二程集》第一册，中华书局1981年版，第143、316、323页。

方面，在恰当状态下的君臣、父子、夫妇、友朋等关系即道德关系。这是理学家在天理观的构架内对于礼乐的道德论证方式的恢复，我们从中可以体会到一点与孔子以仁释礼的努力相似的取向：如果人君不能止于仁、人臣不能止于敬，他们就不能承担君臣之义，也不应担当君臣之名。朱熹的格物致知论的重心不在物本身，也不在心本身，而在把物和心综合为一的"格"的程序。这个程序为呈现道德和伦理的法则提供了必由之路。朱子学的二重性首先表现为它是以"理"或"穷理"为目标，这个"理"既可能成为现实秩序的根据，但也可能成为现实秩序的否定物。在朱熹的世界里，"性"或"理"表现为事物秩序的一种"合当的"状态，而不是现实的状态。① 朱子思想中的"止于"、"当止"、"尽处"等等是极为重要的概念，它不仅是格物的目标，而且也是万物之合于天理的状态。② 在这里，不是具体的事物（如君臣、父子、夫妇、朋友），而是"合是"、"尽处"、"底"、"止"成为格物致知的中心词。打个不恰当的比喻，朱子追究的最终目标不是存在物，而是存在状态本身，但这些表达存在状态的概念又将天理放置在一种动态的过程之中，从而清楚地显示出存在（理）离不开存在物（事）的判断。格物致知对事物多样性及其具体语境的理解就是建立在这种理/事、理/物关系之上的。

《大学》及其格物致知论成为朱子之后有关道德论证的焦点和理学的中心论题。对格物致知论的诠释既包含了对存在之理或至善之道的预设，又点明了通过探求各别"事实"抵达天理的途径；如果道德评价不是起源于对于"礼"的实践，而是起源于对于天理的体认，那么，如何认识天理、抵达天理，进而与天理合一就成为理学的中心问题。正由于此，"自宋以后，几乎有一家宗旨，就有一家的格物说"③。《论语》、《孟子》、《中庸》、

① 参见《朱子语类》卷一五、卷一八，中华书局1986年版，第284、284、400页。
② 朱子说："所以谓之'止其所'。止所当止，如'人君止于仁，人臣止于敬'，全是天理，更无人欲，则内不见己，外不见人，只见有理。"（《朱子语类》卷九四，中华书局1986年版，第2413页）
③ 嵇文甫：《晚明思想史论》，东方出版社1996年版，第175页。

《易传》与《大学》被宋儒划为孔子传统中内圣之学的代表，而在伊川、特别是朱子讲论《大学》之后，《大学》被推为"四书"之首，成为展示新儒学之系统的关键环节。二程和朱熹的格物致知论开创了从认知的途径求证道德的方式，而这一认知途径正是天理观的道德评价方式的最为重要的特点。

如果以天理观的成立为标志讨论儒学道德评价方式的转变，那么，我们又如何理解理学家们对于"礼"的研究、恢复和实践？例如，朱子的《仪礼经传通解》对家礼、乡礼、学礼、邦国礼、王朝礼等类型进行整理，并以家族、村落、文化、国家各共同体为基础来解析古代礼制，礼显然仍然居于理学家关注的中心。理学家对礼的热衷与孔子之礼学的差别究竟何在？正如孔子的看法一样，朱熹认为作为道德与礼仪关系之前提的礼乐制度早已衰败；但不同的是，孔子以述而不作和以仁释礼的方式阐释礼乐制度及其伦理关系，而朱熹认为礼现在只能作为一种形而上学的本质（"理"）而存在，从而恢复礼乐的努力必须通过求证天理或"复性"的次第工程才能达到。按照"性即理"的逻辑，"仁义礼智乃未发之性"[1]，它们不是外在的规约，而是"内在的"品质。"理"既超越又制约着具体的礼，或者说，具体的礼是（必须）以"理"为根据的。为什么需要用内在的或遍在的理来规约"礼"呢？因为礼乐本身以及对礼的理解已经外在化了，如同《新唐书》所谓"礼乐为虚名"，无法揭示真正的礼乐关系。正由于此，理学家要求从宇宙秩序（天理）中引申出道德秩序，而作为对于宇宙秩序的认知（或实践）方式的格物致知也就成为沟通具体伦理规则与天理的唯一途径。宋明儒学在《大学》问题上的分歧，与其说源于对文献的不断编排和再解释，不如说源于"天理"概念的特质及其预设的论证程序。作为事实范畴的"物"概念对礼制／道德的论述框架形成了冲击，进而也提升了作为"物"的认识者的主体的地位。

---

[1]　《朱子语类》卷六，中华书局 1986 年版，第 104 页。

三、"性即理"与物之自然

朱子强调存在而不是存在物，主要的理由已如上述。这一将存在与存在物相互分离的论述方式直接地渊源于儒学内部对于礼乐的"真实性"的理解。宋代社会处于一个转换的历史时期，而理学家们认为这是一个宗法秩序和谱牒之学遭到严重破坏，从而存在着深刻的道德危机的时代。在理学家的视野中，现实世界及其秩序不能提供道德的基础，道德的基础在于人们对于天理的认知与实践。格物致知的工夫理论要求人们通过在礼序中的实践和内省，超越自己的现实性，以达到与自己的本质合一的目的。在这个意义上，"物"概念的转变只有放在一种道德制度发生变化的条件下才能得到理解。

天理概念包含了一种等级化的秩序观和道德观，但这种道德意识与以皇权为中心的现实政治秩序之间的关系并不是一种稳定的关系。汉唐以降礼乐与制度的分化（以及关于这一分化的想象或者对于三代的想象），特别是宋代政治制度自身的演变和发展，改变了礼乐制度与道德评价的统一关系。在这一背景条件下，宋明理学试图超越制度 / 道德的同一关系，以天理为中心重建新的道德评价方式，实质上是在制度评价之外重建道德谱系。因此，天理观与现实政治及其制度实践的关系包含了内在的紧张。从总体上说，理学家们期待的是一种皇权与民间权力（以地主士绅为中心、以乡约为纽带的乡村自治）达到某种平衡的德治或王道，一种在郡县条件下容纳封建价值的社会秩序。

汉代宇宙论和北宋天道观碰到的难题之一是如何处理宇宙万物与伦理的关系：假定"物"不再是一个规范性的范畴，而仅仅是事实范畴，那么，我们如何能够从对"物"的陈述中体会我们应该遵循的道德法则呢？天理之成立、理气二元论以及"性即理"的命题就是为了克服这一困难。程颐说："性即理也。所谓理，性是也。"[1] "性"与"理"是与现实之等级

---

① 《河南程氏遗书》卷二十二，《二程集》，中华书局1981年版，第108页。

世界相对立的普遍之性与普遍之理，既无分老幼男女、门第阶级（所谓"理则自尧舜至于途人，一也"[1]），也无分天、地、人、物（所谓"在天为命，在义为理，在人为性，主于身为心，其实一也"[2]）。这一命题的双重含义是，通过区别现实世界与天理世界，道德和伦理被描述为超越的世界，完全独立于我们的地位、态度、偏爱和感情，亦即我们的现实存在（"气"的世界）。但这里所谓"超越"和"独立"并非超离的意思，因为"理"又内在于我们和我们生存的世界，从而通达应然世界的唯一途径是修身的实践，即在一套完整的程序中获得对天理的体悟与映证。"性即理"的命题以"复性"取代先秦之"复礼"，重建了一种人性的目的论。程朱的性概念在宇宙论或天理观的构架内将己性、人性和物性统合在一起，而不再如孟子那样仅仅涉及人性。用程颢的话说："圣人之喜，以物之当喜；圣人之怒，以物之当怒。是圣人之喜怒，不系于心，而系于物也。"[3] 这里的"心"不是抽象的本质，而是为现实的计虑所困扰的"心"；这里的"物"不是经验的事物，而是"物"之自然或"物"之本质。心／物的对立正好论证了"天理"的超验性和客观性。人与物都在性的范畴之内，从而"物"（之自然或本质）能够成为人性的目的。在这个意义上，"性即理"的命题强化了"天"或"理"的内在性和先验性，扬弃了天道概念内含的超越的、命运的和宇宙论的特质。朱熹说："且如这个扇子，此物也，便有个扇子底道理。扇子是如此做，合当如此用，此便是形而上之理。……形而下之器中，便各自有个道理，此便是形而上之道。"[4] 通过形而上与形而下的分别，物与理的关系变得清晰了。作为一种自然秩序，理是一种内在于物的、"合当如此"的秩序。

"性即理"的命题还包含了另一特点，即"性"可以区分为普遍的性和殊别的性。按照程颢的看法，性既是道（宇宙的普遍本质），也是气（万物

---

[1] 《河南程氏遗书》卷十八，《二程集》，中华书局 1981 年版，第 204 页。

[2] 《河南程氏遗书》卷十八，《二程集》，中华书局 1981 年版，第 204 页。

[3] 《河南程氏遗书》卷二，《二程集》，中华书局 1981 年版，第 461 页。

[4] 《朱子语类》卷六二，中华书局 1986 年版，第 1496 页。

都呈现着性),还是殊别之性(万物各自的独特之性)。①"性即气"的命题来自张载,它在一定程度上解释了世界的构成,解释了为什么宇宙以性道为先,却又可能呈现出恶的现象。② 如果万物存在着各自类别的"性",那么,天理也就可能包含着"分理"的含义。程颢说:"天地万物之理,无独必有对。"③ 又说:"圣人致公,心尽天地万物之理,各当其分。"④"无独必有对"暗示了事物是在一个各各相对的秩序之中,而"各当其分"则明确地挑明了道德实现与分位观念的内在相关性。这里的"分"较之礼制中的分位有所差别,它要求的是天地万物在"合当如此"的自然秩序中占据"合当如此"的位置,亦即"物"回归到自己的"性"。因此,一方面,程颐认为"天下物皆可以理照";另一方面,他又说"有物必有则,一物须有一理"⑤,主张尽穷天下万物之理,通过积累而后获得天理。从性之分别到理之分别,不仅穷理尽性的命题已经呼之欲出,而且"理"序的等级性又在形而上学的层面呈现出来了。这就是"理"概念的分类学含义的新形式,也是朱子格物致知论的理论前提。

如果说天道观在进行道德论证的时候,没有能够把现实世界与天道清楚地区分开来,那么,天理概念,特别是"性即理"命题实现了这种分离。"天理"的宇宙图式不单纯是一种由上而下的垂直的体系,而是事物按照各自的理被编织在一起的秩序。"天"、"理"和"性"在朱子的叙述中具有密切的、不可分离的和合一的关系,它们之间的先后至多是一种叙述逻辑上的先后关系。朱子说:"性即理也,天以阴阳五行化生万物,气以成形而理亦附焉,

① 参见《河南程氏遗书》卷一,《二程集》,中华书局1981年版,第1、10、29—30页。
② 如谓:"凡人说性,只是说:继之者善也。孟子言人性善是也。夫所谓继之者善也者,犹水流而就下也。皆水也,有流而至海,终无所污,此何烦人力之为也;有流而未远,固已渐浊;有出而甚远,方有所浊;有浊之多者,有浊之少者;清浊虽不同,然不可以浊者不为水也。"(《河南程氏遗书》卷一,《二程集》,中华书局1981年版,第10—11页)
③ 《河南程氏遗书》卷十一,《二程集》,中华书局1981年版,第121页。
④ 《河南程氏遗书》卷十四,《二程集》,中华书局1981年版,第142页。
⑤ 《河南程氏遗书》卷十八,《二程集》,中华书局1981年版,第193页。

犹命令也"，似乎"性"/"理"是具有自己意志的、能发布命令的主宰。但这里的"命令"之前冠以"犹"，表示"犹如"、"就像"的意思，而不是说这些范畴真的像上帝那样具有人格和意志。所以朱子接着"犹命令也"之后说："于是人物之生因各得其所赋之理，以为健顺五常之德，所谓性也。"① 又说："五行之生也，各一其性。……太极之全体无不具于一物之中……性即太极之全体。"② "性只是理，以其在人所禀，故谓之性。"③ 按照这一逻辑，天理（太极）是宇宙万物的根源和依据，而万物（由"气"构成）和人又内在地包含了"天理"。所谓"理者天之体，命者理之用。是则不仅无帝在作主，亦复无天之存在。只有一理遂谓之天耳"④。如果天理是主宰性和创生性的主体，那么，为什么朱子要把"格物致知"置于如此重要的地位呢？

按照宋儒的理解，在先秦礼乐文化中，道德评价与人在礼制秩序中的分位完全一致，从而不存在所谓事实与价值、实然与应然的区别问题。然而，在日益发达的行政制度、选官制度、土地制度的背景下，朱子等理学家认为无法通过现实的人伦关系或制度结构来进行道德评价，他们的"明德"、"明命"等命题所针对的正是人之明德为物欲所蔽的状况。格物致知的目的是通过一定的程序澄明父子之亲、君臣之义、夫妇之别、长幼之序、朋友之信，这里所谓亲、义、别、序、信有别于现实制度或礼乐秩序，毋宁是朱子反复论证的"尽处"、"底"、"止"或者"合当"的关系——一种与现实秩序处于紧张关系之中的、有待实现的秩序。因此，仁、义、礼、智虽然为明德所本有，但却需要格物的程序才能呈现。人君、人臣的身份不能代表君之仁、臣之敬，从而君臣的"合当"的关系不仅构成了一种理想的秩序，而且也是对现实之君臣关系的一种批判性的规范。这就是朱子的理气二元论的社会内涵。

---

① 朱熹：《四书章句集注·中庸章句》，中华书局1983年版，第17页。

② 朱熹：《晦庵先生朱文公文集》卷六十一，《朱子全书》第23册，文渊阁四库全书本，第2960页。

③ 朱熹：《答陈卫道》，《朱子文集》卷七，文渊阁四库全书本，第2899页。

④ 钱穆：《程朱与孔孟》，《中国学术思想史论丛》（五），台湾台大图书公司1978年版，第207页。

四、此物与物及新制度论的诞生

在整个明朝时期，思想家们的主要努力方向就是攻击、批判和摆脱程朱的理气二元论，从心和物（气）这两个不同的方向追求心一元论或气一元论，以弥合理与气的分离。从 14 世纪到 16 世纪，心一元论成为更具吸引力的思想范式，并由此产生了心学与理学的对峙、抗衡和相互渗透。但是，理学与心学的分化并不是在时间关系中展开的自然演化过程，朱子时代的思想论辩和分歧已经为以后的发展提供了某些依据。在南宋时代，朱子之理（尽处、底、止、合当）和陆象山（1139—1193）之心（此物、此知）都预设了天理概念，也都包含了与现实状态之间的某种紧张关系；作为朱子的同时代人，象山明确地以心一元论为其世界观的出发点，以对抗朱子的二元论及其知识方法。在他的思想世界里，天理不仅是自我存在的，而且也是自我展示的，世界万物及其存在秩序本身就是理的展现。因此，天理不是等着被观察、理解和学习的客体，而是心的自我展开。象山主张"先立其大"，直接从"正心"开始，通过对古典之礼的实践贯彻宇宙的道理。他的心概念不能视为一种"内在"的心（如现代自我概念所预设的心），而是将整个世界包容在其中的广阔领域。象山声称"心即理"，从而所谓"先立其大"或"正心"涉及的也是普遍秩序——亦即"理"——的问题。心学的确立并不在于它提出了一种不同于理的秩序观，而在于它发展了一种能够将宇宙万物囊括在内在性概念之中的修辞和论述方式，并以此克服程朱的理气二元论。

陆象山的若干社会观点与程朱非常接近，但评判的方式和出发点有所不同。例如，对于科举制度及其陋习，象山进行了激烈批评，断言"科举之习"证明了"此道不行"和"此道不明"的状态。这一姿态与程、朱没有多少差别。因此，将"心即理"的命题与"性即理"的命题放置在批判科举制度所蕴含的评价方式的语境中，它们之间的相似之处远远超过了相互之间的分歧。但象山用"内在性的"修辞切入问题，论述角度与朱子之"性即理"

已经不尽相同。从他的视野出发,在科举制下,即使是宋儒推崇的《诗》、《书》、《论》、《孟》,也一样会成为"科举之文",从而断然拒绝由经书之学习而知仁义的致知途径。"内"的含义是通过拒绝将"知"的范畴放置在一种认识程序之中展现出来的。陆氏的看法构成了对朱子学的历史命运的精确预见。象山慨叹周道之衰,转而将"正理"寄托于"人心",而不是外在的制度和经典之文。这是另一种思想逻辑。但就试图重新赋予礼仪、制度和知识以一种神圣性的内涵(神圣性在这里并不与日常性相对立)而言,程朱发明天理与象山发明本心的宗旨其实如出一辙。

那么,象山之学能否摆脱朱子学的命运呢?在《与李宰》中,他说:

> ……故正理在人心,乃所谓固有。易而易知,简而易从,初非甚高难行之事。然自失正者言之,必由正学,以克其私,而后可言也。此心未正,此理未明,而曰平心,不知所平者何心也?《大学》言"欲正其心者先诚其意,欲诚其意者先致其知,致知在格物。"物果已格,则知自至。所知既至,则意自诚。意诚则心自正。必然之势,非强致也。……自周衰,此道不行;孟子没,此道不明。今天下士皆溺于科举之习。观其言,往往称道《诗》、《书》、《论》、《孟》,综其实,特借以为科举之文耳。①

象山力图辨明心之邪正,对外在事物不感兴趣,这与朱子用"尽处"、"合当"等词来诠释事物之理是完全一致的。但是,朱子析心与性、人心与道心为二,主张"心统性情",通过研读、磨炼把握天理;而象山的心是心理合一之心,他所强调的是顺从内心之天理,而不是琐细的格物功夫。他的心不是感性的心,而是千古圣人之心,由心即理的方式体现的是一种内在而又客观的秩序。说它是内在的,是因为这一方式拒绝外在的程序,要求人们审视自己的内心;说它是客观的,是因为这一方式暗示顺从内心同时

---

① 《陆象山全集》卷十一,中国书店 1992 年版,第 95—96 页。

意味着我们必须超出自身之外，进而发现一种心与理合一的眼光或者视野。在这里，最为重要的不是心与性的实质性区别，而是心这一与内在性更为相关的表述范畴与性这一与客观性更为相关的表述范畴的区别。这一区别背后隐含的是心一元论与理气二元论的对立。这一内在性的语言方式预设了一种抵达天理的内在道路，从而不再需要在理／气、心／物的对立关系之中展开一种认知的实践。在《武陵县学记》中，象山解释"格物致知"说：

> 所谓"格物致知"者，格此物，致此知也，故能明明德于天下。易之穷理，穷此理也，故能尽性至命。孟子之尽心，尽此心也。故能知性知天。[1]

"此物"即此心此理，亦即彝伦良知，从而"格此物"、"致此知"是以"心即理"为前提的。"格物致知"所以需要直指本心，是因为知为"此知"，物为"此物"，它们都不是外在于人的道德实践的事物。象山的"此物"概念消除了朱子"物"概念所包含的"事事物物"的外在性的客观含义，消除了由于心／物范畴容易导致的内外二元论。当"格物致知"转向了格"此物"的时候，这一命题便将认知与内省合二而一了。在这个前提下，为学次第变得叠床架屋、支离破碎，毫无必要。

象山将格物归结为格心，否定了致知活动的外在性程序，但他的学术的另一面恰恰是对仪式、制度等中介性程序的重视。仪式、制度等中介性程序是实践的展开形式。象山既把"尽心"作为抵达天理的唯一方式，又十分重视冠婚葬祭之仪式、礼法、政教制度在道德实践中的作用，较之程朱在理气关系中展开的认知实践，他的方式更接近于巫的传统。"心即理"的命题是把宇宙万物包容在心的范畴内部，并用心这一范畴所内含的秩序观重新弥合由于礼乐制度的异化而产生出的价值与物质的分离。因此，仪式、制度体现的是一种实践的结构，一种将心与生活世界的秩序内在地关联起

---

① 《陆象山全集》卷十九，中国书店 1992 年版，第 152 页。

来的中介，一种如同孔子以仁释礼那样将主体经验与礼制秩序结合起来的努力。就重视仪式、礼法等中介性的事物而言，象山之学近乎欧洲宗教对于仪式的依赖，但不同的是：宗教的仪式性贬低世俗生活的地位，而将生活的意义和价值归于上帝或高于日常生活的实体；对象山来说，仪式、制度、程序与修身的实践本身是现世生活的一部分，是家庭生活和礼仪的一个内在的部分，是回到内在于我们的自然的道路，也是回归天意、天命和天理的法门。在儒学世界中，神圣与世俗的区分是多余的，我们可以将之归纳为以神圣为世俗或以世俗为神圣。在这一语境中，"尽心"的范畴与欧洲宗教的信仰概念不是一个东西。这里的关键是：现实的制度——如科举等——已经成为一种与内在的秩序或自然的秩序构成紧张关系的外在规范，并在仪式、礼法和政教与"心"及其预设的天理之间构筑了屏障，从而按照天理的普遍精神重新确立仪式、礼法和政教制度才是心物合一的必由之路。

因此，心这一范畴与外在体制之间的紧张或对立实际上体现的是经由心这一范畴而内在化的仪式、礼法、制度与现实的仪式、礼法和制度的紧张或对立，后者代表了一种与价值、精神或内在秩序分离的物质性现实。如果说朱子之格物致知重视对外物的观察，那么，象山更在意国家法规之外的仪式性的生活规范。在他的世界里，源发自内心的"行为"不是一个纯粹的内在行为，而是一个在一定的彝伦关系中的行为，是心物合一的实践，但这个彝伦关系不能等同于郡县制国家确立的礼乐制度。在他所指涉的彝伦关系中，内在与外在的区分没有意义，内在性的语言并没有产生一种内在化的道德理论。象山之"心"不能被简单地理解为"内在性"，他讨论的仪式、制度等等又不能被简单地理解为"外在性"——在周道之衰后，必须通过"正理"、"正学"的实践将内在于"心"的仪式、礼法、制度等延伸到日常生活之中。因此，象山心学预设了两种礼仪制度的对立，即形式化的礼乐制度与包含着封建价值的礼乐制度的对立。在这个意义上，象山的"心"不是对于礼乐制度及其评价方式的拒绝，他的实践主义包含着对于"本心"与礼仪规范之间的同一关系的理解。从取消内外之别的意义上，这一实践主义更接近于先秦儒学的道德评价方式，不同的是：先儒没有用"心"这一修辞来作为一种统摄性的范畴来取代能够体现天意的礼乐。

象山之学被视为明代心学的起源或先声，陆王心学的提法就是一个例子。但"起源"或"先声"不能解释一切，更为完整地了解阳明学得以发生的动力还需要别的系谱。王守仁（字伯安，别号阳明，浙江余姚人，1472—1529）上承象山的"心即理"，但对此做了更为复杂的诠释。由元至明，朱子学在科举制度中获得正统地位。明代心学的若干命题虽然可以上溯至象山对心的阐发，但这一思潮的兴盛与明代士大夫对在科举体制中获得了正统地位的朱子学的批判运动有着极深的渊源。阳明学是在与朱子学的对抗关系中展开的，但这两者的关系远不只是批判、反抗等否定性的概念所能概括。阳明对"心"的重视与朱子之格物论之间有着内在的对话关系：他们均预设天理这一普遍的至善的秩序，都关心知识能否达到天理这一根本问题，分歧在于抵达天理的途径和方法。

著名的龙场顿悟起于阳明对格物发生了新解，他突然意识到：只要把格物的物字认作心中之物，一切困难都没有了。《传习录》卷中《答顾东桥书》中的这段话甚为出名：

> 所谓致知格物者，致吾心之良知于事事物物也。吾心之良知，即所谓天理也。致吾心良知之天理于事事物物，则事事物物皆得其理矣。致吾心之良知者，致知也。事事物物皆得其理者，格物也。是合心与理而为一者也。

致知格物不是"以吾心而求理于事事物物之中，析'心'与'理'而为二"①（即对于事事物物的认识），而是把"吾心之良知"推广到事事物物上。在这里，阳明的心概念从"人心"转向"吾心"，与象山的圣人千古之心相比，这一心概念突出了个人的经验和主体性。知即良知，所谓"得其理"不

---

① 王阳明：《传习录》卷中《答顾东桥书》，《王阳明全集》（上），上海古籍出版社1992年版，第45页。

是让客观事物符合它自身的具体规律性,而是符合于"良知之天理"。在这个意义上,格物是一种为善去恶的道德实践,而不是通过良知的认知活动来接近事物的方式,因为良知之天理不是外在于良知的天理,而是良知自身。"吾心之良知"这一概念强调良知与个人实践的密切关系,但这一关系并不暗示良知或致良知的实践是一种外在于社会的实践——在阳明的语境中,不存在原子论的个人概念,人永远处于关系之中,也是关系自身,从而人可以通过自身之良知而建立与世界的内在联系。

也正由于此,"致良知"的命题正是"经世"命题的根源。阳明说:

> 盖"知天"之"知",如"知州"、"知县"之"知",知州则一州之事皆己事也,知县则一县之事皆己事也,是与天为一者也。①

如果"知天"之"知"等同于"知州"、"知县"之"知",那么,良知或心就不能被理解为一种内在的事物。如果拒绝外在于日常实践之上的规范、价值或尺度构成了肯定日常生活实践及其价值的动力,那么,为了抗衡这一外在规范或尺度的神圣性和权威性,就必须赋予日常生活实践以神圣性——日常生活是天理这一最高秩序的唯一的呈现者。执着于具体的实践不能等同于执着于个别的目标,恰恰相反,它要求的是按照天理的普遍精神来从事具体的实践,并从具体的实践中达成与天理这一概念所体现的宇宙秩序的协调一致。阳明从心学的逻辑出发重新界定"经世"的含义,这与象山主要在宗法仪式上理解礼乐实践的意义已经有所不同。在象山那里,宗法仪轨与政治制度之间存在着鸿沟,我们可以从这一鸿沟的存在发现宋儒的思想世界中深刻烙印着的封建与郡县、礼乐与制度之间的对立。但是,阳明将"心"从邵雍、象山的本心引申到"吾心"的范畴之下,同时又将"经世"概念与郡县体制下的官僚责任密切关联起来,表明阳明已经重构了个

---

① 王阳明:《传习录》卷中《答顾东桥书》,《王阳明全集》(上),上海古籍出版社1992年版,第43页。

人与制度性实践的内在联系。象山之心一元论以心与郡县体制之外的礼乐实践的合一为前提，而阳明的心一元论则以郡县体制作为实践的制度性基础——礼乐实践已经被收摄于郡县制度的范畴之内了。

在这一逻辑的推动之下，阳明思想中指涉日常生活的"事"概念被置于一系列概念的锁链之中，成为抵达、呈现和实践天理的途径。阳明强调在事上磨炼，反对以读书穷理作为致知的途径，进而否定作为认知方法的格物程序。他说：

> 然欲致其良知，亦岂影响恍惚而悬空无实之谓乎？是必有其事矣。故致知必在于格物。物者，事也，凡意之所发必有其事，意所在之事谓之物。格者，正也，正其不正以归于正之谓也。正其不正者，去恶之谓也。归于正者，为善之谓也。夫是之谓格。①

训"格"为"正"，即以良知之天理来正物或以天理之普遍精神从事具体的实践（"在事上磨炼"）。这一命题否定的是在心与物之间建立起来的认知关系。在"正物"的诠释中，"物"概念本身发生了重要的转变：作为"事"，它是人的活动；作为"物"，它是意之所在或意之呈现，"正物"亦即"正念头"。"事"的一个基本特点是将内在与外在综合在一个关系之中，从而在"事"的范畴内，内在与外在的区分反而无法理解了。

如果致知是致吾良心之知于事事物物，那么，致知即依照天理的普遍精神从事具体的实践；如果事和物的范畴与心和意的范畴之间存在直接的连续关系，那么，事、物与心、意的二分法就显得过分僵硬。在心学的视野内，"事"不是一个客观的、可以通过认知的方法加以理解的范畴，而是主体活动的延伸，但这个主体活动不是主体的随意活动，而是与制度性实践活动相关的、能够呈现天理的活动。因此，阳明将"事"与"意"密切地联系起来：

---

① 王阳明：《大学问》，《全书》卷二六，《王阳明全集》（下），上海古籍出版社 1992 年版，第 972 页。

意之所用，必有其物，物即事也。如意用于事亲，即事亲为一物；意用于治民，即治民为一物；意用于读书，即读书为一物；意用于听讼，即听讼为一物；凡意之所用无有无物者。有是意即有是物。无是意即无是物矣。物非意之用乎？①

把"物"定义为"事"是从主体的道德实践方面说的，而与"事"密切相关的"意"也不能等同于个人的意志，因为"意"与"归于正者"或"为善"的普遍意志和秩序是内在相关的。因此，意、物、事等范畴的内在联系产生于一个更为基本的预设，即世界秩序由至善的理所构成。所谓"事事物物皆得其理"，这既是说每做一事需要符合"物"之正理，而不必去追究经书的教条，又是说事事物物之为事事物物是由于它们是天理这一至善秩序的呈现。朱子学与阳明学都预设了天理这一至善的秩序，但当阳明拆除朱子学的那些以与天理合一为目的的认知程序时，事事物物本身的重要性削弱了天理概念的目的论特征。"在事上磨炼"即对当下性的关注，这个当下性以"事"在礼乐制度之中的状态为前提。牟宗三反复论证说：阳明之物包含了超出事的意义，他不仅是从"意之所在"言"物"，而且也从"明觉之感应"言"物"，从而承认"物"作为一种自在的存在。② 在这个意义上，阳明的"物"概念包含了"行为物"和"知识物"的双重含义。然而，从上述引证来看，心学之"格物"说以践履概念为中心，它所力图破除的正是内部与外部、主体与客体的两分法，如果仍然要以"知识物"来定义阳明的"物"概念的话，那就必须重新定义知识本身。"行为物"与"知识物"的二分法需要仔细地加以界定。

阳明对"物"的解说密切地联系着身、心、意、知等概念，他所强调的是"物"与身、心、意、知的一体性：

---

① 王阳明：《传习录》卷中《答顾东桥书》，《王阳明全集》（上），上海古籍出版社1992年版，第47页。

② 参见牟宗三：《从陆象山到刘蕺山》，上海古籍出版社2001年版，第163—172页。

先生曰："……只要知身心意知物是一件。"九川疑曰："物在外,如
何与身心意知是一件?"先生曰："耳目口鼻四肢,身也,非心安能视听
言动?心欲视听言动,无耳目口鼻四肢亦不能。故无心则无身,无身
则无心。但指其充塞处言之谓之身,指其主宰处言之谓之心,指心之
发动处谓之意,指意之灵明处谓之知,指意之涉着处谓之物,只是一
件。意未有悬空的,必着事物,故欲诚意,则随意所在某事而格之,去
其人欲而归于天理,则良知之在此事者无蔽而得致矣。此便是诚意的
工夫。"①

"物"首先被解释为"意之涉着处",即物不是天下万物,而是作为道德
实践的"事物",从而无法离开实践的动机和实践的过程来讨论"物"。如
果"良知"既不依附于外在的事物,也不依托于圣人之言和日常习俗,那么,
"物"的实在性(如外在事物或道德知识)也就消解了。"良知"概念包含了
对既定知识和秩序的拒绝,从而它对当下性的强调包含了某种思想解放的
作用。

消解物的实在性是为了把仁之本心置于事亲、治民、读书、听讼等具
体实践之中,但这不是说事亲、治民、读书、听讼等等事物构成了实践的目
的。在这个意义上,"良知说"既拒斥物与理的两分法,以及由此派生出的
格物程序,又反对用事物的具体性淹没"理"这一概念所代表的秩序。阳明
在一体性的构架内论述身、心、意、知、物的关系正是为了克服这一双重错
误。万物一体、心理合一的观念预设了特殊的"事"的分类法和依此而起的
德目,从而"在事上磨炼"本身预设着一种秩序。所谓"盖'知'天之'知',
如'知州'、'知县'之'知'"者,除了强调知州、知县之事"皆己事也"之外
(即理在事中),还暗示出人之事天需要在具体的、各不相同的"事"的实践
中进行,从而也就将"知州"、"知县"等制度和官职纳入道德实践内部。阳

---

① 王阳明:《传习录》卷下,《王阳明全集》(上),上海古籍出版社1992年版,第
90—91页。

明倾心体用兼备、教养合一的社会体制，但在社会内含上不仅与孔孟对礼乐的理解相距遥远，而且也与宋儒对郡县制度的怀疑有着相当距离。

一旦存在事与德目的分类，那么，一种学问的方法和机制也就必不可少。在这个意义上，阳明与朱子的差别不在是否承认知识（"学"），而在于如何理解知识（"学"）。阳明论圣人之教以"克其私，去其蔽，以复其心体之同然"为宗旨，但他并不否定具体的"事"之分类和德目：

> 其教之大端则尧舜禹之相授受，所谓"道心惟微，惟精惟一，允执厥中"。而其节目则舜之命契，所谓"父子有亲，君臣有义，夫妇有别，长幼有序，朋友有信"五者而已。唐、虞、三代之世，教者惟以此为教，而学者惟以此为学。当是之时，人无异见，家无异习，安此者谓之圣，勉此者谓之贤，而背此者虽其启明如朱亦谓之不肖。下至闾井、田野、农、工、商、贾之贱，莫不皆有是学，而惟以成其德行为务。[1]

阳明从一种道德的分类转向一种社会分工的分类，并强调每一社会分工本身都蕴含了"学"。在这个意义上，道德实践并不需要一种抽象的或专门化的道德实践形式，因为人类社会活动及其分工形式内部包含了一种内在超越的品质。一个人无论从事何种职业，处于何种地位，都能够通过"在事上磨炼"而成圣、成德。这一逻辑既在社会分工的范围内预设了一种从"以成德行为务"的最终目的出发的平等主义，又把这一目的转化为在社会分工条件下的日常实践的伦理。阳明把道德目标放置在一种带有分工性质的实践之中，从而提供了职业行为的道德基础——当然，他强调的并不是职业伦理问题，而是"知行合一"和日常生活本身的道德化，阳明曰："学、问、思、辨、行，皆所以为学，未有学而不行者也。"[2] 知识的方法论与实践过

---

[1] 王阳明：《传习录》卷中《答顾东桥书》，《王阳明全集》（上），上海古籍出版社 1992 年版，第 54 页。

[2] 王阳明：《传习录》卷中《答顾东桥书》，《王阳明全集》（上），上海古籍出版社 1992 年版，第 45 页。

程本身具有同一性,从而实践论也可以被理解为知识论。

以成天下所同德为目的、以具体事为之分类为基础、以知行合一的实践为途径,这就构成了阳明的理想社会的模式:这是一个犹如人的机体一般的学校,各人按照自己的才能气质分工合作,并在各自的具体实践之中归于统一的理想。在这个意义上,学校是一个按照普遍的分类法进行分类的分工系统,它承认个体才能的短长,却不承认具体的风俗习惯的独特性,不承认由于历史条件而形成的善恶的标准,因为所有功能性差异均隶属于同一个有机体。在这个意义上,阳明把克服历史、时代和习俗的特性以归于天下所同之德视为"学"的目标。他说:

> 学校之中,惟以成德为事,而才能之异或有长于礼乐,长于政教,长于水土播植者,则就其成德,而因使益精其能于学校之中。迨夫举德而任,则使之终身居其职而不易,用之者惟知同心一德,以共安天下之民,视才之称否,而不以崇卑为轻重,劳逸为美恶;效用者亦惟知同心一德,以共安天下之民,苟当其能,则终身处于烦剧而不以为劳,安于卑琐而不以为贱。当是之时,天下之人熙熙暤暤,皆相视如一家之亲。其才质之下者,则安其农、工、商、贾之分,各勤其业以相生相养,而无有乎希高慕外之心。
>
> 盖其心学纯明,而有以全其万物一体之仁,故其精神流贯,志气通达,而无有乎人己之分,物我之间。譬之一人之身,目视、耳听、手持、足行,以济一身之用。……此圣人之学所以至易至简……①

阳明"学校"的分工合作和组织方式已经无从得知,但可以确定:他的学校构想就是带有自治性质的社会本身,从而与他的乡约实践的方向完全一致。因此,我们可以从他的乡约实践猜摸出一点他的学校构想的微意。

---

① 王阳明:《传习录》卷二《答顾东桥书》,《王阳明全集》(上),上海古籍出版社1992年版,第54—55页。

在著名的《南赣乡约》中,阳明认为民俗之善恶无不由于积习使然,乡民之愚顽完全是"我有司治之无道,教之无方"的结果,因此,设立乡约、协和乡民的目的是"死丧相助,患难相恤,善相劝勉,恶相告诫,息讼罢争,讲信修睦,务为良善之民,共成仁厚之俗。"① 乡约虽然以养成"仁厚之俗"为目的,但具体的操作需要一定的程序、义务和权利关系,例如公推约长,约众必须赴会,约长协调约众以解决民事争讼,约长参照公意彰否人物,等等。我们可以从深受阳明影响的黄宗羲(1610—1695)的《明夷待访录》中发现类似的普遍秩序,在这个秩序中,伦理、政治和经济的关系可以视为天理在具体事物关系上的直接呈现。这种将宇宙秩序、政治关系、伦理行为综合在一种普遍的模型之中的儒学政治论述的根源之一,就是阳明学所体现的心、物、知行和制度的那种联系方式。如果把阳明的心的概念、知的概念与乡约、学校和"知州"、"知县"等制度性的存在联系起来,我们能否说:道德实践与制度的关系已经以一种隐约的方式呈现在心一元论的框架里了?我们能否预见:这种以知行关系连接起来的心性与礼乐制度的联系将再度引导出考证古制的经学潮流呢?

心物范畴本身不能证明知行的正确性问题,如果没有一套有关政治经济制度的理论,儒者很难为知行提供客观的根据。在明末清初"天崩地解"严酷的形势中,政治问题和认同问题密切地纠缠在一起,慎独的道德态度并不足以应对复杂的现实。刘蕺山用物的实在性和工夫的必要性重新解释知行合一的意义,又把万物之秩序与六经之统系联系起来,从而暗示了道德判断的客观基础可以六经为准。经史之学再度出现不仅因应了现实政治的需要,而且也是对儒学内部的一个长期困惑——如何处理个人的道德实践与经世之业的关系——的解决。从阳明后学重建实践与自然的统一关系,到王畿重建行为与仪礼的统一关系,再到明末清初儒者重建道德与经世致用的统一关系,道德实践的方式和基础发生了重要的转变,但追究道德实

---

① 王阳明:《南赣乡约》,《王阳明全集》(上),上海古籍出版社1992年版,第599—600页。

践及其前提的努力却一以贯之。这一新的方向要等到黄宗羲（字太冲，号南雷，人称梨洲先生，浙江余姚人，1610—1695）的新制度论和亭林的经史之学才最终确定。

梨洲、亭林之学不是简单地返诸六经，而是以礼乐秩序及其演变为基础，重构一套以"社会政治制度"为内在结构的实践论。这一理论的构筑方式改变了理学家们从心性理论出发的内圣外王模式，把道德实践看成是一套社会的、政治的和经济的行为。在明末清初的历史语境中，有关社会、政治和经济的知识在儒学中获得了新的地位和新的价值。由于宋明心性之学以天理、本性、本心等范畴为中心，道德实践与其他社会实践的关系产生了分离，从而构成了理学与心学内部的持久焦虑：究竟应该以何为中心、以何种方式重新建立道德评价与制度性实践的内在联系？在这个意义上，与其说黄宗羲的新制度论是一个儒学发展中的创新或发明，毋宁是儒学道德评价方式的自我回归，它要求将最高的价值赋予人类生活及其制度条件本身，而不是抽象的天理或本心。正是由于儒学形式的上述变化，"返诸六经"成为儒者的普遍看法，考据名物制度成为为学之正道，而理学和心学的形式在有清一代遭到了前所未有的质疑和攻击。在《明夷待访录》中，宋明理学内含的三代理想终于能够从一种隐含在理学中的理想转化为明确的分析构架。这一框架的转变是极为重要的，它表明黄宗羲意识到专注于个人道德实践的心性之学无法确立广泛的制度条件，也没有能力提供道德实践的制度前提，从而也就无从提供群之为群的系统解释。他把对气和物的重视转化为一种完整的制度论的思考：作为传统的物质形式，先王之制既是批判腐败政治的尺度，也是构想新的社会的根据。

在儒学的范畴内，复古形式的制度论不能等同于单纯的政治学和经济学。政治学和经济学是一种以制度的功能为中心展开的理论，而儒学的制度论首先是一种道德理论。黄宗羲的新制度论处处涉及利害的问题，并不以狭隘的道德为囿限，但礼乐制度的道德依据本来包含着利害关系，从而谈论利害并不影响它的道德意义。新制度论追求的是在客观制度的基础上确立道德评价的前提，从而把道德批评与功利关系连接起来。鉴于宋明儒者大多疏于经籍制度、独重义理之学，黄宗羲试图在新制度论的构架内重建经史、义理与制度的内在联系。道德评价与德治原则建立在制度性实践的条件下，不必诉诸抽象的天理原则。在恢复古制的形式之下，道德与制度的关系重新获得了生机。这就是《明夷待访录》一书的特殊意义。尽管黄宗羲仍然尊奉理学和心学的一些基本概念和价值（特别是慎独、诚意与知行合一），但作为一种理论形态，理学在黄宗羲这里终结了，因为正是他的理论探讨中，作为理学的基本特征的宇宙论、本体论和心性论最终让位于一种能将义理与经术、道德和制度构筑在有机关系之中的新制度论。道德评价的客观性由此再度确立起来。这里所谓"终结"一词同时意味着一种完成，因为宋明儒者以追慕三代的方式批评当世，其宇宙论和心性论的主要目标就是追求实然与应然的统一关系。然而，恰恰是宇宙论和心性论的形式本身创造了超越于制度的内在本质，从而导致了道德评价与制度评价的深刻分离。因此，宋明理学需要以自我否定的形式来完成实然与应然的合一。

在这个意义上，新制度论重新建立的不仅是道德评价与制度的统一关系，而且也是儒学的一种新的理论形式。在这一新的理论形式中，理学的复古基调最终得以完成。换言之，"终结"并不意味着对理学的简单否定，恰恰相反，"终结"表明理学的内在目标获得了完成。在这一学术的新方式中，"礼"与"物"占据着中心的地位，并构成经学和史学的目标。

（作者单位：清华大学中文系、历史系）

宋明理学视域中的朱子学与阳明学*

吴 震

宋明理学是中国哲学发展史上的一个重要发展阶段,足以代表其理论典范的则是朱子学与阳明学。历史上,有关宋明理学大致有"理学"、"道学"或"新儒学"等三种称呼,对此,固有必要作概念的澄清,然而"语言"表达一旦约定成俗,便已获得了其本身涵义的相对稳定性,故亦不必过多纠缠,而应重在对思想内涵的把握。在我们看来,有必要树立一个广义宋明理学的学术史概念,将理学、心学乃至气学等宋明时代各主流思想做一番贯通全局的整体性了解。

我们所关注的是先秦传统儒学在宋代的全面复兴,导致儒学的理学化及哲学化的转向,究竟意味着什么?回答这一问题的关键在于我们如何将朱子学和阳明学置于广义宋明理学视域中作出重新理解。无疑地,作为广义理学形态的朱子学与阳明学在理论旨趣等方面既有共同的理论追求又有观点主张的差异表现,作为儒学第二期发展的典型理论形态,我们应当如何审视其理论关切,并从理学的传统中获取新的思想资源,这是我们今天从事宋明理学研究的一大课题。

---

* 本文发表于《哲学研究》2019 年第 5 期。

一、广义的视域

11世纪宋代儒学复兴运动之际,"道学"作为特有名词已然出现。[①] 二程(程颢、程颐)对于"道学"则有一种强烈的自觉,《二程集》中"道学"一词竟出现十次以上,程颐的两句话堪称典型,一则曰:"自予兄弟倡明道学,世方惊疑。"[②] 表明二程初倡"道学"之际,遇到了相当的社会阻力;一则曰:"臣窃内思,儒者得以道学辅人主,盖非常之遇。"[③] 这是程颐于元祐元年(1186)出任崇政殿说书之际,在《上太皇太后书》奏折中的一句话,表明在程颐的意识中,"道学"是他的学问追求。在奏折末尾,程颐更是表达了对自己重新发现"道学"的理论自觉:

> 窃以圣人之学,不传久矣。臣幸得之于遗经,不自度量,以身任道。天下骇笑者虽多,而近年信从者亦众。[④]

足见,道学概念在程颐思想中的分量极重,而且他意识到可以利用经筵侍讲的绝好机会,将道学向年幼的哲宗皇帝进行灌输。这从一个侧面印证了南宋末周密的记载是大致符合史实的:"道学之名,起于元祐(1086—1093),盛于淳熙(1174—1189)。"[⑤]

其实,到了南宋时代,除"道学"外,"理学"一词也开始流行,主要指儒家的义理之学,以区别于汉唐以来的训诂之学,如陆九渊、张栻、朱熹等人有关"理学"的用法都不外乎此意。宋末黄震(1213—1280)更为明确地

---

① 参见姜广辉:《"道学"、"理学"、"心学"定名缘起》,《理学与中国文化》,上海人民出版社1994年版。

② 《二程集》,中华书局1981年版,第643页。

③ 《二程集》,中华书局1981年版,第542页。

④ 《二程集》,中华书局1981年版,第546页。

⑤ 周密:《癸辛杂识续集下》,载《宋元笔记小说大观》第6册,上海古籍出版社2001年版,第5805页。

指出:"自本朝讲明理学,脱出训诂。""本朝之治,远追唐虞,以理学为之根抵也。义理之学,独盛本朝,以程先生为之宗师也。"① 这是说理学的思想实质在于义理而有别于训诂,上可溯源至唐虞时代的三代社会,下可探寻于北宋二程,而二程才是开创理学的"宗师"。

元代所修《宋史·道学传》的"道学"概念则是专指濂洛关闽之学,特指程朱一系的思想学说,变成了一个狭义的学派概念。清修《明史》则不列"道学传"而将道学人物全部纳入"儒林传"的传统当中。所以近代以来,学术界有关"道学"一词能否涵盖宋明儒学思想的问题向来争议不断,此处不赘。②

关于"新儒学"(Neo-Confucianism),原是在西方学界普遍流行的一个译名,用以泛指宋明理学(道学)的思想学说。关于其缘起,有研究表明,其实早在 17 世纪传教士来华之后,目睹宋明儒所倡之新思想,因仿当时新柏拉图主义(Neo-Platonism)之名,而刻意造了一个新词:Neo-Confucianism。③ 尽管它在当时中国并未留下任何影响,其涵义所指无非是广义宋明理学,即含道学亦含心学等宋明儒学新思潮。不过,陈寅恪却在 1934 年为冯友兰《中国哲学史下册》所作的《审查报告》中屡用"新儒学"及"新儒家"之概念,用以泛指广义宋明理学,但他并没有交代这一概念的缘起问题,或许在二三十年代,"宋明道学家即近所谓新儒家之学"④ 的说法已成当时学界常识亦未可知。按陈寅恪对新儒学的判断:"中国自秦以后,讫于今日,其思想之演变历程,至繁至久。要之,只为一大事因缘,即新儒学之产生及其传衍而已。"⑤ 这是将宋代新儒学的产生称作中国二千年来思想史上的"一大事因缘",其评价之高,颇值回味。

---

① 《黄震全集》,浙江大学出版社 2013 年版,第 5、2420 页。
② 参见冯友兰:《略论道学的特点、名称和性质》,《论宋明理学》,浙江人民出版社 1983 年版;冯友兰:《中国哲学史新编》第 5 册,人民出版社 1987 年版。
③ 参见陈荣捷:《宋明理学之概念与历史》,台湾"中央研究院"中国文哲研究所筹备处 1996 年版,第 286 页。
④ 冯友兰:《中国哲学史》下册,中华书局 1961 年版,第 800 页。
⑤ 陈寅恪:《金明馆丛稿》二编,生活·读书·新知三联书店 2001 年版,第 282 页。

　　本来，关于宋明理学可以有不同角度的理解：就其时代言，横跨公元 11 世纪至 17 世纪的六百年。就其内涵言，涉及理学理论的概念系统及其所蕴含的哲学问题，就其思想的历史地位言，堪称中国儒学思想发展的第二期重要阶段（关于儒学发展的"三期说"、"四期说"，本文搁置不论）。就其理论的代表形态言，则非 12 世纪朱熹开创的朱子学及 16 世纪王阳明开创的阳明学莫属。因为，朱子学与阳明学具有贯通宋明理学的理论历史地位，宋明理学的哲学问题大多可以从朱子学与阳明学的理论系统中找到其原初形态及其扩散演变之轨迹，因此，透过朱子学和阳明学这两扇窗户，我们可以一窥宋明理学的整体思想动向。

　　所谓广义宋明理学，是将宋明理学视作一场整体性的思想运动，尽管其理论建构包含不同阶段的历时性发展，对此，我们需要从理论与历史这两个层面来进行思考和把握。首先将涉及如何理解朱子学和阳明学的义理系统问题，其次将涉及如何把握朱子学和阳明学的历史地位问题。就学术史的特定意义而言，朱子学表示朱熹的哲学思想，阳明学表示王阳明的哲学思想，可是，若以为仅以朱王两人的思想言说便能把握理学的整体性特征，则必导致学术视野的自我局限，而难以对宋明理学的整体性意义有一个纵览全局的真正把握。

　　因此，我们有必要对朱子学和阳明学从更宽阔的视野作一番重新"定义"，尽管这项定义是描述性的，而并不是从学科意义上，对朱子学和阳明学的内涵和外延所作的明确界定。在我们看来，可以从不同角度来审视：从类型学的角度看，朱子学代表了理学形态，阳明学代表了心学形态；从学术史的角度看，那么事实上，无论是朱子理学还是阳明心学，应当都是宋明道学思潮的总体性产物；若从纵览全局的视野看，朱子学和阳明学无疑是宋明新儒学的两大理论高峰，在理论性质上，属于中国儒学传统中"重理主义"与"重心主义"的两种理论形态。

　　重要的是，我们可以从广义上来重新理解朱子学和阳明学这两种理论形态。因为任何一种理论的形成，固然是思想家个人的理论创造之结果，然而所谓理论创造又绝非抽离于历史文化发展过程的孤独现象。例如朱子学不仅是朱子个人的思辨结果，更是理学思潮的理论结晶，也是宋代新儒学的理论集大成之结果，因为北宋的周（敦颐）、张（载）、二程（程颢、程颐）的思想构成了朱子学的重要资源，这就表明朱子学乃是广义上的道学理论建构，若将两宋道学加以互不关联的切割，恐怕朱子学便成了一种悬空架构。

另一方面，从历史文化的发展角度看，任何一种有生命力的哲学理论都具有不断诠释与发展的可能性，因而具有动态的开放性特征，故朱子门人及其后学对朱子思想的不断诠释乃至理论推衍，理应作为广义上的朱子学而得到应有的重视。也正由此，可以说朱子学作为一种哲学思想遗产，它不仅是朱子个人的思想，更是经近世诸儒或后世学者对朱子学的思想再生产，从而不断丰富发展的理论学说。广而言之，13世纪传入朝鲜和日本之后的朱子学经过不断诠释得以形成的朝鲜朱子学和日本朱子学也应属于广义朱子学的范围，尽管它们在理论形态等诸多方面与中国朱子学相比已发生了各种本土化的转向。同样的道理，阳明学也有广狭两义之分，这里就不必赘述了。

基于上述立场出发进行思考，一方面，可以促进我们对于朱子学和阳明学的理论本身的全方位了解，与此同时，也可借助广义的朱子学和阳明学，推动我们对于宋明理学的重新认识，也就是说，以广义的朱子学和阳明学作为观察宋明理学整体运动的两大审视坐标，进而将宋明理学史上的各种理论环节贯穿起来，必将有助于开拓宋明理学研究的新视野。

二、理气的建构

关于宋明理学，我们可以朱子学作为一个起点来进入思考。朱子学理论的基本关怀大致有三：一是存在论，以"所以然之故"的"理"作为世界存在的基本方式，因而"理"带有秩序性的涵义，反映了世界秩序，与此同时，"气"是构成一切存在的基本要素，因而"气"又与"理"构成不离不杂的理气二元之关系；二是伦理学，以"所当然之则"的"理"作为人伦社会的基本方式，因而"理"带有规范性的涵义，反映了伦理秩序；三是心性论，朱子学认为"心"具有统摄性情的功能义和主宰义，但"心"并不是存在论意义上的本体概念，唯有"性"才是与"理"一般的本体存在，故有"性即理"的命题提出而决不能认同"心即理"，同时，由于"气"的介在性作用，因而构成了人性论意义上的气质之性与本然之性的二元格局。

合而言之，"理"作为理学的首出之概念，其基本涵义即指"秩序"，泛指一切存在的秩序，包括宇宙、社会乃至主体存在的心性都有"本然如是"的存在方式。从语源学的角度看，"秩序"一词源自《尚书》"天秩天序"，本义是指上天一般的存在秩序，引申为秩序的必然性而非人为性。换言之，任何一种存在秩序都是客观事实，而非人为的设计结果。理学家的"天理"观便具有客观实在的特性，在这个意义上，秩序意味着天理的自然性及实在性，故二程有"天理自然""天下无实于理"以及"惟理为实"[1] 等观点，而朱子更明确提出了"天下之物，皆实理之所为"[2] 以及"实理""实有此理""实有"[3] 等理学实体观。这些"实理"、"实有"、"实体"等概念的出现，意味着向来表示阴阳气化的自然天道宇宙观向"形而上学"（作为理学用语）意义上的本体宇宙观的理论转进，在儒家观念史上可谓是一大标志性事件。

然而，涉及伦理主体的"心"如何与客观实在的"理"打通融合，却是朱子学与阳明学共同思索的理论目标，也由此而产生了理学与心学的理论紧张。问题的复杂性在于，在心与理之间，又有"气"的存在因素介入其中，而"气"是一种差异性的存在，具有限制性作用，所以"气"的问题又成为理学（亦含心学）不得不共同面对的一大理论焦点。

从广义的角度出发，我们会发现被以往学界的研究所遮蔽的现象：朱子理学及阳明心学在"心即理"这一关涉哲学基本立场的问题上虽然存在尖锐的观念对立，然而在其理论内部却也共享着诸多"新儒学"的思想资源，就在朱子理学的内部构造中，并不缺乏诸多有关"心学"问题的关注和

---

① 《二程集》，中华书局 1981 年版，第 30、66、1169 页。

② 朱熹：《四书章句集注·中庸章句》，中华书局 1983 年版，第 34 页。

③ 《朱子语类》卷九十四、卷六，中华书局 1986 年版，第 2365、104 页。

探讨,同样即便在阳明心学的理论系统中,也不缺乏对"天理"及"性即理"命题的认同,而在如何实现成就自我德性的同时,亦要求尽量扩充自己的德性以及于整个社会,在这一德性实践的工夫论领域中,朱子理学或阳明心学都同样秉持"存天理、去人欲"的基本观念。因为按照新儒学的基本设想,对于任何一种基于人心欲望而发生的有可能偏离正轨的情欲追求,都必须置于本心或天理的规范之下来加以疏导和规范,而绝不能放任一己之私的欲望得以无限的膨胀。

另一方面,构成理学一大理论基石的是本体宇宙论。无论是理学还是心学,理作为生物之本的形上之理,气作为生物之具的形下之气,绝不是彼此割裂的两个世界,而是具有关联性、连续性的"一个世界",这个"世界"不仅表现为天道与人道的接续不断,而且表现为"性与天道"的内在联系,即人性内在地蕴含天道的意义。从宇宙论的角度看,朱子认为,理若无气作为其自身的挂搭处,则理便无法流行发用,只是理气在结构上的这种"不离"之特性,并不意味着否定理气在本源意义上的"不杂"之关系,因为理气毕竟分属形上形下。若从价值论的角度看,理作为一切存在的依据,其价值和意义必借助于实在性的气而得以呈现,由此,理才不至于沦为观念抽象。理不仅是所以当然之则,更是绝好至善的表德,而"性即理"这一程朱理学的至上命题,正是在此意义上得以成立的。

就阳明学而言,作为终极实在的良知一方面构成了人心的实质内涵,同时又须通过实在世界(气)的流行发用得以呈现自身的意义,故良知在"一气流通"的过程中得以展现其"生生不息"的生命力。只是从本体论的视域看,良知本体固不必有赖于气而存在,良知与气或心与气并不构成宇宙论意义上的"理气"关系,故阳明学的理论旨趣并不在于重建理气宇宙论。[1] 但在阳明学的观念中,良知本体作为一种实体存在,同时又在日月星辰、山川草木中发用流行。这就与近代以来西方哲学传统必将本体与现象、超越与内在、思维与存在严格两分的思维格局显然不同。

---

① 参见吴震:《论王阳明"一体之仁"的仁学思想》,《哲学研究》2017 年第 1 期。

从比较的视域看，中国哲学的一个重要智慧是，天人合一、体用不离。在体用问题上，宋明儒者秉持有体必有其用的观念，主张体用不分、相即不离，这也正是程颐强调"体用一源，显微无间"的奥秘所在，也是朱子学所表明的"形而下即形而上者"、"理一"与"分殊"交相辉映的智慧反映。朱子明确指出：

> 形而下即形而上者，《易传》谓"至微者理"，即所谓形而上者也；"至著者象"，即所谓形而下者也。"体用一源，显微无间"，则虽形而上形而下，亦只是此个义理也。[1]

另一方面，"体用一源"并不意味着否认体用分属形上形下的存在事实，故朱子又说："至于形而上下却有分别，须分得此是体，彼是用，方说得一源；分得此是象，彼是理，方说得无间。若只是一物，却不须更说一源、无间也。"[2] 而朱子对"体用"概念的贞定是明确的："大本者，天命之性，天下之理皆由此出，道之体也。达道者，循性之谓，天下古今之所共由，道之用也。"[3] 可见，朱子学的体用观涉及天道与性命两个方面，属于理学本体论的建构。

归根结底，在气所构成的现实世界或伦理世界中，天道性命得以生生不息、流行发用，这是因为天道性命既是本体存在，同时又必然在现象世界中展现自身的缘故。也正由此，故谓体无定体、即用而显，表现在德性的行为方式上，便有了"即用求体"的为学主张。如阳明曾说："心无体，以天地万物感应之是非为体。"[4] 所以"君子之学，因用以求其体"[5]。要之，"理一分殊"、"体用一源"、"即用求体"等理学话语，应当是广义朱子学和阳明学所共享的基本观念。

---

[1]　《朱子全书》，上海古籍出版社、安徽教育出版社 2002 年版，第 2227 页。

[2]　《朱子全书》，上海古籍出版社、安徽教育出版社 2002 年版，第 2227 页。

[3]　《朱子语类》卷二，中华书局 1986 年版，第 18 页。

[4]　吴震解读：《中华传统文化百部经典·传习录》，国家图书馆出版社 2018 年版，第 277 条。

[5]　《王阳明全集》，上海古籍出版社 1991 年版，第 147 页。

总之，从广义宋明理学的视域出发，可以发现理学或心学的理论内部并不缺乏有关"气"这一实在性问题的探索，"气"并不是所谓"气学"家的专利而已。只是气学理论有自身的特色，即不能接受本体论意义上的"理气不杂"的观点，转而认定结构论上的"理即气之理"的观点，否定在气之上或气之外存在另一种实体性的天理，从而将气看作是一切存在的本源，甚至是德性存在的唯一"实体"，如"阴阳五行，道之实体也；血气心知，性之实体也"[①] 之类。这种气学思想自宋明发展到明清时期，形成了重要的思想流派，对天理实体化观念展开了集中的批判，出现了一股"去实体化"[②]思潮。故从狭义的观点看，将宋明思想规定为理学、心学与气学三足鼎立的格局，不失为一种言之有据的学术史区分方法。[③] 只是本文并不取此立场，暂置勿论。

三、道德与知识

但是，从分析的观点看，德性须在形质上得以呈现自身的命题，转化为德性须有赖于形质而存在的命题，这与其说是一种理论上的转进，还不如说是一种理论上的错置，因为从前者并不能合理地推出后者。即便如戴震所说的"德性资于学问"[④] 这句命题，也并没有真正地解决这样一个问题：一种有关实然世界的客观知识何以可能转化出应然世界的价值知识？一个人的德性培养固然可以通过后天的知识学习得以扩充，但是一个缺乏德性的人在知识学习过程中，也许其结果适得其反，滋生出某种非德性的人格和习性。因为按照广义的理学观点，他们达成的一项共识是：德性之知不依赖于闻见之知而有。

---

① 戴震：《孟子字义疏证》，中华书局 1961 年版，第 21 页。
② 陈来：《元明理学的"去实体化"转向及其理论后果——重回"哲学史"诠释的一个例子》，《诠释与重建：王船山的哲学精神》，北京大学出版社 2004 年版，第 394—421 页。
③ 参见［日］山井涌：《明清思想史の研究》，东京大学出版会 1980 年版。
④ 戴震：《孟子字义疏证》，中华书局 1961 年版，第 15 页。

也就是说，经验知识并不能倒过来成为德性存在的基础。所以，成德之学的关键在于"明德"的指引，唯有如此，才会使知识活动的"学"成为真正意义上的"为己之学"（孔子）、"自得之学"（孟子）、"切己之学"（程朱）、"身心之学"（阳明），否则，便成了一种所谓的"口耳之学"。按阳明判断，世界上只存在两种学问，一种是"讲之以身心者"，一种是"讲之以口耳者"①。而"身心之学"对阳明而言才是儒学的实践之学。既然是实践之学，其背后必有天理良知作为其依据始有可能。"德性资于学问"虽有见于知识对于德性的养成具有充分条件，但却不能证成后者构成前者的必要条件，戴震欲以此命题来推翻一切实践之学的形上依据——本然之性或本来良知，却不知"闻见之知"作为一种经验知识而有其自身的局限性，并不足以颠覆理学的形上学建构。

须指出的是，德性与知识的问题往往被转换成考据与义理的问题，这是戴震哲学的一个隐秘思路。然而，两者属于不同领域的问题，不可互相替代。前者属于如何成就自己德性的伦理学领域，追问的是"成己之学"的最终依据究竟何在的问题，其中涉及德性能否成为构建伦理学的基础等问题；后者属于如何确切地把握知识的方法论问题，追问的是知识获得须通过经典考据还是须通过对文本义理的了解才有可能的问题，就此而言，戴震力主训诂明则义理明的为学立场本无可厚非，如同哲学建构往往需要哲学史的知识一般。问题在于戴震所谓的"义理"既不同于宋明儒所说的"性与天道"，则由考据以明义理的说法便与道德与知识的问题发生脱节。

从历史上看，在宋代朱子与象山的时代，尊德性与道问学的关系问题确已成为理学内部的一个争论焦点，及至明代阳明学的时代，遂演变成良知与知识之争。在1180年代中期，朱子对于自己平生多用力于道问学有所反省，意识到尊德性与道问学应当互相"去短集长"，他说：

---

① 吴震解读：《中华传统文化百部经典·传习录》，国家图书馆出版社2018年版，第172条。

大抵子思以来教人之法,惟以尊德性、道问学两事为用力之要。今子静所说专是尊德性事,而熹平日所论却是道问学上多了……今当反身用力去短集长,庶几不堕一边耳。①

可见,朱子洞察到当时社会上存在两种为学趋向,而且深知陆象山与自己在此问题上存在差异,而欲弥合双方的缺陷。朱子在《答项平父》第4书中也透漏了相似的看法,他说:

近世学者务反求者便以博观为外驰,务博观者又以内省为隘狭,左右佩剑,各主一偏,而道术分裂,不可复合,此学者之大病也。若谓尧舜以来所谓兢兢业业便只是读书程课,窃恐有一向外驰之病也。如此用力,略无虚闲意思、省察工夫,血气何由可平,忿欲何由可弭耶?

这里,朱子显然对当时存在的"反求内省"与"博观外驰"的两种为学趣向均有不满,认为各执一端,必将导致"道术分裂"的后果,他认为尧舜以来教人为学工夫绝不限于"读书程课"而已,更重视平日的涵养省察工夫。足见,朱子对尊德性一路的为学主张未必没有同情的了解和深切的洞察。

关于朱子思想的这一微妙变动,很快被陆象山所察觉,但在他看来,朱子此说似是而非,并提出了尖锐的质疑:"既不知尊德性,焉有所谓道问学?"②象山坚信德性是一切学问的前提,因为"形而上者"的道德性命之学才是根本学问,而"形而下者"的名物度数之学则不足以体现孔子"吾道一以贯之"的儒学精神,象山与弟子的一场对话就充分表明了这一观点:

---

① 《朱子全书》,上海古籍出版社、安徽教育出版社2002年版,第2541页。
② 《陆九渊集》,中华书局1980年版,第400页。

> 或谓先生之学,是道德性命,形而上者;晦翁之学,是名物度数,形而下者。学者当兼二先生之学。先生云:"足下如此说晦翁,晦翁未伏。晦翁之学,自谓一贯,但其见道不明,终不足以一贯耳。吾尝与晦翁书云:'揣量模写之工,依仿假借之似,其条画足以自信,其节目足以自安',此言切中晦翁之膏肓。"①

这场对话给人以一个明确信息:在象山的意识中,其与朱子之争乃是"形而上学"与"形而下学"之争,两者涉及基本的哲学立场,故容不得丝毫的退让。

四百年后,当王阳明注意到朱陆之间有关尊德性与道问学的问题争论时,他可以比较冷静地作出判断,并且从朱子的字里行间,洞察到朱子虽欲调和两种为学方法,但其前提立场显然有误,仍然是"分尊德性、道问学作两件"了,同时,阳明也不愿重新激发朱陆之争,因而主张德性与问学应同时并重,尊德性不能"只空空去尊,更不去问学",道问学也不能"只是空空去问学,更与德性无关涉"②。表面看,阳明似在调和朱陆,然而在道德与知识何者为重为本的根本问题上,阳明显然有其自身的哲学立场,对于一味追求外在客观知识而忘却"本心"的为学取向不以为然,认为这在为学方向上犯了"舍心逐物"的根本错误。至于他提出"道问学即尊德性之功"③的观点,也应放在心学脉络中才能获得善解。在我们看来,这个说法无疑凸显了德性才是问学之本的心学立场,如同阳明一再强调的"约礼"是"博学"之本、"诚意"是"格物"之本一样。

晚年阳明在提出致良知学说之后,更是坚定了"知"乃良心之知、德性之知而非通常意义上的"见闻知识"这一心学立场,进而对朱子学发出了

---

① 《陆九渊集》,中华书局 1980 年版,第 420 页。
② 吴震解读:《中华传统文化百部经典·传习录》,国家图书馆出版社 2018 年版,第324 条。
③ 吴震解读:《中华传统文化百部经典·传习录》,国家图书馆出版社 2018 年版,第25 条。

"纵格得草木来,如何反来诚得自家意"①的根本质疑。显然,这是针对朱子学偏重于"即物穷理"的外向知识活动而言的,凸显了致良知而非格物在儒学工夫论中的核心地位,表现出阳明学在完善自我的成德之学的实践问题上,与朱子学的格物论格格不入。阳明学之所以与朱子学发生这些思想分歧,当然需追问另一更为根本的问题:即朱子学和阳明学的哲学根本问题究竟何在? 若紧扣宋明理学的语境来追问,即如何审视和定位心理的关系问题。

四、义理的拓展

从广义的视域以观理学,理学无疑是中国哲学的一个重要形态,其中内含程朱理学和陆王心学。今人喜说"哲学",若按宋儒对传统学术的类型学之说,哲学便是"义理之学",而有别于"词章之学"和"训诂之学";而就学问之本质看,词章之学不过是"能文者"、训诂之学不过是"谈经者",前者沦为"文士"而后者适成"讲师"而已,唯义理之学才是"知道者",乃真"儒学"。② 故儒学唯以"道"为根本问题,宋代所创新儒学运动之所以被称为"道学",盖有以也。

"道"的主要指向有三个维度:自然、社会与人生;关涉宇宙秩序、社会秩序及心性规范的基本问题。在宋明理学家看来,秩序或规范不单纯是制度形式的存在,更在人的精神世界中得以内化,从而获得内在性。而此内在化秩序便与人的主体存在有密切之关联,正是由于天道天理内在于人的心性之中,从而使超越的形上之理发生了内在化转向,并使儒家存心养性事天的工夫实践获得一以贯之的可能。因此,进入心性论域而非单纯宇宙领域的"道"或"理",对于宋明理学具有重塑儒学理论的建构性意义,尤其对于重建儒家心性论具有关键作用。

---

① 吴震解读:《中华传统文化百部经典·传习录》,国家图书馆出版社 2018 年版,第317 条。
② 参见《二程集》,中华书局 1981 年版,第 95 页。

然而正是在这一问题上，理学内部引发了重要的歧义，主要表现为心与理的关系问题，两者究竟是直接同一的关系还是未来理想的目标，即在理论上，心与理的同一性何以可能？以及在现实上，心与理为何不能直接同一？此处所谓"直接同一"，意指两者是先天的、本质上的同一，而不是由后天的分析判断所得之结果；且此"同一"是指本体论意义上的存在事实，而不是指工夫论意义上的可能性预设。这种本体论的普遍主义思维显然更多地与孟子有直接的关联。

正如孟子"人皆可以为尧舜"的命题所示，这里的基本预设人心之所"同然"。所谓"同然"，涵指人与人、人与圣人共同拥有"如其本然"或"如其所是"的本质存在，用心学语言来表述，即象山那句名言："人同此心，心同此理"，亦即阳明所坚守的信念：良知存在"无间于圣愚，天下古今之所同也"[1]。这些心学观点乃是一种本体论论述，特别是对孟子本心学说的本体论诠释，其立论基础无疑是心学的至上命题："心即理"。而此心学命题不仅是对理学而且是对儒家心学传统的义理开拓。

其实就在理学开创之初，周敦颐便已明确提出"圣可学"（《通书·圣学》）之说，二程受此影响，程颐在其少年之作《颜子所好何学论》（《程氏文集》卷八）中，拈出了"圣人可学而至"这句名言。于是，由凡入圣遂成为宋明理学的思想口号乃至人生信念，在整个宋明理学发展史上留下了深远的影响，成为儒家士大夫共同秉持的期许和志向。

但是，成圣在作为工夫实践的目标之前，首先须思考并回答的问题是：成圣的依据究竟何在？换言之，这也就是成圣工夫的本体论依据究竟何在的问题。二程对此就曾作出明确的回答："人自孩提，圣人之质已完。"[2] 这显然是将成圣的依据诉诸先天的人性，认为任何人在本质上已充分具备如同"圣人"一般的善良本性。换种说法，二程是将成圣依据诉诸儒家"性善说"这一本质主义人性理论的基础之上。毫无疑问，程朱理学和阳明心学

---

① 吴震解读：《中华传统文化百部经典·传习录》，国家图书馆出版社 2018 年版，第 179 条。

② 《二程集》，中华书局 1981 年版，第 81 页。

都共享着新儒学这一理念。

不过，阳明学将成圣依据更直接诉诸每个人内心先天内在的"良知"，因为阳明学的良知理论有一个核心的观念是："愚不肖者，虽其蔽昧之极，良知又未尝不存也。苟能致之，即与圣人无异矣。"① 这就深刻地揭示出我们每个人之所以能成圣之依据就在于内在良知，正是由于良知是一种普遍存在，故在"圣愚"之间就不存在任何本质差异，在某种意义上，良知不仅是善良德性，更是内在人心中的"圣人"本身，故阳明有"人人胸中有仲尼""满街都是圣人"这一普遍主义论述。唯须指出："这项论述是本体论命题而非工夫论命题。"② 表面看，这一论述似有可能导致人心的自我膨胀，然对阳明而言，这并不单纯地涵指良知内在化，更是良知作为一种普遍存在的推演结论，揭示出良知心体具有具体普遍性的特征。此即说，良知心体不是观念的抽象而是普遍存在于人心的当下具体呈现，犹如"圣人"即刻当下存在于人心之中一般。

必须指出，阳明晚年强调的良知圣人化这一思想观念，如同良知天理化一样，都充分表明阳明欲将原本作为道德意识的良知做一番神圣化乃至实体化的理论转向。如其所云："善即良知，言良知则使人尤为易晓。故区区近有'心之良知是谓圣'之说。"③ 究其实质而言，良知的神圣化意味着心体的形上化，旨在强调作为主体存在的良知具有普遍客观性。也正由此，良知不仅是个体性道德意识，同时也是社会性道德的存在依据，更具有"公是非，同好恶"④ 的公共理性力量。毋庸置疑，阳明的这一良知理论与其心学第一命题"心即理"恰构成一套循环诠释的系统，可以互相印证，如同心体即良知、良知即天理一样，构成了一套严密的论证环节，缺一不可。故对阳明而言，他必得出"心是理"、"心即天"的结论，意谓良知本心就是形上

---

① 《王阳明全集》，上海古籍出版社 1991 年版，第 280 页。
② 吴震解读：《中华传统文化百部经典·传习录》，国家图书馆出版社 2018 年版，第313 条"点评"。
③ 《王阳明全集》，上海古籍出版社 1991 年版，第 214 页。
④ 吴震解读：《中华传统文化百部经典·传习录》，国家图书馆出版社 2018 年版，第179 条。

存在，与天理拥有同样崇高的本体地位。

总之，在朱子，他根据自己的理学理路，虽然认定在工夫境界的意义上，有必要最终指向"心与理一"的实现，但却不能在存在论意义上，认同心与理具有"当下如是"的直接同一性，更不能承认在人心意识之外，存在另一个本体论意义上的心体，这就与以"心即理"为基本信念的阳明学形成重要对立。这一思想事实表明在广义宋明理学内部存在两种不同的理论旨趣，一方面，朱子学对心的问题始终保持高度的思想警惕，认为心只具有认知能力或意识能力，也有主宰身体运作的功能作用，但却不可能具有等同于"理"的本体论地位；[①] 另一方面，在阳明学看来，心不仅具有道德感知能力、意识作用，更主要的是，人心就是先天内在的道德本性，是道德情感和动力之源泉，并能赋予这个世界、社会与人生以价值和意义。阳明学所谓的"心外无物"、"心外无事"、"心外无理"等遮诠式命题，所欲表明的无非就是这样一点：作为一切存在的事、物乃至理，其价值和意义必由心体才能开显。若要追问，世界何以有意义、人生何以有价值，离开了心体便无法言说。

结语：作为一场思想运动的宋明理学

历来以为，朱子学与阳明学互相对立，彼此不可融合，然而转换视角，从广义宋明理学视域出发，便会发现两者实有诸多共同的问题关切和思想共识，阳明学"心即理"也并不像历来所认定的那样——构成朱子理学"性即理"的对反命题。因为对阳明而言，这两项命题可以同时成立，心体与性体几乎属于同义词。同样，天理观念亦为阳明学所共享，故有心体即天理、性体即天理、心体即良知、良知即天理等等构成互为印证、环环相扣的理论命题。虽然阳明学在儒家心性论意义上，对朱子学完成了批判性发展，然两者之间又有思想连续性，这一点同样不可忽视。

例如若以广义宋明理学为视域，我们便会发现，朱子学和阳明学对于

---

① 参见吴震：《朱子思想再读》，生活·读书·新知三联书店 2018 年版，第 102—163 页。

儒学人文精神的全面重建、儒学社会化运动的加速发展,并在儒学理论落实为社会实践乃至扩展到政治领域的影响等方面,都起到了重要的推动作用。也正由此,我们可以说,宋明理学是一场整体性的思想运动,不论朱子学还是阳明学,他们有着共同的问题关切,即重建儒学的价值体系以推动儒学的全面复兴。

总之,朱子学和阳明学构成了广义宋明理学的实质性内涵。当我们对于狭义朱子学或阳明学已有相当的研究积累之后,更应自觉地拓展到广义朱子学或阳明学的研究。如明清朱子学以及阳明后学的研究有待全面深化,而宋明理学与现代新儒学之间的思想承接应如何评估也值得省思,至于东亚朱子学和阳明学在大陆中国哲学界则更显落寞,这就昭示我们在当今学界,如何重写宋明理学史,乃是一个富有理论挑战性的课题。

(作者单位:复旦大学哲学学院)

汉儒的道教[*]

姜　生

　　两汉之间，从西汉中期武帝"独尊儒术"到东汉末年张道陵创天师道，长期以来是中国宗教史研究中的空白；与此同时，在传统史学"经验"中，儒生与道教和张道陵之间，似乎不存在什么直接关联。然而现在看来，这种观念需要改变。

　　战国汉初的黄老道以老子为思想之源和崇拜的对象；伴随窦太后和淮南王之先后故去，及武帝"卓然罢黜百家，表章《六经》"(《汉书·武帝纪赞》)，依"道不同不相为谋"之说，学界更倾向于默认，由此汉儒独步天下、黄老道走向凋亡。的确，文献、人物、史料匮乏，西汉后期到东汉后期，史迹几无可觅，黄老道似已"莫知所终"乃至消失在历史的长河中；然而事实上，在这将近三百年的"强汉"历史阶段，在儒生主导的思想领域，真实发生的恰恰是儒道信仰的混合熔铸与升华。在这里，人生的终极意义是"合大道"而成仙，通往"道"的人生途径则是由汉儒的价值观系统所构筑。汉儒一手高扬"马革裹尸"的英雄主义旗帜，一手紧握死后"得道授书"(从老子受书)、尸解成仙的旧道教信仰，隆崇忠孝、贞明、节义，坚信仁人志士死后必仙，故能驱动天下有志者，共同为帝国献身，奠定了汉文明的最重要

---

*　本文据作者相关研究总结形成，最初系日本道教学会第 67 届年会 (2016 年 11 月 12 日京都大学) 上的大会报告，日文简稿发表于日本道教学会《东方宗教》2017 年，感谢日本查读专家的宝贵意见。

基础。

东汉末年，伴随儒生梦想破灭而出现的一场宗教变革运动，在继承旧道教的神仙理想的基础上，拒绝战国以来"先死后蜕"的信仰结构，追求生人修道、长生不死、"即身成仙"、"白日飞升"，而以张道陵为其例；再次地，黄老道占据了精神世界的主导地位。从必死而后仙，变成不死而仙。这就是从儒生的道教到张道陵的道教的转变。从汉墓中，可以读出这一历史事实。墓葬封存千年的最可靠图像资料，保存着两汉的神仙信仰结构——尽管经历了道—儒—道主导地位的交替；藉此可望揭示"张道陵"以前旧道教之思想面貌，重新认识道教的起源与属性等重大历史问题。

一、"道教"起源形态的界定问题

汉代的信仰主体是什么？过去，史家往往从战国汉初的方仙道、黄老道很快引向东汉末天师道的创立，其间情形多被略过了。事实上，大量汉墓出土的简帛文献、画像砖、画像石和墓室壁画，为填补这段历史空白提供了珍贵的资料，唯其解读方法上存在的问题，长期制约着学界对这些材料之思想史价值的合理认知。

研究表明，汉墓画像符号系统隐藏着某种内在逻辑，这就是以死后的生命转化成仙为核心的"尸解"信仰，马王堆一号汉墓为理想模型。墓中出土 T 形帛画所绘九日，可从道教文献所传递的"九天开则九日俱明于东方"[1] 之说获得证据。

帛画的内在逻辑也由此得以揭示：从底部的蓬莱仙岛到中部的昆仑山再到顶部的九天，依次表达了死者所将经历的服神药（冥界蓬莱）、饮玉浆

---

[1] 东晋早期上清派重要经典《上清三元玉检三元布经》记载："太真金书九天上空洞隐文，九天父母书之凤生台，直符八百人。九千年，九天一开；九天开，则九日俱明于东方，此文则自明于得道之人南轩之上也。"（《道藏》第 6 册，第 219 页）另一东晋上清派重要道书《太上玉佩金珰太极金书上经》，也有类似的表述："是日忽天光昏翳，日月昼冥，八炁回谢，七元隐精，玄象冥滞，万真奔灵，三日三夜，碧鸡启晨。时有九日焕明东方，玄光朗耀天元，复有青鸟来翔……"（《道藏》第 1 册，第 896 页）

(仙山昆仑)、上九天(神界)、变形而仙的仪式过程。① 与帛画内容相匹配，一号墓四重套棺，则从内向外依次表达了入冥界、登昆仑、上九天、"合大道"的完整程序。②

基于马王堆 T 形帛画及四重套棺所表达的死后得道成仙程序的研究，进一步结合同时期其他文物及文献资料，可判明，汉初，以窦太后为首的信仰群体对老子及其思想虔诚信仰，大尊奉之。在这个信仰体系中，他们追求"乃合大道，混混冥冥，光耀天下，复反无名"(《论六家要指》)。西汉中前期，融会方仙道与黄老道的"道者"们，创造性地继承了战国以来的尸解信仰。他们是跨接神仙方术与黄老道的新信仰体系的构筑者和主张者。过去至为简单的"形解销化之术"被超越，"得道"被视为"成仙"的前提，死后生命转换逻辑在更高的层面得到完善，形成了较之战国燕齐尸解信仰更为深厚而丰富的思想基础。马王堆一号汉墓即以"死后生命的转化成仙"为主题。马王堆三号墓出土的《十问》，作为战国至汉初"道者"们的重要文献，首次提出"阴阳不死"(阴、阳作为构成宇宙万物的两大本体要素是不朽的，尽管阴阳的结合体——人会死)的思想，而以"合大道"为最高宗旨，阐释尸解信仰在思想上的合理性，实现了对人类修道成仙不死假说的逻辑证明，在原理上使神仙不死信仰从彼岸向此岸的转移成为可能。这正是《论六家要指》的"因阴阳之大顺、采儒墨之善"(《史记·太史公自序》)之所指，揭示了西汉"道者"群体包纳百家的信仰结构。③ 淮南学派则从理论上予以总结，《淮南子·诠言训》载曰："稽古太初，人生于无，形于有，有形而制于物。能反其所生，若未有形，谓之真人。真人者，未始分于太一者也。"考虑到这些，便不难理解，在马王堆一号墓四重套棺中，汉初以"道"为"教"的死后信仰，已经得到系统而具象的表达。

实质上，轪侯利苍生前身处黄老道流行环境中，死后成仙的"尸解"信仰就是那个时代关于终极意义的主导话语；三号墓的 T 形帛画及随葬的大

---

① 参见姜生：《马王堆帛画与汉初"道者"的信仰》，《中国社会科学》2014 年第 12 期。

② 参见姜生：《马王堆一号汉墓四重棺与死后仙化程序考》，《文史哲》2016 年第 2 期。

③ 参见姜生：《汉帝国的遗产：汉鬼考》，科学出版社 2016 年版，第 359—365 页。

量黄老道典籍亦堪为证。这些黄老道信仰者自称"明大道"、"有道","道者"之称及其同义词,于马王堆三号墓出土竹简《十问》中凡九见,其最高理想是复归"混混冥冥"的"大道"。《十问》,在容成向黄帝叙述"刑(形)解"之道后,接着说:"明大道者,其行陵云,上自麋摇,水流能远,龙登能高,疾不力倦,□□□□□□□巫成栢□□不死。巫成栢以四时为辅,天地为经,巫成栢与阴阳皆生。阴阳不死,巫成栢与相视。有道之士亦如此。"[①] 进一步,在这段答黄帝之问的对话中,容成强调:"君必察天地之情,而行之以身,有征可知。间虽圣人,非其所能,唯道者知之。"[②]

可见至少在马王堆汉墓建造所依凭的思想体系中,已有"道者"("有道之士""明大道者")乃得成仙不死的思想;换句话说,在马王堆汉墓中,"有道"与"不死"之间,已经建立起必然联系;这种联系明确表现出由巫术向修道不死论证演进的新趋势。问题在于,如何才是"有道"?

特别值得注意的是,《十问》关于"刑(形)解"(即尸解)论述中提出的"阴阳不死"说,意义重大,它使制约人类死后成仙信仰的关键问题终于得到了解决。按其逻辑,巫成栢之所以能获不死,是因为他能察天地之情,而行之以身,做到以四时为辅、以天地为经(法天地即阴阳之道),因此能够进入与阴阳"偕生"、与阴阳"相视"的境界;人虽不免一死,而作为生命两大构成要素的阴阳永恒不死;巫成栢能与阴阳相终始(盖"守一"之类),因而他能得不死;《十问》声称有道之士亦能如此,故亦能得不死。马王堆一号T形帛画和四重棺上,敢于把墓主人的死后过程表达为从冥界登昆仑成仙、上九天成神乃至最终"合大道",本身就是这种信仰自信的体现。

综上所论,《十问》之信仰逻辑的思想支持者,既非古老的巫觋,亦非单纯信仰尸解术的方士,而是以黄老道家思想为基础,拣择、融合汉代以前包括"形解销化之术"在内的古代区域信仰传统的汉初"道者"群体。他们

---

① 马王堆汉墓帛书整理小组编:《马王堆汉墓帛书》(肆),文物出版社1985年版,第148—149页。部分文字已据今文字库予以转换(下同)。

② 马王堆汉墓帛书整理小组编:《马王堆汉墓帛书》(肆),文物出版社1985年版,第148页。

以"得道"为"成仙"之前提,自称"彻士",自豪地宣称能够"明大道"("有道")而"制死生",依乎"阴阳不死"的思想逻辑,修炼神仙,达到"不明大道、生气去之"的"俗人"所无法想象的"长生累世"的理想状态。故此"道者"群体可谓汉初跨接神仙方术与黄老道的新信仰体系的构筑者和主张者。前文曾论及,"道者"之称及其同义词,于《十问》凡九现,可见当时已是一个相当成熟的概念。文中出现的"间虽圣人,非其所能,唯道者知之"的自我论说,历史价值甚重,表达了汉初"道者"这一新宗教主张者群体的自觉:他们宣布拥有一套足以自豪、即令圣人亦不能代之的宗教方法体系;而群体自觉应是判断特定宗教成立并浮现于世的最重要依据之一。

经过战国汉初黄老道严密论证的这套尸解信仰逻辑,在西汉后期儒术占据主导话语、谶纬兴起并盛行于东汉这样的文化生态综合作用下,为儒生所汲取、嫁接、转换,镕铸成为汉传统的核心,并成为汉民族关于死后信仰之最坚固根柢,虽历经佛教冲击而传承千年。

二、西汉后期到东汉后期:儒生对黄老、神仙方术的接纳与熔铸

汉初"因阴阳之大顺、采儒墨之善、撮名法之要"的"道者"群体信仰,经过与儒家道德准则的融合,成为儒生主导的"旧道教"(相比于其后张道陵所代表的黄老道主导的道教),盛行于两汉社会,并在墓葬中得到体现。

以武氏祠东壁、西壁及后壁为中心,综合考察各类画像石图像可以发现,汉代墓葬画像背后实际上隐含着一套宗教的价值评判标准:帝王、贤相、能将及刺客类图像,反映了汉代"自三代已来贤圣及英雄者为仙"(《真诰·阐幽微第二》)的成仙标准;忠臣、孝子及列女类图像则表明,在汉代,生前为忠、孝、节、义之典范者亦得死后成仙。汉画中呈现的内在有序的人物图像内容由此应作为汉代仙传谱系来看待。神学化的儒家道德伦理,重武尚侠的社会风尚与历史上长期积淀的神仙思想相结合,乃是汉代神仙谱系依以形成的思想要素。更进一步说,基于墓、祠本身所具有的宗教属性

（死者之所居），汉画中"古之圣王"、"忠臣孝子"、"烈士贞女"等历史人物，实际上也被赋予了象征死者将在死后世界获得终极意义的宗教功用。换言之，汉画中的历史人物画面，绝不是表面看似的劝善"教材"，而是当时社会价值标准被推向极致的宗教化（神学化）样态———一套基于儒家忠、孝、节、义伦理的秩序严谨的神仙谱系。[①]

根据以武梁祠东、西、后壁图像为中心的讨论，以及对汉画超越世俗时空秩序之宗教属性的认识，可以判断，汉画中存在着一套以图像形式保存下来的"仙谱"；这个仙谱内含的评价标准可以归纳为君明、臣忠、子孝、妇贞、士节，具有"善善恶恶，贤贤贱不肖"之功，表现出强烈的《春秋》决狱特征。基于此，汉儒刘向撰《列女传》、《列士传》、《孝子传》应属实，且对应汉画像之内容，皆具一定的"仙传"属性，是汉儒褒崇忠、孝、节、义（历史人物与时代人物皆在其中），致其极致而宗教化的结果。如此则不难理解，《列女传》、《列士传》、《孝子传》的撰作时间及历史背景等（即汉武帝"独尊儒术"之后特别是谶纬流行时期两汉思想与历史发展过程）与汉画（包括墓葬与宗庙中的"图画"）兴起过程的高度契合。这也可以说明何以日本学者田中有发现汉墓祥瑞图像与纬书论说之间的印证关系[②]；事实上汉墓画像中出现的一些圣贤人物亦堪与纬书所述相对应[③]。谶纬作为信仰的一个例证，是东汉末年向栩提出的读《孝经》以却敌之策："会张角作乱，栩上便宜，颇讥刺左右，不欲国家兴兵，但遣将于河上北向读《孝经》，贼自当消灭。"（《后汉书·独行列传》）

儒、道、仙得以完美结合的根本原因，在于以黄老道和尸解信仰的奇特结构不仅消解了今生与来世、生与死的时空大限，更使勇猛忠义，"守死善道"、"赴火蹈刃，死不旋踵"的君子之道与现实人生相衔接，高志、尚武、不

---

① 参见姜生：《汉代仙谱考》，《东方学》（日本）第 129 辑，2015 年。

② 参见 ［日］田中有：《漢墓畫像石·壁畫に見える祥瑞圖にいて》，载安居香山编：《讖緯思想の綜合の研究》，日本国书刊行会 1984 年版，第 55—70 页。

③ 参见姜生：《汉画孔子见老子与汉代道教仪式》，《文史哲》，2011 年第 2 期；姜生：《汉代列仙图考》，《文史哲》2015 年第 2 期；徐兴无：《异表：谶纬与汉代的孔子形象建构》，载徐兴无：《经纬成文：汉代经学的思想与制度》，凤凰出版社 2015 年版，第 248—280 页。

怕死,"不教胡马度阴山",为汉帝国带来强大力量。汉墓画像隆崇忠孝节义,歌颂"力"、"德"和英雄主义,彰显出志士仁人重死轻生、以人生图不朽的汉精神;汉儒拣选古来圣贤、忠孝、节义、英雄,秩以仙谱,图其像传,著之金石,大褒扬之,以艺术手法记录时代之音,强烈表达了汉时代的社会理想。其中,饱读诗书、胸怀忠烈的孔门弟子子路,外生死,守汉节,"使于四方,不辱君命",实践"志士仁人"人格理想的臣范苏武,"九合诸侯,一匡天下",儒门所崇的"千世一出之主"齐桓公,舍命救夫的"京师节女"等等,皆崇列仙班。子路甚至被崇为西王母的最早配神,与王母分列东西二方神祇之位。① 这些明主、忠臣、烈士、节女,皆为儒生褒崇的人生楷范。

汉墓出现的大量天仓和庖厨画面,表明古老的"鬼犹求食"(《左传·宣公四年》)思想在这里达到了新的高度。汉墓中,供鬼之饮食已转变为过去仅见于神话传说、为神仙所独享的玉液琼浆,并发展出每个死者都可望享受的永无竭尽的"天仓"和"天厨",且一食而得千岁。这样一来,谋道不谋食、忧道不忧贫的"大同"乌托邦(《礼记·礼运》),虽然在现实世界汉家君臣尽力至死难成,却在死后的神仙世界得到了实现;只要践行道德,则可同入"道毋饥人"的天堂。此外,包括鬼神时空的构成、神祇(炎帝、尧、黄帝老子之师容成公,孔子及其弟子等,甚至子路与最高神西王母对列供奉)②,成仙路径、信仰结构、科仪轨范等,无不反映出以得道成仙为最高宗旨、以儒家德目为考谪标准的儒道融合形态。"孔子见老子"画像堪称典型。③ 汉儒认定"汉家尧后",故以伏羲、炎帝等"尧先"圣人为最高神。上述武梁祠亦是儒生武梁④ 生前亲

① 参见姜生:《汉画像石所见的子路与西王母组合模式》,《考古》2014年第2期。
② 参见姜生:《汉代神祇考》,《江西社会科学》2015年第1期。
③ 参见姜生:《汉画孔子见老子与汉代道教仪式》,《文史哲》2011年第2期。
④ 关于武梁的儒生身份,可参考北宋时期山东济宁发现的东汉《从事武梁碑》:"□故从事武掾,掾讳梁、字绥宗。掾体德忠孝、岐嶷有异、治《韩诗经》,阙帻传讲,兼通河雒、诸子传记,广学甄彻,穷综典□,靡不□览。州郡请召,辞疾不就。安衡门之陋,乐朝闻之义。诲人以道,临川不倦。耻雷同,不窥权门。年逾从心,执节抱分,终始不贰,弥弥益固。"(洪适:《隶释》卷六,中华书局1985年影印同治十年洪氏晦木斋刻本,第74—75页)

自主持设计建造,三面画像所刻圣王先贤、孝子孝女、节妇烈女、忠臣节士、英雄刺客亦为刘向《列女》《列士》、《孝子》三传及东晋《真诰》所存,如此等等。[①] 从墓中画像所庄严、所崇尚的人物,即距离现实人生最近的神仙们可以看出,选择的依据正是汉儒的价值观,成仙的前提即汉儒德目。至此可见黄老仙术与汉儒价值观的完美融合,故此堪谓"儒生的""道教"。

陈汤奏言"犯强汉者,虽远必诛"(《汉书·傅常郑甘陈段传》),为史家乐道。实际上,汉家君臣能够实现如此胸臆,乃以其有不可战胜的内在力量;"先死后蜕"的神仙信仰,正是汉人拥有大无畏英雄气概、维护"强汉"的精神源泉。对于那些"中产"出身、有良好教养的汉兵主力"良家子"而言,这一信仰结构足以形成正性驱动作用。

三、炼仙之术

汉墓的信仰内核——"先死后蜕"的"尸解"信仰,正是理解汉代道教信仰属性的关键,它涉及何以炼仙的重要问题。

从马王堆等汉墓的个案研究可以看出,由死而仙的生命转换乃汉墓之最高宗旨,"尸解"即是这个死后生命转换信仰的核心。墓葬作为中间环节,在这个转换过程中承担着不可替代的作用。墓葬的物理——文化建构则是表达这种作用过程的话语符号。马王堆汉墓层层叠叠棺椁结构指向的焦点,是等待成仙的墓主人;庞大的棺椁系统同墓室及其内外所有附属物和信仰符号系统一起,构成了死者的生命转换系统,墓室因之成为"炼形之宫"。[②]

进一步看,在丰富的汉墓画像中,龙虎主题的汉画成为我们具体了解

---

① 参见姜生:《汉帝国的遗产:汉鬼考》,科学出版社 2016 年版。

② 《老子想尔注》曰:"太阴道积,炼形之宫也。世有不可处,贤者避去,托死过太阴中;而复一边生像,没而不殆也。俗人不能积善行,死便真死,属地官去也。""道人行备,道神归之,避世托死过太阴中,复生去为不亡,故寿也。俗人无善功,死者属地官,便为亡矣。"(饶宗颐:《老子想尔注校证》,上海古籍出版社 1991 年版,第 21、43 页)《周易参同契》亦有"化迹隐沦……变形而仙","委时去害,依托丘山……化形而仙,沦寂无声"之说。所谓"丘山"者坟墓之谓也。

墓室的"炼形之宫"属性，以及何以炼仙问题的重要突破口。研究发现，汉墓画像系统中，用图像化的语言保存着汉代盛行的阴阳合气、龙虎交媾结精成仙信仰和仪轨。此即东汉《老子想尔注》保存的以墓室为"炼形之宫"进行死后"太阴炼形"、实现由死而仙的内在思想结构。俨为宫府的墓室里，引导龙虎入室合气的"媒"、承载交媾结精成丹过程的"太一紫房"丹田、鼎器等道教丹家话语符号，均已出现。[①] 融会发达的汉易、黄老道及尸解信仰，以易理阐发龙虎交媾丹道理论的《周易参同契》，堪与此类汉墓画像形成高度互证。《周易参同契》原本和丹田学说正是在东汉这样的思想环境中形成。[②]

要言之，在东汉末《想尔注》与更早文献《参同契》中，可见东汉时期盛行的"培胎练形"信仰：从这部分内容可以理解，东汉某些道派教化信仰者通过内炼"抔柸"以图"练形"。汉人以气的思想为基础观察宇宙和生命；人的生死被理解为气的聚散；通过死后"炼"的过程，生命转换为气的另一种结合态。此即"蝉蜕""易形"信仰的内部结构。基于对汉墓龙虎交媾图的合理认知，可以把握东汉"培胎练形"信仰的内涵及其墓葬表现，从而对汉墓的信仰属性提出准确判断。事实上，正如一些汉墓墓门上的龙虎相交画像所强调的，墓内正在发生阴阳合气、再生氤氲过程；整个墓室建筑空间结构及其内部程序因此获得定性。这意味着，通过墓室时空结构所产生的奇特"炼形"作用，人在死后将可实现魂魄复合"结精"因而"先死后蜕"的

---

① 桓帝延熹八年（165），陈相边韶受帝命作《老子铭》言："世之好道者触类而长之，以老子离合于混沌之气，与三光为终始，观天作谶，升降斗星，随日九变，与时消息，规矩三光，四灵在旁，存想丹田，太一紫房，道成身化，蝉蜕渡世。"（洪适：《隶释》卷三，第36—37页）意思是，通过存想龙虎交媾于人体中的"丹田"，亦即天之"中宫"的太一神所居的"紫房"（"存想丹田，太一紫房"乃互文句式），获得仙化。从"紫房"到"丹田"，这里的宗教化修道表达显然借用了天学相关概念（可见汉代已有人体小宇宙与大宇宙相对应的观念）。对天学概念向世间的移用，在汉代信仰、术数、医学，甚至官制中都比较常见。

② 参见姜生：《汉墓龙虎交媾图考——〈参同契〉和丹田说在汉代的形成》，《历史研究》2016年第4期。

仙化梦想。与此相关联的"存神"内炼之术,亦盛行于东汉。①

四、"张道陵"所代表的信仰结构变迁

"张道陵"这个名字作为变革期的代表,其出现表明汉初以"合大道"为宗旨的黄老道信仰体系,中经儒生主导的以儒德为标准、以"道"和"仙"为终极意义的三百年信仰形态,在东汉末期出现了向黄老道主导话语的复归,同时意味着儒道共融状态的破裂,儒生主导的宗教共同体至此衰落。

东汉末年,伴随儒生梦想破灭、佛教传播日深,"先死后蜕"的旧信仰体系丧失社会基础,走向衰落,"张道陵"所代表的即身成仙的"天师道"新信仰崛起;它继承儒生的旧道教,同时与鬼神相盟誓,进行改革。《三天内解经》卷上:"汉宣(桓之误)帝永寿三年……(张道陵)与天地水官(来自旧的三官信仰)、太岁、将军(均为汉代星宿信仰)共约,永用三天正法……"张道陵所代表的新道教,其信仰结构不再依赖死后世界及鬼界神祇的力量,而是在现实世界中寻求通过生人修道而得白日升天,也就是不老不死、即身成仙;换言之,成仙的前提是生人依从"人之师"的引导而修炼道术,最终得道而肉身飞升成仙。此即后世所谓"道教"之始。

信仰体系的这种变化,在魏高贵乡公正元二年(225)问世的《大道家令戒》中反映得尤为明显:"道亦形变,谁能识真?……道伤民命一去难还,故使天授气治民,曰'新出老君'。言鬼者何人?但畏鬼,不信道。故老君授与张道陵为天师,至尊至神,而乃为人之师。"

这里张陵是作为革"言鬼者"(即汉墓所呈现出的旧宗教体系)之命的代表、作为"人之师",或者说作为新宗教的化身而出现。必须看到,虽然旧的宗教体系(老子神化为老君)受到"新出老君"(被更新的老君形象)信仰者的斥责,而事实上作为一种长期被接受的宗教传统,仍然存在于东汉

---

① 《老子铭》、《帝尧碑》、《王子乔碑》、《申鉴》及某些汉墓墓室画像,可证东汉流行的"历藏内视"(《申鉴·俗嫌篇》)的存思内炼术。(参见姜生、冯渝杰:《汉画所见存思术考——兼论〈老子中经〉对汉画的文本化继承》,《复旦学报》2015年第2期)

社会，并突出反映于东汉的墓葬资料中。如解注瓶上文字的内容，沿袭的也是西汉道门的话语，甚至不顾东汉都城已迁到洛阳这样的事实，仍然以西汉都城长安作为基准点进行叙述："生人属西长安，死人属太山"。

综合上述，可以看到，汉儒建构的这种以儒德为人生道路、以"合大道"为终极理想的宗教形态，超越了原始儒家的"子不言怪力乱神"、"道不同不相为谋"的学派禁忌，故能如荀子所预言，"兼陈万物而中悬衡"（《荀子·解蔽》），广纳百家，缔造了道教的最重要基础。东汉末年，"张道陵"这个名字所代表的宗教改革运动兴起，"天师道"、"正一道"开始进入历史的视野。"正"乃相对于"邪"而言。新教派要求抛弃、批判旧信仰，但并不是、也不可能是以彻底地否定过去，而是以变革的方式出现，且"张道陵"本身即被描述为儒生出身："天师张道陵，字辅汉，沛国丰县人也。本太学书生，博采五经。晚乃叹曰：'此无益于年命。'遂学长生之道，得《黄帝九鼎丹经》，修炼于繁阳山，丹成服之，能坐在立亡，渐渐复少……初，天师值中国纷乱，在位者多危，退耕于余杭。又汉政陵迟，赋敛无度，难以自安，虽聚徒教授，而文道凋丧，不足以拯危佐世。陵年五十方退身修道，十年之间已成道矣。闻蜀民朴素可教化，且多石山，乃将弟子入蜀，于鹤鸣山隐居……战六天魔鬼，夺二十四治，改为福庭，名之化宇，降其帅为阴官……陵斥其鬼众，散处西北不毛之地，与之为誓……于是幽冥异域，人鬼殊途。"[①] 古人用"战"、"夺"、"改"等关键字，总结了"张道陵"所代表的那段宗教历史的变革特征；且"张道陵"的"出身"叙事本身恰恰暗示了，以生人修道长生不死"即身成仙"为宗旨的"正一道"（天师道）乃起源于昔日儒生所主导"先死后蜕"的"尸解"变仙信仰体系。换言之，"张道陵"这个名字所代表的乃是对旧道教信仰结构变革的一段历史。

以往的历史研究中，从汉初黄老道在武帝时的受挫到汉末"张道陵"所代表的"天师道"（正一道）创教，其间三百年的历史，研究者往往语焉不

---

① 《文渊阁四库全书》本《神仙传》卷五"张道陵"。

详,甚至忽略。出现如此局面,"文献不足徵"固然是一个重要原因;然而当我们突破学科壁垒、打开观察视野,则将发现,历史的某些篇章保存在古人的信仰中,而古人的信仰则往往保存在他们的墓葬中。现在,从墓葬封存千年的最可靠图像资料,可望再现两汉以"合大道"为最高目标的神仙信仰结构主体——尽管经历了道、儒话语权的交替,藉以探寻"张道陵"以前的"旧道教"面貌,重新认识道教的起源与属性等重大学术问题。

官方史家和后世学界大抵默认道教始于张道陵创教的教内传说为正,千百年来一脉相承。事实上张道陵之前,尚有以"先死后蜕"的"尸解"信仰为最高宗旨的旧道教,盛行两汉间大约三百年。"张道陵"所代表的以生人修道长生不死、"即身成仙"、"白日飞升"为宗旨的"正一道"(天师道)乃起源于东汉儒生主导的这种"尸解"信仰体系,张天师所传乃是对这种旧道教信仰的变革形态。

(作者单位:四川大学文化科技中心)

回应"钱穆之问"*

——儒家生生伦理学对天人合一问题的再思考

杨泽波

自钱穆重提天人合一问题之后,中国文化为什么有天人合一的思想传统,便成了必须回答的问题。近年来,我在建构儒家生生伦理学的过程中,对这个问题也进行了思考。本文便是我对这个问题思考的初步结论。

一、"钱穆之问"

自司马迁明确提出"究天人之际"后,天人合一就成了学者必谈的话题,历来为人们所重视,近代亦然。20 世纪 80 年代末,钱穆以 90 高龄重新思考了这个问题,撰写了人生最后一篇文章《天人合一论——中国文化对人类未来可有的贡献》。文章着力强调了这样一个观点:

> 中国人是把"天"与"人"和合起来看。中国人认为"天命"就表露在"人生"上。离开"人生",也就无从来讲"天命"。离开"天命",也就无从来讲"人生",所以中国古人认为"人生"与"天命"最高贵最

* 本文为教育部哲学社会科学研究后期资助(重大)项目"儒家生生伦理学研究"(16JHQ001)的阶段性成果。

伟大处,便在能把他们两者和合为一。①

　　这篇文章后来镌刻在花岗岩墙上,伫立在香港中文大学山顶,成为该校重要景点"天人合一"的标志。由于钱穆的努力,天人合一的问题再次回到了学术的中心,成为学界关注的热点。但因为年事已高,钱穆对为什么中国文化重天人合一并未给出具体的说明,在文章的结尾部分感叹"惜余已年老体衰,思维迟钝,无力对此大体悟再作阐发,惟待后来者之继起努力"②。这就是说,钱穆只是重新提出了这个问题,而未能对其给出有力的回答,将这个问题留给了后人,从而成为著名的"钱穆之问"。

　　随后的若干年内,不少学者都这个问题进行了深入的思考。③2014年,钱穆的弟子余英时出版了《论天人之际——中国古代思想起源试探》一书,对此进行了系统的探索。在该书中,余英时提出了这样一个基本看法:中国有新旧两个天人合一系统,旧的天人合一系统是巫文化的传统,新的天人合一系统是先秦诸子的系统。以巫文化为代表的天人合一最大的特点,是集体本位的"人"与"神"的合一。以先秦诸子为代表的天人合一最明显的特征,是个人本位的"心"与"道"的合一。"巫为了获得'事神'的法力,发展出一套技能(相当于萨满的'techniques'),如'行气'便是其中极重要的一项。先秦诸子的精神修养也以巫的技能为始点,但进行了重大的改进,

---

① 钱穆:《天人合一论——中国文化对人类未来可有的贡献》,《联合报》(台湾)1990年9月26日。

② 钱穆:《天人合一论——中国文化对人类未来可有的贡献》,《联合报》(台湾)1990年9月26日。

③ 张世英对这个问题的关注较早,在1995年即出版了专著《天人之际:中西哲学的困惑与选择》(人民出版社1995年版),在学界引起较大影响。其后对这个问题的探讨一直没有中断,撰写了不少文章,如《中国古代的"天人合一"思想》(《求是杂志》2007年第7期)。2017年8月,以96岁高龄在第二十四届世界哲学大会启动仪式暨"学以成人"国际学术研讨会上所做报告"世界哲学在走向中西哲学互通互融的大道上大步前进"中,进一步谈到了这个问题,认为"未来世界的哲学前景,我认为是西方式的'后主客'式的天人合一,与中国式的'后主客'式的天人合一,两者对话交融的新天地"。

把原来'事神'的技能转化为'求道'的技能。上面所谓'精神修养'在先秦诸子笔下则称之为'修身'；当时儒、墨、道各派无不以'修身'为'求道'的不二法门。"[①] 按照余英时的理解，中国的天人合一传统来自巫文化集体性的人与神的沟通。巫文化走向式微之后，经过先秦诸子的努力，这种人与神的沟通变成了单个人的心与道的沟通（这里所说的道是对儒、墨、道三家而言的，若单就儒家来说，则可直接讲天）。虽然有此变化，但神和天都有超越性，这是中国重天人合一最深厚的基础。余英时这一研究可以看作是对"钱穆之问"作出的回答，在学界产生了较大的影响。但该书的重点在于阐明轴心时代之后，先前的巫文化如何变化为先秦诸子的天人合一思想，而不在说明先秦之后天人合一思想系统内部的运行机理，即天人合一的思想系统是通过哪些理论环节成为可能的。因此，即使接受了余英时的解说，仍然无法理解为什么个人通过修养即可以与道相通，从而达到天人合一之境。

有鉴于此，儒家生生伦理学还希望再往前走，对这个问题提出自己的诠释。因为关于巫文化的研究学界已经较多，成果丰富，所以我的重点不在巫文化，而在先秦诸子。先秦诸子以儒墨道三家为主，墨家失传后，实际起主导作用的仅儒道两家。儒道两家都有重天人合一的传统，其中心点也都在道德，但其内涵并不相同。道家之道德重在自然无为，儒家之道德重在成德成善。因为这里讨论的是儒家，所以关注的重点当然是后者，但间或也涉及道家。

二、道德践行意义的天人合一如何可能

如何成德成善是儒家的中心话题，要达到这一目的又必须将道德根据建构牢固。儒家学说在这方面的一个突出特点，是将道德根据直接与天挂

---

① 余英时：《论天人之际——中国古代思想起源试探》，中华书局2014年版，第188—189页。

钩。这种做法前后有一个变化的过程。周克殷后，为了替自己的政权寻找理论的依据，周人提出了以"皇天无亲，惟德是辅"为中心的一系列说法，将统治者个人的德性与天捆绑在一起，开了"以德论天"的先河。数百年后，随着周代统治者个人德性的衰落，其政权合法性受到普遍的怀疑，出现了声势浩大的"怨天"、"疑天"的思潮。孔子就生活在这个特殊的历史阶段。受这一背景的影响，孔子思想的重点完全放在复周礼，行仁学上面，敬鬼神而远之，没有将仁与天直接打通的意识，所以弟子才有"夫子之言性与天道，不可得而闻"（《论语·公冶长》）的感叹。

在随后的一百多年间，情况有了根本性的转变。为了继承孔子仁的思想，后人必须解决仁来自何处的问题。郭店竹简《性自命出》很能反映这个转向。《性自命出》对性多有论述，从天、命、性、情、道的关系讨论人性的性质和作用，认为好恶是性，情生于性，习以养性，喜怒之气是性，性自命出，等等。虽然学界普遍认为，《性自命出》所谈之性与后来的孟子尚有不同。但该篇中如此集中讨论人性问题，至少说明当时很多人已经意识到了，要把孔子仁的学说落到实处，必须在人性上找根据，而要做到这一步，在当时的背景下就不能不谈天。孟子也是顺着这个方向走的，而且有着强烈的自觉意识。孟子对自己内在的道德根据有透彻的体悟，而为了性善论能够立得住，又必须为其确定一个终极的来源。这时先前天论的思想传统就派上了用场。既然周人"以德论天"，那么德与天就有着难以分割的联系。于是，孟子便借用先前天论的力量，明确指出，道德根据是"天之所与我者"（《孟子·告子上》），直接将仁义礼智与天联系了起来，以天作为其终极的根源。这种将道德根据与天联系在一起的做法，即为"以天论德"。由周人的"以德论天"到先秦儒家的"以天论德"，有着强烈的历史合理性和必然性，开创了儒家将道德与上天联系在一起的传统，从而确定了人生与天命和合为一这一思维方式的基本走向。① 恰如余英时所说："大体而言，自公元前4

---

① 关于先秦天论有一个由"以德论天"到"以天论德"的过程，请见杨泽波：《从以天论德看儒家道德的宗教作用》，《中国社会科学》2006 年第 3 期。

世纪以来，新'天人合一'作为一个哲学命题已趋于定型，其普遍的形式可以概括为一句话：'心'与'道'的合一。"① 在这种思维模式中，道德根据来自天的赋予，具有形上性、超越性，人经过努力成就了道德，完成了道德践行，不仅可以感受到内心的快乐，同时也可以体验到与天的默契和一致。这种因为完成了道德践行后所体验到的与天的默契和一致，即为道德践行意义的天人合一。

道德践行意义的天人合一之所以可能，关键在于，人们这样讲的时候，有一个真诚相信的态度。这就是我所说的"认其为真"。中国有着悠久的天论传统，天在政治、道德、文学、建筑等诸多方面，有着重要的影响。在这样一个文化传统中，一旦将道德的根据归到天上，也就使自己的理论具有了形上性，人们对此便会抱一种信任态度，直至将其视为一种信仰。先秦儒家将道德根据上挂到天上，不是故意骗人，而是抱有真诚的态度，真心相信道德的根据来自上天。"认其为真"的作用十分巨大，因为天有形上性，有神秘性，不可欺，不可罔，将道德根据与天联系在一起，道德也就有了形上性、神秘性，同样不可欺，不可罔。人经过努力成就了道德，完成了道德践行，不仅可以感受到内心的快乐，也可以体验到一种与天的默契和一致。

从这个角度出发，孟子"尽其心者，知其性也。知其性，则知天矣。存其心，养其性，所以事天也"（《孟子·尽心上》）的名言，就不难理解了。象山对此有深切的体会，这样说道："孟子云：尽其心者知其性，知其性则知天矣。心只是一个心，某之心，吾友之心，上而千百载圣贤之心，下而千百载复有一圣贤，其心亦只如此。心之体甚大，若能尽我之心，便与天同。为学只是理会此。"② 在象山看来，心是一样的，不管是我的心，还是他人的心，是现在的心，还是千百年之前之后的心。最重要的是尽这个心，能够把良心充分发挥出来。如果能做到这一步，便与天同。这个"便与天同"最有意味。它说明，在宋儒看来，心与天是一体，不能二分，能够体认自己的心，

---

① 余英时：《论天人之际——中国古代思想起源试探》，中华书局2014年版，第175页。
② 陆九渊：《语录》，《陆象山全集》卷三十五，中国书店1992年版，第288页。

也就达到了与天同一的境界。这个与天同一,也就是天人合一。

在此之后,这种理解几乎成了儒家牢不可破的思维定式。牟宗三也是如此。对孟子"尽心章",牟宗三做了这样的翻译:

> 那能充分体现其仁义礼智之本心的人,就可以知道他的真性之何所是;知道他的真性之何所是就可知道天之所以为天(知道於穆不已的天道之何以为创生万物之道)。一个人若能操存其仁义礼智之本心而不令其放失,培养其真性而不使之被戕害,这便是他所以事天而无违之道(所以仰体天道生物不测之无边义蕴而尊奉之而无违之道)。①

牟宗三非常重视儒家学理的超越性,反对将其简单理解为干巴巴的教条。儒家学理的这种超越性就表现在天上。按照儒家思想的传统,讲道德一定要讲天,人的道德来源于天,一旦人能够充分体现自己的仁性,也就知道了他的真性之何所是,也就知道了天之所以为天;一旦能够不放失自己的仁性,克服重重困难成就了道德,也就是对上天的尊重,做到了无违于天之道。因此,中国人成德不仅仅是完成一件必不可少的工作,更是尽了自己的天分,实现了对于上天的尊奉,满足了自己信念的要求。

这种情况一直得以延续。杜维明在一篇名为《超越而内在——儒家精神方向的特色》的访谈录中明确谈到这个问题,指出:"你越能深入自己内在的泉源,你就越能超越,这就是孟子所谓的'掘井及泉'。超越要扣紧其内在,其伦理必须拓展到形而上的超越层面才能最后完成。伦理最高的完成是'天人合一',但它最高的'天',一定要落实到具体的人伦世界。既要超越出来,又要深入进去,有这样一个张力,中间的联系是不断的。因此可以出现理学家所谓的'太极'、'天'、'理'等观念。这些观念一方面可以说

---

① 牟宗三:《圆善论》,《牟宗三先生全集》第 22 册,台湾联经出版事业公司 2003 年版,第 129 页。

即使是圣人也不可知,另一方面它又很平实,没有西方的那种神秘主义。"①在儒家学理系统中,天居于最高地位,是人的道德根据的形上源头,因此,人与天保持着密切的联系。既然道德根据来自上天,人们完善道德,成就圣贤,自然就是对于上天的尊重,从而形成了儒学独特的"天人合一"的思想格局。

三、道德存有意义的天人合一如何可能

上面说的是道德践行意义的天人合一。学界对于天人合一的理解,多集中在这个意义上。但需要注意,儒家在关注道德践行的同时,也关注宇宙万物的存在,关注道德存有问题,这方面的内容也与天人合一有关。这种与道德存有相关的天人合一,即为"道德存有意义的天人合一"。探索天人合一,仅从道德践行的角度进入远远不够,还必须讨论道德存有问题。较之道德践行意义的天人合一,道德存有意义的天人合一要复杂得多,难理解得多。

为此首先需要重温前面提到的牟宗三"充其极"的说法。"充其极"在牟宗三那里特指道德之心可以扩充出去,将宇宙万物统统收揽在自己的润泽之下,赋予其道德的价值和意义。在牟宗三看来,古人很早就明白了这个道理。横渠讲的"大其心"即与此有关:

> 大其心,则能体天下之物;物有未体,则心外有物。世人之心,止于闻见之狭;圣人尽性,不以闻见梏其心,其视天下,无一物非我。孟子谓尽心则知性知天,以此。天大无外,故有外之心,不足以合天心。(《正蒙·大心》)

"大其心"是一个十分形象的说法。如果做到了"大其心",就能"体天

---

① 杜维明:《儒家第三期发展的前景问题》,台湾联经出版事业公司 1989 年版,第 188 页。

下之物"。这里说的"体天下之物",其实就是指心可以影响天下万物,使之成为存在。反之,如果不能做到"大其心",则心外有物,物不能成为存在。这种所说的"心外有物",是说心与物为二,心不能影响天下万物。一般人受到闻见之知的限制,达不到这个境界。圣人不同,可以做到"大其心",从而做到"无一物非我"。《西铭》讲的"民,吾同胞;物,吾与也",也是这个意思。所谓"物,吾与也",其实就是说,宇宙万物都是我的心创造的,都受到了我的心的影响。

牟宗三对这一义理有很深的体会,这样解释道:

> 而《泰州学案》里,王艮的儿子王东崖亦喜欢说些漂亮的话头,如"鸟啼花落,山峙川流,饥食渴饮,夏葛冬裘,至道无余蕴矣。充拓得开,则天地变化草木蕃。充拓不去,则天地闭贤人隐。"他这里所说的山川花鸟,不能只当作自然现象看,而要当作物之在其自己看。这些话头在以前都是一些妙语,看似玩弄光景,实则蕴含了很深的哲理。①

"鸟啼花落,山峙川流,饥食渴饮,夏葛冬裘",如果只是从其本身来说,没有任何的意义。但是如果从道德之心的角度观察,其意义就可以显现出来了。这就叫做"充拓得开,则天地变化草木蕃。充拓不去,则天地闭贤人隐"。这些话过去只当作闲言妙语,玩弄光景,其实包含着深刻的道理。这方面的道理,即为道德存有论。

道德存有与天人合一有着密切的关系。这个关系可从两个方面考虑。一方面,在中国文化系统中,宇宙万物是由上天创造的,而上天具有道德性,有着道德性的上天在创造宇宙万物的同时,也将宇宙万物加入了道德性。另一方面,人有道德之心,从道德之心的角度观察宇宙万物,宇宙万物也就有了道德性。一个是上天创造宇宙万物的道德性,一个是道德之心观察宇

---

① 牟宗三:《中国哲学十九讲》,《牟宗三先生全集》第29册,台湾联经出版事业公司2003年版,第310页。

宙万物所具有的道德性，这两种道德性有相同的性质。一旦体会到了这种相同性，人与天也就达到了默契，实现了合一。这种合一与前面讨论的"道德践行意义的天人合一"明显有别，可以称为"道德存有意义的天人合一"。

　　道德存有意义的天人合一是理解天人合一不可缺少的内容，但这方面蕴含的问题较多。哪怕从最一般的哲学原理出发也可以知道，宇宙万物原本并没有道德意义。宇宙万物之所以有道德意义，是因为人有道德性，是人从自身的道德视角观察宇宙万物的结果。但我们也无法否认，人在创生宇宙万物的道德存有后，确实会有一种与天合一的感受（前面所引横渠讲的"大其心"即是明显的例子）。为什么会有这种现象呢？这是解释天人合一无法回避的问题。为此，我提出一个说法，这就是"自我投射"。"自我投射"是一种普遍的心理现象，特指个体在认知过程中，不自觉地将自己身上所具有的一些特点投射到客体身上的一种情况。很多古代的材料，都可以从这个角度理解。孟子曾由治民而获上，由获上而信友，由信友而悦亲，由悦亲而诚身，逐级发展讨论成德问题，而其基础全在一个诚字。于是问题来了：诚来自何处？孟子最后直接把诚与天捆在一起，以天作为诚的终极原因，即所谓"诚者，天之道"（《孟子·离娄上》），以天道之诚作为道德根据的终极原因。但从今天的角度来看，天完全是自然性的，根本谈不上诚还是不诚。孟子之所以讲"诚者，天之道"，是因为人有诚，将自己的情感和意愿投射到天上，认为天也是诚的。也就是说，因为人是诚的，为了凸显诚的重要性，来了一个"自我投射"，将自己的诚投射到天上，天也就有了诚的内涵。

　　这种"自我投射"不仅表现在道德根据方面，更表现在道德存有论方面。我们知道，"天地之大德曰生"是《易传·系辞下》很有名的说法。孔颖达对此的解释很值得细细玩味："自此已下，欲明圣人同天地之德，广生万物之意也。言天地之盛德，在乎无常生，故言曰生。若不常生，则德之不大。以其常生万物，故云大德也。"[1] 天和地并无德可言，都是自然的。然

---

① 　王弼、韩康伯注，孔颖达疏：《周易注疏·系辞下》。

而系辞却认为，天地也有德，而且是"大德"，这个"大德"就是"生"。要理解这个说法，也需要从"自我投射"的角度出发。我们一般认为，一件事物由无到有，是一个重要变化，是一件了不起的事情，为了表明这个重要性，故以"德"称之。但究其实，天地本谈不上德与不德，只有人才有德。不是天给了人道德，而是人给了天道德。人以道德的眼光看待宇宙万物，宇宙万物才有了道德性，经过"自我投射"，才有了"天地之大德曰生"的说法。

厘清这层关系，对于准确理解道德存有意义的天人合一有直接帮助。道德存有原本是道德之心创生的，但由于受到先前天论传统的影响，人们往往非常谦虚，来了一个"自我投射"，将这个功劳归给了上天，觉得上天创造的宇宙万物，如山河大地、一草一木，原本就带有道德的色彩，具有道德的意义似的。人一旦成就了道德，创生了道德存有，也就与"原本"具有道德价值和意义的宇宙万物达成了默契，形成了一致，达到天即是人，人即是天，天在人中，人在天中，和合为一的境界。这是道德存有意义的天人合一最深刻、最隐秘的理论基础。

有了这个基础，牟宗三存有论的缺陷就看得比较清楚了。顺着熊十力新唯识论的方向发展，牟宗三进一步完善了儒家的道德存有论系统。在这个过程中，为了凸显儒家的超越性，牟宗三非常重视天的作用。在其学理系统中，儒家存有论的根据有两个不同的所指，一是"仁心"，一是"天心"。牟宗三强调，这两者说法虽有不同，但并无本质区别。因为仁心即指圣人之心，圣人之心与天相通，为一不二。由于"仁心"与"天心"为一，"仁心无外"也就是"天心无外"。但这一说法无法掩盖这一核心问题：创生道德存有的主体究竟是"仁心"呢，还是"天心"？《贡献与终结——牟宗三儒学思想研究》第三卷中有这样一段论述：

> 质言之，创生道德存有的主体只能是人，是道德之心，不能是天，更不能是什么"天心"。对"天心"这个传统的说法必须予以理论的分析，不能原封不动照搬过来，视为道德存有的创生主体。在道德存有问题上，只能说"仁心无外"，不能说"天心无外"，尽管仁心有自己的

形上根据,这个形上根据就是天。牟宗三在这个问题上想得不够仔细,缺乏深入分析,直接以天作为存有论的创生主体,将"仁心无外"说成"天心无外",终于造成了其存有论的重大瑕疵。①

牟宗三非常重视儒家天论的传统,将天看作超越的创生实体,这个超越的创生实体简要而言,就是"天心"。道德存有就是由"天心"创造的。然而,必须清楚看到,天没有意志,没有情感,不可能成为不是道德存有的创生实体,真正完成这一任务的只能是人的道德之心。因为儒家有一个源远流长的天论传统,受其影响,当道德之心创生了道德存有,赋予宇宙万物以道德的价值和意义之后,人会不自觉地通过"自我投射"将人的情感和愿望投射到天上,把原本由自己的创生推给上天,好像上天创生的宇宙万物原本就带有道德的价值和意义似的。经过这种转换之后,人完成了创生道德存有的工作后,便会有一种与天为一的感觉,实现了一种特殊的天人合一。

四、"道德无相"在天人合一中的作用

无论是道德践行意义的天人合一,还是道德存有意义的天人合一,有一个辅助性的内容必须提及,这就是"道德无相"。"无相"这一说法与无有关,而无的问题又相当复杂。从一般的学理意义上说,儒家持有的立场,佛家和道家两家持无的立场,儒家也自觉以此为基础与佛道两家相抗衡。但需要注意,儒家同样也讲无。

儒家讲无,首先是指未受到人心影响的外部对象,我称之为"道德存有意义的无"。这层意思古人已有涉及,但到了近代才真正被发掘出来。西方现相学②认为,意向指向一个对象,就是创生一个对象的存在。如果没有

---

① 杨泽波:《贡献与终结——牟宗三儒学思想研究》第三卷,上海人民出版社 2014 年版,第 144 页。

② 在汉语中,"象"和"相"是两个完全不同的字。"象"是一种动物,"相"则与看相关。因此,phenomenon 一词准确当译为"现相",而不宜译为"现象"。

意向性，对象等于是无。牟宗三的道德存有论讲的是同样道理，所不同的仅在于他讨论的不是认知问题，而是道德问题。"一切存在皆在灵明中存在。离却我的灵明（不但是我的，亦是你的、他的，总之，乃是整个的，这只是一个超越而普遍的灵明），一切皆归于无。"① 天地万物都在良知灵明的涵盖之下。没有了这个灵明，天地万物便等于是无。这种无不能从物理意义，只能道德价值意义理解，意思是说，没有了良知灵明，天地万物便没有了道德的价值和意义。

儒家讲无，还指道德本体的未发状态，可以简称为"未发状态的无"。象山有一句话讲的就是这样意思："我无事时，只似一个全无知能底人，及事至方出来，又却似个无所不知，无所不能之人。"② 此话不长，但大有深意。象山学理的基础是心学，心学以良心为根基，这是有。但良心未遇事情时并不发用，就像是"一个全无知能底人"，这又是无。象山这个说法最有价值之处，是说明了这样一个道理：良心作为成德成善的根据，在未发的时候，处于隐默状态，并不表现自身。这种处于未发状态，即是一种无。③

此外，儒家还在不执着的意义上讲无，我将其称为"不执着的无"。孟

---

① 牟宗三：《从陆象山到刘蕺山》，《牟宗三先生全集》第8册，台湾联经出版事业公司2003年版，第187页。
② 陆九渊：《语录》，《陆象山全集》卷三十五，中国书店1992年版，第297页。
③ 后来，阳明立四句教，其中头一句"无善无恶是心之体"讲的也是这个道理。对于阳明四句教历来有不同的理解，争论的焦点在第一句与后三句的关系，即"无善无恶是心之体"是如何导出"有善有恶是意之动，知善知恶是良知，为善去恶是格物"来的。其实这句话放在阳明思想系统中，并不难理解。阳明以无善无恶论心之体，主要是为了突出心体未遇事接物时的一种状态。这方面的论述其实很多。比如，"此处须信得本体原是不睹不闻的，亦原是戒慎恐惧的。戒慎恐惧，不曾在不睹不闻上加得些子。""性之本体原是无善无恶的。"这些不同的论述说的其实是一个道理：心体在没有遇事接物的时候，是个寂然宁静之物，本身并不能显出什么善来，只有在遇事接物的时候，才能如如呈现，好好色，恶恶臭，表现出全知全能的样子，是非对错，自然知之。历史上人们往往从字句、从逻辑方面来理解，讲来讲去都难以达到圆满。如果对自己内在的道德根据有切身的体会，就会明白阳明四句教，自成系统，一点都不难理解。

子"必有事焉，而勿正心；勿忘，勿助长也"①的论述，已经明显涉及了这个问题。孟子非常重视养气问题，并对当时两种不好的做法提出了批评。一是认为养气没有用处而不去做，这叫做"不耘苗者也"；二是养气不靠"集义而生"，而是人为助长，这叫做"揠苗者也"。与此处内容相关的是后者。在孟子看来，养气是一个自然的过程，不能造作，像齐人揠苗助长那样，就叫做"正心"。心原本就是正的，无须硬性把捉，强行为正，否则，固于执着，只能事与愿违，"非徒无益，而又害之"。这种不执着也是一种无。

"道德无相"即与这种"不执着的无"有关。佛教传入后，"不执着的无"渐渐引起人们的关注。佛教的根本观念是空，但当时很多人并不真的了解这个观念，刻意求空，空也成了不空，无也就成了有。僧肇清楚看到了这个问题的严重性，专门写了《般若无知论》，强调般若之知是一种无相的知；真正的无不仅要将有相去掉，而且也要将无相去掉；将无相去掉的相，才是真正的无相；圣人不仅重无，更重无无，此即为"圣人无无相"②。只有达无无相，没有一星一点的执着，才是真正的无。这一观念对儒学也有影响。龙溪大讲"四无"其实就包含了这层意思。"无心之心则藏密"一句中"无心之心"的"无"不是说没有心，而是强调应以"无心"方式来表现。如果人为造作，扭曲成意，就不能真正得到良知。"无意之意则应圆"一句中的意，不能理解为没有意，而是极为超脱，纯是天机流行，意无意相的意思。"无知之知则体寂"一句中的"无知之知"也是指无知相之知。有意为善，以显良知知之，便会有一种知相。"无物之物则用神"一句更有讲究。此时当然仍然有物，不过这时的物已无物相。这种没有物相的物，即是无物之物。龙溪的"四无"境界超拔，但如果能够从没有执着的角度考察，其实并不难理解。

---

① 《孟子·公孙丑》第二章。这种断句与时下做法不同。时下一般将"心"字下移，全句为"必有事焉，而勿正；心勿忘，勿助长也。"但是根据前面的梳理，反对"正心"是孟子的重要思想，固"心"字当上移，与正合读，全句为"必有事焉，而勿正心；勿忘，勿助长也。"

② 僧肇著，张春波校释：《肇论校释》，中华书局2010年版，第98页。

近代以来，真正把这层意思挑明使之成为一个重要话题的是牟宗三。在《心体与性体》中，牟宗三已经提出了这个问题。在他看来，朱子对象山不满，批评象山学理近禅，实在是一种误解。判别儒佛的真正尺度只有一个，即是否承认道德的本心，而不是是否有禅的风格。所谓禅的风格说白了，就是自然呈现而没有一丝一毫作意与执着：

> 顺本心天理而起之意而无意念而无念实即是本心天理之在具体的分际上之具体的流注。是以如说是意，必须是意而无意，如说是念，必须是念而无念。是以此时即根本亦可以不说意，不说念，而只是本心天理之在具体分际上之具体流注。①

如果道德本心自然呈现，没有一丝一毫执着，达到了"意而无意，念而无念"的境界，便会展现一种风格。这种风格和禅家的"无心为道"十分相似，可以称为禅的风格。儒家的良知，道家的玄智，佛家的般若与禅，都有这种作用义的无心。可见后来，牟宗三下大力重新翻译了康德的《判断力批判》，并撰写了长文《商榷：以合目的性之原则为审美判断力之超越的原则之疑窦与商榷》，再次提到了这个话题：

> 显"伟大"相即显出道德之"道德相"。显道德相即显紧张相，胜利相，敌对相，令不若己者起恐惧心，忌惮心，厌憎心，甚至起讥笑心，奚落心，而日趋于放纵恣肆而不以为耻，此如苏东坡之于程伊川，小人之视道学为伪学。此皆由于道德相（伟大相）未化除之故也。故孟子必说"大而化之之谓圣"。圣境即化境。此至不易。人需要"大"，既大已，而又能化除此"大"，而归于平平，吉凶与民同患，"以其情应万事而无情"，不特耀自己，望之俨然，即之也温，和蔼可亲，此非"冰解冻释，

---

① 牟宗三：《心体与性体》第一册，《牟宗三先生全集》第 5 册，台湾联经出版事业公司 2003 年版，第 684 页。

纯亦不已"者不能也。到此境便是无相原则之体现。此为第三关,即"无相"关(佛家所谓无相禅)。"①

　　牟宗三将儒家境界分为三层,即所谓"三关":一是"克己复礼"关,指将"大体"挺立起来;二是"有光辉"关,指由第一关出发,进一步彰显崇高而伟大,有所光辉,显出一种"道德相";三是"无相"关,指把这个"大相"化掉,做到大无大相,以避免在社会中形成紧张和敌对。这里最重要的是第三关,意即道德达到一定高度后,把一切道德之相都化掉,完全可以达到一切皆是自然,皆是平平之境界。这种情况即可称为"道德无相"。

　　牟宗三讲三关,特别凸显"无相"关,与其道德存有有直接关系。在牟宗三看来,儒家十分重视道德本心,这一本心真实无妄,能够自立法则,指导人们的具体行为。这是其有。但道德本心也需要无执。做到了无执,也就做到了无相。孔子"七十从心所欲不逾矩"即是一种无相,意即一任自然,一任平平,完全没有了执着。这步工作不仅适用于道德践行,同样适用于道德存有。做到了"道德无相",一切浑然天成,没有一丝做作,没有一丝刻意,人也就达到了与天和合为一的境界。虽然牟宗三讲"道德无相"有重要意义,但在这个过程中,他有一个重大失误。人达到一定境界后,确实可以做到"道德无相",但"道德无相"创生的存有仍然是一种相,即我反复强调的"善相"。② 牟宗三未能分清这两者的关系,加之对于康德智的直觉有严重误解,直接以"道德无相"证明物自身的存有,强调人达到第三关,做到了"无相",其所创生的对象就不再是现相,而是物自身,从而为其现相的存有和物自身的存有之两层存有论张目,终于铸成大错,令人扼腕,唏嘘不已。③

---

① 牟宗三:《康德〈判断力之批判〉》,《牟宗三先生全集》第16册,台湾联经出版事业公司2003年版,第81—82页。

② 参见杨泽波:《智的直觉与善相》,《中国社会科学》2013年第6期。

③ 这个问题异常曲折,是牟宗三研究中的一个十分困难的问题。(详见杨泽波:《贡献与终结——牟宗三儒学思想研究》第五卷,第103—119页)

五、天人合一之境的一个新方向

以上便是我对"钱穆之问"的回答。这个回答主要沿着两个方面展开。首先是道德践行意义的天人合一，就此而言，"认其为真"有特别重要的意义。受先前天论思想传统的影响，古人真诚地相信道德根据与天有着密切的联系，人成德成善也就满足了上天的要求，与天达成了一致。其次是道德存有意义的天人合一，就此而言，"自我投射"有特别重要的意义。由于有强大的天论传统，道德之心在创生存有后，总是过于谦虚地将这一功劳归于天上，似乎上天创生宇宙万物原本就有道德意义似的，人创生了道德存有也就契接了天道。"道德无相"在这两种意义的天人合一中都有重要的作用。儒家学说的基础是有，但对于仁性的体悟和把捉，对于道德存有的创生，都必须顺其自然，不执着，不造作，这同样是一种无。人能够达到这个境界，一切皆是浑然天成。这种浑然天成，在重视天论的文化传统中，即表现为与天的一致。

当然，这只是对古代天人合一思想传统的诠释。今天的情况已经发生了很大的变化，完全有能力对道德根据作出新的说明了。儒家生生伦理学的一个重要特色，是不满意于学界的一般做法，希望对作为道德根据的仁性进行哲学层面的解说。这种解说分为两个部分，一是生长倾向，它是天生的，决定着人可以成为自己，并有利于人这个类的绵延。二是伦理心境，它是后天的，来自社会生活和智性思维对内心的影响。这两个部分分开讲，只是为了分析的方便，对一个现实生活中的具体人而言，它们是合为一体的，无法分开。在这种诠释中，伦理心境是起主导作用的部分。伦理心境只能从社会生活和智性思维的角度理解，与天没有直接关系，不能理解为上天的赐予。如果说伦理心境与上天的关联是强意义的话，那么我完全不接受这种强意义的天人合一。但道德根据中还有生长倾向。生长倾向因为来自天生，可以借用孟子的话说是"天之所与我者"，这种天人合一可以说是弱意义的。对于这种弱意义的天人合一，我一点都不反对，但强调这个意义上讲的天只是自然之天，意即天在自然发展过程中自己"长"出了一个生长倾向，不能将天视为一个形上创立实体。

这种改变对重新理解儒家天人合一的思想传统有至关重要的影响。既然我们承认生长倾向是道德根据的一个重要来源，而生长倾向是人作为一个类的一员在自然发展过程中逐渐形成的，如果将天取自然之义的话，那么这种生长倾向与天在弱意义上就有了一种联系。确定这样一个基础，我们便可以实现一种新的与天的一致，达成新的天人合一。这种新意义的天人合一有很高的理论价值，它告诉我们这样一个重要道理：道德就是自然的。关于道德与自然的关系，早在先秦就有争论，这也是道家批评儒家最核心的理由。魏晋玄学虽然试图解决这个问题，甚至提出过"道德即自然"的说法，但这个问题严格说来并没有得到真正的解决。如果能够从生长倾向的角度讲道德根据，讲道德与天的联系，我们很容易明白，道德就是大自然的"赋予"（这种赋予没有主动给予的意思，不能按孟子"天之所与我者"的原意理解，而应理解为道德根据是在自然发展过程中自己"长"出来的）。因为道德根据是自然"长"出来的，所以道德就是自然的一部分，人们成德成善，就是符合自然，就是回馈自然，就是与大自然相拥相吻。在这个过程中特别要提高对于智性的警觉。过去我们往往认为，人有智性，远远高于宇宙中的其他存在，是万物的主宰，但往往没有意识到，如果对智性缺少冷静的态度，陷入人类整体性的盲目自大之中，智性很可能会对人乃到整个社会的发展造成巨大的负面影响，最终破坏天人合一的和谐局面。

这种新情况同样影响到对于道德存有的看法。宇宙万物原本不具有道德的意义，干枯没有任何血色。人来到这个世界后，因为人有道德之心，道德之心必然以自己的眼光观察审视这个世界，将自身的道德价值和意义赋予其上，将宇宙万物染上道德的色彩。因为有天论的悠久传统，在完成了这一工作后，人们又不自觉地来一个"自我投射"，将这份功劳推给上天，以为这些道德的价值和意义是宇宙万物原本就有了。这种情况具体又可细分为两种。一是执着的道德。执着的道德也可以创生道德存有，但境界不高。二是不执着的道德。如果道德没有执着，完全归于自然，由此创生的存有，也就是自然的,没有一点造作。"采菊东篱下,悠然见南山","感时花溅泪,恨别鸟惊心","我看青山多妩媚,料青山看我亦如是",都是这一情景的生动写照。在历史上,人的最初状态即是如此。非常不幸,后来多了很多因素,特别是智性的极度膨胀,破坏了这种状态。道德生活最终的目的就是要回归这种状态。回归了这种状态,人与自然也就完全和合为一了。

这种重新理解的天人合一,刚好可以与道家思想衔接起来。道家最重要的内容是自然,认为万事万物只有达到自然,才是其最好的状态。一切违反自然的东西,都必须去除。如果我们从这个角度重新诠释道德,就可以明白道德并不违逆于自然,恰恰是顺从了自然发展的方向。在这里,"道德无相"有特别重要的意义。道德达到一定高度后,无论是道德践行,还是创生道德存有,都可以不再执着造作,不再将迎意必,大无大相,一派浑然天成,一切归于自然。于是,困扰人们两千多年的儒家与道家的关系,也就有了新的理解。道德源于自然,道德就是自然,相互为须,相互依赖,不再分割为两截,实现了儒家与道家的整体性融合。这种意义的天人合一有很强的发展潜力,今后很可能替代传统的天人合一,成为天人合一的一种主要形态。

(作者单位:复旦大学哲学学院)

儒学史的叙述与建构反思*

干春松

　　历史应遵循"客观性"的准则,这已是现代历史学科的自我要求。"秉笔直书"亦为古代记事之前提。然"客观性"要面对许多的挑战。姑且不论人们事实上无法穷尽历史事件的相关背景,在现实中亦很难出现能够超越偏见和情感的撰作者,任何历史的书写都很难摆脱其写作者的时代限制和价值观影响。这些条件决定了我们现在所见到的各种文本的"历史"不可能是过去发生过的事件的镜像式的反映。

　　不仅如此,我们还可以进一步追问:还原一个"真实"的对象,是否是古代史官或现代的历史研究者的唯一目标?许多情况下,依据历史事实所进行的还原工作,除了证明或否定某种事实是否发生,还"别有所图",比如试图为当下和未来提供一些"经验教训",这也是我们通常所说的"以史为鉴"、"忘记过去意味着背叛"等等。

　　对于历史记载的"多样化"意义,在现代"历史"学科传入之前的儒家思想家处之坦然,他们对"事实"与"解释"之间的紧张有深刻的体认。在儒家学派对于《春秋》的解释中,就存在着注重客观史实的《左传》系统和借助历史事件叙事体例来表达褒贬、凝聚政治原则的"公羊学"系统。这就

＊　本文发表于《学术月刊》2015 年第 11 期。文章初稿曾与陈少明、李明辉、林安梧、柯小刚、曾亦、张旭等教授讨论,亦获两位匿名评审者的批评指正,以上诸位的意见,对本文结构和表述都有所贡献,特此致谢。

意味着,历史固然要以记述以往发生的事件为职志,然而,此记述并非是一种单纯的"记录","记述"本身也可以作为一种载体来表达撰作者的意义世界。

儒家对"历史"的认识,充分体现了该学派试图借助"历史事件"来推行文教的意图。然而,如果我们进一步将视角聚焦于儒家对于自身历史的书写,可以进一步发现:对于明显具有政治立场和价值立场的儒家思想及其学派的历史性认知和了解,更难以摆脱叙述者立场的影响。纵观儒家学派的发展史,甚至可以作出这样判断:任何一次对于自身历史的梳理,都是儒家学派的一次价值清理和谱系建构的过程。

内在价值的体认和学科化的研究之间,存在着巨大的紧张,因此遽然以非此即彼的方式来判别高下,并不能深入到问题深处。而且即使在现代学术研究范式中,学术与政治之间的关系依然是一个必须引入的"参照"。儒家在失去了制度性的依托之后,并没有远离政治,而是不断被裹挟到不同的政治运动中,甚至成为现代意识形态的有机组成部分。

在1911年后,随着制度化儒家的解体,儒学不再是现实合法性和正当性的依据。尤其在现代学科体系传入并建立之后,其经历了"去魅"的过程,进而被要求呈现出客观化与知识化的面貌。但此后,各种显在的和隐含的意识形态因素仍然不断地渗透到学术领域。比如,自20世纪20年代开始,国民党的宣传机构亦自觉地将"三民主义"纳入"道统"谱系来为其领导权提供历史合法性证明,并以此作为与中国共产党进行意识形态论争的"利器"。当中国共产党以超越民族国家的阶级压迫和追求平等自由的社会主义理想感召国人的时候,一部分国民党人则采取民族主义立场对中国共产党的"国际主义"倾向进行攻击。

除此之外,科学主义、现代性叙事等其他类型的"亚意识形态"也对理解儒学产生了不同程度的影响。例如,儒家的思想方式被视为中国科技落后的原因;作为一种源于农业社会的思想观念,儒学被视为难以适应现代化的社会组织方式,是专制政治的理论基础。故而接受单一现代性叙事的新文化运动,对儒学的历史面貌进行了毫不留情的"再塑造",由此引申出的历史叙述,从整体上将其塑造、建构为新的社会秩序和价值观念的对立面。我们知道1840年之后所出现的对于儒学命运的各种解读,有其现实的原因,对于儒学价值的批评亦不完全是"无的放矢",建立在历史唯物论或诸如新实在论等模式下的儒学史梳理,都给我们提供了不同于儒家自我陈述的新的面向,这对我们思考儒学的现代命运及其与中国发展的关联是极为有益的。不过这并不是本文的重点。下文立足于对儒学史的叙述方式背后所隐藏的叙述者意图与诉求的呈现,从方法论的角度来理解现代历史学科特别是思想史研究方式的复杂性。也就是说,本文对于各类儒学史撰写的分析,不是要重构一种"儒学史"或提供一种儒学史写作的"规范性"原则,而是试图通过"儒学"这样一个学科和价值紧张性比较明显的典型例子,来阐发历史叙述和学科研究范式如何在西学东渐的大背景下发生和演变。这种观察与分析,无疑有助于我们理解儒学史写作的前景及其与中国文化未来命运的诸多勾连。

一、现代儒学:学科与信念的紧张

虽然政治家们曾尝试建立儒学价值与现代政治合法性之间的关系,但是对于更多的学者而言,思考的重点已经转变为:在制度化儒家解体之后,儒学在现代中国将面临什么样的处境。

制度化儒家的解体意味着儒学不再是正统价值的依凭,儒家文献也不再是以官方化的"经学"的方式来传播。在现行学科的建制中,经学体系被"肢解"到不同的学科中,比如《尚书》、《春秋》入史学科,《诗经》入文学科,《周易》、《礼记》入哲学科。在这样的学科体系中,原本作为儒学载体的经典系统转而成为科学研究的对象,而客观化和中立化的研究方法则成为基本要求。① 在这样的背景下,康有为的《新学伪经考》适成为近代以顾颉刚

---

① 1901年,蔡元培就曾主张:"是故《书》为历史学,《春秋》为政治学,《礼》为伦理学,《乐》为美术学,《诗》亦美术学。而兴观群怨,事父事君,以至多识鸟兽草木之名,则赅心理、伦理及理学,皆道学专科也。《易》如今之纯正哲学,则通科也。"(蔡元

等为代表的"疑古派"的思想助力,而章太炎对"六经皆史"的阐发,则是将经学史学化和子学化的肇端。这样的转变有很强的古今之变的色彩,是现代性对于古典的知识范型的解构过程,所不同的是中国文明在这样的转变中处于被动的状态。①

学科化固然是大势所趋,然而,在救亡保国的压力下,如何建构起民族认同以唤醒国民抗争的意识,如何在西学东渐的大潮面前,保存中国学术之固有特性,势必成为近代文化守成主义的内在精神需要。在此趋势下,国粹派、学衡派以及新儒家都试图在西化格局中寻找一种新的思路。比如,学衡派从西方的文化浪漫主义思潮中吸取灵感进而反思科学主义的统制性;梁漱溟亦从柏格森等人的思想中获得启发,强调意志和人心的独特价值,他提出的文化发展不同路向的说法,就是要为中国自身文化的发展寻求空间。

自觉的学科化趋势是在以胡适为代表的在西方受过现代学术训练的学者回到中国的大学之后的事。尔后冯友兰、贺麟、金岳霖等受过系统西方学术训练的学者不断进入教育领域。他们并不满足于胡适在《中国哲学史大纲》(上)中所表现出现的"置身事外"的态度。比如冯友兰所进行的《中国哲学史》写作就是带有明显的民族情怀。他所探索理解儒学新思路的努力,显现在以学科化的方式展开的儒学史梳理工作当中。冯友兰自觉以哲学的方式来总结中国哲学发展历史的旨趣,逐渐形成他的方法论的思索。他最为形象的说法是对"照着讲"和"接着讲"的辨析。在《新理学》的绪言中,冯友兰说:

> 照我们的看法,宋明以后底道学,有理学心学二派。我们现在所

培:《学科教科论》,《蔡元培全集》第一卷,浙江教育出版社1998年版,第337—338页)基于这种考虑,蔡氏在执掌北京大学之后明确表示取消"经科"势在必行,他说:"我以为十四经中,如《易》、《论语》、《孟子》等,已入哲学系;《诗》、《尔雅》,已入文学系;《尚书》、三《礼》、《大戴记》、《春秋》三传已入史学系;无再设经科的必要,废止之。"(蔡元培:《我在教育界的经验》,《蔡元培全集》第八卷,浙江教育出版社1998年版,第509页)

讲之系统，大体上是承接宋明道学中之理学一派。我们说"大体上"，因为在许多点，我们亦有与宋明以来底理学，大不相同之处。我们说"承接"，因为我们是"接着"宋明以来底理学讲底，而不是"照着"宋明以来理学讲底。因此我们自号我们的系统为新理学。①

在冯友兰看来，儒学的新形态是因为理学的旧瓶已经容纳不下新的内容，所以要引入哲学的方法。

不过，在学科化的大势下，儒学的价值取向并没有消失，特别是在抗日战争的大环境中，民族主义成为唤起民众凝聚力的催化剂，而儒学恰可以成为文化民族主义的内核，并由此唤起抵御外敌的热情。在这方面，贺麟的表述最为简捷，他将五四新文化运动看作是儒学获得新生的转机，并批评了文化和民族虚无主义。他说：

> 民族复兴本质上应该是民族文化的复兴。民族文化的复兴，其主要的潮流、根本的成份就是儒家思想的复兴，儒家文化的复兴。假如儒家思想没有新的前途、新的开展，则中华民族以及民族文化也就不会有新的前途、新的开展。换言之，儒家思想的命运，是与民族的前途命运、盛衰消长同一而不可分的。②

贺麟试图化解由新文化运动对儒学的冲击而带来的古今之间的紧张，他对儒学复兴和民族复兴的关系的讨论，与其说是一种推理，不如说是一种信念。

从某种意义上说，冯友兰和贺麟在论说儒家思想的价值的时候，其身份既是现代学术系统的"研究者"，也是文化价值的自觉承担者。不仅他们的立场与胡适等人不同，他们之间亦有差异。冯友兰和贺麟都将民族复兴

---

① 冯友兰：《新理学》，北京大学出版社 2014 年版，第 7 页。
② 贺麟：《儒家思想的新开展》，《思想与时代》第 1 期，1941 年 8 月。

和儒学的复兴结合起来，在这样的共同目标下，以历史的眼光来梳理儒学的发展史就成为一种理论的必然要求。他们都认定需要对儒家精神进行重新定位，化解五四以来对传统文化的彻底否定所带来的文化虚无主义倾向。但对于儒家精神本质的认识，贺麟和冯友兰显示了不同的方法论旨趣，冯友兰更注重程朱理学的精神延续，而贺麟则侧重于阳明心学。

受维科和黑格尔式的西方历史观的影响，当时许多学者开始尝试从历史与思想的关系中来探索儒学发展的历史，最早以历史分期的发展来谈论儒学的历史及其当代使命的是沈有鼎教授，他在一篇名为《中国哲学今后的开展》的文章中，以"哲学的非历史性与历史性"作为讨论连续性和阶段性的方法论基础，认为思想的发展存在着一种"节律"，并认为中国古代的思想可以分为两个阶段，即从起源到秦汉时期作为第一期，自魏晋到明清是为第二期。第一期的文化，"以儒家的穷理尽性的文化为主脉的。他是充满着慎思明辨的逻辑精神的。这一期的思想是刚动的、创造的、健康的、理想的、积极的、政治的、道德的、入世的。"这一时期思想的代表人物是孔子。沈有鼎先生认为，第二期的文化在政治、道德、礼俗上虽然挂着儒家的牌子，但在实际的精神层面已经不再具有第一期儒家"刚健"的创造精神，实际上属于一种道家玄思的精神。

沈有鼎认为，虽然中国经历了挫折，但是文化的第三期发展已经初见端倪，这一复兴是对于第一期儒家精神的回归，同时又必然是结合了道家的艺术趣味和新的社会组织方式，甚至融会了民主和自由的精神。①

从学思的整体倾向看，这种三段式的划分带有黑格尔式辩证法的正反合的倾向，将宋明时期的儒学看作是失去了原始儒家刚健精神的时期，而民主、自由和逻辑则成为描述新时期儒学的重要内容，进而，儒学的复兴成为众多学者对于文化第三期发展的呼唤。沈有鼎后来以逻辑研究闻名于世，他对于儒学三期的概括，是一种基于对儒学发展和现代需要所作出的"理

---

① 参见沈有鼎：《中国哲学今后的开展》，载郭齐勇主编：《中国哲学史经典精读》，高等教育出版社 2014 年版，第 246、249—250 页。

性化"思考,是基于对中国文化的整体考虑,是希望创造融会儒家和其他学派的思想新形态。

在信仰和知识分途的时代,对于儒学史的撰作会受到学科建构(冯友兰)、价值认同(贺麟)、西方历史观(沈有鼎)等不同因素的影响。然后,在儒学已然不占据信仰地位的历史环境中,基于信仰的态度而展开的思想性论述,在方法论层面具有独特价值。尤其是对于儒家这一具有很强实践性倾向的思想流派而言,更具有探讨空间。因此,下文将以五四后出现的新儒家的典型后继者牟宗三、杜维明的儒学三期说来梳理内在性视角下的儒学史,而从李泽厚对此的批评中我们则可以看到外在化视角的可能维度。这样的分别使我们能够清晰地看到,历史观、信仰等多重因素的复合,深刻地影响着当下的儒学史叙述结构。

二、内在性立场下的儒学史视角

在五四运动以后,儒学要获得发展空间,需要很强的"辩护"精神,尤其需要说明儒学存在的价值及其与现代化运动之间的关系。在这样的氛围中,以儒学为中华文化主体和个体生命依托的现代新儒家,采用一种"内在性"的反思立场,其谱系从康有为等晚清士人开始,经梁漱溟、熊十力,一直绵延到当下。他们所致力的领域各有不同,比如,梁漱溟致力于解决乡村建设问题,而牟宗三、徐复观等人则集中于探讨儒学如何与民主、科学等价值进行比较和融合。如此,后者对儒学核心精神的叙述,必然会呈现出一种不同于传统的面貌。

在牟宗三看来,儒学因其具备的"常道",而不存在新旧之分,不同时期的儒家学者由于所面对的问题不同,而各有发明、显示新义。

从原有的相对杂乱的对儒学的阐发中,发现其对现实具有启发性的观点,即是一个重构儒学历史的过程,而牟氏之所以要将陆王作为宋明思想之主潮、将胡宏和刘宗周独立为一系、将程伊川和朱熹一系视为"旁出",就是要强调心性之学乃是儒学之真正的精神方向。

牟宗三尤其关注对"儒家本质"的发掘。他说：

> 《韩非子·显学篇》云："自孔子之死也，有子张之儒，有子思之儒，有颜氏之儒，有孟氏之儒，有漆雕氏之儒，有仲良氏之儒，有孙氏之儒，有乐正氏之儒。"是则自孔子没，"儒分为八"，见仁见智，各有所得。此一庞大集团究谁能代表儒家之真？韩非所举，在今日有许多已无文献可征，如颜氏、漆雕氏、仲良氏（仲梁子）、乐正氏便是。自今日观之，孔子后有二百年之发展，有孟子，有荀子，亦有不能确知作者之名之作品，如《中庸》，如《易传》，如《大学》，时时在新中，究谁能代表正宗之儒家？究谁是儒家之本质？孟子固赫然之大家，然荀子又非之。在先秦，大家齐头并列，吾人只知其皆宗孔氏，并无一确定传法之统系。吾人如不能单以孔子个人为儒家，亦不能孤悬孔子于隔绝之境，复亦不便如西方哲学史然只以分别地论各个人之思想为已足，则孔子之生命与智慧必有其前后相呼应，足以决定一基本之方向，以代表儒家之本质。此点可得而确定否？如能确定，则于了解儒家之本质，孔子生命智慧之基本方向，必大有助益。如不能确定，则必只是一团混杂，难有清晰之眉目。[①]

牟宗三认为对儒学史的概括与撰述，尤其需要对谁能代表儒家精神作出判断。因此，相关认识是以他所了解的儒学之本质和精神方向为衡准。要具备这样的认识，需要有双重的视角：一是儒学本身发展的历史，二是现实的社会和文化发展需要。因此，在 20 世纪 50 年代之后，牟宗三要应对的问题有两个：一是如何落实西方的民主和科学的价值；二是对文化虚无主义主张的反传统、反儒学的政治运动进行批评。

这种对时代的整体思考和对文化存续的忧虑充分体现于 1958 年由唐

---

① 牟宗三：《所谓"新儒学"：新之所以为新之意义》，《心体与性体》，上海古籍出版社 2009 年版，第 10 页。

君毅、牟宗三、徐复观和张君劢联合发表的《为中国文化敬告世界人士宣言》中。此《宣言》批评了人们将儒学视为僵死的、属于过去的思想等成见，指出其依然是一个具有生命力的思想体系，儒家的道德理想和宗教精神对于当代世界具有普遍的意义，儒家思想与现代的科学和民主并不矛盾，不仅如此，对民主和科学的肯定是中国文化道德精神自身发展的内在要求，即内圣开出新外王。所以现代新儒家的工作可视为"返本开新"的事业。

该宣言充满着对五四反传统思想的妥协，将儒学与民主和科学的兼容作为支持其具有现代意义的证据，可以看作是对儒学与西方思想的一种不得已的"曲通"。不过，宣言同时强调了"同情"和"敬意"在确立中华文化主体性过程中的意义，这也意味着新儒家认定客观性和科学性这样的认识标准和认识方式并不一定适合处理价值和信仰问题。这一立场表达了他们对于文化自觉和文化自信的关切，因此，牟宗三等人坚定地相信必然会出现儒学的第三期发展。

早在 1948 年，牟宗三在《重振鹅湖书院缘起》一文中就提出，孔子、孟子、荀子和董仲舒为儒学第一期，二程、朱熹、陆九渊和王阳明为儒学第二期，现在已经进入第三期，即"经过第二期之反显，将有类于第一期之形态"[1]。此时牟宗三对于儒学三期发展的设想，还类似于沈有鼎，但是到了 20 世纪 50 年代，牟宗三的思路中出现了新的内容。

在《政道与治道》一书中，牟宗三给出了他的儒学三期划分。他认为儒家学术的第一阶段，仍是由先秦儒家开始，发展到东汉末年。[2] 儒学的第二阶段主要是宋明理学的形成和发展。在牟宗三看来，魏晋南北朝直至隋唐，是一个儒学长期"歧出"的阶段，而理学的兴起才使其回归道德意识的主流。针对人们对宋明理学家过于注重内圣而忽视外王的批评，牟宗三认为在专制皇权的统治下，儒家只能下功夫向内求。

与沈有鼎的看法接近，牟宗三亦认为第一期儒学是刚健活泼的，而第

---

[1]　方克立主编：《现代新儒家学案》（下），中国社会科学出版社 1995 年版，第 423 页。

[2]　参见牟宗三：《从儒家的当前使命说中国文化的现代意义》，《政道与治道》，广西师范大学出版社 2006 年版，第 4 页。

二期则显得消极。他说："第一期之心态，孔孟荀为典型之铸造时期，孔子以人格之实践与天合一而为大圣，其功效则为汉帝国之建构。此则为积极的，丰富的，建设的，综合的。第二期形态则为宋明儒之彰显绝对主体性时期。此则较为消极的，分解的，空灵的，其功效显于移风易俗。"但在清朝之后，儒学的精神丧失，所以要期待第三期的儒学，其内容"一、自纯学术言，名数之学之吸取以充实最高之原理；二、自历史文化言，民族国家之自觉的建立以丰富普遍之理性。由道德形式转进至国家形式，由普遍理性之纯主题性发展出客观精神"①。他也将儒学第三期的任务描述为"内圣开出新外王"。

这一"开出"，对于儒学而言是一种新的创造，即除了在学术层面肯定科学的价值，在政治层面更要处理如何建国的问题。在牟看来，既然世界格局已经步入民族国家阶段，那么纯粹的道德形式便难以解决现实需要，而一定要有政治上的发展：

第三期之发扬，必须再予以特殊之决定。此特殊之决定，大端可指目者，有二义。其一，以往之儒学，乃纯以道德形式而表现，今则复需其转进至以国家形式而表现。其二，以往之道德形式与天下观念相应和，今则复需一形式以与国家观念相应和。唯有此特殊之认识与决定，乃能尽创制建国之责任。②

牟宗三对于建国问题的关注，固然源于民主思想的导入，但亦存在一种寻求国家精神的内在要求。这样，儒家的道德意识便不再局限于个人的修养，而获得了与现实政治架构相衔接的可能。由此，其不但是一种人生"必须"，而且可以对治极端自由主义和唯科学主义等现代性弊端。

第三期发展的精神具有普遍性，这种普遍性来自于对于科学主义和对于极端自由主义的矫治。如果没有对人之为人之大本的认识，那么科学的

---

① 牟宗三：《道德的理想主义》，吉林出版集团有限责任公司 2010 年版，第 12—13 页。

② 参见牟宗三：《儒家学术之发展及其使命》，《道德的理想主义》，吉林出版集团有限责任公司 2010 年版，第 4 页。

发展便失去方向。而如果个人主义和自由主义没有超越理性的根据来制约，则会沦为自私和贪欲。所以第三期发展中的儒家道德理想主义与民主科学的融合，其作用与价值，必将为世界性，而为人类提示一新方向。①

古圣前贤未曾遇到这些新使命，故儒学的第三期发展是一个需要创造的阶段，而这亦是时代的压力所加置于现代儒者的重任。"吾人必须知眼前所需要之创造，乃以往两千年历史所未出现者。以其未出现，故必为创造。然而所谓创造，亦必为历史自身发展所必然逼迫其出现之创造。"②

唐君毅、牟宗三和徐复观等港台新儒家始终在坚持中国文化主体性的前提下融会西方的民主政治和科学精神，牟宗三在为《政道和治道》一书所撰写的序言中，提出儒学第三期发展的使命是"民主建国"和"政治的现代化"，即将儒学未曾落实的"藏天下于天下"的理想通过民主和科学的方式加以落实。然而，这仍不是终极性的目标。在牟宗三看来，儒学第三期发展还应有更高一层的使命，即维持中国文化的主体性。这实际上要处理的是文化的内在动力问题。牟宗三对此进行了更为深刻的思考，在他看来，制度的移植要做到圆融无碍，就必然要建立在文化传统的基础之上。他甚至认为，如果失去了儒家文化的主体地位，民主和科学在中国亦不能得到真正落实。"此则不只是一个应付一时需要的问题，此乃永恒性的，高一层次的问题……加入中国文化还有发展，还有它发展的动源，还有它的文化生命，那么，我们不能单由民主政治、科学、事功这些地方来看中国文化的问题，而必得往后、往深处看这个文化的动源，文化生命的方向。这是从高一层次来看中国文化如何维持其本身之永恒性问题，且是个如何维持其本身之主位性的问题。"③

---

① 参见牟宗三：《儒家学术之发展及其使命》，《道德的理想主义》，吉林出版集团有限责任公司 2010 年版，第 5 页。

② 牟宗三：《儒家学术之发展及其使命》，《道德的理想主义》，吉林出版集团有限责任公司 2010 年版，第 4 页。

③ 牟宗三：《从儒家的当前使命说中国文化的现代意义》，《政道与治道》，广西师范大学出版社 2006 年版，第 22 页。

对此使命有一个更为简略的概括就是"三统"并建：

一、道统之肯定，此即肯定道德宗教之价值，护住孔孟所开辟之人生宇宙之本源。

二、学统之开出，此即转出"知性主体"以容纳希腊传统，开出学术之独立性。

三、政统之继续，此即由认识政体之发展而肯定民主政治为必然。①

此"三统"为儒学第三期发展之总纲领，而其他事务均围绕着此中心议题而展开。

将儒家的未来使命概括为道统、学统和政统三统并建的过程，很大程度上呼应了他所坚持的"内圣开出新外王"理想，这个理想可以看作是张之洞"中体西用"文化策略的延续，即以儒学的价值为基础，吸收西政、西艺。所不同的是，张之洞坚持的儒家价值即是纲常伦理，而在牟宗三这里，其变成了相对抽象的道德宗教理论。

综上所述，在牟宗三对儒家精神的阐发中，儒学被视为民主和科学的基础，而现实中儒家的制度理想一定会被落实为现代民主制度。因此，在牟宗三的儒学史叙述中，哲学和宗教便成为其核心内容，而以经学为基础的制度构想则相对忽略。因此，道德理想主义被牟宗三视为民主政治的精神内核，良知则必须"坎陷"而落实于民主政治的实践之上。虽然他力图建立起道德和制度之间的内在关系，但逻辑论证的结果却认为民主政治必然是儒家政治的现代选择，如此，儒家价值便只是作为民主政治的"附属品"。

在牟宗三之后，对儒学三期说作出巨大推进的学者是杜维明。

据杜维明自述，他自步入学术领域起，即将对儒家精神进行新诠释作为其使命。而自20世纪80年代之后，他的关注点逐渐集中于阐发儒家传

① 牟宗三：《道德的理想主义》，吉林出版集团有限责任公司2010年版，第3页。

统的内在体验和显扬儒学的现代生命力。在中国大陆的进修和讲学，以及在新加坡的儒家伦理课程实践，使杜维明提出了许多新的论题，并对儒学与马克思主义之间的关系深表兴趣。

20 世纪 90 年代以后，他沿着牟宗三的儒学三期说的思路，进一步考虑儒家在"文明对话"和"文化中国"等论题中的意义。通过对于启蒙思潮的反思，进一步认定儒学对于当下世界文明的积极意义。在多元文化的背景以及全球化与本土化交互影响的氛围里，如何为儒学第三期的展开拓展理论和实践空间，是杜维明为儒学"不懈奔走"的精神动力。

如果说牟宗三儒学三期说所依据的是时间性维度，那么，杜维明的儒学第三期发展则是着眼于空间扩展的视角。虽然杜维明最初的研究重心依然集中于港台新儒家的核心领域：阳明心学和四书诠释，不过，对亚洲经济奇迹背后独特文化因素的关注，也使他将注意力转到对儒学在东亚国家的现代化过程中作用的分析。

与牟宗三等人试图融合儒学与西方现代性的努力有所不同，杜维明关注多元现代性的可能。后现代思潮的兴起为他的思考找到了儒学与现代性之间的一种奇异的联系。即儒学这种向来被视为"前现代"的思潮可以被作为对于现代性的批判基础，杜维明也由此展开了对于启蒙思潮的反思，认为儒家注重社群和整体的视野，可以矫正极端个人主义的弊端和由工具理性带来的对价值理性的宰制。东亚的工业化带来一种新型的现代化模式，为处理儒学与现代性的关系问题提供了经验性的依据。

在这样的思考框架下，杜维明为儒学提出的根本任务就不再建基于儒家的文化主体性的民主建国问题，而是不同文明之间的对话。在这样的问题背景下，儒家的发展取决于下述问题：

首先，儒家继续发展的社会基础在哪里？民间社会的儒学运动和地域化的儒学是否可以成为其新的生长点。

其次，能否出现一个儒学知识分子群体。"这种知识分子不一定要属于中国。任何一个知识分子，不管是东方的还是西方的，只要是知识分子，就会碰到儒家的问题。这种知识分子的终极关怀，可以来自基督教，可以来自佛教,可以来自伊斯兰教,可以来自各种其他的精神文明,但它的问题是儒家的。"①

杜维明认为儒家不可能成为与世界主要宗教相提并论的一种宗教,但其精神资源可以成为对其进行理解和反思的某种基础,因此可以有儒家式的佛教、基督教、犹太教,等等。

最后,以儒学为基础的沟通和反思,能否形成一种新的东亚人文主义精神,能否形成一种对于现代性的弊端加以反思并产生矫治意义的新思想形态。

有鉴于此,杜维明对于儒学发展的历史认识,不再聚焦于心性之学的发展,而是着重于中国文化如何世界化的脉络。这意味着,儒学第三期发展的核心问题已经不是中国本土文化中儒家传统自身如何进行现代转化与更新的问题,而是如何使儒学进入汉文化圈以外的全球世界,与以西方文明为代表的各种文明进行对话与沟通的问题。

从空间拓展的角度,杜维明指出,儒家文化从春秋战国时期的鲁国扩散到中国,再向东亚、世界继续发展。"所谓三期儒学,一般的理解是,从大的趋势来讲,从先秦源流到儒学发展成为中国思想的主流之一,这是第一期;儒学在宋代复兴以后逐渐成为东亚文明的体现,这是第二期(这一期一直延续到 19 世纪末叶);所谓第三期,就是从甲午战争、五四运动以后。"②

杜维明认为,如果单纯从学术史的角度,甚至可以把儒学分为八期、十期,甚至更多。他之所以强调三期说,主要是受到路德宗教改革的启发。在他看来,儒学发展到宋代,出现了一个质的变化,这个变化不仅体现为理论形态上的转变,更关键的是它使儒学由中国文化的主流思想转变成东亚文明的典型体现。

尽管杜维明一直强调儒学第三期发展是否会出现只是一种"可能性",但在他眼里,此种可能性并不局限于中国大陆或台湾,不依赖于中国受到

---

① 杜维明:《现代精神与儒家传统》,生活·读书·新知三联书店 2013 年版,第 495 页。
② 杜维明:《现代精神与儒家传统》,生活·读书·新知三联书店 2013 年版,第 473 页。

现代性挑战而产生的一些特殊问题，关键在于，儒学能否回应由现代性而带来的一些普遍性问题。"儒学有没有进一步发展的可能性这个问题，是建构在一个基本的设准上的。这个基本设准是，儒学能否对西方文化的重大课题做出创建性的回应。因为儒学不能只是停留在中国文化的范畴里，也不能只是停留在东亚文化这个范畴里。儒家文化一定要面对西方文化的挑战，而西方文化是指现代的西方文化。"①

杜维明继续概括道，西方文化的挑战所带来的问题主要有：第一，儒家的道德理性、人文思想与西方的科学精神的关系；第二，民主运动的问题；第三，宗教情操的问题；第四，心理学上对人性的理解问题。

不可否认，在全球化时代，儒学必须回应西方文化，甚至还应面对与伊斯兰、印度等多元文化之间的关系问题。不过，在中国的文化和社会环境中，儒学在回应这些问题时，不能完全脱离中国自身的社会和文化发展，也即儒学更应与中国内在的问题相结合。海外新儒家因其生活和工作的区域主要集中在美国，他们对儒家生命力问题的考虑，必然会集中到对信仰冲突、海外华人的文化认同等问题上。但这些问题对于儒学的发展而言，均属一些衍生性的问题。如果儒学本身并不能确立当下中国人精神生活的基准，那么将其作为中国文化标签的行为本身是值得怀疑的，而进一步申发出的儒学与其他文化之间共存和对话的问题，就只能是无源之水。

对此，另一位现代新儒学的代表人物刘述先具有清醒的认识。他虽然肯定海外新儒学的国际面向，但这群习惯于从多元视角看待儒家命运的学者，身上不再有文化的负担，甚至放弃了儒家价值的"正当性"与"终极性"。他说："港、台新儒家在借来的空间和时间作出了凌越先贤的学术成绩，发抒了文化抱负，堪称异数。在他们不断的努力之下，还教育了下一代，一部分流寓海外，在美国受高等教育，获得博士学位，谋求一枝之栖，而开启了海外新儒家的国际面向……正因为所谓第三代的新儒家所面对的脉络不同，其思想的走向也就有了很大的差别。他们习惯于西方开放多元的方式，

---

① 杜维明：《现代精神与儒家传统》，生活·读书·新知三联书店 2013 年版，第 486 页。

担负远没有上一代那么沉重，以其只需说明，在世界诸多精神传统之中，儒家能够站一席地，便已经足够了。他们不再像第二代新儒家，由于面对存亡继倾的危机，不免护教心切，要突出儒家价值之正当性与终极性，以致引起一些不必要的争议……由现代走向后现代，下一代的新儒家似乎有必要对于新的脉络、新的问题做出适当的回应与调整。"① 于是刘述先提出了"理一分殊"的问题，人类有一种普遍的正当性价值，即所谓"理一"，而儒学或其他的文明中的思想形态则可能从不同侧面来对其加以呈现，即所谓"分殊"。这样的多元主义是一种相对主义化的虚无主义。多元主义之所以存在，是因为每一元都具有独立的终极意义，否则文明之间的对话既无可能也没有必要。② 如果一个学者，他宣称自身代表儒家与别的文明系统展开对话，那么我们便有理由要求，他要与基督教或伊斯兰教的信徒一样，坚信儒家文明所包含的价值体系具有终极意义，因而亦认定其对于人类的未来有很大价值。文明之间的对话基础是各美其美和美美与共，而不是互相融合和消弭自身。因此，杜维明所提出的"儒家基督徒"、"儒家伊斯兰教徒"的概念，虽然有其合理性，但一旦当儒家价值与基督教、伊斯兰教价值产生冲突的时候，则需要进一步论证他们究竟将会选择儒家还是选择其他价值，抑或同时放弃两者。

很显然牟宗三对儒学第三期发展的可能性的叙述中，对于西方现代政治模式和科学精神产生了过多的迁就，这样在文化主体性的"内圣"和现

---

① 刘述先：《港、台新儒家与经典诠释》，《儒家哲学研究：问题、方法与未来开展》，上海古籍出版社 2010 年版，第 277 页。

② 针对刘述先理一分殊的说法，陈来做出了一个比较完备的补充。他从三个层面来解释儒家价值与全球价值之间的关系。"第一是'气一则理一，气万则理万'，气在这里可解释为文明实体（及地方、地区），理即价值体系。每一特殊的文明实体都有自己的价值体系，诸文明实体的价值都是理，都有其独特性，也都有其普遍性。第二是'和而不同'，全球不同文明、宗教的关系应当是'和'，和不是单一性，和是多样性、多元性、差别性的共存，而同是单一性、同质性、一元性，这是目前最理想的全球文化体系。第三是'理一分殊'，在差异中寻求一致，为了地球人类的共同理想而努力。"（陈来：《走向真正的世界文化——全球化时代的多元普遍性》，《孔夫子与现代世界》，北京大学出版社 2011 年版，第 291 页）

实政治的"外王"之间其实难以建立起一种真正的联系。而杜维明通过儒学影响的扩展而建立起的"三期"方向，则更为模糊，原因在于儒家的意识固然具有一定的普适性，但问题的源起则必然得来自于中国及其周边区域，由此"世界眼光"反而会遮蔽"中国问题"，也就是说，当儒家成为多元维度中的一元，其价值的独立性和终极性会被虚无化。最终，儒家在由东亚走向世界的过程中，消失在"世界"中。

三、观念史的经济社会基础

牟宗三和杜维明等人对于儒学历史的叙述，在儒学价值的终极性认知等问题上存在巨大差异，他们的学识背景和生活经历在"体知"精神性资源时产生了不可忽视的影响：牟宗三等人经历过抗日战争等民族生死存亡的关键时刻，这引发了他们对于民族文化的深层次的忧患意识。杜维明、刘述先等人，虽深受唐君毅、牟宗三和徐复观等人的影响而萌发了对儒家的信念，并因此在西方学术界成为儒学的代言者，但因自身于和平时期的海内外经历，更多倾向于对多元性价值的强调。虽然如此，由于对儒学的信仰性认知，他们对儒学历史的叙述都具备同样的"内在性"视角。儒学第三期发展说最有影响力的批评者李泽厚，则因出发点的差异，对于儒家内在精神的认识，与牟宗三、杜维明等人存在很大差别，而对儒学史的认识亦呈现别样的形态。

李泽厚的思想受到历史唯物主义的深刻影响，坚信经济发展是政治民主和个人自由的基础。他在一次对话中抱怨说："我多年来被批评，一谈经济前提或经济决定，学者们便大摇其头，有的甚至认为不值一提，认为只有谈论心性伦理才有价值，才是根本。其实这才真是本末倒置。"[①] 虽然这段话不是要反驳新儒家人士对他的批评，但谈论心性伦理确然是港台新儒家

---

① 李泽厚、刘再复：《告别革命》(第七版) 增订本，香港天地图书有限公司 2011 年版，第 335 页。

的偏好。

他对于牟宗三等人儒学三期说的批评,主要是针对他们将儒学史"窄化"为"心性伦理史"。李泽厚自述他对三期说的批评有"直接源起"和"间接源起"论。"直接源起"就是要反对新儒家以心性论为道统而进行的儒学发展历史的概括。他说心性论的儒学史有两大偏误、两大理论困境。两大偏误是:其一,孔子本人罕言性与天道,其二,抹杀了荀子和董仲舒。[①] 两大理论困境是:其一,内圣开出新外王,其二,内在超越。在李泽厚看来,良知何以坎陷而对接民主科学,在理论上并不自洽。而内在超越则因为深受主客对置的理论影响,难以找到道德与本体之间的真正联系。因此,在李泽厚看来,牟宗三等的儒学三期说,意味着他们的理论思考并没有"超出宋明理学多少",他说:

> 在现代条件下,现代新儒学搞出一套道德形而上学,去继承宋明理学,但根本理论并没超出宋明理学多少,并没有脱出宋明理学的基本框架,仍然是内圣开外王,心性第一,只是略微吸收了一些外国哲学,但也不多,词语、观念、说法新颖和细致了一些而已,它远不足开出一个真正的新时期。所以我认为,它只是第三期儒学(宋明理学)在当代的隔世回响,它对广大的中国人和中国社会没起也不会起什么作用或影响,与第一、二、三期儒学无法相比。它并不能算什么大发展,也很难开出自己的"时代"。[②]

---

① 对于汉代儒学发展的重要性,蒙文通的说法值得注意。在他看来,秦汉之际的儒生,综合诸子的思想,切于实用,因此取得独尊地位:"宗儒者综诸子而备其制,益切于用……于是孔氏独尊于百世。"这个目标的达成,在于对于经典的解释比之前代有了新的发展。"故经与传纪,辅车相依,是入汉而儒者于百家之学,《六艺》之文,弃驳而集其醇,益推致其说于精渺,持义已超绝于诸子,独为汉之新儒学,论且有优于孟、荀,诅先秦百氏所能抗行哉?"(蒙文通:《题辞》,《儒学五论》,广西师范大学出版社 2007 年版,第 13 页)

② 李泽厚:《为儒学的未来把脉——在马来西亚的演讲》,《杂著集》,生活·读书·新知三联书店 2008 年版,第 292 页。

李泽厚对"间接源起"问题的讨论要更复杂一些。如果说批评"直接源起"只是因为他不满足于牟宗三和杜维明等对儒学历史的描述，那么批评"间接源起"则是因为他认为以心性为道统的儒学难以回答现代化所带来的"新"的社会问题。例如，个人的权力、利益、独立、自主与传统儒学对于人的社会性的本质认定具有根本差异，而后现代思潮所带来的去中心化倾向等，亦是儒学未来发展所必须应对的问题。

站在现代性所带来的巨大挑战面前，李泽厚认为儒学要发挥作用，不能仅依靠少数知识分子在书斋里的呼吁，而要从社会生活中去寻找活动空间。

李泽厚强调社会文化心理的积淀有其稳定性，因此他不认可儒学已经不再在中国社会发挥作用的观点。他的理由是，因为中国社会并没有真正进入现代化阶段，所以儒家思想得以依赖这个还未彻底现代化的社会基础而留存，而这也是儒学重获生命的基础。他说：

> "外王"（政治哲学）上自由、民主的美雨欧风，"内圣"（宗教学、美学）上的"后现代"同样的美雨欧风，既都随着现代化如此汹涌而来，传统儒学究竟能有何凭藉或依据，来加以会通融合？"三期说"以为儒学传统已经丧亡，只有凭藉和张扬孔孟、程朱、陆王、胡（五峰）刘（宗周）的圣贤"道统"才能救活，从而以"道统"的当代真传自命。在"四期说"看来，如果传统真的死光了，今日靠几位知识分子在书斋里高抬圣贤学说，恐怕是无济于事，救不活的。"四期说"以为，正因为传统还活着，还活在尚未完全进入现代化的中国亿万老百姓的心里，发掘、认识这种经千年积淀的深层文化心理，将其明确化、意识化，并提升到理论高度以重释资源，弥补欠缺，也许，这才是吸取、同化上述欧风美雨进行"转化性的创造"的基础。也许，只有这样才能从内外两方面开出中国自己的现代化？[①]

① 李泽厚：《论儒学四期》，《历史本体论·己卯五说》，生活·读书·新知三联书店2003年版，第145页。

李泽厚从马克思主义的社会存在的决定性作用出发,强调制度、风俗和经济活动对于儒家思想的影响。他对儒学历史的描述,充分关照了制度和礼俗的作用。李泽厚对此具有充分的理论和方法自觉,他并未将儒学分期视为简单的历史编纂过程,而试图通过此种叙事来重新理解儒家传统,为其发展提供方向。他说:儒学分期并不是一个简单的学术问题,"而是一个如何理解中国文化特别是儒家传统,从而涉及下一步如何发展这个传统的根本问题"①。

与牟宗三等人的三期说相比,李泽厚的四期说似乎仅仅突出了汉代儒学的独特作用,其实质则是要解构以心性道统为中心的儒学观,突出儒家思想的丰富性和复杂性,以便将其未来的发展与社会现实相结合,提供更为丰富的可能性。李泽厚的儒学四期说认为,第一期是先秦时期的原典儒学,代表人物是孔子、孟子和荀子。这个时期儒家的主题是"礼乐论",不仅提供了儒家文明的基本范畴,如礼、仁、忠、恕、敬、义、诚等,而且也奠定了以仁政为核心的制度精神。第二期儒学,主要是汉代,其主题是"天人论",基本范畴是阴阳、五行、感应、相类等等,但在这个封闭的天人体系中,"个人"被屈从、困促在外在的力量中。第三期儒学即宋明理学,其主题是"心性论",基本范畴是理、气、心、性、天理人欲、道心人心等等。这个时期"人"的道德意识得到了激发,但是外在制约和内在情感之间的矛盾依然使人的自然属性并不能得到完全的彰显。在李泽厚的设想中,第四期儒学的主题是"人类学历史本体论",其基本范畴将是自然人化、将人自然化、积淀、情感、文化心理结构、两种道德、历史与伦理的二律背反等等。在这个阶段"个人"将第一次成为多元发展、充分实现自己的自由人。

在李泽厚的儒学四期说中,"个人"的屈伸被解释为是否"充分实现自己"的马克思式的命题,并成为划分儒学不同阶段的决定性因素,但其关键并不取决于内在精神的发展,而需要和经济社会的发展相关联。

---

① 李泽厚:《论儒学四期》,《历史本体论·己卯五说》,生活·读书·新知三联书店2003年版,第131页。

鉴于李泽厚对于马克思主义[①]、存在主义、心理分析，以及社会经济形态的决定性作用的重视，他一反自张之洞以来的中体西用的路径，提出"西体中用"。在李泽厚看来，随着社会生产方式的普遍西方化，儒学的核心价值在文化心理结构中的支柱性地位将逐渐被替代，而儒学所关注的社会性层面的思考则必将受到理性自由主义的"范导"。如此框架下的第四期儒学，完全步入一个儒学失去主导地位的阶段。

"儒学四期说"将以工具本体（科技——社会发展的"外王"）和心理本体（文化心理结构的"内圣"）为根本基础，重视个体生存的独特性，阐释自由直观（"以美启真"）、自由意志（"以美储善"），和自由享受（实现个体自然潜能），来重新建构"内圣外王之道"，以充满情感的"天地国亲师"的宗教性道德，范导（而不规定）以理性自由主义为原则的社会性道德，以承续中国"实用理性"、"乐感文化"、"一个世界"、"度的艺术"的悠长传统。[②]

由此可见，李泽厚基于对于当代中国现实的认识，他并不认为儒学可以作为中国价值的代称，随着全球化的进程，国家和民族并不能成为文化价值的唯一定义者。由此，李泽厚反对三期说和提倡四期说，并不是要在这个谱系中加入自己。所以，尽管李泽厚提出了"儒学"第四期，但他自己始终不肯接受"新儒家"的头衔，也是很可理解的。

结语：建构何种现代儒学叙述模式？

牟宗三、杜维明和李泽厚的儒学史叙事模式之间最根本的不同在于，前两人持有基本的共同价值立场，坚信儒家思想即便遇到前所未有的挑战，但中国未来的发展依然与其命运具有内在的关联性；而李泽厚从历史唯物

---

① 李泽厚认为，中国人接受马克思主义有其内在的原因，"一是承认世界（包括自然与社会）有某种客观规律，二是从而对未来世界怀抱某种乌托邦大同理想，愿为之奋斗。"（李泽厚：《论儒学四期》，《历史本体论·己卯五说》，生活·读书·新知三联书店 2003 年版，第 149 页）

② 参见李泽厚：《论儒学四期》，《历史本体论·己卯五说》，生活·读书·新知三联书店 2003 年版，第 155 页。

主义的立场出发，认为社会存在才是价值发挥作用的前提，在中国的现实已经发生根本性变化的当今，儒学作为积淀于人们思维方式中的"文化心理结构"，只是一个不可或缺的变量而已。基于如此的立场差异，他们对于儒学未来前景的预期有很大不同，进而对儒学历史的回溯也各有侧重。

对于儒学发展历史的叙述模型还有很多，在1949年之后，还出现过其他一些对儒学发展历史的叙述框架，比如，在相当长时期内流行的从世界观、认识论和方法论为基础来概括问题的"中国思想史"或"中国哲学史"。在这方面，侯外庐和任继愈进行了成就卓著的探索。也有受政治运动影响而以儒法斗争为线索的思想史，比如杨荣国的中国思想史作品。1978年之后，随着各种学术思潮的传入，儒学史作品呈现多样化，如李申的《中国儒教史》便以宗教视角来认识儒学。特别是由汤一介主编的七卷本《中国儒学史》，受到学界关注。然而，这类儒学史的写作，抛开其对儒学持有评价不谈，多是以学科化的方式来梳理历史，我们比较缺乏内在性视角的儒学史作品。本文之所以选择牟宗三、杜维明和李泽厚的叙述模型为例来展开讨论，一是基于这些说法在学术界的广泛影响；二是基于他们的叙述在方法论上的独特性——如牟宗三和杜维明的内在性视角，与学科化的叙述方式有很大的张力，而李泽厚对于社会存在对思想意识的决定性作用的强调，充满了个人色彩，且仍以人自身的充分实现而非学术知识的积累为焦点。

对于儒学在现代学科体系中被子学化、哲学化和历史化的现象，许多学者对于学科化的儒学能否传承儒家价值提出过质疑，而这也是有关"中国哲学合法性"讨论中出现的重要议题。不过，我们亦应该看到这一形态形成的必然性。在科举、书院制度都不复存在的当下中国，大学体系中的中国哲学、中国历史和中国古典文学学科已经成为讲授儒家思想和研究儒学文献的替代性建制，学科化的儒学在某种程度上可以被视为儒家思想经现代转化而形成的一种新形态。问题在于，以"中立"和"客观"为准则的大学学科体系中的儒学教育，是否应成为儒家思想在现代社会中唯一合理的存在方式？

基于经典系统与文明核心价值之间的内在关联，也基于儒家伦理依然在中国社会中发挥很大作用的现状，对于儒家经典的研读，就不应仅仅停留于名物训诂和客观化的学术研究，也应阐发其有利于世道人心的意义。如果以儒家思想为核心的中国传统文化依然是中华民族凝聚力的重要来源，那么对于儒学的弘扬就需要强调其对于文化传承和共识达成的意义，而这种阐发已经"溢出"了学科教育的范围，并会促使我们对中国的"历史"有温情的理解。

然而，带有信仰意味的儒学史写作是否就是最合理的撰写范式？这涉及价值性与工具性之间的紧张关系。对此，刘笑敢对写作者"身份"的区分展现了一种方法论思考：他曾将中国哲学的教师身份区分为"现代学术身份"、"民族文化身份"和"生命导师"三种，并认为其混同虽然不可避免，但学术研究者却需要有身份自觉，"现代学术身份"是另外两种身份的基础。[①] 刘笑敢指出，不同的身份定向意味着不同的行为标准和要求。比如，现代学术身份要求客观和真实。不过，吊诡的是，儒学本身的多层次性恰可能因为客观性的态度而导致描述者与对象之间缺乏真正的理解？例如，作为现代中国哲学研究对象的儒学和佛教，在历史上并非只是一种知识层面上的描述对象。佛教是一种宗教，而儒学也具有很强的信仰特征，如果完全以"现代学术身份"去定位儒学的道德伦理面向，则必然会消解研究者的"民族文化身份"和"生命导师"身份。或许可以说刘笑敢的区分看到了问题之所在，但给出的解决方法则可能引出新的问题。

因此，在当下的学术环境中，我们应容纳多面相与多层次的儒学史叙述模式。我们现在可见的许多是以学科为导向的学术史书写，将儒学的发展传承过程罗列、梳理，这样的儒学史，与中国制度史甚至中国科技史类似，在方法上力争客观、中立。但这样的写法有可能出现的问题是支离，比如以某部经典为基础的演进史，因为过于迁就局部的细节的充实，有时对儒家的整体性认识反而会产生模糊。我们亦可以期待发掘儒家精神生命的成长史的书写，后者与其说是一种叙述，不若称之为一种建构，即书写者以儒家精神的延续为目标，与书写对象之间存在着价值观上的共振。在此建构

---

① 参见刘笑敢：《诠释与定向：中国哲学研究方法之探究》，商务印书馆 2009 年版，第 7 页。

中，虽然也有一定的客观性的要求，比如必须忠实于文本。但是解释过程则可以允许存在个人的倾向。这种叙述模式看上去是在概括以往的历史事件和思想逻辑，实际却指向未来，体现出书写者对于儒家思想之前景的期许，我们或可以称之为"建构性"的儒学史。我个人倾向于这种类型的儒学史写作，即儒学过去的发展并不是儒家思想的全部，我们可以根据儒学的基本原理发掘出儒家应对现实问题的可能性，而以此为角度的儒学史叙述必然是围绕着儒学的现实可能性来吸取。

对于儒学发展前景，目前有许多不同的看法，最为极端的看法就是将儒学视为博物馆里的陈列品，进而判定儒学是失去了现实的发展可能的。甚至有许多人认为儒学是中国发展的障碍。这些观念都长期影响着人们对于儒学的认识。然而，在目前的中国，不仅经济的增长促进了文化的自信，而且政治和社会的发展也急需包括儒家价值在内的传统文化的滋养，因此，我个人坚信儒学存在着巨大的发展可能性。前文所探讨的"儒学第三期发展"叙述模式，就是试图通过对儒家价值的重构，来提升文化自觉和文化自信。

如果说儒学的第三期发展具有如此重大的意义，那么还应该展开一个现实问题，即如果我们认可儒学存在着第三期发展的事实，那么，如何认识其开端，依然会面临不同历史观的影响。如果以五四运动作为现代中国历史的开端，那么，儒学第三期发展就会侧重于强调现代儒学对于启蒙和现代性的反思，梁漱溟、熊十力的思想就会被看作是其起点。这种观点被方克立在1986年开始立项的"现代新儒家思潮"研究项目所采用，并业已成为学界共识。方克立认为，新儒家思潮产生于20世纪20年代，是以"接续儒家'道统'为己任，以服膺宋明儒学为主要特征，力图用儒家学说融合、会通西学以谋求现代化的一个学术思想流派……先秦儒家，宋明新儒家，现代新儒家，这就是他们所说的儒家学术发展的三个阶段。现代新儒家所致力的就是'儒学第三期发展'的工作"[①]。在这个框架中，方克立将现代

---

① 方克立：《要重视对现代新儒家的研究》，《方克立文集》，上海辞书出版社2005年版，第177页。

新儒家思潮和"儒学第三期发展"相互勾连，认为这是一体之两面。那么，为什么要将现代新儒家思潮的起点设置于 20 世纪 20 年代，而不是将 1840年之后儒家知识群体力图用新的方法吸纳西方思潮的过程视为其开端呢？对此，方克立明确指出为什么康有为和梁启超不能成为新儒家源头的原因："我们在考虑现代新儒家产生的文化背景时，自然不能忽略他们和康有为、梁启超等人的思想联系，但康、梁在戊戌以后的保守思想却不能归入现代新儒家的范畴，辛亥前后的国粹派同它也有显著的思想特征的差异。"[①]

根据方克立的相关论述，可见他对现代儒学开端设定的关键，还是以是否将民主和科学视为当然的文化前景作为"现代"的标志，在这一设定下，因张之洞明确反对平等和自由、康有为坚持君主立宪，都难以担当现代儒学开倡者的使命。

但方克立在将"现代新儒学"和"儒学第三期发展"相互勾连的时候，忽视了一个方法论上的差异，即"儒学第三期发展"出于一种内在性的视角，其倡导者牟宗三和杜维明都以儒家生命的继承者自居，而"现代新儒学"则是一种学科性术语，是对具有儒家精神的一个价值群体进行学术研究时的一个称谓，两者间在立场和情感上有很大差异。能容纳多样性的儒学史撰写模式要求我们将问题置于更为复杂的背景中。也就是说，现代儒学的形成和发展并非传统儒学的"自然而然"的发展，其无论问题的形成还是呈现方式，都无法回避西方的参照。因此，对现代儒学起点的不同认识，是由于对来自西方的挑战认识上的差异。即应将对西方挑战的回应视为晚清以来儒家群体寻找新的精神发展方向时的共同问题域。由此，我们也可以有一种另外的叙述模式，比如将张之洞、康有为、章太炎等人视为开端来思考现代儒学新的发展阶段。尤其康有为和章太炎，他们一方面是今文经学和古文经学的殿军，另一方面又是教育改革和新的学术范式的创立者，其身份的多样性，恰好反映了儒学在现在学科体系内的矛盾境地：价值信

[①] 方克立：《关于现代新儒家研究的几个问题》，《方克立文集》，上海辞书出版社 2005年版，第 190 页。

仰性和学术中立性之间充满张力。同样，康有为和章太炎既吸收了西方思想中的许多内容，又对西方政治法律体制和科学精神进行了大量反思，最能够体现未来儒学发展所需要面对的本体性和世界性之间的复杂关联。

如果我们确定康有为是现代儒学的"开端"，则意味着儒家面对现代性挑战表现出多种回应方式。比如，他作为最早提倡民权、宪政的政治思想家，被李泽厚等人称为中国现代自由主义思潮的先驱；同样，他对大同理想的新阐发，影响了毛泽东等一批致力于建立中国式社会主义的政治家；他还是不平等的世界秩序的最早、最系统的批评者。从康有为的思考中可以看到，儒学的发展必须与中国的民族精神和国家意识的培养相结合，而探索中国的道理必须以中国自身问题为出发点，才能摆脱各种倾向的教条主义和机会主义。虽然康有为提出的儒家发展方案以及建基其上的政治设计均难算成功，但他思维的敏锐性却令人叹服。

2004年前后展开的中国哲学合法性的争论，是一个关涉学科方法和文化自觉的多层面的讨论，激发了人们对于中国价值的追索，而大陆的文化复兴和儒家复兴运动也是在这样的讨论中得到进一步的激发。而本文对于儒学史方法的讨论是对合法性讨论的深化，即如果我们认定儒家是中国价值的主体，那么如何去看待儒家发展的历史，如何去总结儒学史就不仅仅是一种学科式的讨论所能解决的。既然我们认识到"建构性"的儒学史的意义，以创造性继承、创新性发展的态度对待儒家的未来就有了方法论的支持。

我们需要有更多的儒学史撰写实践，无论偏重内在性的视角，还是相对"客观性"的学科化分析，无论是注重精神本质的延续，还是宣称要还原历史真相，其本身均依然可能存在多样的维度。通过对于书写实践的反思，可以促使我们对儒学生命力有新的认识，甚至可以激活它而使之重新走入中国人的生活世界。

（作者单位：北京大学哲学系、儒学研究院）

"道不远人"与"以人治人"

——《中庸》"道不远人"章发微

梁　涛

一

《中庸》本是《礼记》中的一篇,《十三经注疏》中的《礼记》并无分章,朱熹作《中庸章句》时对其分章并加以注释,这就是所谓的章句之学。所以目前的分章是否恰当,还可以斟酌。"道不远人"见于《中庸章句》的第十三章:

> 子曰:"道不远人。人之为道而远人,不可以为道。《诗》云:'伐柯伐柯,其则不远。'执柯以伐柯,睨而视之,犹以为远。故君子以人治人,改而止。忠恕违道不远,施诸己而不愿,亦勿施于人。
>
> 君子之道四,丘未能一焉:所求乎子,以事父,未能也;所求乎臣,以事君,未能也;所求乎弟,以事兄,未能也;所求乎朋友,先施之,未能也。庸德之行,庸言之谨;有所不足,不敢不勉;有余,不敢尽。言顾行,行顾言,君子胡不慥慥尔。"

我认为第十三章以"君子之道四"为界,实际可分为两个部分,所以将其分为两个自然段。这两部分其实分为两章更好,当然"君子之道四"与前面的内容也存在一定的联系,所以朱熹的分章也有一定的道理。至于它们之间的关系,我们后面再谈。

我们先看第一自然段,这一段实际上包含了三个部分的内容,这三个部分内容是环环相扣、紧密联系的。"子曰:道不远人,人之为道而远人,不可以为道。"以上几句是本段的第一部分,本章主题"道不远人"就出于此。那么,什么是道不远人呢?这里的"人"指的是什么?我们阅读古代经典,经常会遇到这样的问题,因为古人表达比较简约,有些言论不够清晰、明确,给后人留有一定的诠释空间。所以同样一句话,不同的学者理解可能是不同的。大概在 2006 至 2007 年时,我在哈佛燕京学社访问,在杜维明先生的召集下,国内的一些访问学者还有哈佛的博士生聚在一起读了一学期的《中庸》,当时录了音。回国后我请学生帮着整理成文字,准备出版一本《哈佛读〈中庸〉》。我在整理的过程中,发现学者之间彼此分歧很大,甚至经常发生争吵,这就与文本的特点有关。

"道不远人",从字面上看很容易理解:道不能远离人。这也是中国文化的一个重要主题,但要将其解释清楚还是有一定难度。"人之为道而远人,不可以为道。"前一句的"为"用作动词,追求的意思。后一句的"为"是系词,"是"的意思。如果我们追求道,却远离了人,那就不是道了。朱熹的解释是:"道者,率性而已。"① 他用了《中庸》第一章的观点:"天命之为性,率性之为道。"道是什么?就是率性,顺着我们的性而为,这就是道。所以朱熹说:"固众人之所能知能行者也,故常不远于人。"朱熹的意思是说,道实际来自我们率性而为,是我们能够理解也能够实行的,所以道是不能远离人的。远离了人,超出了我们的能力所及,就是好高骛远了。朱子的注释非常有名,对后世产生过重大影响。但朱熹用"率性"解释道,仍有一些不明确的地方,他说的性指的是什么?是天理之性,还是气质之性?在朱熹的义理框架中,这两种性差别是很大的。

我的解读与朱熹有所不同。我认为如何理解"道不远人",关键在于"人"。而"人"我认为是指人情,指人之常情,也就是人人都有的情感欲望、

---

① 朱熹:《四书集注》,中国书店 1994 年版,第 22 页。

喜怒哀乐。所以道不远人,就是道不能远离人人都有的情感欲望、喜怒哀乐之情。如果我们追求道,而远离了人之常情的话,就不能称之为道。这是我的解读,我之所以这么解读,当然是有根据的。前面提到,第十三章的第一自然段可以分成三个部分,这三个部分的内容是密切相关、层层递进的。正是考虑到这三个部分的关系,我做出了这样的解读,合理不合理?能否成立?要把这三个部分放在一起考虑。

第二部分是引《诗经》的内容,见于《诗经·豳风·伐柯》。"伐柯伐柯,其则不远。""柯"是斧头柄,斧头是铁做的,但是柄是用木头做的。"伐柯伐柯"是说我们握着斧头柄去砍木头,再做一个斧头柄,前后两个柯字的所指略有不同。"其则不远","则"是标准。砍什么样的木头,多长的木头,多粗的木头,标准在哪里?就在你的手上。"执柯以伐柯,睨而视之,犹以为远",拿着斧头去砍木头来做斧头柄,标准就在你手上的斧头柄。看都不用看,如果斜眼去看,都会觉得远,标准就在你手上嘛,握一握手里的斧头柄就知道了。这几句是一个比喻,这个比喻是要说明什么呢?

"故君子以人治人,改而止。"这里出现两个"人",君子根据人来治人,后一个"人"指民众,没有问题;那么前一个"人"指什么?如果也是指民众,就是根据民众来治理民众,似乎也讲得通。但是根据民众的什么来治理民众?这涉及如何理解"以人治人",非常关键。朱熹注:"若以人治人,则所以为人之道各在当人之身,初无彼此之别。故君子之治人也,以其人之道,还治其人之身。"① 按朱子的解释,该句中的两个"人"都是指民众而言,只不过前一个指"其人之道",后一个指"其人之身",君子用民之道来治理民众。那么,什么是民之道?又如何确立民之道呢?朱熹说:"盖责之以其所能知能行,非欲其远人以为道也。张子所谓'以众人望人则易从'是也。"② 原来朱熹所理解的民之道是就民众可以理解、实践的程度而言,超出了这个程度就不是道了。所以他引张子说"以众人望人则易从",根据众

---

① 朱熹:《四书集注》,中国书店 1994 年版,第 22 页。
② 朱熹:《四书集注》,中国书店 1994 年版,第 22 页。

人可以接受的程度去要求民众，则民众就容易服从了。朱熹的《四书集注》引用了很多人的观点，但往往不标明姓名，而是称某氏、某子等，这个张子应该就是张载了。朱熹《中庸章句》在思想史上的影响很大，但对这句话的解读我并不认同。为什么呢？因为按照朱熹的理解，"以人治人"与前面的"伐柯伐柯，其则不远"，就没有什么关系了。但在《中庸》中，"执柯以伐柯"作为一个比喻，显然是用来说明"以人治人"的。如果说"伐柯"喻指"以人治人"的"治人"的话，那么"执柯"就应指"以人"了。所以《中庸》虽然用了"以人治人"的说法，但前一个"人"显然不是一般的人，因为"执柯以伐柯"强调的是，我握着斧头柄去砍斧头柄，根据或原则就在我手上，我是根据手中的斧头柄去选择砍什么样的木头的。所以根据《诗》的提示，"君子以人治人"，实际是说君子根据自己掌握的标准或自身的标准来治理民众。"改而止"，对方改正了就可以停止。怎么算是改正了呢？当然还是根据我所掌握的标准。朱熹的解读显然没有将这层意思表达出来，所以我认为是不恰当的。那么，"以人治人"到底该怎么理解呢？我将前一个"人"理解为人情或人性，而所谓人情、人性又是君子通过反求诸己、推己及人获得的，在这个意义上，也可以说是"以己治人"。正因为如此，第三部分紧接着谈到忠恕之道。

"忠恕违道不远，施诸己而不愿，亦勿施于人。"根据孔子的定义，忠是指"己欲立而立人，己欲达而达人"，恕是指"己所不欲，勿施于人"。忠恕就是推己及人，讲的是己与人的关系。子思点出忠恕是对前文的回应，"执柯以伐柯"是说根据自我就可推及或了解他人，同理"以人治人"强调的是以我所理解的人情事理来治理他人，也就是以己治人，故二者都可以用忠恕来概括，这样上下文义才可以真正贯通，三个部分具有了内在的联系。朱熹的注释割裂了上下语境，没有说明忠恕与前文的关系，是不可取的。

二

君子为何可以根据自己对人情、人性的理解来治理他人呢？又为何可以"以人治人"呢？因为"性相近也"，人情、人性是相近的，我根据自己的人情、人性可以推知他人的人情、人性。这可以说是儒家的一个基本思想，在儒家经典或文献中有很多类似的表达。例如，郭店竹简中有一篇《尊德义》，其中说道："察诸出，所以知己，知己所以知人，知人所以知命，知命而后知道，知道而后知行。"[①] "察诸出"是什么意思？就是观察我内心的情感、愿望，这里的"出"是指心之出，指内心的表现。我观察自己内心的表现，反求诸己，这样就了解了自己。理解了自己也就了解了别人，因为"性相近"嘛，我的愿望与他人的愿望，我的情感与他人的情感是相近、相通的，我所具有的情感、愿望也是他人想要得到的。同样的，我不想经历或遭受的对待，也是他人不想遭受的。"知人所以知命"，推己及人，由了解自己到进一步了解他人，这就是知命。这里的"命"指性命，性命是人人都有的，也是人人相同的，是普遍、必然的，所以"知命而后知道"，知道了命也就知道了道，道有准则、法则的意思，是对命的进一步说明。《语丛一》也说："知己而后知人，知人而后知礼，知礼而后知行。"[②] 礼也就是道。"知道而后知行"，知道了道或者礼，了解了准则、法则也就知道该如何行为了。如果具体到治人的话，也就是知道如何去治人了，"以人治人"嘛。所以根据我所体察到的人情、人性，以及情感、愿望去治理人，这就是推己及人，从积极的一面说是忠，从消极的一面说，是恕。忠恕不仅是一个伦理原则，同时也是一个政治原则。

忠恕也就是推己及人是儒家的一个重要主张，其背后的哲学根据就是孔子的"性相近"，人情、人性是相同或者相似的。孔子之后，孟子、荀子对此都做了进一步的发挥。孟子说："凡同类者，举相似也，何独至于人而疑之？圣人，与我同类者。"（《孟子·告子上》）同类的事物都有相似的性质，人也是一样的，因为人也是一个类，所以人情、人性有相近的一面。即便是圣人，与我们普通人也属于同类，圣人之心与我们的心也有相近、相同的地

---

① 李零：《郭店楚简校读记》（增订版），中国人民大学出版社 2007 年版，第 182 页。

② 李零：《郭店楚简校读记》（增订版），中国人民大学出版社 2007 年版，第 208 页。

方,何以见得呢?孟子说,"口之于味也,有同耆焉,易牙先得我口之所耆者也。"(《孟子·告子上》)好吃的饭菜大家都喜欢吃,说明我们的口味有相近的地方。"耆"通"嗜",嗜好的意思。易牙是古代善于烹调的人,相当于今天的大厨,易牙烹调的食物,大家都喜欢吃,说明人的口味是相近的。如果口味不同,根本就不是一个类,如像人喜欢吃饭,牛马喜欢吃草一样,那么易牙烹调的食物就应该是有人喜欢,有人不喜欢。但事实并非如此,易牙烹调的食物人人都喜欢,说明人的口味是相近的。那么,易牙为什么能做出人人都喜欢的食物呢?因为他比一般人更了解人的共同口味。当然,口味的差别也是存在的,如北方人喜欢吃咸,南方人喜欢吃甜,但这也不能否定人的口味仍有相近的地方,所以南方的佛跳墙北方人也喜欢吃,北方的满汉全席南方人也向往,孟子也只是说"相似"而没有说"相同"。同样的道理,好听的音乐,大家都喜欢听,说明我们的听觉有相近的一面,所以师旷演奏的音乐大家都喜欢听——师旷是古代著名的乐师。美女帅哥大家都喜欢,像一些电影明星,已经超越了种族的界限,被不同国家、种族的观众所崇拜和喜爱,这说明人的美感也是相近的。孟子举出了子都,应该是当时的一个大帅哥。既然我们的味觉、听觉、视觉都有相似的地方,"至于心,独无所同然乎?"(《孟子·告子上》)我们心难道没有相同的部分?当然有。那么心相同的部分是什么呢?孟子说是"理也,义也"。这个理、义应该如何理解?孟子说过,"羞恶之心,义也"(《孟子·告子上》)。这是从道德意识上讲,我认为也可以从自然情感上来理解,由我的人情、人性推及他人的人情、人性,意识到我所喜欢的也是他人喜欢的、我所追求的也是他人想要得到的,由己推及他人,将个体的人情、人性上升为普遍的人情、人性,这就是理、义了,理、义有法则、准则的含义。所以《尊德义》说,"有知己而不知命者,无知命而不知己者"[1]。"知己"还只是"察诸出",是对个体情感的观察和把握,"知命"则是推己及人,上升为普遍和必然了。所以"知己"还不一定"知命",但做到了"知命"就一定"知己"。

---

[1] 李零:《郭店楚简校读记》(增订版),中国人民大学出版社2007年版,第182页。

我们在《孟子》中可以看到类似的思想，所以我的解读是有根据的，并非主观发挥。例如，孟子劝梁惠王行仁政："王如善之，则何为不行？"您如果觉得仁政非常好，为什么不去实行呢？梁惠王说："寡人有疾，寡人好货。"不行，我这个人有缺点，我贪财。孟子马上就说了，贪财有什么过错？周人的先祖公刘也喜欢财物，"王如好货，与百姓同之，于王何有？"（《孟子·梁惠王下》）"同"是"共"的意思，"同之"也就是"共之"。大王喜欢财物，如果进一步想到老百姓也喜欢财物，也希望发家致富，与天下百姓共同实现致富愿望，那么实现王道有什么困难呢？这就是推己及人。你喜欢财物，同时认识到天下人都喜欢财物，作为执政者，应该帮助天下人实现他们的愿望，满足他们获取财物的想法和愿望。

梁惠王又说："寡人有疾，寡人好色。"不行，我还有缺点，我这人好色。孟子说，当年文王的祖先古公亶父也好色啊！他宠爱自己的妃子，《诗经》中都有记载，但是他能推己及人，做到了"内无怨女，外无旷夫"，没有嫁不出去的老姑娘，也没有娶不到媳妇的大龄男子。"王如好色，与百姓同之，于王何有？"大王如果好色，能认识到天下的人都好色，都有对爱情的渴望——古人可能不注重爱情，主要是传宗接代，进而也像古公亶父一样，做到"内无怨女，外无旷夫"（《孟子·梁惠王下》），那么实现王道有什么困难呢？仍是劝导梁惠王要推己及人。我们注意到，孟子关于推己及人实际有两种表达形式，一种是推恻隐之心、不忍人之心，是对自己道德情感的扩充，用孟子的话讲就是推恩。例如，孟子讲小孩子要掉到井里，正常的人都会有"怵惕恻隐之心"（《孟子·公孙丑上》），这种恻隐之心往往是一刹那间的呈现、流露，而且是没有任何外在的功利目的。进一步，将这种同情心推到所有的人，达之天下，这就是推恩。所以孟子说，"推恩足以保四海，不推恩不足以保妻子"（《孟子·梁惠王上》）。对于这点，以往学者讨论比较多。但在孟子那里，除了推恩外，还有一种推的形式，可以称为"推己"，就是推自己的好货、好色之心，实际是将心比心，承认他人感情、欲望的合理性，强调"与民同之"。这两种"推"当然有所不同，以往的研究只注意"推恩"，而忽略了"推己"，对孟子思想的了解是不全面的。只讲推恩，会流于道德的说教。但在早期儒家那里，道德说教一定要落实为百姓的物质利益。所以孟子说，要获得民心就要"所欲与之聚之，所恶勿施尔也"（《孟子·离娄上》）。老百姓喜欢的就满足他，不喜欢也不要强加给他。老百姓喜欢什么？当然是好货、好色啊！这是人基本的欲望。作为执政者，首先要满足老百姓的基本需要。所以孟子对社会精英与普通大众的道德标准是不一样的，"无恒产而有恒心者，惟士为能"（《孟子·梁惠王上》）。没有固定资产，但是有固定的志向，能够超越个人的利益去关注天下的福祉，这是对士人的要求。"若民，则无恒产，因无恒心"（《孟子·梁惠王上》），对老百姓则不必提太高的要求，老百姓关注的就是自己的生活，如果没有固定的财产，也就没有固定的志向，所以满足他们的物质生活更重要。

孟子的这一思想还有其独特的理由，就是个人的精神快乐。孟子曾问齐宣王："独乐乐，与人乐乐，孰乐？"（《孟子·梁惠王下》）"独乐乐"的前一个"乐"用作动词，读 yào，喜好的意思。后一个"乐"读 lè，指快乐。这样就读为："独乐（yào）乐（lè），与人乐（yào）乐（lè），孰乐（lè）？"也有学者主张把后一个"乐"读为 yuè，指音乐。这样就读为："独乐（yào）乐（yuè），与人乐（yào）乐（yuè），孰乐（lè）？"这里我们按照第一种读法。一个人拥有某物的快乐，与他人一块儿拥有某物的快乐，哪一种更快乐？是一个人满足其欲望，实现其价值快乐呢，还是与天下人一起满足其欲望，实现其价值更快乐？宣王承认："不若与人。"不如与他人一起拥有某物快乐。孟子又问："与少乐（yào）乐，与众乐（yào）乐，孰乐？"跟少数人拥有某物的快乐，和与更多的人拥有某物的快乐，哪一种更快乐呢？"不若与众。"宣王很诚恳，承认后一种情况更快乐。看来这是一种普遍认识，只要稍稍具有理智的人都会承认和接受。所以一个人在满足自己物质需要的同时，也应推己及人，想到他人也有类似的需要，这既是一种境界，也是一种智慧。当你这样做的时候，你就会越来越快乐。相反，只想着自己的物质需要，完全不顾及他人，甚至为富不仁，你就会越来越不快乐。孟子所说的乐，主要是一种精神快乐，但这种乐来自欲望的满足，同时又经过了推己及人的升华过程，升华后的快乐已有了精神的内涵，物质、精神双重满足的快乐比单纯的物质满足的快乐更快乐。不过孟子虽然谈到"推恩"与"推己",但他更重视的还是"推恩",他的主要思想也是围绕"推恩"展开的,例如其性善论就是要为"推恩"提供人性论的根据,其仁政说也是"推恩"的具体落实,所谓"有不忍人之心,斯有不忍人之政"。而他谈到推己主要是出于规劝执政者的需要,是一般性的提及,而没有落实为制度的设计,这个工作主要是由荀子来完成的。所以我认为,在荀子那里推己应该占有更为重要的地位。

三

荀子对人性的预设与孟子不同,他不主张性善论,而是持性恶心善说,认为人性的内容主要有二:一是欲望,不加节制则导致恶;二是理智,好善恶恶,有追求秩序的愿望。前者是性,后者是心,所以我称之为性恶心善说。[①] 荀子说:"人生而有欲,欲而不得则求,求而不得则争,争则乱,乱则穷也。"(《荀子·礼论》)我们每个人都有欲望,欲望表现为对财物的追求,但是欲望是无限的,财物则是有限的,这样人与人之间就出现了争夺,导致了混乱。这种争夺与混乱对于人类而言,当然是不好的,这个时候,"先王恶其乱也",由于荀子描写的是前礼义的状态,这时还没有严格意义上的王,所谓"先王"只能是先知、先觉者,是某个聪明人。这个人出来说,我们彼此不要争夺了,来制定一个度量分界,也就是礼义、法度。订立礼义、法度的目的是什么呢?是"以养人之欲,及人之求"(《荀子·礼论》)。表面上看,礼义、法度是限制了我们的某些欲望,但实际上却更好地满足了我们的欲望,因为人不能生活在一个无规则的社会中,社会必须要有规则,规则就意味着限制,但限制的目的只能是为了更好地满足人们的欲望和欲求。所以荀子说,"礼者,养也",礼是满足和提升人的欲望的。荀子认为礼是先王制作的,而先王之所以能启发人们制作礼义,显然是推己及人的缘故。推

---

① 参见梁涛:《荀子人性论辨正——论〈荀子·性恶〉的性恶、心善说》,《哲学研究》2015 年第 5 期。

己及人不是来自欲望,而是理智的抉择。由于荀子认为人既有欲望的一面,也有理智的一面;既有性恶,也有心善——我说的心善是指心可以追求善、认识善、实践善,而不是说心已然是善的了。所以人们可以通过推己及人,制定礼义,摆脱混乱,走向秩序,实现孟子所说的"与百姓共之"。可见,在忠恕之道、推己及人上,孟、荀有相通的地方,但二人思考问题的角度又有差别,孟子的推己及人是从不忍人之心出发的,推己是建立在推恩之上;荀子则是以理智心、从明分使群的角度来立论的,其思想包含了推己及人的维度,但又缺乏明确的表达。

这些年,我提出统合孟、荀,主张用孟子来丰富荀子,用荀子来补充孟子,建构更为完备的儒家学说。[1] 由此我提出新道统、新四书,新四书指《论语》、《礼记》、《孟子》、《荀子》,而将《大学》、《中庸》返回《礼记》。新四书的核心问题就是统合孟、荀,因为孟、荀代表了儒学两个不同的发展方向,二者都是对儒学的丰富和发展,不可偏废,最好的选择是将二者结合起来。

回到文本,前面我们结合孔、孟、荀的思想对于忠恕做了解读,指出忠恕的核心是推己及人,推己及人既包括"推恩",也包括"推己";既是一个伦理原则,也是一个政治原则。推己强调的是,你想要得到的,往往也是他人想要的;你不想被对待的,也是别人所不想的。所以你在满足自己愿望的同时,也要使别人能够实现其愿望;你不希望别人侵犯你的权益,你也不应侵犯他人的权益,这就是忠恕之道。由于是建立在推己及人之上,将其用在国家治理上,便是"以人治人"了。这样,《中庸》第十三章第一自然段的三个部分才能上下贯通,其中第一部分"道不远人"是说道不能远离人情、人性。但人情、人性怎么去理解、把握呢?当然是反求诸己,并推己及人,使其普遍化。所以第二部分又引《诗》云"伐柯伐柯,其则不远",说明治理民众,其标准在我们自身,以此说明"以人治人"。朱熹认为是以众人之情来治人是正确的,但是众人之情又是如何来的,他没有讲,没有提及推己及

---

[1] 参见梁涛:《统合孟荀,创新儒学》,载杜维明等:《成己成人:共建天下文明》,光明日报出版社 2019 年版。

人的过程,这样便与"执柯以伐柯"的引诗失去了关联。第三部分点出忠恕,对前两部分做出总结,三个部分的内容最后统一在推己及人上。

四

《中庸》第十三章第二自然段与第一自然段关系不大,反而与第十二章"夫妇之愚,可以与知焉,及其至也,虽圣人亦有所不知焉"联系更密切些。所以单独分为一章应该更好,朱熹将其与上一段合为一章,自然有他的考虑。不过朱熹的分章不是绝对的,做适当的调整也是可以的。这里按我们的理解来解读,这一段说:"君子之道四,丘未能一焉:所求乎子以事父,未能也。"君子之道体现在四个方面,我孔丘每个方面都没有做到。作为儿子对父母尽孝,我没有做到。我想这绝不是孔子自谦,"未能也"不是说孔子不懂得向父母行孝,而是说君子之道也就是中庸之道,乃生活之常道,主要体现在事父、事君、事兄、与朋友交四个方面,这是愚夫愚妇可知也,但要做到极致,做得恰到好处,圣人也难以做到。从这一点看,孔子感慨自己"未能也",当然是有感而发了。这是对"事父"而言,其他方面也是一样。"所求乎弟以事兄,未能也;所求乎朋友,先施之,未能也。"作为弟弟,侍奉我的兄长,没有做得很好;作为下属,对待我的上级,没有做得很好。对待朋友,应该先做到的,我也没有做到。那么,君子之道难以做到,是因为它超出了我们的能力所及,具有很大的难度吗?不是,君子之道也就是中庸之道,是生活的常道,是每个人每天都在遵行的。但为什么难以做到呢?《中庸》第三章说了:"道之不行也,我知之矣,知者过之,愚者不及也。"我们做不到是不是因为中庸之道太特殊,而恰恰是因为其太平常,所以聪明的人往往过之,愚笨的人则有所不及,因而都不能做到恰当、恰好。实践君子之道并不需要特别的行为,而只需"庸德之行,庸言之谨",实践平常的德行,谨慎平常的言语。因为其普通、平常,所以更应注意。"有所不足,不敢不勉","勉"是努力的意思,做的不够的地方不敢不努力。"有余,不敢尽",做得过头的地方要有所保留,过犹不及嘛,这就是中庸之道。"言顾行,行顾言",说话的时候要考虑能否做到,行动的时候要考虑与言论是否相符。"君子胡不慥慥尔","慥慥"是努力的意思,君子为何不努力呢? 这种努力就体现在对中庸之道的践行之中。

（作者单位：中国人民大学国学院）

孟子仁宅礼门义路说发微

关 长 龙

《孟子》一书数以宅、门、路喻仁、义、礼三者,亦因以揭示了三者间的关系。

> 夫仁,天之尊爵也,人之安宅也。(《孟子·公孙丑上》)
>
> 吾身不能居仁由义,谓之自弃也。仁,人之安宅也;义,人之正路也。旷安宅而弗居,舍正路而不由,哀哉!(《孟子·离娄上》)
>
> 夫义,路也;礼,门也。惟君子能由是路,出入是门也。(《孟子·万章下》)
>
> 居恶在?仁是也;路恶在?义是也。居仁由义,大人之事备矣。(《孟子·尽心上》)

孟子用生活中常见的实象设喻,来发明此三种精神现象的义理特征及其间的关系。然历代注家多仅于句意稍加疏通,至于孟子何以如此设喻的深意则论者寥寥。其中唯朱子《四书集注》中略有敷陈,以仁为"天地生物之心","在人则为本心全体之德,有天理自然之安,无人欲陷溺之危",以义为"天理之当行,无人欲之邪曲",而于礼门之意则未置一词。宋明以来学者虽亦或申"仁包四德"之义,然于孟子所揭仁礼义间的关系仍略而不论。今即因其象喻之理,试述孟子这一诠释在儒学体系中的结构意义。

一、仁，宅也

仁字不见于甲骨金文，亦不见于《尚书》、《周易》及《诗经》三颂，故阮元《〈论语〉论仁论》断其字为"周官礼后始造'仁'字也"①。《说文解字》云："仁，亲也，从人二。忎，古文仁从千心作。尸，古文仁或从尸。"从"千心"之仁的造字义旧多曲解，自郭店楚简从"身心"的"急"字之出，则可知所谓"千心"即"身心"字之讹变，杜维明先生指出："身心合一说明中国传统里面没有唯心唯物严格的二分。《大学》里讲先后上下左右深浅，都是对应关系。一般来说，其中最重要的就是阴阳……"② 由此启发我们对另外两个仁字造字义的理解，即"人能沟通阴阳"为"仁"，以及能如祭祀中代祖神受享的"尸"一样沟通阴阳为"尸"，作为儒学中的一个重要概念，它与"通天地人曰儒"（《法言·君子》）的造字义亦能呼应契合。

《中庸》云："天命之谓性。"然作为终极本体之"天"与其命赋生生之人中的"性"体之间自有着一种天然的"界域"，自理性观之，"气之生人，犹水之为冰也"③，"冰"固与其所从生的"水"有了隔阂，此即宗教神学所谓"绝地天通"、"失乐园"的喻旨所在。为了弥缝此一"隔阂"，早期的巫史作了许多努力，到了轴心时代，启蒙先知们亦皆于此孜孜以求，若道家"载营魄抱一"（《老子》）之努力，佛家"转识成智"之功夫，儒家"明明德"之大学④，《荀子·大略》皆欲对个体生命中的身心、精神、神明、魂魄、

---

① 阮元：《研经室集》一集卷八，中华书局1993年版，第179页。
② 杜维明：《"仁"的民族认同和世界意义》，《文汇报》2012年12月3日第8版。
③ 王充著，黄晖校释：《论衡校释·论死第六十二》，中华书局1990年版，第873页。
④ 《大学》中的"明德"之"明"虽多解为"光明"，然与后文语境颇有冗赘之感，郭静云释此云：《大学》所言：'大学之道，在明明德'之本义恰恰在于使人在地上的明德达致通天的能力和理想的境界。"（郭静云：《天神与天地之道：巫觋信仰与传统思想渊源》，上海古籍出版社2016年版，第657页）盖已略示"明"具有与"魄"、"精"、"阴"同质的内涵。

阴阳、心智（佛教谓智识）间的区隔加以沟通。"明德"之"明"作为"气质之性"，固有其源出于终极本体的性，然其锢于气质而不得自由，故"所思所想"仅以个体的感受与记忆（智）为凭依，其所伴生的以"神"、"魂"、"心"等为能指的"天地之性"则因"用进废退"的生物进化原则而为"气质之性"所压抑、驱离，故儒家强调要重建"合外内之道"的"性之德"（《中庸》），此"内道"可以理解为以身体所承载的锢于肉体的"气质之性"，而"外道"则是以心灵所承载的弥纶天地的"天地之性"，《周易·系辞下》所谓"精义入神，以致用也"。守精而不能"入神"，史也；守神而不能"通精"，巫也，此亦帛书《要》所载孔子语"赞而不达乎数，则其为之巫；数而不达乎德，则其为之史"的基本界说。由此可知，个体"和合"的工夫到处，即谓之德，所谓"德之为言得也，得于心而不失也"[①]。如此则"为天地立心"（张载语）的"心"才得以建立。

德之"得于心"似仅为一种工夫到处的豁然"贯通"，犹如佛教所谓的"顿悟"，然其"贯通"之结果自是在外内之际融结成"胚芽"——所谓"仁"在焉。如电脑与电源间的"开关"所指向的"控制器"，"开关"启动是谓"德"，而连接起来的"开关"处便有源源不断的信息出入，这时有了"知觉"的"控制器"即谓之"仁"，锢于肉身的"气质之性"也便在此"仁宅"与"天地之性"交合贯通，从而使主体得以"浑然与物同体"，"天地之用皆我之用"[②]。"仁"作为主体的性体精魄与本体神魂相互接驳交融的"节点"，它与道教之"金丹"、佛教之"如来藏"的概念大致相近。泛言之，则本体生生流行的状态亦谓之仁。如同墒情合适的土壤中的种子，其芽心的先天"基因"既已激活，则内在秩序的生生以及与外部对境的协调自有终极本体的安排，假以时日，其"天纵之才"固可成矣。

即儒家的进学路径而言，则《大学》格物、致知、诚意、正心的内修四目，仁、义当为诚意、正心二目的工夫所在。意者心志之所发，"诚者一也，一者

---

① 朱熹：《四书章句集注·论语集注·为政第二》"为政以德"章注，中华书局1983年版，第53页。
② 《二程集·河南程氏遗书》卷二上，中华书局1981年版，第16、17页。

质也。君子虽有外文，必不离内质矣"（《说苑·反质》），此谓诚即沟通心神之"质"与身性之"文"的工夫，或者说"意"兼心之内孕的本体与其所发出的"心之音"（《礼记·乐记》："声成文谓之音。"）使二者能够保持一致且绵延不绝，就如接通电源后的两段线路中的电流一样，是为"诚意"工夫。《庄子·齐物论》云："其寐也魂交，其觉也形开。"《周易参同契·关键三宝章》云："寝寐神相抱，觉悟候存亡。"皆谓人于宅中寐则魂魄交而得以休养生息，觉则形神分而各有衰微，盖道者所重在个体精神贯通后的体质超越，而儒者则重在个体精神贯通后的伦理安顿，故孟子以"仁宅"之觉证喻个体觉醒之时亦能使性之精魄与魂相通，使其行止合于"天命"的禀赋，而不会因个体的"一意孤行"发生偏移。

由上观之，有关"仁"之诠释的"亲亲"、"恻隐"、"孝悌"、诚敬诸解，皆是明德、体仁的工夫，要之皆"克己复礼为仁"之节文而已；至于"生生"、"爱人"、"公理"云云，则是得仁之后主体致用的现象或者说境界呈现；或泛以"人心"、"天理"、"本体"等终极实体释仁，则又不免以仁之"体"实"喧宾夺主"取代了其作为"宅"节的根本特征。正因为明德成仁之后，主体才可以超越"私我"而成为"与天地万物为一体"的"大我"，其行为与活动也才能因此而合于"天命"安排，故孔子有云："唯仁者能爱人，能恶人。"（《论语·里仁》）"夫仁者，己欲立而立人，己欲达而达人。"（《论语·雍也》）"人而不仁，如礼何？人而不仁，如乐何？"（《论语·八佾》）又"志于道，据于德，依于仁，游于艺"（《论语·述而》）之意，亦谓当以终极本体之道为旨归，而用功有得，以成就"仁"种，再因以致用游艺，乃可不失。

《孟子·尽心下》谓"仁也者，人也。合而言之，道也"，此是从得仁而觉道成人的角度说的，不可以为"已觉"与"未觉"之人皆可有当于"仁"人之名。《孟子·告子上》又云："仁，人心也；义，人路也……学问之道无他，求其放心而已矣。"乃以"仁"为觉道成人者之"心"，其未觉者则当求而成就之，所谓"学问之道无他，求其放心而已矣"（《孟子·告子上》）。故此"心"实为君子所"修建"之"仁"心，而前文所及的与"智"相对的未觉道者之作为自在本体的"心"。

二、义，路也

修仁宅而居，择正路而行，因礼门而出入。较之以现实的居落空间，此"义路"盖当为沟通内外宅院的"道路"，它与"礼门"一样，是仁宅"修建"完成后必备的伴生物，三者共同构成了一座宅院的"生态系统"，让仁宅中的"主人"得以自由祥和地动息出入。如果把这一譬喻引入"身体"的院落中，也许可以借用现代人工智能的计算机工作原理演绎如下：

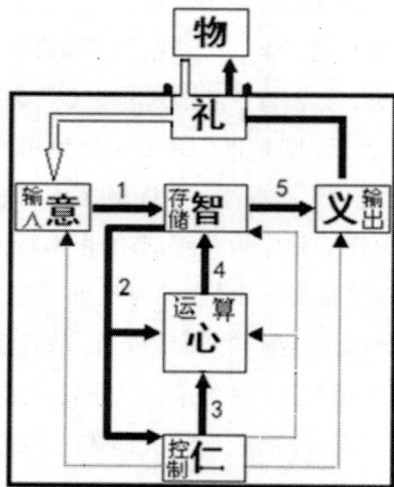

《礼记·乐记》云："人生而静，天之性也，感于物而动，性之欲也。物至知知，然后好恶形焉。"郭店楚简《性》篇有云"情生于性"[1]，则是情、欲皆由性感于物而起，二者的关系是"欲者，情之应也"[2]。即情是主体"感于物而动"探索性接触，而"欲"则是"情"之遭遇的一种"索取式"回应，二者的关系类似阴阳消长的转变，共同组构为"感于物而动时""心之所发"

---

① 李零：《郭店楚简校读记》，北京大学出版社2002年版，第105页。
② 杨柳桥：《荀子诂译·正名》，齐鲁书社2009年版，第636页。

的"意"。①

主体对境起意，情欲既动，则其心性本身就需要处理回收到的信息，这首先就要与"气质之性"中所存储的记忆之"智识"相比较，此时如果没有因诚意而修证的"仁宅"控制，则由智识比较后的"性体"之"情欲"就不会再行启动心体的比较，而直接进入"庭路"，出"门"应物，至于其应物是否合于道德，盖只在间或而已。② 至于君子能因诚意而修证圣道之"仁宅"，则融摄个体"气质之性"（智）与"天地之性"（心）的"仁宅"在意念既起后，就要控制经"性体"比较后的"情欲"还要经由具有更大视域的"心体"比较（《孟子·告子上》谓"心之官则思"）。然后在整个宇宙大化（包括自己）的背景下权衡主体与此"外物"的关系，从而决定主体所应采取的"情欲"策略，此后"情欲"在经由庭路时即已"节制"为"义理"。扩而言之，从主体对境时本体自发起意的信息"观察"到经"仁宅"之后自觉应对的义理策略，其间整个合宜的情欲轨迹都可以称为"义路"。

审"义"字本义，《说文解字》释作"己之威仪也"。这个意义后来写作"仪"。许氏这个解读也许是受了董仲舒"义者，谓宜在我者"（《春秋繁露·仁义法》）的影响，二者皆照顾到了从"我"之义，但却对并非"声旁"的"羊"形未加说明，《说文解字》在"善"字下注云："吉也。从誩；从羊，此与义美同意。"又于"美"注下云："甘也。从羊；从大，羊在六畜主给膳也，美与善同意。"按义、美、善三字皆为关乎义理性的汉字，其造字义固较指称实物性的汉字更难辨识。考羊字在甲骨、金文中多用作"祥"义，是为"祥"之古字，而"祥"之本义当为"吉凶的征兆"。《说文解字系传》云："祥之言详也。天欲降以祸福，先以吉凶之兆详审告悟之也。"又"义"所从之"我"在甲骨、金文中皆为斧钺类武器之形，合"羊"旁则可会意为"源自上天的

---

① "意者，心之所发也。"（朱熹：《四书章句集注·大学章句》"先诚其意"注，中华书局1983年版，第3页）又此中所谓之"心"乃广义上所谓的"心统性情"之"心"，不是狭义上与"气质之性"相对的"天地之性"的"心"。而本文上附图示中的"心"则是狭义的"心"。

② "人之所以有善有不善，只缘气质之禀各有清浊。"（《朱子语类》卷四，中华书局1986年版，第68页）

关乎吉凶征兆的决断"①。这一理解与前文所揭孟子之"义"出自个体生命中的本体和合说的意见是一致的。②"义"字的相关义项如"适宜"、"正当"、"善,好"、"公利"(与"私利"相对)③、"公益的",等等,皆由此引申而出,"源自上天的关乎吉凶征兆的决断"是其他义项所涉德目之合法性的共同来源。至于主体对境中诸"礼义"之所从出,④亦当因此以为断制,是即《礼记·礼运》所谓:"义者,艺之分,仁之节也。"

三、礼,门也

关于"礼"字的本义,一般皆取《说文解字》所释:"礼,履也,所以事神致福也。"这里的"履"即指个体的践履行为,《白虎通·情性》云:"礼者、履也,履道成文也。"盖其践履行为的发生要遵循作为终极本体的道的要求;"神"乃终极本体的运动形态,《周易·系辞上》云:"阴阳不测谓之神。"至于"致福"之"福"字实当为"备"字通借,《礼记·祭统》云:"贤者之祭也,必受其福,非世所谓福也。福者备也,备者百顺之名也。无所不顺者谓之备,言内尽于己,而外顺于道也。"这里特别强调了"内尽"自己的性体之道、"外顺"自在的本体之道,和合二者才可称"福"称"备"。以今语言之,礼的本义是指个体具有终极关怀的以"成人"为目的的行为方式。⑤它强调个体在对境活动中,要通过终极本体的自然发动(意)与自觉认同(义)来节制自

① 与"义"同理,"美"的造字义当为"能与上天之吉凶征兆保持一致的人"("大"为人的正面形像),"善"的造字义当为"遵从上天之吉凶征兆而给出的言说、建议"。
② 以此观照早期文献中所记载的各种对仁义关系的说法,如体用、内外、外内、爱利、施顺等等,则可以兼总条贯而知其所取矣。
③ 《周易·乾·文言》:"利者,义之和也。"说明真正的"大利"应该是做义事的回应("和",应和)。《墨子·经上》及《经说下》所谓的"义,利也"亦当作如是解。《孟子·告子上》载孟子曰:"有天爵者,有人爵者。仁义忠信,乐善不倦,此天爵也;公卿大夫,此人爵也。古之人修其天爵,而人爵从之。"所论理同。
④ 《礼记》中有关"祭义、冠义、昏义、乡饮酒义、射义、燕义、聘义"诸说。
⑤ 《礼记·礼器》:"礼也者,犹体也。体不备,君子谓之不成人。"又《左传·昭公二十五年》:"故人之能自曲直以赴礼者,谓之成人。"

己的情欲流动与行为方式。①

从结构上分析，传统的礼大致由六个要素构成，分别可以称为礼意、礼义、礼仪、礼器、礼法、礼乐。②

礼意是主体对境时心性所产生的自发反应。在经由性体乃至心体的整合后，形成主体的自觉策略，是为礼义。泛言之，则礼意与礼义二词所偏指的本末内容可以互相兼摄。另外，因为主体对对境具有一定的选择权，所以对于欲修君子之道的主体来说，他们往往会选择更有助于"修建"和"维护""仁宅"的对境符号，故历代礼典中最为大宗的就是直接与本体"符号"进行沟通的各种祭祀活动，所谓"国之大事，在祀与戎"（《左传·成公十三年》），"礼有五经，莫重于祭"（《礼记·祭统》）。

礼仪是个体在对境活动中由主体所呈现出来的外在容姿与行为，包括音容态貌、站立行坐、进退执物等等。《汉书·礼乐志》："人性有男女之情，妒忌之别，为制婚姻之礼；有交接长幼之序，为制乡饮之礼；有哀死思远之情，为制丧祭之礼；有尊尊敬上之心，为制朝觐之礼。"这些散见于人生一些重要节点的礼仪活动，无疑具有"宅门"的功能，"（仪式）其根本目标相同：使个体能够从一确定的境地进渡到另一同样确定的境地"③。人们通过一个个的礼仪特别是典礼活动，而标识自己生命在人生、自然与社会中的阶段与进境，"人生的旅程是不连贯的，它有一个又一个的断点。在这些断点上，人们告别了旧有的'自我'，嬗变为新的'自我'"④。

"礼器是具有物质形状的，有特殊功用的，有一定形制的器具。"⑤ 这里

---

① "夫礼，体情而防乱者也，民之情不能制其欲，使之度礼，目视正色，耳听正声，口食正味，身行正道，非夺之情也，所以安其情也。"（董仲舒著，苏舆义证：《春秋繁露义证·天道施第八十二》，中华书局1992年版，第469—470页）

② 《礼记·乐记》论礼之结构有"礼情、礼仪、礼器"三要素说，黄侃分别以"礼意、礼文、礼具"称之（《黄侃论学杂著》，中华书局1965年版，第463页），沈文倬则以"礼意、礼仪、礼物"当之（《菿闇文存》，商务印书馆2006年版，第7页）。

③ [法]范热内普：《过渡礼仪》，张举文译，商务印书馆2010年版，第3—4页。

④ 金泽：《宗教禁忌》，社会科学文献出版社1998年版，第164页。

⑤ 吴十洲：《两周礼器制度研究》，五南图书出版公司2004年版，第30页。

的礼器应该包括盛器与其中所盛载的物品,礼器是主体用来与礼仪配合使用,以便能更好地表达礼义的。具体言之,礼器又有三个组成要素:即以物质为载体的物器、物器之形状图纹的文器、物器和文器之等差标志的名器。

礼法特指中国传统的刑法而言,它在礼仪生态中的作用犹如个体健康系统中的免疫系统,或如电脑操作系统中的杀毒软件。《汉书·刑法志》云:"先王立礼,'则天之明,因地之性'也。刑罚威狱,以类天之震曜杀戮也;温慈惠和,以效天之生殖长育也。《书》云:'天秩有礼','天讨有罪'。故圣人因天秩而制五礼,因天讨而作五刑。"

礼乐有广狭二义,广义是指主体在践行礼仪过程中的境界觉受,《礼记·乐记》云:"乐由中出,礼自外作。"现代心理学称之为"冥契"的快乐体验。[①] 狭义的乐则指能通过动态节律(其表现形态一般为音歌舞)引导主体在礼仪践行过程中"敦和""从天"(《礼记·乐记》)的音、歌、舞等活动。

仁宅、义路、礼门之喻形象地揭示了终极实在之"道"体在显现为个体"生命"后的运行轨迹[②],唯此"道"在个体生命中的理想存在形态既非自在的"天道"形态,亦非由"天道"被动生成的"性道"形态,而是经过主体诚意涵养而成就的"天道"与"性道"两相融通的"仁体"[③],三者在本质上虽然无殊,但在存在生态上则不尽相同,其中只有后者能在个体存在中自觉做到"与天地万物为一体"的流行无碍。

---

① "这是一种特殊的现象学状态,表明人能以某种方式领悟整个宇宙或至少是宇宙的统一和整合,理解宇宙中的一切事物,包括人的自我(self),他于是觉得似乎自己有权归属于宇宙,成为宇宙大家庭中的一员而不是一个孤儿。"([美] 马斯洛:《人性能达的境界》,林方译,云南人民出版社 1987 年版,第 269 页)

② 此"道"字取其作为"道德"修证中的本体义而言。按《孟子》一书所用"道"字多与《中庸》"率性之谓道"义略同,乃即工夫而言之,其个别用法,如"尊德乐道"(《公孙丑下》)、"道一而已"(《滕文公上》)等,则略兼道德本体之义。

③ "仁者,以天地万物为一体,莫非己也。认得为己,何所不至? 若不有诸己,自不与己相干。如手足不仁,气已不贯,皆不属己。……仁至难言,故止曰'己欲立而立人,己欲达而达人,能近取譬,可谓仁之方也已'。欲令如是观仁,可以得仁之体。"(《二程集·河南程氏遗书》卷二上,中华书局 1981 年版,第 15 页)

孟子把"仁体"的流行状态析为三段——亲、仁、爱①，其"亲"于血缘父母，乃"性道"之自然，禽兽亦可做到，若觉证于"仁体"者固亦不能有异；然推而及于同类，则未觉"仁体"者皆不能不有个体的"物隔"之惑，其觉者自有"天道"可依，如水之"盈科后进"，愈远而愈细；至于非同类之物，虽亦有"天道"之爱，然必次第而下矣。盖"扩而充之"，推己于"民"、"物"，乃有礼义之依，"无礼义，则上下乱"（《孟子·尽心下》）。

义为"仁体"自觉后"性道"感物而动所生发的"情欲"合宜的流行状态，其流行中的节奏通常被称为"义理"，而追本溯源，则义理之先，必有"仁体"为其本源，是即《礼记·礼运》所谓："仁者，义之本也。"而礼又为义理流行之"节点"显现，通过此"节点"的阈限时或有"经验性"的仪式奥援，只是仪式的选择必以"仁体"与"义理"为依据而已。

（作者单位：浙江大学古籍研究所）

---

① 《孟子·告子下》："君子之于物也，爱之而弗仁；于民也，仁之而弗亲。亲亲而仁民，仁民而爱物。"

君子耻之：清初遗民学人的道德思辨与文化重建

——以顾炎武、李颙、张履祥为例

陈丹丹

明朝灭亡之后，"自我忏悔"成为汉族文人书写的重要主题。自我悔恨，往往通向一种深切的"耻感"；此种耻感，来自对过去极端矛盾的态度，为广大文人群体所共享。过去，化为梦境，折变为永远不能回归的迷幻世界；但也正是往昔那梦幻般的生活与美，某种程度上造就了自身今日的萎谢。

于是我们可以看到，在清初，"耻感"横亘于过去与现在之间。文人为过去奢侈的生活与现在的无力感到羞耻。他们对昔日产生深深的怀旧，同时为这种怀旧无地自容。这样一种"耻"的情绪，包含了面对往昔的复杂心态，也在文本中折叠成各种可替换的词汇，诸如"忏"、"愧"、"罪"，等等。

如果说文人的"耻"之书写，更多在文本中铺展为情绪的纠结，学者则更倾向于以对耻的反思为起点，寻求复兴士人精神与汉文化的可能性。这一主题在他们的写作中，呈现出多种层面。第一层面，作为感觉／情绪的"耻"。在致张履祥之函中（《附刘先生复书》），刘宗周将明亡后所有的"空谈学问"归结为可耻："今乾坤何等时，犹堪我辈从容拥皋而讲道论学乎？此所谓不识人间羞耻事者也。"[1] "人间羞耻"来自人的感知的层面。第二

---

[1] 《附刘先生复书》，载《杨园先生全集》，中华书局 2002 年版，第 24 页。

层面，"有耻"被视为高尚品德。比如，在逃往日本后，朱舜水致书其友陈遵之（《与陈遵之书》），将"英俊有耻"列为遴选子弟的上佳标准："傥弟诸孙中有可者，兄但预先点简一人，八岁以上至十余岁皆可。英俊有耻者为上……"[1] 一般说来，古典儒家中"耻"的概念，更常被当作道德与伦理反思的起点，而不止是感知与情绪的终点。这样，作为感觉／情绪的"耻"，往往为作为道德与伦理之概念的"耻"所代替。如是，在学者的文本中，"耻"不再只是仅相关于个体情绪的文学母题（一个消沉的感伤的母题），而是成为一个富有生产性的概念——此一概念，可通向士人之精神性的复兴。换言之，清初学人说"耻"，不只是要回应迫在眉睫的社会问题，更包含着面向未来的维度，烛照着通向士人之自我救赎的可能路径。

由是，本文将聚焦于清初学者论"耻"：不仅是作为感觉／情绪的"耻"，更是作为道德／伦理与政治概念的"耻"。通过探讨"耻"与其他"德"与"行"（比如，"忠孝"与"生存"）之间的关系，我将探察学者于此一历史转折时期"论耻"背后的种种政治、道德、伦理之思虑与抱负。我将主要讨论三位学人：顾炎武、李颙、张履祥。之所以选择这三位作为研究对象，其原因如下：其一，自命为明遗民的此三人，皆有着复兴汉文化的宏大抱负；其二，他们各自不同的治学倾向以及由此对"耻"在不同面向上的强调，足以打开"耻"这一概念的阐释空间。通过文本细读，我将探讨这三位学人如何借"说耻"，对其时社会之种种症候，提出各自的道德与文化方案。他们在清初重提"耻"，不只要重振汉文人文化，更旨在重建道德，最终重新恢复汉家政权。

在进入清初的文化语境之前，让我们首先回溯"耻"这一概念的渊源。在先秦的语境中，"耻"不只是"德"之一，更通向管理民众的途径，乃是"政"的重要一环。[2] 在《管子》中，"礼义廉耻"被列为"国之四维"。在孔

---

① 朱舜水：《与陈遵之书》，《朱舜水集》，中华书局1981年版，第43页。

② 关于《论语·宪问》，《论语注疏》有注："正义曰：此篇论三王二霸之迹、诸侯大夫之行、为仁知耻，修己安民，皆政之大节也，故以类相聚，次于问政也。"此篇开章即论"耻"："宪问耻。子曰：'邦有道，谷。邦无道，谷，耻也。'"（《论语注疏》，北京大学出版社1999年版，第182页）

子那里，"耻"则是士人之定义的基本组成部分。统而言之，先秦树立了关于"耻"的两个基本观念：一、在政治的层面，"耻"既是"政治共同体"（"天下"与"国家"）之不可或缺的要素（"群"的维度），又是对官员的基本要求（个体的维度）；二、在道德的层面，"耻"既是"士人"基本的德性（个体的维度），又是整个"伦理共同体"的重要奠基。此种理解奠定了中国所谓"耻文化"传统的基础，并将"政治共同体"与"伦理共同体"整合到了一起。广义而言，在儒家传统里，"耻"作为道德与伦理的概念，具有双重性：其一，它是个人之自我意识的组成部分；其二，它同时也通向行动。这一概念既具有主观能动性的成分，也同时包裹在社会语境之中。它是主观的，又不绝然主观，是个人的，也是社会的。如是，这一概念就同时属于私人、自我之内心、公众这三重领域。此种耻感不仅具有自我内观与反视的层面，也通向社会与公众评判系统，而后者也建立在相应的道德标准之上。此种"耻感"所强调的自我评价，既通向某种自我教化、自我救赎与自我实现，也宣告着此类自我成就仍然相关社会道德。对个人而言，"耻感"代表着内心的警钟长鸣，由此匡扶个人远离歧途，复返正道。与此同时，"耻"也是一个政治的概念，在在契合儒家由修身自省到天下国家的推衍路径。

自先秦以降的不同时代，文人不断用"耻"的概念涤清自我的精神世界，并借此批判政治。清初亦继承了这一传统，这在诸如顾炎武、李颙、张履祥等学者文人身上得到极好的体现。在下面的章节中，我将通过对他们文本的细读，探讨如下问题：对清初文人而言，为何"耻"的概念如此重要？他们为这一旧概念注入了哪些新内容？他们对"耻"的论述之间，有何同异？

一、顾炎武论"廉耻"

在《廉耻》这一名篇中，顾炎武抨击的是一大特殊群体：向清朝投诚的、无"耻"的汉族文人。顾炎武强调，"耻"乃是君子基本的道德伦理底线，在乱世中尤其牵连着国与天下。在他看来，士大夫之无"耻"，乃是明亡的主要原因。顾氏借欧阳修《新五代史》中的《冯道传论》开启自己的论述：

> 《五代史·冯道传·论》曰："礼义廉耻，国之四维；四维不张，国
> 乃灭亡。善乎，管生之能言也！礼义，治人之大法；廉耻，立人之大节。
> 盖不廉则无所不取；不耻则无所不为。人而如此，则祸乱败亡，亦无所
> 不至。况为大臣，而无所不取，无所不为，则天下其有不乱，国家其有
> 不亡者乎？"①

《冯道传论》中，欧阳修重申了《管子》之论；若无国之四维，则国将倾
覆。在《管子》中，"耻"已经被视为"立国之本"之一：

> 仓廪实而知礼节，衣食足而知荣辱，上服度则六亲固，四维张则君
> 令行。故省刑之要，在禁文巧，守国之度，在饰四维……四维不张，国
> 乃灭亡。②
>
> 国有四维，一维绝则倾，二维绝则危，三维绝则覆，四维绝则灭。
> 倾可正也，危可安也，覆可起也，灭不可复错也。何谓四维？一曰礼、
> 二曰义、三曰廉、四曰耻。③

这里，"耻"被视为"四维"中最重要的一维，因为"倾可正也，危可安
也，覆可起也，灭不可复错也。"类似的，欧阳修于四者当中，尤强调"廉耻"。

---

① 顾炎武：《廉耻》，黄汝成集释，栾保群校注：《日知录集释》（校注本），浙江古籍出
版社 2013 年版，第 782—783 页。查欧阳修《新五代史》，《冯道传论》原文为："传曰：
'礼义廉耻，国之四维；四维不张，国乃灭亡。'善乎，管生之能言也！礼义，治人
之大法；廉耻，立人之大节。盖不廉，则无所不取；不耻，则无所不为。人而如此，
则祸乱败亡，亦无所不至。况为大臣，而无所不取无所不为，则天下其有不乱，国
家其有不亡者乎！顾氏所引与《冯道传论》中原文稍有不同。（参见徐无党注：《新
校本新五代史并附编二种》，鼎文书局 1990 年版，第 611 页）
② 黎翔凤撰，梁运华整理：《管子校注》，中华书局 2004 年版，第 2—3 页。
③ 黎翔凤撰，梁运华整理：《管子校注》，中华书局 2004 年版，第 11 页。

倘若说"礼义,治人之大法"是从外在法度的维度论述礼义的重要性,"廉耻,立人之大节"则从由内而外的路径强化"耻"之于"人心"、"人"之于"治道"的作用力。在欧阳修看来,"人心"之失将必然导致"天下"与"国家"的覆灭。在上述一段之后,欧阳修再发议论:

> 予读冯道《长乐老叙》,见其自述以为荣,其可谓无廉耻者矣,则天下国家可从而知也。[①]

顾炎武的《廉耻》一则,并没有引用此处欧阳修的愤慨之言。欧阳修所抨击的冯道,在五代时仕了三朝,在欧阳修看来,堪称无耻之尤。欧阳修此文,主旨在论士人之忠义,但行笔所到之处,却在在指向廉耻。与此同时,要培育廉耻之心,亦要养士人之忠义之气。[②] 让欧阳修惊诧的是,在朝代鼎革之际,竟然有那么多自称古圣贤之徒的儒家文人臣服于外族。在引用了欧阳修之言后,顾炎武畅言:"然而四者之中,耻尤为要。"[③] 尽管如我上文所言,《管子》中已暗示了"耻"于四维之中的首要地位,但这一论断并未直接道出。顾氏此处则旗帜鲜明,一语中的。比较欧阳修与顾炎武之论述,可以看出顾氏将欧阳修的"廉"、"耻"并重,发展为尤为尊"耻"。顾氏将自己对"耻"的论断,上溯至孔孟:

> 故夫子之论士曰:"行己有耻。"孟子曰:"人不可以无耻。无耻之耻,无耻矣。"又曰:"耻之于人大矣! 为机变之巧者,无所用耻焉。"所以然者,人之不廉而至于悖礼犯义,其原皆生于无耻也。故士大夫之无耻,是谓国耻。[④]

---

① 徐无党注:《新校本新五代史并附编二种》,鼎文书局 1990 年版,第 611 页。
② 参见徐无党注:《新校本新五代史并附编二种》,鼎文书局 1990 年版,第 611 页。
③ 黄汝成集释,栾保群校注:《日知录集释》(校注本),浙江古籍出版社 2013 年版,第 783 页。
④ 黄汝成集释,栾保群校注:《日知录集释》(校注本),浙江古籍出版社 2013 年版,第 783 页。

在《论语》中，"德"与"礼"乃是"耻"的由头。①顾氏此处则从路径上截然反之，将"无耻"作为"不廉而至于悖礼犯义"的根本原因。顾炎武认为，自三代以降，道已不行，士大夫之失却礼义廉耻，并非突然发生，而是一个长期的过程。这里顾氏的极端之言既是其反思明亡之因的结果，又将其对明代士大夫的不满，扩展为对普遍意义上文人的批评。所谓"士大夫之无耻，是谓国耻"，既是由过去得来的历史教训，又是面对未来的汉族文人而言。联系到顾炎武著名的"亡国"与"亡天下"之辨（"有亡国，有亡天下。亡国与亡天下奚辨？曰，易姓改号，谓之亡国。仁义充塞，而至于率兽食人，人将相食，谓之亡天下"②），此处顾氏尚称之为"国耻"而非"天下之耻"，可见其仍对士大夫抱有恨铁不成钢的期许。

顾炎武之论"耻"正由清初语境所激发。当文人陷于遗逸还是投诚的困境之中，顾氏坚信，只有那些心有"耻"感的士大夫，才能作出正确选择。顾炎武引用《颜氏家训》中的一个故事，批评齐朝一个汉人为了让儿子日后出仕，教儿子学鲜卑语。在顾氏看来，此即无耻。在强调了"耻"感的根基作用之后，顾炎武引用了罗仲素对"耻"与朝廷教化及风俗变迁之间关系的言论：

> 罗仲素曰："教化者，朝廷之先务；廉耻者，士人之美节；风俗者，天下之大事。朝廷有教化，则士人有廉耻；士人有廉耻，则天下有风俗。"③

罗氏此言强调"廉耻"与朝廷、天下之间的互动。"廉耻"不止来源于自我养成，也来源于外在培育。因为满清朝廷的缘故，顾炎武接下去无法进一步论述所谓"朝廷之教化"，但既然引用了罗言，则顾氏必然对此有认同。当国已亡，能够仅怀希冀的就是存"天下"，此处顾炎武正是借引文暗

---

① "子曰：'道之以政，齐之以刑，民免而无耻；道之以德，齐之以礼，有耻且格。'"（《论语·为政》）

② 顾炎武：《正始》，黄汝成集释，栾保群校注：《日知录集释》（校注本），浙江古籍出版社 2013 年版，第 766 页。

③ 顾炎武：《廉耻》，黄汝成集释，栾保群校注：《日知录集释》（校注本），浙江古籍出版社 2013 年版，第 784 页。

示以"廉耻"化"天下风俗"的可能性。但另一方面,正因如何"朝廷之教化"不可说,顾氏此论也不得不近于一种理想化的乌托邦式表述。

顾氏接下来转向论述"廉耻"于"治军"的重要性。陈述了"古人治军之道,未有不本于廉耻者"之后,顾炎武引用了数家之言:

> 《吴子》曰:"凡制国治军,必教之以礼,励之以义,使有耻也。夫人有耻,在大足以战,在小足以守矣。"《尉缭子》言:"国必有慈孝廉耻之俗,则可以死易生。"而太公对武王:"将有三胜,一曰礼将,二曰力将,三曰止欲将。"①

以"治军"切入,又借助引言畅谈"国"之"以死易生",此处隐匿着顾炎武改朝换代的暗暗渴望。顾氏所引《吴子》之言,循的是由"礼"、"义"育"耻"的路径。《尉缭子》之言又于"廉耻"之外,添上"慈孝"的维度,并将四者都纳入"风俗"的范畴。此篇最末一段,顾炎武又言:"杜子美诗:安得廉颇将,三军同晏眠!一本作'廉耻将'。"② 其后通过叙述《唐书》中的一个故事,顾氏强调,若知廉耻将的重要性,则"或可以治国"③。此处纸面背后也是对"复国"的默默希冀。

《廉耻》一文是理解顾炎武之政治与文化抱负的核心文本。顾氏强调,"廉耻"是对士人、将士、所有个人、整个国家与天下的基本要求。在个体的层面,"廉耻"应是个人行动与选择的指导原则。在宏观政治的层面,从指导文人行径到军事管理,从易风俗到正道德,诸如"廉耻"这样的德性,不仅足以影响"政"的各个方面,更在"德"与"政"之间建立起紧密的联系。

顾炎武的另一篇《与友人论学书》,亦强调了"耻"乃坐落于士大夫的

---

① 顾炎武:《廉耻》,黄汝成集释,栾保群校注:《日知录集释》(校注本),浙江古籍出版社 2013 年版,第 784 页。

② 顾炎武:《廉耻》,黄汝成集释,栾保群校注:《日知录集释》(校注本),浙江古籍出版社 2013 年版,第 785 页。

③ 顾炎武:《廉耻》,黄汝成集释,栾保群校注:《日知录集释》(校注本),浙江古籍出版社 2013 年版,第 785 页。

精神之根。顾氏从开篇即痛心疾首："窃叹夫百余年以来之为学者，往往言心言性，而茫乎不得其解也。"① 通过回溯到孔子来考察此类话语，顾炎武指出，孔子本人很少谈及"命与仁"；弟子子贡也未曾听他讲过"性与天道"。尽管于《易传》中写到"性命之理"，却并未怎么与旁人谈过②，孔子倒是在被问到何为"士"时，直截了当地定义为"行己有耻"③。由夫子之言，顾炎武将"耻"与行动联系了起来。在他看来，百余年来不着地的空谈倾向，带来对实际问题的忽略，最终导致了明亡。解救的途径是什么？只能通过有效的行动及建立鲜明的耻感。当此时，汉族文人的选择与行动与汉政权及汉文化的复兴息息相关。顾炎武坚信，"有耻"加上好的行动，才可能恢复圣人之道。④ 顾氏就此也将"耻"与其他诸事联系起来：

> 愚所谓圣人之道者如之何？曰："博学于文"，曰："行己有耻"。自一身以至于天下国家，皆学之事也；自子臣弟友以至出入、往来、辞受、取与之间，皆有耻之事也。耻之于人大矣！不耻恶衣恶食，而耻匹夫匹妇之不被其泽，故曰："万物皆备于我矣，反身而诚。"⑤

所谓"出入、往来、辞受、取与"，相关的不过是同一个核心问题：做遗民，还是贰臣。借孟子之言，顾氏强调，士人有"耻"于心，则万事皆有方向。换言之，"耻"足以为人生的种种境遇、选择、行动提供基本准则。"德"或"道"都要包含具体的人世内容与实际行动。由是，顾氏反对空谈心性或仁或道，而是讲求具体的"忠"、"清"，以及实实在在的"出入、往来、辞受、取与"。顾炎武也将"耻"与"学"联系了起来。他指出，若文人不再知"耻"，而是沉迷于空洞的学术，这将引入一个无可挽回的境地：

---

① 顾炎武：《与友人论学书》，《顾亭林诗文集》，中华书局 1983 年版，第 40 页。
② 参见顾炎武：《与友人论学书》，《顾亭林诗文集》，中华书局 1983 年版，第 40 页。
③ 顾炎武：《与友人论学书》，《顾亭林诗文集》，中华书局 1983 年版，第 40 页。
④ 参见顾炎武：《与友人论学书》，《顾亭林诗文集》，中华书局 1983 年版，第 41 页。
⑤ 顾炎武：《与友人论学书》，《顾亭林诗文集》，中华书局 1983 年版，第 41 页。

　　呜呼！士而不先言耻，则为无本之人；非好古而多闻，则为空虚之学。以无本之人，而讲空虚之学，吾见其日从事于圣人而去之弥远也。①

吴长庚在《试论顾炎武的"经学即理学"思想》中指出：

　　按顾炎武自己的解释，"博学于文"即自一身而至家国天下，凡所以修齐治平之学问知识，皆儒者所当学。而不只是谈天说性，"专用心于内"，以致"士无实学"，惟务清谈。这显然是对明亡原因进行深刻反省而产生的，它把人们认识的对象和范围扩大了，不只是体验无所不在的天理本体，不只是传统的"格"伦理之物、"致"道德之知，而是人类面对的自然世界和历史文化世界的实体实理，凡所以经国治政、民生日用之学问，都应当学习。

　　"耻"不仅要配之以"行"，更要配之以如此实际的"学"。只有这样，既"有耻"又"博学"的士大夫才能超越个人层面，投身天下大业。在《日知录》卷十三的《宋世风俗》中，顾炎武引《宋史》之论"忠义之气"与"廉耻"：有宋一代，当"忠义之气"复苏，则士人知"以名节为高，廉耻相尚"②。顾炎武接下来就转而强调风俗："观哀、平之可以变而为东京，五代之可以变而为宋，则知天下无不可变之风俗也。"③其后顾炎武引苏轼针对王安石变法之上书："国家之所以存亡者，在道德之浅深，不在乎强与弱；历数之所以长短者，在风俗之厚薄，不在乎富与贫。"④又引王安石相关事，并发论曰："为大臣者，可不以人

① 顾炎武：《与友人论学书》，《顾亭林诗文集》，中华书局1983年版，第41页。
② 黄汝成集释，栾保群校注：《日知录集释》（校注本），浙江古籍出版社2013年版，第768页。
③ 黄汝成集释，栾保群校注：《日知录集释》（校注本），浙江古籍出版社2013年版，第769页。
④ 黄汝成集释，栾保群校注：《日知录集释》（校注本），浙江古籍出版社2013年版，第769页。

心风俗为重哉！"① 在此则末尾，顾炎武以陆游《岁暮感怀诗》收束："在昔祖宗时，风俗极粹美。人材兼南北，议论忘彼此。谁令各植党，更仆而叠起，中更金源祸，此风犹未已。倘筑太平基，请自厚俗始。"② 之前学者已多有论及顾炎武之论风俗，如林素珍有《顾炎武和他的风俗论》；③ 吴长庚在《试论顾炎武的"经学即理学"思想》中也点出顾氏所言"风俗"及其与"廉耻"之间的关系：

> 顾炎武从五十岁后开始重视对礼的研究，一方面，他对清以前的人伦风俗作普遍的考察，以把握风俗变迁与历史治乱的关系。……另一方面，他考察历代风俗变化与社会教化的关系，从中发现加强社会教化的重要性。所以，他强调"教化纪纲为不可阙矣"，他提出一方面士大夫要做世人的表率，树立廉耻之心；一方面在制民之产的基础上，实行社会教化。④

邵芊芸在《论顾炎武〈日知录〉对风俗的省思与建议》中亦云：

> "人心""风俗"是他对明末衰亡省思的起点，是回复儒家道德伦常与教化纲纪的期盼，更是实践经世济民理想的重心。⑤
>
> 顾炎武认为要能成就风俗，得先正人心、有廉耻，以儒家人伦纲常为起点……⑥

---

① 黄汝成集释，栾保群校注：《日知录集释》（校注本），浙江古籍出版社 2013 年版，第 771 页。

② 黄汝成集释，栾保群校注：《日知录集释》（校注本），浙江古籍出版社 2013 年版，第 773 页。

③ 《中华学苑》，22，101—117（http://nccur.lib.nccu.edu.tw/handle/140.119/9514）。

④ 吴长庚：《试论顾炎武的"经学即理学"思想》，《江西社会科学》2007 年第 10 期。

⑤ 邵芊芸：《论顾炎武〈日知录〉对风俗的省思与建议》，发表于 2015 年真理大学创校五十周年暨第六届优质通识教育的未来展望研讨会（http://ir.lib.au.edu.tw/dspace/handle/987654321/4009）。

⑥ 邵芊芸：《论顾炎武〈日知录〉对风俗的省思与建议》，发表于 2015 年真理大学创校五十周年暨第六届优质通识教育的未来展望研讨会（http://ir.lib.au.edu.tw/dspace/handle/987654321/4009）。

但正如前所述，因朝廷乃是异族的朝廷，顾炎武并不能真正设想从上而下的教化。由是，以"士人"之"廉耻"化天下之"风俗"只能遵循由内而外的路径。此外，顾炎武的重心倒不在"人伦纲常"，更不是静止的教条，而是具有实践性的、力行的道德。既然"风俗"并不能从上而下地更新，就只能依赖于士人乃至民众的身体力行。正如他并举"行己有耻"与"博学于文"，顾炎武也同时强调"学"与"廉"之于改造"风俗"的重要性："今日所以变化人心，荡涤污俗者，莫急于劝学、奖廉二事。"①

郑宗义在《明清儒学转型探析：从刘蕺山到戴东原》中批评顾炎武"意图进一步用耻来统括一切德性，涵盖心性之学的全幅内容"有"很大的理论困难"：

> 亭林既不屑宋明儒的道德形上学，其所谓的耻自然只能落在形下实然的层面讲"出处、去就、辞受、取与之间。"②

郑宗义指出，"这种平面化的日常生活义的耻如果不只是道德条目，充其量亦不过是一近乎羞恶的道德感受，又焉能以之统括其他的道德感觉而为人之本，为心性之全幅意蕴呢？"③ 但在我看来，顾炎武所阐述的"耻"远超于"羞恶的道德感受"。由明亡之后反思亡国之因及士人传统，以"耻"连接天下，顾炎武讲求的是从内向外、从下化上的途径。由是，士人之失"耻"不仅被视为明亡的根本原因，"耻"作为道德／伦理与政治概念，也成为顾炎武所设想的、汉人"置之死地而后生"重新召唤汉家江山的起点。统而言之，顾炎武之论"耻"有三个层面。其一，"耻"乃士人之本。"礼义廉耻"之中，"耻"为核心，由"耻"可推衍出礼义，培养"忠义之气"。其二，

---

① 顾炎武：《名教》，黄汝成集释，栾保群校注：《日知录集释》（校注本），浙江古籍出版社2013年版，第780页。

② 郑宗义：《明清儒学转型探析：从刘蕺山到戴东原》，香港中文大学出版社2009年版，第137页。

③ 郑宗义：《明清儒学转型探析：从刘蕺山到戴东原》，香港中文大学出版社2009年版，第137页。

"耻"不仅是内心感受,更是道德准则,并具有重铸政治共同体与伦理共同体的意义。其三,"耻"绝非虚文空言,而是必须与士人的"行"与"学"相配。对个人而言,"耻"引导正义的选择与行动。对国家与天下而言,"耻"足以化"风俗"。与先秦"耻"的论述相比,顾炎武更强调"乱世"的情境,为"耻"之定义增加一个框架。在《管子》所论"国"与"礼义廉耻"之间,顾炎武塞入"风俗"这一层面。他承继了孔孟之"耻"乃人(包括士大夫与普通民众)之基本德性的观点,更强调了"耻"对社会、国家、天下的反作用力与塑造力。如前所述,这种塑造力可坐落在"政"的各个层面:从国家之管理到军事之组织。在这个意义上,"德"(诸如"耻")理应超越道德 / 伦理范畴与私人领域,积极地参与到"政"的整个过程。在乱世与鼎革之际,"德"被视为"政"的新起点。在话语的层面,"耻"似乎已具有恢复汉政权与保存汉文化的潜能,但理念如何真正通向具有生产性的实践,乌托邦式话语如何真正转化为行动,则是更难的问题。

二、李颙论"耻"与"义命"

与顾炎武相似,关学之代表李颙也将"耻"视为士人之基本德性。李颙弟子王心敬撰写的《南行述》,记述了李颙之训"耻"与其他儒家之德。在李颙看来,当时文人已忘却了礼义廉耻。要拯救世界及其道德,真正的士要发展"义命"以激活"耻"。对李颙而言,这是当时最迫切之事。①

李颙之学说既有高蹈之意,又有实用之维,这就颇异于顾炎武。李颙认为:"日用常行之谓'道'。"② 若"性"上"五德具足,万善咸备",则"率性而行"亦"自然君臣有义,父子有亲,夫妇有别,朋友有信。惟其自然,所以为天下之达道,切于人身日用之间,无一时一刻而可离,岂非常行之

---

① 参见王心敬:《南行述》,载《二曲集》,中华书局 1996 年版,第 76 页。此书版本标为李颙撰,但如校点者已在"前言"中指出的,《二曲集》为李颙"门人王心敬所编",参见《二曲集》,第 9 页。

② 《二曲集》,中华书局 1996 年版,第 74 页。

道乎！"① 这里李颙既讲"天下之达道"，又强调其"切于人身日用之间"②。与顾炎武反对言心性，主张从"行"上理解德性不同，李颙对"仁义礼智信"的理解有着内与外、心与行并重的双重性。李颙相信"吾人身心，本粹白无染"，"只因堕于气习，失却本色"③；但"还我本体"的途径并非只于身心上着手，而是要"用功于日用常行间"。紧接着这一句，李颙指出："有不仁、不义、不礼、不智、不智之行，便是吾身之玷，一一治去，使所行皆天理，此修行之见于外也。"④ 这是从外在的"行"的角度出发。其后李颙又言："反之，一念之微，觉有不仁、不义、不礼、不智、不智之私，即是吾心之疵，必一一治去，使念念皆天理，而无一毫人欲之杂，是修行之密于内也。"⑤ 这是从内在的"心念"的角度出发。在从内到外阐释了"仁义礼智信"之后，李颙又转向"义命廉耻"：

> 若夫今日吾人通病，在于昧义命，鲜羞恶，而礼义廉耻之大闲，多荡而不可问。苟有真正大君子深心世道，志切拯救者，所宜力扶义命，力振廉耻，使义命明而廉耻兴，则大闲借以不逾，纲常赖以不毁，乃所以救世而济时也。当务之急，莫切于此。
>
> "义命廉耻"，此四字乃吾人立身之基，一有缺焉，则基倾矣。在今日，不必谈玄说妙，只要于此着脚，便是孔孟门下人……
>
> 于出处、进退、辞受、取与、饮食、男女间见操持，此处不苟，方可言道，方可言学。⑥

此处李颙首标"礼义廉耻"，随之用"义命廉耻"替换了"礼义廉耻"。李颙论"耻"之独特性有二：其一，李颙将"廉耻"与"仁义"紧紧联系在一

---

① 《二曲集》，中华书局 1996 年版，第 74 页。
② 《二曲集》，中华书局 1996 年版，第 74 页。
③ 《二曲集》，中华书局 1996 年版，第 74 页。
④ 《二曲集》，中华书局 1996 年版，第 74 页。
⑤ 《二曲集》，中华书局 1996 年版，第 74 页。
⑥ 《二曲集》，中华书局 1996 年版，第 76 页。

起，这里可以看到讲究仁义道德的宋学之脉络。其二，在儒家传统中，李颙是唯一将"义命"与"廉耻"并置合一的。自孔孟论"义命"以来，"义命"之论常见于经史子集各种文本之中；不同的阐释，渐渐合为"义命分立"与"义命合一"（或"义命不二"）两种诠释传统；流传到近代，唐君毅主张"义命合一"，劳思光则力陈"义命分立"。劳氏自古溯源，认为本有两个层面上的"命"：其一，"人格天"与"命令义"之"命"；其二，"命定义"之"命"。但"'人格天'与'命令义'之命，皆为一般民族所常有之观念，似不足以代表中国古代思想之特色"，值得注意的则是由此种出现得极早的"命令义"（"命"以"意志性"为基本内容）向"命定义"（"命"指限定[①]）的转变。在劳氏看来，"命定义"之"命"在《尚书》与《诗经》中已然出现。[②]比如，《召南·小星》有云："肃肃宵征，夙夜在公，实命不同。"此处"命"即指"'命定'之环境"而言。劳氏进一步论曰："此种以'命'指'命定'之环境或条件之观念，有一颇可注意之处，即由此一新起之意义，'命'遂可与'人格天'观念分开，而只指'客观限定'。更进一步，所谓'命'，即只是一客观限定，则对价值问题而言，自应有中立性。于是，'命'之所决定者，与'正义'并无关联，反言之，则人生之合'义'与否，是另一问题，与'命'亦不必有关。"[③]换言之，在劳思光眼中，'义'关乎人生的正义与否，属于价值领域，而'命'则不属于。

在《论孔孟的义命观》中，陈志强如此概括劳思光的"义命分立"说：

> 劳先生解释下的"命"有两个特色：一、命是外在于人的。二、命是形而下的观念。[④]

---

① 劳思光有论："'命定义'之'命'，'以条件性或决定性'为基本内容，此处不必然涉及意志问题，而必涉及一'客观限定'之观念。"（劳思光：《新编中国哲学史》卷一，广西师范大学出版社 2005 年版，第 73 页）

② 参见劳思光：《新编中国哲学史》卷一，广西师范大学出版社 2005 年版，第 72 页。

③ 劳思光：《新编中国哲学史》卷一，广西师范大学出版社 2005 年版，第 73—74 页。

④ 陈志强：《论孔孟的义命观》（http://www.wangngai.org.hk/47-chan.html）。

陈志强认为，劳氏之用意，"无非是从义命分立中开显出以义安命的智慧。因此，孔孟学说中涉及命的讨论，皆只涉及道德实践的面向，当中并无涉及形上学实体讨论的必要"①。更进一步，在劳氏的体系中，"孔孟思想的主要精神无非是开显吾人的道德主体性，一切涉及形上实体的学说都是不必要的"②。而唐君毅则提供了不同的诠释。陈志强以"道之将行将废皆是命"这一条切入，指出唐氏所主张的"义命不二"的路径如下：

> 道之不行不仅涉及实然的领域，而亦同时涉及应然的领域，我们在命限中仍然可以选择一个更恰当的应对态度：当道不行于世时，这不仅仅是命，盖我们在此限制中仍然可以作选择。我们可以选择承受道之不行而知之畏之，亦可以怨天尤人；而前者是道之不行时应有的态度，后者则是不应有的态度。故此，一切客观外在的境遇不仅仅是命，亦同时是义之所在。③

在《中国哲学原论·导论篇》中，唐君毅对孟子言"孔子进以礼，退以义，得之不得曰有命"进行了阐释与发挥。唐氏有言，"承受道之废是义，亦即是知命"④。而"如欲会通孔子所言知命及畏天命之言，仍唯有自人之义上透入"：

> 盖志士仁人之求行道，至艰难困厄之境，死生呼吸之际，而终不枉尺直寻，亦终不怨天尤人，则其全幅精神，即皆在自成其志，自求其仁。此时之一切外在之艰难困厄之境，死生呼吸之事，亦皆所以激励奋发其精神，以使之历万难而无悔者；而其全幅精神，唯见义之所在，未尝怨天尤人之德行，亦即无异上天之所玉成。……义无可逃，即命无可逃，

---

① 陈志强：《论孔孟的义命观》（http://www.wangngai.org.hk/47-chan.html）。
② 陈志强：《论孔孟的义命观》（http://www.wangngai.org.hk/47-chan.html）。
③ 陈志强：《论孔孟的义命观》（http://www.wangngai.org.hk/47-chan.html）。
④ 唐君毅：《中国哲学原论·导论篇》，中国社会科学出版社2005年版，第333页。

而义命皆无丝毫之不善，亦更不当有义命之别可言。

……

吾人如知人求行道时所遭遇之一切艰难困厄之境，皆是求行道者，义所当受，亦即天命之于行道者之所；则亦知依孔子之教，人而真欲为君子，欲为志士仁人，则其行义达道之事，与其所遇者，乃全幅是义，全幅是命。……而一切顺逆之境，无论富贵、贫贱、死生、得失、成败，同所以成人之志，成人之仁；斯见全幅天命，无不堪敬畏。①

唐君毅往往复复所言，即一切客观之"命"，皆包含主观行义的可能性。唐氏又强调，"孔子之知命，在就任当其所遇之际说；而孟子之立命，则就吾人自身先期之修养上说。如在死生患难之际，当死则死，素患难行乎患难，此在孔孟，同是义所当受"②。如陈志强所指出的，"义命分立说与义命不二说的基本分别，前者诠释的命是形而下和外在于人者，后者诠释的命则是超越而内在者"③。

统而言之，"义命"并列，牵涉到选择的问题。"义"，强调士人之自我承担的责任，"命"则代表个人之不可抗拒的命定。"义"通向个体主观性的担当努力，"命"则指向客观性的界限。"义"要求士人思索何者所当为，"命"则让人明了何者为限。由是，"义命"之间就有一个张力：士人既应竭尽所能全力担当，又要将命定之限深藏于心。不管是"义命分立"说还是"义命不二"说，"义命"并重，都强调士人之道德主体性，而若以"义命不二"去诠释明亡后的"义命"说，或更近于李颙般士人心中所念："一切客观外在的境遇不仅仅是命，亦同时是义之所在。"④

具体而言，李颙以"义命廉耻"作为"吾人立身之基"，替换了《管子》

---

① 唐君毅：《中国哲学原论·导论篇》，中国社会科学出版社 2005 年版，第 333—334 页。
② 唐君毅：《中国哲学原论·导论篇》，中国社会科学出版社 2005 年版，第 336 页。
③ 陈志强：《论孔孟的义命观》（http://www.wangngai.org.hk/47-chan.html）。
④ 陈志强：《论孔孟的义命观》（http://www.wangngai.org.hk/47-chan.html）。

中被列为"国之四维"的"礼义廉耻",有士人之政治或道德实践之细微的区分。如孟子所言,"孔子进以礼,退以义",在遗民所理解的"道之废"之后,当然无从说"礼",于是"礼"字略去,"义"字保留;由说"礼"转而说"命",一方面,有作为"国之维"的"制度层面"向"个人层面"的下降,一方面,又有由士人理想中"居庙堂之高"的"政治实践"向"处江湖之远"的"道德实践"的转移。不再强调"立国",而是更强调"立人",此中又有着对时代的言说。明亡后,士人纵然下定决心"舍身取义",仍不能不清晰感到某种绝望及自身的命定所在,同时,又有一种"天命系于一身"、"虽千万人吾往矣"的使命感。这些尽皆囊括在"义命"的概念中。更进一步,李颙为儒学提出新的基本准则:"悔过自新",并以此概括其他诸说,包括"自然"、"复性"、"致良知"、"明德"等等。[①]同他讲求"天下之达道""切于人身日用之间",李颙亦强调"出处、进退、辞受、取与、饮食、男女",并将此类事务上的坚守,视为论"道"论"学"的前提,此处之连接"德"与"学",与顾炎武如出一辙。

比较顾氏与李氏,可看到二者皆反对空学,主张有德性有实践有实用的"学"。"耻"由此成为他们推崇之德性的核心。顾李二人之论"耻",皆有两个层面:其一是内向的,指向人性内在之"德";其二是外在的,指向外部世界之伦理系统。就第二点而言,李颙更强调"义命廉耻"为核心的道德实践,强调"立人",顾炎武则于"立人"之外,更着意发掘"耻"与广义之"政"之间的有机联系,意在由"耻"入手而"善政"。与此同时,"学"亦成为"耻"与"立人"及"善政"之间的节点。

三、张履祥论"耻"与"治生"

于《浩歌》一诗中,张履祥慨叹:"普天之下,宋朝、祝鮀。巧笑不耻,犹

---

① 参见李颙:《悔过自新说》,《二曲集》,中华书局 1996 年版,第 3 页。此篇为李颙自撰。

舞佋佋。"① 此处张履祥借孔子言"宋朝、祝鮀"②，批评神州大地尽皆巧言令色之人；此类人巧笑阿谀，心中无"耻"。不同于顾炎武与李颙，张履祥之论"耻"，乃将其与"治生"联系起来。因了儒家传统对士人于异朝谋生的诸多限制，在清朝，汉文人面临生存上的诸多新困难，这无疑更增加了他们的被侮辱感。在这样的环境下，张履祥的看法是，只有先解决生存的问题，士人才有可能真正做到"有耻"。张履祥尝引宋元年间许衡之言强调"治生"于学者的重要性，并据此发论：对学人而言，优先的谋生方式是"稼穑"，即"务农"：

> 许鲁斋有言："学者以治生为急。"愚谓治生以稼穑为先。能稼穑则可以无求于人，无求于人，则能立廉耻；知稼穑之艰难，则不妄求于人，不妄求于人，则能兴礼让。廉耻立，礼让兴，而人心可正，世道可隆矣。③

以"稼穑"致温饱，则学者得以不求人——在张履祥看来，这乃是"立廉耻"与"兴礼让"的先决条件。而只有做到后者，才能"正人心"、"隆世道"。如果说顾炎武与李颙的关注重点还在"耻"本身及如何由"思"与"行"重建"耻"，张履祥则更进一步，从外围与生存之根基探讨"耻"之前提与保障。顾氏与李氏更侧重的是精神的层面，即便也提到实用、实践，提到关乎"出处、进退、辞受、取与"及"人身日用"，也多是从原则上来说；张氏则更聚焦于物质与日常生活的层面，并将关乎生存"如何做"、"做什么"都具体化了。由是，张履祥就将"耻"的问题转化成为"治生"的问题。在《张履祥的治生之路及治生观》一文中，徐永斌指出张氏所论与《管子》中所言

---

① 《杨园先生全集》，中华书局 2002 年版，第 3 页。
② 《论语·雍也》："不有祝鮀之佞，而有宋朝之美，难乎免于今之世矣。"（《论语注疏》，北京大学出版社 1999 年版，第 77 页。对"祝鮀之佞"、"宋朝之美"之诠释，历代学人各有不同。此处我将张履祥诗中所引之意，理解为"巧言令色"）
③ 赵尔巽：《清史稿》第 43 册（卷四百八十，列传二百六十七），中华书局 1977 年版，第 13119 页。

"仓廪实而知礼节,衣食足则知荣辱"的相似性①,但《管子》接下来就从"上服度则六亲固,四维张则君令行"的角度论述"礼义廉耻"这"国之四维",而张履祥仍是"治生"的角度。

正是在这一点上,张履祥为学人论"耻"又增添了一个方向。前人多瞩目于"耻"这一概念之形而上的层面,张履祥则目光向下,落到实地。但另一方面,将文人之无"耻"与道德之颓败归因于温饱不继,无论如何有找借口的嫌疑。张氏尝叹:

> 近世缙绅之子,溺于膏粱,寒士诡辞代耕,罔知稼穑,一旦失所,饥寒随及,以至志行不立,廉耻道尽,可胜叹哉!②

当文人将所属群体的精神困境更多归结为客观原因,这也从侧面呈现出当时士大夫阶层自身的焦虑。

要更好地理解张履祥如何关联"耻"与"治生",不妨看看清初汉文人之身份危机。当异族政权下"求生"本身(无论是实际意义上的"生"还是精神意义上的"生")成为大受质疑的选择,"治生"从一开始就不得不是一个万分尴尬的话题。国破后的江山在文人眼中沦落为一片废墟(在隐喻的意义上文化与道德的废墟);他们的选择只能是,或在废墟中自戕或沉沦,或在废墟之上重建文化、道德与生活世界。而任何一种重建,都首先取决于他们对生存问题的解决。所以,张履祥的文章中充满着对日常生活各个方面的讨论:如何教育年轻人,如何谋生,如何保持文人尊严,如何维护汉族之士的身份,等等。张氏且将这些问题都与"耻"挂上了钩。在《训子语》一文中,张履祥指出:

> 子孙只守农士家风,求为可继,惟此而已。切不可流入娼优下贱,

---

① 徐永斌:《张履祥的治生之路及治生观》,《中国文化研究》2014年夏之卷,第94页。
② 张履祥:《题刘忠宣公遗事》,《杨园先生全集》,中华书局2002年版,第587页。

及市井罢棍、衙役里胥一路。

人须有恒业，无恒业之人，始于丧其本心，终至丧其身。然择术不可不慎，除耕读二事，无一可为者。商贾近利，易坏心术；工技役于人，近贱；医卜之类，又下工商一等；下此益贱，更无可言者矣。然耕读又不可偏废，读而废耕，饥寒交至；耕而废读，礼义遂亡。又不可虚有其名而无其实，耕焉而田畴就芜，读焉而诗书义塞。故家子弟坐此通病，以至丧亡随之。古人耕必曰力耕，学必曰力学。①

张氏指出，"近世以耕为耻，只缘制科文艺取士，故竞趋浮末，遂至耻非所耻耳"。在强调"耕读又不可偏废"之后，张氏批评"故家子弟""虚有其名而无其实"。张氏之论学，循的是"力学"的路子。下文张氏论古时"文武本无二道。……兵亦儒者当之，安可不学？"②又批评近世学武之子弟每"犯上作乱"，甚或"流为盗贼"，究其原因，"由其初始未尝教以孝悌忠信，使知礼义，而所训习之人，率皆嚣悍无赖"③。张氏断言，文人不能为盗为奴，但若无"耻"，则连盗贼亦不如：

盗贼、倡优、人奴之类，辱家门，蹈刑戮，父不欲以为子，祖不欲以为孙，兄弟、族人不欲其为兄弟、族人，世所知也。若夫不孝敬于父兄，不率从于师长，不顾是非，不畏刑宪，豪横无耻，与游惰无业、市侩徒隶之类，其流实有甚于盗贼。④

① 张履祥：《训子语》中分节《子孙固守农士家风》，《杨园先生全集》，中华书局2002年版，第1351—1352页。
② 张履祥：《训子语》中分节《子孙固守农士家风》，《杨园先生全集》，中华书局2002年版，第1351—1352、1353页。
③ 张履祥：《训子语》中分节《子孙固守农士家风》，《杨园先生全集》，中华书局2002年版，第1351—1352页。
④ 张履祥：《训子语》中分节《子孙固守农士家风》，《杨园先生全集》，中华书局2002年版，第1354页。

在《训子语》中，张履祥严格规定，"除耕读二事，无一可为者"。但在《书里士事》一文中，张履祥认为，若士无德性，则还不如从事农、工、商中有义之人：

> 又近代以来，惟知科名为荣路，四民中，尊士而贱农、工、商贾。夫士也，果其称先王，为仁义，得志与民由之，不得志独行其道，以是为尊焉，宜也。若乃工浮文以干进取，得则骄淫恣黠，靡所不为，不得则诡滥苴滑，亦靡所不为，廉隅不饬，名教败裂，其不如服田疄，挟技艺，牵车服贾，身不失义者远矣。吾不知今之为士果如何哉！乃訑訑自尊，人亦群尊之也，羞已！且夫一人终岁衣食之资，所须几何？以农夫准之，自上食九人，至下食五人，苟日出勤动，不自惰弃，虽凶年不能杀也。胡乃耻非所耻，以脱衣就功为鄙俗，而不事事。既寡恒产，又失常业，计穷意索，则自宽譬，以为出家修行，犹未失体面也。噫！诚使清夜以思，其可哀痛羞辱，不啻卖为人佣者多矣！何体面之有乎？①

《书里士事》一文，乃批评士纵容子弟为僧为道。在张履祥看来，此因"世教不明，习俗衰薄，徒见为僧道者美衣丰食，安居休处，有生人之乐。不知其废人伦，习左道，显者损发肤，隐者辱肢体……"②在《训子语》中，张履祥严厉抨击了工、商、医、卜等行业，此处则对工商似有松动。张氏批评"以脱衣就功为鄙俗"而不无所事事者，认为"出家修行"如"卖为人佣者"，足可"哀痛羞辱"，远不如自力更生的农工商贾。③在张氏看来，士人不应为"务农"羞耻，而应为"工浮文以干进取"、徒有"士"之名或"为僧道"感到可耻，其耻更应甚于"为工商"者。

在《张履祥的治生之路及治生观》一文中，徐永斌称张履祥《书里士事》

---

① 张履祥：《书里士事》，《杨园先生全集》，中华书局 2002 年版，第 659 页。
② 张履祥：《书里士事》，《杨园先生全集》，中华书局 2002 年版，第 659 页。
③ 在《书里士事》最末一段，张履祥指出："一艺苟成，足以自食，不贻先人之辱可矣。"（张履祥：《书里士事》，《杨园先生全集》，中华书局 2002 年版，第 659 页）

一文"对传统的'四民'说提出质疑"①。的确，张氏虽未颠覆传统的"四民"结构，却从"治生"的角度重审了"士"之外的其他行业选择，重新论述了士人当以从事何者为耻。但张氏之论"耻"并不囿于"治生"的角度。在《训子语》中，张履祥亦反思了"为四民之首"的"士"之本分及其于当世的命运：

> 士为四民之首，从师受学，便有上达之路。非谓富贵也，富贵、贫贱，一时之遇。丰约通塞，定命不可为。若贤士君子，则人人可为。读圣贤书，愚者因之以智，不肖因之以贤。学之既成，处有可传之业，出有可见之功。天爵之贵，无逾于此。所以人自爱其身，惟有读书；爱其子弟，惟有教之读书。人徒见近代游庠序者至于饥寒，衣冠之子多有败行，遂以归咎读书。不知末世之习，攻浮文以资进取，未尝知读圣贤之书。是以失意斯滥，得志斯淫，为里俗羞称尔，安可因噎而废食乎？试思子孙既不读书，则不知义理，一传再传，蚩蚩蠢蠢，有亲不知事，有身不知修，有子不知教，愚者安于冥顽，慧者习为黠诈，循是以往，虽违禽兽不远，弗耻也。②

在张履祥看来，士若不学，则离禽兽不远，更不能接受的是，离禽兽不远还不以为耻。由是，张氏即在"学"与"耻"间也建立了关联。如果说首先解决"治生"的问题是存"耻"之前提，"学"则是养"耻"之渠道。

在当时，汉文人之"治生"困境与身份危机，并非只是个人难题，更是对于整个家庭而言，对于"故家"（所谓望族大家）尤甚。传统说来，拥有丰富文化遗产的"故家"通常被视为保存及发展文化的中坚力量；随着明朝之覆亡与清廷之建立，"故家"之存续更为汉文人所看重。在《训子语》的另

---

① 徐永斌之文将《书里士事》写为《书里士子》，或为笔误。此外，徐文阐释前引《书里士事》文时论证张履祥认为"出家修行"并不失体面，理解上似有偏差。徐文其后又指出张氏反对"出家修行"，此处理解则是对的。（参见《张履祥的治生之路及治生观》，《中国文化研究》2014年夏之卷，第94—95页）

② 张履祥：《训子语》中分节《子孙固守农士家风》，《杨园先生全集》，中华书局2002年版，第1352页。

一小节《恂恂笃行是贤子孙，佻薄险巧，侮慢虚夸是不肖子孙（凡七条）》中，张履祥指出，

> 　　所谓"故家旧族"者，非簪缨世禄之谓也。贤士大夫，固为门户之光，若寡廉鲜耻，败坏名检，适为家门之累。……吕东莱先生曰："大凡人资质各有利钝，规模各有大小，此难以一律齐。要须常不失故家风味。所向者正，所存者实，信其所当信，耻其所当耻……"①

　　在张履祥看来，对"故家"来说最重要的不是身居高位，而是保有德性——"耻"亦是其中重要一环。如吕东莱所言，要保存"故家风味"，就要"耻其所当耻"。"耻其所当耻"之后有小字注曰："谓以学问操履不如前辈为耻，而不以官职不如人、服饰资用不如人、巧诈小数不如人为耻。"② 换言之，此处张履祥以"耻"重新定义了"故家"，而"耻"的核心则在学问与德行。

　　尽管在他的文章中，张履祥有时也将士人识"耻"与天下联系起来，但他主要还是将"耻"放在个人、道德的层面上。他更强调的是个体与家庭范畴里的"耻"，而非直接呼吁"天下"之"礼"的重建。《训子语》中又有一节题曰《平世以谨礼义、畏法度为难，乱世以保子姓、敦里俗为难。若恭敬、撙节、退让，则无乱治一也》③ 从题中即可看出，"平世"之"谨礼义、畏法度"的追求，在"乱世"不得不退为"保子姓、敦里俗"，由"国"与"天下"的范畴缩小至"地方"、"家族"的范畴。"保子姓"之难此时亦成为士人生存之难的隐喻。如何"保子姓"？此节开篇即论：

---

① 张履祥：《训子语》中分节《子孙固守农士家风》，《杨园先生全集》，中华书局 2002 年版，第 1383 页。

② 张履祥：《训子语》中分节《子孙固守农士家风》，《杨园先生全集》，中华书局 2002 年版，第 1383 页。

③ 参见张履祥：《训子语》中分节《子孙固守农士家风》，《杨园先生全集》，中华书局 2002 年版，第 1381 页。

人家不论贫富贵贱，只内外勤谨，守礼尚法，尚谦和，重廉耻，是好人家。①

"耻"在此处，成为"保子姓"的关键。在同一小节中，张履祥又指出，

盛王之世，教化行而风俗美，故记曰："一道德以同俗"。此时人易以为善。若诗大序所谓"王道衰，礼义废，政教失，国异政，家殊俗"，当此时，人之为善实难。②

张履祥承认，若"王道衰，礼义废，政教失，国异政，家殊俗"，则人之存德性亦难。其后张履祥又指出"家虽殊俗"，若要保有"不随世以变者"，则要正心术。③在《训子语》另一题为《承式微之运，当如祁寒之木，坚凝葆固，以候春阳之回。处荣盛之后，当如既华之树，益加栽培，无令本实先拨》的小节中，张履祥给出如何应对困苦的忠告：

处贫困，惟有内外勤劳，刻苦以营本业，自足免于饥寒。……当以穷乃益坚自励自勉，勿萌妄想，勿作妄求。妄想坏心术，妄求丧廉耻。④

在张履祥看来，即便在困苦的境遇中，"廉耻"仍是士人应当保持，并且也具备可行性的德性。与此同时，若要存"廉耻"，士人也应摒弃不切实际的"妄想"、"妄求"。显然，张履祥此处的进路没有高蹈的理想主义，而是"退

---

① 张履祥：《训子语》中分节《子孙固守农士家风》，《杨园先生全集》，中华书局 2002 年版，第 1381 页。
② 张履祥：《训子语》中分节《子孙固守农士家风》，《杨园先生全集》，中华书局 2002 年版，第 1381 页。
③ 参见张履祥：《训子语》中分节《子孙固守农士家风》，《杨园先生全集》，中华书局 2002 年版，第 1381 页。
④ 张履祥：《训子语》中分节《子孙固守农士家风》，《杨园先生全集》，中华书局 2002 年版，第 1379 页。

到底线"之后再"以退为进",相当现实与客观。

　　通过论"耻",顾炎武、李颙与张履祥得以重新思索何以为人、何以为士。他们对"耻"的再诠释,不仅力图为自己的时代提供药方,更为先秦以降的"耻"之传统添入新内容。倘若比较三者之论"耻",可以看出,顾炎武与李颙更多将"耻"与"天下"相关联,而张氏则更在"家""地方"的范畴内说"耻",目标低调保守得多。对张履祥来说,"耻"与其说是德性之高标,不如说是士人"治生"之同时防止自甘堕落、对道德达到合格线的要求。如此低标,也从反面映照出此时士人士气的低回与默默蔓延的绝望氛围。

　　尽管这三位学者对"耻"各有见解,他们都将"耻"作为士大夫阶层的核心道德。他们的侧重点则各有不同。顾炎武突出"耻"对士人之抉择与行动的作用力并视"耻"为更新"风俗"之关键,借此寄希望于拯救天下,李颙则将"耻"与"义命"相联。三人都强调"学"以养"耻",张履祥更添上"治生"的前提条件,与顾氏与李氏相比,更为务实。三者对何以存"耻"、"耻"后何为的构想,都牵涉了不同方面,诸如个人情操、道德教化、社会实践。他们之论"耻",不仅呈现了士人如何在鼎革之时,于外在与内在层面重建身份,更展现了古典儒学之一大主题如何在明清之际的语境下更新自身,并以此应对社会之变迁,力保文化之传承。

　　　　　　　　　　　　　　　　　　（作者单位:纽约州立大学法明代尔州立学院）

作为道德形上本体的太玄[*]

张 昭 炜

　　道德本体建构是中国儒家哲学的重要内容，这涉及仁学宗旨，指导着道德修养功夫的践行，乃至道统谱系。孔子言："仁者，人也。"（《中庸》）孟子曰："仁，人心也。"（《孟子·告子上》）这是从具体实在处讲道德本体，具有形上化、系统化的内在需求。孔子认为老子"通礼乐之原，明道德之归"。（《孔子家语·观周》）以老子为代表的道家思想是儒家道德本体建构的重要资源。汉代文化经过黄老学、董仲舒的"独尊儒术"后，儒道两家有会通的趋势，扬雄的太玄思想在此背景下形成。

　　扬雄默契老子之道，"岂若由聃兮，执玄静于中谷"①。"执玄静"，求致玄静，为功夫；玄静即是深静，为道体，如老子所言出于幽冥的"玄德"。扬雄将老子的玄静引入道德本体建构，这受到严遵的影响②，严遵"沉冥"，"雅性澹泊"，"专精《大易》，耽于《老》《庄》"③。扬雄由《周易》发展《太

---

* 　本文发表于《哲学研究》2018 年第 10 期，标题为《扬雄"太玄"释义》。

① 　扬雄：《太玄赋》，《扬雄集校注》，上海古籍出版社 1993 年版，第 141 页。

② 　严遵之学亦有深厚的儒学背景，如："严君平（遵）卖卜成都，与子言，依于孝；与臣言，依于忠；与弟言，依于弟（悌）。虽终日讲学，而无讲学之名，士大夫不可不知此意。"（刘宗周：《人谱杂记》，《语类三》，《刘宗周全集》第 2 册，浙江古籍出版社 2007 年版，第 115 页）

③ 　扬雄：《答刘歆书》，《扬雄集校注》，上海古籍出版社 1999 年版，第 266 页。如桓谭评论："扬雄作《玄》书，以为玄者，天也，道也"，"故宓羲氏谓之易，老子谓之道，孔子谓之元，而扬雄谓之玄。"（桓谭著，朱谦之校辑：《新辑本桓谭新论》，中华书局 2009 年版，第 40 页）扬雄之学基于《周易》，融合孔子与老子的天道观，从而在本体上进行创造。

玄》："实好古而乐道，其意欲求文章成名于后世，以为经莫大于《易》，故作《太玄》；传莫大于《论语》，作《法言》"，"用心于内，不求于外，于时人皆曶之"①。扬雄气魄大，心力高，直追往圣，《太玄》构建系统的道体论，《法言》为学孔力作，展开实现内圣的功夫论。"用心于内"透露出性格内敛，并渗透到他的学问："默而好深湛之思，清静亡为，少耆欲。"②"默而好深湛"，默并非是绝对的缄默、"沉死水"，而是关闭语言系统时，心体向深静的敞开。"而"表明"默"与"好深湛"是递进、因果关系，"而"字前面的"默"是功夫，是实现"深湛"的手段，体现出收摄保聚的内敛。寡欲似孟子，清静似老庄，扬雄由默深入道体，构建精密纯湛的哲学体系，这为浮浅者所不喜，但亦不乏知音，如同时代的桓谭曰："今扬子之书文义至深，而论不诡于圣人"，"自雄之没至今四十余年，其《法言》大行，而《玄》终不显"③。扬雄之学传播不广，不仅汉代"时人皆曶之"，而且唐代的韩愈、宋明程朱陆王等理学家建构的道统亦将扬雄排除在外，乃至今日扬雄的学术研究主要停留在天道观及性之善恶混的人性论。下文在阐发"太玄"天道基础上，将其引入道德本体建构，触发"藏心于渊，美厥灵根"的功夫论，凸显扬雄在中国儒学缄默维度道统的重要地位。

一、太玄道体

扬雄作《太玄》的用意是探索儒家道德本体："或曰：'《玄》何为？'曰：'为仁义。'"④ 此言可视为《太玄》的思想纲领。扬雄理解的道体不限于笼括性的仁义，而是对"道德之归"的终极追问，追求道德的根本因；他不是从具体的礼乐伦常、庸言庸行等实在处去理解儒学，而是对"礼乐之原"的探本穷源，寻求礼乐的形上根据。如《论语·公冶长》子贡曰："夫子之言

---

① 班固：《扬雄传第五十七下》，《汉书》卷八十七下，中华书局 1962 年版，第 3583 页。
② 班固：《扬雄传第五十七上》，《汉书》卷八十七上，中华书局 1962 年版，第 3514 页。
③ 班固：《扬雄传第五十七下》，《汉书》卷八十七下，中华书局 1962 年版，第 3585 页。
④ 扬雄：《问神卷第五》，《法言义疏》（八），中华书局 1987 年版，第 168 页。

性与天道,不可得而闻也。"儒学传统注重形而下的六经、六艺、文章,常脱略形而上之性与天道。扬雄对于传统儒学的贡献正是体现在心性的根本追问、天道的终极思考。性与天道具有同质性,扬雄表述为太玄,简称玄。玄取象于黑,与七色相比,黑没有绚丽斑斓的色彩。七色可以说是显性的张扬,是发散;黑则是隐性的收摄,是翕聚。如《中庸》"《诗》曰'衣锦尚絅',恶其文之著也"。七色如锦,玄则是絅,二者搭配得当,可达到相互平衡、衬托相宜的美。"衣锦"与"的然"相应,可代指具体的道德伦理事功,如礼乐文章;"尚絅"与"暗然"相应,可代指深潜的道德本体,将此引申,玄指向"道德之归",可视为本、体、源,而与之相对的则是末、用、流。由"锦"与"絅"的平衡衬托关系,可发展出太玄与具体道德伦理事功的体用源流关系。

从古人"天人合一"的预设来看,天道与心性道德具有内在一致的理路,扬雄认为:"玄,浑行无穷正象天。"① 玄是天的特征,与地的形质、近实不同,玄是深远之象,超越感知之物,表现出形而上的特征。"浑行无穷"指生生不已,绵绵不息,道体处于绝对运动状态。据《说文》释玄:"幽远也,黑而有赤色者为玄,象幽而入覆之也。"又如《文言·坤》:"夫玄黄者,天地之杂也。天玄而地黄。""幽"象征玄之深静、沉潜,"入覆"显示玄的统摄性、笼罩性。天具有无形的特征,扬雄表述为"罔":"八十一家由罔者也。天炫炫出于无畛,熿熿出于无垠。故罔之时,玄矣哉。"② 如同《周易》的六十四卦,《太玄》可分出八十一首,每一首均本于罔,罔是八十一首的终极归宿及根本。玄在无边界处现身,在"畛"的否定中凸显其无边界,显示其炫炫光明;玄广袤无垠,在"无垠"的肯定中显赫其无边际,彰显其煌煌明盛。

以玄表征德性,亦见于早期儒家经典,如《尚书·舜典》"浚哲文明""玄德升闻"。据《尚书正义》注:"浚,深。""玄,谓幽潜。"从道德本体引申此言,浚哲、玄德如玄之深深幽潜,是本体;文明、升闻为本体之用,是玄德的彰显。玄的"深静"关联着"缄默","玄"与"默"均取象于黑,如吕

① 扬雄:《玄首都序》,《太玄校释》,中华书局 2014 年版,第 1 页。
② 扬雄:《太玄文》,《太玄校释》,中华书局 2014 年版,第 323 页。

坤之论："故黑者，万事之府也，敛藏之道也。""盖含英采，韬精明，养元气，蓄天机，皆黑之道也。故曰'惟玄惟默'。玄，黑色也；默，黑象也。"①"惟玄惟默"，这种并列句式如十六字心传的"惟精惟一"。从道体论而言，如同精与一是道心的两种表述，默与玄可以互释。从功夫论而言，如同"惟一"可以是"惟精"的功夫，"惟默"可以是"惟玄"的功夫，通过缄默而体认玄体，默是接近玄体的功夫路径。"府"，府库、库藏，玄内含无尽藏，是退藏于密。"英采"如"锦"，"含英采"如"尚絅"。"韬精明"，韬光养晦，以默润明；"养元气"，生生之气得以息养；"蓄天机"，天机指向冬至之关，天根得以储蓄，这将在下文讨论。含、韬、养、蓄，表象是退藏，实际是为了更深层的发用：先有收敛之意，如入府库；收敛并非是封闭，而是为了其后能够发舒，如打开府库，好比老子以玄之又玄打开众妙之门。此处先从天道论来看玄的特征：表象深静，沉潜深邃；深层运动不息；其体微妙，具有源头活水。具体表现在三个方面：玄与物、冬至近玄、罔直蒙酋冥的展开。

（一）玄与物

玄与物的关系包括三个方面：玄创生物，玄是物的归宿，玄与物是本末、体用关系。首先看玄创生物："玄者，幽攡万类而不见形者也。""攡措阴阳而发气"，"还复其所，终始定矣"②。"攡"，《说文》作"摛"，"舒也"。有形的万类之物好比"舒"，太玄则为"卷"。从哲学的抽象层次来看，玄是"不见形者"，玄超越了物的形体，甚至超越了气，在这个意义上，玄可以说是形而前，也可以说是形而上，但还没有抽象至宋明理学道体论中的"理"。与西方哲学的形而上学（metaphysics）不同，扬雄的玄尚未抽象到"相（idea）"的层次，还保留有运动、创造等特性，与形下之物有紧密的黏合性，表现出形上形下一体的浑然。从根本因的探索来看，抽象至玄，已经能够解释生生及道德，无须再进一步抽象。从创生来看，玄是生生之本，万物是生生的末端，玄与万物是本末关系。玄在幽暗深隐中支配有形万物，虽

① 吕坤：《谈道》，《呻吟语》卷一，《吕坤全集》，中华书局 2008 年版，第 643 页。
② 扬雄：《太玄攡》，《太玄校释》，中华书局 2014 年版，第 255 页。

然缄默不显，却是显性万物之体，玄与万物是体用关系。体用不二，玄亦可作为用，万物作为体："故玄者，用之至也。"① 玄之"本体"不仅可以从有形到无形的抽象来看，而且还可以从生生序列来看："本体"可分解为"本"与"体"，本是本末之本，太玄是生生的起源；"体"是体用之体，从"用之至"中见大体。

玄"发气"，是气之渊薮，是生生的根本。气是玄创造万物的媒介，或者是创造的中间形态。玄创造气时，以阴阳为模具，由此产生阴阳二气。从太玄到阴阳、万物的展开仍可进一步细化，这要等到宋代周敦颐的《太极图说》："无极而太极，太极动而生阳"，"静而生阴"，"一动一静，互为其根；分阴分阳，两仪立焉。阳变阴合，而生水、火、木、金、土。""万物生生，而变化无穷焉"②。太玄如同"无极而太极"，浑然未分，阴阳二气由此生，天地万物由此成。"莹天功、明万物之谓阳也；幽无形、深不测之谓阴也。"阳与阴是显与微、动与静的关系，显微无间，动静互根，这是第一层关系；玄发气，玄是气根，玄与气亦是显微无间，这是第二层关系。这两层关系叠加嵌套，形成太玄发气、气分阴阳、万物生生的序列。

当以玄作为终极追问的根本因时，也包含了从何而来、去向何处等追问，这可仿照亚里士多德的四因说理解玄，如丁耘、吴飞讨论生生与牟宗三演讲的四因说。③ 玄是"所"，是万类运动的最终趋向，是目的因。玄是天道运行的根本形态，总体呈现为：玄—万物—玄。玄如同一个巨大的黑洞吸积盘（acrretion disks），不断创造万物，万物始于玄，终于玄，玄贯彻万物生灭之始终，万物只不过是玄变化出的短暂存在状态。在创造万物时，玄赋予万物以生生的动能，万物的消亡伴随着动能的丧失，最终为玄所吞噬，玄是宇宙大化的动力因。玄创造出气，气是构造万物的质料，玄是万物的

---

① 扬雄：《太玄攡》，《太玄校释》，中华书局 2014 年版，第 256 页。

② 周敦颐：《太极图说》，《周敦颐集》，中华书局 2009 年版，第 3—5 页。

③ 起因于复旦大学丁耘教授在《中国社会科学》2013 年第 4 期发表的论文——《生生与造作——论哲学在中国思想中重新开始的可能性》。《哲学研究》于 2018 年第 7 期在"哲学对话"专栏刊登了吴飞教授与丁耘教授的论辩与回应。

质料因。从体用相互滋养来看，从玄到万物，是从无到有，玄是体，万物是玄之发用；从万物到玄，可视为从有到无，万物归宿在玄，万物是体，玄是用。本末与体用关系一致，玄既可以作为本，也可以作为末，在本末互用的更迭中时隐时显。

体证玄的方式是默识，这基于玄的特征："夫玄晦其位而冥其畛，深其阜而眇其根，攘其功而幽其所以然者也。故玄卓然示人远矣，旷然廓人大矣，渊然引人深矣，渺然绝人眇矣。默而该之者，玄也。"① 玄是"默而该之者"，玄具备缄默的全部形态。从词语使用来看，晦、冥、深、眇、攘、幽可看作玄的动词表述，如晦为藏密之意，朱熹字元晦，又字仲晦，号晦庵，其中之意为"木晦于根，春容晔敷；人晦于身，神明内腴"②。晦指向玄的深静隐秘，由晦而晔敷。春容显示出玄晦之生机盎然，根是生生的物象特征。又如攘，据《说文》："攘，推也。"玄处于功成身退、为而弗恃的状态，这类似老子的道。

玄表现出"四然"的特征：卓然、旷然、渊然、渺然。卓然是高远貌，表现玄的远无边际。玄之高，表明玄在有形万物之上，乃至超越了气；玄之远，玄与万物的关系表现为即远而近，即近而远。虽然远，但又感觉向我们走来，以至与之默契妙合；虽然向我们走来，又好像离开万物而远行，乃至遥不可及。旷然是开阔貌，至大无外，表现出无限地敞开。尽管开阔，仍然可以不断吸积，如夜气充塞至浩然正气。渊然是幽深貌，如《中庸》"渊泉如渊"，"渊渊其渊"，"而时出之"，渊寂中有生生不息的暗流涌动。渺然是渺茫，渺然并非是细微渺小，而是如道心惟微，愈微愈大，由此而博厚，"深其阜而眇其根"，在微渺中隐藏博厚，在微渺中有灵根之生生。卓然、旷然表现出玄的至大之博，是玄的横向铺开；渊然、渺然微眇体现出玄的至微之约，是

---

① 扬雄：《太玄摛》，《太玄校释》，中华书局 2014 年版，第 256 页。

② 这源于其启蒙老师刘子翚（屏山）作《字朱熹祝词》："屏山独尝字而祝之，曰：'木晦于根，春容晔敷；人晦于身，神明内腴。'后事延平李公先生，先生所以教熹者，盖不异乎三先生之说，而其所谓'晦'者，则犹屏山之志也。"（朱熹：《名堂室记》，《晦庵先生朱文公文集》卷七十八，《朱子全书》第 24 册，上海古籍出版社、安徽教育出版社 2002 年版，第 3731 页）

玄的纵贯生成。在有形世界中处于对待两极的大与小,在太玄中表现为十字打开:愈微则愈大,这是玄之舒发,由此显示出玄是生成之源;愈大则愈微,这是玄之内卷,由此显示出玄是万物的归宿。与"四然"相对的为近然、实然、浅然、显然,这是万物的特征。在"四然"的基础上,玄还具有"所以然"的特质,"幽其所以然",玄是隐秘中主宰生成的"所以然",是根本因、第一因。

(二)冬至近玄

孟子的平旦之息、夜气可表述为冬至,代表深静中的生生之根,如同"木晦于根",这正是太玄的物象特征:"近玄者,玄亦近之;远玄者,玄亦远之。""冬至及夜半以后者,近玄之象也。进而未极,往而未至,虚而未满,故谓之近玄。夏至及日中以后者,远玄之象也。进极而退,往穷而还,已满而损,故谓之远玄。"[①] 冬至近玄,即是平旦之息、夜气、亥子之间、天心、天根近玄,此物象特征主要包括三方面:"进而未极",运动刚开始启动,生生肇始,由密转向显,极静转化为动,类似奇点(Singularity),具有无限接近于零的熵值(Entropy),具备强大的动能与势能;"往而未至",处于运动的进程中,还未看到终点,具有无限生成的可能,这是生生的源动力;"虚而未满",具有丰富广袤的运动展开空间,能够不断充塞,其状态如下文论及的"弸"。与冬至相对的是夏至,夏至远玄,如强弩之末,前进无力,只能退居自守;展开的空间已经充满,不但不能充实,而且有剥落减损之势,处于塌陷、衰竭的状态。如同宋代邵雍的天根月窟说,冬至如天根,夏至则如月窟,根主舒,窟主卷,根主生发,窟如黑洞(black hole),天根与月窟互为其根,道德本体不仅是一个"即存有即活动"与"即活动即存有"的共融体,而且是"存有"的生成根据,为"活动"提供生生动力源。

由"近玄者,玄亦近之"可看出太玄具有不断吸积(acrretion)的特性。玄具有同质亲和力,具有太玄属性的事物可以相互靠近、吸引,甚至吸附,融为一体,从而得以不断积聚扩充。个体迎合、接近玄,"玄亦近之",从而

---

① 扬雄:《太玄攡》,《太玄校释》,中华书局 2014 年版,第 257—258 页。

与玄共融为一体，默契太玄，这种效仿玄、接近玄、体证玄的过程即是扬雄"藏心于渊"的道德修养功夫。

冬至近玄，还可以从动力因理解。由冬至而至初春，这是生生之机刚刚展开的物象特征，春之生生的根源在于冬至。玄是万物生生的动力根源，是启动创造序列的发动机，万物生生的动能由玄来储蓄。冬至极静而动，动能储蓄愈充足，其生生的序列蓬勃愈持久。"日一南而万物死，日一北而万物生。"[1] 生生在北方启动，如天根冬至；生生的衰竭由南方开始，如月窟夏至。北方冬至的位置最具生意，由此启动《太玄》的生生序列，玄"以一阳乘一统，万物资形"。司马光注："一阳谓冬至也。"[2] 生生潜能的根本因在于玄，生生展开正是创造万物的过程。《太玄》以《中》为首："阳气潜萌于黄宫，信无不在乎中。"司马光注："冬至气应，阳气始生。""《中》直冬至之初，阳气潜生于地中"，"扬子叹三仪万物变化云为，原其造端，无不在乎中也。"[3] "阳气"表征的是玄生生的潜能，冬至近玄，生生潜能蓄势待发，是万物生生之端。《中》居《太玄》八十一首之首，是太玄之始，礼乐本自中出，这个富有生意、体现活力的"中"是"礼乐之原"，如礼家参用元气分宾主[4]，乐家以冬为中，以冬声指元声，这将在本书第七章展开论述。"中"亦是儒学的道德本体，乃至由此展开功夫论："昆诸中未形乎外，独居而乐，独思而忧，乐不可堪，忧不可胜，故曰'幽'。"[5] 幽，据《说文》："隐也，从山中。"幽是山中二幺叠加。以心迎合太玄，并混融一体，如孔子称赞颜子："人不堪其忧，回也不改其乐。"（《论语·雍也》）这是从本体接近玄的方式，指向默识的功夫。

（三）罔直蒙酋冥的展开

玄者自旋，"浑行无穷"，玄的运动表现为罔直蒙酋冥：

① 扬雄：《太玄攡》，《太玄校释》，中华书局 2014 年版，第 258 页。

② 扬雄著，司马光注：《玄首序》，《太玄集注》，中华书局 1998 年版，第 2 页。

③ 扬雄著，司马光注：《中》，《太玄集注》，中华书局 1998 年版，第 4 页。

④ 参见饶宗颐：《老子想尔注校证》，上海古籍出版社 1991 年版，第 139—140 页。

⑤ 扬雄：《太玄文》，《太玄校释》，中华书局 2014 年版，第 324 页。

罔直蒙酋冥。罔，北方也，冬也，未有形也。直，东方也，春也，质而未有文也。蒙，南方也，夏也，物之修长也，皆可得而载也。酋，西方也，秋也，物皆成象而就也。有形则复于无形，故曰冥。故万物罔乎北，直乎东，蒙乎南，酋乎西，冥乎北。故罔者，有之舍也；直者，文之素也；蒙者，亡之主也；酋者，生之府也；冥者，明之藏也。罔舍其气，直触其类，蒙极其修，酋考其亲，冥反其奥。罔蒙相极，直酋相敕。出冥入冥，新故更代。①

玄的运动状态造就了气的特征。玄发气，春夏秋冬四气流行源于罔直蒙酋冥。太玄如天枢於穆旋转，形成四气，犹如地球围绕极轴自转，配位四方。在四气流行中，冬至天根是生生的起点，是四气流行连续的关键。扬雄将冬至分出罔与冥：罔，表征第一次生成的开始，从密以至显，从未形到有形，从无以至有，"罔舍其气"，气由罔发出；冥，有形复于无形，从显再返回密，"冥反其奥"，气由冥返回太玄。太玄不断创生，新的生生序列连续生成。换言之，太玄孕育生生，是根本因统摄下的动力因、目的因，生生序列始于玄，终于玄。"出冥入冥"，按照"罔直蒙酋冥"的生成，下一次的生成仍是同样的序列，两次生成的结合点在于"冥"，生生序列为："……冥罔直蒙酋冥……"下一次生成之"罔"基于前一次之"冥"。由冥以至罔直，这是冥之出；由酋以至冥，这是冥之入。出冥入冥相代化，代是有代无、无代有：有代替无，这是罔；无代替有，这是冥。在相代中又有化，生生由此得以连续。

"罔直蒙酋冥"序列中有相反相成，呈现出"罔蒙相极，直酋相敕。""相极"，表现出向外发舒的张力；"相敕"，显示出内在制衡的卷力。罔是有之舍，蒙是亡（无）之主。罔是穷其无，蒙是尽其有。通过罔蒙相极，太玄实现涵盖一切。方以智认为："《太玄》之罔直蒙酋冥"，"皆环四中五也"②。又

① 扬雄：《太玄文》，《太玄校释》，中华书局2014年版，第322—323页。
② 方以智：《太极不落有无说》，《易余》卷上，《易余（外一种）》，上海古籍出版社2018年版，第62页。

如《易余目录·三冒五衍》，"处处是《河》《洛》图，处处是○∴卍"[1]。∴如三眼，上一点是慧眼、密冒，如太玄；下两点是肉眼、显冒，如万物。上一点与下两点之间有相极的张力，亦有相救的卷力，而且相互兼带，是统冒。显、密、统三冒是三而一、一而三的关系。卍是《河图》、《洛书》的抽象，宛如气旋，由中五之枢旋出春夏秋冬四气流行，罔北、直东、蒙南、酉西成为一个环○。

以罔为起点，玄的运动过程可分解如下：罔如冬，尚未有形，从罔到直，是从未形到有形；直如春，有质，尚未成文，从直到蒙，是成文的过程；蒙如夏，修长，生生旺盛，是大有，是生生展开的顶点；酉如秋，是有的衰减，无的增长。从酉到冥，从有形归于无形，趋向沉寂，生生序列完成一个循环。从四因说来看，"从潜能到实现的过程（from potential to actual）。通过'动力因'，形式可以实现到质料上"[2]。玄的运动是在动力因驱动下生生潜能的展开，在这一过程中，质料从无到有、有复归于无，由潜能发展成现实、现实复归潜能，形式因、质料因从属于动力因，质料因之成、形式因之本、动力因之源、目的因之终均在于玄，四因源于玄本身自在自为的旋转。如同方以智的"东西均"，费均、隐均、中均，三均合一，"出冥入冥"如同费均与隐均相代错。太玄旋转，顺以出，逆而入，顺旋逆旋相缠绵，默识以体玄中玄。

二、渊与根之隐喻

由天道贯彻到人道，玄是儒学践行效法的对象，是儒学修身功夫的指导原则："言出乎罔，行出于罔，祸福出乎罔。罔之时，玄矣哉。"[3]"言出乎罔"，由言以返罔，则为缄默；"行出于罔"，由行以返罔，则为默识躬行。冬

---

[1] 方以智：《易余目录》，《易余》，《易余（外一种）》，上海古籍出版社 2018 年版，第 3 页。
[2] 牟宗三：《四因说演讲录》，《牟宗三先生全集》第 31 册，台湾联经出版事业公司 2003 年版，第 7 页。
[3] 扬雄：《太玄文》，《太玄校释》，中华书局 2014 年版，第 323 页。

至是退藏闭关之象，道体灵根只有在深静中才能得以生生。换言之，灵根生长的营养来自深静，如同肥沃的黑土为庄稼生长提供丰富的营养。按照罔直蒙酋冥运动展开："是故天道虚以藏之，动以发之，崇以临之，刻以制之，终以幽之，渊乎其不可测也，曜乎其不可高也。故君子藏渊足以礼神，发动足以振众，高明足以覆照，制刻足以竦惧，幽冥足以隐塞。君子能此五者，故曰罔直蒙酋冥。"① 修身功夫要暗合太玄的运动，只有合得上，才能将仁义体得真。扬雄不限于从天道论诠释太玄的运动，他的用意也在于功夫论中对于道德本体的真切体知，"君子能此五者"之"能"表明玄是人能够默契达到的境界，人通过道德功夫能够实现玄的运动形态。"幽冥足以隐塞"，幽与冥俱是玄之广义，如"静悟天机入窅冥"②。"塞"如孟子之"塞"："其为气也，至大至刚，以直养而无害，则塞于天地之间。"（《孟子·公孙丑上》）又如"充"："凡有四端于我者，知皆扩而充之矣，若火之始燃，泉之始达。"（《孟子·公孙丑上》）充塞是玄的扩充吸积，是道体在功夫中的凝聚。"藏渊足以礼神"之神即是心，"礼"通"体"，为体知、亲证之意，也可以说成"藏心于渊，则足以体神"，即是"藏心于渊，美厥灵根。"即功夫即是道体，功夫为由藏而养，由养而弸中。

（一）藏

扬雄的名言"藏心于渊，美厥灵根"出自《太玄·养》："初一，藏心于渊，美厥灵根。测曰：藏心于渊，神不外也。"③ 从太玄运动的"出冥入冥"来看：藏是入冥的功夫，由动返静，以退求进；灵根生发，是出冥，极静而动，生生不息。"冥反其奥"，奥即是渊，冥是明之藏，是心之神明得以退藏生息之地。叶子奇注："渊，谓静深也。灵根，善本也。一初《养》始，养心之要，莫若存之于静深之中，以致其涵养之功，培之于本原之地，以致其灵美之效。盖必使之大本立，而用有以行也。"④ 从宋明理学本体与功夫的模式来看，

---

① 扬雄：《太玄文》，《太玄校释》，中华书局 2014 年版，第 323 页。
② 王守仁：《睡起写怀》，《王阳明全集》卷十九，上海古籍出版社 1992 年版，第 717 页。
③ 扬雄：《养》，《太玄校释》，中华书局 2014 年版，第 236 页。
④ 扬雄：《养》，《太玄校释》，中华书局 2014 年版，第 238 页。

"渊"、"根"可视为道体论,极渊静而真动生,根是生生的启动;"藏"、"美"则是功夫论,藏是默体太玄,是向生生之根的归复;美是向至善而行,至善亦是极美。灵根是善本,是道德本体,本立而道生,学者必先立大本,作为善之本的玄是仁义道德的根本因。即道体即功夫,扬雄此说向前关联着孟子的"养心莫善于寡欲"、扩充四端、平旦养夜气;向后启迪周敦颐的"无欲故静"、朱熹的"人晦于身"。"渊乎其不可测也",渊是静深之玄。根是冬至阳气萌动、生生创造开始的物象特征,根的物象向前可追溯至老子的"玄牝之门,是谓天地根",向后发展成张三丰内丹学的"无根树",这是扬雄之学与道家思想的共通处。如老子所言"谷神不死",谷言虚,神为灵,虚灵之心生生不息,由此灵根得以持续生发,"执玄静于中谷"即是由藏而美的功夫。灵根生发的营养源于渊寂,由此"藏渊足以礼神","足"表明"藏渊"是"礼神"的充分条件。如同天道论中冬至代表生生奇点的出现,渊静中灵根的生发代表道德至善奇点的出现。从天道论与心性论内在一致的理路来看:渊即是玄、冬至,灵根即是天根、一阳来复。"藏心于渊"是从根本因入手体证道德本原的功夫,目的是追求至善。

(二)养

作为灵根的道体具有生命的体征,与之相应的功夫论则如同培育植物,重在温养生生之根。玄为仁义:"理生昆群兼爱之谓仁也,列敌度宜之谓义也。"[1] 玄是生生的本体,扬雄以"生"释仁,并融合了兼爱说,这启发了韩愈"博爱之谓仁"与朱熹以"爱之理"言仁。仁是生生,玄是生生之源、仁义之本、道德之归,仁学功夫应沉潜养玄。《养》之首为阴之至盛:"阴弸于野,阳蓝万物,赤之于下。"[2] 最下之初一是冬至之象,如同赤之于下,为极静中一点阳动。又如踦赞一:"冻登赤天,晏入玄泉。测曰:冻登赤天,阴作首也。"据范望注:"冻,至寒也,而天至高也;晏,至热也,而泉至深也。"司马光注:"赤,阳之盛也;玄,阴之极盛也。"[3] 极冷中赤之于下的萌动蕴藏着充满生生

---

① 扬雄:《太玄攡》,《太玄校释》,中华书局 2014 年版,第 256 页。

② 扬雄:《养》,《太玄校释》,中华书局 2014 年版,第 236 页。

③ 扬雄著,郑万耕校释:《养》,《太玄校释》,中华书局 2014 年版,第 240 页。

活力的真阳。"蕰",据《集韵》:"蕰,煦也。"如太阳照耀万物,温暖之气从地下蒸腾而出。"弸",据《说文》:"弸,弓强貌。"通俗解释为"满",表达玄的吸积状态,如同掤劲,能充实,能丰盈。从"弓强貌"来看,弸表示蓄足势能,如同弓弦拉满,为箭的发射储藏能量。按照吸积理解,玄在吸收能量后,弸开始积聚、膨胀,如同人以掤劲力贯全身。"藏心于渊"与《易传》"退藏于密"相近,渊寂即是深密。退藏是收敛凝聚,功夫论关联着艮止,宋代周敦颐、二程发展出艮背功夫,《太玄》亦有与《艮》卦类似的《止》:"阴大止物于上,阳亦止物于下,下上俱止。初一,止于止,内明无咎。测曰:止于止,智足明也。"在止中,能够实现内明。否则,不知止,如次八所言:"绝弸破车,终不偃。"① 不是弓弦拉满,而是弓弦折断,如"绝弸";不是车轮滚滚不息,而是破车不能动。之所以陷入"绝弸破车"的绝境,是因为不知止,不知藏,由此反衬"藏"是为了"弸",是固本之学。

(三)弸中

冬至近玄是天根,是生生的根源,《远游》之"壹气孔神兮,于中夜存"、《易传》之"以此洗心,退藏于密",均与"弸"相关,表现出气在渊寂吸积。"美厥灵根",灵根在吸积中生发,由此充盈内美,并通过气象发散出来:"或问:'君子言则成文,动则成德,何也?'曰:'以其弸中而彪外也。般之挥斤,羿之激矢,君子不言,言必有中也;不行,行必有称也。'"② "弸中"是本,是体;文与德是末,是用。弸中内充是根本,言说为末。根本既固,言不发则为缄默深潜,发则必有赫奕之实征。内充的自在流溢,表现为彪章文辞,如同"不温纯深润,则不足以扬鸿烈而章缉熙"③。内圣的特质在于玄之"弸中",即内聚充实,"积行内满",这是内圣之根、之本、之体,由此而彪外,则表现为文、为美、为用。由之而言,言则必中,言则成文;由之以动,则动容旋止皆合于礼,符于德;由之而行,行必中节,行必有称。同理,"温纯深润"即是太玄深渊的特性,"扬鸿烈""章缉熙"均是太玄之弸中而彪外之英

① 扬雄:《止》,《太玄校释》,中华书局 2014 年版,第 207 页。
② 扬雄:《君子卷第十二》,《法言义疏》(十八),中华书局 1987 年版,第 496 页。
③ 班固:《扬雄传第五十七下》,《汉书》卷八十七下,第 3577 页。

华,如文王之文。

玄在隐幽中吸积,充满势能,"君子不言",是为了积攒缄默的力量,如"般之挥斤,羿之激矢",公输般能够挥斤中木,做出各种木器,表现出"着力";后羿发箭,必有内在之力,如《孟子·万章下》:"圣,譬则力也。"扬雄的道体论来自于深静体证:"君子之言幽必有验乎明,远必有验乎近,大必有验乎小,微必有验乎著。无验而言之谓妄。"[①] 幽明、远近、大小、微著四对概念显示出玄在全体具备的情况下,内部的张力与制衡。"验"是衡量真玄与假玄的试金石,如果所证之玄没有效验,则玄是漆黑一团,默是伪默,均是虚妄。默与玄都基于验,由此彰显出缄默的力量。

三、孔颜缄默传统的复现

(一)谱系

扬雄构建的儒家道统谱系是文王、孔子、颜子:"昔乎,仲尼潜心于文王矣,达之。颜渊亦潜心于仲尼矣,未达一间耳。神在所潜而已矣。"[②] 在此道统中,"神"为道体,"潜"为功夫,藏渊足以体神,由沉潜深入密体,穷源溯本,得灵根,养神智。文王的内圣体现在章缉熙之"文",据《中庸》:"於乎不显,文王之德之纯。盖曰文王之所以为文也,纯亦不已"。"文"的特征是"於乎不显",是"於穆不已",生生不息,是深潜,是隐微,是缄默,同时又是至纯、纯粹精、盛德。"文王既没,文不在兹乎?"(《论语·子罕》)孔子遥接文王的道统。从孔子到文王,这种道统是间断的,时空相隔较远;从孔子到颜子,这种道统是连续的,在同一时空中相遇。缄默谱系既可以遥契,又可以直传,关键在于体证玄。

扬雄构建的道统谱系基于太玄道体,发挥藏心功夫。孔子"默而识之"(《论语·述而》),缄默直传需要师徒的双向努力,"颜渊习孔子者也"[③],"孔

---

① 扬雄:《问神卷第五》,《法言义疏》(八),中华书局 1987 年版,第 159 页。

② 扬雄:《问神卷第五》,《法言义疏》(七),中华书局 1987 年版,第 137 页。

③ 扬雄:《学行卷第一》,《法言义疏》(一),中华书局 1987 年版,第 13 页。

子铸颜渊矣"①。"习"为默识躬行，"铸"为人性的全面塑造。颜子由中而弸，内在吸积，孔子从外部渗透，内外交格践行，呈现双向回环，使道统得以延续。

（二）孔颜授受

据《论语·为政》："子曰：'吾与回言终日，不违如愚。退而省其私，亦足以发。回也不愚。'"按照缄默与太玄理解，"不违"显示出颜子对于孔子之学的全面接受与践行。愚与默相应，是缄默、深静的表现，指向玄："欲违则不能，嘿则得其所者，玄也。"②"如愚"指颜子能够深度默会孔子之学，表象如愚人一般，此是虚指；孔子又称"不愚"，指颜子真正能够默契孔子之学，此是实指。又据《论语·述而》："子谓颜渊曰：'用之则行，舍之则藏，惟我与尔有是夫！'"行可视为玄之舒，藏则为玄之卷，藏心于渊。在孔子看来，他和颜子能够卷舒自如，体证道之全体。

孔子教学，弟子均蒙启沃，并非仅颜子一人得其传，只不过颜子是最为杰出者。孟子称"颜渊则具体而微"（《孟子·公孙丑上》），"具体"可理解为具备玄之全体，"微"指向"道心"之"惟微"，如太玄渊深之体。又言："以德服人者，中心悦而诚服也。如七十子之服孔子也。《诗》云：'自西自东，自南自北，无思不服。'此之谓也。"（《孟子·公孙丑上》）孔子道德至盛，身教言传，从而影响众多弟子。弟子"诚服"，师道尊，圣学明；"心悦"，指身心均得到受用，在恬愉中实现证道："七十子之于仲尼也，日闻所不闻，见所不见，文章亦不足为矣。"③弟子接受孔子教导，既包括可闻可见的显性知识，也包括"闻所不闻，见所不见"的隐性知识，隐性知识指向玄，传承重在默会。主流的观点认为六经六艺、道德伦理等显性知识是儒学的重点，隐性知识的传授可有可无；从默玄的角度来看，显性处于边缘，而隐性则位居核心。颜子在缄默中体证道之全体，通过默识躬行来解决道体论中的"不闻"、"不见"。针对隐性知识传授的困难，孔子将隐性知识寓居在显性中，

①　扬雄：《学行卷第一》，《法言义疏》（一），中华书局1987年版，第15页。
②　扬雄：《太玄攡》，《太玄校释》，中华书局2014年版，第256页。
③　扬雄：《渊骞卷第十一》，《法言义疏》（十六），中华书局1987年版，第418页。

以此广流传,如同编码。后学者应该从显性求隐性,犹如解码,从而体证儒学的全体,接续道统。如前文所述,玄是根本因,隐性知识是儒学真精神的重要体现,如果忽视玄,儒学的发展很可能会出偏。

最后来看《法言》主旨:"螟蛉之子殪,而逢蜾蠃祝之曰:'类我,类我。'久则肖之矣。速哉!七十子之肖仲尼也。"据义疏:"《诗·小宛》云:'螟蛉有子,蜾蠃负之,教诲尔子,式谷似之。'《法言》此文,全本此诗为说。"① 孔子如同蜾蠃,弟子如螟蛉之子,"教诲尔子"的比喻包含着孔子对于弟子的深刻影响,不但能改变弟子至外形相似,而且全面塑造内在性格,实现传心传神。弟子"类"、"肖"是对于全部知识的接受,是真学孔,不仅包含典范的临摹效仿,而且能够达到透体入德,完成由凡即圣的转变,从而实现圣蕴的传递。通览扬雄的著作,《太玄》是从玄之道体追问仁义之根本,集中在道体论;《法言》的旨趣是如何实现肖孔子,重在功夫论。当然,《太玄》中亦论及功夫,《法言》亦有道体论,两者相互补充,构建出扬雄的儒学大体。

(三)启沃后学

扬雄的太玄思想对于后儒多有启迪:从道体论而言,如周敦颐的"无极而太极"、邵雍的"心为太极"、张载的气之本体太虚、程朱的形上之"理"等;从功夫论而言,如周敦颐的主静②、道南指诀的未发之中、阳明学的收摄保聚等。江右王门的胡直受到程颐重视"美厥灵根"的影响,"取《法言》读之,其《六经》,翼孔、颜,义甚深"③。"翼孔、颜",表明扬雄对于孔子、颜子缄默道统的承接。胡直之学为"圣关渊诣,心印独握"④。"圣关"如冬至之

---

① 扬雄:《学行卷第一》,《法言义疏》(一),中华书局1987年版,第9页。李轨注:"肖,类也。蜾蠃遇螟蛉而受化,久乃变成蜂尔。七十子之类仲尼,又速于是。"(扬雄著,李轨注:《学行卷第一》,《法言》,《法言义疏》,中华书局1987年版,第1页)

② 周敦颐的"研几(幾)"与玄相关,这同样基于两玄相叠加之"丝"、"幾",据《说文》:"微也,殆也。从丝从戍。戍,兵守也,丝而兵守者,危也。"通过研几,可以达动之微,触及道心之微,还可引申出元气与玄关。

③ 胡直:《书郫县志后》,《衡庐精舍藏稿》卷十八,《胡直集》,上海古籍出版社2015年版,第331页。

④ 邹元标:《祭胡庐山师文》,《愿学集》卷七,《胡直集》,上海古籍出版社2015年版,第1012页。

关，胡直通过无欲主静透圣关，默契道统。胡直的师弟万廷言云："古云'藏心于渊，美厥灵根'，又云'饭蔬食饮水，乐在其中'。只是胸次清凉则美而乐。味凉意则渊，可识渊道体也。"① 清凉是渊静的重要特征，如玉之凉润。胡直的弟子邹元标在南京时，"魏敬吾大理常提'潜心于渊，美厥灵根'等语向予勉"。"人身日间受用只有一潜字，能潜则见与惕跃，不言而悟。"② 在阳明学的语境中，灵根即是良知，灵根在渊静中得以充分滋养。木有根，水有源，潜心于渊正是归根之学。心能潜自能见、惕、跃，木有深根方能树茂盛，水有渊源方能源泉混混。

从学说的来源来看，扬雄的思想可谓是儒道兼宗，以道辅儒，他的道统观以文王、孔子、颜子为谱系，"藏心于渊"契合于孟子的养夜气，关联着《易传》的洗心退藏。玄是元气的母体，是渊，是根，道家由玄关开启众妙之门，儒家由透关得灵根，生生不息，这是儒道在缄默中的相合处。扬雄的哲学观与道统观内在一致，道统的构建在于触及深潜的太玄，文王、孔子、颜子的生命及人格是太玄的具身化，从而为探寻孔子的生命人格开辟了广阔的空间，并将儒学引向形上学。从天道下降到人道，太玄内植在人的心性中。在太玄之渊中滋养心神的灵根，在体证中充实生命的空廓感，真切体知生命的着实感，展现生命的生意盎然，实现人格的纯粹中正。《太玄》是中国儒学哲学化逐渐成熟的标志，外在重视天道大化流行，内在注重生命的体证，外在的天道与内在的道德本体具有一致的理路，这与西方哲学的形上学有明显差异。

如《庄子·田子方》："颜渊问于仲尼曰：'夫子步亦步，夫子趋亦趋，夫子驰亦驰，夫子奔逸绝尘，而回瞠若乎后矣。"在交格践行中全方位临摹。"睎骥之马，亦骥之乘也。睎颜之人，亦颜之徒也。或曰：'颜徒易乎？'曰：'睎之则是。'"③ 扬雄开启周敦颐重视孔颜之学，"孔颜并称，在不确定的意味上，殆始于庄子。在确定的意味上，殆始于扬雄。为学须以孔子为鹄的，

① 万廷言：《书壁》，《学易斋集》卷十三，《万廷言集》，中华书局2015年版，第296页。
② 邹元标：《问仁会录》，《会语上》，《南皋邹先生语义合编》，明刻本，第40页。
③ 扬雄：《学行卷第一》，《法言义疏》（二），中华书局1987年版，第28页。

亦即以圣人为鹄的,也始于扬雄。这给宋理学家周敦颐以相当大的影响"[①]。当然,扬雄对于周敦颐的影响不仅在于孔颜之学,而且还在于太玄道体论直接影响到周敦颐的"无极而太极"的天道观。

(作者单位:武汉大学中国传统文化研究中心)

[①]　徐复观:《两汉思想史》卷二,台湾学生书局 1985 年版,第 505 页。

重思荀子的"大清明"

王　正

荀子思想在先秦哲学中有融汇诸子百家的特色：一方面他对自己所认可的孔子之儒家传统予以继承；另一方面对黄老道家、齐晋法家等思想内容予以吸纳。尤其难能可贵地是，他的继承和吸纳是在反思与批判上进行的，所以他所成就的并不是一杂凑的思想拼盘，而是一有结构的哲学系统。在荀子的哲学系统中，"解蔽"与"大清明"占有重要位置，因为在一定意义上，它们是荀子展开修身、学习、成人、治国等理论的基础。关于"解蔽"，学界已多有讨论；但有关"大清明"的理论意涵，尚有颇可展开与丰富的内容，本文即聚焦于此，思考"大清明"在荀子哲学以及先秦—秦汉哲学中的意涵所在，进而探讨荀子哲学在诸子哲学中的独特价值。

一、"大清明"的基本含义

我们首先来看"大清明"一词在荀子这里的意义。《解蔽》（以下引《荀子·解蔽》一篇只言《解蔽》）言：

> 人何以知道？曰：心。心何以知？曰：虚壹而静。心未尝不臧也，然而有所谓虚；心未尝不两也，然而有所谓壹；心未尝不动也，然而有所谓静。人生而有知，知而有志；志也者，臧也；然而有所谓虚；不以所

已臧害所将受谓之虚。心生而有知，知而有异；异也者，同时兼知之；同时兼知之，两也；然而有所谓一；不以夫一害此一谓之壹。心卧则梦，偷则自行，使之则谋；故心未尝不动也；然而有所谓静；不以梦剧乱知谓之静。未得道而求道者，谓之虚壹而静。作之：则将须道者之虚则人，将事道者之壹则尽，尽将思道者静则察。知道察，知道行，体道者也。虚壹而静，谓之大清明。万物莫形而不见，莫见而不论，莫论而失位。坐于室而见四海，处于今而论久远。疏观万物而知其情，参稽治乱而通其度，经纬天地而材官万物，制割大理而宇宙里矣。恢恢广广，孰知其极？睪睪广广，孰知其德？涫涫纷纷，孰知其形？明参日月，大满八极，夫是之谓大人。夫恶有蔽矣哉！

　　此段乃是荀子对其认识论的集中表述，核心观念在于人通过"虚壹而静"的"大清明"来"解蔽"乃可以"知道"。显然，这里的"大清明"是人通过虚心、专一、镇静不乱达到的一种理想的心灵状态。其中，"大"乃形容"清明"之大，非并列语，虽然有注释者指出，"此处有'大'字则气象壮阔，无'大'字则境界显狭窄"[①]，但实则"大"字没有什么哲学含义，仅具有文学修辞的意义，故本文对它的意涵不予深究。而"清明"这种心灵状态可以使心灵入道、尽道、察道，即所谓"未得道而求道者，谓之虚壹而静"的心以"知道"的状态，杨倞注此词为"言无有壅蔽者"，即各种对人的认知造成遮蔽的因素都已经被"解蔽"了，而不再有任何对人的认知之通于"大理"造成蔽塞而使自己始终受到局限的"一曲"存在并发生作用。因此，"大清明"并不是一种神秘体验或冥契，而是心以知道的理想状态，在这种状态下，人的心灵可以打开一切壅塞遮蔽，实现"解蔽"，从而达到对"道"的认知。换句话说，在"大清明"中，人的心知"通于万物"，万物莫不清晰可见，而人对万物的认知也各得其宜、各得其理、各当其位，这便是"知道"。而由认知来得理、知道，人进而可以经纬天地，实现人在天地之间的"人职"之所在，

---

① 　董治安等：《荀子汇校汇注附考说》，凤凰出版社 2018 年版，第 1103 页。

也就是"与天地参"了。有必要指出的是,荀子这里的"道"并不是道家哲学中的"道",也不是孔子那里的"天道"之"道",而是"人道"之"道"——至善的"道"。《解蔽》篇言:"以其可道之心与道人论非道,治之要也。何患不知?故治之要在于知道。""道"是与优良的治理相关的,是"众异不得相蔽以乱其伦也"的"悬衡"的"衡",所以它是现实人间世界的"道",是道德和政治上的至善。荀子理解的这种善,类似于社群主义的那种整体善,是指人类社会可持续存在和普遍秩序优良这种意义上的善。[①] 也就是说,荀子认为,人通过"虚壹而静"的"大清明"的认知之心,可以认识到至善——整体善,进而通过这种认识可以治理天下——对治各种恶而使之归于善。

有趣的是,历代学者对于这一段话的研究,多集中在"虚壹而静"的虚、壹、静这三个观念上,而对"大清明"关注不够。不过笔者认为,"大清明"虽是"虚壹而静"所达到的结果,但从这样一种结果所具有的独特性或特殊性上,可以反过来观察荀子的致思理路和思维特质,以及其在中国哲学发展史上的独特价值所在。当然,这并不是说荀子对这一概念就是独有、专享的,事实上,荀子对这个概念的使用在很大程度上受到了黄老道家的影响。

《管子·内业》载:"人能正静,皮肤裕宽,耳目聪明,筋信而骨强。乃能戴大圜而履大方,鉴于大清,视于大明。敬慎无忒,日新其德,遍知天下,穷于四极。"这是讲人通过正身、静心的修养工夫,不仅身体得到了强健,而且心灵的能力也大大提高,几乎可以与日月之照见万物比拟,而能清楚明白地遍知天下的道理。在所谓管子四篇(《内业》、《心术上》、《心术下》、《白心》)中,还有多处与此相关的表达,以及更多的对"虚"、"壹"、"静"的详细阐发。这种相似性以及荀子在稷下学宫多年学、教的经历,让我们确信其思想当然受到了黄老道家的巨大影响。白奚曾明确指出,荀子的"这种'大清明'的境界说,也是袭自《管子》"[②],不过他却认为荀子的"解蔽"

---

① 参见陈来:《从思想世界到历史世界》,北京大学出版社 2015 年版,第 126 页。

② 白奚:《稷下学研究——中国古代的思想自由与百家争鸣》,生活·读书·新知三联书店 1998 年版,第 291 页。

与"大清明"是指向认识论问题的、面向先秦诸子的学术之蔽的,而黄老道家的"清明"论说,则是经由修身而及于治国之道的,也就是道德、政治面向的。不过,在笔者看来,这两者之间可能并没有这么大的区别。事实上,在《解蔽》的开篇即畅言"解蔽"和政治治理的关系,而且在上引这段话的后面事实上也在接榫治国、平天下之道。因此可以说,荀子和黄老道家其实共享了一种相似的理念:人通过清楚明白的认知可以达到对"道"、"理"、"德"的体察,进而将之真切落实到现实的修身、治国、平天下中去。可以说,"大清明"这一观念同时关联着认知、道德和政治,这是荀子和黄老道家共同认可的理念。那么,这里就有一个问题需要思考了:为什么以正宗儒家自视而善于批评各家、"非十二子"的荀子,对黄老道家的这一理念和运思基本采取了接纳的态度呢? 这其中的原因,可能蕴藏着荀子致思的独特性所在;而荀子和黄老道家共享的这一思想理路,更可能暗含着中国哲学在认知与道德、政治问题上的独特思路所在。

二、"清明"诸义解

从先秦诸子的众多文献来看,荀子对"清明"的推崇,不仅在儒家传统中显得有些另类,而且在诸子中也是较为独特的。虽然"清明"一词在百家中也有被拿来形容认知聪明的德行意义之用法,但并未被哪一家如此重视与推崇。为了彻底厘清"清明"一词在先秦乃至秦汉思想中的意义问题,笔者将它的具体使用情况进行了搜集、分类与分析。具体来讲,"清明"一词除节气的含义外,在先秦两汉时期还具有多重意义:

(1)与天或气相关。如:"故其清明象天,其广大象地,其俯仰周旋有似于四时"(《礼记·乐论》),"惟昊天兮昭灵,阳气发兮清明"(《楚辞·伤时》),等等。在这类使用中,"清明"与天联系在一起,被用来形容天或气的清澈、明洁,其所代表的意义则与"阳"相关,而与地相对。

(2)与水相关。如:"故人心譬如盘水,正错而勿动,则湛浊在下,而清明在上,则足以见鬓眉而察理矣。"(《解蔽》)水的不杂泥沙,被形容为水的清楚明白。以上这两种含义,再考虑到"清明"两个字的汉字构形,或许正是此词较为原始的用法。还应注意的是,在天之清明、水之清白的状态下,此词所表达的意义除了自身之清澈明晰外,还有天上之物的可见和水中之物的可察,因此,清楚明白而可视可见,乃是"清明"一词的基础含义。

(3)与风相关。如:"风:八风也。东方曰明庶风,东南曰清明风,南方曰景风……"(《说文解字》)"条风至地暖,明庶风至万物产,清明风至物形乾,景风至棘造实……"(《白虎通·八风》)等。古人认为风有多种,并按照不同的方位和时节对它们予以了命名,其中源在东南的春夏之际的风被称为"清明风",此风的到来象征着万物的成形。在这里,成形而可以清楚明白地分判之,是"清明"一词所表达的含义。

(4)与一些具体的天象相关。如:"雾气衰去,太阳清明"(《前汉纪》),"交锋之日,神星昼见,太白清明"(《东观汉记》)等。这些地方的使用,是指天上的相关星宿可以被清楚地看到,进而预示着世间一些事情的发生。清楚明白地可见,是此等地方"清明"一词的意义。

(5)与目视相关。如:"色容厉肃,视容清明"(《礼记·玉藻》),"黄目,郁气之上尊也。黄者中也;目者气之清明者也"(《礼记·郊特牲》),等等。"清明"在这里被明确与视力联系在一起,用来形容眼睛看事物看得清楚明白。

(6)与心神相关。如:"清明在躬,气志如神,嗜欲将至,有开必先"(《礼记·孔子闲居》),"正则静,静则清明,清明则虚,虚则无为而无不为也"(《吕氏春秋·有度》),"今欲学其道,不得其清明玄圣,而守其法籍宪令,不能为治,亦明矣"(《淮南子·齐俗训》)等。在这些用法中,"清明"被用来描述心灵的清楚明白和智慧的照察万物,这也是《解蔽》之"大清明"的含义所在。

(7)与政治相关。如:"以汉之广博,士民之众多,朝廷之清明,上下之修治……"(《潜夫·论实贡》)"即位三十年,四夷宾服,百姓家给,政教清明,乃营立明堂、辟廱"(《汉书·礼乐志》)等。此类之使用,更多是引申的含义,即用"清明"来形容当时政治的政令之清楚、明白、无隐,以及由此形成的优良政治秩序。

(8) 与《周易》相关。如:"清明条达者,《易》之义也"(《淮南子·泰族训》)等。这是讲《周易》所蕴含的道理并非是神秘、复杂、不可认知的,而是清楚明白、有条理、可理解的。

综上这些用法可以发现,"清明"的初义是天之明、水之清,由此引申出万物的有形可辨,进而发展为眼睛看得清、视得明,最后演进为心神的清楚明白以及更多与清楚明白有关的含义。因此可以说,"清明"一词在秦汉哲学的使用中,具有重要的认知价值和理性意义,它表明中国传统哲学并非完全不重视认知理性。不过需要注意的是,"清明"一词本身又不仅仅与认知相关联,而是被与道德、政治甚至经学联系在一起,这就表明它并不纯粹具有认知的意义,而且具有道德含义、价值意义甚至神圣性。由此又可以发现,在荀子乃至黄老道家那里,认知与道德、政治有很强的关联性,这种关联性是难以切割开来的。也就是说,"大清明"所推崇的这种认知理性,并不仅仅是认知论意义上的,而是包含的面向更广、蕴含的意义更加丰富。那么,中国传统哲学中这种以"清明"为重要表达的认知理性具有什么特质呢?这是笔者想通过进一步探讨"大清明"的意义来加以探索的。

三、"大清明"的哲学意义

显然,"大清明"在荀子这里有特别深厚的思想资源可以发掘,这就要求我们,探讨"大清明"在荀子思想中的深刻与丰富内涵,不能仅仅局限在上面所引这一段直接讲述"大清明"的文献上,还应当将之至少放在《解蔽》篇的全部文本中来认识,以及放到荀子的全部思想结构和系统中来看,甚至放到先秦诸子百家的思想范围内来看。因此,笔者将在本节按照《解蔽》全篇的顺序来深入解读"大清明"及其背后的思想意义所在。

首先应当明确的是,"大清明"及"解蔽"并不仅是认识论意义上的,在《解蔽》的开篇即说:"凡人之患,蔽于一曲,而暗于大理。治则复经,两疑则惑矣。天下无二道,圣人无两心。今诸侯异政,百家异说,则必或是或非,或治或乱。乱国之君，乱家之人，此其诚心，莫不求正而以自为也。妒缪于道，而人诱其所迨也。私其所积，唯恐闻其恶也。倚其所私，以观异术，唯恐闻其美也。是以与治虽走，而是已不辍也。岂不蔽于一曲，而失正求也哉!"可见，"解蔽"是希望通过"大清明"来解除"百家异说"对于治理者的蒙蔽，而使之可以通过达到唯一的"道"来使天下秩序变得优良起来。由此，荀子在这里讲的"解蔽"所强调的认知绝不纯粹是认识论意义上的，而是通于道德行为与政治实践的。

因此，在接下来列举受到"蔽"这种"心术之公患"的时候，荀子先言为人君之蔽者如夏桀、殷纣与不蔽者如商汤、周文王，再言为人臣之蔽者如唐鞅、奚齐与不蔽者如鲍叔牙、宁戚、隰朋、召公、吕望，而最后才言诸子百家中的蔽者如墨子、庄子、慎到等和不蔽者孔子。可见，"解蔽"所对应的对象并不是一般人，而主要是指治理者，这表明荀子思想对此认知理性的认识与黄老道家是相同的，同时又吸纳了儒家的一些思想因素，而不能简单地将之比附为西方的认识论意义上的认知理性。所以荀子所重视的是"圣人知心术之患，见蔽塞之祸，故无欲、无恶、无始、无终、无近、无远、无博、无浅、无古、无今，兼陈万物而中县衡焉，是故众异不得相蔽以乱其伦也"。如梁启雄所说，这乃是"圣人止绝了十蔽，把万物具备地陈列着而自己正确地来衡量它们"①，这显然不是认识论意义上的认知，而更多的是道德上的判断、抉择和政治上的衡量、选择，因此对于荀子的"大清明"不宜简单做认识论的归属。

而荀子认为，所以"衡"之者在"道"，故"大清明"即所以"知道"的心灵状态。荀子认为，心如果不能"知道"则将无法认可道、肯定道而只能依从于"非道"，这样必将导致"乱"的结果。因此，为了要能认可道、肯定道，就必须先"知道"，而"知道"的关键即在于通过心的"虚壹而静"的工夫来达到"大清明"的境界。达到这种心灵状态后，自然可以遍察天地万物之理而行为得宜，由"知道"落实为"体道"。可见，在这个过程中，心的

①　参见董治安等:《荀子汇校汇注附考说》，凤凰出版社 2018 年版，第 1093 页。

问题成为了核心问题：如果这颗心不能自主地、积极地去"知道"、做"虚壹而静"以至于"大清明"的工夫，则一切都会成空，人类社会将永远只会是"乱"的，而不可能达到"治"。那么，荀子的这个"心"到底是一个什么样的概念呢？

对荀子意义上的心，学界多有探讨，其中一个共识是：荀子所理解的心，并不是孟子意义上的道德之心，而是一种认知之心。不过到底如何理解这个认知的心，则学界中的理解各有不同：蔡仁厚、韦政通等秉持港台新儒家的主流认识，认为荀子所持的认知之心并不是主宰性和主动性的，而只能被动地选择①；陈大齐则在一定程度上打破了这种窠臼，指出荀子所持的认知之心不仅有主宰性、主动性，而且还有融贯性②。那么，在这样一种针锋相对的矛盾情况下，我们到底应当如何理解荀子所认识的这颗认知之心呢？还是让我们回到本篇文献中来吧。

首先，应当肯定的是，荀子所理解的人的认知之心是有主宰性的："心者，形之君也，而神明之主也，出令而无所受令。自禁也，自使也，自夺也，自取也，自行也，自止也。故口可劫而使墨云，形可劫而使诎申，心不可劫而使易意，是之则受，非之则辞。"心在人的生命中具有主宰意义，在荀子的这一段文字中已经和盘托出，毋庸置疑，因此不能说荀子所持的认知之心没有主宰性。事实上，港台新儒家之所以言荀子的认知之心没有主宰性，并不是在心和身体的关系上说的，而是他们认为认知之心只有进行选择的主动性而没有当下承担起道德义务的主宰性。的确，如果一定要从孟子的意义上来理解荀子的话，那么荀子所持的认知之心当然无法言主宰；但是如果反过来仅从心灵对人生的主宰意义而言，则荀子所言的认知之心仍是具有主宰性的。因此，问题的关键在于，是否一定要从孟子的角度才能谈论心灵的主宰性？或者说，只有孟子所言的心才能真正挺立起道德？荀子曾经讲这颗心是可能依从于"非道"而导致不断的"乱"的非道德生活的，

---

① 参见蔡仁厚：《孔孟荀哲学》，台湾学生书局1984年版，第405—428页；韦政通：《荀子与古代哲学》，台湾商务印书馆1992年版，第139—164页。

② 参见陈大齐：《孔孟荀学说》，台湾商务印书馆1987年版，第349—361页。

似乎它真的无法挺立道德，也无法生成道德，但其实并不如此。因为在荀子看来，能够纠正那"非道"的致"乱"之心的，仍是我们的认知之心。所以荀子说："心容，其择也无禁，必自现，其物也杂博，其情之至也不贰。"心若不受劫使、遮蔽，则自然而然地会自主地选择道，可见心更加自然地接近于道这一方面，这是荀子所认可的；同时，在这种状态下的心，可以将万物通畅而使它们的复杂之情实得到理顺，进而通于道，所以这颗认知之心是具有兼容性与融通性的。正因如此，对这颗心的治理才是极为重要和关键的。有趣的是，正是在关于治心的内容上，荀子引入了一些思孟学派的见解，如"故仁者之行道也，无为也；圣人之行道也，无强也。仁者之思也恭，圣者之思也乐"；尤其是，荀子将"人心之危，道心之微"这一在宋明理学中颇为关键的话语引入到了心灵修养中来。由此可见荀子思想的包容性，也可以看到他对心的理解与思孟学派乃至后世的理学家是有一些相近之处的，不可以简单地贬抑之。

总之，经过"人心之危，道心之微"之修养工夫的心，可以得到治理，而更好地达到"大清明"的"解蔽"境界。事实上，在几乎所有的传统心性论中，都对心进行了两重预设或两层理解：为善为恶的都是这颗心。只不过思孟学派是以扩充善心为本，而荀子是以治理恶心为本，故而前者采取了看似更有主宰性、更加内在性的方法，而后者采取了看似外在性的、选择性的方法。但其实都是在心内进行的工作，也都是以心具有主宰性为前提而心可以使自身归于道德为预设的。因此，其实我们不仅可以说荀子所持的认知之心是主宰的、主动的，也可以说它是可以挺立道德、产生道德的。

在《解蔽》篇偏后的几节论述中，荀子大都在通过各种角度来讲认知之心必须通过"虚壹而静"之"大清明"才能"知道"，否则将"中心不定"而"外物不清，吾虑不清"，而不能进行判断与选择了。因此，君主自身的"清明"十分重要，必须经由"清明"而亲贤臣、远小人，天下才能得到治理。此种泛泛之论，是在提醒着我们"大清明"在认知、道德和政治之间的枢纽性作用，以及认知之心的非纯粹认识论意义。

当然，本篇中还有一节极有哲学意义，即荀子关于"知止"的讨论。"凡以知,人之性也;可以知,物之理也。以可以知人之性,求可以知物之理,而无所疑止之,则没世穷年不能遍也。其所以贯理焉虽亿万,已不足浃万物之变,与愚者若一。学、老身长子,而与愚者若一,犹不知错,夫是之谓妄人。故学也者,固学止之也。恶乎止之?曰:止诸至足。曷谓至足?曰:圣王。圣也者,尽伦者也;王也者,尽制者也;两尽者,足以为天下极矣。"荀子在这里将人的认知之心归于人之性,这与他的性恶论相比较,可以发现荀子实际上认为人的心性皆兼具两面性,而要通过认知善来对治恶——通过认知之心对整体之善的认识来对治现实中的具体的恶。而荀子也意识到,认知之心确实会有认识论的意义,即它可能陷入对物理的不尽追求中去,但荀子认为,这种追求是空耗生命的,因此必须要"止诸至足",也就是学习要"学止之也"。这种"知止"论是先秦诸子在认知方面的一条主流:无论是思孟学派还是荀子,无论是庄子还是黄老道家,几乎都有类似的言论。那么,为什么他们既然已经认识到了知的无穷性而又要给知加以限定,一定要"知止"呢?其中的关键在于,他们不是为了自然科学的目的而求知的,而是从治国修身的目的之角度来理解认知的。所以他们都认为,认知之心不能一味地追求外在的物理,否则将浪费生命,而无法真正达到最重要的认知对象——"道",而也就无法修身、治国了。所以荀子言"无益",庄子言"殆已",《中庸》和黄老道家更是反复言说"定"、"静"、"虚"、"壹"等,都是要求人的认知之心从对外在之知识的追逐中返回来而思考修身、治国的道理。因此,荀子的"知止"就是止于圣王,也就是在道德和治理上达到它们的极致——至善。所以可以说,荀子的认知之心是面向善的,其思路是通过治心来使心认识到至善(整体的、融贯的善或"道"),再以之来对治自己心性中和现实中恶的部分,从而使自己和天下皆归于善或"道"。可见,荀子的认知之心当然不只是认识意义上的,而更是道德和政治意义上的。

当然,由于荀子毕竟是从认知之心的角度来入手谈论和孟子、庄子等相似的心性论问题,这就使得他的思路显得与众不同,而使其思想在先秦诸子百家中独具特色,这也使得对荀子的研究看起来简单,但深入下去很难。荀子这种重视认知之心的进路，更进一步成就了他磅礴宽广的思想体系，并最终使其成为了一代传经之儒，这是他不同于思孟学派之进路的当然结果。而更重要的是，荀子所开辟的这条由认知之心通达道德、政治的思路，促使我们重思认知与道德、政治的关系以及我们心灵的复杂性和整全性问题。笔者将在下节尝试性地提出一点看法。

四、由"大清明"反思中国哲学对认知与道德的理解

自西方哲学传入中国以来，近现代中国哲学的建构在很大程度上是按照西方哲学的样态来进行的，这其中的利弊得失，实在值得反思。当然，因为西方化和现代化在非常复杂的程度上缠绕在一起，所以中国哲学的现代化和中国哲学的西方化也是深入地纠缠在一起的。因此，我们一方面不必要削足适履，将中国哲学的现代化成果简单地认为是西方化的，而将之一概弃之不顾，这样我们将失去我们好不容易建立起来的学术规范和学科体系，从而根本丧失参与到这个时代的哲学建构的权利与机会；另一方面，我们也应当尽可能反思将传统中国哲学过分西方化理解的问题，从而更好地厘清中国哲学自身的思考特质和思维进路，从而以这种不同于西方哲学的思想资源来和西方哲学乃至更多的哲学资源对话，进而真正促进世界性哲学的发生与发展。由此，我们在一定程度上需要打破旧的对传统中国哲学的一些固有见解和对中国传统哲学简单西方化的模式，这样我们将能发现中国传统哲学真正可以带给我们的独特营养是什么，可以为我们理解人和世界带来些什么新的东西。我们由荀子对"大清明"的理解出发所认识到的中国古代一些哲学家对认知与道德的关系之思考，或许就是其中一点有益的资源。

如前所述，与西方哲学传统将认识、道德与审美完全区分不同，荀子、黄老道家甚至思孟学派、庄子等其实共享着一种相近的心性观念：认识和道德是不可割裂的，两者有着极强的关联性。当然，在这样一种心性理解下，荀子和思孟学派的具体认识不同，黄老道家和庄子的细微认识也不同，

不过这一问题不是本文想要处理的,故留待日后讨论。笔者想要指出的是,荀子和黄老道家对"大清明"的重视意味着:道德是否必须要是自律的、内在的才是可能的,才是真正有道德动力和道德价值的? 通过认知整体善而导致的道德,虽然在一定意义上或许可以理解为他律的、外在的,但是否就没有道德动力、缺乏真实的道德价值? 甚至,这种通过认知整体善而来的道德,是否一定就必须视为他律的、外在的? 以及,这种由认知整体善而来的道德,是否就必然比所谓自律的、内在的道德欠缺动力、缺乏自由?

可以说,荀子和黄老道家对"大清明"的思考,促使我们必须深入思考这些看似极其现代化的道德哲学问题;同时,我们回答这些问题的方式与资源也不必是康德的、义务论的,而可以仍旧是中国传统哲学的。即按照荀子和黄老道家的理解,人的认知之心虽然尚未能径直说其本身为善,但它先天具有善的可能性,后天更必然发挥作用而使人认知到整体善。而且,这种必然发挥作用是因着人之为人的生存之必然而发生的,所以它并不是通过外在教导才导致的结果,而是人自身的主动运用。也就是说,它并不欠缺动力,而当然、自然是可能的。同时,认知之心所认知的道德整体善,是并不和个体善相违背的,而恰恰是对个体善的完善与圆成。所以,这种道德当然并不是不自由的,因此也具有真实的道德价值。也就是说,通过认知之心来获得对整体善的认识而带来的道德,是具有道德动力和道德价值的。而且,这种道德因为包含了认识的因素在其中,所以它在具体的实践过程中,或许较之所谓自律的、内在的道德来得更加有操作性、共度性、普遍性。这也就是为什么我们会发现,虽然港台新儒家一力建构孔子、孟子、陆九渊、王阳明一系的心学道统,但实际上在中国儒学发展史上占据主流地位的一直是经学化的儒家、程朱一系的理学家。我们不可再抱持道统论的观念,而简单地忽视这一历史事实,将历史中除"道统"外的儒者都打入别册、判为别子,而应当正视历史的丰富面向,进而回到儒学的丰富思想资源中去,以发现人本身的深刻丰富性、多种可能性。否则,我们将对自身画地为牢、难窥全豹。事实上,作为现代新儒家第三代重要人物的杜维明先生,已经在很大程度上突破了第二代新儒家的观念,他所提倡的"体知"概念,乃是一种源于中国传统哲学智慧,而与西方认知理性具有对话意义的带有创造性的知观念:"在体知的结构中,闻见之知是不能欠缺的,但德性之知不萌现于闻见。但这并不是说这两种认知途径是截然分开的,它们之间是一种既分别又统合的关系。谈分别是为了突出德性之知的特殊意义;而谈统合是让闻见之知在德性之知为主的前提下获得适当的位置。"[①] 杜先生所开辟的这一观念领域及其背后所蕴含的深刻思想脉络与未来思想前景,值得中国哲学研究者认真对待。而笔者从荀子"大清明"出发来重新思考道德与认知的关系,正是在从某种角度探讨能否有一种新的对知的理解,可以让我们更好地理解人的丰富而复杂的心性。这虽非"照着"杜维明先生的"体知"观念进行,却是"接着"杜先生的思想理路进行的。

当然,本文仅仅是通过荀子对"大清明"的讨论来尝试着提出这样一种对认知之心与道德之关系的重新理解之可能,具体的深刻理论内容和恰切哲学建构还需要进行更多和更深刻的论述,那或许将是笔者下一步的工作所在。

(作者单位:中国社会科学院哲学研究所)

---

① 杜维明:《儒家精神取向的当代价值:20 世纪访谈》,北京大学出版社 2016 年版,第 165—166 页。

宝黛奇缘语境中的"真假"重思*

——以理学为视域

王　堃

关于《红楼梦》真(甄)假(贾)之说,向来有"自传说"、"索隐说"两条解释路径。余英时在两说基础上提出"典范"与"危机"论,并提出了新"典范"——着眼于小说的创作旨趣与有机结构本身,在文本所寓意的理想与现实之间探寻作者的本意。[①] 将原著还原为小说本身,从小说的叙事中探索"将真事隐去"、由"假语村言"所建起的"通灵"境域与现实生活的二元结构,"太虚幻境"与"大观园"也就具有了接近理学中"理"、"气"划分的关系,而与代表"真事"的外在史料拉开了距离。[②] 如果"大观园"可谓小说

＊　本论文为国家社会科学基金青年项目"儒家女性伦理研究"(项目编号:16CZX033)的阶段性成果,原文发表于《红楼梦学刊》2018 年第 6 期。

①　参见余英时:《近代红学的发展与红学革命》,《红楼梦的两个世界》,上海社会科学院出版社 2002 年版,第 1—33 页。

②　"故将真事隐去,而借'通灵'说此《石头记》一书也,故曰'甄士隐'云云。"此处有"(张〔新之〕评)'真事隐去',明明说出,则全部无一真事可见,看者正不必指为某氏某处解。……'通灵'明德也;说《石头》,'新民'也。以《大学》评《红楼》,我亦自觉迂阔煞人。"下句"一一细考较去",又有"(张评)真事既隐,尚何所有;既无所有,尚何'一一';既无'一一',尚何'考较';此即是假语村言之案。"理学的解释宗旨在开篇点明,虽注者也自觉迂阔,却难免为之,这便是"真事隐去",以"假语村言"解说"通灵"之意。(参见冯其庸辑校:《重校八家评批红楼梦》,第一回"甄士隐梦幻识通灵,贾雨村风尘怀闺秀",青岛出版社 2011 年版,第 153 页)

之"假语"所设置的真实生活,那么"太虚幻境"也同为这套语言所构造的理想境域。鉴于小说所处的明清理学背景,以及书中对《四书》、《诗经》等理学经典的推崇,从理学角度看待小说的整体运思,或许可能成为一条可待发掘的阐释途径。①

回到小说本身,无论是形而上的"太虚幻境",还是形而下的"大观园",都无非是既"真事隐"去之后,就石头的"通灵"为说,借"假语村言"所建构出来的"假象"。然而前者为洁净空廓的"理"、后者是灵动具体的"气",虽为虚构,荒唐言里又无处不是真实的辛酸痴情。如果因言入象可谓"假作真时",把"假言"所构建的"真象"当作了"真",这个"真"未尝不可又成一"假",仍属可忘之列。若能在宝黛关系的重重假言中,探索作者的真假隐微之辨,得其意而忘其言、象,不失为饶有兴味之选。

一、玉:神妙之心

红楼梦中的"玉"被周汝昌称为红楼"三纲"之第一。"玉"是一颗灵石,女娲惟独弃置不用的这块顽石,却"自经煅炼"通了灵性,在青埂峰下昼夜嗟叹。脂甲眉批:"妙。自谓落堕情根,故无补天之用。"②又夹批道:"煅炼后性方通,甚哉!人生不能学也。"虽自愧无材补天,而也是经过煅炼才通了灵性,即便堕落于"情根"、流连于红尘,也非红尘中"困而不学"的芸芸众生所可比。③可见"无材可去补苍天"只是自谦之辞,不然甲侧批语又何笑其"不以此补天,就该去补地",又称叹"煅炼过,尚与人踮脚,不学者又当如何?"玉之通灵,如人心通过学养而感通性命之理。心的养正在于诚意,

---

① 从理学视角对《红楼梦》做一以贯之解释的,在清人张新之《太平闲人评石头记》一书有典型体现:"宝玉于《西厢记》回中曾云'不过大学中庸……',读此回上半演《大学》,下半演《中庸》,而以一'善'字串到底,便明此意。"(张新之本,妙复轩评本:《评注金玉缘》,台湾凤凰出版社1974年版,第三十一回第三十二页反面)
② [美]浦安迪编释:《红楼梦批语偏全》,北京大学出版社2003年版,第1页。
③ 《论语·季氏》:"生而知之者,上也;学而知之者,次也;困而学之,又其次也;困而不学,民斯为下矣。"

而诚意与自谦关联密切。

（一）宝玉：顽石与神瑛的心身合体

自谦其实贯穿在关于"宝玉"的整体叙事当中，谦辞"质蠢"其实暗含"性灵"的意味。然而是否灵石幻化为"美玉"即指此灵性的彰显呢？书中却借僧道之口，对美玉的形态再作嘲讽："形体倒也是个宝物了。"甲侧："自愧之语"；蒙侧："世上人原自据看得见处为凭。"[①] 幻化而来的形态美之外并没有实在的好处，这一"假有"在世人眼中还不够显得真实，故此还需再镌刻上几个字，所谓"世上原宜假，不宜真也"。世间崇尚以"假"为"宜"，或者以"假"作"真"，却遗忘了石头的性灵原是自经修炼而来，形态字迹只不过是在"静极思动"、入世应物之后的迹象。[②] 这也是"假语村言"的由来。

"静极思动，无中生有"与程朱理学有着深入的渊源。朱熹论静不同于他的老师李侗，对于默坐澄心不甚契合，认为一向静坐容易流于坐禅入定，主张"有父母合当奉养，有事务合当应接"，在日用伦常之间持得八面洞明的"白的虚静"。[③] 人心如同落堕于凡间情根的顽石，未曾接触人事之前也有以"静"为主的"未发"工夫，静中涵养通得性理后，接下来就是"幻形入世"。心一旦接于事物，就开始了"已发"工夫，即阴阳二气的屈伸往复，往者屈而为鬼，来者伸而为神。[④] "静极思动"就是在心的未发与已发之间的

---

① 俞平伯评点：《红楼梦》，陕西师范大学出版社 2010 年版，第 3 页。

② "这石凡心已炽，那里听得进这话去，乃复苦求再四。二仙知不可强制，乃叹道：'此亦**静极思动，无中生有之数**也。'"（俞平伯评点：《红楼梦》，陕西师范大学出版社 2010 年版，第 3 页）

③ 朱熹："若是在家，有父母合当奉养，有事务合当应接，不成只管静坐休。"（《朱子语类》卷二十六）

④ 《周易程氏传》卷一《乾传》："分而言之，则以形体谓之天，以主宰谓之帝，以功用谓之鬼神，以妙用谓之神，以性情谓之乾。"朱子曰："功用，言其气也；妙用，言其理也。功用兼精粗而言，妙用言其精者。"叶采解："功用，造化之有迹者，如日月之往来、万物之屈伸是也。往者为鬼，来者为神；屈者为鬼，而伸者为神也。妙用，造化之无迹者，如运用而无方、变化而莫测是也。"（朱熹、吕祖谦编，叶采等注：《近思录》，上海古籍出版社 2016 年版，第 8 页）朱熹又有诗《鬼神》："鬼神即物以为名，屈则无形伸有形。一屈一伸端莫测，可窥二五运无停。"（《朱子全书》第 26 册，上海古籍出版社、安徽教育出版社 2002 年版，第 12 页）

几微之处,一阳来复、感而遂通,随即在日用酬酢中诚意正心、推仁行恕。所谓"诚",就是"自慊"而不"自欺"。[1] 在心的发动处存诚去伪,便是几微之际向善离恶。

"慊"即通"谦",唯有做到好善如同喜欢美色、恶恶好似厌恶恶臭一般,才能达到"自慊",其中包含自我认可的意思,同时也有满而不盈的"自谦"之意。《周易集解》"谦"的序卦辞:"有大者不可以盈,故受之以谦。"虞翻注:"天道下济,故'亨'。""谦"意味着乾道下济、坤道顺承,阴阳亨通,满而不溢。"谦"卦初六、六二承九三爻,形成内卦"艮",艮的象为山、为少男,二阴承阳有谦让之意,故有"谦谦君子",正可联系"青埂峰"以及"宝玉"的意象。此处脂批"就该去补地"也应和了"自贬损以下人"的"谦者"风范。[2] 诚悫自谦的功夫多见于宝玉的言行中,如回答代儒有关"好德如好色"的问题时,宝玉无可回避、只好作答的样态就是精彩的一节。[3]

落堕青埂的顽石属于形而下的"气",太虚幻境则是形而上的"理"。在这套"理"的范畴中,神瑛侍者与绛珠仙草有一段滋养灌溉与还泪报恩的奇缘。"养"与"报"的关系,可以用孔子的"三年之丧"来表述,而丧服之礼是建立在"三年之爱"的基础上的。出生三年才能"免于父母之怀",子女服丧三年作为回报,在儒家看来是先天必然的。这种"养—报"关系不仅限于父子,也可推及夫妇。前现代社会里,夫对妇同样有鞠养之恩,妇对夫如同对父一般也服丧三年。在此类推中值得注意,夫妇关系不是先天的,

---

[1] 朱熹:"诚,实也。意者,心之所发也。实其心之所发,欲其必自慊而无自欺也。"(《四书章句集注·大学章句》)

[2] 参见李道平著,潘雨廷点校:《周易集解纂疏》,中华书局1994年版,第193—194页。

[3] "代儒往前揭了一篇,指给宝玉。宝玉看是'吾未见好德如好色者也。'宝玉觉得这一章却有些刺心,……宝玉不得已,讲道:'是圣人看见人不肯好德,见了色便好的了不得。殊不想德是性中本有的东西,人偏都不肯好他。至于那个色呢,虽也是从先天中带来,无人不好的。但是德乃天理,色是人欲,人那里肯把天理好的象人欲似的。孔子虽是叹息的话,又是望人回转来的意思。并且见得人就有好德的好得终是浮浅,直要象色一样的好起来。那才是真好呢。'"(冯其庸辑校:《重校八家评批红楼梦》,第八十二回"老学究讲义警顽心,病潇湘痴魂惊恶梦",青岛出版社2011年版,第2005页)

而是男女在相处中体会和证实到的。所谓"称情而立文",不论"理"还是"礼"的形而上学建构,其基础无非男女、亲子之间的本真情感。如此看来,神瑛与绛珠以及其他入册的"风流冤家"的关系,以判词和图画或言与象的形式置于"太虚幻境",也算作其在"大观园"身份的形而上的说明。在形而下的"大观园"里,黛玉的身份是绛珠草的转世,而宝玉是以顽石为心、神瑛侍者转世为身的"心—身"合体。在"理"的领域,神瑛与绛珠存在着"养—报"的先天关系;在"气"的领域,自从黛玉孤身入贾府,宝玉的陪伴呵护、黛玉的温存相依正是"养—报"关系的后天体现;但需要在日用常行中磨炼心性,以显证二人的这种关系。这个磨炼的工夫,就是顽石逐渐通灵的过程。

（二）宝黛：借由诚意的身心合一

阴阳始交、静极思动的自谦之"心",随着神瑛侍者的后身一并出场,然而二者之间还存在心—身的界限。宝黛相见意味着身体的感通,也是彼此确立心性的开端。黛玉的心和宝玉的心本是一个,然而开始只像"顽石"般跟着宝玉的身体。关于黛玉的心,甄士隐曾梦见僧道携着"通灵宝玉",正交代这段"风流公案"的起因:"灵河岸上"的"心源"、"三生石畔"的"性本"之间,生着一株"绛珠草",代表着"心之色"、"心之慧"。神瑛对仙草有灌溉滋养之恩,仙草对神瑛则有"缠绵不尽之意";神瑛与仙草象征着顽石的良知良能,也就是"心"所先天赋有的涵养与立志的能力。只有在神瑛和绛珠的匹配中,顽石才可以"通灵"。从宝黛的相互感通开始,"心"中的意志随之发起,唯有在两人的磨合中,经过谦谦诚意的工夫达到意诚、心正,两心才能融为一个"真"心。

诚意离不开"修辞立其诚"的语言功夫。自从宝黛相遇感通,带有顽石的身体就借着"假语村言"相探,希望在另一个那里找到自己的影像。伴随着屡屡的失败,身体对心没有了信任,表现为"摔玉"的行动。没有玉的也试图从对方的回应中确立自己的心,就像孟子所说的"求其放心",然而同样未曾得到满意的印证。"你证我证"就是彼此分别的两个身体反复以"假言"相试的痛彻搏斗,如果说顽石可对应于易学"先天图"中的

"震"的一阳来复,那么与神瑛相应的绛珠则可比"震"的"天根"与"巽"的"月窟"相搏之象。"震"为春雷,"巽"为秋风,在朱熹理学中,雷风相搏跨越了春夏所象征的乾道,直入秋敛冬藏的坤道,坤道的工夫正是格物致知的痛彻搏杀。如果元春的炮仗灯谜可以被视为一盛即衰的隐喻,秋风摧折正是转折的起点,香菱的诗句"月窟仙人缝缟袂,秋闺怨女拭啼痕"同时喻示了晴雯、黛玉所处的这个关节点。黛玉所占的花名是芙蓉,晴雯被"上帝垂旌"为芙蓉花神,芙蓉盛开在夏季、衰枯在秋天,黛玉喜欢李义山的那句诗"留得残荷听雨声",是否也表现出对自己时位的把握和预感?

而到了"心证意证",两人从格致搏杀终于过渡到了"诚意"、"知言",获得心与身、理与气的合一。[1] 先天图上已到了"坤"的"冬至"之象,红颜在此时将遇枯骨,黛玉的身体即将面临雪里枯柴般的萎败,两心、两身终合为一,而其中之一也将"无立足境"。这时的坤道工夫益发精微,从已发的戒慎恐惧进入了慎独、诚意的未发持守,"言忠信"的同时伴随"行笃敬"。黛玉善感多愁而精于诗赋,未尝不是在幻生中守持敬慎,本于心性而用于"警(敬)幻",在"心证意证"的过程中,"假言"渐渐被忘却,进入"无言"之境,从而能因色悟空、明心见性。[2] 然而绵绵之意萦绕于心,又难免多生愁绪,积成玉中的泪痕,或也因此借宝玉之口,"颦颦"成为"黛"的注脚。

黛玉的枯柴之象,似乎隐涉宝钗。"钗黛合一"之说已不再陌生,宝钗虽不为书中之主,但也是落笔的实在之处。介于黛玉、宝钗之间的香菱,即甄士隐失散的女儿英莲。香菱比起黛玉,可谓是更"真实"的身体,进

---

[1] 《孟子·公孙丑上》:"'敢问夫子恶乎长?'曰:'我知言,我善养吾浩然之气。'"孟子的"知言养气"意谓着"立心"与"养气"的合一。宝黛从争吵到平静,以至于黛玉不再需要他表白,可谓"知言"。

[2] "(张评)曰'空空',曰'警幻',皆作者自命也。'空空'为体,'警幻'为用。"于"改《石头记》为'情僧录'",有"(张评)圆明一点本非空。'僧',空也。情空则'性'见,所谓水落石出。"(冯其庸辑校:《重校八家评批红楼梦》,第一回"甄士隐梦幻识通灵,贾雨村风尘怀闺秀",第157、159页)

大观园随黛玉学诗，也可以作为信言笃行的一例反躬实践。据随本总批，"英莲"、"娇杏"分别是黛玉、宝钗的小影。①香菱、黛玉都以早夭的身世惹人"应怜"，娇杏（侥幸）偶一回顾便居人上，正合宝钗待时而飞的志向。而"菱花空对雪澌澌"又点出香菱应归于薛，似乎在钗黛之间暗伏隐线。香菱通过"假语村"的就中维持进入薛家，宝钗从而与黛玉比肩出现在大观园中。

"冷"、"香"可谓宝钗出场的直感。贾宝玉在可卿房中神游太虚前，看到了唐伯虎的《海棠春睡图》，上有题诗"嫩寒锁梦因春冷，芳气袭人是酒香"。张评："'虎'为西金，'寅'为东木，一金一木，所谓'兼美'。"又在诗后注点出"'袭人'，是下回'初试'"以及"金锁、冷香丸方是真正主人翁"②。如果与袭人"初试"作为宝钗的前奏，"兼美"又意蕴钗黛二人的合体。与"兼美"成姻仅限于"意淫"幻境，再往前趋就是"迷津"。张评"'意'乃心之所发"，"诚意"以黛玉为主。而在做工夫的过程中，宝钗又似乎喻指着如谶语迷津一般的结局。

"淫则一理，意则有别"，警幻仙子"速回头"的告诫，似乎是在警示宝玉回到"以情悟道，守理衷情"的"意淫"，也就是本心幻生的痴情密意。如果说"警幻"既是本心之用，也有主"敬"、守理的涵义，而守理只有以"色悟"、"情悟"才是本旨，回到"诚意"的工夫，达到身心合一、明见心性，是否依然难免红颜枯骨的悲剧呢？也许宝钗的出现，本身就是"回头"的一种隐示；然而四季总是循环再现，工夫只有接续前进，频频回头、抑或偶一回顾，也可以在枯骨之后的生活中继续。茫茫雪地里侥幸的一次回头，或许就像残荷听雨那样，无情、空冷的心境里，也能观照、留下一番灵动生香的记录；只是随着神瑛、绛珠的奇缘已尽，这身心虽合为一体，却再也兴不起波澜。香魂已返，此身将逝，唯余石上记录罢了。

① 参见［美］浦安迪编释：《红楼梦批语偏全》，北京大学出版社2003年版，第9页。
② 冯其庸辑校：《重校八家评批红楼梦》，第五回"贾宝玉神游太虚境，警幻仙曲演红楼梦"，青岛出版社2011年版，第257页。

二、镜：真假之身

"警"、"敬"的另一个代称是"镜"。"菱花镜"首先指代香菱，后又联系到黛玉，"照不见菱花镜里形容瘦"这句唱词，一般被理解为宝玉对黛玉的形容。① 五十七回，宝玉向紫鹃讨了一个小菱花镜随身带着，这不仅是个定情信物，更是时时提撕"警幻"，只不过"空对雪澌澌"又隐约指向后来的不测结局。无论结果如何，镜子是又一个重要的隐喻。

（一）刘姥姥：镜反诸身

就像"风月宝鉴"、"太虚幻境"等无法回避的"镜子"寓意一样，刘姥姥也是《红楼梦》中绕不过的人物。她以其进入大观园的过程，展示出一幅"携蝗大嚼图"的有趣镜像。"母蝗虫"出自黛玉之口。黛玉素以尖酸刻薄著称，因此为刘姥姥起的这个雅号，一般也并未引起注意；然而细想，她平时所着意揶揄的对象，只是有限的核心人物。所谓"着意"其实是一种善意关爱的表示，而对其他人的态度不过是以"目无下尘"掩饰的小心疏远。然而惟独对刘姥姥，林黛玉简直是不错过任何机会进行刻薄。与此有关的是另一个"玉"——妙玉，她的为人也像黛玉一般的疏淡，然而唯一刻意"伤害"的也就是刘姥姥了。如果说这是个巧合的话，那么更巧的是，这两位"玉"也都用同样的方式对待第三只"玉"——宝玉。

书中名叫"玉"的，除了这三个人之外，还有原名红玉后因犯忌而改名的小红。周汝昌称"红"为红楼第二纲，与"玉"相比更真实寻常，更有烟火气。宝玉自称"怡红公子"，住在"怡红院"里，其实也有这样一个自谦的涵义在内。宝玉最显著的自谦是"浊物"，而与他同样住过"怡红院"的"浊物"还有一个性别其实不太明显的"母蝗虫"——刘姥姥。那么，与"红"这条

---

① "滴不尽相思血泪抛红豆。开不完春柳春花满画楼。睡不稳纱窗风雨黄昏后。忘不了新愁与旧愁。咽不下玉粒金莼噎满喉。照不见菱花镜里形容瘦。"此处有张评："此是黛玉，乃一心所专注也。"（冯其庸辑校：《重校八家评批红楼梦》，第二十八回"蒋玉菡情赠茜香罗，薛宝钗羞笼红麝串"，青岛出版社2011年版，第758页）

线索相联的宝玉和刘姥姥，与"玉"的线索相联的宝玉、黛玉、妙玉，两者在宝玉身上重合了，宝玉其实是个非纯粹的复合体。

常遭到黛玉揶揄的宝玉，在刘姥姥进入大观园的过程中，与刘姥姥有了许多合拍的迹象。比如，刘姥姥被王熙凤用黄杨木根整抠的大杯灌酒，而宝玉则被妙玉用"九曲十环一百二十节蟠虬整雕竹根的一个大盏"灌茶；而刘姥姥醉酒后，又阴差阳错的跑进怡红院，在宝玉的床上睡了一觉；并且二人还由雪下"抽柴禾"的红衣女孩——茗玉联系起来。同被黛玉、妙玉二人贬低的宝玉和刘姥姥，简直如影随形一般合在了一起。值得注意的是，引导着二者合拍的还有一面镜子。

一面巨大的、能照出整个人形的、可反转的镜子，是怡红院里的一个"机关"。宝玉曾对着这面镜子，梦见了另一个"真实的"自己——甄宝玉，同时那个"真"的自己也在梦着这个"假"的自己。"假作真时真亦假"，这仿佛语言学中的经典"说谎者悖论"："我在做梦"若为真，那么梦中的我所言所行皆为假，因此"我在做梦"本这句话就是假的；而若此命题为假，那么我的言行为真，则我的确在梦中，这又推翻了此命题为假的前提。我是否在做梦既已是非难判，还不如进入"我做梦、梦也做我"的"梦蝶"循环，接受无是无非的相对主义。然而刘姥姥却不一样，她一开始也把在镜子里看到的像当了真，但很快就发现了里面的那个还是自己——一个庄稼人的本色，于是她推开镜子，到镜子的背面睡了一个没做梦的觉就走了。

刘姥姥之所以能打破无是非的镜像循环，在于她无意中推开了镜子，看到了背面，这才恍然大悟，原来这镜子不就是一个"物"么！这正如语言的逻辑也只是一个"物"，是个有限的存在者；语言里的命题，其确定性不能在其形式逻辑的内部找，而要跳出这个逻辑框架，从"元语言"中去寻找其规定性。这正如理学的这套形而上学语言，如果在红颜枯木、泪尽才竭之后，工夫的无法持续成为一个绕不过的迷津，那么不如推翻这套"理"的架构。只不过，窥破了镜子迷津的刘姥姥并无意寻找镜子背后的规定性，更无意重建另一套形而上的话语，她只当睡了个没有梦的大觉，就回到了自己"浊物"的本色。由此可见，刘姥姥的闯入，已彻底将流连于高洁的"玉"

与寻常的"红"之间的宝玉打回了原形,自己在假语村言中具有的身体无非一个世间的浊物,一个并不高雅却又真实纯粹的身体。

(二)香菱:反身成镜

如果说刘姥姥代表着一个不优雅的身体,与之可资比较的是香菱,这个同样卑微渺茫却向往高雅的身体。就香菱而言,渺渺茫茫、原原本本的身体还远不是尽头,她还抱有着诗的希望;就像宝玉想在"携蝗大嚼"的画中建立一个温情人间,这希望是借黛玉和妙玉的讥讽而被诱导着的。香菱学诗于黛玉,如同"身"受"心"的指引,"行"由"知"来率领。不过这里的"知"并非已经获得的固定知识,而是"致知"、"诚意"的工夫本身。意诚而不自欺,自然就会信言笃行。诚意即是一面镜子,主于镜(敬)就是在这面镜子里照影,既照见自己的身体、行为,同样明晰可见的是自己的心性,即天理。易言之,"镜"就是"敬",通过"格物致知"把心磨成镜子即为"诚敬"(成镜)。敬为守住心性门户,诚为克己自谦,敬是根本,持敬自然会诚。"呆"香菱之"心苦",其中"心苦"喻指的是"诚意"容易生出愁苦,使玉中留下如青黛般的痕迹。香菱是一面镜子,从中可照见自己,使自我身心俱正,而黛玉则是用诚敬的工夫帮助她成就自己的"磨镜"工夫。

黛玉的"应怜"几乎无人可以否认,其最应怜者当属她的泪水。曾有西园主人作《林黛玉论》,评论她的泪中含有"无言之隐",他人或许怀疑宝黛两人早有所计,殊不知黛玉"终身以礼自守",面斥知心婢女的进言筹谋,只将感情保存在心中,偶尔诉诸笔端诗句,与爱人相对却无一句邪言。① 然而宝玉、黛玉本有意中的姻缘,终于成了水月镜花之"假";而宝玉、宝钗的姻缘本属"侥幸",却反而成"真"。这正是镜中照出的影子本是假的,却是

---

① 西园主人:"泪盖有无言之隐矣。际其两小无猜,一身默许,疑早有以计之矣。何以偶入邪言,即行变色,终身以礼自守,卒未闻半语私及同心,其爱之也愈深,其拒之也愈厉,虽知心鹃婢,非特不敢作寄简红娘,而侍疾回馆,镜留菱花之夕,不过明言其事,代为熟筹,且有面斥其疯,欲将其人仍归贾母之言,严以绝之者也。盖以儿女之私,此情只堪自知,不可以告人,并不可以告爱我之人,凭天付予,合则生,不合则死也。"(冯其庸辑校:《重校八家评批红楼梦》,"重议评点派",青岛出版社2011年版,第19页)

"假作真者";而若将这影子当"真",却不知被遗忘的"真"本亦是"假"。

宝黛的情意,经"警幻"仙子告诫止步回头,只停留在"意淫"的层面,不敢前趋一步。而宝黛的"真"人本也就是借"假语村言"道出,二人姻缘也只是个"水中月,镜中花"的影像。或许正是明了于此,黛玉才将此情仅保存在心中,听天所付,死生由命,直至泪尽而逝。有感于黛玉的诚敬,宝玉才会向紫鹃要了一面菱花镜藏在身边,时刻提醒自己敬慎、"警幻"。然而"菱花空对雪"又预示了这个虚幻渺茫的结局,香菱归于薛家象征着宝玉终属于宝钗。不论"宝钗"是实在的人物抑或只是一个"迷津"的喻指,心以诚敬自守,不陷入枯寂无为的幻影,就是将自己的心打磨为一面镜子,以"空"对着"假",不失去本心的工夫,同时赋予假象以生动的意趣,"情不情"可使"无情"者也变得"动人"。守敬(镜),不仅止于如刘姥姥般看到镜子的反面,更是通过"诚敬"的工夫,使自己的心渐渐修成明镜,既能鉴照外物,又能诚守本己、求其放心。①

心的修炼需要身体力行,反躬实践才能自得于心。镜子的寓意在于,身体的修行有助于镜子的打磨,这是明心见性的磨镜工夫;而身体首先需要由镜子照影,才能显现出来。真身与假身的分判就在这里。"身似菩提树,心如明镜台"指的是这种"著相",即著于假象,遗忘真实的身体。刘姥姥推开镜子看到反面以至回到真身,从而生起"蠢"、"浊"自谦之意,开始了诚意的工夫。而宝玉、黛玉在"你证我证,心证意证"的已证真身的境域中,尚能以磨镜自诚、反鉴自身的工夫随时相警,不可将此"真身"执为实有,由"无可云证,是立足境"进入"无立足境"。

"无立足境"的一个寓意,是上节所述的"迷津":一个身体随着泪尽才

---

① "放心"与"不放心",分别出于第一回僧道口中、第三回王夫人对黛玉不要"沾惹"宝玉的嘱咐中。"只听道人问道:'你携了此物,意欲何往?'那僧笑道:'你放心,如今现有一段风流公案正该了结……(指神瑛侍者与绛珠仙草的事)'"此处张评:"是'道'问,是'僧'答,有'朝闻道,夕死可'之隐义。""(王夫人)但我最不放心的却有一件……"此处张评:"叙宝玉于其所自出,而开口用'不放心'三字,直接首回僧道口中'你放心'也。"(冯其庸辑校:《重校八家评批红楼梦》,青岛出版社2011年版,第159、216页)

竭而逝去，身心虽合为一体，理学先天图的工夫过程却只能终止于"冬至"的渺茫空旷，石头所记也只是飞鸿雪泥。如果一切仅止于茫茫雪地，黛玉又为何还要留着"残荷"呢？她所说的"干净"之境，其实还有另一个涵义，那就是境（镜）即自身。自我身心的修为就是镜子本身，镜（敬）就是形而上的"理"，持敬即可成己、成物。以心为镜，持着这面镜子，无论照见自己还是别人，都不再有正与反、现象与本质的区分；现象背后已无本质，而是在时时自我提撕反省中被给出和证实的。黛玉去后，"残荷听雨"与"菱花对雪"，分别可以看作宝玉身心合一之后的生活。他依然可以随时自省"何贵"、"何坚"，将"真亦假"的反思贯穿在绵绵不尽的身心工夫当中，将自己的生活进行下去。

有理由相信，正如警幻仙子指出迷津那样，"白茫茫大地"的曲子同样是一种警示，为了避免误入如此迷途，只有借助频频"回头"。也唯有在诚敬工夫的深入精微中，神瑛与绛珠的奇缘才不落于泪尽之后的渺茫幻灭，而是因"情悟"得以"虽死不死"。石头上的文字不仅仅是偶然回顾的印迹，也不是理学框架下循规蹈矩的叙述，能在灵动幻化的生生妙用中，重新给出一套即现象即本质、兼于理气的话语系统，身体情意上的"养—报"关系在此系统中可以得到反复地给出和重述。

三、诗：幻化之妙

这个"诚镜"的工夫，最精妙的体现在宝黛的诗论中。诗本是"假语村言"，于"无所云"处别出心裁、巧为字句，而可以言顺事成、成己成物，将"大观园"中天人之间的诸多景象烘托出来。在"大观园试才题对额"一回，贾政命宝玉题名进门山上的一块"镜面白石"，宝玉回答"这本无可题之处"，不如直书"曲径通幽"。有石如镜，恰是"心"的征象，心中所发的情意从无入有，不可直泻出来，只有从别路曲以应物，才有灵通幽微之效。宝黛二人的诗意，如果没有与周遭事物的接映成趣，就不可能生出分花借柳的"沁芳"妙用。

（一）从真心而守理：黛玉的以诗传意

关于《红楼梦》一书，向来有"借书传诗"之说，其中的诗多为黛玉所作，宝玉的诗尚居其次。黛玉不但善于作诗，更擅长教诗。在教香菱写诗时，黛玉发表了一套诗论。首先是格律工整，然而若有了奇句，也可打破格律；而词句新奇尚且没有立意重要，"若意趣真了，连词句不用修饰，自是好的"。"不'以词害意'"其实并非主张不修饰词句，而是认为只要出于诚心真意，词句自然就会不修而修。

真心诚意表现在诗句中，会出现似俗实雅、意味绵绵的感受。就像香菱读到"大漠孤烟直，长河落日圆"、"日落江湖白，潮来天地青"时，感觉像是含着"几千斤重的一个橄榄"。这种感受可以追溯到苏轼的"写诗如食盐梅，味在咸酸之外"，不同于苏诗的是，意境的真实淡远之外别有一层"重"的质感。黛玉的诗不但情真，而且意重，这种重量体现在她看似缠绵凄切、实则意蕴凝重的诗句里。海棠诗以"半卷湘帘半掩门"起首，紧跟着的"冰土玉盆"即突出了重感，门虽虚掩着不拒外物，"玉为盆"却挺立起坚贞笃定的心地，如朱熹的"大开着门，端身正坐以观事物之来"①。心意诚正，诗句才有幻化情境的妙用，故能"偷来梨蕊三分白，借得梅花一缕魂。"诗的语言无论"满纸"还是"片言"，无非自题素怨，不需为众人所知解，这又是菊花诗的"孤标傲世携谁隐，一样花开为底迟"。心境贞静自守，诗意自会绵密不绝，又无一言不与本心相应；而不至于为物境所牵引，沉迷于"庄生蝶"的梦境或假象。②

专心守理，不为事物所引，同时又主敬以应接事物，这就会立志于事物之上，随一事一物取其合宜，寄予新意。表现在诗句上，自然能够借景寓情，既述旧典而不失新巧奇趣。黛玉虽自谦其诗有伤于"纤巧"，李纨却称

---

① 《朱子语类》卷十五，中华书局 1994 年版，第 286 页。

② 黛玉"菊梦"："篱畔秋酣一觉清，和云伴月不分明。登仙非慕庄生蝶，忆旧还寻陶令盟。睡去依依随雁断，惊回故故恼蛩鸣。醒时幽怨同谁诉，衰草寒烟无限情。""菊梦"其实是以"一觉"喝破梦局，回复"陶令"明节，最终以"情"点题。（冯其庸辑校：《重校八家评批红楼梦》，青岛出版社 2011 年版，第 1011 页）

赞"巧"得好。诗最忌一泄而出，唯在行止动静之间随物赋形，才可以随时宜其巧趣。同样饶有趣味的是，书中称得上"巧"的只有这么几位，包括贾母、熙凤、"心较比干多一窍"的黛玉，香菱紧随其后，以及手艺巧夺天工的晴雯。这几人心意似乎也彼此相通，却并不容易被人轻易领会。"谁家秋院无风入，何处秋窗无雨声"，外来风雨如刀剑相逼，也是心意"纤巧"似乎难免招致的不幸。黛玉的诗越写越悲，乃至于"冷月葬诗魂"等近似"鬼诗"的句子，也是"巧"易"难人"的无奈悲凉。

（二）致真身而易礼：礼因诗情而损益

上文提到，刘姥姥作为真实的身体，对于镜中假身没有丝毫留恋，可以从容入梦也能从容醒来。黛玉讨厌刘姥姥，就像她不喜李义山的诗那样，对这些一眼窥破迷津却又能出入惘然了无牵挂的人，她保留着畏恐与排斥。她与香菱的契合，可以追溯到两人及其家庭对和尚道士所说的宿命予以共同抗拒。与此相反，宝钗虽也未必把金玉当作真实的好姻缘，然而却能坦然接受，没有任何情感的牵绊。黛玉与宝钗的最终相知，或许在情感的苦痛上达到了相互的同情，但她终究没有那么淡泊，到底是"意难平"的。这位"诗魔"既不能停止写诗，也不能逍遥于无情，而只会笃定的用作诗去践行心意，直至生命的终结。

大观园迎面的"镜面白石"上，宝玉所题"曲径通幽"点明了诗的主旨，即借物寓意，以达因色悟空的妙用。这里的"空"并非"白茫茫"的彻底空寂，而是即空即假的中道。遵从真心的本源情感，以彻悟的真身去践行中道，在诗语的幻化中"生情""传情"，由诚敬的信言笃行中情意相知，才会回归"无立足境"的"空空"之境。那么"空"即是"假"，在"假"的幻生中却能维续真实的情意。礼文制度也是假言所幻化，孔子的"礼有损益"是在履行中道的过程中，在遵从真情实意的基础上，随时进行"理"与"礼"的重构与革新。

以上第一节的叙述是以朱熹工夫过程为奠基的。理学的夫妇伦理中，夫妇各主乾道与坤道，身体虽有两个，心却是唯一的，心的察识作用只在夫的"以知帅人"那里，而作为人妇只需以身力行。这种理学架构的弊端是，妇的身体消亡,意味着夫的另一半工夫也将停滞。在此解释框架下,黛玉逝去后,宝玉只落得雪地枯柴般的空廓寂寥。如果这与警幻所说的"迷津"相去不远,那么"速回头"的告诫,在"理"的叙述模式下,应不是叫他去躲避这个结局,因为它是无法避免的。如果宝黛二人的"养—报"关系是天理,那么即便黛玉如妙玉般躲进尼姑庵,也同样难免"欲洁何曾洁"的命运。"回头"的告诫只能是内心回归本真情感的呼唤,并在以诗传情的叙述中,将工夫持续做下去。但以理学夫妇之伦的默契,若与续娶对象没有这种"养"与"报"的深层契合,失去另一半的工夫是难以为继的。

那么余下的可能包括,依然保留理学的工夫论架构,但把夫妇伦理修正为个体伦理。因此,宝玉在失去黛玉后,身心合一的他选择出家,在对黛玉的留恋与想象中把两人活成一个人,把两个人的诗写成一首诗,就像当年续写探春残阙那样。从家庭的幻灭中走向个体性的独立,同时又将天理的证成凝聚在个体身心的气化融合中,自我涵养的同时也在自我回报。由此推己及人,对他人施以恩养,如果得到回报就共同生活,倘若没有或报答结束,那么就回到自身的涵养。无论身外境域如何,本心的情感总是"遮不住的青山"、"流不断的绿水",不会因外界干扰而受到阻止。黛玉在情悟之后求得了放心,从此不再执意于外物,可以设想,宝玉也在黛玉逝后完成了色悟,而在平和心境中著述立言。从他留下的话语中,他希望得到理解的,会不会正是他所期待去完成的更新与变革呢?

（作者单位：中山大学哲学系〔珠海〕）

心—意—知:《大学》中的心灵结构*

赖 区 平

　　儒学作为修己治人之学,其中关于心灵的思想极为丰富,在宋明道学中极端情形下儒学还被称为心学,所谓"圣人之学,心学也"①。诸如四端、七情、良知本心、性情体用、志意知虑、喜怒哀乐之中和、道心人心等观念,是儒者尤其是道学家们所常谈论的。不过,相比于西学的灵魂论、知意情(或感性知性理性)三分结构说、现象学、心理学,或佛学如唯识学之八识(或九识)及见分相分自证分三分(或四分)等思想来说,一门系统化的儒家心灵哲学似乎尚缺乏清晰的轮廓。儒家的心学似乎很少被有意识地、系统化地提出和描述②,而更多只是一些重要议题、一些儒者的心性论。当然,纲领性议题或系统化描述并非没有:例如四端,孟子在与四体之欲望的对照中提出它;又如心统性情,它在道学尤其是朱子那里得到充分展开;还有就是"心—意—知"这一心灵结构,它首先见于《大学》,并在后世产生重要影响。

　　《大学》之"心—意—知"结构,作为儒家式心灵结构的一种系统表述,

＊　本文发表于《齐鲁学刊》2018 年第 5 期。
①　王守仁:《象山文集序》,吴光等编校:《王阳明全集》卷七,上海古籍出版社 1992 年版,第 245 页。
②　朱子与湖湘学者有心说之辩,朱子应作过《心说》;王龙溪有《意识解》;刘蕺山有《原心》。但相比于佛学、西学中论心或灵魂的"大部头",儒者之论说不免显得零散。

是在整个战国诸子学兴起的语境中出现的。诸子学虽然思想多样纷呈，但同处一个历史时期，仍然共享了诸多观念和问题意识，包括心灵及其结构的问题。①《大学》在汉代被编入《礼记》，在刘向《别录》中属"通论"；后又被抽出并编入《四书》，成为《四书》之首。其中，"心意知"本身被嵌入或者说内在于"（格物）致知、诚意、正心（修身）"的工夫结构中，并关联"齐家、治国、平天下"之政教行动。《大学》作为道学圣经，其中的（格物）致知、诚意、正心（修身）之内圣工夫论述，学者类皆能谈；相对而言，"心—意—知"作为一个整体系统的心灵结构，似乎尚未获得其相对独立的意义。原因有多种，例如重视工夫实践，而系统化或理论化意识相对薄弱；而对于"心"作泛化或非独立的理解，应该也约束了对"心—意—知"结构的进一步探索。

以下首先考察对《大学》"心—意—知"结构的一般看法，以及基于佛学与西学而来的比较视野下之解释，然后着重考察儒学史上的代表性解释，最后对此儒学史解释做进一步的引申，展示"心—意—知"结构的独特意义。

一、有关心、意、知的一般看法

以往有关心、意、知的看法，其中一种认为，"心"是心理活动的总体，意与知二者合而言之就是心。当然，在有些人那里，心除了意与知外，还可能包含其他内容。这应该是关于心、意、知关系的最流行看法。这种看法古来已有，例如《礼记正义》之孔疏。同样，古来也已有提出不同意见的。朱子将心区别于意、知，并从工夫上说："物既格，知既至，到这里方可着手下工夫。不是物格、知至了，下面许多一齐扫了。若如此，却不消说下面许多。看下面许多，节节有工夫。"② 可见，格物致知与诚意、正心各有所指。刘蕺山则说："凡《五经》、

---

① 美国汉学家史华慈曾拈出"性、气、心"三个观念作为当时的公共话语。（参见［美］史华慈：《古代中国的思想世界》，程钢译，第五章"公共话语的兴起：某些关键术语"，江苏人民出版社2008年版）
② 《朱子语类》卷十六，朱杰人等主编：《朱子全书》第14册，上海古籍出版社、安徽教育出版社2002年版，第515页，贺孙录。

《四书》之言心也，皆合意知而言者也，独《大学》分意知而言之。"① 儒经中言心都是整体性的，唯独《大学》言心有特殊、独立的内涵。王船山解释正心时也说："此'心'字在明德中，与身、意、知各只分得一分，不可作全体说。"②

根据朱子、蕺山、船山的见识，且不说正心之"心"是否指全体心灵活动，但它具有不同于意、知及二者之合体的独立含义，是比较确定的。"心"有不同用法，而《大学》之言心当有其独特性，在进一步深思确证之前，不应轻易作泛化理解。这也表明：就整个"心—意—知"结构来看，问题的关键在于对"心"的理解。下面略总结对《大学》心意知问题或心与意知之关系的一般理解：

（1）以知言心。这点王船山已指出："俗解于心、知两字全不分晓……有云心是虚灵之觉体，既是知不是心。"③ 心与知有别，灵明之觉体乃是知的内涵，不当以之来界定心。否则，"心—意—知"结构将被化归为"意—知"结构。

（2）以意言心。此处意指意念、欲念、情意之类，与刘蕺山所说的意有别。对此，王船山说：朱子的注"心者，身之所主也"虽非不当，但只是就与身的关系来说心，而非就心自身之实事（"本等分位"）来界定心，这样心的内涵就仍模糊不确定，"将使卑者以意为心，而高者以统性情者言之，则正心之功，亦因以不显"④。船山之说甚可注目。学者于致知、诚意二者工夫多所论说，而对于正心，则或认为其无工夫⑤，或将它看作与致知无别⑥，或

---

① 刘宗周：《答董生心意十问》，吴光主编：《刘宗周全集》第 2 册，浙江古籍出版社 2007 年版，第 338 页；另参《学言上》，吴光主编：《刘宗周全集》第 2 册，浙江古籍出版社 2007 年版，第 389 页。

② 王夫之：《读四书大全说》卷一，《船山全书》第 6 册，岳麓书社 2011 年版，第 424 页。

③ 据校勘记，"既"，别本作"这"。（参见王夫之：《四书笺解》卷一，《船山全书》第 6 册，岳麓书社 2011 年版，第 112 页）

④ 王夫之：《读四书大全说》卷一，《船山全书》第 6 册，岳麓书社 2011 年版，第 402 页。

⑤ 阳明、蕺山都曾说正心无工夫。后之持此说者，大抵受此影响。不过，阳明只是在《大学问》中言及此，而在《传习录》中，则指出诚意之后有正心工夫，"譬如眼中着不得金玉屑"。蕺山还数次批评阳明后面这个观点。（参见刘宗周：《商疑十则，答史子复》，《刘宗周全集》第 2 册，浙江古籍出版社 2007 年版，第 347 页）

⑥ 阳明学以格物致知诚意正心是一个工夫，但这并不妨碍其认为致知与诚意指一个工夫的不同面向或内涵。而在许多阳明学者中，正心与致知的内涵却无别。当然，阳明学之致知有其独特内涵，详下。

将它归入诚意工夫。其重要原因,即在未能认清心自身的"本等分位",而把知、意或心性情之全体等当成了心。——由此,"心—意—知"结构也被转为"意—知"结构。

(3) 以意、知二者之合言心。意、知合而言之即为心,上引船山之语也已言及。这里的意包含所有发出来的意欲与情感。——由此,"心—意—知"结构依旧呈现为"意—知"结构。

以上主要是借鉴前儒之说,对有关心、意、知的一般理解作出消极的评判。诸说各有差别,但有一点是共同的,即最终都将《大学》中的"心—意—知"结构化归为"意—知"结构。可见,解决问题的关键,在于认清和落实《大学》所言之"心"自身的独特含义。

二、比较视野下的解释:从佛学与西学来看

接下来看比较性视野下的解释,主要是参照佛学以及西学,并且它在儒者内部也有展开。如朱子曾多次称引[1] 谢上蔡的一个说法:"佛之论性,如儒之论心。佛之论心,如儒之论意。"[2] 当然这只是部分的对照。又如,憨山德清《大学决疑》言:"心乃本体,为主;意乃妄想思虑,属客;此心意之辨也。""知与意,又真妄之辨也,意属妄想,知属真知,真知,即本体之明德……知乃真主。"[3] 心、知作为本体、真主,可以说是一个;但正心、致知又有别。[4] 所论相近于其时阳明学之说,然亦有别。再如,近

---

[1] 参见朱熹:《朱子语类》卷一百〇一,《朱子全书》第 17 册,上海古籍出版社、安徽教育出版社 2002 年版,第 3367、3939 页,闳祖、僩录;《答赵致道》,《晦庵先生朱文公文集》卷五十九,《朱子全书》第 23 册,上海古籍出版社、安徽教育出版社 2002 年版,第 2865 页。

[2] 谢良佐:《上蔡语录》卷中,载朱杰人等主编:《朱子全书外编》第 3 册,华东师范大学出版社 2010 年版,第 28 页。

[3] 憨山德清:《大学决疑》,《憨山老人梦游集》卷二十九,《续修四库全书》第 1378 册,第 179 页。

[4] 参见憨山德清:《大学决疑》,《憨山老人梦游集》卷二十九,《续修四库全书》第 1378 册,第 181 页。

代也有日本学者将《大学》的心、意、知，对应于西学中的情、意、知三分结构。① 其中，"意"指意志，而"心"指正心章所言"忿懥、恐惧、好乐、忧患"之类情。以下主要考察佛学之唯识学与西学之现象学视野下的比较解读。

唯识学的比较解读，至少在晚明已见。唯识宗也将第八识、第七识、前六识分别称为心、意、识。② 而朱子注"致其知"时言："知，犹识也。推极吾之知识，欲其所知无不尽也。"③ 由此，《大学》的心、意、知亦可被说为心、意、识，进而对应于第八、第七、前六识（或第六识）。藕益智旭即如此做，其《大学直指》言："正其心者，转第八识为大圆镜智也；诚其意者，转第七识为平等性智也；致其知者，转第六识为妙观察智也。格物者，作唯心识观，了知天下、国家、根、身、器界皆是自心中所现物，心外别无他物也。……只一'明德'，分'心'、'意'、'知'三名。"④ 心、意、知亦即第八、七、六识（及其所转之智）。如此匹配，可谓简单直接。

王船山力辟佛氏，而亦精研其说，于唯识尤有心得，并以之对观儒家之说："释氏之所谓六识者，虑也；七识者，志也；八识者，量也；前五识者，小体之官也。呜呼！小体，人禽共者也。虑者，犹禽之所得分者也。人之所以异于禽者，唯志而已矣。不守其志，不充其量，则人何以异于禽哉！而诬之以名曰'染识'，率兽食人，罪奚辞乎！"⑤ 船山说的志即是心，故又言："七识者，心也。"⑥

---

① "正心者即心情之保持常态者也。盖吾人之心，有忿懥、恐惧、好乐、忧患之情绪，而时时使失其正体……依致知格物而励其知，依诚意而一其意志，依正心而正其情绪情操。"并自注云："文学士宇野哲人以致知格物为知育，诚意为意育，正心为情育。见氏著《大学讲义》。"（[日] 日本教育学会：《四书研究》，王向荣译，山西人民出版社2015年版，第31—33页）刘蕺山也曾说心指忿懥、恐惧之类情感，但在别处他也说心之所以为心乃是意，后者即是心之所存而非所发，详下。
② 参见玄奘译，韩廷杰校释：《成唯识论校释》，中华书局1998年版，第317—318页。
③ 朱熹：《四书章句集注》，中华书局2012年版，第4页。
④ 藕益智旭：《大学直指》，载龚晓康译评：《四书藕益解译评》，贵州大学出版社2014年版，第11页；另参该文对"所谓修身在正其心"一段的分析，第25—26页。
⑤ 王夫之：《思问录外篇》，《船山全书》第12册，岳麓书社2011年版，第451页。
⑥ 王夫之：《思问录外篇》，《船山全书》第12册，岳麓书社2011年版，第412页。

第八识被视为"量"①。前五识与第六识当可归于"知"。无论如何，船山重在点出释氏之说是对心志、思虑的消极否定，是对心灵的诬蔑。②

　　近代唯识学重兴，亦有以之解儒家学说者。章太炎认为阳明与孟子所言之良知不同：孟子专就知爱亲敬长之感情立论，"阳明以为一念之生，是善是恶，自己便能知道，是溢出感情以外，范围较广了"，"孟子所说是指'见分'，阳明是指'自证分、证自证分'的"③。又言："阳明所谓良知者，以为知是知非也，此乃自证分。八识皆有自证，知是知非，则意识之自证分矣。又云'良知本无知，本无不知'，则正智之证真如，亦近之矣。""就'知是非善恶'言，则为意识中自证分；就'此心还见此心'言，则为真识中自证分。而所谓'致良知'者，乃证自证分耳。"④良知对应于自证分，具体即知是知非之良知对应于第六识（意识）之自证分。

　　这种对比研究在近年来，由于现象学、唯识学与心学（良知学）的比较研究而得到深入开展。耿宁先生区别出阳明学"良知"的三个概念内涵。其一是良知作为"向善的秉性"（本原能力）；其二是良知作为一种"对本己意向中的伦理价值的直接意识"（本原意识、良心），即良知对意念之是非善恶"当下同时"有一种道德自身意识（自知），这有似于现象学的自身意识（内意识）及佛学的自证分。这个由比较而来的洞见富有启益，"阳明心

---

① 量当指现量、比量、非量三量。但如何理解把第八识说成是量，尚待思量。但船山又说佛氏以心为大圆镜智，即第八识所转成之智。（参见王夫之：《礼记章句·中庸》，《船山全书》第4册，岳麓书社2011年版，第1490页；《读四书大全说》卷一，《船山全书》第6册，岳麓书社2011年版，第422页）

② "不求之心，而求之意，后世学者之通病。盖释氏之说暗中之，以七识为生死妄本。七识者，心也。此本一废，则无君无父，皆所不忌。呜呼！舍心不讲，以诚意而为玉钥匙，危矣哉！"（王夫之：《思问录外篇》，《船山全书》第12册，岳麓书社2011年版，第412页）

③ 章太炎：《国学概论》，江苏人民出版社2014年版，第45页。

④ 章太炎：《与吴检斋论宋明学术书》（一）、（二），《章太炎学术史论集》，中国社会科学出版社1997年版，第299页。此外熊十力、梁漱溟、欧阳竟无诸先生对唯识学四分与良知之关联，也有所论。（参见张卫红：《良知与自证分——以王阳明良知学为中心的论述》，《世界宗教研究》2015年第4期）

学的一些观念和问题会得到澄清"①。但其中仍有根本差别,不可忽视。对此耿宁先生已有所察觉。② 良知作为对意念之善恶的知觉,并非现象学之自身意识(或唯识学之自证分)的一个特殊类型,毋宁说,"唯有这种作为自知的良知之内意识才是本真的内意识,不带有道德意味的内意识乃是一种'变式',一种堕落的变式"③。简言之,良知具有不同含义和层次,以及良知的纯粹至善、主宰、生存面向,在这种比较中得到凸显。

自佛学、西学而来比较视野下的解释,尤其是唯识学和现象学的新视角,"心—意—知"之整全结构能够得到落实。其中,《大学》之"心"被解为第八阿赖耶识,"集起名心……第八名心,集诸法种起诸法故"④ 之说,描述心的两种功能:集聚储藏和发起诸法,有助于理解《大学》之"心"的独特涵义⑤;船山另将心对应于第七末那识,表明对唯识学以第八识为心识(如上所言"第八名心")的反对,这当与船山的气化论有关,提示学者应从表面之对应进入到背后深层之差别。此外,"知"被解为第六意识之自证分或内意识,也有助于澄清阳明学的心灵问题。总之,借鉴这些解读,当可打开视野,更好地理解《大学》的"心—意—知"结构。下面回到《大学》解释史的重心,看看儒学史上之诸说。

三、儒学史上的几种解释

《礼记正义》言:"知,谓知善恶吉凶之所终始也。""总包万虑谓之为心,

---

① 陈立胜:《在现象学意义上如何理解"良知"?——对耿宁之王阳明良知三义说的方法论反思》,《哲学分析》2014 年第 4 期。

② 参见 [瑞士] 耿宁:《人生第一等事:王阳明及其后学论"致良知"》,倪梁康译,商务印书馆 2014 年版,第 15、219 页;[瑞士] 耿宁:《心的现象——耿宁心性现象学研究文集》,倪梁康等译,商务印书馆 2012 年版,第 463—464 页。

③ 陈立胜:《在现象学意义上如何理解"良知"?——对耿宁之王阳明良知三义说的方法论反思》,《哲学分析》2014 年第 4 期。

④ 玄奘译,韩廷杰校释:《成唯识论校释》,中华书局 1998 年版,第 317—318 页。

⑤ 甚至值得考察,佛学之流传是否对儒者解释《大学》之心、意、知产生重要影响。

情所忆念谓之意。"① 心指全体心灵活动，意是情意、意念，心与意皆有善有恶；而知指知善恶吉凶之所终始，这是一种政教性、伦理性的知。此为汉唐儒之说。②

继二程、横渠之后，朱子深入解释了《大学》的心、意、知："心者，身之所主也。""心，统性情者也。""心者，人之神明，所以具众理而应万事者也。""意者，心之所发也。""知，犹识也。"③ 首先，心作为主宰的地位在道学中被重新确立，心不仅是身之主宰，而且是情意之主宰。正心之心指心之体段、虚灵不昧之知觉，能具众理而应万事。朱子还强调心作为心之本体的包容性一面，心如太虚，鉴空衡平，本无不正，无有窒碍、无有执着。④其次，心是身与意之主宰，并且是意的发出者。心无间于动静而持存恒在，一如从工夫上看，作为心灵活动的"敬"是贯通动静的；而意有发时有未发时，有善有恶，是工夫修治之对象。心意之间是心之体段与心之发用的关系，二者明确有别。最后，致知之知包含先天的德性之知和后天的见闻之知，"知"作为四端之一的是非之心，也有发有未发，故也属于情；而心则如上所说是持存恒在的，思虑未萌、情意未发之时，心仍然保持知觉不昧、常惺惺（敬），此即心之本然体段。显然，知觉不昧之心与致知之知也有别。朱子说："致知、诚意、正心，知与意皆从心出来。知则主于别识，意则主于营为。知近性，近体；意近情，近用。""知与意皆出于心。知是知觉处，意是发念处。"⑤ 总之，知、意二者皆有别于心。

王阳明认同朱子说的心之不执无着面向、意为心之所发。不同在于，

---

① 郑玄注，孔颖达正义，吕友仁整理：《礼记正义》，上海古籍出版社 2008 年版，第 2237、2241 页。

② 郑孔之解并非战国时的新说，而更接近春秋以前对心灵的理解，其精义涉及对《大学》文本及其写作时代的考察，笔者拟另文探究。

③ 朱熹：《四书章句集注》，中华书局 2012 年版，第 3、239、356 页。

④ 参见朱熹：《四书或问·大学或问》，《朱子全书》第 6 册，上海古籍出版社、安徽教育出版社 2002 年版，第 534—535 页。

⑤ 《朱子语类》卷十五，《朱子全书》第 14 册，上海古籍出版社、安徽教育出版社 2002 年版，第 482、489 页，阔祖、端蒙录。

首先，阳明以知为知是知非之良知，致知即充极吾心之良知，此则有别于朱子。就心而言，阳明强调心即理的一面，无善无恶，是谓至善，本心无时不在、持存恒照；朱子则认为心能具众理，但并未现成就是理，故须修治之功。其次，在阳明学那里，良知是心之本体，致知之知（良知）即是正心之心（本心）。龙溪既说致良知之教，同时又倡先天正心之学，二者同指在心之本体上做功夫。这样，"心—意—知"似乎也化约成了"意—知"结构。实则如下文将看到的，阳明那里"知"有不同含义，故当别论。

刘蕺山之解极具特色，认为《大学》之言心指"忿懥、恐惧、好乐、忧患"之情[①]，而意并非心之所发，而是无时不在的心之所存，是心之所以为心[②]的主宰（定盘针）。由此，蕺山将阳明四句教改为："有善有恶者心之动，好善恶恶者意之静，知善知恶是良知，为善去恶是物则。"[③] 其中，良知之说大致仍遵从阳明[④]；而心与意的内涵、性质、地位则颠倒过来了：心成为有善有恶的情念发用，而意则是纯善无恶的心之所存、主宰。

王船山之解同样富有深意，认为《大学》之心指志，正心即持其志；在格致、诚意、正心中，"修身之功以正心为主，三者为辅"[⑤]。此志是恒定大方向的志向，可使正、可使不正。船山极明确区分心、意、知三者，防止混淆三者之"本等分位"，这一点前文已多有引述。

总结来看，在郑孔、程张诸儒后，朱子之说可谓奠定了道学解释的基本规模。朱子区别心之体段及其发用，区别开心与意、知三者（船山尤其明确和强化了此点）；明确心为主宰的地位（此说阳明、船山从之）；强调心是心如太虚、不执无着的一面（此说阳明从之）。阳明对"知"给予新的解释：知乃是良知，而非闻见之知；良知即是本心。蕺山则对"意"给予新的解释：

---

① 参见刘宗周：《答董生心意十问》，《刘宗周全集》第2册，浙江古籍出版社2007年版，第338页；《学言上》，《刘宗周全集》第2册，浙江古籍出版社2007年版，第389页。
② 刘宗周：《答董生心意十问》，《刘宗周全集》第2册，浙江古籍出版社2007年版，第337页。
③ 刘宗周：《学言中》，《刘宗周全集》第2册，浙江古籍出版社2007年版，第391页。
④ 但蕺山又分别了两种知：知善知恶之知，知爱知敬之知（知藏于意），详下。
⑤ 王夫之：《礼记章句·中庸》，《船山全书》第4册，岳麓书社2011年版，第1303页。

意是心之所存、心之所以为心，而非念。船山又重新解释了"心"：心乃素定之志。可见，诸儒对心、意、知不断提供新说，解释重点不断转移。这其中有何意味？对此有必要进一步考究。

四、诸儒之说会通

面对《大学》所说"心—意—知"之文本及其解释史，我们还可以做些什么？儒家心灵学说是否由此得到完整、恰切的开展？

就《大学》文本而言，心、意、知同为心灵活动，但各有其相对独立的含义，由此而形成充实的心灵结构；与之相应，正心、诚意、致知可谓一个工夫，但也各有其相对独立的含义，由此而形成充实的工夫结构。这是本文所试图明确的基本观点。

基于对心、意、知的解释，各种心灵活动或心灵要素之间得到更明确辨析，至少可意识到相互之区别，诸如心意之辨、心知之辨、意知之辨、心意知之辨（如阳明的良知与意之辨），此外还有意念之辨（蕺山）、意志之辨（蕺山、船山）、闻见之知与良知之辨（阳明学）或知识之辨（龙溪）等。心灵问题在这些辨析中也得到深入探索。

而通观儒学史上的各种解释，可以看到，心、意、知各有不同解释，甚至三者各自都形成两个层次。例如心有心之体段（本体）与心之发用，其体段是善的，而其发用则有善有恶；意是有善有恶的心之所发，但也被解释为有善无恶的心之所存；而知一方面是闻见之知、粗浅之知，另一方面则是知善知恶之良知。不过，这也许只是表象。关键仍在于明确"心"的独立含义。

儒者对心、意、知之解说不尽相同，其所以为宗主的心灵要素（及相应的工夫）也各不相同，如船山主心—志（正心—持志），蕺山主意—心之所以为心（诚意），阳明主知—良知（致知）。三者看起来是如此不同，乃至可将此归结为解释者的创造，就是说，《大学》提供了一个框架结构，不同的解释者装进不同的新内容。但是，这里试图重新考察这一现象。

我们来看各家的解释。朱子明确区别了心、意、知三者，这一点可以确定。《大学》本文就格致诚正修之间说的先后，并非说今日致知，明日诚意，后日正心，它们是一发进行的，只是在一发进行中的内在条理，或各自达至完成的境地，有一种先后秩序。在此意义上，知致、意诚之后，还有正心工夫。意诚之后，人就成为善人，而无所谓恶，但还可能有过错或偏颇，所以需用正心修身工夫。而这并非说意诚、知致之前，就不需要正心的工夫了。相反，正心工夫一直要做，与此相应，心是恒在的；而意则有时未发，相应地，诚意工夫也有时不存在。而即使意念未发，对不善意念之可能生成的警惕、对心自身保持敬畏或戒慎恐惧也是始终存在的，这即是正心工夫。具体而言，这个心之内涵也被标示为不昧之知觉（有别于作为情的是非之心）、贯通动静之敬（有别于作为情的恭敬之心）。①

在阳明，知被解释为知是知非的良知。前述章太炎区分了孟子与阳明所言之良知，并以阳明之良知为意识之自证分；而耿宁则将阳明之良知的不同概念，其一为向善的秉性，其二为对本己意向之伦理价值的直接意识，这意味着良知与意念的同时性。一善念发出，良知当下知其为善；一恶念发出，良知当下知其为恶。在笔者看来，这个意义上的良知，已非一般意义上的知，而是心之本体，亦即"心意知"中的"心"。良知持存恒在，当下能觉知所发意念之是非善恶，是意念行为之主宰，这正是心之本体的性质、功能和地位所在。阳明学的"知"可区别为几个层面：（1）对已然之事件、行为之是非善恶进行审查判断的知；（2）对当如何行动进行引导的知；（3）对已形成的意念之是非善恶进行审查判断的知；（4）在意念上对意念进行引导的知。② 四者皆属作为四端之一的是非之心，后二者为耿宁所言良知之第二义，即道德自身意识，此处姑称作"自知"；前二者即是除自知外的一般意义上的是非之心，姑称作"事为之知"。这样，参照《大学》的"心—意—知"结构，阳明心学的心灵结构可描述为：自知、三端七情、事为之知。

在蕺山，意是为心之所存，而非念起念灭的心之所发。意是心之所以

---

① 参见赖区平：《心灵秩序及其重建——论朱子"心"学》（未刊稿）。

② 参见赖区平：《论原发良知与次发良知——从良知具知意情之内涵说起》，《贵阳学院学报》（社会科学版）2015 年第 6 期。

为心，是念虑行为的主宰、定向标，它具有善必好、恶必恶的能力，能好能恶（能好善恶恶），蕺山将此视为第一义；而具体的好此善恶彼恶，已是第二义。① 发一念而善，意当下能好之；发一念而恶，意当下能恶之；类似于良知当下能知善念知恶念，"良意"② 也当下能好善念恶恶念。而且，蕺山区分了两种知：知是知非、知善知恶之知，这是阳明学意义上的良知；知爱知敬之知，爱亲敬长本身体现为一种知，即所谓"知藏于意"③。但这还是就具体发出的、第二义的好善恶恶而言。就第一义的意而言，则能好能恶之能、善必好恶必恶之必，本身就体现出一种知，一种明见性：此可谓更深层次的知藏于意。可见，这意也已非一般意义上的好恶，而是心之本体，亦即"心意知"中的心。良意持存恒在，当下能好能恶，是意念行为之主宰，这也是心之本体的性质、功能和地位所在。由此，参照《大学》的"心—意—知"结构，蕺山学的心灵结构可描述为：第一义良意、第二义良意（及念头）、知是知非之良知（及闻见之知）。

在船山，心被解释为志。首先，此志并非针对具体某个物事而言，而是整体上的定向。故船山强调志是志于道，而非志于义："道者，所以正吾志也……若以义持志，则事易而义徙。守一曲之宜，将有为匹夫匹妇之谅者，而其所遗之义多矣。"④ 道是整个的，而义则是具体个别的。故志是整体上的主宰定向，是恒常不变的、持久的，故船山谓之为"素定之志"。在此意义上，船山之志类似于蕺山之意。这点唐君毅先生已指出，他还谈及二者之别："其所谓志，为内在而恒存者，颇同于蕺山之'意'。然蕺山之意，为先天之意、含本体意义之意。而船山之志，则又为后天之工夫所立所持。"⑤

---

① 参见刘宗周：《大学杂言》，《刘宗周全集》第 1 册，浙江古籍出版社 2007 年版，第 664 页。

② "果即知即意，则知良意亦良，更不待言矣。"（刘宗周：《学言》，《刘宗周全集》第 2 册，浙江古籍出版社 2007 年版，第 446 页）

③ 刘宗周：《良知说》《学言》，《刘宗周全集》第 2 册，浙江古籍出版社 2007 年版，第 317、389 页。

④ 王夫之：《读四书大全说》卷一，《船山全书》第 6 册，岳麓书社 2011 年版，第 931 页。

⑤ 唐君毅：《中国哲学原论·原教篇》，中国社会科学出版社 2006 年版，第 394 页。

船山说志（心）可使正可使不正，但"可使不正"却不等于"恶"，它只是"过"而已。心不正，即缺乏足够的主宰力量、不能使意从己。故严格说来，心（志）只有力之强弱之别，而无善恶之分。① 蕺山之意固是本然完完全全、力大无边，但就现实看，当其不能主宰念头，或使得恶念发出而无法克治时，此即显示出意之力弱，意之呈现也有强弱。② 在此意义上，船山之志与蕺山之意仍有一致性。这说的正是心意知之心。船山之志与蕺山之意的差别，正如朱子言心具理而非现实即是理与阳明言心即理的差别，一方强调本然之完满，一方强调现实之有限。

由此来看，则朱子说的心之本体（敬畏、知觉）、阳明说的良知、蕺山说的意、船山说的志，看似各有所指，实则为一，即都指向《大学》"心意知"之心，是从各个面向对"心"所作的描画，由此而揭示出心的丰富蕴涵。撇开各家的用词不同和表述差别，他们也达成了一个共识，即在一个心灵整体中区别开心、意、知。

当然，无可否认其中有差异。如蕺山认为，良意之能好善恶恶，本身就体现出意内含有一种知（知藏于意）。因而这种意义上的知，优先于对念虑之善恶的当下意识，更不用说优先于对念虑之善恶的反思意识了。而阳明学意义上的知善知恶之良知，其实是对这种知藏于意之知的当下意识。然而，就整个心之本体来看，良意之能好善恶恶与良知之能知是知非，二者皆是心之能力，是不分彼此的。或者说，这并不涉及心与意或知的关系，而只是心内部的关系问题。又如，朱子谈及两种知觉：作为情的是非之心，与知觉不昧之心。这正类似于阳明谈及的良知：作为向善秉性的良知，与作为对本己意向的伦理价值之直接意识的良知（如自身意识）。但诚然，其中仍有值得深思的差别。这也类似于章太炎所区别的孟子之良知与阳明之良知

---

① 船山解朱子的心具众理之说云："未即是理，而能具之。……大端只是无恶而能与善相应，然未能必其善也。须养其性以为心之所存，方使仁义之理不失。"（王夫之：《读四书大全说》卷十，《船山全书》第6册，岳麓书社2011年版，第1079页）这表明心至少是无恶的。
② 一如阳明之良知本体具足完全，而又须致良知以将良知复得完完全全。此即一节之知与全体之知之辨。

（如自证分）。而儒家之心与自身意识、自证分仍有本质性的差别，这应是后面研究尤其要着重揭示的。

无论如何，通过朱子、阳明、蕺山、船山诸儒之说，"心"乃显示出其有别于意、知的自身轮廓。在这里，《大学》的"心—意—知"结构以不同方式保持自身，而并未被归约为"意—知"结构。

结语：心灵、工夫与政教

以上梳理了有关《大学》的诸多解释，并着重基于儒学史上的解释而揭示"心—意—知"作为一个系统的心灵结构，其中每一要素都有自身内涵，而不能相互归约，尤其是不能将心化约为意、知或二者之合体。这样理解的心灵结构，可以澄清诸多的俗解，并有助于我们把握《大学》的工夫结构，并进一步窥探心灵问题的实质意义。以下略述几点：

其一，关于"致—诚—正"：作为一种心灵活动的工夫。"心—意—知"属于心灵活动，而"正心—诚意—致知"则属于工夫（这里暂不论修身、格物之工夫面向），这是基本的事实。问题在于，两方是什么关系？以往容易凸显工夫，而相对少见对心灵活动的系统刻画，所谓"工夫所至，即其本体"亦是通过工夫来揭示本体。现在，不妨从心灵活动方面来揭示工夫。从心灵活动的视野来看，正心之"正"、诚意之"诚"、致知之"致"是一种怎样的工夫过程？细细琢磨当可见，一如心、意、知之各有独特内涵，正、诚、致也各有独特意义，并且，正之工夫即是心之体现，诚之工夫即是意之体现，致之工夫即是知之体现。因此，例如正心如何可能？正心不是以一心去正另一心，而是心之自正；而心之自正也不是心将自己作为一个对象而正之，而是心保持其自身的知觉不昧、敬畏警醒、能好能恶、恒存恒照、素定方向的状态，这种状态之保持本身就能使心得到生长、长养，就能使心正，而这就是正心工夫本身。

其二，言说结构与工夫问题。儒学作为一个整全的话语体系，其中有丰富的话语内容，也展示出独特的话语结构。而后者通常较不容易受到重视。儒学这样一门追求修己治人、内圣外王的整体学问,如果仅从话语内容来看,诸家多有共通之处,因此关键往往在于:如何措置这些话语内容,不同的内容应居于何种位置。万物各得其所,这不仅仅是从内容上说,而更是从位置、结构上说。同样,心的问题不仅在于心是什么,而且在于如何说心。具体而言,关于心灵的整个言说(心学),其方式应该是怎样的,在整个儒学话语体系中又处在什么位置,这与探讨心灵之内涵、性质等问题具有同等重要性,有时甚至更重要和迫切。当如何言说心成为一种工夫论或教法时,它就同时指示了一种修复心灵秩序的工夫:以何种方式言说心,也就是以何种言说和教导的方式修治心灵。这样,如何说的问题,就变成如何做的问题,或者说,心灵问题实质上也是工夫问题。

其三,"心—意—知"的政教性。如前所说,"心—意—知"内在于三纲八目中,连通着"齐家、治国、平天下"之政教行动,这一点在郑注孔疏中也得到体现,实则道学诸儒亦深谙此义。通过对《大学》尤其是格物致知之时代背景的进一步还原,通过心与意、正与诚(直)、经与权的对比和关联考察,可以看到格物致知以及诚意正心的政教意味。[1] 尤其是,心具有恒常主宰和权衡作用,在人伦、政治生活中具有关键作用。显然,心灵问题同时也是一个政教问题。

有关心灵秩序与社会秩序及其重建的问题,可谓永恒而现实的基本问题。就心的问题而言,在今日,一门系统的、儒家式的心学,或曰儒家心灵哲学,如何可能成立,这值得被充分意识和关注到并好好琢磨。对《大学》这一"心—意—知"结构的深入考究,应有助于彰显此系统的儒家心学的大致轮廓。

(作者单位:北京大学高等人文研究院)

---

[1] 笔者拟另文基于《大学》诚意、正心两章的疏解,探讨古典儒家的"心—意、正—直(诚)、经—权"观念。

先秦儒家勇德的哲学建构：对勇德的
中介德性性质和生发机制的考察

王　淼

一、勇德是成就目标道德性的中介德性

勇德是先秦儒家思想中重要的价值。《论语》中孔子言"仁者不忧，知者不惑，勇者不惧"（《论语·宪问》），将"勇"与"仁"、"知"并列，作为君子的道德理想，并将"卞庄子之勇"作为"成人"之德的重要组成部分。之后《中庸》也继承了孔子的思想，将"勇"视为君子成德必需的方法和途径，列为"三达德"之一。孟子在《知言养气章》中对勇德进行了充分的诠释，系统比较了北宫黝、孟施舍和曾子三种"不动心"养勇的方式，并把勇德的生发约束机制和"四端之心"、"不动心"、"集义"、"浩然之气"等一系列重要概念相关联。简而言之，勇德广泛受到了先秦儒家学者的重视，是儒学第一期发展的讨论中不可忽略的一种重要德性。

在讨论先秦儒家的勇德问题之前，首先需要对"勇"即一般认知意义上的勇敢的行动和能被称之为德性的勇德之间做一个辨析。孔子、孟子曾将很多典型的勇敢行为评价为"匹夫之勇"、"血气之勇"，如"君子有勇而无义为乱，小人有勇而无义为盗"（《论语·阳货》）、"暴虎冯河，死而无悔者，吾不与也"（《论语·述而》），可见对于先秦儒家来讲，一般认知意义上的勇敢行动不一定是勇德。究其原因，在于前诸子时代，勇德的生发机制

是多元的，多元化的来源使"勇"的行为也呈现多面性。简要说，勇德的生发大致遵循四条大的脉络，包括"天""帝"崇拜和祖先崇拜、武器与身体的力量、更偏重自然生理情感的"气"和更强调道德情感的"心"。所以在这种情况下，有的行为带来好的结果，有的行为导致战败和动乱，有的行为主体有思考判断的能力，但很多行为主体貌似勇敢的行动只是对外部刺激的强烈应激反应。那么如何将一般认知意义上的勇敢的行动和儒家倡导的勇德进行区分，对这个问题，学者李耶理（Lee H. Yearley）提供了具有启发性的思路，他指出勇德是一种保护性或抵御性的美德（preservative or neutralizing virtues），它保护仁爱这样的动机上的美德（virtues of inclination or motivation），是一种中介德性。① 也就是说，在先秦儒家看来，勇敢行动本身不能作为价值判断的依据，勇德的判断标准是成就目标的德性，此过程并非蒙昧状态下的无知无畏，而是对成就目标的德性过程中所需付出的代价有充分认识后仍然敢于行动，这样方可被称之为勇德。

所谓"成就目标的德性"中的"目标"，根据春秋战国的思想史资源和儒家经典的论述，大致可分为战争、政治和个体修身三类，所以勇德可分为战争德性、政治德性和个体修身德性的勇德②，下面分类进行具体讨论。

作为战争德性的勇德，它的目标可以分为两个层次，第一是战争胜利本身，第二是战争的正义性。纯粹凭借一往无前的勇猛行动追求战争的胜利，这在儒家道德价值中是需要被辨析的，很多并不被认为是勇德，如在春秋时代发生过的无数场战斗。例如鲁襄公二十五年的偪阳之战，鲁国勇士"秦堇父辇重如役"、"狄虒弥建大车之轮"一次次冲击城门坚固的偪阳，可以视为非常典型的战场上的勇猛，可是攻打偪阳是为了把不属于宋国的偪阳给宋卿向戌做封邑，这种行为本身不具备正义性。更何况春秋战国时代无数的大国吞并小国的战争、大诸侯国之间的争霸战争等，更是对周礼宗

---

① 参见［美］李耶理：《孟子与阿奎那——美德理论与勇敢概念》，施忠连译，中国社会科学出版社 2011 年版，第 16 页。

② 作用于战争德性的勇德、作为政治德性的勇德和作用于个人修身方面的勇德，这三者后文有时简称"战争勇德"、"政治勇德"和"修身勇德"。

法秩序的冲击，所以孟子有"春秋无义战"之论。战争的正义性非常重要，这种正义性可以体现为反抗侵略、维护和平、维持礼治秩序、"解民倒悬"推翻暴虐的统治等。在具备正义性的战争中为取得胜利，可能付出牺牲生命的代价仍能无惧死亡勇往直前，这种行动才可以被称为战争德性的勇德。

作为政治德性的勇德，其目标在春秋战国时代呈现出丰富性。春秋中前期，主要是维护宗法政治体制的等级制度和稳定性。孔子希望恢复"郁郁乎文哉"的礼乐文明，不过此"礼"是更能与人内心道德情感和道德理性相应之"礼"。从孔子的施政举措来看，"夹谷之会"尽力维持齐鲁之间平等的地位，改葬鲁昭公力图使鲁侯和"三桓"回到应有的位分之上，由此观之，孔子的政治目标还是本于"周礼"的。到了战国时代，法家在政治上谋求的是富国强兵，通过具体的制度安排使国家在激烈的竞争中处于有利的位置。孟子则迥异于法家，其政治理想着眼于使人性的美好充分实现的"仁政"，将人民视为政治的主体，消解君主的权威性，不在乎具体的制度安排，着眼于政治道德性"义"。无论是周礼、富国强兵还是仁政，为了达到这些目标，为政者可能付出的代价包括挑战既得利益集团、受到广泛的批评甚至丧失自己的政治地位。在清楚认识到这些代价后仍然选择勇敢行动，如无惧压力推行改革、不惧上位者的权势批评不合理的制度、以德抗位等，这可以被称为政治德性的勇德。

作用于个体修身的勇德，是儒家哲学关注的重点，其目标是在认识到自己的"四端之心"后，通过行动不断存养扩充此"四端之心"，使个体的精神境界不断成长，人所本有的良知良能充分实现。为了达到修身的目标，勇敢的行动包括不为身体欲望和财货利益即"小体"所驱动，养"浩然之气"正道直行无所亏欠，"富贵不能淫，贫贱不能移"，这些行为的代价是对抗强大的外部压力或是诱惑，这种情况下勇德指一种坚持不为所动的"定力"。勇敢的行动还包括学习、思考、改过这种不断在生命成长过程中自我跃升的努力，这种行为的代价是突破个体知识边界、习惯和道德修养上的"舒适区"。当然更不必说为了追求人的尊严和人格"舍生取义"、"杀身成仁"的勇敢行动，将人的道德生命置于自然生命之上，这种勇敢行动的代价是牺牲个体生命,这是对人类死亡的恐惧和自我保全本能的突破。简单概括说,儒家认可的修身勇德的行为大致可以分为坚忍的"定力"和创生的"突破"两大类,其目标都指向个体人格的成全。

总结而言,儒家的勇德和一般意义上的勇敢的行为有所区别,勇敢的行为只有因成就目标的道德性才被视为"勇德",它以实践为核心,是保证美好人性充分实现的必备的中介德性。

二、"仁者必有勇":孔子孟子对于勇德生发机制的建构

"勇"在《论语》中似乎是一个矛盾的概念,一方面,孔子有"好勇疾贫,乱也"(《论语·泰伯》)、"君子有三戒:……及其壮也,血气方刚,戒之在斗"(《论语·为政》)这些对于"勇"偏向负面的评价;另一方面,孔子回答子路"成人"(《论语·宪问》)的问题时,又将"勇"视为"成人之德"的重要组成部分,并把"勇者不惧"(《论语·宪问》)列为"君子之道"的一个重要方面,也就是说在孔子建构的君子的理想人格中,勇德是一个重要的组成部分。

产生这个矛盾的原因在于孔子对"勇"的理解分为两个层次。第一个层次是我们通常意义上认知的"勇",也就是"知死不辟"、"期死"、"困而不死无勇"。这些不惧死亡的行为,正如上文所指出的,由于生发机制的多样,很多勇敢的行为是没有经过任何反思和价值判断的,常常是对外部刺激不适当或过度的反应,从而导致身死、战败甚至动乱的不良后果,所以对于这种"勇敢"孔子始终强调需要节制、引导和规范。第二个层次是真正意义上的勇德,勇德生发的根基要立于道德理性"仁"之上,"仁"成为理解孔子的勇德建构中最重要的概念。孔子对"仁"的阐发不再止步于本于春秋宗法社会结构的孝悌仁爱之情,而是更加抽象的道德理性和道德自觉,将之视为人与禽兽的区别,人有道德意识和精神世界,这种德性生命的自主自觉被孔子称为"仁"。

孔子说"仁者必有勇"、"勇者不惧",首先在于"仁者"是醒觉的,醒觉催发人的精神境界不断成长,"勇"在其中发挥着重要的作用,它是生命成

长过程中自我突破的能力。颜回"不迁怒,不贰过"(《论语·雍也》),君子在修养已经达到一定程度后仍然保持自我反省的勇气,同样的错误不犯第二次,这是非常可贵的。孔子"五十而知天命,六十耳顺,七十从心所欲不逾矩"(《论语·为政》),这是孔子精神境界不断超升的真实写照,他五十岁知道了天命赋予自己的使命和担当,六十岁"声入心通无所违逆"[1],七十岁达到最高的自由之境,孔子展示了个人生命成长过程之中不断自我突破的能力,仁者"无惧"于抛弃旧的行为模式与积习,向新的生命境界超升,在这个过程中所展示出的毅力、决心洋溢着温暖积极生生不已的生命力,这是一种"大勇"。

其次在于"仁者"是自主的,"收拾精神自作主宰"[2],所以仁者之勇可以面对欲望可以拒绝,面对强烈压力可以不屈服,面对贫穷可以不丧失人格的尊严。每一个人都可以自己做得了自己的主,只要有了这样的觉悟,哪怕处在最深奴役状态的人也可以重新建立自主性。自己不能掌控遭遇什么事情,但可以掌控的是面对一件事情的态度和处理方法,所以儒家绝不是秉持天命已定无所作为的消极观念,而是恰恰要激发出每个人潜存的巨大的道德勇气,以独立无惧、勇敢承担的精神去践"仁",因为唯有自己才能塑造自己的"命"。"仁者"拥有完整的德性生命或称君子人格,其内心世界的强大坦荡使"仁者"可以面对外部的诱惑不为所动、面对外部的危险淡定自若、面对应为之事不惧危险勇于承担,所以"仁者必有勇"必然"无惧"。

孟子沿着孔子的理路继续深入发掘,将勇德生发的根基立于仁义之心也就是"四端之心"上,对勇德在《公孙丑上》的第二章也就是《知言养气章》中进行了系统讨论。在对"勇"的层次划分中,孟子认为最不可取的是"小体"对"大体"的支配之"勇",也就是由美味、美色、美声、安逸享乐这些纯粹的身体欲望激发的行动。孟子肯定了北宫黝、孟施舍、曾子之"勇"都属于"不动心"之"勇",都对自己"心"之能动有所体察,实现了"大体"

---

① 朱熹:《四书章句集注》,中华书局 2011 年版,第 56 页。

② 戴震:《孟子字义疏证·绪言卷下》,中华书局 1961 年版,第 113 页。

之心对"小体"之身的支配，但三者之间仍有所区别，北宫黝和孟施舍都是道德理性未完成的状态，仍有硬把捉之嫌，而曾子反躬自省则全系在自己的"道德心"上作工夫，是"不动心"之"大勇"。

下面首先分析北宫黝的"不动心"之"勇"，孟子这样形容北宫黝的"养勇"：

> 北宫黝之养勇也，不肤挠，不目逃，思以一豪挫于人，若挞之于市朝。不受于褐宽博，亦不受于万乘之君。视刺万乘之君若刺褐夫。无严诸侯。恶声至，必反之。

肌肤被刺都不颤动、眼睛快要被刺到都不闪避，无畏万乘之君和诸侯的恶声，这些由"四端之心"所生发的看起来非常典型的勇敢的行为，孟子对此持保留态度，原因如徐复观所言"仅就不动心这点上，还不能判定一个人人格上的成就，主要看他系通过何种工夫而得到不动心的效果，同时不动心工夫的不同，不动心的内容与所发生的作用也不同"[1]。就北宫黝而言，朱子注其"刺客之流，以必胜为主，而不动心者也"[2]，荀子亦有"不恤是非然不然之情，以期胜人为意，是下勇也"（《荀子·性恶》）之论，"必胜"、"胜人"都说明北宫黝首先和他人形成了一种对抗的关系，然后其"不动心"的发用在于可以对抗外界的刺激和影响。李明辉和黄俊杰对"对抗"的作用机制做了进一步的解释，李明辉认为北宫黝"对外来的横逆一概以直接的对抗回应之，完全不考虑对方力量之大小，这是借助排除外来的横逆或反抗外在的力量，使己心不受其影响"[3]，黄俊杰指出其"凭借尚未加以理性化的血气之勇以拒斥外在环境，以此达到不动心的境界"[4]，但仍有未足之意，

---

[1] 徐复观：《中国思想史论集》，台湾学生书局 1983 年版，第 143 页。

[2] 朱熹：《四书章句集注》，中华书局 2011 年版，第 213 页。

[3] 李明辉：《孟子思想的哲学探讨》，台湾"中央研究院"中国文哲研究所 1995 年版，第 120 页。

[4] 黄俊杰：《孟学思想史论》，台湾东大图书公司 1991 年版，第 158 页。

从生发的角度讲我们还需进一步深究北宫黝如何形成和万乘之君、诸侯甚至褐夫紧张的对抗局面。北宫黝认为自己"挫于人"、"受"各色人等的"恶声",换言之,当北宫黝认为自己受到了别人的羞辱,他一丝一毫都不能忍受,无论对方的身份是万乘之君抑或平民百姓他都必须做出强烈的回应,

孟施舍"不动心"之"勇"与北宫黝相比有所进益,孟子这样形容:

> 孟施舍之所养勇也,曰:"视不胜犹胜也。量敌而后进,虑胜而后会,是畏三军者也。舍岂能为必胜哉?能无惧而已矣。"孟施舍似曾子,北宫黝似子夏。夫二子之勇,未知其孰贤,然而孟施舍守约也。

朱子认为孟施舍养勇的特点是"力战之士,以无惧为主"[1],孟施舍的"不动心"不仅体现在无惧强大的敌人,更在于他培养了"无惧之心",所以超越胜负得失,无论战场上胜利与否,其心均能不为所动。孟施舍比北宫黝更得"养勇"的要领,北宫黝因为过分的羞耻心和自尊和他人形成了紧张的对抗关系,所以求在事事上胜人,而孟施舍只需守住"无惧之心"就能在事事人人前无所畏惧,不需要通过激烈的对抗展现自己的勇力。

但是"无惧之心"还并非道德理性之"心"。在战场上,如果作为一名将领,需要对敌我态势做全面的分析、对战场形势做综合的判断,战争德性的"勇"也需"智"的指导和成全,"审慎"的原则不是怯懦的表现而是为了减少无谓的牺牲;如果作为一名战士,不了解战争的全面态势,"无惧之心"是重要的,但在可控范围内仍需能为、巧为,否则可能成事不足败事有余。比之更进一步,一个战士的"大勇"体现在明知是死战或是自己是为了战略全局牺牲的局部,为了反抗侵略、保家卫国、人民福祉等崇高的道义仍能勇往直前无惧死亡。更重要的,"无惧"的真正意义不是无惧事事物物,而是在不同的情境中都知道自己行动的代价,哪怕代价是牺牲生命,仍然选择行动成全道义和自己的良知理性,由此看来孟施舍之"勇"还不是真正的

---

[1] 朱熹:《四书章句集注》,台湾学生书局1983年版,第213页。

"大勇"。

孟子将曾子之勇视为"大勇",即真正的"大勇"系在"仁义之心"上作工夫。曾子"自反而不缩,虽褐宽博,吾不惴焉;自反而缩,虽千万人,吾往矣"。《释文》云"缩,直也"[1],"缩"即为"理直气壮",典籍中常有"师直为壮,曲为老"(《左传·僖公二十八年》)、"偃也闻之:战斗,直为壮,曲为老"(《国语·晋语四》)之语,在战场上,"直"意味着占据道义的制高点,会极大激发军队的勇气。在曾子这里,"理直"即为良知理性的发用,以良知理性反躬自省,不合道义,即使面对地位低下者仍惴惴不安,自省合于道义,纵使面对千军万马仍能勇往直前。反躬自省时对自己道德本心的深刻体察,由此"心"激发起勇敢的行动可以帮助个体实现美好高贵的"仁义之性",从而将勇德的根基立于人人自生、自成、自主、自律的"四端之心"之上。

曾子"养勇"重在内省,追求最高的精神境界,"吾日三省吾身"(《论语·学而》),故能阐发孔子"忠恕之道"。同时注重通过学习仪态、正言辞这些行动逐步完善道德修养,"君子所贵乎道者三:动容貌,正颜色,出辞气"(《论语·泰伯》),也不忽视"礼"的重要性,祭祀的重要性在于最能体现仁德,"慎终追远,民德归厚矣"(《论语·学而》),这些行动都不是普遍认知意义上的勇敢的行动,但因为成就目标的道德性而在儒家的论域里亦被纳入勇德的范畴。

经过孔孟的阐发,勇德的生发机制完成了转向,孔子以"仁"言"勇",孟子将"勇"的根源性力量深入到人之道德本心。这种根基一旦建立,又可以勇德不断砥砺自己践行仁道,向外推扩至于齐家治国平天下,向上充达与天道相合,勇德从前诸子时代的战争德性不断向政治德性、修身德性游移,成为君子理想人格的组成部分,成为支持其精神境界不断成长不断突破的重要德性,这也反映了儒家重视的勇德从战争德性、政治德性向道德实践、个体修身转变的一个内在化发展趋势。

---

[1] 焦循:《孟子正义》,中华书局2017年版,第160页。

三、勇德价值的历史变化和现代意义

秦汉以来，人们对勇敢行为的赞许和对勇德的讨论似乎有所淡化。鸦片战争之后，国家衰朽，政治腐败，中国传统"尚文"的国民性受到歧视，曾有"中国之历史，不武之历史也，中国之民族，不武之民族也"[①] 之论，梁启超对这种歧视的言论"耻其言，愤其言，吾未能卒服也。"于是愤而下笔著成《中国之武士道》一书，选取了七十多个春秋、战国时期的著名人物作为中国勇武精神的体现者。然而事实是否如此，造成这种现象的原因是什么，还需要进行细致的分析。

首先，在秦汉以后，春秋时期"士"的典型的勇敢行动逐渐淡出大众的视野，比如北宫黝"视刺万乘之君，若刺褐夫"，公孙悁对卫灵公"入门杖剑疾呼"、子思对鲁穆公的直言不讳"知君之犬马畜伋"等行为不复存在，梁启超认为这是因为春秋战国时期，国家"其间竞争剧烈，非右武无以自存"[②]，自秦开始"统一专制政体之行始矣"[③]，所以尊扬主威，其余人皆匍匐在君主的权威之下。梁启超点出了"周制"和"秦制"的区别，但还需更进一步的分析。"专制"的本质是新的国家形态的形成，具体说，就是亲亲（血统）、尊尊（政统）、贤贤（学统）三者高度混融的礼治秩序解体，立足政统、独尊君道的专制官僚政治秩序逐渐建立起来[④]。在新的国家形态中，政治领域的宗法分封制度被中央集权的郡县制取代；经济方面，家族公社经济解体，土地私有制基础上的地主与个体小农家庭经济形成；文化上，血统、政统、学统三统混融的宗法伦理文化向国家政治文化转变，"思想"与"权威"日益结合，这也是大一统帝国的必然要求。在社会政治、经济、文化结构的嬗变中，春秋战国时代君主之下、庶民之上作为一个独立阶层的

---

① 梁启超：《中国之武士道》，中国档案出版社 2006 年版，第 22 页。

② 梁启超：《中国之武士道》，中国档案出版社 2006 年版，第 23 页。

③ 梁启超：《中国之武士道》，中国档案出版社 2006 年版，第 26 页。

④ 参见阎步克：《士大夫政治演生史稿》，北京大学出版社 1996 年版，第 144 页。

"士"的空间日益遭到挤压和解构,逐渐丧失独立性,在帝国时代所形成的儒生官僚士大夫阶级虽然在名称上仍然沿用"士大夫"之名,但是他们承担的文化和政治功能更加复杂和专门化,是在新的政治经济基础上的重构,不能将其与春秋战国之"士"混同。陈立胜曾指出,在专制帝国的国家形态日益成熟的背景下,儒家"士大夫"得君行道可遇而不可求,受到在君权之外的独立性的威胁,存在对"位"的焦虑。[①]

对于更广大的庶民群体而言,文化上,一般知识与思想水平的进步即"智"对"勇"的约束力增强,经济上形成了更加稳定的个体小农的生产生活方式。政治上,与宗法制度相比,所有人都被纳入了大一统帝国的国家机器的精密高效运作中来,国家通过乡贤、保甲、编户齐民等制度对个体的控制力增加,所谓"侠以武犯禁",国家对游侠等行政系统之外的独立存在越发警惕,此"禁"不仅仅指法律规则,更指向更高的行政理性和行政效率,通常认知意义上的勇敢的行为如好勇斗狠等(并非儒家所倡导的勇德)被认为会导致"乱"、"斗"、"疾",因为妨碍国家体系的运转而被严格禁止。

在思想领域,勇德的弱化主要指在价值体系中的重要性下降。首先,"知、仁、勇"三达德最终收敛于孟子的"仁义",这是因为经过孟子重新阐发,使"义"在哲学内涵上的丰富性实际涵盖了"智"和"勇"的内容。"心之所同然者何也?谓理也,义也"(《孟子·告子上》),"义"意味着人的道德心对价值问题的适当性有裁决能力,能判断何事应为、可为,何事不应为、不可为,这实际上是智德的判断和勇德对行动代价反思的过程,同时从"知者虑,义者行,仁者守"(《谷梁传·隐公二年》)、"隐居以求其志,行义以达其道"(《论语·季氏》)看,"义"也重视行动的能力,而勇德正是以实践为核心的德性。孟子讲"仁,人之安宅也;义,人之正路也"(《孟子·公孙丑上》)、"居仁由义",强调"仁"是最高的道德原则,"义"是通向"仁"的必由之路,那么这个过程本身就被认为是为成就最高的德性在清楚了解代价的

---

① 参见陈立胜:《谁之思? 何种位? ——儒学"思不出位"之中的"心性"与"政治"向度》,载金泽、赵广明主编:《宗教与哲学》第 5 辑,社会科学文献出版社 2016 年版。

情况下毅然而然的行动。另外,勇德行动的内容和孟子修身工夫的内容也多有重合,如君子"先立乎其大",用"大体"之心支配"小体"之身不被物欲牵引之"勇",为了尊严和人格"舍生取义","虽万千人吾往矣"的"不动心"大勇,以"集义"直养"浩然之气"的养勇方式等既被视为孟子的"勇"论,也被视为孟子的修身工夫论。所以,勇德并没有退出孟子的价值体系,只是它的内容被"义"所涵盖。

从战争、政治、个体修身三种勇德德性的表现而论,也就是为了成就目标的德性在对付出代价有清醒的认识下勇敢行动这种表现而论,勇德并没有退出政治和学术的视野。作为战争德性讲,就目标而言,论证战争的正义并取得战争的胜利始终重要,如岳家军抗金、戚家军抗倭;就生发机制言,用更加完善的军队制度激发"勇"也一直受到军事学家和军事将领的关注,秦汉以后的兵书《武经总要》、《练兵实纪》、《投笔肤谈》、《武编》等都有所涉及;就行动本身的代价而言,历代为了战争胜利而英勇牺牲的仁人志士不胜枚举。作为政治德性,为了缓解社会矛盾、维护秩序稳定、变法图强,宋有王安石变法,明有张居正改革,清末有洋务运动,改革者无惧保守派和先王之法的压力,保持定力推行改革,还有为"格君心之非"无惧天子威势诤谏的御史等,都是在清楚自己可能付出的代价的情况下勇敢的行动,这都是政治的勇德。作为修身德性,为自我人格的成全和良知理性的充分实现,不为压力和欲望所动,保持坚忍的"定力",不满足现有状态,以改过、学习、养"浩然之气"等行为达到创生的"突破",推动精神境界的成长,这是儒家所推崇的勇德。

到了今天,在民族国家和爱国主义兴起的时代背景下,勇德日益彰显。作为战争德性的勇德,因打击恐怖主义、保卫人民和平安全而牺牲的烈士受到歌颂;作为政治德性的勇德,为综合国力提升、惩治腐败、建立更加公平正义的政治制度,挑战既得利益集团、修改废除过时的规章制度、全面深化改革,这也是国家正在大力宣传和践行的举措。作为个体修身的勇德,"见义勇为"也被推崇,但是这里的"义"指的是普遍认可的社会道德规范,实际上是一种"义外"之说。

在当今时代，重新呼唤儒家本于仁义之心的心性勇德的重要意义在于应对时代最大的挑战，即 P. 蒂利希（Paul Tillich）指出的"存在的焦虑"问题[1]。在《存在的勇气》一书中，P. 蒂利希认为"勇气"能够突出地揭示出人类的处境，通过对"勇气"的深入开掘，可以解决作为集体中的部分而存在和作为自我而存在的问题。换言之，个体勇德力图解决的似乎正是人的异化与异化的消除这一历史的最大课题。资本的异化和存在的焦虑凸显了儒家以"仁义之心"生发勇德的重要性，因为它象征着人道德主体意识的觉醒，关涉的是个体人格的成全和精神世界的完满自足，坦然无惧的定力和向新而生的突破意味着更高的自我意识和个人自由的建立，"仰不愧于天，俯不怍于人"代表了难以言喻的道德满足感和更强烈的责任感。实现真正意义上的人的彻底解放是建立在个人全面发展特别是精神世界充分满足的基础之上的，而儒家之勇德正是为我们安顿自己的德性生命、实现终极的人文关怀提供了一条独特的进路。

（作者单位：中国华融资产管理有限公司）

---

① ［美］P. 蒂利希:《存在的勇气》，王作虹译，陈维政校，贵州人民出版社 1998 年版，第 20 页。

启蒙反思与全球视野

杜维明的"社群"概念

——以《论儒学的宗教性——对〈中庸〉的现代诠释》为中心

东 方 朔

杜维明先生是现代新儒家中最具世界影响力的一位学者。

杜先生对儒学的贡献是多方面的,而他所提出的许多主张也已然构成了今天有待于我们作进一步研讨的课题。对杜先生的思想学者已从不同的角度进行了探讨[①],而本文只打算在非常细微的层面上讨论杜先生的"社群"观念,论述对象则以先生《论儒学的宗教性——对〈中庸〉的现代诠释》一书为基础。本文的目的有两个方面,即藉由此一探讨,呈现杜先生对社群概念的特殊的了解方式;在此基础上指出杜先生如何在融合中西的过程中给儒家传统予以现代性的创发。

一

依《杜维明论著编年目录(1965—2001)》[②],杜先生《论儒学的宗教

---

① 胡治洪教授《全球语境中的儒家论说——杜维明新儒学思想研究》一书对杜先生的思想观念作了迄今为止最为系统、清晰的梳理和展现,已然构成了我们领略和了解杜先生思想的重要著作。(参见胡治洪:《全球语境中的儒家论说——杜维明新儒学思想研究》,生活·读书·新知三联书店 2004 年版)

② 该目录为郑文龙、胡治洪所编,载郭齐勇、郑文龙编:《杜维明文集》第五卷,武汉出版社 2002 年版,第 723—749 页。

性——对〈中庸〉的现代诠释》^① 一书，英文初版于 1976 年，由夏威夷大学出版社出版，时年先生 36 岁；同一年，先生还出版有另外两本书，一本是《人文心灵的震荡》，由台北时报出版公司出版^②，另一本是《行动中的宋明儒家思想：王阳明的青年时代（1472—1509）》，由伯克莱加州大学出版社出版。^③换言之，先生 36 岁那年出版了三本专著；越一年，先生 37 岁任伯克莱加州大学历史系教授。

又，按郭齐勇教授对杜维明先生学术生涯的划分，先生之作《中庸》研究当属于第一个时期（1966—1978），该时期的特征表现为"决心鼓起心力对儒家的精神价值作长期的探索，以此作为自己专业上的承诺。他努力诠释儒家传统，并为推进一种既有群体性又有批判性的自我意识而努力"^④。

先生创作《中庸》研究的这个时期，通常是人的一生中创发力最强、生命力也最为健旺的时期，朱子、阳明，黑格尔、海德格尔都在差不多相同时期有其悟道之证或传世之作。^⑤ 从这个意义上看，先生的《中庸》研究本身便是一个意味深长的"事件"；同时，对我们而言，也构成了探究先生思想学问的焦点文本。

---

① 该书收入《杜维明文集》第三卷，第 357—485 页，原书名为《中与庸：论儒学的宗教性》，*Centrality and Commonality: an Essay on Confucian Religiousness*. Albany: SUNY, 1989。夏威夷大学出版社出版该书时，书名为 *Centrality and Commonality: An Essay on Chung-yung*. Honolulu: University Press of Hawaii, 1976.

② 该书收入《杜维明文集》第一卷，武汉出版社 2002 年版。

③ 该书收入《杜维明文集》第三卷，该书收入文集时改名为《宋明儒学思想之旅——青年王阳明（1472—1509）》，英文原名为 *Neo-Confucian Thought in Action: Wang Yang-ming's Youth（1472–1509）*, Berkeley: University of California Press, 1976。该书是基于作者的博士论文而来 *The Quest for Self-realization: A Study of Wang Yang-ming's Formative Years, 1472–1509*。

④ 郭齐勇：《编序：让儒学的活水流向世界》，《杜维明文集》第一卷，武汉出版社 2002 年版，第 1 页。

⑤ 大约在差不多这个时期，朱子有中和新、旧之说；阳明有龙场之悟。黑格尔《精神现象学》出版时，年 37 岁；海德格尔的《存在与时间》于 1926 年写就（1927 年出版），时海氏 37 岁。类似情况多有，似乎是一个颇有意味的现象。

二

然而，何以探讨杜先生的"社群"概念，却选择他《中庸》研究的这本书？此中原因便涉及对该书具体内容的了解。

杜先生研讨《中庸》一书，分五章对《中庸》给予了现代性的诠释，此五章分别为"文本"、"君子"、"信赖社群"、"道德形而上学"和"论儒学的宗教性"。从杜先生上述五章的题目安排上看，似乎已经表现出其研究与传统对《中庸》学的研究的不同特点，此不同特点或主要不表现在第一、第二章，甚至也不表现在第四、第五章，而主要表现在第三章所谓的"信赖社群"的题目上，盖即便翻遍所有有关《中庸》研究的中文传统论著，我们也很难发现会有（信赖）"社群"的字眼，就此而言，杜先生用一章的篇幅以"信赖社群"来诠释《中庸》的相关内容已足以让人心生好奇，探其究竟；而综合上述五章的安排，杜先生对《中庸》思想的探讨所表现出来的现代意义上的哲学性诠释（philosophical interpretation）已经跃然纸上。

事实的确如此，杜先生对《中庸》的这种理解与其所自觉采取的方法具有密切的联系。依杜先生，《中庸》一书并不是一些格言、警句、语词、段落的汇编，其思想和逻辑存在着一个"深层次的完整的结构"，而对于这样一种文本的意义，仅仅通过传统的析词解字的注释并不能得到有效的阐明和把握，故杜先生明确指出："我对《中庸》的研究是诠释性的而非注释性的……我们之所以必须从注释进展到诠释，乃是为了对该文本的意义作为一个整体进行认真的考察。"[①] 明乎此，我们就可以看到，杜先生不取传统的注释性的理解，甚至不免要冒不顾文本的历史知识的风险，其用心乃在通过哲学性的诠释在《中庸》中清楚地捕捉到一种整全的人文主义理念的展开，故而无论是用"君子"、"信赖社群"，还是用"道德形而上学"、"儒学的

---

① 《杜维明文集》第三卷，武汉出版社 2002 年版，第 362 页。

宗教性"，杜先生并非刻意要挑选出这些语词以作为传统经典的现代装饰，杜先生的目的乃是为了引进一种新的方法用来分析《中庸》文本所具有的意义整体的特征，从而使得传统经典具有引入乃至直接进入现代生活的生命和活力。

问题在于，为何对《中庸》的哲学性诠释会逻辑地引入"社群"概念？换言之，"社群"概念是如何、又在何种意义上充当了《中庸》的个人修身在实现其终极关怀过程中的不可或缺的场域和环节？在具体阐述此一问题之前，我们只需以最简洁的方式指明杜先生对此一问题的正当性理由的理解：《中庸》强调君子修身的内在道德精神的转化绝非只是一种离群索居的孤独行为，自我修养也绝不是个人获得内心宁静的孤独的斗争，它必伸展、实现于人际社群之中，由修身达于齐家、治国、平天下。"如果我们把一个人的终极实现设想成一条由其源泉喷薄而出的小溪，那么，当这条小溪始而'立己'，继而'达己'的时候，它将和其他小溪汇聚。两条以上小溪的这种汇聚，也就是我们所说的'社群行为'。"① 依杜先生，一个人只有在"社群"中才能充分地成为人，也只有在"社群"中，一个人才能真正地实现和完成作为一个道德自我的转化。

显然，杜先生乃是在对《中庸》中的一个人的自我修身及其终极实现的过程中引入社群概念的，这一理解有两个方面值得我们注意，其一就理论层面上看，它与杜先生将《中庸》的文本作为整体的儒家思想的一部分来加以诠释的方法密切相关，审如是，杜先生所理解的"社群"概念便不可能只孤立地蕴含在《中庸》一书之中。我们以孔孟荀为例，这些儒者的文本如同《中庸》一样当然没有现成的"社群"概念，但夫子历来强调君子要"修己以敬"、"修己以安人"、"修己以安百姓"（《论语·宪问》）。君子修己不是自了汉式的自我完善，其必达于安人、安百姓；而且非至于安人、安百姓，则不足谓为君子；而安人、安百姓则必表现为在人际关系和社群场域中浸润和展开。依杜先生，孟子的礼仪程序则涉及个人经验

---

① 《杜维明文集》第三卷，武汉出版社 2002 年版，第 462 页。

的四个层面：自身与群体，自然与天道，它们的相互联系形成自身与社群的依存、人类与自然的和谐、人心与天道的合一三个层次，而政治也是礼仪程序的组成部分，通过礼仪程序，道德社群得以形成，而政治的目的在于为人的完善提供良好的环境。荀子虽然对孟子提出了批评，但他与孟子一样相信，通过自己修身的努力，人的状况可以得到改善，"荀子将修身视作道德转化的积累过程，并将人化视作礼仪化。为了实现礼仪化，荀子强调那些重要社会角色的榜样作用"；与此同时，荀子强调人只有在群体中生存，因此，社群功能的顺利发挥，对于人的成功的整合和转化具有十分重要的作用。① 由此看来，在杜先生的理解之中，儒者道德自我的一个规定性特征，固然首先在于他对人性的信念，但其转化和实现却始终不离在人际社群中完成，故而《中庸》虽然讲君子当"慎其独"，但君子"慎独"却不是为了追求孤独本身的内在价值，换言之，即便讲君子当慎其独，其最终的目的也在于将自己完全整合到社会和社群关系的结构之中。②

其次就时间顺序而言，我们知道，《中庸》研究出版于 1976 年，而且杜先生在此书中首次提出、引入"社群"概念并对此作了系统的深度的诠释。此前，杜先生曾出版《传统的中国》（美国新泽西学徒堂 1970 年版）、《三年的蓄艾》（台北志成出版社 1970 年版），但此二书并没有严格系统地提出"社群"概念；在论文出版方面，杜先生 1968 年发表《仁与礼之间的创造性张力》、同年发表《对儒学的一种整体研究》；1970 年发表《从宋明儒学的观点看"知行合一"》、1972 年发表《作为人性化过程的礼》、1975 年发表《颜元：从内在体验到实践的具体性》③ 等等，上述这些论文虽然各有自己所要处理的主题，但与先生的《中庸》研究相比，也还没有明确提出"社群"

① 参见杜维明："个人、社群与道——古代群体批判的自我意识的出现"，载 http://www.aisixiang.com/data/12276.html 。
② 参见《杜维明文集》第三卷，武汉出版社 2002 年版，第 399 页。
③ 无疑的，在 1976 年出版《中庸》研究以前，杜先生发表了大量的学术论文，本文只是略提而已，学者可参阅《杜维明论著编年目录》。

概念。① 换言之，我们可以认为，在杜先生早年的思想行程之中，《中庸》研究一书乃最早正式、系统地提出了"社群"的概念。"最早"就时间上说；"正式、系统"就论述方式上说。在《中庸》研究一书中，杜先生乃是紧扣《中庸》文本，通过创造性的诠释来呈现儒家（信赖）"社群"概念的特色，这一论述方式并不见于杜先生早期乃至后期的研究之中，但很显然此一概念对杜先生第二、第三时期思想的发展具有重要的影响。从检索《杜维明论著编年目录》中我们看到，自 20 世纪 90 年代后，杜先生仅在题目中冠以"社群"概念的论文和发言已经明显多了起来②，而且"自我"与"社群"的含义与关系在理论形态上也已然构成了后期杜先生有关"儒学创新"、"启蒙反思"、"文化中国"和"文明对话"的非常重要的内容。

事实上，杜先生使用"信赖社群"（fiduciary community）一词，就理论来源上看，乃与迈克尔·波兰尼的《个人知识》一书有关③，杜先生曾明确指出，"强调所谓'个我的知识'，视之为对内在自我的体证，成为《中庸》第一章第二部分的主要内容"④。此处"个我的知识"便取自波兰尼的书名，只是君子对内在自我的修养从来不是一件私人的事情，它要达于位天地，育万物而必在社群关系中实现。因此，我们也可以说杜先生的相关主张乃直接得益于波兰尼。波兰尼的《个人知识》以系统讨论科学知识

① 虽然我们可以说，无论在专书出版还是在论文发表上，在 1976 年之前，杜先生并没有很系统严格地提出"社群"概念，但如果我们以先生对《中庸》社群概念的理解为参照，那么，之前的许多论文的确在不同程度上蕴含了社群概念的含义，尤其是发表于 1972 年的"作为人性化过程的礼"一文，该文指出："根据孔子的观点，人的自我实现的最终基础存在于他自己的本性之中，然而，要获得自己人格的真实性，他必须经历一个自我转化的过程……儒学认为，自我转化必须在人际关系的背景中才能得到表现。"（《杜维明文集》第四卷，武汉出版社 2002 年版，第 30 页）杜先生的此一说法与其《中庸》研究一书对社群概念的理解已经非常相似和一致。此一现象表明，杜先生的思想发展具有一以贯之的特点。

② 1994 年发表《流向全球社群的儒家传统》、《儒家伦理与全球社群》；1995 年发表《作为生活现实的全球社群：开发社会发展的精神资源》；1998 年发表《儒家视野中的全球社群的核心价值》；等等。

③ 参见《杜维明文集》第三卷，武汉出版社 2002 年版，第 364 页。

④ 《杜维明文集》第三卷，武汉出版社 2002 年版，第 364 页。

的本质及其合理性为目标，并以讨论默会之知（tacit knowing，又译为隐默之知）闻名。① 由于该书涉及的知识面甚广，我们无法也无必要对其进行重复的叙述，但需大体指出杜先生所使用的"信赖社群"与波兰尼的主张具有内在的相关性，当然即便此一工作我们也只能做到挂一漏万。按杜先生所说，"信赖社群"的观念主要来源于波兰尼《个人知识》的第七章"欢会神契"（conviviality）。简单地说，在波兰尼看来，"识知"（knowing）是主体对被知事物的一种能动的领会，是客观性和个人性的结合，所谓纯粹客观和纯粹主观的知识都是不能成立的。人生活的社群包含着一个人识知过程中的默会的共享，一方面，"当我服从当前的一种大众意见时，我都不可避免地修改了它的说教……另一方面，即使最尖锐的不满，也还是以部分地服从大众意见的方式在运作"，故而个人对大众社群的意见具有某种程度的选择权。② 然而，在知识的学习和传达的过程中，社群中的权威和信托（fiduciary，又译为"信赖"）的作用具有十分重要的意义，知识的传授和交流只有在一个人对另一个人充满信心的时候才能接受，如徒弟对师傅、学生对老师等。因此，在共同生活在一起的社群中，培养良好的伙伴关系，是一个人实现其目的、转化其自身的重要途径。个人与社群的关系既是信念共享、伙伴关系的共享，也是一种合作和权威的行使。人们创造社会秩序，而秩序一旦创造即体现了那些信赖它并依照它生活的人们的意识和道德信念。杜先生的"信赖社群"概念受到波兰尼的影响，但其诠释和展开却照附在儒家思想和《中庸》的脉络中而明显具有其自身的特色。

　　另一方面，讨论"社群"及其必然关涉的"自我"概念，让人想起西方

---

① 依李明辉先生，该书名 *Personal Knowledge* 翻译为"个人知识"并不妥，盖波兰尼使用此词是为了强调主体的主动参与在认知活动中的重要性，以反驳客观主义的"知识"概念。但他并不认为知识只能是主观的、个人化的，不能有客观意义。"个人知识"的译名正好容易引起这种误解，故主张译为"有我的知识"，甚善。（参见《道德思考中的隐默面向》，《康德伦理学与孟子道德思考之重建》，台湾"中央研究院"中国文哲所 1994 年版，第 20 页）

② 参见 [英] 波兰尼：《个人知识》，许泽民译，贵州人民出版社 2000 年版，第 321 页。

学界的社群主义毋宁说是极为自然的，不过，我们必须指出两点。其一，杜先生的此一理解与 19 世纪 80 年代以后风动一时的社群主义者如麦金泰尔、桑岱尔、沃尔泽（M.Walzer）、泰勒等人的看法的确有某些相似之处，但杜先生似乎有先声之发。比如麦金泰尔就不同意自由主义那种"没有任何既定连续性"的"自我"概念①，认为"个人行为常常是一个社群行为：我是我的家庭、我的国家、我的政党、我的社群，一如它呈现其自己给这个世界一样，它们的过去就是我的过去"②。泰勒也认为，"一个人只有在其他自我之中才是自我，在不参照他周围的那些人的情况下，自我是无法得到描述的。"又认为，"一个人不能基于他自身而是自我，只有在与某些对话者的关系中，我才是自我"③。麦金泰尔和泰勒的这些说法与杜先生的主张有相似之处，亦即社群乃是个人道德自我实现和完成的场所。不过，此中依然有相异之处。依杜先生的理解，《中庸》一书中所说的自我虽然不是原子式的、无负累的自我（unencumbered self），但其毕竟与麦金泰尔、泰勒等人强调社群关系对自我的形塑，把自我完全框置或镶嵌于社群脉络中的看法有些不同，因为杜先生明确指出，《中庸》的思想及其道德个人的论述表现出来的是"儒家思想的孟学传统"④。假如杜先生此说有其确定性所指，那么，杜先生以"道德形而上学"作为一章来诠释《中庸》便可以获得其可理解的基础，此即在《中庸》"天命之谓性"的论说中，自我的善的本性所具有的本体论的特质乃是其自身赖以转化乃至"转世"以建立"信赖社群"的终极基础和根本。如是，根植于人的本性的道德便不只是一种维系社群的工具，"它还是社群从一开始何以值得组织起来的根

---

① 参见［美］麦金泰尔：《德性之后》，龚群等译，中国社会科学出版社 1995 年版，第 42 页。

② A. MacIntyre, "A Crisis in Moral Philosophy: Why is Search for the Foundations of Ethics So Frustrating?" *Knowing and Valuing——The Search for Common Roots*, ed. by H.T. Engelhardt, Jr. and D. Callahan, New York:The Hastings Center 1980, p. 33.

③ ［加］泰勒：《自我的根源——现代认同的形成》，韩震等译，译林出版社 2001 年版，第 48—49、50 页。

④ 《杜维明文集》第三卷，武汉出版社 2002 年版，第 364 页。

本理由"[1]，道德是（信赖）社群赖以建立的基础。因此，这样一种道德自我之与社群的关系便不是一种单纯的目的论的关系。

三

假如我们明白了上述所说，接下来，我们自然要问，杜先生在《中庸》研究一书中毕竟如何藉由经典诠释来呈现信赖社群的概念？

依杜先生，《中庸》一书有其内在的逻辑和完整的结构，此逻辑和结构可以《中庸》文本中的三个核心概念"君子"、"政"和"诚"予以推证，经由创造性的诠释，"君子"可以理解为不断深化的道德主体；"政"所指向的并不是自我与社会的冲突，而是一种"信赖社群"的建立；而"诚"则表现为道德形上学的建构。对于这三者的关系，杜先生其实有着非常清晰的思考，那就是，儒家（君子）的终极关怀是自我转化，但君子的自我转化却不是与世隔绝的自我完善，"这种转化既是一种社群行为，又是一种对超越的诚信的对话式的回应"[2]。

在杜先生的理解中，《中庸》在义理形态上实际上表现为一套不断向外扩展的"同心圆"，其圆心和焦点则是道德自我（君子）。《中庸》首章明言"天命之谓性，率性之谓道，修道之谓教"，依杜先生，天命所赋予的人性界定了"道"，"道"则界定了"教"。如果说，"道"是人性的显现，那么，"教"则是"道"的体现。君子之道根植于天所命之性，但此道之实现和完成又必体现于人间的日常事务之中。正因为如此，理解君子的最好方法莫过于把他理解为一个不断深化的道德主体，而这样一个主体又是以不断地与他人打交道为基础的，与他人打交道的行为就是一种社群行为。从义理上看，人在本性上分享有天的实在性，此一说法意味着人的本性与天之间具有本体论的一致性，这也是《中庸》所以具有道德形上学的根本所在。《中

---

① 《杜维明文集》第三卷，武汉出版社 2002 年版，第 437 页。
② 《杜维明文集》第三卷，武汉出版社 2002 年版，第 367 页。

庸》所谓"诚者,天之道也;诚之者,人之道也",清楚地表明了天道之实然与人道之应然的关系。① 但尽管如此,我们却无法保证每个人不经努力就可以达到天人合一,人做出有意识的自我修身始终不可或缺,一方面,君子不仅要完成其自我实现,还要在社群中发展其道德生活;另一方面,君子从事其政治,不仅追求一种高度的社会团结,而且还在为信赖社群奠定基础。如此看来,"信赖社群"的概念与《中庸》的基本特征之间具有密切的联系,盖依杜先生,《中庸》的一个基本特征就在于从道德的观念对人和政治的研究,"儒家关于人是一种道德存在的设想以及'政者,正也'的政治学观念,仅仅从心理社会层次着眼,并不能得到充分的认识和理解"②。事实是,《中庸》的道德主体是在人际社群中实现的,而这种人际社群及于政治层面,则《中庸》的这种逻辑已经蕴含了一种对政治的新的理解,此即通过道德说服(包括学、教育和榜样等)来建立信赖社群。

然则,在杜先生的思路中,《中庸》一书的道德主体在其充量实现中展开的信赖社群具体是如何建立起来的呢? 为此杜先生认为,我们必须深入人际关系的基础以发现其根源,而此一基础即是儒家和《中庸》皆极端重视的"孝"的观念。换言之,我们要问,《中庸》论"孝"如何构成了杜先生建构儒家社群观念的出发点?

在儒家思想中,孝通常被理解为对具有血缘关系的父母的顺从和尊敬,是为仁之根本,也是做人的首要美德,故《论语》谓:"君子务本,本立而道生。孝弟也者,其为仁之本与!"(《论语·学而》)不过,在杜先生看来,儒家对孝的重视其实还有其更为深远的关切。换言之,假如我们仅仅只从遗传发生的起源或狭隘的传宗接代的意识来理解孝,那么,"孝"所具有的凝聚社会、形塑自我的功能就会流于我们的视野之外。杜先生认为:"就《中庸》来说,孝首先是作为伦理——宗教的符号发挥作

---

① 杜先生对《中庸》的"诚"所表现的道德形上学的特点有非常细致的梳理,限于篇幅,此处不做详细地展开,学者可参阅《杜维明文集》第三卷,武汉出版社 2002 年版,第 440—452 页。

② 《杜维明文集》第三卷,武汉出版社 2002 年版,第 436 页。

用的。"① 孝既表现出人类最初的强烈而持久的情感,同时它也超越这种情感。② 我们以《中庸》为例,在 19 章中记云:"子曰:'武王、周公,其达孝矣乎!夫孝者,善继人之志,善述人之事者也。'"依朱子,"达,通也。承上章而言武王周公之孝,乃天下之人通谓之孝"③。如此言"达孝",乃顺孟子言"达尊"而来。实则"达"可诠释为"完全"、"彻底"之意。依杜先生,《中庸》所言孝子的特征在于能"继"父之"志","述"父之"事",然而,一旦孝被如此理解时,孝便不仅包含其对父亲存在处境的理解,而且也包含着其理想中的自我形象的理解。换言之,孝已经孕育着一种自我激励的机制,而"述"作为一种传承或"续成",对孝子而言,就会转化成一种强烈的道德义务,因此,"'述'并不是简单地制作一些新的东西,而是在于在制作新的东西的同时,也承担起传承古人智慧的责任。因此,它既包含道德义务,又包含一种历史意识"④。

不过,如此理解的孝毕竟与(信赖)社群的建立有何关系?要解开此中疑问,我们便必须对杜先生所理解的孝所指向的"继志述事"、"达孝"有恰当的掌握,而"继志述事"即内在地包含一种"责任"义、"使命"义。换句话说,如此理解的孝,不应仅仅只是狭隘的限于"家庭责任和个人情感"意义上的孝,它一定可以,而且在逻辑上也必定要通达出去,生发于血缘,作育于家庭,见诸家族,呈现于国家天下。如此这般意义的"孝"才呈现出"大"或"达",是孝之为孝在其本来意义上的应然形态。换句话说,孝之完全彻底的实现已经在逻辑上蕴含了信赖社群的建立。前此我们指出杜先生把《中庸》的义理形态理解为一个不断扩展的同心圆,正应合了此意。孝是君子修身的起点,但其实现却是一个逐步扩展的过程,杜先生认为:"既然

---

① 《杜维明文集》第三卷,武汉出版社 2002 年版,第 411 页。

② 孔子以为,"其为人也孝弟,而好犯上者,鲜矣;不好犯上,而好作乱者,未之有也。"(《论语·学而》)杜先生对此认为,作为伦理宗教情操的孝与作为政治上顺从的忠只有边缘性的关联,它描绘的是一个以某种特殊的人际对偶关系为中心的伦理体系,如何能够在政治上有重大的意义。

③ 朱熹:《四书章句集注·中庸章句》,中华书局 2012 年版,第 27 页。

④ 《杜维明文集》第三卷,武汉出版社 2002 年版,第 413 页。

修身势必带来内在道德性体现于人际关系的脉络之中，则以某种人人都有的情感为出发点，似乎是自然的。儒家认为，一个人根本不可能绕过他的原初的种种纽带表达他对人类的普遍之爱。对一个不知道关心自己亲近的人，几乎不能指望他能真实体验并理解普遍的爱。因此，'亲亲'就被看做是'仁'的'最伟大的运用'，从而体现了人的内在道德性的扩展。"① 而人的内在道德性的扩展正构成了信赖社群建立的前提和基础。

一个完全彻底的孝（达孝）不能仅仅只停留在艰难困苦的情境下表现自己对父母亲人的孝敬之心，而且还包含推孝亲之心以爱民，这就是达孝，孔子称为"大孝"。杜先生举武王、周公和舜的故事来说明此中道理，如舜就是以孝著名的圣人，他不仅以他的孝行感化了他的父母兄弟，还辅佐唐尧治理天下，受到天下人的爱戴，孟子云："舜尽事亲之道而瞽瞍厎豫，瞽瞍厎豫而天下化，瞽瞍厎豫而天下之为父子者定，此之谓大孝。"（《孟子·离娄上》）杜先生进一步指出，真正的达孝也并非只是一味地顺从礼仪，舜便"常常不得不离开公认的礼仪，受到不孝的谴责，以便去做那些他认为正确的事情"②。所谓舜"不告而娶"（《孟子·万章上》）的故事恰恰表现了舜的孝"是基于一种层次更高的道德，即圣王的道德"，"如果一个人不能够以恪守道德、服务公众，成为有德的领导者尊荣祖先"，他就不能从"养口体"进之于"养志"，而"养志"即是道德性的真正的扩展，扩展人的道德性于人际之间，便是信赖社群的建立。

当然，《中庸》一书，信赖社群的建立与表现孝的礼仪教化具有密切的关系，这一点在《中庸》中特别表现在各种祭祀天地之礼和祭祀祖先之礼上面。依杜先生，祭祀仪式所表现的祖先崇拜内在地包含着一种伦理关切，而且这种伦理关切"是以一种社群意识为基础的"，如《中庸》云："春秋修其祖庙，陈其宗器，设其裳衣，荐其时食。宗庙之礼，所以序昭穆也；序爵，所以辨贵贱也；序事，所以辨贤也；旅酬下为上，所以逮贱也；燕毛，所以序

---

① 《杜维明文集》第三卷，武汉出版社 2002 年版，第 421 页。
② 《杜维明文集》第三卷，武汉出版社 2002 年版，第 414 页。

齿也。践其位，行其礼，奏其乐，敬其所尊，爱其所亲，事死如事生，事亡如事存，孝之至也。"（第 19 章）祭祀仪式中所表现出来的左昭右穆、高低贵贱、老少长幼等本身就是一种伦理秩序，故践位行礼、奏乐敬尊等等，其精神指向体现出"尊重老人，荣耀死者，也就应该看作是对人们共同起源具有特殊关切的一种表现。老人之被尊重，不仅是由于他们过去曾服务社群，而且也由于他们有智慧的指导至今仍有价值。死者受到尊荣，乃是因为对祖先的爱的追思可以导致社群认同和社会团结。这样设想的社会，不是由压力集体（pressure group，拟译为"压力集团"较为通行）组成的敌对体系，而是一种基于相互信任的信赖社群"①。这样一种社群，构成了人的个性的成长和道德自我得以充分实现的一种基本形式。我们不妨认为，杜先生的这种理解可以看作是承接《论语》"慎终追远，民德归厚"（《学而》）而来的最具意义蕴含的现代诠释，它透过《中庸》一书中类似宗教性的祭祀礼仪而敏锐地捕捉到其间所具有的超越自然时间意义上的伦理性的"统合力量"（the power of unification）。

不过，如果说在《中庸》一书中，信赖社群的建立以孝为出发点，那么，《中庸》所谓"郊社之礼，所以事上帝也；宗庙之礼，所以祀乎其先也。明乎郊社之礼，禘尝之义，治国其如示诸掌乎？"（第 19 章）的说法，便难免会被认为是对政治治国的天真和一厢情愿。不过，杜先生提醒我们，《中庸》的这种主张恰恰蕴含了一个对政治的特殊看法，此即政治并不即是一套管理的统治科学或技巧，政治的目标也不仅仅在于达成法律和社会秩序，还在于"通过道德说服来建立信赖社群"②。明乎此，夫子"政者，正也"的教言对于我们理解《中庸》便具有指导性的意义，《中庸》云："文武之政，布在方策。其人存，则其政举；其人亡，则其政息。"（第 20 章）这段话把政府的本性与职能和统治者的人格联系起来，学者的腹诽和异议颇多，但在杜先生看来，它却另有深刻的含义，它向我们表明，统治者道德上的正直

---

① 《杜维明文集》第三卷，武汉出版社 2002 年版，第 418 页。
② 《杜维明文集》第三卷，武汉出版社 2002 年版，第 418 页。

是建立一个良好政府的不可缺少的条件,"统治者的道德修养,远不是他私人的事情,而是被视为他作为领导人的一项规定性特征"。在《中庸》"仁、义、礼"的结构中①,统治者的修身正是通过仁的亲情,义的公正和礼的规则,三者协合一体,进而来造就信赖社群的。依杜先生,统治者修身行为中体现的仁直接指向一种人际关系的改善,他引陈荣捷先生的说法:"'仁'作为一种德性,如果不包含现实的人际关系,就毫无意义。"② 但统治者的亲亲之情又不是狭隘的裙带主义,而是一种广泛的人文关切,故亲亲必配之于尊贤,以确保给予那些对国家和社会做出重大贡献的人以特有的尊重。

事实上,在杜先生的理解中,《中庸》一书,君子修身以孝为出发点,及于为政而帅之以"政者,正也",如是,"政"便被理解为一个"正"的过程,而这个"正"字已在相当程度上把人君治国的过程由现代意义上的控制"技术"转变成经由道德教育之扩展以建立信赖社群的"艺术","按照《中庸》的看法,大臣和群僚不仅是官僚程序的调节者,而且还是国家礼仪的教师。官僚程序不能仅仅被看作是一种客观设计出来的控制机制,它也应当被理解为一套繁多复杂的礼仪行为:人民正是通过这套礼仪行为而成为这一社群的积极参与者的"③。准此,政治可以说是道德教育的扩展,也是一个特殊社群的造就,这个社群不仅是一个学习的场所、教育的场所,也是一个秩序建构、认同培养的场所。顺此思路,我们在逻辑上就可以,也应当把《中庸》所说的"五达道"、"三达德"以及治理天下的"九经"皆纳入信赖社群建立的视野中来理解。依杜先生,"父子、君臣、夫妇、长幼、朋友"大体表达了人的基本的社会关系,是人际互动的五种通常方式,但它们的每一种关系都代表了人类社群的一个重要层面,而《中庸》即藉由"亲、义、别、序、信"五种道德原理凝聚、衍生出信赖社群,"这样衍生出来的信赖社群,是

---

① 《中庸》第 20 章云:"修身以道,修道以仁。仁者,人也,亲亲为大。义者,宜也,尊贤为大。亲亲之杀,尊贤之等,礼之所生也。"
② 《杜维明文集》第三卷,武汉出版社 2002 年版,第 420 页。
③ 《杜维明文集》第三卷,武汉出版社 2002 年版,第 432 页。

一个相互信任的社会，而不只是一个个体的聚集。在这样一个社会里，人民的目标不仅在于和平地相处，而且还在于当他们修养自己的品格时，相互帮助，进行道德规劝"①。如是，仁、智、勇"三达德"才被理解为调节人际关系，实现"五达道"的美德，而"仁"为首德，不仅把智、勇内在地包含在自身，而且为实现各种德行提供动力，故《中庸》云："知斯三者，则知所以修身，知所以修身，则知所以治人；知所以治人，则知所以治天下国家矣。"（第20章）按朱子的解释，《中庸》"言此以结上文修身之意，起下文九经之端也"。杜先生大体循此思路，盖天下国家之本既在身，则修身便已然成为治国"九经"之本，所谓"修身也"、"尊贤也"、"亲亲也"、"敬大臣也"、"体群臣也"、"子庶民也"、"来百工也"、"柔远人也"、"怀诸侯也"。依杜先生，《中庸》的这一套高度整合的政治构想表现出的是对政治的完整的看法，亦即国家治理并不是一种纯技术的乃至暴力的管制，一个统治者只有将自己的道德影响力扩及社会的各个阶层才能真正实现"王"天下的目的，当然，这并不意味着治国的过程只依人君的道德权威，而完全不依官僚机构的制度性功能，但《中庸》所说的"修、尊、亲、敬、体、子、来、柔、怀"的确在相当程度上意味着"保证统治者同其大臣、亲属、群臣、百姓、百工、远人、诸侯关系融洽的最可靠最有效的方法，就是道德说服"②。在这个意义上，政府便不是如西方社会所理解的那样是一种"必要的恶"，而是一种道德权威；社会也不是与个人对立，或只是个人为了谋取自己利益的工具性的"协会"（association），而是经由礼仪教化、道德说服等等方式建立起来的信赖社群，在这一社群中，一方面，统治者把自己的修身体验以及处理政事的通情达理扩展出去，使之包容天下；另一方面，每一个普通人经由各级官吏的道德规劝，知晓统治者的政治和教育意图，"都可以凭着自己作为信赖社群之一员的体会，就有条件足以理解政府，甚至包括它在许多最精致层面的运作方式"③。如是，个人与社群的关系便类似于波兰尼所说的，既是信念

---

① 《杜维明文集》第三卷，武汉出版社2002年版，第426页。
② 《杜维明文集》第三卷，武汉出版社2002年版，第429页。
③ 《杜维明文集》第三卷，武汉出版社2002年版，第434—435页。

共享、伙伴关系的共享，也是一种合作和权威的行使。① 然而，必须指出的是，杜先生的信赖社群概念，强调君子作为道德主体性的不断自我深化的过程以及由此所表现的超越的、"包容的人文主义"和"与天地万物为一体"的宗教性情怀②，却远远超出波兰尼所论述的视界。

四

《中庸》被朱子选作儒家的"四书"之一，而杜先生的《中庸》研究则是其早期经典诠释的一部重要著作。杜先生以孟学传统来了解《中庸》，以"君子"、"政"和"诚"三个核心概念来提领《中庸》全书，并在其创造性的诠释中相应地展开为不断深化的主体、信赖社群的建立和道德形上学的建构，这种诠释新人耳目，也启人心智。毫无疑问，杜先生此书包含极为丰富的内容，而本文只聚焦于其中的"社群"概念而不及其余，故不免于挂一漏万之虞，错杂旁曲之误。

然而，经由梳理杜先生的相关思路，我们不难发现，杜先生引入（信赖）社群的概念来诠释《中庸》的思想并非是对传统注释"置之不顾"的一厢情愿，而是严肃认真地对待文本，不断让文本"敞开自身"的结果。③ 杜先生诠释《中庸》，将社群概念理解为道德主体自我转化和实现的场所，将信赖社群的建立看作是儒家在做人和为政的人际关系中经由伦理教育和道德说服的一种必然衍生，这些看法皆可以从对孔孟文本的深度诠释中引申出来，应是源流有自。虽然按杜先生所说，信赖社群的概念得益于波兰尼，但结合对《中庸》文本的分析，杜先生的此一概念已获得了远为丰富的内涵；此外，杜先生

---

① 参见［英］波兰尼：《个人知识》，许泽民译，贵州人民出版社 2000 年版，第 327 页。

② 杜先生明确指出，"为了要本真地体现人性，社群必须克服狭隘的地方观念，国家必须克服种族中心主义，世界必须克服人类中心主义。依儒家的包容的人文主义，经过转化了的自我，通过个人和社群渐次超越自我中心主义、裙带关系、狭隘地方观念、种族中心主义和人类中心主义，而达到'与天地万物为一体'。"（《杜维明文集》第三卷，武汉出版社 2002 年版，第 480 页）

③ 参见《杜维明文集》第三卷，武汉出版社 2002 年版，第 362、363 页。

立基于道德自我的社群概念虽然与 20 世纪 80 年代社群主义者的有些看法有相似之处,但同中之异却可以看出杜先生在义理上的高致和守护。凡此种种,一方面表现出杜先生融合中西的开阔视野及其思想中一以贯之的特色①;另一方面也见证了杜先生对《中庸》文本的诠释所包含的创造性转化。

通过杜先生《中庸》研究一书对"社群"概念的建构和理解,我们也不难看到,杜先生对经典更多的是在"传神"的意义上来进行诠释的,这个"神"寄寓于文本之中,所以有源绪,有基础;但其(包括意义阐释、概念表述等)得以用现代意义的方式呈现,却得益于杜先生明敏的心灵,开阔的视野,对文本的浸淫及其对理想社会的期许。伽达默尔认为,经典诠释的一个重要方面,是对文本中蕴含但却没有说出来的东西明白地说出来,杜先生引入社群概念来诠释《中庸》可以说为我们提供了这方面的范例。的确,对经典文本中的"真正意义的汲舀(Ausschopfung)是永无止境的,它实际上是一种无限的过程"②。伽达默尔还借用黑格尔的观点认为,"历史精神的本质并不在于对过去事物的修复,而在于对现时生命的思维性沟通"③。就此而言,杜先生对(信赖)社群概念的阐释既表现出对《中庸》文本中潜藏义理的"汲舀"和诀发,更体现出此一概念的"汲舀"和诀发对现时生命的思维性沟通,它使得古老的经典不仅在意义蕴含上,而且在概念表述上获得了现时代的风格和特色。

而新的概念的提出和应用,本身便是哲学创造的一个细目。

附记:作为受教、受惠于先生甚多的一位后学,值此先生八十寿辰之际,谨以此小文,衷心祝福先生健康长寿。先生的健康长寿,是中国哲学的幸事。

(作者单位:复旦大学哲学学院)

---

① 杜先生作此书时虽只 36 岁,但其开阔的视野除了受美国的大学中自由、开放的风气影响外,显然与此前杜先生游历日本、韩国、香港和欧洲各国包括荷兰、奥地利、丹麦、意大利、葡萄牙、希腊、瑞士等有密切的关系;同时,杜先生在此书中所提出的诸多主张与其后期所倡导的"儒学创新"、"文明对话"等主题也相继相涵。
② [德] 伽达默尔:《真理与方法》,洪汉鼎译,上海译文出版社 1999 年版,第 383 页。
③ [德] 伽达默尔:《真理与方法》,洪汉鼎译,上海译文出版社 1999 年版,第 221 页。

天人、体用关系的再反思

丁 为 祥

新世纪以来,随着中国经济的起飞、国学热的出现,国内形成了一种研究传统文化的热潮,尤其是大量民间书院的出现,表明中华民族已经开始自觉地向本民族的精神传统进行回归。这当然有让人深感可喜的一面,但另一方面,随着中国经济的崛起,国人中也出现了许多所谓可以说"不"、可以表示"不高兴"之类的娇激、任性的情绪,所谓社会生活中的"土豪"现象就可以视为民族精神的"娇激"化表现。这又是让人深感忧虑的。2018年则是这两种现象交相并发的一年。一方面,2018年是中国改革开放的四十周年,——经过四十年的奋力追赶,中国已经积累了不可小觑的经济实力;但另一方面,随着中国在国际事务中发挥更重要的作用,国际关系中也出现了一些不和谐音。当此之际,从个体到国家,整个民族似乎也都面临着一个亟待反省、亟待调整以重新出发的问题。

作为儒学研究者,关心民族精神之自立自重却是一种义不容辞的责任。不过,笔者对于民族精神的关注则主要表现为一种反省,尤其是对民族精神所以自立、自重与自强的反省。所以,2018年暑假,笔者曾撰写《张载"天人合一"的特殊进路及其意义》一文,认为张载通过"天无心,心都在人之心"①,已经撕开了传统天人关系的神秘面纱;该年年底,笔者又撰写了

---

① 张载:《经学理窟·诗书》,《张载集》,中华书局1978年版,第256页。

《从"体"到"本体"——理学话语系统的形成》，以对中国传统的体用范式进行反思。在该文中，笔者已经预感到中国传统的天人、体用范式正面临着一种更大的冲击，因而也就需要一种更深入也更为彻底的反思。现在，当 2018 年成为过去，笔者的心头，也就只剩下了国人应对世界的基本范式，这就是天人与体用这两对范畴。

作为中国哲学的基本范畴，天人与体用分别代表着两个时代，即所谓理学时代与前理学时代，但作为中国人应对世界的基本范式，则从天人到体用，又可以说是国人一以贯之的一种基本范式。因为这种范式，既代表着中国价值观的生成，同时也是国人应事接物的基本标准。

一、天人合一：农耕文明的生存坐标

1990 年，商务印书馆成立九十周年，时已 96 岁的钱穆先生在贺信中写道："中国文化中，'天人合一'观，虽然我早已屡次讲到，惟到最近始彻悟此一观念实是整个中国传统文化思想之归宿处……我深信中国文化对世界人类未来求生存之贡献，主要亦即在此。"[1] 钱穆先生的这一观点，立即得到了季羡林、张岱年、费孝通等老一代学人的积极回应，因而对"天人合一"来说，也可以说是海峡两岸的中国人所共同认可的一个基本观念。

因而，如果就"天人合一"的观念进行历史追溯，那么在中国最古老的文献——《诗》、《书》中便有如下明确的表达：

> 天叙有典，敕我五典五惇哉！天秩有礼，自我五礼有庸哉！……天聪明，自我民聪明。天明畏，自我民明威。（《尚书·皋陶谟》）
>
> 惟尹躬暨汤，咸有一德，克享天心，受天明命，以有九有之师，爰革夏正。非天私我有商，惟天佑于一德；非商求于下民，惟民归于一德。

---

[1] 钱穆：《中国文化对人类可有的贡献》，《钱宾四先生全集》第 43 册，台湾联经出版事业公司 1998 年版，第 419 页。

(《尚书·咸有一德》)

　　天命玄鸟,降而生商,宅殷土茫茫。古帝命武汤,正域彼四方。(《诗经·商颂·玄鸟》)

　　从这些记载来看,"天人合一"的观念其实在《诗》、《书》中就已经作为古人的基本观念而存在,所谓"天叙"、"天秩",自然是承接上天或者说是依据天意对于人伦秩序的设计;至于所谓"受天明命"、"天佑于一德"以及"天命玄鸟……正域彼四方",则又可以说是上天意志在人间事务上的落实与表现。正因为天、天命与人伦社会之间的这种关系,所以殷商的最后一位帝王纣,当其面临西伯戡黎的格局时,他的一个最直接的反应就是自家王权的天命依据:"呜呼!我生不有命在天?"(《尚书·西伯戡黎》)实际上,这样一种意识一直贯穿于中国历史,也贯彻于中国社会的各个角落,所以历代帝王都将"奉天承运"作为自家王权的"天命"招牌,这自然可以说是天人合一观念的具体表现。所以,当钱穆先生将"整个中国传统文化思想之归宿处"包括"中国文化对世界人类未来求生存之贡献"归结于古老的"天人合一"时,起码说明这一观念就代表着中国传统文化自古及今一以贯之的基本观念。

　　为什么国人会以"天人合一"作为自己的基本观念?这当然是由国人所以生存、中国社会所以存在的基础——早熟的农耕文明决定的。因而,只要作为国人生存之所依以及中国社会所以存在之基础的农耕文明不变,那么国人"天人合一"的观念也就不会改变。从这个意义上说,董仲舒所谓"道之大原出于天,天不变,道亦不变"(《汉书·董仲舒传》)也是完全可以成立的。因为在农耕文明的基础上,"天"作为自然生化、道德根源与万物成毁之最高主宰作用也是不会改变的。

　　虽然"天人合一"的观念贯彻于中国历史,但其中作为主宰之"天"的内涵却是不断变化的,这就使得在同一"天人合一"观念的支配下完全可以表达出不同的思想蕴含。比如在殷商时代,"天"主要是指神性主宰之天,因而不仅殷纣要以"天命"作为自己王权所以存在的合法性依据,就是文王，也要把"天"作为其"演易"以"咨汝殷商"（《诗经·大雅·荡》）的倾诉对象。直到武王，虽然他是以"革命"的方式夺取了殷纣的江山，但他却仍然由于自家王权未曾获得"天之明命"而"自夜不寐"（《史记·周本纪》）。所有这些，都说明殷周时代的"天"、"天命"是具有神性主宰涵义的。不过，到了孔孟时代，随着原始天命观的坍塌以及其个体化落实，"天"连同所谓"天命"也就成为人之道德根源意义上的"天"了，所以在《论语》中，就有"天生德于予"（《论语·述而》）一说，《中庸》则有"天命之谓性"的说法，孟子对于人之仁义礼智"四端"，也有所谓"此天之所与我者"（《孟子·告子上》）一说。到了荀子，甚至还有所谓"天行有常，不为尧存，不为桀亡"（《荀子·天论》）一说。这说明，"天"的涵义是随着历史的发展与人们认识的深入而不断变化的。

不过，虽然"天"的含义不断变化，但在天人关系中，"天"的决定与主宰作用似乎又是始终不变的。就是说，在传统的天人关系中，"天"始终居于决定与主宰者的地位；而"人"的一切行为、意念，也只有在符合"天意"的条件下才是正当合理的。这一点又充分表现在董仲舒的思想中。董仲舒在自然观上承接《易传》与《荀子》，并借助阴阳五行思想来为其自然观进行论证，但由于其面临秦汉大一统专制皇权的压力，而皇权之肆意妄为又是天下百姓的最大灾难。在这种条件下，董仲舒也不得不借助墨家关于"天能赏罚，鬼能报应"[①]之类的神性主宰涵义来对皇权发挥一点规劝和警示作用；至于其实现的方式，则是通过自然行为之"灾异谴告"加以表达的。这样一来，董仲舒也就通过"天"之自然生化与神性主宰涵义的联姻与互补，完成了对儒家天人合一观念的系统论证。

董仲舒对儒家"天人合一"的这种论证方式对于中国社会具有极为深重的影响，因为直到 20 世纪，国人实际上并没有摆脱这种一切听任于"天命"的心理。这并不是因为国人迷信、愚昧，而是因为整个社会就建立在农

---

① 墨子云："昔三代圣王，禹汤文武，此顺天意而得赏也；昔三代之暴王，桀纣幽厉，此反天意而得罚者也。"（《墨子·天志上》）又说："鬼神之所赏，无小必赏之；鬼神之所罚，无大必罚之。"（《墨子·明鬼下》）

耕文明的基础上；只要农耕文明的基础不变，那么谁都无法摆脱"天"对于万事万物最终的决定作用。

不过，如果将"天人合一"观念作为一种认识，那么起码从宋代起，人们就已经形成了对于"天"之比较清醒的认识，就是说，所谓"天命"、"天意"等等，其实都不过是人的心理和意愿。比如，作为宋明理学开创者之一的张载就明确指出：

> 天无心，心都在人之心。一人私见固不足尽，至于众人之心同一则却是义理，总之则却是天。故曰天曰帝者，皆民之情然也，讴歌讼狱而不之焉，人也而以为天命。①
>
> 天则无心无为，无所主宰，恒然如此，有何休歇？②
>
> 天本无心，及其生成万物，则须归功于天，曰：此天地之仁也。③

那么，张载这样的表达是否就是一种天人相分的思想？非也。如果说是天人相分，则儒家从荀子起就已经形成天人相分的思想了，唐代刘禹锡的"天与人交相胜"也有天人相分——即天人各有其能的意思。所有这些，其实只是从天与人之不同属性入手展开论说的，而其结论也是从天与人之不同存在方式的角度立论的。至于张载的"天无心"、"天本无心"则是从根本上指向天与人之"合一"结构及其方式的。从前者出发，固然也可以改变"天与人"尤其是"天"的不同存在属性，但却并不改变"天与人"的"合一"结构；而从后者出发，则存在着从根本上改变天与人之"合一"结构及其方式的可能。

就是说，从张载的"天本无心"出发，所谓"天人合一"将主要集中于"人"上，尤其集中于"人之心"上，所以张载说，"心都在人之心……故曰天曰帝者，皆民之情然也，讴歌讼狱而不之焉，人也而以为天命"。显然，在张载看来，所谓"天人合一"实际上是"人"根据自己的意愿所创造出来的；至

---

① 张载：《经学理窟》，《张载集》，中华书局1978年版，第256页。
② 张载：《横渠易说》，《张载集》，中华书局1978年版，第113页。
③ 张载：《经学理窟》，《张载集》，中华书局1978年版，第266页。

于天与人的"合一"，说到底也不过是"合一"于"人之心"而已。既然"天"连同"天命"都是"人之心"的产物，那么所谓"天人合一"也就从根本上不成立。从历史发展的角度看，如果说这就是张载对于儒家"天人合一"思想的解构，那么这也可以说是一种根本性的解构。因为当张载将"天"连同"天命"一并归结于"人之心"之后，所谓的"天人合一"也就从根本上失去了客观性的根据。

不仅如此，张载还把这种对"天人合一"的解构贯彻到其对道家思想的点评中，比如对于老子的"天地不仁"一说，张载就评论说：

> 老子言"天地不仁，以万物为刍狗"，此是也；"圣人不仁，以百姓为刍狗"，此则异矣。圣人岂有不仁，所患者不仁也。天地则何意于仁？鼓万物而已。圣人则仁尔，此其为能弘道者也。[1]

老子是从自然生化的角度定位"天"的，因而在他看来，从天地到圣人，根本就没有所谓"仁"的关怀，实际上，老子对于天地与圣人的这一理解也就构成了一种自然生化意义上的"天人合一"说；而从天地到圣人，其"天人合一"也都表现出了一种刍狗万物式的自然取向。但在张载看来，天地固然不仁，圣人却不能不仁，因为孔子所谓的"人能弘道"（《论语·卫灵公》）一说正是由圣人来担当的。这一说法，从表象上看，固然也可以说是包含着一种天人相分的思想，但实际上，张载的这种天人相分不仅必须服从于其"天无心，心都在人之心"一说，而且也包含着一种新型的"天人合一"思想。这一点，又与以前的天人相分思想是根本不同的。

因为张载毕竟属于理学开创时期的思想家，当其解构传统的天人合一说时，一定程度上也就等于解构了儒家的基本价值观。实际上，虽然张载解构了传统的天人合一说，却并没有解构儒家的价值观本身，不仅没有解构，反而使儒家的价值观在新的基础上重新确立起来。因为当其将传统的

---

[1] 张载：《横渠易说》，《张载集》，中华书局 1978 年版，第 188—189 页。

"天人合一"归结于"人之心"之后，张载仍强调说："天本无心，及其生成万物，则须归功于天，曰：此天地之仁也。"张载为什么在明确肯定"天本无心"之后，仍然要将"生成万物"的功能"归功于天"？并认为所谓生成万物就是"天地之仁"呢？这是因为，张载在解构传统的天人合一说的同时又建构了一种新型的天人合一观。而张载重建儒家天人关系的基础，就是形成于北宋并作为整个宋明理学之根荄与基石的体用不二观念。

二、体用不二：精神世界的双重建构

在董仲舒以来各种关于"天人合一"的论说中，无论是"天"还是"人"，其实都是作为一种实然存在出现的，因而所谓"天人合一"也就成为"天亦人之曾祖父"（《春秋繁露·为人者天》）式的合一了，这种"合一"实际上也就是以"此"合"彼"式的"合一"。张载对于传统"天人合一"的解构，主要就是针对这种"天人合一"说的，所以他才一定要将天与人的"合一"归结到"人之心"上，就是说，所谓合"人"于"天"式的"天人合一"说到底不过是合"天"于"人之心"而已。

那么，张载为什么一定要解构传统的"天人合一"说呢？这主要取决于两个方面的原因：其一即其主观认知的因素，其二则决定于时代的因缘；而这两个方面又具有相互促成的作用。从时代因缘来看，自佛教在两汉之际传入中国，经过数百年的吸收消化，佛教已经成为中国文化的一部分，但佛教的出世观念却始终与作为中国传统思想之主流的儒学存在着尖锐的冲突；与之相应，佛教也凭借其超越的般若智，对儒家传统的"天人合一"思想持一种嘲笑、批评的态度。这一点尤以华严五祖宗密的《华严原人论》为代表。比如他批评说："今习儒、道者，只知近则乃祖乃父，传体相续，受得此身，远则混沌一气，剖为阴阳之二，二生天、地、人三，三生万物，万物与人，皆气为本。"[①] 宗密对于儒道两家"以气为本"的批评，实际上就是批评儒道

---

① 宗密：《华严原人论·序》，中华书局 2019 年版，第 11 页。

两家都缺乏超越的形上视角，所谓"近则乃祖乃父……远则混沌一气"，正是指中国传统的儒道两家都缺乏超越的形上意识而言的，因而不得不胶着于"传体相续"这种实体视角。如果将宗密的这一批评与张载弟子范育对于当时来自佛教的批评以及其对儒学自身的理论反省，那么宗密的这些批评又是基本可以坐实的。比如范育在《正蒙序》中写道：

> ……其徒侈其说，以为大道精微之理，儒家之所不能谈，必取吾书为证。世之儒者亦自许曰："吾之《六经》未尝语也，孔孟未尝及也"，从而信其书，宗其道，天下靡然同风……①

从这两个方面来看，儒学在形上视角方面的缺弱起码是得到了儒佛两家之共同认可的。这就促成了张载为儒学"造道"的意识，当然首先促成了其对佛学的钻研。

就张载对佛学的钻研而言，其实也是他一路探索的结果。范育在《横渠先生行状》中说其"少自孤立，无所不学。与邻人焦寅游，寅喜谈兵，先生然其言"②。就是说，张载的为学之路首先是从直面社会问题之现实关怀的角度展开的。但随着他不断地上下求索，其思想也在不断地深化：

> 当康定用兵时，年十八（二十一），慨然以功名自许，上书谒范文正公。公一见知其远器，欲成就之，乃责之曰："儒者自有名教，何事于兵！"因劝读《中庸》。先生读其书，虽爱之，犹未以为足也，于是又访诸释老之书，累年尽究其说，知无所得，反而求之《六经》。③

这当然是一种概括性的叙述，但张载由"以功名自许"再到"读《中庸》"而"犹未以为足也，于是又访诸释老之书，累年尽究其说"，最后因为

---

① 范育：《正蒙序》，《张载集》，中华书局1978年版，第4—5页。
② 范育：《横渠先生行状》，《张载集》，中华书局1978年版，第381页。
③ 范育：《横渠先生行状》，《张载集》，中华书局1978年版，第381页。

"知无所得，反而求之《六经》"，却充分表现了张载思想探索之一个逐步走向深入的过程。

这一深入的指向，就代表着儒家形上视角的形成，也表明其为儒学"造道"必然要建立在形上省思的基础上。所以，在张载的思考中，首先就有对所谓"形而上者"之穷根究底的敲打与叩问：

> 形而上者，得辞斯得象矣，故变化之理须存乎辞。言，所以显变化也。[①]
>
> 形而上者，得意斯得名，得名斯得象；不得名，非得象者也。故语道至于不能象，则名言亡矣。[②]
>
> 太虚无形，气之本体，其聚其散，变化之客形尔；至静无感，性之渊源，有识有知，物交之客感尔。客感客形与无感无形，惟尽性者一之。[③]

在这些反复的叩问和思索中，所谓"得意斯得名，得名斯得象"实际上正是张载对于"形而上者"所以形成之发生机理的思考。而这一机理也完全可以反证于其何以敢于明确地得出所谓"天无心，心都在人之心"这样的结论。至于从"太虚无形，气之本体"到"客感客形与无感无形，惟尽性者一之"，则正可以说是张载对于儒家形上形下双重世界相统一的一个理论宣言。

但张载思考的深刻性并不在于其依据形上视角对于儒家实然宇宙论的扬弃，而在于其虽然已经看到了"天无心，心都在人之心"，却仍然要坚持"天本无心，及其生成万物，则须归功于天，曰：此天地之仁也"。这究竟是为什么呢？这就在于，张载对于儒家"天人合一"价值观的捍卫是在借鉴了佛教超越的形上视角之后对儒家"天人合一"说的一种重塑或重新论证。于是，这就有了从"太虚无形，气之本体"到"客感客形与无感无形，惟尽性者一之"这种形上形下相统一且对于双方一并肯定的论断。而这一论断的

---

① 张载：《横渠易说·系辞》上，《张载集》，中华书局1978年版，第198页。
② 张载：《正蒙·天道》，《张载集》，中华书局1978年版，第15页。
③ 张载：《正蒙·太和》，《张载集》，中华书局1978年版，第7页。

实质，也就在于其从无形无象的"太虚"这一"气之本体"的高度重新确立了儒家的天道宇宙观。

这样看来，张载虽然借鉴了佛家的形上视角，并以之来论证儒家的天道宇宙论，但却并不否定宇宙生化之气本身，而在于从天道本体的高度给儒家传统的宇宙生化论以形上角度的支撑与论证。这样一来，儒家就并不需要改变其传统的对于宇宙生化论之"参天地，赞化育"的追求，同时却又使自身的天道宇宙论建立在形上本体与形上视角的基础上。最典型地表现着张载哲学这一特征的就在于其立足于"太虚无形，气之本体"这一形上高度对于气化宇宙论及其生生之道的肯定；所谓"天本无心，及其生成万物，则须归功于天，曰：此天地之仁也"正是在这一意义上成立的。

以此反观佛老尤其是佛教学理，虽然其拥有超越的形上视角，但其关于天道宇宙论的看法却恰恰陷入了一种"体用殊绝"——所谓形上形下相"殊绝"的矛盾。张载指出：

> 彼语寂灭者往而不返，徇生执有者物而不化，二者虽有间矣，以言乎失道则均焉。[1]
>
> 知虚空即气，则有无、隐显、神化、性命通一无二，顾聚散、出入、形不形，能推本所从来，则深于《易》者也。若谓虚能生气，则虚无穷，气有限，体用殊绝，入老氏"有生于无"自然之论，不识所谓有无混一之常；若谓万象为太虚中所见之物，则物与虚不相资，形自形，性自性，形性、天人不相待而有，陷于浮屠以山河大地为见病之说。此道不明，正由懵者略知体虚空为性，不知本天道为用，反以人见之小因缘天地。明有不尽，则诬世界乾坤为幻化。[2]

从总体上以所谓"语寂灭者"与"徇生执有"来概括佛老（这里的"老"

① 张载：《正蒙·太和》，《张载集》，中华书局1978年版，第7页。
② 张载：《正蒙·太和》，《张载集》，中华书局1978年版，第8页。

指道教) 到以"体用殊绝"来批评佛老 (这里的"老"又指以老庄为代表的道家), 道家自然是"有生于无","不识所谓有无混一之常", 而佛教则属于"物与虚不相资, 形自形, 性自性, 形性、天人不相待而有"。所有这些, 其实都是"体用殊绝"的表现。以此反观儒学, 则"聚亦吾体, 散亦吾体"①, 这就是儒家的"通一无二"之道或"有无混一之常", 也就是所谓"圣人尽道其间, 兼体而不累者, 存神其至矣"②。

张载这里以"通一无二"来概括儒家之道, 同时又以所谓"体用殊绝"来对佛道两家反戈一击, 这就表明儒家一种新型价值观之形成。但这种价值观却并不否定传统的天人合一说, 而是从"体用"关系的角度对于儒家"天人合一"说的一种重新论证。张载说:

> 体不偏滞, 乃可谓无方无体。偏滞于昼夜阴阳者物也, 若道则兼体而无累也。以其兼体也, 故曰"一阴一阳", 又曰"阴阳不测", 又曰"一阖一辟", 又曰"通乎昼夜"。语其推行, 故曰"道"; 语其不测, 故曰"神"; 语其生生, 故曰"易"; 其实一物, 指事而异名尔。③
> 天人不须强分,《易》言天道, 则与人事一滚论之。若分别则是薄乎云尔。自然人谋合, 盖一体也, 人谋之所经画, 亦莫非天理耳。④

这样看来, 儒家既肯定"无方无体"的天道本体——"太虚", 同时又从"虚空即气"的角度肯定"一阴一阳"——"气", 这就同时肯定了气化流行之"阴阳不测", 包括其"一阖一辟"、"通乎昼夜"等生生之道。因为在张载看来, 就现实世界之具体表现而言, 固然可以说是纷繁多样, 但就其实质而言, 又不过是对天道本体的一种"指事而异名"而已。所以, 他才能够坚持"天人不须强分,《易》言天道, 则与人事一滚论之……人谋之所经

---

① 张载:《正蒙·太和》,《张载集》, 中华书局 1978 年版, 第 6 页。
② 张载:《正蒙·太和》,《张载集》, 中华书局 1978 年版, 第 7 页。
③ 张载:《横渠易说·系辞》上,《张载集》, 中华书局 1978 年版, 第 184 页。
④ 张载:《横渠易说·系辞》下,《张载集》, 中华书局 1978 年版, 第 232 页。

画,亦莫非天理耳"。

张载对儒家"无方无体"之天道本体及其流行表现之"通一无二"的肯定与对佛老"体用殊绝"的批评,表明儒家天人合一的价值观已经提升到了形上形下相统一之"体用不二"的高度。由此之后,"体用不二"不仅成为宋明理学论证并处理天人关系的共法,而且也是国人处理人际以及不同文明关系的基本原则。比如邵雍就认为:"体无定用,惟变是用。用无定体,惟化是体。"① 这里固然还存在着"体与用"、"变与化"之相互推导的嫌疑,但到了程颐,就直接以"体用一源,显微无间"② 来概括儒家的天道本体及其流行表现了。《朱子语类》中虽然没有关于体用关系的专论,但构成其哲学之根荄观念——理气关系以及理之内在于气包括理与气之不可分割,本身就是从体用关系的角度展开的,也是对体用关系的具体运用。到了王阳明,便有所谓"夫体用一源也,知体之所以为用,则知用之所以为体者也"③ 一说。再到近现代,则张之洞应对时局之所谓"中学为体,西学为用"④ 以及严复对他的责难与批评,其实都是从体用关系的角度展开的。

所有这些,都说明中国传统的天人关系已经为体用关系所取代。而体用关系之所以能够取代传统的天人关系,主要在于它是从形上形下相统一的角度对于传统"天人合一"说的一种重新论证,并且也代表着儒家世界之现实关怀与超越追求两个不同维度的并建与统一。

三、天人、体用的特色及其限制

但是,正像张之洞的"中学为体,西学为用"并不足以应对西学的冲击一样,所谓"体用一源"及其双重世界的统一也同样遭遇到了西方文化的

① 邵雍:《观物内篇》,《邵雍集》,中华书局1910年版,第6页。
② 程颐:《周易程氏传·易传序》,《二程集》第三册,中华书局1981年版,第689页。
③ 王守仁:《答汪石潭内翰》,《王阳明全集》,上海古籍出版社1992年版,第146—147页。
④ 张之洞:《劝学篇》,《张之洞全集》第十二册,武汉出版社2008年版,第160页。

冲击。因而，这里的"正像"也就如同历史上的"天人合一"曾通过"天"之不同含义的演变从而用来表达不同的天人合一蕴含一样，所谓"体用不二"在不同的时代背景下也具有完全不同的思想蕴含。比如在宋明尤其是两宋理学中，所谓"体"往往是指超越的天道并作为人之道德根源的本体，以相对于帝制社会的"政体"，这就是两宋理学自称为"道学"而其所探讨的"本体"往往又被称为"道体"的原因。但到了张之洞的《劝学篇》中，则其所谓"体"就已经不再是超越的道德本体，而主要是指构成帝制社会之基础的"三纲五常"之体了；至于现代社会的"国体"、"政体"之说，实际上也正是沿着构成帝制社会之根底的"三纲五常"之体演变而来的。在这一背景下，不仅传统的"天人合一"需要反思，就是构成近世中国双重世界之统一的体用不二观念也必须经历一次深入的反省。

传统的"天人合一"之所以需要反思，是因为其作为中华民族传统精神中之最基本的关系，虽然其所谓"天"也存在着自然生化、道德根源以及万物成毁之终极主宰作用的不同含义，但自董仲舒以降，则所谓"天与人"实际上就已经成为上与下、主与从之别了，而这种"上与下"、"主与从"又主要是通过在上之"天"与在下之"人"来表征其关系的。此所以宗密会以"万物与人，皆气为本"来对儒道两家进行批评，因为所谓"气"正是构成所有实然存在的基础。也正是出于同样的原因，所以直到宋代，张载才对当时所谓的"天"提出了如下反省："人鲜识天，天竟不可方体，姑指日月星辰处，视以为天。"[①] 显然，所谓"姑指日月星辰处，视以为天"固然也揭示了传统天人关系之"姑指"的特点，但毕竟是借助日月星辰之类的实物加以表达的。这正是张载一定要以"体用不二"来取代"天人合一"的根本原因。

那么，取代"天人合一"之"体用不二"是否也必须经历一次深入的反省呢？如果我们将从张载以来关于天道本体之"通一无二"、"兼体无累"、程颐的"体用一源"直到王阳明的"知体之所以为用，则知用之所以为体者也"连成一线来把握，那么也就可以看出其作为理学根荄观念之一个根本

---

① 　张载：《横渠易说·系辞》上，《张载集》，中华书局1978年版，第177页。

性的特色：对"天与人"来说，其所强调的主要在于它的"合一"性；但对"体和用"而言，则主要在于突出其千差万别表现背后之所谓"一源"性。这种"体用一源"，如果从社会生活的角度看，也就可以表现出某种"统一"与"集中"的特色。按理说，这应当是中国文化的一大优点，但当这一优点面对现代社会尤其是现代的科学研究与市场经济时，则往往会表现出两个方面的限制作用：其一，即过分注重"整体"效应的"集中"与"统一"要求，从而试图建立一个整齐划一的世界；其二，相对于其千差万别的表现而言，则其所谓"整体划一"的指向就会形成一种"捆绑"效应，从而又限制甚或妨碍了千差万别之"用"的专业性与独立化发展。但这一点还不是其最主要的限制作用，其主要的限制作用也就在于皇权对于"道体"的专制与独占[1]，并通过公权私用，从而以自家愿望为绝对之"体"以实现所谓整齐划一的世界。这就形成了皇权对于思想与精神世界的专制与独裁。

本来，当理学家形成其"体用不二"的价值观时，原本只是一种"为天地立心，为生民立道，为去圣继绝学，为万世开太平"[2]的思想理论探索；其社会作用也主要是为了"以道抗势"，从而对皇权之肆意妄为进行必要的规范和约束。——为程朱理学所高扬的道统意识以及朱子对于汉唐君主激烈的批判意识就明显地突出了这一指向。[3]但随着程朱理学的官学化以及科举制的普及，原本用来限制皇权之肆意妄为的道统意识不但未能发挥其对皇权的规范和限制作用，反而为皇权所用，这就形成所谓以皇权为"体"而

---

[1] 帝制时代的皇帝往往被人们称为"圣上""圣天子"，这一方面固然是因为皇帝口含天宪、言出令行，但更重要的则在于皇帝对于思想探讨权力的专制与独占；而普天下的臣民则只有跟随与解释一条路了。明清以降，皇权之所以可以根据自己的意愿任意剪裁儒家经典，并将来自儒学对经典的解读与诠释扭曲为一种历史考据与文字训诂之学，实际上就是清代学界不得不以这种"边角"学术的方式来逃避皇权对于思想探讨权的专制与独裁。

[2] 张载：《性理拾遗》，《张载集》，中华书局1978年版，第376页。

[3] 朱子云："老兄视汉高帝、唐太宗之所为，而察其心果出于义耶？出于利耶？出于邪耶？正耶？若高帝，则私意分数犹未甚炽，然亦不可谓之无。太宗之心，则吾恐其无一念之不出于人欲也。"（朱熹：《答陈同甫》六，《朱熹集》卷三十六，四川教育出版社1996年版，第1592页）

以宰制万民为"用"式的"体用一源"了。而皇权对于儒学的这种反戈一击又充分体现在明太祖朱元璋要将孟子赶出孔庙并对《孟子》文本的大加删减上。这就形成了另外一种"体用不二",而体用双重世界之"一源"性也就不断地从儒家的道统意识向皇权转移。

当皇权总揽一切,成为物质与精神世界的双重主宰时,它也就必然成为物质文明与精神文明的双重责任人了。在这种状况下,皇权之专制独裁、公权私用,以一己之好恶裁夺天下之好恶,这就成为社会进步与文明发展的主要障碍了。著名的李约瑟难题以及近代以来先进的中国人每每追问中国社会之周期性震荡而又始终走不进现代文明之门槛的根本原因,专制皇权对于物质文明与精神进步的双重独裁是要负主要责任的。①

但对于儒学尤其是宋明理学而言,其理论探讨却并没有有效地防范这一走向,不仅没有起到防范作用,而且儒家的理论探讨甚至每每起到了为专制皇权之合理性进行论证的作用。比如就从"体用不二"来看,其"体"与"用"之双重世界的"一源"性原本是为了对于千差万别的现象世界进行一种本体层面的归因与说明,但其所谓"一源"的"集中"与"统一"要求,却恰恰是通过所谓"天无二日"的方式成为皇权专制独裁的理论工具;而这种理论工具原本就存在于理学家对于现象与本体的分析与论证中。比如,王阳明就是通过体用两层及其统一来指代人的精神世界的,他征引程子对"心"的论述说:

> 程子云:"心,一也。有指体而言者,寂然不动是也;有指用而言者,感而遂通是也。"斯言既无以加矣,执事姑求之体用之说。夫体用一源也,知体之所以为用,则知用之所以为体者也。虽然,体微而难知,用显而易见也。执事之云不亦宜乎?夫谓"自朝至暮,未尝有寂然不动之时"者,是见其用而不得其所谓体也。君子之于学也,因用以求

---

① 梁启超:"先生谓黄种之所以衰,虽千因万缘,皆可归狱于君主,此诚悬之日月不刊之言矣。"(《与严幼陵先生书》,《饮冰室文集》第一册,云南教育出版社 2001 年版,第 178 页)

其体。①

这种"知体之所以为用，则知用之所以为体"式的"体用一源"也就典型地表现着体用两层世界的一致性与统一性；而其统一又是通过"体"与"用"之相互贯通尤其是通过"体"对于"用"的贯通实现的。这就使"体"与"用"成为一种有机的一体关系了，而其联系之紧密、各个部分之互动，则一如钱穆在《先秦诸子系年》中所形容之各个部分的关系："如常山之蛇，击其首则尾应，击其尾则首应，击其中则首尾接应。"② 这种"首尾皆应"的效果固然也可以视为中国传统体用思维的灵活运用，也确实表现了各个部分的有机性与一体性，但对于原本具有特殊功能的各个部分而言，则难免就会造成一定的"捆绑"效应，且要时时服从于"体"之需要；而对于原本具有特殊功能的各个部分来说，就会起到一定的抑制作用。因为作为"用"，它也只能将时时服从于"体"之需要与调遣视为自己的最大责任与最高使命。中国体用思维最大的负面作用，可能就表现在这一点上。

四、慎独：儒者自立的根基

无论是"天人合一"还是"体用不二"抑或是其他精神结构，最典型地表现着不同文化与不同特色的莫过于其现实的人生追求；而现实人生及其不同追求指向的分歧也足以彰显其不同精神结构的异质性与差异性。所以，当我们从现实人生不同追求指向的角度来透视中西文化不同精神结构的分歧及其对待分歧的处置方式时，也就成为对于不同精神结构之一种由表及里、由"用"即"体"式的深入反省。因而，回味孔子对于人生不同追求指向的态度，也就是从人生之"用"的角度对于儒家"天人合一"与"体用不二"精神的一种即用见体式的反省。

---

① 王守仁：《答汪石潭内翰》，《王阳明全集》，上海古籍出版社 1992 年版，第 146—147 页。
② 钱穆：《先秦诸子系年》，商务印书馆 2001 年版，第 21 页。

　　就孔子一生所遭遇之最大冲突而言,可能莫过于其与当时诸侯的各种
"僭越"之行及其所导致之"礼崩乐坏"的冲突,正是这一冲突,才使他不得
不有十多年的游说之行,也使其不得不有"陈蔡之困"。但在孔子看来,当
时的诸侯只是不知礼、不见道而有待教化而已(这正是其十多年抛家傍路
而四处游说的原因),因而还说不上是真正的冲突。在孔子看来,真正构成
其人生不同追求指向之冲突的可能莫过于道家与隐者,——其早年对东周
的游历、与老子的对话就是其冲突的初步表现;至于老子对孔子"是皆无益
于子之身也"(《史记·老子申韩列传》)的批评与提醒,也可以说就是其相
互不同人生追求从而也是不同人伦文明发展方向的一个初次表达。但由
于当时其相互的表达还存在于思想探讨的范围,因而双方也只是各明其志
而已。

　　数十年后,当孔子奔走于陈蔡之间,其与长沮、桀溺的相遇则代表着儒
道两家在人生不同追求指向上的一次实践性遭逢;而孔子也遭到了长沮、
桀溺多方面的嘲笑与讽刺:

　　　　长沮、桀溺耦而耕,孔子过之,使子路问津也。
　　　　长沮曰:"夫执御者为谁?"子路曰:"为孔丘。"曰:"是鲁孔丘与?"
曰:"是也。"
　　　　曰:"是知津矣。"
　　　　问于桀溺。桀溺曰:"子为谁?"曰:"为仲由。"曰:"是鲁孔丘之徒
与?"对曰:"然。"曰:"滔滔者天下皆是也,而谁以易之? 且而与其从
辟人之士也,岂若从辟世之士哉!"耕而不辍。
　　　　子路行以告。夫子抚然曰:"鸟兽不可与同群,吾非斯人之徒与而
谁与? 天下有道,丘不与易也。"(《论语·微子》)

　　在此之前,孔子还遭到楚狂接舆"凤兮凤兮,何德之衰……已而已而!
今之从政者殆而"(《论语·微子》)的嘲笑,因而孔子这一"斯人之徒"的表
达,等于是沉到了生存的底层,也是从人生底线上发出的反省。所谓"鸟兽

不可与同群,吾非斯人之徒与而谁与?"既是对山林追求——所谓鸟兽之道的一种坚拒,同时也是对人之为人——所谓人道以及人生底线的守护;之所以如此表达,则是因为其后面的一个反向性说明:"天下有道,丘不与易也。"这就是说,儒家之所以栖栖遑遑,四处游说,就是因为我们生存世界之"天下无道"的现实;如果政治清明,天下有道,那么孔子甚至更愿意做一个太平世界的顺民。

但在当时,孔子却是上下无望、四处无路,所以才会"使子路问津也";因而其所遭逢的嘲笑与批评也就只能将孔子推向更为内在的人生,推向其人生的底线。也许正是由于孔子的这一段经历,也就使儒家形成了一种每当遭逢人生绝境,儒家学者都会奉行的传统,这就是"慎独"。慎独并不是一个"知"的问题,也不是对"已知"的清理,而是对于"知"的基础——自己人生底线的再叩问。① 至于所谓"天下有道,丘不与易也"则可以说是孔子对其人生态度的一个深入反省与再表达。② 由此之后,儒家也就形成了一种"慎独"传统③,每当面临人生绝境,"慎独"也就成为儒家的一种自我审判、自我反省的自我清理活动,当然同时也就是一种再出发。所以,在此后的《中庸》与《大学》中,也就出现了如下表达:

---

① 关于儒家通过"慎独"以叩问自己人生底线的一点,还可参酌孔子在现实打击面前之所谓"天生德于予,桓魋其如予何!"(《论语·述而》)的感喟与反省。由于隐者以"避世"为人生指向,所以孔子就坚持"与人为徒",从而坚拒山林鸟兽之道;而桓魋所表现的则主要是现实政治的打击,所以孔子就强调自己生命之超越的根据。这两种不同表现,也可以说是儒家"慎独"精神之一体两面。

② 严格说来,孔子的"陈蔡之困"及其"吾道非耶? 吾何为于此?"(《史记·孔子世家》)才可以说是一种真正的反省,但"陈蔡之困"的反省主要涉及其游说诸侯而"何为于此"的问题,即"所入者不合"的问题,这只表明儒家与世俗政权的不合,却并不代表不同人伦方向的冲突。至于"与人为徒"则不仅涉及儒道两家的分歧,而且也涉及不同的人伦文明及其发展方向,因而才真正代表着儒家在"慎独"基础上对自己所坚持之人伦文明方向的一种深入反省。

③ 关于"慎独"在儒家日常生活中的表现,也可参酌张载对其弟子赴朝的叮咛:"事机爽忽秋毫上,聊验天心语默间。"(张载:《送苏修撰赴阙四首》,《张载集》,中华书局1978年版,第368页)

道也者，不可须臾离也，可离非道也。是故君子戒慎乎其所不睹，恐惧乎其所不闻。莫见乎隐，莫显乎微，故君子慎其独也。(《礼记·中庸》)

小人闲居为不善，无所不至，见君子而后厌然，掩其不善，而著其善。人之视己，如见其肺肝然，则何益也。此谓诚于中，形于外，故君子必慎其独也。(《礼记·大学》)

至于处于孔子与子思之间的曾子，则又以如下内容作为自己的日常功课，这就是："吾日三省吾身，为人谋而不忠乎？与朋友交而不信乎？传不习乎？"(《论语·学而》)很明显，儒家以"慎独"为主要内容的反省实际上就是从人之为人的精神出发以对自我的言行进行内向的审思，这也是儒者自我立身的第一课；儒家的这种精神包括其推进人伦文明的理想，也只有在"慎独"的基础上才能真正确立起来。

当我们将孔子这种以自我审视为特征的反省精神对应于当前的中西文化冲突时，我们其实不必过分担心社会上的那种"土豪"心理与"大款"现象，也不必为坊间时时躁动之娇激的民族主义情绪而过分担忧。当然这种现象不仅是一种浮薄的社会心理，而且也确实是非常有害的，但所有这些说到底不过是中国近代以来积贫积弱而又处处受辱经历的一种情绪反弹而已：因为曾经贫穷，所以就要格外地夸富；因为曾经弱，因而就要处处逞强。但这种"土豪"心理连同娇激的民族主义情绪原本就不属于儒家，只属于中国近代以来的"丛林"经历以及由之所形成的"丛林"视角的一个直接反应而已。作为中华民族主体精神之代表的儒学，其最应当反省的首先就在于自己的立身之基以及其与西方现代文明的关系问题，这就是作为自己立身之基与应世标准的天人与体用关系。因为这一问题从根本上关涉到儒家能否立足于自己的传统以实现与西方现代文明的对接，也包括其能否顺利适应现代文明的问题。

如果从这个角度对儒学进行反省，那么其最缺乏的就是科学精神，著名的李约瑟难题也就因此而发。但是，如果从国人对这一问题的认识来看，那么从魏源的"师夷长技以制夷"开始国人对于科学技术及其积极作用的正面认知是在逐步增强的，但为什么仍然存在缺乏科学精神的情况呢？这主要是因为，从认知的层面看，科学主要是一种对象认知理性；从社会生活的层面看，科学又是一种出于个人兴趣的专家研究之业。而近代以来国人对科学技术的追求往往不是来自科学家的研究兴趣与对象认知，而是来自价值理性的期待；至于其发展的途径，也不是认知层次的深入，而往往是群众的广泛参与以及来自效应原则的拔高性肯定。这种方式本身就与科学精神相背离。

正因为我们往往是以并不科学的方式来促进科学，因而又带来了一种比附甚或是附会性的不良倾向。比如在中国，急切呼唤科学精神的人士无不熟知儒家原典文献《大学》中的格物致知说，以及朱子对于格物致知之外向求知性的疏解，以至于从洋务运动起，中国沿海就出现了不少的格致书院，直到 1949 年前，中国从中学到大学都纷纷开设"格致课"，这说明，中国人实际上是以自己传统的格物致知之学来代表科学认知精神的。但抛开格物致知的原典涵义暂且不论，仅就朱子的诠释而言，对于格物致知之旨，朱子是明确以"穷天理、明人伦、讲圣言、通世故"[①] 作为格物致知之基本指向的。按照朱子的这一诠释，格物致知显然属于价值理性，起码是指向价值理性的，但当人们将这种原本属于价值理性的格物致知之学作为科学认知精神的代表时，那么这样的科学精神也就无不处处都存在于价值理性的观照之下或裹挟之中。

再比如，对于朱子所诠释的格物致知之学，牟宗三曾将其与西方的科学认知精神加以比勘，认为朱子格物致知之学所获得的其实只是一种以超越性为表现特征而以前因后果为其实质的"存在之理"[②]，这也就是朱子处处都在强调"明其所以然"的原因，但这种"所以然"之知并不能等同于西方建立在对象认知基础上的"形构之理"，因而牟宗三特提出"良知坎

① 朱熹：《答陈齐仲》，《朱熹集》第四册，四川教育出版社 1996 年版，第 1792 页。
② 牟宗三：《心体与性体》第一册，《牟宗三先生全集》第 5 册，台湾联经出版事业公司 2003 年版，第 92 页。

陷说"① 以作为发展科学精神之超越的推动力,但其结果却遭到了国人多方面的抵制与批评;而其之所以饱受批评,则又是因为这种"良知坎陷说"既不承认格物致知就等于科学认知,也不承认道德良知就可以直接促进科学认知精神的发展,一句话,就是因为"良知坎陷说"破碎了国人通过格物致知或通过道德良知以促进科学认知精神发展的美梦,因而也就遭到了四面楚歌式的批评;但这样的批评,同样是与科学精神背道而驰的。

促进科学认知与发展科学精神自然是中国文化对西方文化相借鉴的产物,但对儒学而言,要发展真正的科学精神,仅仅守住人之为人的底线,守住自己做人的道德良知还是远远不够的。因为科学作为一种认知,首先是在与对象世界的主客关系中发展起来的,因而要发展科学精神,也就必须走出慎独、走出儒者自我的立身之基,而必须从儒家传统之面向世界的精神入手。

五、诚意:儒家之面向世界

以反省为主要内容的慎独主要是针对儒者的立身之基而言的,当然也关涉到儒家自我精神的确立。但确立自我,正是为了更好地面对世界,因而,这就涉及儒家面对世界的态度,这就是诚意。

"诚意"最早为《中庸》所提出,以后又为《孟子》、《大学》加以阐发。总体而言,"诚意"就代表着儒家面对世界的立身之道,也可以说是儒家的世界观,因而儒家每一个思想主张的提出,都必须符合"诚意"的原则,也必须接受诚意的检验。所以,"诚意"也就如同曾子的"吾日三省吾身"一样(其"三省"的内容,恰恰凸显了一个"诚"字),代表着儒家面对世界的基本态度,因而子思的"诚意",首先就是从自我"诚身"的角度提出的:

① 牟宗三:"此种转化是良知自己决定坎陷其自己……坎陷其自己而为了别以从物。从物始能知物,知物始能宰物。及其可以宰也,它复自坎陷中涌出其自己而复会物以归己,成为自己之所统与所摄。"(《从陆象山到刘蕺山》,《牟宗三先生全集》第8册,台湾联经出版事业公司2003年版,第207页)

　　……诚身有道，不明乎善，不诚乎身矣。诚者，天之道也；诚之者，
人之道也。诚者不勉而中，不思而得，从容中道……（《礼记·中庸》）

　　在这一论述中，"诚身"的基本要求就是要"明乎善"，这就决定，"诚"
也就是儒者的立身之道，而"善"也就可以说是儒者面对世界的第一身份。
之所以如此，是因为决定儒者自立之"诚"本身就是由儒家最基本的价值观
决定的，即由其"天人合一"或"体用不二"的根本指向所决定，所以说"诚
者，天之道也；诚之者，人之道也"。很明显，所谓"诚"包括"诚身"，实际
上都是"天人合一"精神的人生落实及其具体表现。
　　但在子思看来，"诚"不仅关涉儒者之自我立身，而且儒家的整个世界
也就必须建立在"诚"的基础上。对儒家来说，其所有的经纶、参赞活动，
也都必须通过"诚"来实现。所以《中庸》又云：

　　唯天下至诚，唯能尽其性；能尽其性，则能尽人之性；能尽人之性，
则能尽物之性；能尽物之性，则可以赞天地之化育；可以赞天地之化
育，则可以与天地参矣。（《礼记·中庸》）

　　《大学》也有对"诚意"的要求，并且还提出了"诚意"的标准，比如：

　　所谓诚其意者，毋自欺也。如恶恶臭，如好好色，此之谓自谦。故
君子必慎其独也。（《礼记·大学》）

　　在上述关于"诚意"的论述中，《大学》又将原本作为儒者立身之基，以
及作为其基本功的"诚意"与作为"毋自欺"的"慎独"相联系，所以，"诚意"
既是"慎独"的必然结果，同时也是儒家做人面世之"毋自欺"的表现。但
重要的在于，《大学》又提出了一个"诚意"的功夫性标准，这就必须像"如
恶恶臭，如好好色"一样的自然而然。
　　《中庸》、《大学》以"诚意"立身的方式表明了儒家面对世界的一种基

本态度,但"诚意"又将如何面对"科学"呢?就中西文化之不同特色而言,"科学"可以说就代表着中西文化之间反差较大的一面,即西方文化也完全可以把科学作为自身文明的表现及其发展的开路先锋,而中国文化无论是从其自立还是从其与西方文化比较的角度看,本身也都缺乏对"科学"的兴趣,因而中国在如何面对"科学"上也就集中并且也浓缩着中国对于西方文化的全部态度。就此而言,中国文化似乎表现出了其最为吊诡的一面:一方面,近两个世纪以来,中国在与西方的接触中深感自己缺乏科学之苦,正因为缺乏科学,所以国势衰弱,因而为了自强,也就必须不断地掀起各种举国发展科学、全民学习科学的热潮。所以近代以来,每一个全民投入性的思潮,无不以科学作为旗帜;但另一方面,中国的全民学科学思潮却并不是以"科学"的方式来学习科学,而往往是以自己的"诚意"来拥抱科学的。就此而言,国人学习科学、发展科学的方式方法又是最不科学的,有时甚至是反科学的。因为科学说到底只是一种无价值色彩的以求"真"为指向的对象认知理性,可以证实(在一定范围内)也可以证伪(超出其具体的适应范围),它的指向是"真",而且也永远以"真"为追求指向,但当国人以"诚意"来拥抱科学时,却往往是以自己的价值理性来期待这种认知理性的,甚而是以自己的"诚意"来对科学进行拔苗助长式的呵护,这不仅不科学,甚至是反科学的。

从"诚意"对"科学"的这种关爱方式及其后果来看,可能我们的"诚意"实际上已经脱离了传统的"诚意"精神,其脱离的情形,就像那种紧紧拥抱着自家"儿女"的"家长",只是通过"拥抱"来表示自己的关爱,但却完全无视"儿女"自身的成长一样。

六、据德立业:儒学的存身之基与创新之源

但"慎独"与"诚意"毕竟代表着我们最根本的精神"家底",也是我们面对世界所无可选择的传统。当我们以自己的"诚意"传统热切地拥抱科学、拥抱市场包括西方文化所开辟的现代文明而又屡遭非议时,——这种

非议有可能来自西方文化对象性立场上的一种别有用心,但也可能存在着我们自身运用不得法、关爱不到位的原因。在这种状况下,我们最需要的首先就是对我们民族精神传统的反省。

就"慎独"与"诚意"而言,它不仅代表着我们的精神"家底",而且也是我们"无往而不自得"的传统,所以子思就明确断言:"君子素其位而行,不愿乎其外。素富贵,行乎富贵;素贫贱,行乎贫贱;素夷狄,行乎夷狄,素患难行乎患难,君子无入而不自得焉。"(《礼记·中庸》)应当承认,在"慎独"与"诚意"的基础上,加上君子"素其位而行",因而对于任何人伦文明而言,应当说都可以是"无入而不自得"的。但对西方的科学研究与市场经济来说,难道儒家的"慎独"与"诚意"传统就彻底失效了吗?应当说,失效的并不是儒家传统,而是我们对传统的运用。

从传统来看,德性本身是不分公私的;而在农耕文明的基础上,德性也可以说是贯穿整个人生且包括所谓公私两大领域的。但从梁启超起,就比照于西方文化,开始对儒家道德进行公、私两个领域的划分,并认为国人的特点是重私德而轻于公德。① 到了李泽厚,又开始注意公德与私德的不同性质及其不同的作用,认为私德属于宗教性道德,而公德则属于社会性道德。② 依据这一划分,从"慎独"到"诚意"基本上属于私德的范围。但梁启超已经认识到,从私德到公德其实只是"一推"③的关系,就是说,私德不仅高于公德,而且构成个体立身之私德仍然是社会性公德的基础。以此类推,虽然"慎独"、"诚意"都是作为儒者个体之私德存在的,但却仍然构成了现代"新民"之社会性公德的基础,因而也同样可以构成作为具有社会性的科学研究与市场经济得以发展的基础。

---

① 参见梁启超:《论私德》,《饮冰室文集》第一册,云南教育出版社2001年版,第622页。

② 参见李泽厚:《哲学探寻录》,《世纪新梦》,安徽文艺出版社1998年版,第19—20页。

③ "公德者,私德之推也。知私德而不知公德,所缺者只在一推;蔑私德而谬托公德,则并所以推之具而不存也。"(梁启超:《论私德》,《饮冰室文集》第一册,云南教育出版社2001年版,第622页)

那么问题究竟出在哪儿呢？这就出在对私德之越界性的运用上。比如作为私德，如果对"慎独"与"诚意"的运用超出了私德的范围而成为一种对公众之社会性要求，那就成为一种严酷主义与禁欲主义了，从而与儒家的"恕道"相违。同样道理，当我们以"诚意"的情怀、"家长"的心态来拥抱科学时，则其强烈的价值期待就会形成各种拔苗助长式的促进，而且，由于其自身的非科学性，因而也就只能对科学造成各种人为的干预。这可能也就是我们对科学的有力促进、对市场的强烈期待但却未必能够促进科学健康发展的原因。

但这是不是说"慎独"与"诚意"根本就无助于科学与市场的发展呢？非也。如所周知，中华民族是一个没有宗教的民族，因而"慎独"、"诚意"作为儒者个体的立身之基，同时又始终在发挥着准宗教的作用。从这个意义上看，作为一种准宗教性的人伦守则，那么"慎独"与"诚意"不仅是"无入而不自得"的，而且也可以适应于任何人伦文明。问题在于，这种适应必须牢固地守护个体的人生底线，并且也必须严守私德的领域和范围，从而以此作为与其他文明交流、沟通的基础。如此一来，"慎独"、"诚意"固然无助于科学的发展，但科学却无疑更需要坚持"慎独"与"诚意"的从业人员；而科学研究的专业兴趣无疑也更需要"慎独"、"诚意"以作为其专业研究与社会分工的基础。因为对于素来缺乏外向超越性宗教的中华民族来说，如果离开了"慎独"和"诚意"，那么人与人包括整个人伦社会也就失去了沟通与交往的平台和基础。从这个角度看，对于其他文明而言，"慎独"与"诚意"不仅"无入而不自得"，而且对于所有的人伦文明来说，也可以说是"无往而不通"的。

再比如，"慎独"与"诚意"本身固然不能促进科学发展，但它却能够塑造从事科学研究的君子人格。关于君子人格，《中庸》就已经从"素其位而行"的角度提到君子可以"无入而不自得"，而在《周易》中，也同样讨论到君子的"进德修业"：

君子进德修业。忠信所以进德也。修辞立其诚，所以居业也。知

至至之，可与几也。知终终之，可与存义也。(《周易·上经·乾卦》)

　　君子学以聚之，问以辨之，宽以居之，仁以行之。(《周易·上经·乾卦》)

　　像这样的规定，就并不仅仅限定于"进德"的层面，所谓"学以聚之，问以辨之，宽以居之，仁以行之"包括所谓"修辞立其诚"以及对"居业"之"知至至之"、"知终终之"等等要求，实际上都是对"修业"的规定。这样的君子，不仅可以从事科学研究，而且也可以经营市场，真所谓"无入而不自得焉"。

　　上述这些，当然都是从"慎独"与"诚意"所塑造之君子人格的角度来看其对科学的适应性及其正面的推动作用，让我们再从科学的角度来衡量其与"慎独"和"诚意"的关系以及其对后者的需要。那么科学研究需要一种什么精神呢？作为对象认知，科学研究最需要的就是一种"知之为知之，不知为不知"(《论语·为政》)的实事求是精神；而作为一种行业，其最需要的则是一种分工与协作精神(这种分工协作同时也是市场经济所需要的)。但这种精神同样可以从君子人格上表现出来。比如王阳明在"拔本塞源论"中就谈到作为传统社会支柱行业的礼乐刑政之间的分工与协作关系：

　　故稷勤其稼，而不耻其不知教，视契之善教，即己之善教也；夔司其乐，而不耻于不明礼，视夷之通礼，即己之通礼也。①

　　当然，人们也可以辩驳说这都是古圣贤之所为，但问题并不在于这是不是圣贤君子之所为，而在于儒家的人道文化与君子人格是否承认、是否可以包含这种社会分工与人际协作关系。既然"稷勤其稼，而不耻其不知教，视契之善教，即己之善教也"，那么这就说明，儒家的人伦文明不仅包含着社会性的分工，而且也包含着各守其业的专业意识与协作精神。就此

---

① 王守仁：《答顾东桥书》，《语录》二，《王阳明全集》，上海古籍出版社1992年版，第55页。

而言，以儒家为代表的人伦文明是完全可以适应西方现代科学的专业意识与市场经济之分工协作事业的。

那么，所谓不适应包括各种适得其反的问题究竟出在哪里呢？这就出在作为人伦世界最高主宰的政治权力上。自明太祖将孟子赶出孔庙并将《孟子》文本加以"己意"的裁剪之后，就开启了以独裁为特色的帝王专制权力的巨大拓展，而其表现就是以君师合一为特征的思想与精神专制。这说明，此前的帝王专制主要停留于政治权力的领域，至于思想、精神，人们还拥有一定的自主权，比如为孔孟所一再申明的从"为仁由己"（《论语·颜渊》）到必须承认也必须接受的"人各有心"①，包括"匹夫不可夺其志也"（《论语·子罕》），起码说明个体还具有一定的自由思考的权利。但从明太祖以"己意"剪裁《孟子》始，就使皇权之独裁专制由政治领域开始了向思想领域的扩展。从此以后，独裁体制下的臣民，不仅失去了自由行动的权利，而且也失去了自由思考的权利。在这种体制下，帝王不仅代表着最高的政治权力，而且也代表着最高的思想权力，所以，在其统治下的臣民，不仅要以帝王的意志来规范自己的行为，而且还必须以帝王之思想作为自己的思想；任何不合帝王意志的思想，也必然会像不合帝王意志的行为一样受到专制权力的专政。

在这一背景下，政治权力绝不会仅仅停留于社会政治领域，而必然要深入到社会的各个层面和各个角落，个体不仅失去了行动的权利，也失去了思考的权利，一切都必须以帝王的意志为意志，以帝王之思想为思想，这不仅使社会失去了活力，而且也把整个社会发展的动力全然归结到帝王的身心之间了。

但这些现象并不是儒学的本然。因为无论是其"进德修业"的传统还是据德以开其业的历史实践，本身就包含着两层世界：所谓"据德"就是个

---

① "天下之人心，其始亦非有异于圣人也，特其间于有我之私，隔于物欲之蔽，大者以小，通者以塞，人各有心，至有视其父子兄弟如仇雠者。"（王守仁：《语录》二，《王阳明全集》，上海古籍出版社1992年版，第54页）这里的"人各有心"，是指其不同的用心或处于心之不同层面而言。

体的内在世界,自然包含着人生的信仰以及其私生活领域的各种习惯;而所谓"立业",则不仅包含着其面向社会的一面,而且其立业本身也就同时代表着个体的社会身份,包括其贡献于社会的基本方式。所以说,有了"据德",则人的生命就不至于虚漂轻浮,而人生也就有了内在的"压舱石"与"定盘针";有了"立业",则人生也就有了个体立足于社会的基本身份。这样一来,人伦社会就有了分工,也有了合作;有了工匠精神,也就有了创新意识,因为无论怎样的立业、分工,都是个体与社会双向选择、相互适应的结果。

那么,这是否就彻底告别了我们传统的"天人合一"与"体用不二"呢?非也,这不但不是告别这一传统,毋宁说是这一传统在新的历史条件下的发展,同时也是对"天人合一"与"体用不二"精神的真正落实。因为自从张载提出"天无心,心都在人之心"并以"体用殊绝"批评佛老而又以"通一无二"来表达儒家的"体用不二"精神以来,就存在着一个"天命"如何向"人生"落实以及"人之心"如何彰显"天命"的问题,而随着科学的引进和发展,个体之"据德"就是对传统"天命"的落实,而个体之"立业"也就应当是个体从其人生之"用"的角度对于"天道本体"的一种彰显。这样一来,无论是"天人合一"还是"体用不二"也就告别了其古老的形上思辨状态,而真正进入了现实的人生;因而,我们的人生也就不再是在"天命"观照下仰头望"天"的人生,而我们从"进德修业"到"据德立业"也就不仅仅是对"天道本体"的落实与彰显,同时也将真正成为一种忠于自我、忠于天道的自我实现活动。至于儒家的"体用不二",也将在无数个体之自我实现的人生中彰显其"天人合一"的追求精神。

(作者单位:陕西师范大学哲学系)

"现 代"以 外

——章太炎的历史哲学与启蒙反思

吴蕊寒

一、进化史观与普遍历史

对于"现代性"这个概念,学者们早已进行了不计其数的界定和补充,启蒙以来的所有重要哲学家都对现代性有着自己的定义。自由、平等、理性、民主、人道主义等价值当然包含在现代性之中,但如今我们置身其中的"现代性"却或多或少遮蔽了其复杂意义。我们的生活境况,是制度化的现代性,技术主义、资本主义,西方现代性、官僚主义国家和民族国家体系,这始终提醒我们不断反思"现代",或者从其自身生发出革命性,发现"另一种现代化",或者彻底摒弃"现代"的价值,重新发现被现代性否定的传统之物。

但是,尽管"现代性"概念充满着含混性甚至矛盾性,不可否认的是,二分法与进化叙事是"现代性"一词的题中之义。用"现代"一词定义自身所处的时代,意味着与前现代的割裂,意味着传统与现代、落后与进步、野蛮与文明、神话与启蒙的对立,同时意味着以未来某个目的和终点为逻辑起点,来定位当下。

大卫·库尔珀将现代性理解为"间距"和"控制",间距即意味着"我们的生活与那些被先前时代甚至也许还被世界上其他一些社会视作当然的东西之间存有一种间距。我们不把因袭传统看成似乎是件很自然的事。我们不会用社会给予物严格地规范自己，这一点与我们认为的我们祖先的做法不一样"①。

因此，现代性具有反历史倾向。在韦伯等思想家看来，现代所代表的"间距"，在于"对古往今来的自我和社会的一种明白确认。现代同一性并非仅仅是历史性构造系列中的又一个例：它是对那些构造之既有根基的一种去蔽"②。现代看穿了历史，因此决然不同于传统。

回到启蒙之初，这一点更暴露无遗。康德将启蒙定义为"人从他咎由自取的受监护状态走出。受监护状态就是没有他人的指导就不能使用自己的理智的状态，"人之所以沦为被监护者，是由于懒惰和怯懦，走出被监护状态，靠的是自由，亦即在一切事物中公开地运用自己的理性的自由。他声称："如果现在有人问：我们目前是生活在一个已启蒙的时代吗？那么回答就是：不是！但却是生活在一个启蒙的时代。"③

因此，启蒙思想家将历史视作"普遍历史"，他们大多回顾性地看待启蒙以前的历史，认为是非理性力量主导下生成的悲惨戏剧，而启蒙以后的历史则是前瞻性的，预示着一个千年福王国的实现。正如柯林武德所总结的那样，"对启蒙时代的哲人而言，历史的中心点乃是近代科学精神的旭日东升，在那以前，一切都是迷信和黑暗、谬误和欺骗。对于这些东西是不可能有历史的，不仅仅因为它们不值得进行历史研究，而且因为在其中没有理性的或必然的发展；它们的故事乃是一个痴人所讲的童话，充满着叫喊和狂乱，毫无意义可言"④。康德在《关于一种世界公民的普遍历史的理念》

① [美] 大卫·库尔珀：《纯粹现代性批判》，臧佩洪译，商务印书馆 2004 年版，第22 页。
② [美] 大卫·库尔珀：《纯粹现代性批判》，臧佩洪译，商务印书馆 2004 年版，第33 页。
③ [德] 伊曼努尔·康德：《回答这个问题：什么是启蒙》，《康德著作全集》第八卷，中国人民大学出版社 2010 年版，第 40—46 页。
④ [英] 柯林武德：《历史的观念》，何兆武、张文杰、陈新译，北京大学出版社 2010 年版，第 127 页。

中集中表述了这种线性的目的论史观,他认为,在总体上,"一种造物的所有自然禀赋都注定有朝一日完全地并且合乎目的地展开。"对人类历史来说,虽然不能在人及其活动中预设贯穿古今的理性意图,但可以发现人类进程中合于理性的某种自然意图,"从这个自然意图出发,行事没有自己的计划的造物却仍然可能有一个遵从自然的某个计划的历史。——我们要看一看,我们是否将做到为这样一种历史找到一条导线,然后要任凭自然去产生能够依照这条导线来撰写历史的人物"①。"人们在宏观上可以把人类的历史视为自然的一个隐秘计划的实施,为的是实现一种内部完善的,并且为此目的也是外部完善的国家宪政,作为自然在其中能够完全发展其在人类里面的一切禀赋的唯一状态"。②

席勒同样是目的论史观的狂热拥护者,这种普遍历史对他而言代表了全世界范围内一切种群和民族的文明进程,通过普遍历史,他将空间时间化,不同地域的民族不过是处于同一个历史道路的不同阶段:"航海家向我们展示了居住在我们周围的各个不同民族,他们分别处于教化的各个极端,就好像不同年龄层的孩子围绕在一个成年人周围。他们作为活生生的例子,让这个成年人回忆起他自己曾经是什么模样,又是怎样一步步走到如今。似乎有一只智慧的手,为我们存留这些野蛮种族到这一刻:此时,我们自身的文化已经如此进步发达,已经可以将这些发现有益地运用于我们自身,并从这一明鉴之中重构出我们这一种族那被遗忘的开端。这些民族为我们提供的我们童年的情景,是何等令人羞赧,惨不忍睹!而且我们触目所见的,甚至还算不上童年最初的阶段,人类的起源比那还要粗鄙。"③横向的民族排列因此成为一个单线的纵向攀升过程,世界通史或普遍历史因此构成了文明间的等级制:"人类从一个极端攀升到另一个极端,从离群索居的洞穴

---

① [德] 伊曼努尔·康德:《关于一种世界公民的普遍历史的理念》,《康德著作全集》第八卷,第25页。
② [德] 伊曼努尔·康德:《关于一种世界公民的普遍历史的理念》,《康德著作全集》第八卷,第34页。
③ [德] 席勒:《何为普遍历史?为何学习普遍历史?》,载刘小枫编:《从普遍历史到历史主义》,华夏出版社2017年版,第164页。

人上升到才艺双全的思想者、世事洞明的练达人,这期间他都经历过哪些状态?——世界通史能够回答这一问题。"① 席勒清楚地看到,普遍历史是在回溯性地描述历史,不是按照事件发生的真实顺序由前向后讲述,而是以现在甚至未来为起点向源头追溯,"直至遗迹这一开端,然后在那里停留,沿原路折返,以标记出来的这些事实为引导,一路畅通无阻步履轻松地从遗迹这一开端再下行到当前的时代。这就是我们所拥有的普遍历史"②。普遍历史不是历史学,而是历史哲学,是哲学的智慧用人造的搭扣将经过拣择的碎片连缀起来,形成有其精神和指向的整体工程。在席勒看来,普遍历史不仅形成了对从野蛮到文明的人类历程的描画,而且有着重要的道德教化功能。

尽管在很多方面异质于康德,并且业已开始对启蒙价值的现代建制形式进行反思,但是在历史哲学方面,黑格尔和马克思代表了这种传统现代二分的进步叙事的顶峰。黑格尔认为,以普遍历史为表现形式的历史哲学,不是单纯的事实和经验,而是高于具体历史的对事实何以发生的领会。普遍历史是"理性的狡计",是理性为了实现其目的对激情的利用。对中世纪神学来说,历史是上帝的计划;对康德来说,历史是自然的计划;而对黑格尔来说,历史是有限的人的理性的计划。而马克思则进一步强调了普遍历史的单一性,经济史是唯一的历史线索,他重新断言历史事件的自然原因,"将黑格尔宣称从自然科学的管辖之下解救出来的历史学隶属于自然科学的管辖之下"③。

二、历史哲学的启蒙反思

当然,无论在西方还是东方,对这种哲学统辖历史的目的论史观的反思都从未停止。实证主义史学之父兰克就试图区分哲学与史学,争夺史学

① [德] 席勒:《何为普遍历史?为何学习普遍历史?》,载刘小枫编:《从普遍历史到历史主义》,华夏出版社 2017 年版,第 169 页。
② [德] 席勒:《何为普遍历史?为何学习普遍历史?》,载刘小枫编:《从普遍历史到历史主义》,华夏出版社 2017 年版,第 173 页。
③ [英] 柯林武德:《历史的观念》,何兆武、张文杰、陈新译,北京大学出版社 2010 年版,第 125 页。

对自身的领导权，他认为哲学关乎普遍物，将个别物视作更高的哲学原则的体现，始终向前探视和预知，而史学则关乎具体事物和日常说活，试图把握和再现既有事物与事迹，保持着向后回溯的眼光。他要求保持求真、客观、实证的态度以避免史学受到哲学的宰制。对史学家来说，"真正的哲学寓于哲学史之中"，"哲学——尤其是其独断的行事风格——体现的无非只是那体现于语言中的、具有民族性的知识而已，史学并不承认这种知识的绝对有效性，而始终将其与其他现象等量齐观"①。兰克似乎由普遍历史转向了历史主义，否认启蒙叙事的普遍正确性，认为现代也无非是历史的一个阶段，其绝对有效性只在自身体系内部才能成立。但是，他的实证主义立场仍然是新康德主义的某种遗留，他认为"我们所面对的历史，是一个进步、发展着的统一体"②，这一点是不言自明的。

而后现代对启蒙叙事和普遍历史的反驳显然更为彻底。霍克海默和阿多诺在《启蒙辩证法：哲学断片》的前言中说，他们本来的计划是揭示"人类没有进入真正的人性状态，反而深深地陷入了野蛮状态，其原因究竟何在"③。但他们的工作实际上揭示了这个问题本身已经予以了当代意识亦即现代性过多的信任。在正文中，他们辨析了神话与启蒙曲折反复的辩证关系，启蒙摧毁了神话，但神话本身却是启蒙的产物，神话已经是对巫术的普遍化和概念化。而推翻神话之后，启蒙自然成为了新的神话、新的暴政，"造物主与秩序精神在统治自然的意义上是相似的，人类与上帝的近似之处体现在对生存的主权中"④，"最终，精神概念、真理观念，乃至启蒙概念自身都变成了唯灵论的巫术"⑤。对启蒙和神话的同构性和往复性的辨认，否

---

① ［德］兰克：《论普遍历史》，载刘小枫编：《从普遍历史到历史主义》，第183页。
② ［德］兰克：《论普遍历史》，载刘小枫编：《从普遍历史到历史主义》，第189页。
③ ［德］霍克海默、阿多诺：《启蒙辩证法：哲学断片》，渠敬东、曹卫东译，上海人民出版社2006年版，第1页。
④ ［德］霍克海默、阿多诺：《启蒙辩证法：哲学断片》，渠敬东、曹卫东译，上海人民出版社2006年版，第6页。
⑤ ［德］霍克海默、阿多诺：《启蒙辩证法：哲学断片》，渠敬东、曹卫东译，上海人民出版社2006年版，第8页。

定了建构现代性概念所必需的古今对立，更击溃了进步主义和目的论史观的方向性。

在西方世界以外，进步主义和目的论史观不仅是思想史现象，而且实际上构成了近现代史的主题动机。在日本，"近代的超克"是一个被反复加以反思的主题，竹内好清晰地看到，欧洲对东洋的入侵，对欧洲来说被理解为"世界史的进步或理性的胜利"，而对东洋来说，也逐渐由征服、市场开放转为对人权、自由、教育、解放的保障，"这些形式本身象征着理性主义精神的进步。在这样的运动中产生了旨在无限趋向于完善的向上心态，以及支持这种态度的实证主义、经验论和理性主义，以等质为前提的量化观察事物的科学：所有这些都具有近代的特征"①。而在中国，随着西方的入侵，有见于中西的巨大差异，尤其是中国在物质文明上的明显滞后，新旧之别几乎是中国人最早接受的西方话语。进化论和社会达尔文在晚清民初的中国势不可挡。借由对日本东洋史学的文明史叙事的引入，中国人以进化叙事重新建构了自身的历史。可以说，被拉入一元的普遍历史所形成的世界图景，是近代中国认识自身的背景，是中西、新旧等问题展开的基盘。最终，19世纪末20世纪初，作为进化的历史的概念被中国和日本普遍接受，"正是两个对抗帝国主义的过程之中。中国与日本的知识分子常常将他们所构想的本国的落后状况，转化成为以进化历史为框架的时间范畴。他们进而将进化史观与儒释道这样的非西方宗教传统结合起来"②。

但是，无法忽略的是，在清末民初的中国，部分学者的反思同时表现出惊人的"超前"性，无论是这一思想现象，还是他们的思考内容，都是对传统——现代的二元叙事的冲击。其中，章太炎独特的历史观尤为引人注目，他一方面借助佛教资源，引入了与抽象的客观时间完全不同的时间概念，批驳了进化论的前提和结论，另一方面以齐物哲学为根柢保住了历史自身

① ［日］竹内好：《近代的超克》，孙歌编，李冬木、赵京华、孙歌译，生活·读书·新知三联书店2016年版，第258页。
② ［美］慕唯仁：《章太炎的政治哲学：意识之抵抗》，张春田等译，华东师范大学出版社2018年版，第150页。

的价值，以历史的连续性和现成性拯救民族。

三、章太炎的进化论批判

1903 至 1906 年，在因苏报案身陷囹圄的三年里，章太炎大量阅读佛教书籍，他的思想由此发生了翻天覆地的变化，在唯识宗的影响下，他对于世界的生成和变化、空间和时间的概念等根本问题的看法已经迥异于西方现代科学，后者在他入狱之前，也曾对他产生过深刻影响。

在《齐物论释》中对"日夜相代乎前，而莫知其所萌。已乎，已乎！旦暮得此，其所由以生乎"一句的注解中，章太炎阐发了他所理解的时间概念：

> 虽尔日夜相代，莫知所始，能起有边无边之论，时若实有，即非唯识，天籁之义不成，故复应以"旦莫得此其所由生"。"此"者，即谓能自取识。大抵藏识流转不驻，意识有时不起，起位亦流转不驻，是故触相生心，有触、作意、受、想、思五位。受想思中，复分率尔堕心、寻求心、决定心、染净心、等流心五位。如是相续，即自位心证自位心，觉有现在；以自位心望前位心，觉有过去；以自位心望后位心，比知未来。是故心起即有时分，心寂即无时分，若睡眠无梦位，虽更五夜，不异刹那。(近人多谓因观物化，故生时分之想，此非极成义也。如人专视一金，念念想此一金，念亦无变，金亦不化，而非于此位无时分前后觉。)然则时非实有，宛而可知。[1]

由于万法唯识，章太炎否定时间的客观性和均质性，他认为时由心造、时由心变，是心识的不断流转生成了时间，产生了时间感。由于每个人的心识作用不同，"时为人人之私器，非众人之公器"[2]，只不过由于众人的心识都恰巧有此见分，产生了法执，认为时间是实有。他举合奏吹竽为譬喻，

---

① 章太炎：《章太炎全集：齐物论释定本》，上海人民出版社 2014 年版，第 82 页。

② 章太炎：《章太炎全集：齐物论释定本》，上海人民出版社 2014 年版，第 82 页。

尽管合奏的时候起止和声调一致，如同一个人、一件乐器一般，实际上仍是每个人自有其声。所以，即便有了约定俗成的时间单位和度量，人们对时间的感受仍是不同的，"童龀以往，觉时去迟，中年以来，觉时去速，淫乐戏忘者，少选而岁逝，春畦勤苦者，待限而不盈，复有种种别相，各各不同"①。对时间的主观感受和客观计量之间的偏差，在章太炎看来，正说明了时间实有观念的虚妄性。

在普遍历史的观念中，作为历史的普遍主体的人不断行进在时间的河流之中。而章太炎对客观均质的时间的否定，使得每一个体都变成了无法由时间统摄的涓涓细流，行进的轨迹由每个人心识的变化生成，不具有方向性，既不可能存在明确统一的指向和目的，更无所谓进退。在《俱分进化论》中，章太炎详细阐释了这一点。

进化论和社会达尔文主义烈风骤雨一般的洗礼并非没有对章太炎产生过影响，戊戌变法失败后逋逃于台湾、日本期间，他深涉斯宾塞、吉丁斯、岸本能武太等人的社会学著作，《原人》、《原变》等篇章中也出现了"人之始，皆一尺之鳞"②、"物苟有志，强力以与天地竞，此古今万物之所以变"③等语，此时章太炎的确认为，社会历史变化是有规律和原理可循的，如果推知了历史变化的原理，就能够有意识地作用于未来，历史研究的意义正在于藏往以知来。1902年前后，章太炎曾有志于著写中国通史，多次与梁启超、吴保初等人通信商讨此事，是年重修《訄书》，也有数篇论及编史事宜，其中《哀清史》文后所附"中国通史略例"最为清晰地展现了西方社会学留下的思想印迹。章太炎认为中国的史籍偏重胪叙事状、褒贬人物，而"史职所重，不在褒讥，苟以知来为职志，则如是足也"④。他认为编写《中国通

---

① 章太炎：《章太炎全集：齐物论释定本》，上海人民出版社2014年版，第82页。
② 章太炎：《原人》，《章太炎全集：訄书》（初刻本），上海人民出版社2014年版，第21页。
③ 章太炎：《原人》，《章太炎全集：訄书》（初刻本），上海人民出版社2014年版，第21页。
④ 章太炎：《哀清史》，《章太炎全集：訄书》（重刊本），上海人民出版社2014年版，第331页。

史》，应当"镕冶哲理，以祛逐末之陋；钩汲智沈，以振墨守之惑"①。试图将书志改造为社会史，借之发明社会政治进化衰微的原理。②

但从 1906 年的《俱分进化论》来看，无论是社会进化的价值还是原理，都遭到了章太炎的彻底批判。

首先，在"进化"的价值问题上，章太炎主张"进化之实不可非，而进化之用无所取"。他将黑格尔视作进化之说的滥觞，达尔文和斯宾塞分别在生物和社会领域发展了这一观念，而赫胥黎和叔本华则对进化的结果提出了异议。章太炎一定程度上赞成赫胥黎和叔本华的悲观态度，认为进化不会达于"尽美醇善"之区，而是"双方并进"，尽管智识确实可谓进化，但是，"若以道德言，则善亦进化，恶亦进化；若以生计言，则乐亦进化，苦亦进化"③。因此，如果以求善、求乐为目的，那么善恶俱进、苦乐俱进的境况就不可谓之"进化"。

更重要的是，在社会演化的原理上，章太炎的理解根本不同于将人视作合于某种自然规律的普遍主体的进化论学者。社会的诸方面不能一概而论，在承认人的智识和强力不断进步的同时，章太炎对善恶并进和苦乐并进的原因进行了分别论述。

在善恶并进的问题上，他以阿赖耶识种子的熏习和现行理解"进化"。他认为，由于阿赖耶识无覆无记，即不经熏染、无善无恶，生物的本性也是无善无恶的，但是第七识末那识有覆无记，第六识意识兼有善、恶和无记（即无善无恶），所以生物的作用可以为善，也可以为恶。之所以如此，根源上是因为善恶种子就伏藏于阿赖耶识其间，阿赖耶识变现过程中的杂染熏

---

① 章太炎：《哀清史》，《章太炎全集：訄书》（重刊本），上海人民出版社 2014 年版，第 331 页。
② 此篇作于 1902 年，1910 年北图本已删去略例及目录，且此前文字已有修改，将抽象、分析、演绎、社会、哲理、进化等新词改为旧语；至《检论》时期，无略例及目录，增入《近史商略》，关注重点已不在社会历史变化原理，而在如何如实地存一代之史。
③ 章太炎：《俱分进化论》，《章太炎文集：太炎文录初编》，上海人民出版社 2014 年版，第 405 页。

习就是进化；藏识种子构成了进化的根源，而进化的动力，在章太炎看来，是"我慢心"。他提出，末那执阿赖耶识以为自我，念念不舍，于是生四种心，除了古希腊哲人所谓真、善、美之外，还有好胜心。"好善之念，惟是善性；好美之念，是无记性；好真之念，半是善性，半无记性"，"此好胜者，由于执我而起，名我慢心，则纯是恶性"①。所以，人的偏好和行为兼杂善恶，在个体上可能表现为偏善或偏恶，而对社会、国家等群体来说，善恶总是势均力敌、同举并进的。

而在苦乐并进的问题上，章太炎认为，进化对人的生活境况的改善，实际上都会同时增强痛苦与快乐。由于感官愈敏、毁伤愈少、思虑愈精、资具愈多、好尚愈高、寿数愈长，怨憎会、求不得、爱别离等感受都愈加强烈、密集、绵长，无论对群体还是个体，苦乐相资都是普遍存在的。

如上所述，章太炎在原理和价值层面批驳进化论有其源自唯识宗的哲学根柢，但与此同时，也有基于民族危亡和反帝国主义的现实考量。

与启蒙辩证法对神话和启蒙的辩证分析相似，章太炎多次斥以进化标举公理凌压个人为"进化教"②，有意识地解构文明和野蛮对举的"文野之见"，在《齐物论释》中，章太炎借"尧问"章阐发了"齐文野"的主张：

> 原夫《齐物》之用，将以内存寂照，外利有情，世情不齐，文野异尚，亦各安其贯利，无所慕往，饔海鸟以太牢，乐斥鷃以钟鼓，适令颠连取毙，斯亦众情之所恒知。然志存兼并者，外辞蚕食之名，而方寄言高义，若云使彼野人，获与文化。斯则文野不齐之见。③

"志存兼并"者无疑是指侵略中国的西方国家，启蒙理性、社会进化、进

---

① 章太炎：《俱分进化论》，《章太炎文集：太炎文录初编》，上海人民出版社2014年版，第409页。
② 章太炎：《四惑论》，《章太炎文集：太炎文录初编》，上海人民出版社2014年版，第478页。
③ 章太炎：《章太炎全集：齐物论释定本》，上海人民出版社2014年版，第118页。

步史观就是"寄言高义",将西方和中国分别与现代和传统对应,与文明和野蛮对应,编织侵略和掠夺的借口,或要求全盘西化、合种通教,这在章太炎眼中,是文野之见的主要所指。

不应忽略的是,这一明确的现实关切同样在哲学层面上得到了论证。基于唯识宗三自性学说,章太炎明确认为第六识意识[①] 生成的遍计所执性应该得到彻底的排遣,并以小乘诸法但名宗及中世纪唯名论比附,意在突出其执名言为唯一实有的周遍性。遍计所执性之所以是全然的虚妄,之所以必须彻底排遣才能证成圆成实性,不但因为其执著心识幻化者为实有,而且因为这种"实有"具有普遍性和排他性。因此,排遣遍计所执性就是要破除普遍性和排他性,通过指明它的虚妄性来实现荡相遣执、去妄存真。这就导向了对一元论和绝对真理的否定,章太炎对进化、公理、文明、唯物等概念的批判正基于此。在《齐物论释》中,章太炎进一步指出,不管何种学说,本质上都不外乎是非之见。"成心",即阿赖耶识所藏种子,是一切是非之见的原因。而自以为绝对真理的学说,以及因此发生的论辩,都是随逐遍计之言。这种"有成心而后有是非",体现在历史观上,就是将一种是非之见作为评判历史得失的永恒标准:

> 《寓言》篇云:"孔子行年六十而六十化,始时所是,卒而非之,未知今之所谓是之非五十九非也。"斯则五十九时所谓是者,固无非想,今以六十时见非五十九时见,其事虽可,必云当五十九时已非,则为倒论。所以者何?五十九时自非之心未成故。又况道本无常,与世变易,执守一时之见,以今非古,以古非今,此正颠倒之说,比于"今日适越而昔至",斯善喻乎。[②]

---

① 章太炎对八识和三自性进行了如下的对应:圆成实性是庵摩罗识,即阿赖耶识转染成净证得;依他起性是阿赖耶识、末那识及眼耳鼻舌身五识虚妄分别而成,只有第六识意识,由于具有恒审思量的作用,能够"周遍计度刻画"、"依假名言建立自性",因此是生成遍计所执性的唯一心识。

② 章太炎:《章太炎全集:齐物论释定本》,上海人民出版社2014年版,第89—90页。

今之所见与昔之所见固然不同，却不可执今之所见为是，而以昔之所见为非。时间概念非实有，无论多长的历史，根本上都是阿赖耶识幻化而成，历史本身无始无终，非真非幻，而希望从历史中找寻永恒的规律和秩序，更是于非有中起增益执。泥古与进化，所执不同，前者执古以非今，后者执今以非古，但都梏于"天不变道亦不变"，都是"以汉律论殷民，唐格选秦吏"[①]。

四、章太炎的历史哲学

如果将哲学根柢和现实考量视作章太炎在真、俗两个层面上对进化史观的批判，那么他在真俗二谛意义上的应对之举也清晰可见。

首先，在彻底、究竟的真谛层面上，《五无论》看似表达了章太炎对历史终点的看法。这一"设计"似乎与目的论史观同样指向一个理想的"清净殊胜之区"，甚至也具备一个阶梯性的实现过程，但事实上，与他去本体和去主体性的哲学观点一样，是以无为旨趣、纯然否定性的。在《五无论》的设计中，历史应当由目前的状态，首先发展到无政府、无聚落，然后达到无人类、无众生，最后实现无世界，这看似仍是线性递进式的历史观，却从第二阶段就要求消除人类乃至众生，最终更是指向器世间的彻底毁灭。可见"清净殊胜之区"作为"真"，对与现世，即"俗"，不是建设性的辩证否定，而是全然的灭弃。《五无论》关注的不是此世的人类生活，处理的不是可以预见的未来秩序的问题，因此其论述内容也超出了历史哲学的范畴。

可此世生活往何处去毕竟是亟须面对的问题。虽然《五无论》中，章太炎对当下局势主张以"随顺有边为初阶"，甚至拟制改良共和政体的四种制度设计，作为"翔踱虚无之道"的基础，但是"初阶"与"高阶"之间的断裂是显而易见的，随顺有边的举措似乎不过是真对俗的暂时性妥协，一切行动都是消极的，在某个毁灭性时刻之前的历史过程及身处其中的人类生活，

---

① 章太炎：《章太炎全集：齐物论释定本》，上海人民出版社 2014 年版，第 90 页。

因此显得毫无意义。幸而章太炎并未止步于此，他最终完成了"回真向俗"的思想转向，重新赋予历史自身以坚实的意义。

在俗谛层面上，章太炎的历史哲学正表现为他保存国故、提倡国学、强调历史教育，尤其是"夷经为史"的主张。

作为一位古文经学家，章太炎自始至终保持着与廖平、康有为、皮锡瑞等今文家针锋相对的经学立场，他尤其强调征信，反对以己意说经，他早期对《春秋》经传的独特理解也体现了这一点。廖平主张《春秋》是孔子构造其事而加诸王心，《左传》自造事迹以释经，与公榖同为今学，章太炎对此予以反对。他认为，《春秋》固然存孔子之教，但记述的都是有实可征的信史，《左传》也同样建基于事实："大抵《左氏》以事托义，故说经之处，鲜下己意，而多借他处之义以释之。故其义最难知，而其功如集腋榖材，非二百四十年之遗语，不足以回旋其意也。"[1]《春秋》经传的独特价值，来源于材料的真实性、完整性，而非三统、三世等理论构想。他告诫今文家"信言不美，美言不信"，在完备精巧的历史理论与客观事实之间，在"名理"和"期验"之间，章太炎选择了后者。[2]"六经皆史"在他看来并非是将六经"夷平"为古史，以孔子为古良史更不是对孔子权威地位的贬抑，相反的，通经致用之说不过是"汉儒所以干禄，过崇前圣。推为万能，则适为桎梏"[3]，近世公羊家主张素王改制、三统三世之说更是以师心自用、不晓世变、厚诬孔子。

在《齐物论释》中，章太炎为夷经为史提供了充分的理论依据：

"《春秋》经世，先王之志"，"经世"亦见《外物篇》，《律历志》有《世经》，则历谱世纪之书，其短促者，乃是纪年，《春秋》以十二公名篇，亦历谱世纪也。"志"即史志，慎子云：《诗》，往志也，《书》，往诰也，《春

---

① 章太炎：《今古文辨义》，《章太炎政论选集》上册，中华书局 1977 年版，第 112 页。
② 《征信论》："诸学莫不始于期验，转求其原。视听所不能至，以名理刻之。独治史志者为异。始卒不逾期验之域，而名理却焉。"
③ 参见章太炎：《与人论朴学报书》，《章太炎文集：太炎文录初编》，上海人民出版社 2014 年版，第 155 页。

秋》,往事也。往事,即先王之志,明非为后王制法也……若夫加之王心,为汉制法,斯则曲辩之言,非素王之志矣……若夫《春秋》者先王之陈迹,详其行事,使民不忘,故常述其常典,后生依以观变,圣人之志,近乎斯矣。①

《春秋》如果内蕴文实褒贬的义例、笔法,是孔子加之王心、为汉甚或是为万世所立的大经大法,那么孔子就与"齐其不齐"者无异,是以师心成是非,执俗为真,周度遍计为圆成实性。这无疑是对孔子和《春秋》的价值的贬损。

在代表了其春秋学最终立场的晚年著作《春秋左氏疑义答问》中,章太炎论《春秋》缘起,以为有二,一是"四夷交侵,诸夏失统,奕世以后,必有左衽之祸,欲存国性,独赖史书"②,故集百国宝书,宗周公旧法,所以《春秋》必须是对历史准确如实的记述,章太炎认为《左传》与《春秋》皆是孔子和左丘明共同完成,"存其旧文于《经》,而付其实事于丘明以为《传》,错行代明,使官法与事状不相害,所谓《经》《传》表里者此也"③,此说不是为了维护左氏师法,而是为了使得《春秋》成为历史的精准且丰富的副本,这也是解"经世"为历谱世纪、解"志"为史志的深意所在。《春秋》缘起之二是为救乱世,但《春秋》所以能救乱世,不是因为圣人立法,也不是因为使乱臣贼子惧,而是因为它将历史本身完整地呈现出来,"禀时王之新命,采桓文之伯制,同列国志贯利,见行事之善败,明祸福之征兆,然后可施于乱世,关及盛衰"④,也就是所谓的"依以观变"。

历史的意义和作用,在于前言往行本身,而不在历史哲学之中。试图将杂乱无章的史事条分缕析,挖掘或建立历史意义,只能是对历史意义的遮蔽。所以在章太炎这里,历史与语言和血统一样,不是因其内容

---

① 章太炎:《章太炎全集:齐物论释定本》,上海人民出版社 2014 年版,第 115—116 页。
② 章太炎:《章太炎全集·春秋左氏疑义答问》,上海人民出版社 2014 年版,第 270 页。
③ 章太炎:《章太炎全集·春秋左氏疑义答问》,上海人民出版社 2014 年版,第 282 页。
④ 章太炎:《章太炎全集·春秋左氏疑义答问》,上海人民出版社 2014 年版,第 270 页。

上的普遍价值，而是其形式上的连续性、现成性而对维持民族性具有重大意义，中国的历史和传统也并不因其内容的特殊性而具备超越其他民族的优越性。章太炎的历史哲学，是对哲学的否定和对历史本身纯形式的凸显。

从历史哲学的角度来看，现代性的问题不在于否定诸神，而在于认为只有自身否定了诸神，进而给予人们一种普遍历史的错觉。似乎前现代被否定的诸多方面的反面已经提供了当今世界的唯一统一化意义，指向了历史的顶点，即便重新加以反思也应当在一个统一化的后现代性中被超越。因此，进化论、达尔文主义、辉格史观、黑格尔的绝对精神、马克思主义的唯物史观在现代性的历史哲学中轮番登场，即便是许多试图挣脱现代性铁笼，反思启蒙价值的思想家，也仍不得不使用传统、现代、后现代这样的语词。

在"现代"语境下反思章太炎，与在章太炎的语境下反思"现代"都非常具有启发性。后者意味着超越现代性的历史哲学视野，将被截断的"传统"和"现代"都视作未完成之物，以连续性和多元性取代被建构出的线性二分，而前者意味着不再粗暴地将他划分进保守或进步的阵营，蹩脚地称之为文化上保守、政治上激进，而是在他置于全球性、历时性的对启蒙价值和现代秩序进行严肃反思的浪潮之中，建立他们的对话关系，从中寻求我们身处现代社会以外的可能性。

（作者单位：北京大学高等人文研究院）

文明对话与对话的文明

文明传播的时代巨人

——敬贺维明师八十华寿

郭　少　棠

文化情怀总是令人神往的!

20 世纪 60 年代,在香港九龙一个不起眼的地方,静静地矗立着一所狭小却充满文化情怀的学府,它默默地在花果飘零的时代撒播新一代文化的种子。每年都有二三百名学生从这里毕业,他们多少都带着"艰险我奋进,困乏我多情"的"新亚诚明"精神走向世界。

这里是我文化生命孕育的园地,于此幸遇多位恩师,君毅、宗三、德昭、国栋等老师,为我打开了中华文化广阔而深邃的世界,我的文化身份翛然地在这些文化巨人的肩膀上成型。

1972 年我从新亚书院毕业之际,获得了一个意外而莫大的荣幸:君毅及宗三老师邀请我与他们一起,出席夏威夷大学举办的哲学会议。宗三老师很慷慨,让我与他同住一个房间,照顾他的饮食并充当翻译。会议上除了见到方东美、陈荣捷、狄百瑞等著名学者外,也见到了当时尚年轻的杜维明和成中英教授。这是我第一次与维明师相遇。会议之后两个月,在加州大学伯克利分校,我正式成为维明师的学生。由于我在伯克利修读比较欧洲与中国近代思想史的双重主修课程,需要较多的时间研究欧洲思想史,以便追上那些专门研究欧洲思想史的美国学生。在中国历史方面只能集中跟随维明师和中国共产党史专家 Franz Schurmann 研究 19、20 世纪中国思想的变迁，以深入探究我远赴美国求学期望了解的三个问题：1.中华民族为什么选择了马克思主义的道路？2.正当"文化大革命"的时代，中华文化有什么未来？3.中华文化与西方文化碰撞与融合的机遇？为了回答这三个问题，我的研究重点包括比较马克思主义、比较文化现代化及比较中西智慧传统（wisdom traditions）。所以当学习欧洲思想时，我必会提出一些与中国相关的问题或经验，同时又以欧洲的经验或知识深化中华文化的研究。我在担任维明师中国近代思想史课程的助教时，往往也鼓励美国学生尝试以比较历史的角度认识中国历史。最后，我的博士论文是研究第一次世界大战之后德国魏玛共和国的一所政治学院，它是德国近代历史上第一所政治学院。论文的第一章是研究蔡元培在北京大学推行教育改革的政治文化意义。维明师对我的论文给予了指导，因为他对欧洲思想也有深厚的认识。

博士毕业后，我离开美国返回香港中文大学任教，几位恩师尚在，但不到两年，君毅及德昭老师先后辞世，我大有树欲静而风不息的感慨。宗三师不久也迁居台湾，国栋师等相继退休，新亚诚明精神的传承问题更形迫切。在此情形下，我目睹到，维明师对于中华文化尤其是儒学，既传播推广，更深化根源，掘井及泉，而这正是唐、牟老师的宏愿。

由于我选择了比较中西思想的工作，这条道路漫长而充满挑战。此外我倾向于君毅师的理想，透过大学教育来散播及培养文化的种子，强调知行合一，转化经验为智慧，为知识传统注入新的存在意识。在20世纪八九十年代香港正经历重要的时代变革，我的教育及学术工作的范围变得更多元化而互相渗透。也在这个阶段，维明师转往哈佛大学全力推动儒学及比较宗教更广阔的文化传播的工作。他的影响遍及欧美亚洲，成为新加坡发展中华文化、欧洲神哲学者反省普世价值及全球伦理、东亚文明的重新思考等文化创新事业的传播的中坚力量。由于我当年赴美升学有幸荣获哈佛燕京学社特设的硕士博士课程的奖学金，加之后来维明师亦主管哈佛燕京学社，虽然接触并不紧密，但我仍有不少机会参与和支持维明师东亚文明及文化中国建设的工作。维明师数次访港，包括在香港中文大学主讲文化中国概念的构思及意义，我也都努力从旁配合。

后来，维明师定居北京大学，创建高等人文研究院，在广阔的中华大地传播他创新的思想。我们在北京、嵩山、尼山等城市的中华文化会议上常会相聚。由于受到各种因素的限制，我没法在高研院的具体工作上为维明师尽犬马之劳，深感遗憾。不过，我深信，维明师在儒学的国际化、社会化及企业管理层的推广成就，尤其把中国哲学正式纳入世界哲学的广大领域，成就斐然，贡献深远，已为他确立了文化传播的时代巨人的地位。他与世界哲人学者进行持久的对话，使他能够更深入地追寻儒学的文化泉源，也为他奠下文明对话的时代巨人的基石。跟维明师走过 47 年的文化旅程，印象最深刻的，也是最能反映他作为中西文化传播巨人的，便是他在大型国际研讨会上，透过流畅自然的英语，以优美细致的中外学术概念，准确而有深度的分析，探索复杂的中西文化思想问题。他近年来探讨儒家精神人文主义思想，如果没有深厚的比较中西文化思想的学问，很难想象能这样中西古今融会贯通及文采飞扬地表述。在英语人文学术世界，能达到这种境界的恐怕也不易见。跨文化的能力已确立为人类文明进步的必要条件，维明师的跨文化的深度更令人肃然起敬。透过这股深厚的跨文化动力，使他探索的儒学精粹能够稳固地矗立在广阔的世界哲学传统中，为中国哲学奠下一个崇高的国际地位。

自 19 世纪末中华文化被吸入世界文化的大潮流，在这个世界文化的大舞台寻找它的角色。我与维明师有着深远的渊源，作为一个面向国际的学术及教育工作者，我的观察和评价既有一定的主观认识，又能保持学术的客观性。

维明师一直是我学习的榜样，虽然我们选择的路向不尽相同，老师的成就始终是最好的激励及鼓舞。在今年维明师八十大寿的喜庆日子，文化情怀更充满着敬意及思念。诚明的日子一去不复返，伯克利的自由气氛只能追忆，回顾老师的成就和贡献来得更有意义。

（作者单位：北京理工大学珠海学院荣誉学院）

"东亚文化交涉学"的关键词[*]

——全球化时代文化研究的新视野与新视角

陶 德 民

一、关西大学倡导《东亚文化交涉学》的基础和契机

《东亚文化交涉学》由关西大学首倡，实非偶然。关西大学以近世日中交涉史研究闻名国际学界，首先是由于 20 世纪 60 年代大庭脩先生关于江户时代《唐船持渡书》（唐船即清船）的研究。关于这些书籍本身的意义已有一些研究，此不赘言。[①] 值得重视的是，大庭脩先生着力开辟这一研究领域的问题意识。[②] 当时学界的常识是，江户时代为锁国时代，很少有对外交往（其实，当时日本与朝鲜、琉球有外交往来，与清朝、荷兰有贸易往来）。而论交往，也只是注意与荷兰的交往，即只关注兰学和在长崎的荷兰商馆，而对与唐人（即清人）贸易和同在长崎、近在咫尺的唐人商馆（其旧址直到近年才刚刚得以修复和彰显）则视而不见，置若罔闻。这种错误的常识是由日本近代的两个所谓《政治正确》的历史观所造成的。第一，明治政府将被其推翻的德川幕府所统治的时代抹成一团漆黑，而锁国也被认为其罪

---

* 本文发表于关西大学《东亚文化交涉研究》创刊号，2012 年 3 月，转载时略有改动。

① 参见周振鹤：《持渡书在中日书籍史上的意义》，载王勇编：《书籍之路与文化交流》，上海辞书出版社 2009 年版。

② 参见大庭脩：《江戸時代の日中秘話》，東方書店 1980 年版，"後記"。

过之一,这是所谓《萨长史观》(指在明治维新中起了关键作用、以后垄断政府主要职位达半个世纪的萨摩・长州两藩要人的史观);① 第二,近代日本脱亚入欧,跻身列强俱乐部,因为中国的近代落伍而无意中忽视或是有意识忘却近世日本与古代日本一样受益于中国文化影响的事实,这是所谓《欧化史观》。大庭脩先生敢于反潮流,根据长崎留存的竞标买卖记录揭示了当时 8000 种以上汉籍由唐船舶来日本的基本事实,并据此撰写了《江户时代的中国文化受容的研究》一书,破除了旧的错误常识,终于在 1986 年获得日本学士院奖这一日本学界最高的荣誉。②

几十年来,关西大学的老一代学者和新一代学者以东西学术研究所为主要基地,以大庭脩先生的《江户时代的〈唐船持渡书〉的研究》为首卷,陆续出版了百余种研究丛刊和资料集刊。此外,还通过各大学出版社和商业出版社推出了数百种著作。③ 这样一支团队,在与文化人类学和社会史,比

---

① 曾为幕臣的中村敬宇和出身萨摩的重野安绎关于德川幕府对外政策的开明和保守有截然相反的评价就是明证。(参见陶德民:《明治汉学者的多元主义的文明観—中村敬宇、重野安繹の場合—》,载藤田正胜ほか编:《東アジアと哲学》,京都:ナカニシヤ出版、2003 年 3 月)

② 当然,大庭的工作也有其先驱,例如藤冢邻(1874—1948)的《清朝文化東傳の研究:嘉慶、道光學壇と李朝の金阮堂》、中山久四郎(1874—1961)的《清朝学术思想史:近世支那学術の我国近世の学術に及ぼしたる勢力影響特に其経史二方面につきて》等。

③ 例如,松浦章教授的清代海上交通史及贸易史的研究,以及他和薮田贯教授对漂到日本的清代遇难船只和漂到中国的日本遇难船只相关史料的研究也使关西大学的近世日中交涉史研究闻名遐迩。而在这一领域以外,研究中亚语言文化和日本汉学史的石滨纯太郎教授,研究中日古代中世交通史的藤善真澄教授,研究老庄和道教的福永光司教授,研究中国道教和思想史的坂出祥伸教授,研究近代中国文学史的增田涉教授,研究满语和老舍的日下恒夫教授,研究日中美术史的山冈泰造教授,研究元典章和东亚法制史的奥村郁三教授以及研究东亚历史地理学的高桥诚一教授也在日本学界享有盛誉。20 世纪 80 年代后期以降,关西大学的东亚研究阵营逐渐增加新的成员,比如研究东西语言文化接触史的内田庆市教授,研究中日近代语汇交流史的沈国威教授以及研究江户时代唐话和翻译史的奥村佳代子教授,研究中国思想史的河田悌一教授(近代)和吾妻重二教授(近世),研究近世中国文学的井上泰山教授和研究现代中国文学的萩野脩二教授,研究中国西北边疆史的藤田高夫教授和

较语言、比较文学和比较文化研究，全球史、跨国史及海洋史等相关领域的互动之中，并在后现代主义及后殖民主义，"从亚洲出发"和"以中国为方法"等新视野的刺激下，终于申报成功日本人文科学最高级别的研究资助项目（Global COE，即全球卓越中心）的机会，在2007年10月创立关西大学文化交涉学教育研究中心（Institute for Cultural Interaction Studies，简称ICIS），开始倡导"东亚文化交涉学"（以下简称"交涉学"）这一新的研究领域和方法。

二、"越境"·"周边接近法"·"多对多"——2007年10月 ICIS 成立会议

关西大学文化交涉学教育研究中心创建之际，对以往的文化交流研究做了以下反省：

第一，以往的研究主要是针对个别专门领域的文物及制度所进行的事例研究。虽然对语言、思想、民族、宗教、文学、历史等各领域进行个别叙述并积累了一定的成果，但对把握文化交涉的全貌所需要的方法论的开新却未加重视。这也恰恰反映出现代人文研究的某种现状，即把同类事物用同一方法加以逐个研究，而未能对之进行多学科的交叉性考察，故不能对研究对象作全方位和总体性的把握。

第二，以往的文化交流研究局限于以民族国家为单位的研究框架，例如日中交流史的研究是在两个国家的框架之中展开，这样，跨越国境的新

研究中国北方民族史的森部丰教授，研究道教和中国民间信仰的二阶堂善弘教授和研究伊斯兰教的小田淑子教授，研究亚洲人文地理学的野间晴雄教授，研究东南亚文化人类学的熊野健教授，研究江户美术史的中谷伸生教授，研究日本史的原田正俊教授（中世）、薮田贯教授（近世）和大谷渡教授（近代），以及研究日本近代文学的增田周子教授等。我本人研究近世近代日本汉学史和东亚国际关系史，因为20世纪80年代前期在复旦大学读硕士时曾来关西大学搜集资料，80年代后期在大坂大学读博士时也经常来此参加研究会，对该校著名的内藤湖南文库和增田涉文库等的丰富收藏印象极为深刻，故在1996年从美国麻省州立学院前来加盟。

的研究领域就难以形成。关于东亚，虽然已有超越国家界限的东亚世界、东亚文明和东亚文化圈等概念的存在，却未脱离所谓"文明—野蛮"以及"中心—周边"的传统模式。因此，本来是双向进行的文化交流的本质遭到忽视，中国和周边国家的关系被误解为水往低处流这样的单方向运动，因而不能把握文化接触和变异的多样性，在研究上难以摆脱单调平板和千篇一律的弊病。①

为了突破以个别学问领域和民族国家为分析单位的研究框架，关西大学文化交涉学教育研究中心设定了以下三个主要视角。第一，"通过人与物的媒介追踪文化传播的各种途径"。这里所说的"人"即个人或集团，"物"即书籍或商品以及借以运送的船舶等交通手段，以及规定以上人物之间互动的国际环境等，这些都可以作为研究对象。但是特别强调研究者要注意把研究对象放到"东亚"这个大环境中去作综合分析。第二，"重视文化接触及互动的区域性"。在研究过程中设置"东北亚"、"亚洲沿海"、"亚洲内陆"和"亚洲域外"等四个区域研究班，研究这些区域与中国文化之间的互动关系，以便搞清各区域文化的特征及其在东亚这个整体中的定位。第三，"透过他者视角观察文化互动及文化认同"，亦即自觉地运用"周边接近法"来把握东亚文化交涉的形态和文化主体性的特征。② 作为研究方法，避免固定地设定文化中心，也不采取将一国或一个地区的文化与其他文化孤立

---

① 例如，我在 2010 年 9 月 10 日关西大学召开的有日本、中国大陆和台湾地区，以及韩国的学者参与的会议上致开幕词时指出，"今天，我们聚集在关西大学百年纪念会馆里，召开纪念朱子诞辰八百八十周年的研讨会，当然不单单是为了上探朱子学的源头，'找本家'，'续族谱'，更重要的是为了探讨八百余年来朱子思想在东亚各国的多样性发展及其普世意义。换言之，是为了从朱子思想和后人，特别是近世近代的日本人和朝鲜人、韩国人的实践（包括继承、发挥和反论、批判两个方面）中汲取智慧和营养，以便找到线索和借鉴，更好地解决今日世界在人文和生态方面所面临的一些重要问题"，用意也在于此。"找本家"的日语表现为"本家探し"，是我在同年 7 月下旬参加公共哲学研究所召开的石田梅岩心学研究会时听到的一位日本资深学者的批评意见，可谓忠言逆耳。
② 藤田高夫：《写在东亚文化交涉学创建之际》，关西大学：《东亚文化交涉学研究》创刊号，2008 年 3 月。

开来进行研究的方法。而是将东亚放在多对多的关系中加以解析，将东亚界定为通过不断的文化接触的连锁反应的结果而构筑成的复合体，并从人文学的各种观点对其重新阐释。这是以东亚为研究对象的文化交涉学所肩负的使命。

三、"文化生活境界"·"东亚化"·"区域史"——2009 年 6 月 SCIEA 关西年会

2009 年 6 月东亚文化交涉学会（Society for Cultural Interaction in East Asia，简称 SCIEA）在关西大学创立时，我在致辞中对学会的研究对象做了如下阐释，即我们的研究将聚焦在以东亚为舞台的文化交涉，它包括东亚各国之间的文化交涉以及东西方之间的文化交涉等两个方面。① 此外，还特别引用内藤湖南的"文化生活境界论"——"所谓国民抑或民族在世界上存在的目的，不只是单纯地创造财富，而是创造能够使全世界人类共同进步的文化"。"征服自然绝不是真正的文化。也不是民族生活的顶峰。在此之上是将自然'醇化'，即保护自然、发展自然、在自然中安定地生活。如果能达到这种程度，便不可不谓是真正的文化生活了"——来说明学会的使命不仅在于说明迄今为止的文化交涉是怎样发生和发展的，还在于通过越境型的研究来寻找和想象更好的生活方式和游戏规则。因为过度的开发已经造成地球环境的破坏，动摇我们自己赖以生存的物质基础了。②

在会上，哈佛大学教授、跨国史研究的权威入江昭（Iriye Akira）先生作了发人深省的主旨报告。他指出，跨国史研究虽然在 20 世纪末才逐渐蔚为一股潮流，在冷战时代已经有了它的萌芽。1972 年，在意大利伦巴底

---

① 2010 年 5 月东亚文化交涉学会在台大举行第二届年会，我在圆桌报告中提议把"东西方之间的文化交涉"改作"东亚与东亚以外的世界各地的文化交涉"。其内容详见本文第六节。

② "Preface," *Journal of Cultural Interaction in East Asia*, vol. 1, 2010. 原文为"民族の文化と文明とに就て"之一节，载《内藤湖南全集》第 8 卷，第 141—147 页。

的首府米兰附近的小镇贝拉吉欧（Bellagio）曾经召开过一个会议，参加者来自世界各地，旨在建立一个"以个人为基础的网络，其关注所在是改进人民和国家之间长期以来形成的文化关系，从而超越政治、军事和意识形态的壁垒，因为这些壁垒扭曲和妨碍了人们发展正常的交往关系。"跨国史学之所以以研究文化现象为主，是因为（1）文化较为平易而便于分享，而非等级森严，例如国际关系往往聚焦于军事和经济力量，强调统治和从属；（2）个人记忆和集体记忆（特别是具有居住他国之体验者）与官方记忆不同，后者往往把国家利益放在首位；（3）文化和记忆都是比较易于跨越国境的；（4）世界上的各个自然地带往往可以构成越境的空间。应该说，虽然东亚地区也有过暴力冲突以及和平的贸易活动，但正是通过这些相互矛盾和重叠的交涉，形成了共通的东亚区域意识，以及对于共同尊崇的文化遗产的分享意识。

入江进一步提醒我们，应该注意研究下列问题：（1）东亚区域的认同是如何形成的？（2）如果极端民族主义出现——正像其以往不时出现那样——并质疑任何跨越国境的认知之有效性时，应该如何应对？（3）虽然有学者和教授意欲克服极端民族主义，投身共同担负的越境交流，但他们所组成的知识共同体足以依靠吗？（4）是否有可能发展出一个不限于东亚，而是包括亚洲其他地区，甚至整个世界的越境的记忆—价值共同体？

入江还把他所熟悉和参与的欧洲的跨国史研究做了如下介绍，即欧洲的史学家们对透过历史追寻"欧洲"和"欧化"的含义一直感兴趣。他们达到了一种共识，即并没有一种统一的欧洲和欧化概念，而欧洲的两种遗产，即一方面是帝国主义、战争和种族灭绝，另一方面是对人权和国际协作的追求，这两方面都有助于构建一种自觉的欧洲记忆和认同。我们东亚的研究者是否可以从中得到启示，借以检视本区域的过去，从而把握东亚概念的进化过程，探索作为欧化概念的对应物的东亚化概念的可能性，并在这个基础上对下列问题进行思考：（1）东亚地区也曾有过帝国战争和极端民族主义，以及区域内贸易和丰富的文化遗产。欧化史和东亚化史是否有共同之处？（2）这两个区域是否发展出了内在而一贯的区域认同？（3）这些区域认同是普世性的，还是排他性的？如果是普世性的，这两个区域的经验将有助于更大范围的文化越境，反之，这世界将仍然延续其分裂状态。[①]

显然，对 20 世纪的战争与和平问题曾经做过深入研究的入江教授试图以"欧洲共同体"的经验来启发我们思考"东亚共同体"的可能性，并告诫我们注意发展富于良知的记忆共同体、知识分子共同体和非政府组织的力量，以便抑制极端民族主义和帝国主义，减少或避免冲突和战争。

在会上，黄俊杰教授在主旨报告中旁征博引，深入论述了对东亚文化交涉史的观察，并提出了关于区域史研究的重要建议，例如从注重文化交涉的结果转变为注重交涉的过程（包括从中心到边缘，从原始文本到经过再解释的文本等这样一些聚焦点的转移）；关注"自我和他者的交涉"和"文化交涉与权力结构"等两组文化交涉的问题群；着重研究人（特别是专业媒介）的交流、物（特别是书籍）的交流以及思想（包括观念）的交流。[②]

四、"交涉"·"多元认同"·"文化基因"——2010 年 5 月台大年会

2010 年 5 月东亚文化交涉学会在台大举行第二届年会，我在《会长致辞》中对"交涉"一词做了解释，指出我们之所以不沿用交流一词，而用交涉一词来称呼这一新的研究领域和研究方法，是因为交流一词在现代语境里往往指对双方都有补益的接触和互动。可是，事实上交流不一定给双方都带来补益，也可能造成矛盾冲突、伤害和负面后果。现在世界各地都有反对全球经济一体化的运动，就是一个证明。而交涉在中文和日文里历来有两种意思，第一种是发生关系，其大者也可以包括国际交往。第二种是进行折冲，其大者也包括外交谈判。在现代汉语的语境里，几乎只有第二种用法。而较之现代汉语，现代日语中的"交涉"一词还较多地保留了第一

---

① "A Transnational Moment", Ibid., pp. 7–10.

② "Some Observations on the Study of the History of Cultural Interaction in East Asia," Ibid., pp. 11–35.

种意思。我们加以采用，就是要表明必须站在中性的立场上对各种各样的文化接触和互动现象都要进行客观的研究。经由现代日语而激活了汉语中本来含有的第一种意思，这本身也可以说是一种文化交涉吧。

关于这个认识，我至今觉得比较有效，从一些会员的回应中更加强了自信。[1] 举一个例子，张国刚先生的《从中西初识到礼仪之争——明清传教士与中西文化交流》（人民出版社 2003 年版）一书中 6 章的题目分别是：中西初识的时代背景；中欧贸易与中国物品西传；西方使节与中国报告；天主教修会在华传教及其冲突；耶稣会传入西方的中国知识；适应政策与文化冲突；礼仪之争下的文化交流。其中既有贸易和知识传布，又有思想文化冲突，从第三者的角度来看，用现代中文语境中的交流一词其实并不能很好地涵盖这两个方面，如果书名中的交流一词改为交涉这个比较中性和中立的词就可以避免发生问题了。更不消说，我所认识的一位复旦毕业后留学京都大学的后生，竟然出了一本题为《中日"戦争交流"研究—戦时期の华北経済を中心に》（汲古书院 2005 年版）的书，因为把战争与（和平）交流硬是放到了一起，其语感上的反差之大实在有点令人"触目惊心"，虽然我并不想否认，战争有时是可以起到强制性交流的作用的。

在第二届年会的会长论坛上，我作了题为《试论多元文化认同以及文化基因——以日本人的孔子信仰为例》的报告，其中以日本文化厅历年统计的宗教人口皆为日本实际人口的 1.8 倍这一事实，联系到中国历史上的"三教合一"现象，试着提出了"多元文化认同"的概念。同时，以福田康夫在总理任上于 2007 年底参拜曲阜孔庙一事，重申了关于"文化基因"的假说。[2]

---

[1] "陶老师，多谢，您这么快就给我指点了。您的致辞真好，而且也很重要，这对准确理解'交涉'一词很有帮助。是的，多数中国人对交涉的理解是第二种意思。我的想法是，交涉的这两个含义都不能忽略，不同的文化关系对应着不同的含义，不是平衡的关系，有的可能偏重第一种的'交往关系'，有的可能偏重'折冲'的关系。我在研究基督教与伊斯兰教关系的体会是，第二种折冲的关系更突出。我完全赞同用'交涉'来代替我们中文常用的'交流'，交流太正面、太美好。"（刘家峰教授的回信）

[2] 题为《跨文化视野中的东亚"文化基因"及其变异》的报告，首先是 2009 年 3 月 6 日于台大人文社会高等研究院讨论会所做的，刊载于该院院讯 2009 年夏季号。

即东亚各国之间有着"百姓日用而不知"的共同文化遗产，有物质方面的，也有精神方面的。后者，诸如对孔子故乡的向往和对《论语》的喜爱，可以说是一种基于两千年文化交流而形成的一种"文化情结"（cultural affinity），或者说是"文化基因"（cultural gene），这已经由福田总理，以及 1914 年涩泽荣一试图访问，1929 年犬养毅实际访问曲阜孔庙体现出来了。尽管人们并不一定有明晰的认知，但那种情结和基因确实是遗传在东亚各国的文化"身体"之内了。"文化基因"这一概念，是我在 2006 年大阪市立大学召开的日本文部科学省重点领域研究东亚的海域交流与日本传统文化的形成（简称"宁波研究计划"）的公开讨论会上，在对"日中儒学班"成员中村春作、前田勇、田尻祐一郎和市来津由彦所作的"训读论"专题接力发表进行评论时提出的，日语表现为"文化遗传子"。我比较孤陋寡闻，也许已经有人提出过这一概念，但是我并不知道。坦诚地说，我并不是追随任何他人使用这一概念的，而是从一个旅日华人文化学者的"困境"中为开展对话而提出这一概念的。就是说，日本人自古以来有比较强的民族自尊心，由于近代的国民国家观念的影响以及对近代化成就的自负，这种民族自尊心就变得更加强烈。所以，在讨论中日文化"异同"时，有些日本学者往往强调日本文化与中国文化的异质性，似乎比起有两千年交流史的中国文化来，日本文化与只有四百年交往史的欧美文化更有缘分。而一些中国学者，甚至有些尚未入门或初出茅庐的青年学子，则因为承袭已经过时的中国中心主义观念的缘故，过于强调日本文化与中国文化的同质性和前者对后者的模仿，从而不必要地伤害了日本人的自尊心。这样，双方之间就无法建设性地展开对话，深化讨论并达成了共识。

当然，我提出"文化基因"这一概念，也并不只是为了找到一种"对话策略"而已，更主要的目的是要使文化交涉学的研究具有客观性和科学性。我觉得，在讨论文化传布及其流变时，使用"文化基因"及其变异这些概念有以下几个好处。第一，每个人身上都承载着一定的文化信息，这一事实并不以他（她）自己的主观认知或主观认同为转移，就像属于蒙古人种的人在出生之际身上多不免带有青色斑记那样。"基因"这一用语的好处是,它会使人们联想到上述事实,注意到自己体内有"视而不见"的文化细胞和文化积淀,从而易于摆脱现代(因为民族国家的国界或国籍问题而造成)的感情因素和个人的主观因素,比较客观地来考虑文化认同的问题和现象。比如说,日本天皇的年号皆以儒学经书的词句为典故,现在的"平成"便取自《书经》和《史记》。第二,可以使学者更加关注文化研究中的大问题和结构性问题。围绕"基因"这一关键词,有"构造性基因"、"染色体"、"染色体组"等概念,有"复制"、"翻译"和"发现的调适"等信息转移的方式,这些似乎也可以被借用到文化研究中来。当前的文化研究中有一种"见木不见林"和无限细分化的倾向,这样的研究固然也有其一定的意义。但是,如果不知道自己的研究对象在"基因地图"和"染色体地图"上的位置,而一味埋头其中自以为是,其实是很可悲的现象。大约八十多年前,顾颉刚曾经用"层累造成的古史"说来论证古史辨伪的必要性。这个说法的一个客观上的好处是让人形象化地了解到历史是有它不同的"地层"的,我们有必要深入到某个地层,即回到某个历史时代去发掘和理解当时人们的思想、感情和共识。今天我们借用"基因"及其相关概念,也许可以使文化交涉学的研究达到一个新的水平和高度,从而建立一个更加宽广的跨文化视野和更加深入的跨文化视角。

五、"书籍之路"·"东亚地中海"·"人学"·"磁场"——2010 年 9 月杭州研讨会

2010 年 9 月在杭州(浙江工商大学)召开的第一届文化交涉学方法论研讨会上,王勇教授进一步阐述了他关于日中之间"书籍之路"的创意性论点,这是一个来自对西域"丝绸之路"的联想,又通过对遣唐使带去和带回物品的史料调查而形成的重要结论。① 葛兆光教授则接着张广达教授把中

---

① 参见王勇:《丝绸之路与书籍之路》,上海辞书出版社 2009 年版。

古西域（即中亚一带）称为陆上"地中海"，试论了把蒙元以后"东海"（也包括西人经由海路东渐的南海在内）亦即东亚地区称为更值得关注的"地中海"和新的西域。① 因为就像布罗代尔的名著《地中海与菲利普二世时期的地中海世界》所描绘的 16 世纪后期的"地中海"一样，近世的东亚地区也是一个多种文化和宗教交错的历史世界。这些具有意象性的论点和提议，因为与在西方有着广泛影响的既成术语形成对应和类比的关系，较为易与西方学术界进行沟通和交流，是我们在东亚文化研究中应该加以留意的一个手法。事实上，他们的研究也在欧美学界引起了关注和重视。

在会上，我作了《文化交涉学也是人学——一个基于史学立场的倡言》的报告，介绍了 19 世纪法国的人文学大家泰纳（H. A. Taine, 1828—1893）曾在其《英国文学史序言》中明确说过"literature, it is the study of man,"而中文版的"文学是人学"论则是由钱谷融先生于 1957 年在其执教的华东师范大学的研讨会上提出，而他随即遭到了上海作家协会召开的长达"四十九天会议"的围攻。② 我并指出，以知人论世为使命的史学也是"人学"，这可以用司马迁以来的史学传统以及历代读者对传记文学的历久不衰的爱好来加以证明。关于人物研究的意义，可以举出在日本学界口碑颇佳的《近代中国人名辞典》绪言中的阐释作为参考。该绪言指出，第一，研究历史人物本身是一个具有魅力的课题。历史的发展中究竟是人起着决定性的作用，还是围绕人的环境起着决定性的作用，这对历史学家来说是一个永恒的课题。但不管取哪一种立场，恐怕都不会说人在历史上并不重要。而在近代中国，因为政治的动荡和制度的不健全，个人所能发挥的作用及其重要性，相比在传统中国社会就要来的更大。第二，人物研究也是精英研究，而精英多是参与近代中国的政策决定过程的人物，这里所谓的政策当然不限于政治领域，也包括其他各种领域。第三，人物研究当然不应停留在传记编写上。从各种传记中归纳出来的人物类型和行动样式，是说明

---

① 参见葛兆光：《从西域到东海——一个新历史世界的形成、方法及问题》。
② 参见李世涛：《文学是人学——钱谷融先生访谈录》（2005.3.9），见中国社会科学院文学研究所"中国文学网"。

社会变动的一个重要因素。人们往往按照其所属党派的关系来看待个人，而仔细检阅各种人物的行动时可以发现，他们之间还有着超越党派关系的，作为同时代人之间的相互关系。这样的发现，也许会给人们带来重新解释历史的希望和可能性。① 在以上对中日文史学界的"人学"论点的介绍基础上，我把古来的"非我族类，其心必异"（《左传》）和"恻隐之心，人皆有之"（《孟子》）这两个相反的命题，放在 1854 年 4 月 25 日佩里将军处置深夜搭其旗舰企图偷渡美国的吉田松阴这一极限状态中，以在耶鲁大学和美国国家档案馆发现的第一手资料加以验证，进而得出以下结论，即我们所倡导的东亚文化交涉学的主旨和方法，其中心点应该说也不外乎是"人"。因为文化的创造者和传承者是人，异文化接触或多元文化交涉的行为主体也是人，而承受因接触和交涉所产生的各种后果和影响的，无论它是正面的或是负面的，也主要是人。所以，在某种意义上可以说，离开了人，文化交涉就无从谈起。故曰，文化交涉学可以说主要是关于人的学问，即"人学"。

关西大学地理学教授野间晴雄最近主编了《文化系统的磁场——16 至 20 世纪的亚洲交流史》一书。② 他在会上指出，在亚洲，中国所具有的历史文化影响极为突出，当今中国在政治经济方面对世界的主张和影响也有令人瞩目之处。然而，过度专注于中国，轻视文化的多样性，则有对中国以外的历史及现状掉以轻心的危险。为了把东亚置于多样化的亚洲文化系统之中，我想提出"文化系统的磁场"（magnetic field of culture systems）这一概念。磁场即磁力发生作用之场域，异极之间互相吸引，同极之间互相排斥，而在一般情况下磁场是不可见的。但是在放有一块磁石的纸上撒上铁砂的话，铁砂就会描绘出磁力线的模样，磁场就变为可见的了。而如果放上多块磁石，因其磁力的强弱和所在位置的不同，就会形成复杂的磁场。与此类似，多个社会之间也会发生互相干涉、结合或是排斥的现象。而这现象是由人和物的活

---

① 参见山田辰雄主编：《近代中国人名辞典》，日本霞山会 1995 年版。该辞典的编纂历时十二年，由包括很多知名学者的撰写人共同合作执笔而成。

② 野间晴雄编：《文化システムの磁場——16 ～ 20 世纪アジアの交流史》，关西大学出版部 2010 年版。

动和移动所引起的。"物"之中，有稀见贝类、金银铜或是货币一类具有共同交换价值的东西，广义上说，信息和语言等也可以包括在"物"之中。

一般认为，全球化的出发点是欧洲各国探索外部未知世界的 16 世纪"大航海时代"，不过，正是因为 13 世纪以降的亚洲之间已经有了广域交流，才使后来东洋西洋之间的结合过程较为顺畅，这一认识现在逐渐变为学界的常识。以印度次大陆为分界，亚洲实际上存在着两大海洋文化圈，东边的文化圈内虽然中国有巨大影响，马来系人的海洋活动和周缘的东亚各国自身的活动的影响也必须考虑在内。另一方面，虽然对华伦斯坦的世界系统论中的"中心—边缘"设定有不少立足于文化多元论的反驳和修正，但是我们不能对此加以无条件地接受。这是因为，儒教和道教作为思想和行为规范的"大传统"俨然存在，周缘受到其影响也是不能否认的事实。应该注意的倒是，"大传统"因为与周缘的距离、自然障碍、生态环境以及交通网络等的不同，其对周边的影响中有连续和断绝，渗透程度的深浅等不同状况。如何判明这一过程才是最重要的。在东亚世界，中华世界作为一个具有压倒性求心力的势力连绵存在，而其周缘地域因为交通条件的变革、不同政治体制间之间的应酬以及经济实力的差距，而在近代和现代呈现出不同的形态。基于东亚文化交涉学的立场，分析出具有不同面向和实体的地域，对于各个地域的物品—经济—人的交流及其变异—同化—融合—置换—侵蚀的整体进行研究才是最重要的。①

六、"路漫漫其修远兮，吾将上下而求索"

以上列举了自从 ICIS 和 SCIEA 成立以来同仁们和我本人关于东亚交涉学文化的关键词的一些探索，介绍了迄今为止的主要思考轨迹，以求得各位的批评指教，以便进一步筛选和完善。东亚文化交涉学要真正成为一

---

① 参见野间晴雄：《文化システムの磁場における中心と周縁——地域研究の新しい視座》。

个站得住脚的学术领域和方法体系,还有很长的路要走,还会遇到许多考验,所以必须继续不断地上下求索。但是无论如何,"多极化"和"相对化"恐怕都不会从我们的关键词一览表中消失。

上文提到,我在 2009 年 6 月 SCIEA 成立时提议将研究聚焦在以东亚为舞台的文化交涉,它包括东亚各国之间的文化交涉以及东西方之间的文化交涉等两个方面。后来,在 2010 年 3 月出版的 SCIEA 的英文年刊序言中,又在 2010 年 5 月东亚文化交涉学会在台大举行第二届年会时的圆桌报告《把东亚加以相对化之视角的必要性》[1] 中,把"东西方之间的文化交涉"改作了"东亚与东亚以外的世界各地的文化交涉"。这一改变是由于有幸参加 2009 年 7 月牛津大学举行的主题为"Global Lincohn"的纪念林肯诞辰 200 周年国际研讨会和在同年 12 月开罗大学举行的"阿拉伯·伊斯兰研究的新地平"国际讨论会,在发表自己意见的同时,听到了来自世界各地的学者的意见。

近代以来,东亚各国过于在意欧美,在意西方,以致对世界上其他地区缺乏应有的关注和交流。例如,第二次世界大战中,日本的有识之士对于日本的世界史教育研究体系忽视西亚和中亚地区就做过以下痛切反省。"迄今为止的世界史中,恐怕没有像'干燥亚细亚'那样受到奇怪处置的地区了吧。特别是在'国史'之外配置了'东洋史'和'西洋史'的我们祖国日本的历史学界,'干燥亚细亚'受到了怎样的待遇呢?动辄被视为世界的一隅、亚细亚大陆的附庸或是东洋与西洋的混血儿。'干燥亚细亚'在历史上往往被作为'东洋史'的可有可无的附录,'西洋史'的令人头疼的异端儿,或是被当作世界史的奇异怪胎而加以遗弃。难得有'干燥亚细亚'的一部分受到关注,那也不是被作为遗迹博物馆,或是考古发掘地,就是被作为文化交流场所而已。"[2] 这种局面的造成,在某种程度上可以说是因为像

---

① 原文为日文,标题为《东アジアを相对化する视座の必要——学会创立趣意书への自省》。

② 小林元·松田寿男:《乾燥アジア文化史——支那を超えて》第三版(四海书房、1941 年)。臼杵陽:《戦前日本の"回教徒问题"研究》,载岸本美绪编:《帝国日本の学知第 8 卷 東洋学の磁場》,岩波书店 2006 年版,第 244—245 页)。据同一论文,竹内好·野村四郎等也都是战时新组建的回教研究所的研究员。

亨廷顿指出的那样，近现代日本在各个历史时期都致力于赶超列强，并有与当时的第一强国结盟（日英·日德·日美）的追求①，以致把其他地区都漠视为可有可无的中间地带，或是加以分割利用的市场或原料产地，而对他们自身的历史文化的存在价值则不予尊重。百年前的大正时期（1912—1925）的日本达到了其战前经济发展的顶峰状态，当时访问日本的泰戈尔曾经给日本的听众敲响了警钟："全世界在等着观看这个伟大的东方民族从现代手中接受机会和责任以后准备做什么。如果是单纯照抄西方，那么它唤起的巨大希望将会落空。因为西方文明向全世界提出了严重的问题，但是并未找到圆满的答案。个人和国家之间、劳资之间以及男女之间的冲突，物质利益的贪婪和人的精神生活之间、民族的有组织的自私自利和人类的崇高理想之间的冲突；同商业和国家的庞大组织不可分的一切丑恶的错综复杂的事物与人类要求单纯、美观和完全消闲的天性之间的冲突——所有这些，都需要用一种还没有想象得到的方式使之达于和谐。"② 但是战前的日本所选择的错误道路结果把自己带入了几近毁灭的结局。这个历史教训是值得我们当今中国认真汲取的。我相信，有着儒学、道家和佛家文化传统的中国应该也是可能为人类文明的出路提供一些善策良方的。

在第二届年会两个月后，看到一则转译的韩国《朝鲜日报》的报道。韩国首尔大学名誉教授赵东一最近出版《东亚文明论》一书，书中提出汉字属于东亚文明的共同财产，并强调东亚的几个国家同属汉字文化圈。赵东一在书中对东亚文明的儒、道、佛进行了说明。他在第一章就提出一个容易引发争议的问题，"孔子是哪国人？"他解释说，孔子原来是鲁国（山东）人，500年后成为中国人，又过了500年成了东亚人，当前是要让孔子成为"世界人"的时候了，为此东亚人应该共同努力，就像苏格拉底是希腊人也是欧洲人，最后成为世界人一样。赵东一称，现在的现实情况是，韩国人认为"只有孔子思想死，韩国才能活"，中国则只是强调孔子是中国人，因此东亚没

---

① 参见《日本经济新闻》2001年元旦对亨廷顿的特别采访记。
② 泰戈尔：《民族主义》，谭仁侠译，商务印书馆1982年版，第30页。

有人成为世界人，而只是每个国家的人，所以东亚文明没有发展成能与欧洲文明相比肩的程度。他在书中将中国、韩国、日本和越南等国家划为"东亚文明圈"成员，并表示东亚文明是所有东亚文明圈成员的共同财产。他强调，虽然东亚各国还存在历史和领土纷争等政治问题，但通过共同制定大学课程和加强人员交流等，首先实现"东亚文化共同体"还是有可能的。71 岁的赵东一是韩国著名学者。他曾提出，如果韩国、中国、日本等能建成东亚共同体，那么区域内的通用文字将是繁体汉字。[①] 当时我读到这则报道后的直觉是，看来，它在一定程度上印证了我关于"东亚文化基因"的假说。其实，类似"汉字原产地"、"书法原产地"、"曹操墓地"、"邪马台国所在地"、"好太王碑文释读之争"等的"历史文化遗产之争"，不仅发生在东亚各国之间，也发生在这些国家内部的各个地区之间。我们在鄙夷这些争论背后的商业动机和独占意图的同时，也要看到这类"兄弟阋墙"现象正说明了争论双方有着对同一历史文化遗产的认同意识。这种对共同历史文化遗产宣称具有"长子继承权"的论争本身，像入江昭教授介绍的欧洲共同体的经验那样，其客观效果却是可能有助于东亚共同体意识的形成的。

最后想借此机会，对入江昭教授提出的鞭策性课题——虽然有学者和教授意欲克服极端民族主义，投身共同担负的越境交流，他们所组成的知识共同体足以依靠吗？——作一个回应，即在当今的商业化社会中，知识人和文化人的发言权和声音，虽然在某种意义上已经变得微不足道，但是，我们还是要珍惜自己仅有的一点发言权，来发出我们的最大声音。正如恩格斯在 1890 年给友人的信中指出的那样，"历史是这样创造的：最终的结果总是从许多单个的意志的相互冲突中产生出来的，而其中每一个意志，又是由于许多特殊的生活条件，才成为它所成为的那样。这样就有无数互相交错的力量，有无数个力的平行四边形，由此就产生出一个合力，即历史结果，而这个结果又可以看作一个作为整体的、不自觉地和不自主地起着

① 参见 Ellena Ma：《韩国学者建议 孔子应是"世界人"》，Taiwan News 台湾英文新闻，2010 年 7 月 14 日。

作用的力量的产物"①。我们虽然不知道自己的努力能起到多大的作用,但是我们必须表达自己的自由意志和学术主张,以期参与到推动历史的合力之中,而不至于变成逆来顺受、随波逐流的一叶扁舟。

（作者单位：关西大学研究生院东亚文化研究科、

〔国际〕东亚文化交涉学会）

---

① 《马克思恩格斯选集》第 4 卷，人民出版社 2012 年版，第 605 页。

从儒家文化的特质看文明对话的展开

景 海 峰

历史上的儒家文化发轫于中原大地，播撒于华夏诸邦，影响及于周边的民族和地区，构成了中华文明源远流长、植基深厚的组成部分，在一定程度上也代表了中国文化的主体内容。宋代以还，其思想学说更是走出国门，泽被四邻，深刻影响到日本、韩国、越南等国家，逐渐成为整个东亚地区所共有的精神财富。和南亚地区的佛教文化、印度教文化，以及中西亚区域的波斯文化、阿拉伯文化相比，儒家文化在历史上所表现出的现实关怀和生命意识，形成了一种强烈的"入世"风格，不祈求来世的想象和外在的超越，而注重人生此在的境况和道德存有的完善，并与现实政治和日常生活紧密地结合在一起，具有了鲜明的世俗特征。与周边的各大文明相较，儒家文化所表现出来的世俗性虽不是一种宗教形式，但它同样寄寓了终极关怀的情愫，充盈着精神性的色彩，依然扮演了中国人之信仰世界的核心角色，它的现实取向和实践理性决定了吾族的人生态度，从而导引着华夏文明走上了一条追寻德性的道路，形成了一套独特的道德文化，而没有偏向于宗教一途。

一、"天人合一"的独特意义

儒家文化的入世性，首先表现在它对于世界的独特理解上，即强调

"天人合一"。和人与神二元对立的宗教意识不同，儒家思想中历来缺少对于来世的想象，孔子说："未知生，焉知死？""未能事人，焉能事鬼？"(《论语·先进》)其"敬鬼神而远之"的人生态度，从根本上便拒斥了宗教的向度。宗教所要解决的是人生价值的安立问题，以超越性的架构形式呈现出生命的永恒意义。而与这一外在超越的形式和上帝之信仰系统不同，以儒家为代表的中国文化更注重于人生的内在价值和生命意义的过程性。就其终极意义而言，儒家的"天人合一"思想实际上容含了信仰的对象与信仰者之间究竟取何关系的问题解答，即通过与天之外在形式的交互作用与融通，确证了人自身的主体意义和德性本质，从而获得了生命价值之永恒性的肯认。这种将信仰对象完全内敛化而"摄体归用"的做法，可能是中国文化中缺乏制度性宗教安排的主要原因，但这并没有影响到中国人的信仰世界，其安身立命的根基反而在高度世俗化的现实当中得到了稳固，从而构成了一条绵延不绝并且特别悠长的文明脉流。在一定程度上，"天人合一"就是中国人的终极追求，它包含了相当多的宗教意味，但更多展现的又是落实在实存感受上的人生信念，从而将超验性和现实性有机地统一了起来。

所以我们说，儒家虽然不是严格意义上的宗教，但它的内核又不缺乏终极关怀之情实，其思想归宗于人文性，但同时也包含了丰富的宗教性内容。从源头上来看，儒家植根于宗周礼乐文明的"天命"观，后来演化成为影响深远的"天人合一"理念，即蕴含了丰厚的终极性意义，很好地呈现了华夏文明独特的宇宙意识，对人与自然的关系做了理性化的理解和解释。相对于原初文化形态而言，儒家人文精神的觉醒与突破，即是"天"的意象的重大改变，德性之天和自然之天的观念同时被强化和系统化，逐步形成了一种新的宇宙观。与之前的巫祝文化相比，此德性之天和自然之天的新型维度，是先秦儒家思考天人关系的全新起点。从整个儒学发展史来看，天人合一理论，就其自然意涵而言，《易传》表达的较为突出，而《中庸》则非常集中地阐发了其中的德性含义，这也可以视为是后续儒家接踵汲泉的两大源头。汉代的天人感应学说虽然内涵十分丰富，但也面临着歧出之危机，所以到了唐代三教合流之后，特别是宋儒在批判消化佛教思想的基础上，重返先秦儒家之重视德性的路线，将天人合一的人生境界及其终极性意义发挥到了极致，从而完善了儒家的"天人合一"思想。

二、以"五常"为核心的德性文化

本于"天人合一"的理念，儒家不看重来世，而寄望于当下，所以特别重视如何做人的问题，由此发挥出了一套伦理道德学说；而这其中，尤以所言之仁义礼智信为重要，实为其思想学说的核心。仁、义、礼、智、信，又称为"五常"，自两汉以后即是作为一个合成词被普遍使用的。从历史上来看，儒家对于人的本质的认识和理解是从两个基本线索出发的：一个是人的自然性，主要表现为以血缘关系为纽带的人际网络；一个是人的道德性，体现出人之为人的根本价值来。人首先是一种关系的存在，这种关系的天然依据就是其血缘性，血缘本来是个自然之理，但它一旦处于人的有意识和有目的的活动之中时，这种自然性也就同时具有了社会的意义。从"五伦"到"三纲六记"，原本是依存于人的血亲联结，是个自然的状态，也是天然的关系，但一经有目的的叙事和创作之后，这种关系便变成了某种外在的架构形式，成为一个复杂的社会系统，也就变成了政治文化的基础。除了自然的线索之外，儒家一开始就把人视为一种道德的存在，它是人不同于万物的根本缘由，所以就更具有人之为人的本质意义。道德性存在决定了人之为人的主体性，这个主体性就是孔子所说的"仁"，孟子所言的"四善端"（恻隐、羞恶、恭敬、是非），和汉儒所谓的"五常"之道。人之所以为人的根本，不在于其外在的属性，而在于其内在的本质，这是从人的特质来着眼的。人何以"最为天下贵"？这不是一个自然之序的叙述问题，而是直接地抓住了人的本质来讲人性，是从哲学上来解释人与万物之间的关系。儒家对于人的理解的这两条线索在历史上是交互为用的，早期主要是从自然性向社会性和道德性的过渡，后来又往往夹杂着社会性反向自然性的回环。这中间的主轴便是教化的观念，因为人是可以塑造的，人的完善性和高贵性就是在不断的道德实践活动之中来实现和完成的。

一旦"五常"成为人自身存在的本质性的概念,它就脱离了时空等具体的条件性,而具有了某种普遍的和永恒的意义,成为一种普适的和超越的价值。在中国历史发展的长河中,正是因为有了像"五常"这样的价值理念,才使得中华文明的凝聚力无比强固,具有很大的包容性和适宜性,可以容纳不同的文化元素,将不同生活习俗和社会环境乃至于文明背景差异极大的众多族群融合在一起,共聚于一个极富弹性的文化结构之中。

我们可以从三个层面来看"五常"作为一种核心理念,是如何在中华文明发展史上起到根基性作用的。一是从本土文化内部的多元性张力来看,除了儒家之外,其他诸子各家在这个问题上也是有共识的。譬如与儒家最为势不两立的法家,对于伦理纲常的这套本不赞成,而且事实上,儒、法对立与斗争,于此表现得最为突出和激烈。但两千余年的帝国政治,不管是"阳儒阴法",还是法家的附体,"五常"理念从来没有被动摇过。朱子对此有个解释,认为虽衰乱无道之世,毕竟有个伦常关系在,譬如焚书坑儒的秦朝,始皇为君,李斯等为臣,始皇为父,胡亥为子,仍然变不了。所以"秦将先王之法一切扫除了,然而所谓三纲五常,这个不曾泯灭"[①]。二是从中原汉人与周边少数民族,或农耕文化和游牧文化之间的关系来看,这是一个很重要的融合的基点。历史上,强大的游牧部族曾多次入主中原,"五常"这一套伦理对他们来讲,可能既是陌生的,也并非是必要的,所以早期往往有些冲突。但经过一个长时间的接触和了解之后,特别是当他们的生活环境和观念习俗悄然发生改变之后,儒家伦理的根本价值便很快被接受了。《元史·窦默传》载:忽必烈在潜邸数召默,窦默躲避不过,往见,出口即以"五常"为对,曰:"入道之端,孰大于此,失此则无以立于世矣。"到了元仁宗时,这个异族皇帝便已口中常常念叨:"儒者可尚,以能维持三纲五常之道也。"(《元史》卷二十六) 三是从中华文化和异域文化的交往来看,"五常"价值往往是个"硬道理",是华夏文明的底线。佛教传入中国之后,围绕着儒家伦理所引起的冲突至为剧烈。儒生排佛,往往祭起三纲五常的大旗。

---

① 《朱子语类》卷二十四,中华书局1986年版,第598页。

较早如《广弘明集》所载荀济语.谓释氏毁坏三纲六纪,致君不君、子不子,纲纪紊乱。① 后来朱子也说:"佛老之学,不待深辨而明,只是废三纲五常这一事,已是极大罪名,其它更不消说。"② 而佛教徒则以调和的姿态来应对之,或者将"五常"曲解为如释氏"五戒"一般的律法,或者把出世与入世拿来"交济并用",又各司职分,以化解两者之间的紧张。反过来,像明朝末年的耶稣会士,如利玛窦等人非要在"五伦"之上另加一个"大伦",以显天主之尊贵,结果就遭到了普遍的抵制,耶教因而难以流行。由此可见,"五常"的价值观念自汉代以来就是儒家思想的柱石,是儒家伦理形而上的重要根基,也是中华文明的标志性元素之一。

三、儒家文化是"软实力"

从"天人合一"的独特宇宙观到重视人伦价值与生命实践的"五常"思想,儒家为人类文明社会提供了重要的德性范式。它立足于现实生活,没有偶像崇拜和来世想象,更没有严格一神教的那种排他性,因而能够平等地对待与容纳各种异质的学说,具有天然的包容气度和最大的普适性。到了近代,随着西学东渐,中国毫不困难地接纳了西方先进的理念,整个社会都迅速地融入到现代性的氛围之中,变成了一个现代化的国家,这又与儒家思想之世俗化的基底不无关系。与西方文化的强权意志相比,儒家思想的柔韧性和包容度倒是更适合于拿来思考当前的文化软实力问题,这也将会为文明间的理解与互融提供有益的借鉴。

进入新世纪以来,世界格局发生了深刻的变化,西方长达数百年横绝天下的力量遭遇顿挫,有了所谓"软实力(soft-power)"的话题。Power 一

---

① 荀济谓:"今僧尼坐夏,不杀蝼蚁者,爱含生之命也。而傲君、父,妄仁于蜫虫也;堕胎、杀子,反养于蚊虻也。夫易者,君臣、夫妇、父子,三纲六纪也,今释氏君不君,乃至子不子,纲纪紊乱矣。"(《广弘明集·辩惑篇》卷第七,上海古籍出版社 1991 年影印本,第 136 页)

② 《朱子语类》卷一百二十六,中华书局 1986 年版,第 3014 页。

词在西方语境下，暗含着主体性、个人主义、征服意味和控制力等。soft 和 power 本来就难与相谋，soft 不 power，power 便不 soft，将二者组合在一起，与其说是内涵上的勉为相容，倒不如说是外缘边际方面的一种巧妙的修饰。软实力观念的浮现明显是和硬实力的问题域联系在一起的，福山（F.Fukuyama）在申述"历史的终结"主张时，实际上已经检讨了硬实力所带来的仄逼性和其穷途末巷的结局。按照福山的分析，硬实力的理念基础和价值源泉，在于近代的理性化过程和自然科学的不断成长，"自然科学使历史发展既有方向性也具普遍性"。这一普遍价值所高度凝聚的人类欲望，主要是通过两种途径或手段来实现的，一个是军备竞赛，一个是经济发展。首先，科学的普及为世界的统一性奠定了基础，但这种统一性在近代的民族—国家形式中，又往往是通过国际体系中的战争和冲突来完成的，这也是"掌握科学的欧洲人为什么能在 18 世纪和 19 世纪征服绝大多数第三世界国家的根本原因"[①]。其次，现代科技通过不断地征服自然以满足人的欲望，从而使历史发展按照一定的技术轨道向前滑行。工业化不仅在生产过程中密集地应用技术和不断发明新的工具，而且把人类理性运用于社会组织的创造方面，带动社会结构的大规模变革，产生新的社会系统以及形态。上述两种手段所蕴聚和发挥出来的力量，支配了近代历史的方向性，也在一定程度上形成了今天人类的普遍价值。但福山已经认识到："迄今为止，我们对现代自然科学规定的历史方向性，尚没有给予任何道德或精神的价值。"[②] 所以他不得不承认西方的现实是强权支配了精神，理性与欲望同谋，而不是理想中的有自由的道德选择能力的理性的历史。"20 世纪的人类经历，极大地动摇了人们对科学技术是社会进步基础这一主张。技术能否改善人类的生活，关键在于人类道德是否能同时进步。没有道德的进步，技术的力量只会成为邪恶的工具，而且人类的处

---

① ［美］福山：《历史的终结及最后之人》，黄胜强等译，中国社会科学出版社 2003 年版，第 82 页。

② ［美］福山：《历史的终结及最后之人》，黄胜强等译，中国社会科学出版社 2003 年版，第 92 页。

境也会每况愈下。"① 这就意味着他所谓的"历史的终结",只不过是传统的硬实力观念的终结而已。

正是在检讨以往历史发展进程的前提下,软实力理念才得以浮现。约瑟夫·奈(Joseph S. Nye)对"软实力"做了细致的分类和探讨,他首次明确地把实力分为软实力和硬实力这两个方面,软实力用以指文化形态、生活方式、意识形态、国民凝聚力和国际运作机制等,相对于国家机器、民族构成、领土与疆界、生产方式及其手段等"硬权力"而言,这些软性的力量,主要是通过隐性方式和潜移默化的作用,以吸引力、感召力、同化力来影响和说服他人,以达到异质者甚或是自己的对手最终相信和同意已有的状态,或者是为我认可的行为准则、价值观念、制度安排等,从而获得有利于己的结果,以达致原初的目的性。② 这种非强制性的屈人之力,与西方成就几个世纪以来君临世界的霸业之固有的方式是格格不入的,换句话说,这并非是他们自身的传统,于其而言很可能是陌生的途径。西方熟悉的是 power,而不是 soft-power,对于他们的历史记忆而言,欲望的实现就是依靠征服,社会的发展只能诉诸强力,人类的进步就是要凭借一往无前的精神。有鉴于此,在中西方文化比较的视野之下,我们来思考儒家文化的特质,特别地提出其对于未来人类社会所可能有的独特意义和贡献,就不是一种简单的历史叙述,而是面对当代社会的现实之有所感而发。

四、通过对话走向文明的交融

儒家文化非宗教的世俗化特点所造就的包容性和普适性,在今天的文明对话与交流中,具有重要的价值,也将扮演独特的角色。在过去的几百年间,西方伴随着工业化的进程和科技的日新月异发展而大踏步地前进,

---

① [美]福山:《历史的终结及最后之人》,黄胜强等译,中国社会科学出版社 2003 年版,第 7 页。

② 参见 [美]小约瑟夫·奈:《理解国际冲突——理论与历史》,张小明译,上海人民出版社 2002 年版,第 323—324 页。

将其他古老的文明远远地甩在了身后,甚至一度傲视全球,成为唯一的发展模式,现代化就等于是西方化,向西方文明看齐也就成为了各国的不二选择。在此大势下,文明的多样性逐渐地消失了,趋同化成为时代的潮流,儒家文化在很长一段时间内也被视为是阻碍现代化发展的包袱,遭到了彻底的批判。最近几十年来,随着世界格局的变化,特别是西方霸权的衰落和新兴国家的崛起,全球文明的版图和色块正在发生快速的改变,西方中心论的理念已经失去了说服力,文明的多样性问题重又浮现出来,并且日渐凸显,成为我们理解和解释当今世界之纷繁复杂局面的一个重要的认识论基础。近些年来,国际潮流一步步从西方化走向文明对话,这是全球格局的一个重大转变,而打破独占性和唯一性,也成为人们普遍的意愿和共识。所以,全球化并不是寻求文明形态的一律化,更不是用一个统一的意识形态或者单一化的宗教训诫形式来统领人类;而是要在充分了解各文明形式之间的种种分歧之后,找到一些最低限度的共识,以作为展开对话与商谈的基础,从而走向新的融合。也就是说,西方文化的强势并不能说明它具有天然的合理性,而只是历史发展所造成的短暂结果,曾经的事实并不能代表某种必然性,所以西方的核心价值不能简单地视为是人类社会的普遍价值。当然,历史发展总有它的惯性,作为长久强势的一方,西方文化之现实的巨大影响和支配力量又是不容低估的,我们应该充分认识到这一客观的境况,而不能简单地拒斥之。

虽说文明对话是立足于文化的多样性,但在全球化的时代,人类道德所面临的困境却是越来越相像,这是因为相同的物质生活环境、社会制度的相互借鉴与穿透性、知识的普及化,特别是高度发达的通讯传媒技术和以往难以想象的便捷交通条件,把世界的每个角落都紧密地联系在了一起。以往传统社会的封闭性和各个民族与国家之间各自为政的旧有状况被彻底地打破了,每个文化系统的合理性不再是完满自足的,而是需要经过检验和论证,不同文明之间的文化与行为的独特性,必须要在相互的关照和比较之中才能够确立其合理性的依据,而那些不能够兼顾到或者融会于人类道德普遍性之中的独特道德法则和道德行为,也就变得越来越难以为继了。

在这种情况下，道德的重建就不只是对原有系统的修补或者改善，更不是要回到封闭性的历史幻象中去，而是在经历过一番大开大阖之后，来认真地考虑人类道德的普遍价值问题，重新建构一种适应于全球化格局之要求的普遍性伦理。这种普遍伦理是以世界的同一性作为其哲学基础的，它以人类的生存法则和全球的普适境况为最高原则，取最大的公约数，而不是以任何一种文明形式为其独有的标志。这就需要世界各大文明体系的共同参与，在协商和对话中来寻找最大公约数，经过融合之后，形成全球共有的伦理价值原则。所以，今天在全球化时代来思考普遍伦理的问题，与其说这是一项道德复兴或文化重振的运动，还不如说它是一种道德的重构和新系统的创造工程。在文明对话与全球伦理的建设中，首先要有认同普遍价值的参与感，有贡献力量的自觉性与自信心，取得"入场"的正式身份，然后才能有效地与他人展开对话与讨论，从而形成良性互动的基础。

作为中华文明之主干的儒家文化，在历史上曾经以它包容的气度和敞亮的胸怀不断地接纳其他异质文化和域外文明的优长，在对话中形成了相互尊重、彼此交融的风格，为文明之间的交流做出过重要贡献。今天中国实施"一带一路"的建设，同时也在大力地弘扬优秀的传统文化，儒家思想必然会在这个过程中发挥它应有的作用，在新的时代焕发出新的光彩。

（作者单位：深圳大学人文学院）

杜维明先生与跨文化对话[*]

林月惠

　　回顾中国哲学在 20 世纪初的发展，当代新儒学（Contemporary New Confucianism）与强调社会主义的马克思思想，以及主张全盘西化的自由主义，鼎足而立，成为三大重要思潮。尤其针对中国现代化的回应，当代新儒学以延续中国文化生命自任，以恢复儒学传统自期。虽然在世变之际，当代新儒学曾经沉寂，而有中国文化"花果飘零"之叹[①]；但经由三代学者的薪火相传[②]，

---

[*]　本文原载于《儒学、文化与宗教——刘述先生七秩寿庆论文集》，台湾学生书局 2006 年版。

[①]　参见唐君毅：《中华民族之花果飘零》，《中华人文与当今世界》（上），《唐君毅全集》第七卷，台湾学生书局 1985 年版，第 11—37 页。

[②]　杜先生就以梁漱溟、冯友兰、熊十力、张君劢、贺麟属于当代新儒学之第一代人，唐君毅、牟宗三、徐复观为第二代，并自道："我们则属于第三代。"（杜维明：《创造的转化——批判继承儒家传统的难题》，《儒学第三期发展的前景问题——大陆讲学、答疑和讨论》，《杜维明文集》第一卷，武汉出版社 2002 年版，第 296 页）刘述先则对现代新儒家提出一个"三代四群"（Three Generations and Four Groups）的架构，即以梁漱溟（1893—1988）、熊十力（1885—1968）、马一浮（1883—1967）、张君劢（1887—1969）为第一代第一群；冯友兰（1895—1990）、贺麟（1902—1992）、钱穆（1895—1990）、方东美（1899—1977）为第一代第二群；唐君毅（1909—1978）、牟宗三（1909—1995）、徐复观（1903—1982）为第二代第三群；余英时（1930—　）、刘述先（1934—2016）、成中英（1935—　）、杜维明（1940—　）为第三代第四群。（参见刘述先：《现代新儒学研究之省察》，《现代新儒学之省察论集》，台湾"中央研究院"中国文哲研究所 2004 年版，第 135 页）

特别是港、台新儒家唐君毅（1909—1978）、徐复观（1903—1982）、牟宗三（1909—1995）诸先生的毕生努力，奠定当代新儒学发展的基石。时至21世纪初，当代新儒学俨然有"一阳来复"①之势，受到两岸学术界的重视，也引发国际学术界的关注。其中，杜维明先生（1940—　）与刘述先先生（1934—2016）一样，都是当代新儒家第三代杰出的学者，他们以全球的视野，比较哲学的视角，致力儒学与跨文化的对话，对于当代新儒学的国际化，有推波助澜之功。职是之故，论及当代新儒学的发展，中外学者都注意到刘述先先生与杜维明先生的思想探索，也有博士论文或专书，分别以二人之思想为研究对象，论述他们对儒学创新所开展的议题及其贡献。②

　　实则，相较于第一代与第二代新儒家的学思生命，刘述先先生与杜维明先生都有海外留学与任教的经验，也具备中西现代学术的素养，更有机会以儒家的身份参与国际学界的对话。因而，他们实际的学术活动，及其对儒学的思考，多从"对比"的角度出发，涉及儒学、文化、宗教与比较哲学的探索。以杜先生为例，他于1961年毕业于台湾东海大学中文系，曾亲炙徐复观与牟宗三两位先生，立志以儒学为毕生志业。1962年负笈美国哈佛大学，而于1968年获哈佛大学东亚语言与历史研究博士学位，其间曾受业于如史华慈（Benjamin I. Schwartz, 1916—1999）、艾律克森（Erik H. Erikson, 1902—1994）、帕森斯（Talcott Parsons, 1902—1979）等美国著名学者。之后，曾任教于普林斯顿大学、加州大学柏克莱分校，也担任哈佛燕京学社社长多年，亦于1988年荣膺美国人文、艺术及科学学院院

---

① 杜维明先生即以《一阳来复》（上海文艺出版社1997年版）作为其文集之书名。

② 例如，姚才刚：《终极信仰与多元价值的融通——刘述先新儒学思想研究》（巴蜀书社2003年版）；胡治洪：《杜维明新儒学思想研究》（武汉大学博士论文，2002年）；中村俊也：《新儒家论——杜维明研究》（日本亚纪书房1996年版）；Umberto Bresciani 也专章介绍刘述先与杜维明等第三代新儒家（参见 Umberto Bresciani: *Reinventing Confucianism: The New Confucian Movement*, Taipei: Taipei Ricci Institute for Chinese Studies, 2001, pp.396–402）；409–417；又 Robert C. Neville 也以专章介绍杜维明重要思想论点（See Robert C. Neville, *Boston Confucianism: Portable Tradition in the Late-Modern World*, Albany: State University of New York Press, 2000, pp.83–105）

士，并于 2018 年荣膺台湾"中央研究院"院士。他的中英文著述众多，英文著作如其博士论文 *Neo-Confucian Thought in Action: Wang Yang-ming's Youth*（1472—1529），以及 *Centrality and Commonality: An Essay on Confucian Religiousness*、*Humanity and Self-Cultivation: Essays in Confucian Thought*、*Confucian Thought: Selfhood as Creative Transformation*、*Way, Learning, and Politics: Essays on the Confucian Intellectual* 等，均受到美国学界的重视，且都有中文译本。[①] 而杜先生主编的论文集，如 *The Triadic Chord: Confucian Ethics, Industral East Asia and Max Weber*、*The Confucian World Observed: A Contemporary Discussion of Confucian Humanism in East Asia*、*Confucian Traditions in East Asian Modernity: Moral Education and Economic Culture in Japan and the Four Mini-dragons*、*Confucianism and Human Rights* 等，所涉及的议题，也切合时代的脉动。至于中文著作，如《现代精神与儒家传统》、《儒家自我意识的反思》、《儒学第三期发展的前景问题：大陆讲学、问难和讨论》、《十年机缘待儒学》《否极泰来：新轴心时代的儒家资源》等，也颇能显示杜先生的主要思想与关怀。以上主要著作与重要论文，以及大量演讲文字，大多编入《杜维明文集》，共有五卷问世。[②] 而杜先生的学术活动也非常活跃，他经常往来于美国、新加坡以及中国大陆和台湾、香港地区及世界各地，阐扬儒家思想的现代意义，积极从事儒学与世界各大宗教（精神传统）、各大文明的对话。论者或谓杜先生的学术生涯至目前为止，大体有三个时期，所关注的议题极多[③]；或谓杜先生的新儒学思想

---

① 本文若引用上述英文著作，以中译本为主，并参酌英文本予以用词上的修改。

② 参见郭齐勇、郑文龙编：《杜维明文集》，武汉出版社 2002 年版，共 5 卷。又有关杜维明先生之论著，可参郑文龙、胡治洪编：《杜维明论著编年目录》（1965—2001），载《杜维明文集》第五卷，"附录二"，武汉出版社 2002 年版，第 723—749 页。

③ 郭齐勇指出杜维明先生的学术生涯分为三个时期：一是 1966 至 1978 年；二是 1978 年至 20 世纪 80 年代末；三是 20 世纪 90 年代迄今。所关怀的论域有：传统与现代、儒学创新、儒学三期、工业东亚、东亚核心价值、轴心文明、文明对话、文化中国、全球伦理、人文精神、启蒙反思、印度启示、新轴心文明等。（参见郭齐勇：《让儒学的活水流向世界》，载《杜维明文集》第一卷，武汉出版社 2002 年版，第 1—2 页）

特色包含儒学创新、启蒙反思、文化中国、文明对话四大论域①。凡此归纳与论述，皆能与杜先生之思想发展相应。不过，本文为凸显杜先生在"比较哲学"所做的努力与拓展，乃从"儒学的第三期发展"切入，评述杜先生对儒学宗教面向的抉发，及其在启蒙反思中所透显的儒家人文精神之义蕴。

一、儒学第三期发展的课题

在杜维明先生所讨论的诸多议题中，"儒学第三期发展"最能彰显当代新儒学的"对比"视域。刘述先先生曾说："大约在三十年前，牟宗三教授就已经指出了儒学发展三个时期的说法。首先是先秦儒学，其次是宋明儒学，现在是当代新儒家。这样的说法如今由杜维明广播于天下。"②的确，牟宗三先生早在1948年起草的《江西铅山鹅湖书院缘起暨章则》一文中，就以孔、孟、荀至董仲舒为儒学发展的第一期，宋、明儒学为第二期，今日为第三期。③嗣后，牟先生于《道德的理想主义》、《政道与治道·新版序》诸著作，亦对"儒学第三期发展"之说，有进一步的阐释。杜先生则于20世纪80年代以后的中英文著作与演讲中，提出"儒学第三期发展的前景问题"④。杜先生对儒学的分期，大体上与牟宗三先生相

---

① 参见胡治洪：《杜维明新儒学思想研究》"引言"，武汉大学博士论文，2002年，第2页。

② 刘述先：《大陆与海外——传统的反省与转化》，台湾允晨文化实业股份有限公司1989年版，第239页。

③ 参见《牟宗三先生未刊遗稿》，《牟宗三先生全集》第26册，台湾联经出版事业公司2003年版，第13—16页。

④ 杜维明先生有关"儒学三期"与"儒学第三期发展"之说，主要见于：(1)《论儒学第三期》，《道·学·政——论儒家知识分子》，《杜维明文集》第三卷，武汉出版社2002年版，第632—651页；(2)《儒学第三期发展的前景》，《现代精神与儒家传统》，《杜维明文集》第二卷，武汉出版社2002年版，第597—620页；(3)《儒学第三期发展的前景问题》，《儒学第三期发展的前景问题——大陆讲学、答疑和讨论》，《杜维明文集》第一卷，武汉出版社2002年版，第398—427页。此外，亦见于《儒学第三期发展的设想》，《一阳来复》，上海文艺出版社1997年版，第1—8页。

同，即以先秦、两汉儒学为第一期，宋、元、明、清儒学为第二期，当代儒学为第三期。① 值得注意的是，杜维明先生为何以实际的行动将此说"广播于天下"呢？

对牟宗三先生与杜先生而言，"儒学三期"说，或"儒学第三期发展"，与其说是对儒学传统作一历史发展的分期描述，不如说是忧患"儒家本身存亡"而来的文化使命之承担。因为，若作为历史的描述，杜先生也坦承："这种分期并没有历史的必然性，也未必是最妥善的方法。"② 换言之，我们所要关注的是，"儒学第三期发展"的问题意识及其主要课题。细绎牟宗三先生"儒学三期"说，原是对应于"文化使命"之承担，念兹在兹于"儒家的当前使命"。具体地说，即是关注"中国文化的现代意义"③。杜先生对前辈学者之苦心孤诣颇有善解，他说：

> 唐君毅、徐复观、牟宗三已经提出了儒学第三期的问题。确实，他们的毕生工作都是要展示这种可能性不仅存在于他们的心中，也不仅存在于那些和他们持相同观点的人的心中，而且还可以在哲学活动、著述、全世界无数心同此理的人的言传身教中认识到。对他们的挑战，乃是复兴后的儒学如何回答科学与民主提出的问题。……在更深层的

① 杜先生说："所谓三期儒学，一般的理解是，从大的趋势来讲，从先秦儒学发展成为中国思想的主流之一，这是第一期；儒学在宋代复兴以后逐渐成为东亚文明的体现，这是第二期；所谓第三期，就是甲午战争、五四运动以后。"（杜维明：《儒学第三期发展的前景》，《现代精神与儒家传统》，《杜维明文集》第二卷，武汉出版社2002年版，第603页）

② 杜维明：《儒学第三期发展的前景问题》，《儒学第三期发展的前景问题——大陆讲学、答疑和讨论》，《杜维明文集》第一卷，第420页。杜维明也于《儒学第三期发展的前景》说道："说三期儒学的发展，绝对不意味着粗暴、浮泛地把复杂的儒家发展过程一笔勾消。这个分法，是从儒家传统的大脉络大趋势来设想的，可以从这三个角度去理解，也可以说这种提法是现实性比较强的，不是纯粹历史分析。"（杜维明：《儒学第三期发展的前景》，《现代精神与儒家传统》，《杜维明文集》第二卷，武汉出版社2002年版，第603页）

③ 《政道与治道·新版序》，《牟宗三先生全集》第10册，台湾联经出版事业公司2003年版，第20页。

意义上，这些学者察觉到，这种挑战乃是面对全人类的永恒问题阐明儒学的路径：创建出对全人类都是一种普遍信念的哲学人学。他们清醒地意识到，必须将对复兴儒家传统以及延续中国传统文化的关怀包括在对人类未来的关怀之下。①

杜先生深知，"儒学第三期发展"对牟宗三先生等第二代新儒家而言，不是静态的抽象研究之对象，而是毕生学术生命的承诺、投入与承担，也是自觉地对儒学之承传，作出存在的抉择，以保住儒家之主体性与正统性。他们认为第三期儒学主要是回应现代西方文化的挑战，并认为儒家传统也能为人类的永恒问题与福祉，提供丰富的资源。因而，回应西方的科学与民主，开新外王②，成为牟先生提出"儒学第三期发展"的问题意识与课题所在。这也显示当代新儒学的发展，必须进入中西文化与哲学的对比视域中。

不过，杜先生继牟宗三先生之后提出"儒学第三期"时，虽然也针对儒学的存亡问题而发，但却拓展并纵深"儒学三期"的比较视野。就前者言，杜先生说：

提出儒学第三期发展的前景问题，是针对列文森在《儒教中国及其现代命运》一书中断定儒家传统已经死亡一结论而发。③

就后者而来说，杜先生强调三期儒学发展是对异己与异质文明的挑战：

一期儒学由诸子源流发展为中原文化，二期儒学我认为是东亚文

---

① 杜维明：《论儒学第三期》，《道·学·政——论儒家知识分子》，钱文忠、盛勤译，《杜维明文集》第三卷，武汉出版社 2002 年版，第 649—650 页。

② 参见杜维明：《论儒学第三期》，《道·学·政——论儒家知识分子》，钱文忠、盛勤译，《杜维明文集》第三卷，武汉出版社 2002 年版，第 14 页。

③ 杜维明：《儒学第三期发展的前景问题》，《儒学第三期发展的前景问题——大陆讲学、答疑和讨论》，《杜维明文集》第一卷，武汉出版社 2002 年版，第 418 页。

明的体现，已经影响到日本、朝鲜、越南等国家。如果有第三期发展，那就是世界性的了。①

杜先生指出美国学者列文森（Joseph R. Levenson, 1920—1969）囿于五四的偏见，认为儒家传统主义与理性的、科学的现代精神不可调和，中国若要现代性，儒家传统就必须死灰。这样的论断，背后有一假设，亦即赞同马克斯·韦伯（Max Weber, 1864—1920）将现代西方的特征归之为理性的胜利，而传统的生活方式都将在现代化过程中遭到摧毁。②换言之，列文森对儒教中国及其命运所作的悲观论断，有两大迷思，一是传统与现代的必然断裂，二是西方文化所代表的"现代性"具有普遍性。杜先生显然看出此迷思，因为，传统与现代无法割裂，"西化"不等同于"现代化"，"现代化"有其多元的倾向，不能以西方的"现代化"为唯一的标准。③因而，在论及儒学的第三期发展时，他以"儒学创新"（儒学的创造性转化）取代前辈学者所强调的"中国文化的现代化"，他也将第三期儒学发展的提问，由如何回应西方"现代化"的问题，转换为与多元的"轴心文明"之对话。如此一来，杜先生对儒学传统的勾勒，偏向"多元"观点的透视。

为此，杜先生指出先秦儒学是在一个多元政治体系中出现的，有多样的倾向；经由与诸子百家的摩荡回应，至汉代乃成为影响政治的儒术，成为中国文化的主流思想，此是一大发展。对于第二期儒学的发展，杜先生强调宋明儒学对于佛教文化（印度文明）的回应，及其对东亚文化的影响。由于宋明儒学能批判地继承先秦儒学的孟学精神，又能吸收佛老的精彩，展现其容受性。故其影响包括金代（1115—1234）儒学、元代（1271—1368）儒学、清代（1644—1911）儒学；也及于朝鲜（1392—1910）儒学、日本的德

---

① 刘梦溪：《"文化中国"与儒家传统——杜维明教授访谈录》，《中国文化》第八期，1993年6月。
② 参见杜维明：《论儒学第三期》，《道·学·政——论儒家知识分子》，钱文忠、盛勤译，《杜维明文集》第三卷，武汉出版社2002年版，第633—634页。
③ 参见杜维明：《儒学第三期发展的前景问题》，《儒学第三期发展的前景问题——大陆讲学、答疑和讨论》，《杜维明文集》第一卷，武汉出版社2002年版，第411页。

川（1600—1867）儒学、越南的后黎朝（1428—1789）儒学。[①] 杜先生特别提醒我们："必须正视宋元明清时代儒学的复兴在比较哲学、比较宗教学和比较文化学的领域里都有深厚的意义。"[②] 由一、二期儒学的发展看来，儒学本就处于多元的文化处境中，而它之所以能发展，就在于它对异己思想或异质文明有创造性的回应与转化。故儒学第一期发展，创造中国的主流文化；第二期发展，体现了东亚文明。那么，儒学的第三期发展，同样处于对异质文明的挑战中，主要是西方的现代文化。故杜先生认为："儒学有没有进一步发展的可能性这个问题，是建构在一个基本设准上的。这个基本设准是，儒学能否对西方文化所提出的重大课题作出创建性的回应。"[③] 在杜先生"多元"观点的透视下，儒学之发展，是由"中国文化"、"东亚文明"进至世界性的"文明对话"。

值得注意的是，杜先生对于第三期儒学的提问，其问题意识，比牟宗三先生更进一步，即继续深化启蒙理念并超越启蒙心态，摆脱西方中心与西方"现代化"的框架[④]，让儒家所代表的精神传统，与世界各大文明与宗教传统展开高峰对话。而第三期儒学发展的课题，也由如何回应西方文化的"现代化"，转向"人类的福祉"。因此，第三期儒学需要一种全球性眼光使其关怀普适化。

---

① 参见杜维明：《论儒学第三期》，《道·学·政——论儒家知识分子》，钱文忠、盛勤译，《杜维明文集》第三卷，武汉出版社 2002 年版，第 640 页。杜先生原文作"越南的李朝"有误，今改之。

② 杜维明：《儒学第三期发展的前景问题》，《儒学第三期发展的前景问题——大陆讲学、答疑和讨论》，《杜维明文集》第一卷，武汉出版社 2002 年版，第 422 页。

③ 杜维明：《儒学第三期发展的前景》，《现代精神与儒家传统》，《杜维明文集》第二卷，武汉出版社 2002 年版，第 612 页。

④ 虽然牟宗三先生曾以"无体、无理、无力"批判西方重个体主义之弊，也批判科学一层论、理智一层论之缺乏价值意识（参见牟宗三：《道德的理想主义》），却未意识到提出"超越启蒙心态"的问题。而牟先生对西方的"现代化"，也多持正面的肯定态度，并认为"民主"、"科学"等启蒙理念是西方"现代化"的成果，有其"普遍"与"普适"的价值。就此而言，牟先生似乎认为，从发生过程与价值意义上说，"现代化"还是以西方为标准，并没有多元"现代性"的观念。因此，就"超越启蒙心态"与"多元现代性"成为讨论的课题而言，杜先生的提问，相对地比牟先生更进一步。

诚然，杜先生经由多元与比较视野所开展的第三期儒学之前景，其格局之恢弘固不待言。而杜先生迄今为止的学术思想探索，笔者认为，儒学宗教性的发掘与儒家人文精神之重建，最能彰显他在比较哲学上所作的努力与贡献。

二、儒学宗教性的抉发

杜维明先生对于儒学"宗教性"的抉发，是植根于儒家的身心性命之学，将儒学置于"新轴心时代"的视野下来思考其丰富的精神资源。所谓"新轴心时代"（第二轴心时代），是杜先生顺着尤卡·卡森斯（Ewert Cousins）的议题，对德国哲学家雅斯贝尔斯（Karl Jaspers, 1883—1969）之"轴心时代"（Axial Age）的进一步思考。雅斯贝尔斯从比较思想的观点来检讨人类精神文明的发展，认为大约公元前第六世纪，四大古文明（儒家、犹太教、佛教及希腊哲学）均经历了一个"轴心时代"（Axial Age），各自有突破性的发展，而形成特殊文化传统。不论学者以"超越突破"（transcendent breakthrough）还是以"第二序反思"（second-order）[①] 来解释"轴心时代"，都意味着世界文明之发展本是多元倾向，亦即这些轴心时代的文明都属于开放的体系，而非封闭的认同。[②] 只是当时并存的文明，虽有独立运作的轨迹，却没有明显互动的迹象。虽然如此，轴心时代之各大文明发展至现代，仍有一定的导引作用。时至 21 世纪，因着地球村的出现，全球化趋

---

① 根据杜先生的叙述，哈佛大学史华慈教授曾撰文从"超越的突破"来讨论轴心时代的文明特色。（参见 Benjamin I. Schwartz: "Transcendence in Ancient China", *Daedalus*, Vol.104，Spring, 1975, pp.57–68; "The Age of Transcendence", *Daedalus*, Vol.104, Spring,1975, pp.1–7）而 1982 年以色列希伯来大学科学哲学家鄂尔堪纳（Elkana）提出第二序思想（second-order thinking）的出现，是轴心时代文明发展的突破。所谓反思能力，即是对思想本身进行反思（thinking about thinking）。（参见杜维明：《第一讲 轴心时代的涵义》，《现代精神与儒家传统》，《杜维明文集》第二卷，武汉出版社 2002 年版，第 283—284 页）

② 参见杜维明：《儒学第三期发展的前景》，《现代精神与儒家传统》，《杜维明文集》第二卷，武汉出版社 2002 年版，第 626 页。

势的席卷，所有以前轴心文明的资源，如今均已成为人类共同的资源与记忆，形成多元并存的格局，此即是"新轴心时代"。据此，杜先生乐观地认为："这些轴心时代的各种不同文化源头聚在一起，肯定可以灌溉出新的奇花异草。"① 换言之，以往"轴心时代"并存而各自发展的文明，在"新轴心时代"则是互相渗透。因而，杜先生提醒我们："新轴心时代"已不存在一枝独秀的宗教环境，它也不再是由少数菁英或全体男性所塑造的时代，而是每一个人的时代。同时杜先生也指出："也许一种符合生态原则，能满足女性主义的基本需求、充分肯定宗教多元性而且还能建构全球伦理的人文精神，才是新轴心时代的特质。"② 因此，杜先生之所以提出儒学的"宗教性"，并不是被动而狭隘地回应"儒家是不是宗教"之类的西方式的提问；相反的，他是站在各大文明之互补渗透与宗教多元论的高度上，主动地阐扬儒学所能提供的丰富精神资源。

正因为杜先生是站在"新轴心时代"来探讨儒学的"宗教性"，所以他屡次指出"哲学"与"宗教"的分立，是西方文明的特殊性而不是人类文化的普遍性，此看法本身有其相当程度的局限性。相对地，"哲学和宗教不分的现象出现在回教的阿拉伯文化、婆罗门教的印度文化、佛教的东南亚文化及儒家的东亚文化"③。因此，"儒家是否是哲学"、"儒家是否是宗教"之提问，是以西方思考为中心的问题，若直接用这抽象的观念来分析儒家传统，可能会犯削足适履的谬误。因为，儒家与世界其他精神传承如犹太教、基督教、回教、印度教及道家一样，也是人类由现实的具体存在通向永恒价值的途径之一。我们可以很清楚地察觉到，儒家的哲学思辨指向具体生命气质的变化，而儒家的宗教体验确有深厚的哲学意义。换言之，儒家的精神传统是体现于哲学与宗教互相交汇的核心处。吊诡地说，正因为儒家既

① 杜维明：《儒学第三期发展的前景》，《现代精神与儒家传统》，《杜维明文集》第二卷，武汉出版社2002年版，第638页。
② 杜维明：《自序：新轴心时代的文明对话》，《杜维明文集》第一卷，武汉出版社2002年版，第9—11页。
③ 杜维明：《儒家心性之学——论中国哲学和宗教的途径问题》，《人文心灵的震荡》，《杜维明文集》第一卷，武汉出版社2002年版，第162页。

不是一种哲学又不是一种宗教，故儒家既是哲学又是宗教。① 基于这样方法论的警觉，杜先生探讨的是儒家的哲学性与宗教性，而不是作为哲学或宗教的儒家。②

对杜先生而言，"宗教"与"宗教性"不同，他采用美国学者史密斯（W.C.Smith, 1916—2000）的区分，认为"宗教"乃包含对于以一套可客观化的教条为特点的制度化组织，而"宗教性"乃指某一信仰群体中的成员在精神上的自我认同。③ 因此，在这个意义上的"宗教性"，也可以取用田立克（Paul Tillich, 1886—1965）所谓的"终极关怀"（ultimate concern）④ 来诠表。事实上，杜先生与刘述先先生一样，都是从"终极关怀"着眼，展开有关"儒家宗教性"的论述。为此，杜先生经常从比较宗教与文化的角度，宣称儒家传统是体现"终极关怀"的精神文明。⑤ 而更具体的提问是，所谓"儒学的宗教性"意味着：儒学的"终极关怀"为何？若用儒学传统的说法，则是"天人合一"的义蕴为何？在杜先生众多的著作中，1976 年出版的 *Centrality and Commonality: An Essay on Confucian Religiousness*（中译本译为《论儒学的宗教性——对《中庸》的现代诠释》）一书，对于"儒学宗教

① 参见杜维明：《儒家心性之学——论中国哲学和宗教的途径问题》，《人文心灵的震荡》，《杜维明文集》第一卷，武汉出版社 2002 年版，第 166 页。

② 参见杜维明：《儒家心性之学——论中国哲学和宗教的途径问题》，《人文心灵的震荡》，《杜维明文集》第一卷，武汉出版社 2002 年版，第 163 页。

③ 参见 W.C.Smith, *The Meaning and End of Religion*, New York: The Macmilian Company, 1964, pp.19–74. 杜先生也补充说，Smith 认为英语中的"宗教"（religion）一词，意味着一个静态的有本质的结构，既不能反映在世界历史长河中各大小宗教传统的动态发展，又不能掌握宗教信仰者的终极关切。故建议取消"宗教"这一名词，而用"宗教的"（religious）和"宗教性"（religiousness 或 religiosity），来体现宗教学中传统（cumulative tradition）及信仰（faith）的两大课题。（参见杜维明：《宗教学：从神学到人文学——哈佛大学的宗教研究》，《杜维明文集》第四卷，武汉出版社 2002 年版，第 498 页）

④ Paul Tillich: *Dynamics of Faith*, New York: Harper & Row, 1957, p.1.

⑤ 参见杜维明：《超越而内在——儒家精神方向的特色》，《儒学第三期发展的前景问题——大陆讲学、答疑和讨论》，《杜维明文集》第一卷，第 330 页。在《杜维明文集》中，"终极关切"与"终极关怀"义同，本文一律以"终极关怀"称之。

性"的论述，最具原创性，也最完整；美国学界也很重视此书所提的论点。从儒家的经典来看，"天人合一"是《中庸》首章所关切的主题，它也构成《中庸》哲学论述的基础。杜先生握此骊珠，以现代的问题意识与语言，展现儒学宗教性的意义世界。故杜先生在此书的增订版中，言简意赅地指出：儒学的宗教性意味着"终极的自我转化"（ultimate self-transformation）①。杜先生说：

> "终极的自我转化"意味着学习做人的过程是永无止境的。……而"终极"所指的则是人性的最大限度的实现。"自我转化"意味着尽管我们现在还不是我们之应是，但是我们经过修身是能够达到人性的这种最高境界的。②

又说：

> 儒家的宗教性是经由每个人进行自我超越时具有的无限潜在和无可穷尽的力量而展现出来的。这里涉及到三个相互关联的层面：个人、社群和超越者。③

杜先生认为，儒家的终极关怀是"自我转化"（self-transformation），而之所以又以"终极的"来形容"自我转化"，便意味着这种转化是人性的充分实现：既是它的最大限度的完成，又是它所能上达的顶峰④；所探问的是：如

---

① 杜维明：《论儒学的宗教性——对〈中庸〉的现代诠释》，段德智译，林同奇校，《杜维明文集》第三卷，武汉出版社 2002 年版，第 367 页。

② 杜维明：《论儒学的宗教性——对〈中庸〉的现代诠释》，段德智译，林同奇校，《杜维明文集》第三卷，武汉出版社 2002 年版，第 461 页。

③ 杜维明：《论儒学的宗教性——对〈中庸〉的现代诠释》，段德智译，林同奇校，《杜维明文集》第三卷，武汉出版社 2002 年版，第 460 页。

④ 参见杜维明：《论儒学的宗教性——对〈中庸〉的现代诠释》，段德智译，林同奇校，《杜维明文集》第三卷，武汉出版社 2002 年版，第 462 页。

何成为真正的人。此即先秦儒学所谓的"为己之学",亦即是宋明儒学所强调的"性命之学",其目标则在于达到人性的最高境界——成圣。在这个意义下,"终极的自我转化"是一永恒价值的追求与实践。值得注意的是,杜先生此书透过《中庸》文本的"君子"、"政"、"诚"三个核心概念的诠释,以"君子"、"信赖社群"和"道德的形而上学"三个相关问题,表明《中庸》的内在逻辑。他藉此内在逻辑来开展儒学的宗教性义蕴,之后也将此三个交互关联的层面发展为儒家精神的四个侧面:个人、社群、自然、天道。[1] 我们可以说,杜先生对"儒学宗教性"之发掘,与"儒家人文精神"之重建两大论域的原创性见解,尽蕴藏于此架构中。

如前所述,杜先生对儒家宗教性的阐释,是以"自我转化"为思考的起点。因而,在此论域里,杜先生对儒家"自我"意涵的深度挖掘,正显示他的原创性。[2] 首先,杜维明一再强调,儒学中的"自我"(self),不是封闭且孤立于世界的抽象实体,而是一个开放的、动态的和转化的过程[3],杜先生以"作为创造性转化的自我"(selfhood as creative transformation)[4] 描述之,或以"深层和动态主体性"(subjectivity)[5] 指涉之。他在阐释《中庸》、孟子与王阳明哲学时,都对"自我"的本性与内在结构有深入的探究,并从存有论的高度,指出儒家所意谓的"自我",是一精神发展的动态过程。兹以杜维明对《中庸》的诠释为例,他认为儒家之"自我",乃根于"天命之谓性"而来,人性是天所赋予的,它有其存有论的地位,人性与天道因而得以合一。而就"率性之谓道"言,人性的展现,界定了"天道"的意涵。再从"修道之

① 参见杜维明先生 1988 年发表的《儒家哲学与现代化》即指出此四个层面。(载《论中国传统文化》,生活·读书·新知三联书店 1988 年版)。

② 施忠连认为"为人之学"是杜维明先生哲学的基本内容,"创造性转换的自我"是他思想的核心概念。(参见施忠连:《现代新儒学在美国》,辽宁大学出版社 1994 年版,第 128 页)笔者亦认为杜先生对"自我"的深度阐释,最能显示其思想的原创性。

③ 参见杜维明:《儒教》,陈静译,台湾麦田出版社 2002 年版,第 30 页。

④ "Selfhood as creative transformation"之"creative transformation"或译为"创造性转换"(曹幼华、单丁),或译为"创造性转变"(陈静),本文则以"创造性转化"译之。

⑤ 杜先生曾表示,建立深层和动态主体性为吾儒家法。(参见杜维明:《致林同奇》,《杜维明文集》第四卷,武汉出版社 2002 年版,第 440 页)

谓教"说，意指"人道"的"教"，作为人性之"自我实现"，也指向"天道"的彰显。换言之，自我之实现与天道之彰显本为一体不可分割的创造过程。杜维明根据此天人之间的互动性，结合另一《中庸》核心概念——诚，指出"诚"是人性之自我与天道所共享的同一个"存有论的实在"(ontological reality)①。作为本体之"诚"，不仅意指人性的终极实在，也意指天道生生不息的创造性。人之自我转化与天之创生所意谓的"创造性"，本质上是相同的。据此，杜先生强调："天人之间的关系并不是对立双方的合二为一，而是一种不可分割的单一体关系。"② 此一存有论的论断，一方面揭示儒家之"天"，不是一个"全然的他者"，也不是一个"全能创世主"，而是"於穆不已"的创造性自身。另一方面，同时肯认人有参与宇宙创造的可能性，作为一"共创造"(co-creator)③，人之自我转化也必须深透到他的存在根基——天。故《中庸》表明此义云："唯天下之至诚，为能尽其性；能尽其性，则能尽人之性；能尽人之性，则能尽物之性；能尽物之性，则可以赞天地之化育；可以赞天地之化育，则可以与天地参矣"(第 22 章) 如此一来，儒家"终极的自我转化"必然指向"天人合一"的超越向度。

然而，人性之"自我"在存有论上的完善自足，并不能取消实存意义上修身的必要性。因为，在现实的人生处境中，人性之善并未能充分实现。关于此义，杜先生在阐述王阳明思维模式时提出："人的存有结构和人的蜕变过程是两个互补性的观点。"换言之，"人是既定的结构又是未确定的过程"。用宋明儒学的术语说，"人的存有结构"是"本"，"人的蜕变过程"、"自我转化"，即由此二者的动态辩证而展现出来。

此外，杜先生还从哲学人类学的角度，将儒家之"自我"分析为身、心、

---

① 杜维明：《论儒学的宗教性——对〈中庸〉的现代诠释》，《杜维明文集》第三卷，武汉出版社 2002 年版，第 446 页。中译本都将"ontology"，"ontological"译为"本体论"、"本体论的"，本文改为"存有论"、"存有论的"。

② 杜维明：《论儒学的宗教性——对〈中庸〉的现代诠释》，《杜维明文集》第三卷，武汉出版社 2002 年版，第 452 页。

③ 杜维明：《论儒学的宗教性——对〈中庸〉的现代诠释》，《杜维明文集》第三卷，武汉出版社 2002 年版，第 439 页。

灵、神四个层次。① 其中，较为特别的是，杜先生指出，儒家之"修身"、"修己"是同义语，"身"与"己"有时可以互用，"身"即是"自身"的简称。因此，"身体"或"身"、"体"，在儒家传统中是极丰富而庄严的符号，非 body 可以代替。② 尤有进者，杜先生还用"以身体之"来强调"身"所隐含的"体验"之殊义。而此四个层次就观念言，身和灵较具体，有方所定向，是凝定的观念；心和神，无形无方，是创发的观念。而且从比较宗教学的角度，"灵"和"神"相当于英文的 soul 和 spirit。人是万物之"灵"，但是要修养到"圣而不可知之"才可说是"神"。③ 因而杜维明藉由《孟子》之"可欲之谓善，有诸己之谓信，充实之谓美，充实而有光辉之谓大，大而化之之谓圣，圣而不可知之之谓神"（《尽心下》）来强调：身、心、灵、神四层次不是截然分离的四阶段，而是一个连续过程中互相融贯的四度超升。具体地说，"善、信"是"身、心"的第二度超升；"美、大"是"心、灵"的第三度超升；"圣、神"则是"灵、神"的第四度超升。杜先生藉此分析，指出儒家的自我超升绝不是离身心以成就神灵的模式，而必须以"身"体之，才可知"心"，才可觉"灵"，才可明"神"。④ 显然地，此自我的四度超升，就是自我"创造性转化"的过程。

从以上"自我"内在结构的探究中，已经显示"自我"之转化与实现，必须体现于人际关系的脉络中，故"自我"是人际关系的中心；我们也唯有透过与他人或社会的不断互动，才能更深刻地理解自我转化的意义。此义，杜先生在《"仁"与"礼"之间的创造紧张性》、《作为人性化过程的"礼"》诸文，与诠释《中庸》所蕴含的"信赖社群"之义下，都有精彩的论述。要言之，杜先生认为"自我"与"社会"（社群）的关系，可由"仁"与"礼"之

---

① 参见杜维明：《从身、心、灵、神四层次看儒家的人学》，《杜维明文集》第五卷，武汉出版社 2002 年版，第 329—336 页。

② 参见杜维明：《从身、心、灵、神四层次看儒家的人学》，《杜维明文集》第五卷，武汉出版社 2002 年版，第 331 页。

③ 参见杜维明：《从身、心、灵、神四层次看儒家的人学》，《杜维明文集》第五卷，武汉出版社 2002 年版，第 335 页。

④ 参见杜维明：《从身、心、灵、神四层次看儒家的人学》，《杜维明文集》第五卷，武汉出版社 2002 年版，第 336 页。

间的创造紧张性来说明。在儒学传统中,"仁"就是自我修养在道德上和存有论上的基础,它是一个内在性的原则。相对地,"礼"被视为"仁"在特殊社会条件下的外在表现。因而,"仁"是更高层次的概念,它赋予"礼"以意义。问题是,"仁"的自我实现,总是在社会的脉络中进行。不经过"礼仪化"的社会互动过程,"仁"的自我实现无法完成。但没有"仁","礼"就变成空洞的形式主义,退化为不能进行任何自觉改良的社会强制。这就是"仁"与"礼"的紧张性,亦可视为"自我"与"社会"的紧张性。但杜先生却从更深一层意义上指出:"仁"和"礼"之间的创造紧张性意味着它们的互相依赖。[①] 因为,"礼"所代表的社会强制性是一个既定的条件,也是个创造性的工具,"仁"的实现必然地要遵循着"礼"所规定的路径。[②] 就此而言,儒家之"礼"即意味着"人性化"的过程。事实上,杜先生上述的论述也对应着比较宗教的问题。因为,在许多伟大的精神传统中,认为与他人的相关性,有害于人的宗教性;必须抛除社会性,人才能自我净化而完全体验到最终的实在。但儒学的进路与此不同,它认为社会性不仅是人们向往的品质,而且是最高的人生境界的显著特点。[③] 一言以蔽之,儒家之自我转化,是一"即凡而圣"[④] 的进路。

最后,诚如杜先生所表明的:"儒家的终极关怀是自我转化,这种转化既是一种社群行为,又是一种对超越的诚信的对话式的回应。"[⑤] 如是,儒学的"自我转化",必然关联形而上的价值领域。有关"自我"与"天道"的关联,杜维明从"天人一体观"与"内在超越"来阐释其义。此义主要

[①] 参见杜维明:《"仁"与"礼"之间的创造紧张性》,《人性与自我修养》,张端穗译,第 17 页。

[②] 参见杜维明:《作为人性化过程的"礼"》,《人性与自我修养》,张端穗译,第 47 页。

[③] 参见杜维明:《作为人性化过程的"礼"》,《人性与自我修养》,张端穗译,第 25—26 页。

[④] 杜先生常喜欢借用美国学者 Herbert Fingarette 所著 *Confucius: the Secular as Sacred* 之书名来表达此义。

[⑤] 杜维明:《论儒学的宗教性——对〈中庸〉的现代诠释》,《杜维明文集》第三卷,武汉出版社 2002 年版,第 367 页。

见诸于他对《中庸》诠释时所提揭的"道德形而上学"、"论儒学的宗教性"两章，而《存有的连续性：中国人的自然观》、《试谈中国哲学中的三个基调》、《自我与他者：儒家思想中的父子关系》、《儒学的超越性及其宗教向度》等论文，也有睿见。实则，杜先生在阐释儒家的"天人一体观"时，所涉及的是人（"自我"）与万物（自然）的关系，此即是宋明儒学所揭示的"万物一体"观。因为，人与万物同出一源，故人与天地万物同为一体而不可分割。人作为宇宙的共同创造者，他有守护自然的承诺与责任。据此，杜先生指出中国人的自然观是：存有的连续性。他认为"存有的连续"（连续性）、"有机的整体"（整体性）、"辩证的发展"（动态性）是中国哲学的三个基调；① 依此特性，"自然"是一"有机过程"，是一"自发的自我生成的生命过程"。因而"所有形式的存有，从石头到天，都是一个往往被称为'大化'的连续体不可缺少的组成部分。既然任何东西都不在这个连续体之外，因而存有的链条就永远不会断裂。"② 值得注意的是，杜先生如此的观点是回应美国学者牟复礼（F. W. Mote, 1922—2005）的说法而进一步的阐释。牟复礼认为，中国人没有创世神话，而世界和人不是被创造出来的，而是自发自生的宇宙的主要构成要素。在这个宇宙中，不存在外在于它本身的造物主、上帝、终极原因或意志。③ 杜先生则认为中国并不是没有创世神话，而是缺少犹太—基督教形式的创世神话。因为，西方一神论"从无创造"（creation ex nihilo）似乎要求一个超越的创造者，如是，上帝是一个独立的从无创造世界的实体。④ 但对中国人而言，正因为将宇

---

① 参见杜维明：《试谈中国哲学中的三个基调》，《杜维明文集》第四卷，武汉出版社2002年版，第4—10页。亦见《存有的连续性：中国人的自然观》，《杜维明文集》第三卷，武汉出版社2002年版，第226页。

② 杜维明：《存有的连续性：中国人的自然观》，《杜维明文集》第三卷，武汉出版社2002年版，第226页。

③ 参见杜维明：《存有的连续性：中国人的自然观》，《杜维明文集》第三卷，武汉出版社2002年版，第222页。

④ See Robert C. Neville: *Behind the Masks of God: An Essay toward Comparative Theology*, Albany: State University of New York, 1991, p.73。

宙看做是连续创造活动的展开，存有的连续本是自明的真理，故无法想象一个"从无中创造世界"的"上帝"①。相应此问题，杜先生便把中国的自然观描述为"非人格化的宇宙功能的包罗万象的和谐"②，并强调："人性的内在动力和适应性使我们能够在我们的环境之内进入各种不同的相互关系，并且形成一个同天地万物沟通的错综复杂的网络。……人的这种回应能力有助于我们同自然进行一种充满同情的互动，而不是试图去宰制它、统治它。"③ 杜先生如此的观点，相应于西方外在的超越者"从无创造"之问题，以儒学的"万物一体"作出精彩的回应，并对现代生态环保议题的讨论，提供思想资源。

至于"自我"与"天道"之关系的更哲学性讨论，均聚焦于"内在超越性"(immanent transcendent)这一概念上。此一概念，由唐君毅④、牟宗三先生所创⑤，刘述先先生与杜先生都加以继承阐扬，成为当代新儒学的共法。事实上，此一概念与其说是当代新儒家自创，不如说是他们对儒学传统之形上智慧的现代诠释。此形上智慧，在杜先生对《中庸》的现代诠释中，再三致意。从前述存有论的高度看，天人之间可以不断

---

① 参见杜维明：《存有的连续性：中国人的自然观》，《杜维明文集》第三卷，武汉出版社 2002 年版，第 223 页。

② 杜维明：《存有的连续性：中国人的自然观》，《杜维明文集》第三卷，武汉出版社 2002 年版，第 228 页。

③ 《论儒学的宗教性——对〈中庸〉的现代诠释》，《杜维明文集》第三卷，武汉出版社 2002 年版，第 469 页。

④ 唐君毅先生说："在中国思想中，于天德中开出地德，而天地并称，实表示一极高之形上学与宗教的智慧。……故天一方不失其超越性，在人与万物之上；一方亦内在人与万物之中，而宛在人与万物之左右或之下。(此二义，在婆罗门教及西方泛神论思想中亦有之。)"(唐君毅：《中国文化之精神价值》，台湾正中书局 1974 年版，第 338 页)

⑤ 牟宗三先生说："天道高高在上，有超越的意义。天道贯注于人身之时，又内在于人而为人的性，这时天道又是内在的 (Immanent)。因此，我们可以康德喜用的字眼，说天道一方面是超越的 (Transcendent)，另一方面又是内在的 (Immanent 与 Transcendent 是相反字)。天道既超越又内在，此时可为兼具宗教与道德的意味，宗教重超越义，而道德重内在义。"(牟宗三：《中国哲学的特质》，台湾学生书局 1974 年版，第 26 页)

互动而无鸿沟，故杜先生说："这种天人之间的互动性使我们有可能把超越体察为内在。"更确切地说，"我们可以对天的嘱咐作出回应的这种天赋能力推动我们不断地拓展我们的视域，从而使人性的内在性便获得了一种超越的意涵"①。如前所述，儒家的"天道"，不是抽离人与世界之上的"全然的他者"，也不是"从无创造"的造物主，或是人格神。相反的，天道之生生不息的创造性，就内在于终极的自我转化中，故天道是"既超越又内在"。此与其他宗教相比，"它不是超越而外在，而是超越而内在"②。另从人之自我转化言，人之道德实践或主体性的深化，本具有一种超越的支撑点。是以杜先生说："既内在又超越，这是儒家思想的重点。……你越能深入自己内在的泉源，你就能越超越，……超越要扣紧其内在，其伦理必须拓展到形而上的超越层面才能最后完成。"③ 换言之，终极的自我转化，在本质与实践上，都具有超越性。我们从以上杜先生对"自我"内在结构及其与社会、自然、天道诸关系的分析中，都看到他不断强调：儒家自我转化之过程，必须透过修身，经由自我、社会、自然与天道的相互关联与互动，才能臻至人性的实现与完成。就此而言，终极的自我转化不是超离人性而是实现人性，人生的终极意义是可以通过日常生活实现出来的。④ 由此可见，从"自我转化"所展开的儒学宗教性，乃归结于"内在超越"的形上智慧之实践中。

当然，杜先生继承前辈学者而阐释"内在超越"之义，亦是针对西方基督宗教之"外在超越"模式而发，这对于儒家与基督宗教的比较，打开

---

① 杜维明：《论儒学的宗教性——对〈中庸〉的现代诠释》，《杜维明文集》第三卷，武汉出版社 2002 年版，第 463 页。

② 参见杜维明：《超越而内在——儒家精神方向的特色》，《儒学第三期发展的前景问题——大陆讲学、答疑和讨论》，《杜维明文集》第一卷，武汉出版社 2002 年版，第 340 页。

③ 杜维明：《超越而内在——儒家精神方向的特色》，《儒学第三期发展的前景问题——大陆讲学、答疑和讨论》，《杜维明文集》第一卷，武汉出版社 2002 年版，第 345 页。

④ 参见杜维明：《论儒学的宗教性——对〈中庸〉的现代诠释》，《杜维明文集》第三卷，第 462、464 页。

了对话的空间与论域。不仅引起美国学界的重视与讨论,波士顿大学两位神学教授南乐山(Robert Cummings Neville, 1939—)、白诗朗(John Berthrong, 1946—)也都呼应此说。①

有趣的是,杜先生在探究儒学的宗教性时,他还"杜撰"一个认识论与修养论的概念——"体知",作为人文学的独特方法。所谓"体知"即是"体验之知",也是"体证之知",此概念相当于儒学传统中的"德性之知",是人人本有的良知良能。依杜先生的构设,"体知"的结构是超越西方主客对立的认识论模式,具有美学、伦理学与宗教学的意涵,它不可能脱离天人合一的宏观而成为隔绝的认识论。②另一方面,"体知"作为修养论的概念,它也有其实践转化的功能。③虽然杜先生指出"体知"有其本体论的基础和实际运作的内在逻辑④,但若要作为一个严肃的哲学问题来思考,实需要更坚实理据的证成。尽管如此,相应于儒学宗教性的实践而言,杜先生的提问是有意义的,也是必须面对的。

三、启蒙反思与儒家人文精神的重建

在杜维明先生的对比视域中,与儒学的宗教性相表里的重要精神资源,就是儒家的人文精神。相较于第二代新儒家对西方启蒙精神与"现代

---

① See Robert C. Neville, *Behind the Masks of God: An Essay toward Comparative Theology*, Albany: State University of New York, 1991, pp.73–79; Robert C. Neville, *Boston Confucianism: Portable Tradition in the Late-Modern World*, Albany: State University of New York Pres, 2000,pp.147–165; John Berthrong, *All under Heaven*: *Transforming Paradigms in Confucian-Christian Dialogue*, Albany: State University of New York, 1994, chaps. 4 & 5.

② 参见杜维明:《论儒家的"体知"——德性之知的涵义》,《杜维明文集》第五卷,武汉出版社 2002 年版,第 349—350 页。

③ 参见杜维明:《儒家"体知"传统的现代诠释》,《杜维明文集》第五卷,武汉出版社2002 年版,第 371 页。

④ 参见杜维明:《论儒家的"体知"——德性之知的涵义》,《杜维明文集》第五卷,武汉出版社 2002 年版,第 352 页。

化"的肯定,杜先生则从"新轴心时代"的多元文明发展,对启蒙心态与西方的"现代化"、"现代性"作出深刻的反省。他屡次强调"现代化"不等于"西化","现代性"也有多元的表现,东亚现代性的体现就不同于西方的历史进程与模式。因而,将儒家的人文精神置于启蒙反思的脉络下,更能显示杜先生此议题的深度与广度,而其大力提倡的"文明对话"才有真正的基础。

众所周知,高举人类的理性是西方启蒙精神的主要特征之一,它也为西方的现代化结出丰硕的果实,如:市场经济、民主制度、科学技术,乃至自由、平等、人权等价值;影响所及,使得所有非西方世界都要面对西方"现代化"的挑战。然而,由各大文明对西方现代化的回应,也对照出启蒙心态的偏失,倘若我们无法反思或超越启蒙心态,其结果将吞噬启蒙的成果。杜先生认为我们既是启蒙的受惠者,又是启蒙的批判者。[1] 作为受惠者,启蒙的重要理念如理性精神、民主、科学都需要继续深化;作为批判者,则要针对人类中心主义与科学主义等启蒙心态加以批判。他指出启蒙心态在西方的出现,是以反宗教与强调工具理性为前提,它所突出的是人类中心主义。[2] 在此心态下,宗教的超越世界被消解,而工具理性的运用,最后造成科技对自然世界的掠夺与控制。尤有甚者,人类赖以安身立命的人文价值世界,也濒临崩解的危机。显然地,人类中心主义所导致的对自然的宰制与剥削,以及超越的价值世界之沦丧,是杜先生反思启蒙心态时所欲对治的主要课题所在。

固然,杜先生深知只有接受西方民主自由思潮的洗礼之后,儒家传统才逐渐争取到对西方文化因启蒙心态而导致的弊病加以批判的权利和义务。[3] 但是,鉴于启蒙心态所过度突出的人类中心主义,儒家这种包容的

---

① 参见杜维明:《化解启蒙心态》,《杜维明文集》第五卷,武汉出版社 2002 年版,第 261 页。

② 参见杜维明:《儒家人文精神与宗教研究》,《杜维明文集》第四卷,武汉出版社 2002 年版,第 556 页。

③ 参见杜维明:《儒家传统的启蒙精神》,《杜维明文集》第五卷,武汉出版社 2002 年版,第 290 页。

人文主义有其针砭之用。因而，杜先生说：

> 启蒙心态（特别是人类中心主义和科学主义）为一切生灵所带来
> 的危机，要靠世界各地的精神文明来化解，基督教、回教、佛教、犹太教、
> 兴都教、道教乃至民间宗教，既然都有传统资源可提供，儒家的人文精
> 神当然也有滋养现代心灵的源头活水。①

早在杜先生对《中庸》作出现代诠释时，他就指出："正如自我要本真地体现
人性，就必须克服自我中心主义一样……同样，为了要本真地体现人性，社
群必须克服狭隘的地方观念，国家必须克服种族中心主义，世界必须克服
人类中心主义。依儒家包容的人文主义，经过转化了的自我，通过个人和
社群渐次超越自我中心主义、裙带关系、狭隘地方观念、种族中心主义和人
类中心主义，而达到与'天地万物为一体'。"② 这种以天人合一为基础与祈
向的人文主义，若与启蒙所代表的人文精神相比较，杜先生认为儒家的人
文精神所触及的面向比较宽，除了个人与社会之外，还有自然和天道，一共
四个面向。它不突出人类中心主义，它要开发各种不同的社会资源，培养
每个人的文化能力。③ 因此，我们可以说，儒家人文主义，就个人自我层面，
它不主张独来独往的"原子式"、"个人主义"（individualism），而是强调成
己成物的"人格主义"（personalism）。从社会层面言，它不强调自我与社
会的对立，而是社群的信赖。对于自然，它不强取豪夺，而是参赞护守。而
面对超越的天道，天人之间的不断互动，促使人性的充分实现成为天道存
有开显的场域。论述至此，对杜先生而言，儒家的人文主义与儒学的宗教
性本是一体两面的论述，故杜先生确切地说："儒家的宗教性是儒家人文精

① 杜维明：《论儒家的"体知"——德性之知的涵义》，《杜维明文集》第五卷，武汉出
版社 2002 年版，第 262 页。
② 杜维明：《论儒学的宗教性——对〈中庸〉的现代诠释》，《杜维明文集》第三卷，武
汉出版社 2002 年版，第 480 页。
③ 参见杜维明：《儒家人文精神与宗教研究》，《杜维明文集》第四卷，武汉出版社
2002 年版，第 572 页。

神的本质特色,也是儒家人文精神和启蒙心态所显示的人类中心主义大异其趣的基本理由。正因为儒家价值取向是既入世又要根据道德理想而转世,他确有和世俗伦理泾渭分明的终极关怀。正因如此,儒家才能在文明对话中扮演中介和共法的角色。"①

毫无疑问,杜先生认为由儒学宗教性所开展的儒家人文精神,在新轴心时代,是一超越启蒙心态,丰富文明对话的资源。他宣称:

> 假若儒家人文精神的重建能继承启蒙精神(自由、理性、法治、人权和个人尊严的基本价值)而又超越启蒙心态(人类中心主义、工具理性的泛滥、把进化论的抗衡冲突粗暴地强加于人、自我的无限膨胀),并充分证成个人、群体、自然与天道,面面具全的安身立命之坦途,应能为新轴心文明时代提供思想资源:
>
> 一、个人自我之中身体、心知、灵觉与神明四层次的有机整合;
>
> 二、人与社群(家国天下)乃至社群与社群之间的健康互动;
>
> 三、类与自然的持久和谐;
>
> 四、人心与天道的相辅相成。②

杜先生提出以上四层架构的儒家人文思想,不仅对西方现代文明之挑战作出创造性的回应,同时也将儒家对当今世界的重要议题之关怀"十字打开"。如果"重建"(reconstruction)是意味着"开发"传统资源所具有的意义容量与潜力③,那么,杜先生所强调的儒家人文精神应是一开放的理论架构,它应能在当代关切的诸多重要议题中滋长与回应。职是之故,杜先生认为儒家人文精神可以与攸关人类福祉的生态意识、女性主义、宗教多元、

---

① 杜维明:《儒家人文精神与宗教研究》,《杜维明文集》第四卷,武汉出版社2002年版,第580—581页。

② 杜维明:《自序:新轴心时代的文明对话》,《杜维明文集》第一卷,武汉出版社2002年版,第11页。

③ 参见李明辉:《中西比较哲学的方法论省思》,《东亚文明研究通讯》第3期,(2004年4月),第34页。

全球伦理等四大思潮相互激荡，开拓新思维。① 杜维明以其实际参与环保议题、宗教对话、全球伦理的经验指出，1993 年于芝加哥举行的世界宗教会议中，孔汉思（Hans Küng, 1928— ）所提出的全球伦理的两个原则（一是"己所不欲，勿施于人"，一是"己欲立而立人，己欲达而达人"），可说是儒家原则。又如，1995、1996 年世界环保会议所形成的《地球大宪章》，生态学思想家贝瑞（Thomas Berry, 1914—2009）就提出"万物一体"的大原则，此与儒家对待自然的态度若合符节。而在多元宗教并存的现代处境中，"宗教多元主义的现实考虑必须成为迈向全球伦理共荣的先决条件"②；因而，儒家包容的人文主义，更能正视各个宗教彼此的差异性，为宗教对话提供有利的环境。当然，对于女性主义的挑战，儒家也不应回避。杜先生意识到儒家必须在理论与实践上通过和女性主义的对话，超脱历史积淀下的"封建遗毒"之污染与男性中心的意识型态。杜先生也承认："儒家在这个方面可以扬弃包袱的可能性非常大，从女性主义的角度来看，没有任何女性主义不能接受的包袱是儒家不能放弃的。"③ 不过，杜先生也认为儒家"为己之学"的核心价值，绝非偏颇的性别论说④，而女性主义所强调的"公义"、"同情"、"礼让"、"责任"和"人际关系"，也与儒家的人文精神相符。⑤此外，伴随"全球化"而来的"族群"、"语言"、"性别"、"地域"、"年龄"、"阶级"和"宗教"等根源性的问题⑥，儒学都必须面对。如此，我们才能确认儒

① 参见杜维明：《自序：新轴新时代的文明对话》，《杜维明文集》第一卷，武汉出版社2002 年版，第 7—9 页。
② 杜维明：《自序：新轴新时代的文明对话》，《杜维明文集》第一卷，武汉出版社 2002年版，第 8 页。
③ 杜维明：《儒家与自由主义——和杜维明教授的对话》，《儒家与自由主义》，生活·读书·新知三联书店 2001 年版，第 63 页。
④ 参见李明辉：《中西比较哲学的方法论省思》，《东亚文明研究通讯》第 3 期，（2004年 4 月），第 10 页。
⑤ 参见杜维明：《自序：新轴新时代的文明对话》，《杜维明文集》第一卷，武汉出版社2002 年版，第 8 页。
⑥ 参见杜维明：《全球化与本土化冲击下的儒家人文精神》，《杜维明文集》第五卷，武汉出版社 2002 年版，第 559 页。

家的人文精神有其丰沛的生命力!

在当代新儒学对欧美及世界的传播中,杜维明先生的创建之功不可忽视。他的思想探索与学术成就,由动态的深掘与对话历程所开展。他以开放的学术心灵,植根于儒家传统,打开当代新儒学更宽广的比较视域,正面回应西方文化的挑战与冲击,进而培养自我批判的智慧与能力,参与各大文明传统对话,提出有哲学意义的探问。

透过本文的叙述,我们可以得知,杜先生的儒学论述,从"第三期儒学发展"的重新提问,在策略上显然跳脱独尊西方"现代化"的论述框架与现实焦虑,使儒学进入多元文化与跨文化的对话中,藉以呈现儒家传统的丰富资源。其中,杜先生紧扣儒学而触及的问题与论域非常多,但从比较哲学的角度来看,多元文化下的宗教对话与全球伦理,是他关注的重点。因而,"儒学的宗教性"与"儒家人文主义"最能显示杜先生在比较哲学上的建树。① 特别在具体的学术实践上,他将儒学完全投入英语语境,直接以英语阐发儒学的核心价值与精神,主动地对西方学术传统的议题加以质疑。其结果,一方面使儒学的普适价值得以展现契机,另一方面也导致西方学者对自己的传统作重新的了解和认识。因而,杜先生能对韦伯、帕森斯、哈贝马斯(Jurgen Habermas, 1929—   )的"现代性"理论有所理解与批判,也能透过与史密斯、列文森、史华慈、狄百瑞(Wm. Theodore de Barry, 1919—2017)、艾律克森、贝拉(Robert Bellah, 1927—2013)、芬格莱特(Herbert Fingarette, 1921—2018)等美国学者的对话与论难,思考儒学的创新与转化,让儒学以现代的"问题意识",与美国学界进行良性的互动与交流。波士顿大学神学院南乐山(Robert C. Neville)教授在其所

---

① 前已述及杜维明对"儒学宗教性"与"儒家人文主义"的阐释,是以其对儒家"自我"之深度挖掘为思考的起点,但在比较哲学的进行过程中,杜维明更重视与"他者"(the other)的互动与真诚对话。换言之,儒学之"自我"的层层转进,"他者"的对比与在场,不可或缺。因而,在具体的学术实践上,杜维明最能倾听"他者",并与"他者"进行积极的对话。

著的 *Boston Confucianism* 一书中, 有一专章即从"圣人之道"(Way of the Sage) 切入而对杜先生的儒学思想加以讨论,[①] 而其他数章所涉及的主题 (motif), 如"儒家的精神性"(Confucian Spirituality)、"存有"(Being)、"超越"(Transcendence)、"自我"(Self)、"多重宗教的认同"(Multiple religious identity)[②] 等, 都与杜先生的儒学论述相关。[③] 杜先生于美国学界的努力, 确实已经得到回响。由此回响, 也可以印证杜先生所提出"文化中国"(cultural China) 的第三个意义世界, 及其所含蕴的比较哲学之视域。[④]

当然, 相较于前辈新儒家学者, 杜先生在比较哲学的学术贡献, 不在思想哲学体系的建构, 而在于哲学问题的探问。他赞同孟子与法国宗教哲学家马赛尔 (Gabriel Marcel, 1889—1973) "掘井及泉"的取径, 认为哲学工作不是一种依照理智分析的蓝图而建成的观念系统, 而是一种永无止息的"审问"(inquiying), 一种深入自我的挖掘 (digging)。在这个意义下,

---

[①] 参见 Robert C. Neville: *Boston Confucianism: Portable Tradition in the Late-Modern World*, Albany: State University of New York Pres, 2000, pp.83–105。

[②] Robert C. Neville: *Boston Confucianism: Portable Tradition in the Late-Modern World*, Albany: State University of New York Pres, 2000, chaps.4, 7, 8, 9, & 10.

[③] 刘述先同意南乐山以"主题"(motif) 分析的进路来比较中西传统, 并从当代新儒家的观点, 对波士顿儒家作出回应。(参见刘述先:《作为世界哲学的儒学: 对于波士顿儒家的响应》,《现代新儒学之省察论集》, 台湾"中央研究院"中国文哲研究所 2004 年版, 第 17—38 页)

[④] 杜先生于 1990 年提出有关"文化中国"的英文论说, 认为"文化中国"包括三个意义世界或象征世界 (symbolic world)。第一是中国大陆、中国港澳台地区和新加坡, 主要由华人所组成的世界; 第二个意义世界包括东亚、东南亚、南亚、太平洋地带乃至北美、欧洲、拉美、非洲等世界各地的华人社会; 第三个意义世界包括所有在国际上从事中国研究以及关切中国文化的学人、知识分子、自由作家、媒体从业人员, 乃至一般读者和听众。而"文化中国"的论说是由这三个意义世界的互动交织而成。杜维明特别指出,"文化中国"第三个意义世界关注且体现中国文化资源的多样性, 也表明"文化中国"三个意义世界共同拥有多元多样的文化资源。(参见杜维明:《文化中国: 以外缘为中心》、《关于文化中国的涵义》,《杜维明文集》第五卷, 武汉出版社 2002 年版, 第 389—404、409—415 页) 就此而言, 文化中国不仅有佛教、道家、民间宗教的资源, 还有基督教和伊斯兰教各方面的资源。因此。我们可以说,"文化中国"的第三个意义世界, 更是超越种族和语言的限制, 最能彰显比较哲学的视域。

哲学不是静态的、平面的构画，而是动态的、立体的探索，是不能自已的钻研，是一种自强不息的反省，一种不可须臾离的证道工夫。[①] 在这哲学立场的抉择上，杜先生可说是一个"实存的儒家"（existential Confucian）[②]。诚如海德格（Martin Heidegger, 1889—1976）所言："提问是对思考的虔敬。"（Questioning is the piety of thought）[③] 我们相信这就是杜先生继续从事跨文化之学术探究的真实动力！

（作者单位：台湾"中央研究院"中国文哲研究所）

---

① 参见杜维明：《反省的证道者——为纪念马赛尔而作》，《人文心灵的震荡》，《杜维明文集》第一卷，武汉出版社 2002 年版，第 195 页。

② 借用 Neville 形容杜维明先生之语。参见注 90, p.85。

③ Martin Heidegger, translated by William Lovitt: "The Question Concerning Technology", *The Question Concerning Technology and Other Essays*, Harper & Row, 1977, p.35.

从"文明"学的角度看杜先生的
"文明对话"说

吴根友

一、有关"文明"研究的方法问题与"文明对话"的方式

将"文明"作为人文社会科学的研究对象,是一件比较晚近的事情,大体上说起源于 19 世纪中后期,到今天大约 160 多年的历史。概览汉语学术界 (包含汉译著作) 有关"文明"研究的类型,大体上可以分为文明形态的类型学,考古学界、历史学界多采用这种分类方式,如青铜文明、玛雅文明等说法。文明形态学又可以分为纵向的与横向的,纵向的主要表现为经验时间的分类法,古代文明与现代文明。横向的则以民族、国别、地域文明为特征,可分为多种的文明。另外,还可以从文明的性质如科技文明与精神文明的角度分类。连续性的文明与破裂性的文明等。资本主义文明与社会主义文明。农业文明与工业文明等。因此,"文明"的分类问题,也影响着我们将采取什么样的方法去研究"文明"。

黑格尔在他的《哲学史讲演录》里,虽然没有直接用"文明"的概念来讨论人类文明的发展问题,但在他讨论哲学发展的字里行间,其实透露出的正是"文明"的发展问题。他从时间的维度,认为哲学的发展始于东方,而终于现代西方,特别是日耳曼精神。这是纵向的文明发展论。而当他讨论古希腊文明、日耳曼哲学与东方的、中国的哲学精神,又是在横向的视角

讨论文明的特质及发展问题。因此,黑格尔在《哲学史讲演录》中讨论"文明"问题时,实际上是纵向与横向结合在一起来考察的。

当代国际关系领域里,以享廷顿为代表的"文明冲突论",影响甚大。而作为具有世界影响力的当代新儒家群体,在考虑人类文明的问题时,以杜维明为代表,则提倡"文明对话"。相对于"文明冲突论"所引起的巨大学术反响而言,"文明对话"论的学术反响不够强烈,但并不因此就降低"文明对话"论的思想价值与深远的历史意义。就人类文明的发展方向而言,"文明对话"论更能代表人类文明的发展方向。而且"文明对话"中的"对话"一词,最好不要用英文中的 Dialogue,而要用 Conversation。按照安乐哲(Roger T Ames)的说法,Dialogue 是一种通过某种预设的逻辑而导向一个预设的结论,而 Conversation 是对谈,没有固定的预设逻辑,也无须导向一个预设的结论。因此,真正的"文明对话"应该是一种文明之间的商谈,如果在商谈的过程中能够自然地形成某些低度的共识,很好。如果没有达成某些低度的共识,也没有关系,可以继续保持一种沟通。因为,和平、友好、平等的商谈,一个自然的积极结果,就是增加了对彼此的了解。因此,"文明对话"的积极意义总是要超过"文明冲突"带来的直接伤害与长久的后遗症。

当然,如果从"文明对话"的形上超越的角度来看,"文明冲突"其实也是一种对话形式,是一种使用暴力与血腥的方式对话。我们不选择这种形式的文明对话,在不得已的情况下,我们宁愿选择文明之间的暂时冷淡,也不愿意选择这种暴力形式的文明对话。我们将"文明对话"一词限制在和平的交流、互鉴,相互学习,取长补短,宽容他者的多元文化交流的意义域之内,不采用过于宽泛的"文明对话"的说法。

二、杜维明的文明理论

仅就目前出版的《杜维明文集》来看,我们还无法确切判断杜先生是什么时间开始以"文明"问题为"思想单位"(李贤中语)展开思考的。但从他对马克斯·韦伯,卡尔·雅斯贝尔斯的著作研究与关注的时间点来看,他至少在20世纪80年代就已经开始了对"文明"问题的关注。在《探讨"轴心时代"》一文(1983年)里,他使用了"人类精神文明的发展"问题。在"儒学访谈"《工业东亚与儒家精神》的访谈录里,他提到"三种类型的工业文明"的问题。从这些实际使用的短语角度看,杜先生对于"文明"问题的思考始于20世纪80年代,是一个相当保守的说法,而实际上,从他的求学、阅读过程来看,他可能至少在前十年就已经触及"文明"的问题了。从《杜维明文集》的序文来看,杜先生以"文明"为思想单位来思考全人类的问题,始于他1999年12月中旬写的《新轴心时代的文明对话——兼论21世纪新儒家的新使命》。该文借用雅斯贝尔斯"轴心时代"的概念,提出了"新轴心时代"的说法。该文立足于现代新儒家的人文精神立场,对于全球化时代的人类将何去何从的宏大问题,提出了一个思想的解决方案,即文明对话。

该文正面批评了亨廷顿、福山的观点,对哈贝马斯的工作给予了有限的肯定,对现代启蒙运动分两个层次给出了评价,一是肯定启蒙精神,二是要批评并超越"启蒙心态",对于当前欧美学术界、文化界非常典型的四种理论形态——生态意识、女性主义、宗教多元和全球伦理给予了充分的尊重与关注,并认为,称这"四大思潮为我们提供了继承启蒙精神和超越启蒙心态的新思维和契机"。

杜先生认为,"亨廷顿的'文明冲突'和福山的'历史终结'都没有脱离西方与非西方的排斥二分。后者以为西方全胜,前者则提出警告,如果西方价值(譬如'民主')要普及全球,还需要注意因文化差异而造成的阻力"。在杜先生看来,"如果我们希望在思想层面为人类长治久安寻找出路,福山和亨廷顿的西方至上不济事,后现代主义的彻底解构欧美霸权不现实。继承启蒙并超越启蒙是否具体可行值得深思,我以为这似乎是较为现实的道路"。

通过对现代西方主流学术界有关人类文明的代表性论述的评价与批评,杜先生提出了自己的"新轴心时代文明"的初步构想。其一,接受柯森思的说法，将地球看作是人类的极限，倾听地球上原居民的声音并以他们为老师。其二，"新轴心文明时代不再是由少数精英或全体男性所塑造的时代，而是每一个人的时代。也许一种符合生态原则，能满足女性主义的基本需求、充分肯定宗教多元性而且还能建构全球伦理的人文精神，才是新轴心时代的特质。"其三，杜先生的"新轴心时代的文明"内容之中，不一定完全是儒家的人文精神，但一定包含儒家的人文精神，他认为，作为第三期儒学的"新儒家"，其基本精神包涵四个方面的内容：其一，个人自我之中身体、心知、灵觉与神明四个层次的有机整合；其二，个人与社群（家国天下）乃至社群与社群之间的健康互动；其三，与自然的持久和谐；其四，人心与天道的相辅相成。他非常肯定地说：

> 我相信新轴心文明时代的人文精神必须涵盖个人、群体、自然与天道四个不可分割的方面。只开辟我、他、你们、他们等论域是不够的。"我们"不仅是身心灵神和家国天下，而且还包括自然与天。儒家"以天下万物为一体"的仁道可以为新轴心时代的文明对话提供宇宙论和人生观的精神资源。①

初步考察杜先生有关"文明"与"文化"一词的使用方式，我们大体上可以这样说，"文明"是"文化"的整体表现方面，它既可以用来描述与刻画一个较长的历史时期的文化整体样态，如轴心时期文明，也可以用来描述刻画一个民族在一定历史时期内的文化整体样态，如印度文明、古希腊文明、犹太文明，也可以用来描述刻画一种较长时间段里的生产—生活方式，如农业文明、工业文明等。杜先生下面所说的一段话，大体上可以看出其对文明与文化关系的认识：

> 人类文明有各种不同的文化表现，不同的文化有不同的价值，有

---

① 参见《杜维明文集》第一卷"自序"，武汉大学出版社 2002 年版，第 13 页。

不同的生命力,各有其长处和短处。①

因此,不同的"文化"构成了不同类型文明的具体内容,而且也正因为文化的不同,决定了文明之间需要交流、对话,进而让人类不同地区的文化更加丰富而发展。杜先生说:"从现代文明来看,我们可以得到一些启示。第一个启示是,人类文明发展的多元倾向不是20世纪以后的现象,而是有着相当长的历史。"以中华文明为例,现代考古学的成果告诉我们,中国文明是多元发展,在新石器时代就有几个不同的源头,有仰韶文化、龙山文化;不仅在渭河下游或北方,而且在长江流域也有自己的文化形式。因此,杜先生得出了这样的结论:"从这个角度看,多元文化是世界文明发展的脉络,以后才有彼此的交流:中国文化和印度文化的交流,印度文化和西方文化的交流,中国文化和其他文化的交流,等等。"这种不同文明之间的交流,发生的时间很早,只是到了"20世纪的后期,才成为一般人日常都可以接触到,亲身体验到的现象"而已。

由上述简要的考察可知,杜维明先生的"文明对话"论,是基于他广阔的历史文化哲学类型的"文明学"角度出发的,与亨廷顿基于美国国家利益而阐发的"文明冲突"论,有着非常不同的"文明学"的理论基础与文化史的基础。

三、杜维明的"文明对话"论

可以这样讲,杜先生所坚持的"文明对话"原则,是基于他的文明学基础上对于当前国际政治的一种回应,因此,他批评亨廷顿的"文明冲突论"就不是一般意义上的学术观点之争,而是在深刻而广阔的人类文明史基础上,对于亨廷顿思想观点的批评。在杜先生看来,亨氏的文明冲突论,是"以西方为中心的论说方式,乃构建在两极分化的思考模式上,充分暴露出维

---

① 《杜维明文集》第二卷,武汉大学出版社2002年版,第282页。

护西方霸权的心态"。其论说的最大失误,在于"把文化当作静态结构,从地缘政治的角度综览全球,把全球分成西方、日本、儒家、回教、印度教、拉丁美洲等几个体系"。而在实际上,"文明基本上是一个动态的发展,像是长江大河一样,各大文明之间交互影响"。就具体的人文知识而言,杜先生认为,"亨廷顿对儒家的理解已经过时,而且有很大的疑问。他受了白鲁恂(Lucian Pye)很大的影响,认为儒家是权威主义,和西方民主思潮有很大的冲突。又看到新加坡李光耀对西方人权、自由、民主的批评,更加深了他认为儒家传统不能和现代民主相容。其实儒家传统是具有涵盖性的人文精神,可以有和西方民主思潮进行健康互动的可能"。

由对亨廷顿的文明观批评出发,杜先生进而批评西方自启蒙思潮所发展出来的人文精神,他认为,这种启蒙思潮所发展出来的人文精神是"有排斥性,它对自然有侵略性,是以人类为中心的人文主义"。而儒家的人文精神则是一种具有涵盖性的人文精神,因而"和基督教文明是可以有健康互动的可能的"。他认为,将"日本剔出儒家文化圈是违反历史常识的"。"日本也许不完全受儒家文化的影响,但是,不应该排除在外,而且这也和日本朝野目前考虑回归亚洲的构想不符"。

杜先生不否认文明冲突在许多地方的不可避免性,但他认为世界文明的"大方向仍然是对话"。杜先生说道:"我想,世界在重组过程中间,一定有各种不同的矛盾冲突。但是,通过协调、通过区域化的合作以及全球性不同的合作协调来达至和平共处,大概是不可抗拒的趋势。"

杜先生坚持"文明对话"观点的现实根据是:"全球社群的出现。""由于科学科技的发展,世界各地不论东西南北都已成为由信息、交通、贸易、电讯和财经各种关系网络所编织而成的生命共同体。从生态环境及能量资源等超越国界的宏观视野来检视当今人类的存在条件,不同种族、地域、语言、文化、阶级和宗教的社群必须谋求共生之道,已成为知识界不言而喻的真理。如果我们把核战争的问题、生态系统遭到破坏、环境被污染、能源枯竭或因人口膨胀而造成的社会脱序种种祸害也列入考虑,人类必须同舟共济,一起来创建和平共存的生命形态,更是显而易见的道理。"

针对如何展开"文明对话"的实践哲学问题，杜先生提出了一个纲领性的建议：发展责任伦理，反思并批评西方社会自启蒙思潮以来发展出的排斥性人文精神的方法。其具体的做法就是：发扬儒家文化中具有涵盖性的人文精神。杜先生认为"儒家仁义精神的恕道"，"是创建和平共存的生命形态所不可或缺的中心价值。这一中心价值一方面是对他人的尊敬：'己所不欲，勿施于人'；一方面是对自己的期许：'己欲立而立人，己欲达而达人'。从相互尊敬可以发展人与人相处的金科玉律；从期许可以培养自我的社会责任感。这条思路比把特殊（个人、社群、宗教、国家或文化）的'真理'强加于人，更能增进人类相互之间的谅解，比利他主义更能发展责任伦理"。

作为在国际学界有巨大影响力的华人学者，杜先生的"文明对话论"从中国传统文化里发掘出新的国际和平的思想资源，并力求将儒家的人际伦理发展成为国际关系伦理，具有极强的思想启迪意义。但是，笔者认为，经过杜先生发展后的现代新儒家的"涵盖性人文精神"，是否能既批评西方近代以来的启蒙运动所发展出的"排斥性人文精神"，又继承现代启蒙精神，这是件颇为令人怀疑的事情。而以儒家"涵盖性的人文精神"来回应现代西方文明精神、制度与物质层面的三重挑战，将是一件任重而道远的事情，可能需要更多的，来自不同精神传统的后继者来接着杜先生的"文明对话"理论向前推进。

四、从文明学的角度重新考察亨廷顿的"文明冲突"论

在当今的国际政治理论中，塞缪尔·亨廷顿的"文明冲突论"与杜维明"文明对话论"，代表了当代文明理论中两种极其相反的理论思考原则。

亨廷顿虽然表面上讨论文明的冲突问题，但其讨论背后所深藏着的本质诉求乃是美国的国家利益。因此，他的"文明冲突论"的意旨不在于如何消除经济全球化过程中的文明冲突，而在于如何利用这种文明之间的冲突而重组美国的国家利益圈，在致思的方向上与当今世界各国人民追求和平

的愿望是十分背离的。作为一种国际关系理论,亨氏的"文明冲突论"更侧重于差异的文明之间的矛盾冲突一面。在他看来,冷战结束后新世界的冲突根源,"将不再侧重于意识形态或经济,而文化将是截然分隔人类和引起冲突的主要根源。在世界事务中,民族国家仍会举足轻重,但全球政治的主要冲突将发生在不同文化的族群之间。文明的冲突将左右全球政治,文明之间的断层将成为未来的战斗线。"这即是说,政治的直接冲突让位于不同文明形态之间的冲突。作为一种文明冲突的理论,亨氏所谓的"文明"概念其理论内涵又是什么呢?

亨氏认为,"文明是一个文化单位。""文明是人类文化最高层次的组合,也是人类文化认同的最广领域:再要推广就是人类与禽兽的区别了。它一方面由语言、历史、宗教、风俗、制度等共同客观因素决定;另一方面也有个人主观认同的因素。"从范围而言,"文明可能包含几个民族国家,例如西方、拉丁美洲与阿拉伯文明;或者一个国家,例如日本文明。文明显然会混合和相叠,亦可能包含许多子文明。"不管怎么说,"文明"的这些差异性,不"妨碍文明之为有意义的实体",因而是"真实的"。由亨氏对文明内涵与外延的界定来看,他的"文明观"基本上是一种静态的文明观。这种"文明观"忽视了文明的时代性、发展性与可变性、可交融性等基本特征。就学术的严谨性而言,亨氏的"文明"概念不够严谨,如"日本文明"的说法究竟在多大程度上能够成立,是一个非常可疑的说法。而且最为致命的地方在于,他在理论上混淆了文明的差异性与矛盾性,又将矛盾性与冲突性紧密联系起来,在理论上极不严谨。文明之间有差异,差异会导致矛盾而不必然导致矛盾;矛盾可能导致冲突而不必然导致冲突。因此,从理论的严谨性来看,亨氏的"文明冲突论"在理据上是极其薄弱的。

亨氏当时预言,"未来最重要的冲突将发生在文明间的断层线上。"其理由有如下六点:

第一,"文明的相异不单真实而且基本"。"不同文明对上帝与人、个体与群体、公民与国家、父母与子女、丈夫与妻子的种种关系有不同的观点,而对权利与责任、自由与权威、平等与阶级的相对重要性亦有迥异的看法。"

由文明的不同而"引起的冲突往往是最持久、最暴虐"。

第二,"世界的距离拉得愈来愈近。民族间的互动日趋频繁,一方面加强了文明意识,另一方面亦加强彼此的差异性与内部的共通性"。"民族间的互动,强化他们的文明意识,亦由此激发彼此的差异和仇恨,而这些差异与仇恨往往源自历史的深处"。

第三,"全球经济现代化与社会转型历程,一方面使人超越长期以来的本土认同,而另一方面民族国家不再是认同的唯一来源"。亨氏的意思是说,经济的全球化与文化上的原教旨主义是导致冲突的原因之一。

第四,"西方的双重角色加强文明意识的增长。一方面,西方正处于权力高峰,但与此同时(又或许是前者的结果),又可以看到非西方文化正在出现回归根源的现象"。"西方虽处于权力高峰,却正面对非西方世界以更强烈的欲望、更坚强的意志及更充沛的资源来决定世界的未来。"

第五,"文化的特质与差异较在政治及经济上的更难改变,也更不容易妥协与解决"。"宗教上歧视与种族问题更为尖刻与排他。一个人可以拥有法国与阿拉伯的血统,或同时是两国公民,但他却不能既是天主教徒又是回教徒"。

第六,"经济区域主义日益抬头"。"成功的经济区域主义一方面增强了文明意识"。"另一方面,只有当经济区域主义植根于共同的文明中才能成功"。对于这一点,亨氏特别担心的是中国的崛起。他认为,"共同文化显然促进了中华人民共和国、香港、台湾、新加坡及其他亚洲国家的华人社会在经济关系上的急速扩张"。"如果文化的共同性是经济整合的先决条件,那么未来最主要的东亚经济集团很可能会以中国为中心"。

亨氏从宏观与微观两个层次上来分析文明的冲突问题。他说:"在微观层次来说,不同文明间断层线上的邻接集团,常常为领土及控制权而斗争(这些斗争通常以暴虐方式出现)。在宏观层次上,文明相异的国家为了相关的军事与经济力量而竞逐,为了争夺国际组织及第三势力的控制而斗争,亦为了倡议各别的政治及宗教价值而互相角力"。纵观亨氏的"文明冲突论",我们可以看到,他特别强调了西方与非西方对抗的可能性,尤其是将中国所代表的儒家文明与伊斯兰文明的结合,共同形成对抗西方的阵线看作是对西方世界最具有威胁力的力量。因此,亨氏的"文明冲突论",最终的落脚点是在政治冲突与经济势力的划分上面。其现实的考虑远大于理论的思考。特别是他认为,"文明冲突"往往发生在文明的断层线上的观点,是一个经不起历史检验和理论分析的观点。从历史的观点看,以往的两次世界大战都发生在欧洲,而不是在所谓的"文明断层线"上。从理论上说,文明之间的差异并不意味着文明之间的矛盾冲突。未来国际社会可能出现的战争,从根本上说将继续是国家间的经济利益冲突的白热化,而不会仅是所谓的"文明冲突",并由"文明冲突"而引起战争。而且,亨氏的"文明冲突论"观点严重地忽视了现代民族国家的作用,尤其是忽视现代民族国家在经济全球化过程追逐国家利益而改变文化形态的可能性。例如现在,我们很难像亨廷顿所说的那样将中国再看作是儒教的国家了,尽管儒家文化可能在日常生活的某些方面还在起作用。整个 20 世纪的中国在文化上都是以西方近现代文明为效法的榜样,学习得惟恐不像,更遑论用儒家文明来对抗西方文明?从目前的情况看,中国与西方还有意识形态的差异,但是,西方社会与中国之间的未来冲突决不是什么西方文明与儒教中国文明的冲突,而只可能是发展起来的中国国家利益与欧美等民族国家利益之间的冲突。而即使有这种利益冲突,也不一定就导致国家间的战争。国家间的利益冲突也可能通过理性的谈判和合理的经济贸易消除。某些日本学者与西方学者非常害怕一个富强而又拥有悠久历史的中华民族的再度崛起,分享他们的世界市场,往往利用他们的经济与文化优势,以各种形式制造中国威胁论。对此我们应该保持清醒的头脑。

自从特朗普总统主政以来,美国政府打出了美国国家利益优先的旗号,给 20 世纪以来逐步形成的世界各项规则带来了巨大的破坏。现实世界的矛盾冲突决不是什么文明之间的冲突,而是美国鹰派势力所主持的美国国家利益与世界各国利益之间的矛盾冲突。可以这样说,亨氏的"文明冲突论"是披着文明问题外衣的国家利益冲突的说辞,是冷战思维的政治与意识形态冲突的模式,借助于"文明冲突"学术话语表现出来的。而"文明对话"论则着眼于现代国际社会经济全球化以及因之而带来的其他问题的全球化的事实,倡导一种责任伦理,以维护这一新的世界共生局面,在理论思考的长远性上,远远超出"文明冲突论"的思考范围。不过,世界不同地区的宗教、文化在未来的世界化过程中会遭遇不同程度的矛盾冲突,也将是一个真实的现象,但并不一定因为文明之间的矛盾、冲突而发生战争,更不能将国家之间的利益冲突还原为文明之间的冲突,以转移人们的视线,将不同的文明形态当作国家利益冲突的替罪羊。当前,中国政府正在提倡世界文明之间,亚洲的区域文明之间的对话、交流、互鉴与包容,在一定程度上正好印证了杜先生"文明对话"论的学术前瞻性。就这一点而言,我们需要认真地研究并阐扬杜先生的文明对话理论。

就现实的国际关系来看,"文明对话"的倡议并不具有现实政治的约束力,但"文明对话"的理论诉求代表了人类"文明"发展的大方向。如果各国政要,国家的政治精英们都能够秉持一种文明对话的态度,并将"文明对话"的理论主张逐步落实在社会政治、经济的具体政策之中,则"文明对话"的理论与主张,将会给当今与未来的人类带来更多真实的福音,而各大文明也将会因为文明对话的持续展开不断得到丰富与发展。

谨以此文纪念杜维明先生八十华诞。

(作者单位:武汉大学哲学学院)

儒 学 与 自 由*

——一个仍然有待商讨的问题

陈 少 明

儒学与自由的关系，不是一个新问题。无论从 1899 年梁启超撰《自由书》开始，还是从 1903 年严复翻译《群己权界论》算起，自由成为儒学以至中国文化需要面对的问题，都已经一个世纪了。一般而言，在古今嬗变，中西激荡的时代，那些力主放弃传统的激进人士，更易于突出两者的对抗性；而立足延续传统的保守主义者，则更愿意强调两者的相容性。康有为撰《大同书》，将大同理想的精义概括为："近者自由之义，实为太平之基。"[①] 梁启超则呼吁："'不自由，毋宁死！' 斯语也，实十八九两世纪中，欧美诸国民所以立国之本原也。自由之义，适用于今日之中国乎？曰：自由者，天下之公理，人生之要具，无往而不适用者也。"[②] 这一论断如果是对西方现代价值的描述，自然不成问题，倘若是作为儒家固有理想的表达，则并非自明的原则。至少，反传统主义者会觉得大谬不然。因此，康有为之后，儒家的现代传人中，便有为自由作积极辩护者，除梁启超外，还有张君劢、徐复观等。时至

---

* 启蒙反思是杜维明先生倡导的重要议题。在中国文化现代转化的脉络中反思启蒙，根本上是重新理解儒学与启蒙的核心价值之间的关系问题。本文原发表于《华东师范大学学报》（哲学社会科学版），通过仁爱与自由价值的关系重新分析，为讨论提交一份作业，借此庆贺杜先生八十寿辰。

① 康有为：《大同书》，古籍出版社 1956 年版，第 161 页。
② 梁启超：《论自由》，《梁启超选集》，上海人民出版社 1984 年版，第 223 页。

今日，在儒学复兴的大趋势中，更有试图用自由改造儒学的努力。[1] 但它仍是有待继续商讨的问题。

一、对立的观点

儒学是一个传统，与任何文化传统一样，它包含不止一种基本价值，例如仁爱、平等以及正义之类。自由则是来自西方的诸多基本价值中的一种，法国大革命所代表的启蒙传统，就有自由、平等、博爱。所谓基本价值，就是指它不是由其他价值推演而来，或者不以其他价值为前提的。不同传统间的各种价值取向，部分会有交叠的状况，有些则对立或者两不相涉。落实到儒学与自由的关系上来，存在两种常见的观点。一种是视儒学为自由的敌人，一种是以自由为儒学的价值。两种不同态度的存在，不仅与对儒学的解释有关，更与对自由的理解有关。对自由的理解，概括起来至少有两个层次。一个是哲学的层次，一个是伦理或者政治的层次。前者是观念的层次，后者是经验的层次。哲学的层次，一般从人这种存在物的特性，如有意识，包括自我意识及行为意识出发，肯定人的主体性及具有自我选择和承担责任的能力，因而是自由的物种，等等。孔孟儒学中关于为仁由己，万物皆备于我，或者宋儒自作主宰，知行合一，心外无物之类人生态度或思想命题，很容易被当作这种先验自由观点的证言。不仅梁启超、张君劢这样的中国学者持有这种观点，连西方学者狄百瑞（W.T.de.Bary）也乐于为此背书。[2] 而伦理特别是政治的层次，也就是指历史或现实中中国人的自由状况。在这一层次上，如果以近代西方作参照，中国社会这方面存在的问题几乎是不言而喻的。对于激进主义者而言，传统社会所有被理解为自由障碍的观念或制度，都可以或者首先被归咎于儒学。有人甚至断言，儒

---

① 相关的信息，见诸黄玉顺、郭萍等学者在《当代儒学》公众号上推送的文章，以及陈明与任剑涛、黄裕生诸君的争论。本文的写作以此为背景，但由于头绪纷繁，我的意见并不针对特定的作者。

② 参见［美］狄百瑞：《中国的自由传统》，香港中文大学出版社 1989 年版。

家连权利的概念都没有,哪还有什么自由思想可言。以此为据,自由与儒家的价值取向就是势不两立的。

　　上述两种观点与伯林(Isaiah Brelin)关于"积极自由"与"消极自由"的区分很类似。在《两种自由概念》中,伯林认为,虽然自由充满歧义,但有两种重要涵义在思想史上有深刻的影响。前者强调对思想或行为自己作主的意愿,可表达为"去做……的自由",后者则期待思想或行为被保障或不受干涉的权利,是"免于……的自由"。① 依伯林的描述,"'自由'这个字的积极意义,是源自个人想要成为自己的主人的期望。我希望我的生活与选择,能够由我本身来决定,而不取决于任何外界的力量。我希望成为我自己的意志,而不是别人意志的工具。我希望成为主体,而不是他人行为的对象。……我希望能够意识到自己是一个有思想、有意志而积极的人,是一个能够为我自己的选择负起责任,并且能用我自己的思想和目的,来解释我为什么做这些选择的人"②。换成儒家术语的话,就叫自作主宰,或者为仁由己。不过,伯林认为,即使持有积极自由观点的人不反对消极自由,前者也不必然导向后者,原因在于它在政治的运用上容易变形。这种变形在思想上有两条途径:一是通过唯心论对自我作二重化的区分而造成的;一是经过一种理性主义式的形上学引导所达致的。第一条思路的分析对我们的问题更有启发,因为宋明理学的心性论,正好存在把自我作二重化区分的逻辑结构,其中无论道心、人心的区分,还是天地之性、气质之性的辩证,都为大我取代小我或公心超越私心提供理论依据。证之中国传统,积极自由不一定导向权利立场的论断,是有一定的说服力的。③ 否则的话,我们就不会等到近现代才让严复发现传统中自由概念的缺失,也不需要像

---

① 参见[英]伯林:《两种自由概念》,载刘军宁等编:《公共论丛》第1辑,生活·读书·新知三联书店1995年版,第196—229页。
② [英]伯林:《两种自由概念》,《公共论丛》第1辑,生活·读书·新知三联书店1995年版,第210—211页。
③ 参见陈少明:《遭遇自由——从徐复观看儒学对当代政治观念的反应》,《公共论丛》第5辑《直接民主与间接民主》,生活·读书·新知三联书店1998年版,第326—344页。

徐复观这样的现代儒者，反复强调接纳自由特别是权利观念的必要性。一个显然的事实是，不论反传统主义者还是现代儒家，强调自由的着眼点，首先不是基于形而上学的兴趣，而是出于对经验生活中自由状态的不满。梁启超早就说过："自由者，权利之表征也。凡人所以为人者有二大要件，一曰生命，二曰权利。二者缺一，时乃非人。"①因此，在儒学中诠释出一种玄学化的自由，可以表明今天儒学已经作好接纳经验自由的思想准备，而无法证成儒学真的是一个具有政治实践意义的自由传统。

反之，情形也不是某些反传统主义者所断定的那样，在儒家文化笼罩下的社会生活，人民几乎没有任何自由的权利。当具有经验主义倾向的思想家严复，把穆勒《论自由》的标题译成《群己权界论》时，已经抓住自由主义把个人权利作为问题核心的实质。陈独秀也说："个人之自由权利，载诸宪章，国法不得而剥夺之，所谓人权是也。"②伯林把"消极自由"表达为"免于……的自由"，也就是某些基本权利得到保障的自由。因此，判断人们是否有经验意义的自由，应该以他们获得权利的性质及程度为根据。

问题在于，权利不是单数。《世界人权宣言》条款达三十条之多，内容涵盖从生命到财产安全，从经济、社会、法律、政治到文化等广泛的领域。在这张丰富复杂的权利清单中，并非所有的条款都有同等重要的意义。有些权利的保障是其他权利存在的前提，如第三条"人人有权享有生命、自由和人身安全"，或者第二十三条（一）"人人有权工作、自由选择职业、享受公正和合适的工作条件并享受免于失业的保障"，或者第十七条（二）"任何人的财产不得任意剥夺"等，显然比言论、集会及选举的权利更基本。因此，我们不能笼统讲自由，而是要通过具体权利观察哪些方面是自由的。反观儒家传统，虽然没有个人主义思想倾向，也没有形成抽象的权利概念，但是，从孔子适卫，期待民众能"富之、教之"，到孟子要求君王"与民共乐"的思想，可以推知儒家的爱民以保障民众生命、财产的安全为条件。当然，

---

① 梁启超：《十种德性相反相成义》，《梁启超选集》，上海人民出版社1984年版，第158页。

② 陈独秀：《吾人之最后觉悟》，《独秀文存》卷一，安徽人民出版社1987年版，第40页。

教育没有普及，司法制度不健全也绝对是事实。而且更重要的是，缺乏政治自由，没有选举与被选举的权利。其实，后者才是激进主义者指摘传统没有人权的真正原因。应该肯定，当代社会的人权之争的确是围绕着政治领域的问题展开的，而且只有政治权利的保障，自由才是充分的。但是，通过批判儒家来伸张这种权利，同借助人格自由的理念来推演这种权利，虽然看起来各自目标明确，其实都是思想失焦的表现。在追求政治自由的问题上，当今的儒者或反儒者，都不必拿儒家说事。恰当的理解是，儒家传统没有个人权利意义上的自由议题，但其价值原则并不必然抵制个人权利的发展，至少不是今日公民权利诉求的障碍。当今社会缺乏某些重要的自由权利，不是因为学界未能提供形而上的理由，而是由于现实利益结构对比的结果。

二、重提仁爱问题

自由无须借助儒学伸张，反过来，儒学也不必依靠自由拯救。儒学有自己的核心价值，那就是仁爱。仁者爱人，所爱之人包括亲人和亲人之外的人。两者的区别在于，亲人之爱如亲慈子孝，结构上是相呼应的，但实践中这种亲情的投射则是无条件的。无条件即不是一种交易关系，不论养子还是养亲，都不能计算回报的成本。养育是尊生，实现天地之德，不是为防老的投资。孝亲是感恩，对生命传承的敬重，即便是报也非可计量的交换。此外，对亲人之外者则要助人为乐，老吾老及人之老，幼吾幼及人之幼，特别是对孤苦无助者要抱有同情心。这种同情心既包括"见孺子将入于井"的生命关怀，也包括为保护无辜者挺身制暴的责任，如孟子对成汤在"葛伯仇饷"中为匹夫匹妇复仇的赞赏。儒家认为伦理从爱亲开始，是人的天性使然。由此开始，人才有可能把爱推致、展现到更多的同类身上。此即亲亲、仁民与爱物的思路。

那么，为何不学墨家那样讲兼爱，或者与某些宗教传统一样讲普爱，即不分差别地爱一切人？更严厉的责难，则是亲疏有别会导致自私。对问题通常的回答，是从人的天性出发，赋予它超验的意义，如孟子所说"孩提之童，无不知爱其亲"，以之为性善之表现。再以之为基础，在生活中培养、充实爱的情感力量，并向外投射。这可称为"天性—扩充"的解释模式。作为补充，本文提出基于"能力—责任"的解释模式。儒家强调爱是一种感情，但不仅是感情。知行合一，真正的道德感情，必将导向道德行动。只有这样，它才不是停留在善之端，而是表现善的现实力量。既然爱是行动，而行动便有能力的要求。每个有限的人，能力都是有限的。当子贡问孔子"博施于民而能济众"算不算仁时，孔子认为岂止是仁，简直是圣，而且圣恐怕也未必做得到。当爱变成行动时，一定意义上是在履行道德责任。但是，没有人有能力履行对普天下的人的道德责任，除非神。因此，每个有限的人，只有依亲疏不同而区分责任的主次，才能形成具有现实意义的道德秩序。举个例子，如果某个年迈者没有得到应有的照顾，被追究责任的首先应该是其子女，而非普天下的年轻人。这个责任主次的区别，就是爱有差等的另一种理解。当然，如果爱所有的人会包括坏人，那的确不在儒家主张的范围内。

责任是个复杂的论题。① 一般而论，说一个人具有某种责任，是指他或者某一主体应该承担某种义务，其中包括一些非做不可的行为。决定人们负有责任的因素有两类，一类是因社会身份，主要是职业及职务带来的行为要求；一类是在人伦关系中，由道德感情所导向的行为要求。前者基于名分，后者原于性分。前者是外在要求，如对官员、军人、医生、教师的一般行业要求及因职务不同的特殊要求。后者则是内在驱动，是对与自己相关的人，依不同的情感及情境所承担的相应义务。后者是问题的焦点。道德责任因爱而起，但在汉语中爱有不同的含义。爱亲人、爱同伴、爱同胞或同类，与爱明星、爱偶像，意义不一样。对前者有道德责任，对后者则没有，你完全可以不爱或者改变这种爱的对象。而在具有道德责任的爱中，爱亲

---

① 谢文郁教授以儒家仁政为责任政治的观点值得探讨，参见其所著《自由与责任四论》（华东师范大学出版社 2014 年版）。不过，本文焦点在伦理责任，而非政治责任，两者有所区别。

人与爱同胞也是有区别的。爱亲人（或亲密的朋友）的责任，对象是特定的个人，是持续关爱的责任。爱同胞或同类（包括陌生人），是在特定的情形下才有行为责任。例如，意外或灾难导致其陷入危机，知情的时候提供帮助，尽力而为。如果你不是专职做慈善的人，你不会成天为有多少不在眼前的陌生人处于危难之中感到焦虑。基于道德要求的责任，倾向上是利他的。它与基于社会身份的责任不同，后者要求责任与权利匹配。而权利是利己的，虽然利己也可合理合法，不必是自私自利。

基于道德情感驱动的责任有强弱之分，强责任是不得不做的行为，弱责任是可做可不做，不做他人不会介意，但做了就会被赞扬的行为。强弱系比较而言，它可以用与责任对象的关系程度，以及需要帮助的程度，或者说没得到帮助的后果差别两方面来衡量。一方面，相对于家人或关系亲密者而言，对他人特别是陌生人，所负的责任就是弱责任；另一方面，相对于日常生活的困难而言，涉及生命危难的救援就是强责任。因此，所谓强弱责任的区别，通常得在类似的事项上比较。必须重视弱责任现象，因为它只能是有爱者（或同情心更敏感者）的自我要求，而非社会规则行为。人们赞扬弱责任行为，是由于它出于自己的道德意愿，难能可贵。但是，你不能随便要求一般人也得同样作为，因为这种行为可能是需要行为者付出代价的。因此，要求别人做弱责任的行为，有可能会造成对其权利的损害，例如强迫慈善捐助。通过把爱理解为情感—行动的完整统一体，引入道德责任的区分，我们可以说明，儒家的推己及人与爱有差等是仁爱原则中相互补充的两个方面。"天性—扩充"解释前者，而"能力—责任"说明后者。这种理解，可以让儒家的道德要求既具理想性又有现实性的品格。

很显然，这是具有利他主义倾向的道德责任，与个人权利无关。虽然在现代伦理中，合理利己也是道德的，但它与履行道德责任的行为不一样。强道德责任被视为天经地义的，不履行会被指责，但履行也不会被赞扬。弱道德责任不履行不会被指责，而履行则会被赞扬。权利则是那种不做不会被指责，而做了也不会被赞扬的行为。虽然人们会对某些人的基本权利被漠视甚至践踏而充满同情心，极端的情况下，还会见义勇为，打抱不平。但相关范围较少，通常是涉及生命财产安全之类的大事。一般权利受损，则不在此列。如人权宣言涉及的很多政治文化权利，即使出现问题，多非引发他人同情心的充分条件。由此可见，仁爱与权利是两种不同的价值，不能互相归约。

三、仁爱与自由

自由是非常重要的价值，但有些自由主义者可能认为，以个人权利为中心的自由是优先或者最基本的价值。在社会特别是政治权利不健全的背景下，这种诉求有它的必要性且容易激发公众的共鸣。但它在道理上是否无懈可击，还可以推敲。依常理，任何自由行为的完整实现，必须包含意愿、能力、机会与行动四个要素。意愿表示行为者有自觉的意图，不是无意识的动作，更不是被迫的作为。能力意味着这种意愿不是幻想，是有实施的主观条件的。机会则包括制度保障及其他客观条件，其中制度保障对社会行动很重要，它是所谓权利含义之所在。而行动便是意图的实施，是自由实现的过程。一旦一个行为具备上述四项条件，我们可以说，这是一种自由的完整体现。以此为参照，我们可以从人权清单中挑选生命安全一项，作为探讨的例子。生命安全之所以成为首选，理由首先是因为它是所有权利中最重要的，没有它就没有其他权利的机会。所以梁启超才把两者分开："凡人所以为人者有二大要件，一曰生命，二曰权利。"生命之重要，财产权比不上它。命都没了，有钱还有什么用？同时，保障生存并非只是自由主义的专利，它也是儒家仁爱价值中核心的内容。只不过前者称为权利，后者则视为责任。如果依此衡量，对于生命孕育及诞生的最初阶段而言，关于生命安全权利的说法，就并非一开始就有效的。它只是生命途程达到一定阶段后，才有意义。因为生命的孕育和诞生，不是自己决定的，或者说生命的出现本身就不是主体权利得以伸张的产物。至于卢梭所说的"人生而自由，却无处不在枷锁中"这句话，前半部分也肯定不是事实。这一名言作为隐喻可以另当别论，作为命题则是假的。从婴儿坠地开始的漫长时段中，人不是靠行使自由意志，而是靠双亲甚至更多的人的呵护才能存活、成长起来。生命维系所依赖的价值，首先不是自由意志，而是他人首先是双亲的仁爱之情或道德责任。依儒家，对生命的这种情怀或责任，源于天命。"天地之大德曰生"，人性的性字，就是由生而来。有生才有亲，有亲则生爱，三者相互联结。生命安全虽然也称为人权，但与一般权利不同，它不是通过特定社会制度赋予，而是自然而然的，是天命或曰天赋的。否认对生命安全保障的社会，叫做无道。以此为前提，才有伸张其他权利的主体的存在。其他各种合适的权利，都与权利主体自主自觉的追求相联系，因此均与自由相关。但生命权利不但不是婴儿懂得或有能力伸张的，同时，似乎也非任何人可以自由放弃的。否则的话，抢救自杀者的行动，就是粗暴践踏人权的行径。我们赞赏抢救行为，就是基于对生命的关爱与责任。伴随着身体与心智的成长，在成熟的过程中，人才逐步意识且有条件逐步伸张自己的权利。同时权利的清单，并非都是天赋的，它也有一个伴随历史的发展而充实的过程。

启蒙主义者想必都熟悉康德关于"什么是启蒙运动"的界定："启蒙运动就是人类脱离自己所加之自己的不成熟状态。不成熟状态就是不经别人的引导，就对运用自己的理智无能为力。当其原因不在于缺乏理智，而在于不经别人的引导就缺乏勇气与决心去加以运用时，那么这种不成熟状态就是自己所加之于自己的了。Sapere aude！要有勇气运用你自己的理智！这就是启蒙运动的口号。"① 康德对 enlightenment 的理解，正是中文将其翻译为启蒙的理由。这是一个隐喻，但它道出一个事实，即心智未成熟的人，是没有运用理智的能力的。儿童就是处于这个阶段而需要别人帮助，或者等待启蒙之人。当然我们可以说，自由在成长过程中实现，是生命或生活的目标或保证。但是，即便如此，仁爱依然有独立不可代替的价值。孤立的个体力量总是有限的，通过交易来获取他人帮助的途径也不一定总是有

---

① ［德］康德：《答复这个问题："什么是启蒙运动？"》，《历史理性批判文集》，何兆武译，
商务印书馆 1991 年版，第 22 页。

效的。没有感情，没有依赖，就没有幸福。没有爱，没有信任，就没有代际传承，人类也就没有未来。

问题的另一方面是，自由不能取代仁爱，但仁爱也不能取代自由，两者之间不应有排斥关系。人作为有意识的存在物，其成熟将是自由的体现，或者说自由是生命或生活的目标。他人的关爱，固然对你实现自由有所帮助，但仁爱只是人性善的一面的表现，而且它是有条件的。正如你不能无远弗届对所有的人承担等同的道德责任一样，也不能期待普天之下的人对你怀有一视同仁的关爱。要理解人的全部行为，必须考虑某些生物性的要素，包括每个人自利的要求。由于人的有限性及环境条件的限制，一个人的自由追求也可能是另一个人实现自由的障碍。社会行为需要社会协作，由社会协作的需要而派生的公共权力，可能凌驾于每个个体之上，也会构成公众自由的障碍。自由主义的"群己权界"说，就是划定个人合理行为的界限。它是向公共权力提出的要求，一方面保障人与人的自由不造成互相侵犯，另一方面是限制公权力对个人自由的干预。现代人权问题，特别是尖锐的社会政治权利，主要是向公权力提出的要求。在儒家传统中，德治或仁政的理想，包含对人的生命财产安全及追求幸福的愿望的承认。但是，孔孟性善论及道德教育主要是针对政治精英（君主与君子）而施行的，其焦点集中在对其欲望的限制（"克己"）及责任心的提升上，并没有把"权利"作为论题提出。倡言性恶论的荀子固然重视以礼制来规范人的行为，防止人犯份越界，但缺乏对公权力限制的设想。一直到明清之际，才有儒者如黄宗羲对君主专制展开政治性的反思，揭露专制帝王以天下为公的名义，压制天下之人对私利的追求，从而变相达到实现其大私的目的。他说："后之为人君者不然，以为天下利害之权皆出于我，我以天下之利尽归于己，以天下之害尽归于人，亦无不可，使天下之人不敢自私，不敢自利，以我之大私为天下之大公。"[1] 我们或许可以说，这已经有了接受人民自由权利的思想基础了。因此，近代启蒙者梁启超才把《明夷待访录》作为鼓吹革命

[1] 黄宗羲：《明夷待访录·原君》，中华书局 1981 年版，第 2 页。

的思想资源。但是,自觉系统的自由或人权思想,是从西方输入而非儒学内部发展起来的。要不严复就没理由说:"夫自由一言,真中国历古圣贤之所深畏,而从未尝立以为教者也。"[①] 它不仅启蒙了中国社会,同时也启示了儒学。

接纳或支持自由价值,对儒学而言是大势所趋,但相关方案可以不一样。一种是从心性论出发,阐明儒学的人格理想本身就蕴含着自由精神,如前文所及。但是它与人们关切的人权事业没有紧密的逻辑联系,这种手法不能说动那些激进主义者。另一种是从历史事实出发,承认人权是儒学传统的盲点,必须加以补充。徐复观就提出以人权补人格的观点:"所以人格的完成,同时必须人权的树立。人格与人权,真正是相依为'命'而不可分离。从教化上立人格的命,同时从政治上立人权的命,这才是立命之全,得生命之正,使前者有一真确的基础,使后者有一真实的内容,于是生民的命才算真正站立起来了。"[②] 后者与前者的区别在于,前者是哲学上讲自由,后者是政治上讲人权,后者更直面问题的要害。用人权补充人格,只是表明经过转型的儒学的新社会政治理想,不妨碍其基本道德价值的守护。反之,如果以自由为儒学的根基,则需要重新阐明仁爱在儒学价值中仅居次要的地位。

余论:在变动的格局中

仁爱是儒学固有的核心价值。这一价值不仅源远流长,即便在多种价值系统相互激荡的当代社会,它也是不可或缺的。儒学是否有生命力,取决于能否从其核心价值中引发出对当代生活有针对性的思想主张,而非借助于外在的思想标签为自己乔装打扮。否则,就只不过"换了个马甲"而已。自由毫无疑问是今天重要的社会政治价值,儒家如果承认其价值,应当在社

---

① 严复:《论世变之亟》,《严复集》第一册,中华书局 1986 年版,第 2—3 页。

② 徐复观:《为生民立命》,载萧欣义编:《儒家政治思想与自由民主人权》,台湾学生书局 1988 年版,第 190 页。

会实践中加以采纳或支持，正如我们面对道佛或其他宗教文化传统的其他价值一样。如果今日儒家试图把世界上各种价值都吸纳入自己的思想系统，儒学就失去自己的基本认同。同时，儒学如果不是努力成为塑造当代社会文化的一支重要力量，而是试图扮演一种全能的意识形态角色，其后果无论对儒学，还是对社会，都是有弊无利的。到头来很可能对儒学的伤害更甚。另一方面，自由的口号之所以在时下备受青睐，是因为更广泛的社会政治权利的争取与落实，仍是人们期盼的前景。从社会发展的趋势看，这个过程总是不断扩展且得以落实的。如果以个人主义为核心的权利观念最终支配我们的生活图景，自由就不是生活的稀缺价值，就如今日西方社会一样。而自由权利充足的西方社会，依然面临严峻的社会危机，表明自由不是唯一的人类价值。儒学不应在今日改换门庭，而导致在未来进退失据。

人类价值不是可以由少数信念为前提的演绎系统，而是多种不同价值互相平衡的过程。努斯鲍姆说："在一个多元主义的社会中，应该按照所有理性公民都能认同的材料来建立政治原则，因此政治原则就应该避免任何类型的形而上学或认识论的根据，因为这种根据往往使得政治原则倒向某个宗教的或世俗的综合性学说。换句话说，我同意约翰·罗尔斯（John Rawls）的说法：我们应该寻求某种形式的政治自由主义，即公正地对待公民们追求善的所有不同方式的某种政治学说，拒绝赞同其中某一种方式胜过其他方式。"[①] 这一态度，既值得有改革抱负的儒家，也值得中国的自由主义者参考。

（作者单位：深圳大学人文学院）

---

① ［美］玛莎·努斯鲍姆：《欲望的治疗——希腊化时期的伦理理论与实践》，徐向东、陈玮译，北京大学出版社 2018 年版，"2009 年版导论"第 8 页。

明清之际的"以儒诠回"*

——儒家文明与伊斯兰教文明对话的中国资源与现实意义

韩　星

伊斯兰教传入中国至今 1300 多年,大致经历了唐、宋、元、明,特别明清之际的"以儒诠回"汉文译著活动,是伊斯兰教与以儒家为代表的中国文化一次文明对话,代表了伊斯兰教中国化的正确道路。可惜的是由于诸多原因,清代中后期这一历史进程发生逆转,走了许多弯路,留下了值得反思的历史经验和教训。

一、唐、宋、元穆斯林的儒伊会通

伊斯兰教在传入中国初期的唐代,就有穆斯林通过科举成为士大夫。如大食人李彦升唐至五代后周时期侨居中国,学习中国文化,很有学识。当时汴州刺史、宣武军节度使卢钧偶然发现李彦升是一个人才,特意向唐宣宗荐贤。经唐宣宗派员调查考察后,恩准李彦升参加科举考试。李彦升至京后,按步骤进行科考,不负众望,一举得第,被录取为进士,并钦点为翰林学士。两宋时期,来华穆斯林与当地汉人通婚、定居、繁衍后代,就形

---

* 本文发表于《中国穆斯林》2018 年第 1、2 期,标题为《回儒——伊斯兰教中国化的正道》。

成了"土生藩客"。他们是从小就在中国长大，熟习中国文化，适应了中国的社会政治环境，是中国回族的先民。

到元代，随蒙古人西征迁徙而来的阿拉伯人、波斯人、中亚西亚人大部分都信仰伊斯兰教，他们定居中国各地后便与当地汉人、维吾尔人、蒙古人等通婚繁衍后代，来华穆斯林人口急剧增加，出现了"元时回回遍天下"的情况，相应地伊斯兰教也成为与道教、佛教并驾齐驱的"清教"、"真教"。元代穆斯林的社会政治地位不断提高，有更多人进入政府，成为朝廷或地方官员，更多的穆斯林学者中国化（华化），还出现了一批对儒家经典和学说颇有研究的穆斯林学者。据陈垣先生《元西域人华化考》，其中的西域人即元时所称的色目人，以信奉伊斯兰教的回回人居多。陈垣认为西域人的"华化"在文化上的表现是多方面的，其中最重要的方面是精研儒学。因为"儒学为中国唯一产物，言华化者应首言儒学。元初不重儒术，故南宋人有九儒十丐之谣。然其后能知尊孔子、用儒生，足以文治太平，西域诸儒实与有力。"[①] 作者随后列举唐兀人高智耀、畏吾儿人廉希宪、康里部不忽木等如何兴儒学、崇学校、奖秀艺、正户籍、免徭役。如廉希宪，据《元史·廉希宪传》卷一二六载：

> 希宪笃好经史，手不释卷。一日，方读《孟子》，闻召，急怀以进。世祖问其说，遂以性善、义利、仁暴之旨为对，世祖嘉之，目曰廉孟子，由是知名。
>
> 希宪讲求民病，抑强扶弱。暇日从名儒若许衡、姚枢辈谘访治道，首请用衡提举京兆学校，教育人材，为根本计。
>
> 希宪在中书，振举纲维，综劾名实，汰逐冗滥，裁抑侥幸，兴利除害，事无不便，当时翕然称治，典章文物，粲然可考。至元元年，丁母忧，率亲族行古丧礼，勺饮不入口者三日，恸则呕血，不能起，寝卧草土，庐于墓傍。宰执以忧制未定，欲极力起之，相与诣庐，闻号痛声，竟不

---

① 陈垣：《元西域人华化考》，上海古籍出版社 2000 年版，第 8 页。

忍言。未几，有诏夺情起复，希宪虽不敢违旨，然出则素服从事，入必缞绖。及丧父，亦如之。

时方尊礼国师，帝命希宪受戒，对曰："臣受孔子戒矣。"帝曰："孔子亦有戒耶？"对曰："为臣当忠，为子当孝，孔子之戒，如是而已。"

希宪称疾笃。皇太子遣侍臣问疾，因问治道，希宪曰："君天下在用人，用君子则治，用小人则乱。臣病虽剧，委之于天。所甚忧者，大奸专政，群小阿附，误国害民，病之大者。殿下宜开圣意，急为屏除，不然，日就沉痼，不可药矣。"

由以上资料来看，廉希宪俨然是一位纯儒，他自幼熟读孔孟之书，及长师事当世大儒许衡、姚枢等，具有民本思想，重视教育，事亲至孝，为臣尽忠，深谙儒家治道，做官能够振举纲维，综核名实，抑强扶弱，兴利除害，当时翕然称治。

又如不忽木，字用臣，世为康里部大人。康里，即汉高车国。据《元史》本传记载，不忽木资禀英特，进止详雅，年十六，独书《贞观政要》数十事以进，帝知其寓规谏意，嘉叹久之。当世大儒许衡纂历代帝王名谥、统系、岁年，为书授诸生，不忽木读数过即成诵，帝召试，不遗一字。至元十三年，与同舍生坚童、太答、秃鲁等上疏曰：

故古之王者，建国君民，教学为先。盖自尧、舜、禹、汤、文、武之世，莫不有学，故其治隆于上，俗美于下，而为后世所法。

臣等向被圣恩，俾习儒学。为今之计，如欲人材众多，通习汉法，必如古昔遍立学校，选德业充备足为师表者，充司业、博士、助教而教育之，使其教必本于人伦，明乎物理，为之讲解经传，授以修身、齐家、治国、平天下之道。其下复立数科，如小学、律、书、算之类。每科设置教授，各令以本业训导。小学科则令读诵经书，教以应对进退事长之节；律科则专令通晓吏事；书科则专令晓习字画；算科则专令熟闲算数。或一艺通然后改授，或一日之间更次为之。俾国子学官总领其事，常加点勘，务要俱通，仍以义理为主。

不忽木懂得儒家自尧舜禹汤武王周公以来的政教，把握了儒家修身、齐家、治国、平天下的内圣外王之道，"建国君民，教学为先"，把教育放在治国理政的优先地位。

其子巙巙，字子山，幼肄业国学，博通群书，其正心修身之要得诸许衡及父兄家传，风神凝远，制行峻洁，望而知其为贵介公子。巙巙侍经筵，凡《四书》、《六经》所载治道，为帝绅绎而言，必使辞达感动帝衷敷畅旨意而后已。或遇天变民灾，必忧见于色，乘间则进言于帝曰："心仁，爱人君，故以变示儆。譬如慈父于子，爱则教之戒之。子能起敬起孝，则父怒必释。人君侧身修行，则天意必回。"帝察其真诚，虚己以听。巙巙以重望居高位，而雅爱儒士，甚于饥渴，以故四方士大夫翕然宗之，萃于其门。达官有怙势者，言曰："有何好，君酷爱之。"巙巙曰："儒者之道，从之则君仁、臣忠、父慈、子孝，人伦咸得，国家咸治；违之则人伦咸失，家国咸乱。汝欲乱而家，吾弗能御，汝慎勿以斯言乱我国也。儒者或身若不胜衣，言若不出口，然腹中贮储有过人者，何可易视也。"达官色惭。疾卒，年五十一。家贫，几无以为敛。帝闻，为震悼，赐赙银五锭。谥文忠。

由这些资料看来，不忽木父子对儒家思想如此熟悉，并能身体力行，躬行实践，真可以称得上是儒家士大夫的楷模。

据陈垣《元西域人华化考》统计，元代著名的穆斯林儒家学者有赡思丁、忽辛、赡思、勘实戴等人。

赛典赤·赡思丁（1211—1279），中国元代回族政治家、思想家，任云南行省平章政事，为云南设立行省的第一任行政长官。据《元史》本传载："云南俗无礼仪，男女往往自相配偶，亲死则火之，不为丧祭。无秔稻桑麻，子弟不知读书。赛典赤教之拜跪之节，婚姻行媒，死者为之棺椁奠祭，教民播种，为陂池以备水旱，创建孔子庙明伦堂，购经史，授学田，由是文风稍兴。"他修建了云南的第一座文庙，拜祀孔子，教书育人，历史上"云南府儒学"和"昆明县儒学"都设在文庙内。其子忽辛，大德九年，再改云南行省右丞。"先是，赡思丁为云南平章时，建孔子庙为学校，拨田五顷，以供祭祀教养。赡思丁卒，田为大德寺所有，忽辛按庙学旧籍夺归之。乃复下诸郡邑遍立庙学，选文学之士为之教官，文风大兴。"（《元史》卷一二五《赛典赤赡思丁附子纳速剌丁、忽辛传》）可见，赡思丁父子作为回教学者对云南穆斯林和儒学的发展作出了独特的贡献。

赡思，据《元史》本传载："父斡直，始从儒先生问学，轻财重义，不干仕进。赡思生九岁，日记古经传至千言。比弱冠，以所业就正于翰林学士承旨王思廉之门，由是博极群籍，汪洋茂衍，见诸践履，皆笃实之学，故其年虽少，已为乡邦所推重。""赡思邃于经，而《易》学尤深，至于天文、地理、钟律、算数、水利，旁及外国之书，皆究极之。家贫，饘粥或不继，其考订经传，常自乐也。所著述有《四书阙疑》、《五经思问》、《奇偶阴阳消息图》、《老庄精诣》、《镇阳风土记》、《续东阳志》、《重订河防通议》、《西国图经》、《西域异人传》、《金哀宗记》、《正大诸臣列传》、《审听要诀》，及文集三十卷，藏于家。"可以说是一位钟情于中国文化的穆斯林儒家学者。

勖实戴，字子希，河南伊川守鸣皋镇的炮手总管。他喜欢汉族文化，读二程《遗书》，豁然心朗，大有所得，因此改名克烈士希。据今尚保存在河南嵩县程村的碑刻记载：宋神宗元丰五年（1082），太尉文彦博鉴于程颐"著书立言，名重天下，从游之徒，归门甚众"，就在洛阳鸣皋镇的一个小村庄拨了一块土地，专门为他修建了一座"伊皋书院"，让他在此讲学近20年。靖康元年（1126）金兵南下，书院被毁。勖实戴心慕程氏理学，慨叹书院废弛，于元成宗大德年（1305），捐俸重建书院，历时十年，《敕赐伊川书院碑》里记载："伊川鸣皋镇炮手军总管勖实戴，读《易传》，读《遗书》，坚苦刻砺而有得焉。乃更名曰：士希。尝语：人之生也，天与之至善之性。苟不为物欲所蔽，操存涵养，真积力久，去圣贤之域，夫何远哉！吾儒读书学道，必以成己成物为第一义，每欲礼聘师儒，合里之俊秀教养之，使知圣贤义理之学，以少负方今开设学校、作新士类之美意。"[1] 建成了包括大成殿、讲书殿、九贤祠、藏书楼等在内的院舍百余间，聘请名儒，招徒授课。克烈士希去世后，他的儿子慕颜铁木继承父亲遗志，复建稽古阁，收藏有万卷典籍。慕颜铁木在书院焕然一新后，于元延祐三年（1316），上奏朝廷，元仁宗敕赐"伊川书院"，由翰林院直学士薛友谅撰文，集贤学士赵孟頫为书院题记，遂使伊川书院再度中兴，成为元代中原地区三大知名书院。

现存于河北定州清真寺的《重建礼拜寺记》是伊斯兰教从文化深层开始中国化的典型作品。一般认为这是元代清真寺的汉文碑记。碑记在对儒、释、道三教进行一番总体估价后，肯定了儒教，批判了释、道教"虚无寂灭，不免于妄，且其去人伦，逃租赋，率天下之人而入于无父无君之域"。接着着重介绍了"专以事天为本"的伊斯兰教，宣传伊斯兰教认主独一的基本思想：安拉是独一的造物主，本身无形似，无可比拟，不得以物配主，否则即为亵渎真主；只能通过对主的不断想念，表明自己对主的真诚。并将伊斯兰教与儒家思想加以比较会通，强调指出"况其奉正朔，躬庸租，君臣之义无所异；上而慈，下而孝，父子之亲无所异；以至于夫妇之别，长幼之序，朋友之信，举无所异乎！夫不惟无形无象与《周雅》无声无臭之旨吻合，抑且五伦全备，与《周书》五典五惇之义又符契，而无所殊焉"，认为伊斯兰教奉行的君臣之义、父子之亲、夫妇之别、长幼之序、朋友之信与儒家五伦、伊斯兰教的真主与儒经中的上帝、伊斯兰教的念礼斋课朝五功与儒家的父义母慈兄友弟恭子孝五常之教没有什么不同，所以学界普遍认为后世的"以儒诠经"滥觞于此，为后来穆斯林学者将伊斯兰教与儒家思想会通开了先河，奠定了基础。

二、以儒诠回——伊斯兰教与儒家的文明对话

到了明代，朱元璋出于在大乱之后休养生息的考虑，下诏"归我者永安

---

[1]　田文镜等纂修：《河南通志·学校·书院》，光绪二十八年刻本。

于中华，背我者自窜于塞外"，"如蒙古、色目，虽非华夏族类，然同生天地之间，有能知礼义、愿为臣民者，与中夏之人抚养无异"（《皇明诏令》一卷）。同时禁胡服、胡语、胡姓名，促进穆斯林中国化，这样从明代中叶形成了以伊斯兰教为信仰，以汉语为民族语言的"回族"，成为中华民族的组成部分。

伴随着回族的形成，原来使用各种语言的穆斯林非常普遍地使用汉语作为共同语言，已经不懂《古兰经》的原文了，伊斯兰教在一些地区出现了衰退现象，宗教意识在一些地区回族群众那里演变成为风俗习惯和行为方式；穆斯林中原来那种"口传心授"的传播伊斯兰教的方式已经不能适应变化了的情况；还有明清统治者对回族不理解而采取的歧视政策，认为伊斯兰教是"不敬天地，不祈神祉，不奉正朔，不依节序，另定宗主，自岁为年"的"左道"（《宫中档雍王朝奏折》第三辑）；一些非穆斯林群众因对伊斯兰教不理解，也往往妄加猜忌和排斥。基于内部、外部两大原因，激起了回族穆斯林学者伊斯兰教信仰的坚定性，同时为了取得官方、汉人士大夫的理解，继续深化伊斯兰教与中国文化的会通，主要是与中国文化主流儒学的会通。这种会通其实就是一种文明对话。

嘉靖七年（1528）山东济南清真南大寺掌教陈思撰写的《来复铭》，是这方面的一篇代表作。陈思是一位阿訇，是一个在全国较有名气的大寺——山东济南清真南大寺的世袭掌教。据奚利福先生考证：陈思的先人陈英，在明初曾三次出使西域，供职光禄寺，后退隐济南。陈思出生于一个在当地很有势力、很有影响的家庭，他少承家学，又生长于孔夫子的故乡山东，不仅具有较深的宗教知识，而且对中国传统文化儒家思想也当有较好的了解。[①]《来复铭》全文仅155个字，全文如下：

> 无极太极，两仪五行，元于无声，始于无形。皇降衷彝，锡命吾人，与生俱生，与形俱形。仁人合道，理器相成。圣愚异禀，予赋维均。是故心为郛廓，性为形体。繇太虚，有天之名；繇气化，有道之名；合虚与

---

① 参见奚利福：《教门金石义》，《月华》1947年6月号。

气，有性之名；合性与知觉，有心之名。存心与性，以事其天；慎修厥身，以俟此命；主敬穷理，以养此性；戒慎恐惧，以体此道；不愧屋漏，以事此心。斯与造物为徒矣。不尔，天顾畀之，人顾弃之，其将何以复帝者之命？

全文主要综述儒家哲学关于天、道、心、性、理、器等基本概念，认识论和道德修养方法，其中"仁人合道"，就是孟子"仁也者，人也。合而言之，道也"（《孟子·尽心下》）；"理器相成"就是儒家《易传·系辞传》"形而上者谓之道，形而下者谓之器"，道不离器，器不违道，道器不二，相辅相成的意思；"由太虚，有天之名；由气化，有道之名；合虚与气，有性之名；合性与知觉，有心之名"，引自张载《正蒙·太和篇》。《来复铭》表明，无极太极同两仪五行一样，都是有始的，不是无限的，都还不是万物的本原。在无极太极之前，还有一个"无声"、"无形"的创世者，这就是"降衰彝"并"锡命吾人"的"皇"，也就是吾人应归复其命的"帝"。无极太极、两仪五行，都是以这个皇为始；人类社会的等级次第（衰），典章制度（彝），都由这个皇所降；甚至人们的性命，也是由这个皇所赐予。皇者，天也。天者，太虚也。张载所谓"太虚"，是一种无声无形、耳目不可直接掌握而又不以人们主观意志为转移的实有本体，《来复铭》中所讲的"皇"，也正是这样的实有。当然，从《来复铭》的字里行间又可以发现，它所讲的"皇"与张载所讲的"太虚"有本质的区别。张载讲太虚，强调"太虚即气"，具有物质性的气。《来复铭》讲皇，则强调它是"天"，是人格化的"帝"，有意志、有知觉、有能力、有目的。这种超自然体中的人格化的最高主宰，正是伊斯兰教所信仰的独一无偶的真主安拉。[1] 所以，《来复铭》字面上并未谈及伊斯兰教教义，但实际上是"附儒以行"伊斯兰教，是以理学思想阐释"以认主为宗旨，以敬事为功夫，以复命为究竟"的伊斯兰教义。[2]

随后，东南沿海、南京、苏州等地出现了一批回族伊斯兰教学者，这些

---

[1] 参见冯今源：《〈来复铭〉析》，转载自哲学网：哲学学术门户网站，Philosophy，哲学家，哲学名言大全。

[2] 参见冯今源：《中国伊斯兰教本土化的经验与启示》，《穆斯林通讯》2013 年 4 月 1 日。

有识之士从维护伊斯兰教以及回族生存的实际出发,相继开展了经堂教育和汉文译著活动。

所谓经堂教育是由明代陕西著名经师胡登洲受中国传统教育影响开创的伊斯兰教教育制度,亦称"寺院教育"或"回文大学",是回族穆斯林为了传习经典,培养宗教职业者,把中世纪伊斯兰教国家以清真寺为校舍的办学形式与中国传统私塾教育相结合而形成了具有中国特色的伊斯兰教宗教教育制度,是实现伊斯兰教与中国传统文化交流、融会的主要途径。第一,在学习内容上,既研读伊斯兰教经典,有兼习儒学,"读经书是笃信宗教之本,习儒是贯通祖国语言之需,两者相辅相成,终成大业"①。第二,它使伊斯兰教在中国开始了自下而上的社会化、民间化、制度化的发展阶段,促进伊斯兰教中国化。第三,它改变了伊斯兰教教育以回族穆斯林家庭为单位,家传口授的形式,使之社会化、规模化,不仅有效地维系和巩固了穆斯林的群体,而且提高了宗教教育的质量,培养了大量的伊斯兰教人才。这些人才最终成了传扬伊斯兰教的中坚力量。第四,它有力地促进了伊斯兰教与中国传统文化的深层次沟通和结合,对后来的汉文译著活动和门宦制度的形成起了积极的推动作用。

所谓汉文译著活动,是指这些穆斯林学者以汉文著书立说,阐述和宣传伊斯兰教义,"以儒诠回",通过吸收、改造儒家传统中的思想资料来阐释伊斯兰教的内涵,并回答伊斯兰教在中国发展过程中提出的理论和实践问题,其间出现了一大批代表人物和代表作品。一般把"以儒诠回"的汉文译著活动分为三个阶段:

第一个阶段,明末王岱舆译《正教真诠》开汉文译著活动的先河,张中、伍遵契先后加入,代表人物及其代表作有:王岱舆的《正教真诠》、《清真大学》、《希真正答》;张中的《归真总义》、《四篇要道》、《克理默解》;伍遵契的《修真蒙引》、《归真要道》等。上述作者的译著中虽有儒家或佛教的影子,

---

① 赛生发:《中国伊斯兰教经堂教育的形成、发展及特点》,《伊斯兰文化论丛》,宗教文化出版社 1997 年版,第 209 页。

但伊斯兰教的特征比较明显。他们敢于同佛教、道教就宗教问题和世俗问题进行对话,也敢于质疑宋明理学的一些观点。

第二阶段从马注译著《清真指南》开始,至金天柱完成《清真释疑》为止,已不是以伊斯兰教为主,而采取了明显的伊斯兰教与儒家文化会通的形式,同时具有伊斯兰教和儒家学说的双重特征,是明清时期以儒诠回发展的高峰阶段。本阶段的主要代表人物及其作品有:马注的《清真指南》,刘智的《天方性理》、《天方典礼》和《天方至圣实录》等,蓝煦的《天方正学》,金天柱的《清真释疑》等。其中,以刘智的著作影响最大,他将“以儒诠经”运动推向高潮,被认为是融会“儒释道伊”四家的“金陵学派”的代表人物。

第三阶段汉译范围扩大到了天文、地理、文学和《古兰经》。这一阶段的主要代表人物及其代表作有:马德新的《大化总归》、《四典要会》、《性命宗旨》、《道行究竟》和《天理命运说》等。

穆斯林学者在以儒诠回的过程中,阅读过大量儒家经典,对儒家思想有深度了解和深刻理解,被称为“中阿兼通”,“怀西方(指伊斯兰教)之学问,习东土之儒书”的“回儒”,甚至是儒、释、道、伊“四教兼通”的宗教学者。他们将“天方经语略以汉字译之,并注释其义焉,证集儒书所云,俾得互相理会,知回、儒两教道本同源,初无二理”(《蓝煦:《天方正学·自序》)。伊斯兰教的核心思想是“安拉”(真主)本体论。中国伊斯兰教学者把宋明理学家的“太极说”与伊斯兰教认主独一的教义相结合,提出伊斯兰教认主学的基本理论“真一说”,构建了中国特色的伊斯兰哲学体系的核心内容。王岱舆吸收、改造了无极、太极和“一”的思想学说,提出了“真一”、“数一”、“体一”的“宇宙起源论”。在《清真大学》、《正教真诠》中,他认为天地、万物和人都是安拉的造化,把安拉作为创世主列与最高的地位。安拉创造宇宙的次序为:真一(真主)——数一(无极、太极)——阴阳——天地——四行(土、水、火、气)——人类、万物。从“真一”到“数一”这一生成过程的概念,是伊斯兰教所独有的。关于真一,“真主止一,无有比拟,(真一)乃无始之原有,非受命之有也。”(王岱舆:《正教真诠·真一》)而“数一”是真一（真主）与万物联系的中介，它不过是真一的"影子"，真一才是"数一"的根本、宇宙的绝对观念。这与宋明理学的宇宙发生论无极（太极）——阴阳——五行——人类和万物大体上一致。这样就既坚持了伊斯兰教的信仰基础，同时又吸收、改造了儒家思想，从而形成了独具特色的宇宙起源论。

伦理观方面，王岱舆将伊斯兰教的教义与儒家的"三纲五常"加以会通。王岱舆说："夫忠于真主，更忠于君父，方为正道。"（王岱舆：《正教真诠·真忠》）这就是说，作为一名穆斯林，既要忠于真主，更要忠于君父，方为伊斯兰教应遵循的正道。这种"二元忠诚"的思想，解决了在中国汉族为主的国情下穆斯林如何对待非穆斯林君主的问题，是寻求与中国社会相适应的一种积极探索和努力，有特殊重要意义。在这种思想基础上，他们提出："人生住世，有三大正事：乃顺主也，顺君也，顺亲也。凡违兹三者，则为不忠、不义、不孝也。"（王岱舆：《正教真诠·真忠》）人生在世有三件大事，就是顺主、顺君、顺亲，否则就是不忠不孝的叛逆。这样就把君权、父权、夫权与真主的神权紧密连在了一起。顺主，就要坚守念、礼、斋、课、朝的"天道五功"；顺君、顺亲，就要尽心维护君臣、父子、兄弟、夫妇、朋友这"人道五典"的社会秩序。只有这样，才算完成了做人的义务。王岱舆在《正教真诠》中还创造性地将伊斯兰教的"五功"与儒家文化提倡的仁、义、礼、智、信"五常"对应起来解释，认为"五常"（王岱舆将伊斯兰教五功称为五常）之首曰念，感念真主之恩，人就有了仁心；五常之二曰施，施的举动可以称为义；五常之三曰拜，拜真主，拜君亲，可谓知礼；五常之四曰戒持，懂得并遵行戒持乃为上智；五常之末曰聚，这是穆斯林与主的约定，全约之谓信。（王岱舆：《正教真诠·五常》）但是，与儒家不同的是他最终还是把"五常"归依为真主："唯正教之五常，仁为感念真主之造化，义为代理真主之普施，礼为拜谢真主之恩慈，智为辨认真主之独一，信为全信真主之明命。"（王岱舆：《希真正答》）这样，伊斯兰教为了获得在中国的生存发展，建立起了一整套伦理道德规范，并对中国以儒家为主体的伦理道德体系形成有益的补充。

明末清初回族穆斯林学者根据《古兰经》和《圣训》，结合儒家"五伦"

思想，也概括出来一整套中国伊斯兰教伦理概念，即夫爱妇敬之道，父慈子孝之道，君仁臣忠之道，兄弟协义之道，朋友忠信之道，以此规范穆斯林在夫妇、父子、君臣、兄弟、朋友等五个方面应遵循的原则。刘智在《天方典礼·总纲》中说："五典者，乃君臣、父子、夫妇、昆弟、朋友之常经，为天理当然之则，一定不移之礼也。"可见，"五典"说其实是源于儒家所讲的"五伦"——君臣之义、父子之亲、夫妇有别、长幼之序、朋友之信。"五典"说与伊斯兰教宣扬的天命五功同等重要，是互为表里的关系："圣教（伊斯兰教）讲五功，以尽天道；又立五典，以尽人道。天道人道，原相表里，而非二也。盖尽人道而返乎天道，斯天道有以立其基；尽天道而存乎人道，斯人道以正其本。天道人道尽，而为人之事毕矣。"（刘智：《天方典礼·五典》）

刘智还吸收儒家"三纲"学说，完善其"五典"说。他们认为三纲则是人伦之礼的"本"，而五典是人伦之礼的具体体现。三纲制约着五典的义，五典统于三纲之名。三纲之中，以君为臣纲为基础："人极之贵，莫尊于君。君者，所以代主宣化，摄理乾坤万物，各得其所"，"命曰天子，天之子民之父也。三纲由兹而立，五伦由此而立。"因此，"夫忠于真主，更忠于君父，方为正道"（王岱舆：《正教真诠·真忠》）。这种既忠于主又忠于君的思想，就是回族学者在伊斯兰教中国化过程中实现的从"一元忠诚"向"二元忠诚"的转变。对于顺主与顺君的关系，刘智这样阐述："君者，主之影，忠于君即所以忠于主也。"（刘智：《天方典礼·臣道》）"王者，代真主以治世者也。王者体主，若影之随行。"（刘智：《天方典礼·君道》）故而"念主而忘君，非念主也；念君而忘主，非念君也。"（刘智：《天方典礼·臣道》）顺主，就要坚守念、礼、斋、课、朝的"天道五功"；顺君、顺亲，就要尽心维护君臣、父子、兄弟、夫妇、朋友这"人道五典"的社会秩序。只有这样，做人的义务才算完成。这种"二元忠诚"思想就很好地解决了穆斯林对非穆斯林君主的政治认同问题，比起佛教发生在东晋的沙门是否敬王侯的争论，穆斯林主动地避免了伊斯兰教与中国政治的冲突，适应了中国文化传统中政主教辅的政教关系模式。这样，伊斯兰教为了获得在中国的生存发展，在维护伊斯兰教信仰独一的前提下把儒家忠孝融合进来，建立起了一整套道德规范，并与中国封建社会的伦理道德形成互补。

马注认识到中国是以儒学为正统思想意识形态的国家,"东土之教,惟儒为最","儒者之学正而不偏,中而不倚,其文博,其辞藻"(马注:《清真指南·因教》)。在他看来,伊斯兰教与儒学并没有多大差别,在《清真指南》卷八"穷理"中马注说:"回之与儒,教异而理同也"。在《清真指南》卷八"教条八款"中马注说:"清真之与儒教无所分别,惟认、礼、斋、济、游之五常,便有些回辉气象,余则皆同。"因此,"习经者固不可不道儒,习儒者不能通经,此又终身制大恨。故经不通儒,不能明修齐治平之大道;儒不通经,不能究原始要终之至理。欲求两兼,必于本教中选清儒两明,万无一失"。这样他就把习经与习儒统一起来,提高到同等重要的地位。因此,要在东土正确宣传伊斯兰教,穆斯林学者必须首先"通儒",即通晓"儒者之学"。在《清真指南》卷四"认主"中马注说:"儒者之学犹衣,清真之学犹食。无衣则寒,无食则饥。寒则关于身,饥则切于命。举天方之服以与东土服,则不服;举天方之文以与东土观,则不观;举天方之食以与东土食,则食之。东土既食,是口之于味有同嗜也。嗜同则性同,性同则理同,理同则凡具眼、耳、鼻、舌、身、心之人,无不可导之以正,而况中人以上、中人之中者乎?"这就是说,不能原封不动、照搬照抄地向中国人介绍伊斯兰教"清真之学"。要给伊斯兰教披上"儒者之服",使用"儒者之文",让伊斯兰教真谛变成儒者可能乐于接受的道理,使中国人认识到"天方之学"与"儒者之学"性同、理同,认可伊斯兰教,然后再引导他们于正道。

马注几乎全盘接受儒家以"三纲五常"为核心的纲常伦理,并将其与伊斯兰教伦理道德学说相融通,系统地阐述了认主与忠君、孝亲、顺夫、恭兄、信友、尊师、济世的相融相通关系,把儒家世俗的人伦规范纳入伊斯兰教伦理道德信条之中。马注吸收了儒家"明明德"的观点,说"明德"就是"伊玛尼"(信仰),"明明德"就是培养"伊玛尼"。在《清真指南》卷九"补遗"中他明确指出:"儒经谓'在明明德'四字,上明字是功夫,下明字是本有。譬若钻木取火,火具木中;磨镜求光,光生镜内,钻磨是功夫,火光乃本有,不钻不磨则不可得矣。此论言是木皆可取火,是铁皆可求光……若夫伊玛尼之在人,若火之在火石,接以煤铁,则本体之火自燃。""伊玛尼"与回族穆斯林的关系,就如同火存在于火石之中,火石与煤铁发生摩擦,火自然就会燃烧,为了让"'伊玛尼'之真光自露",就必须认主和学习天经。他指出,"明德之本,莫先于认主","至理不察,则德无能明;德无能明,则身不能修;身不能修,则家不能齐;家不能齐,则国不能治;国不能治,则天下不能平"(马注:《清真指南·因教》)。只有明白"清真至理",才能明德、齐家、治国、平天下。"天经,物主之书也。以物主而言物,若士之论文,农之论稼,乌有不可信乎?不信是无明德者也。无明德则不能明明德,不能明明德,则不能格物致知,不能格物致知,则不能止于至善。"(马注:《清真指南·自叙》)同样,只有信仰"天经",加强自身道德修养,才能达到至善的道德境界。这样,马注就将伊斯兰教的宗教修炼与儒家的道德修养功夫有机地结合在一起。

"以儒诠回"的思想内容非常丰富,这里只是就其中代表性的思想加以梳理。

三、以儒诠回的历史作用与现实意义

明清"以儒诠回"的穆斯林学者已经有了文化自觉意识,自觉地进行文明对话。他们认识到中国是一个多元文化和而不同,和谐共处的国度,所以大多通晓儒、佛、道学说,甚至是儒、释、道、伊"四教兼通"。他们以伊斯兰教信仰者的身份,以伊斯兰教为本,会通以儒学为主的中国文化,以此为基础寻求文明对话,寻求理解,化解中国人对伊斯兰教的误解、曲解,实现民族和解,社会和谐,为伊斯兰教和回民的生存发展创造良好的环境。会通的基本理路:以宗教为主,同时重视世俗伦理,与佛教认为现世的苦海无边,否定今世的幸福而追求来世的幸福不同,伊斯兰教提倡两世吉庆,让穆斯林把握好现世人生,积极追求今、后两世的幸福,这样就与积极入世的儒家殊途同归,所以就能够以宗教伦理与儒家世俗伦理会通,如"三纲五常"、五伦等;同时也注意阐发儒家的宗教性或宗教层面,以与伊斯兰教教义会通。他们以儒学诠释伊斯兰教而坚守伊斯兰的宗教本质，这样，就在儒家思想的影响和渗透下形成了具有中国特色的伊斯兰教思想体系，同时也丰富、深化了儒家思想。

他们的努力，赢得了当时一些儒家士大夫的积极肯定与赞扬。儒士何汉敬在《正教真诠·叙》中说："独清真一教，其说本于天，而理宗于一，与吾儒大相表里……其教亦不废君臣、父子、夫妇、昆弟、朋友之序，而洁己好施，更广吾儒所不足……且立说平易，不事玄诞，与道释两家，绝为霄壤，较之吾儒性理一书，同而异，异而同，亦在所不讳。"通议大夫兵部侍郎鹿佑在《天方典礼·序》中说："其伦理纲常，犹然君臣、父子、夫妇、昆弟、朋友也；其修齐诚正，犹然孝、弟、忠、信、礼、义、廉、节也；其昭事上帝，有所谓念、礼、斋、课、朝五者，亦犹然顾諟明命，存心养性，以事天也。夫然后知清真一教，不偏不倚，直与中国圣人之教，理同道合，而非异端曲说所可同语者矣。"礼部侍郎徐元正在《天方性理·序》中也说："余于天方家之言性理盖有深感也。天方去中国数万里，衣冠异制，语言文字不同形声，而言性理恰与吾儒合……中国将于是书复窥见尧舜禹汤文武周孔之道，则是书之作也，虽以阐发天方，实以光大吾儒。"儒士陆容在《菽园杂记·回回教》中说："回回教门异于中国者，不供佛，不祭神，不拜尸，所尊敬者惟一天字。天之外，最敬孔圣人。故其言云：'僧言佛子在西空，道说蓬莱住海东，惟有孔门真实事，眼前无日不春风。'"这就是说，"回回教"崇拜真主，尊敬孔子，其思想与儒学有同有异，互为表里，特别在伦理道德方面多有契合。可惜的是，由于诸多原因，儒家学者这边反应不够，只有少数学者有所表示，未能形成伊斯兰教文明与中华文明互相深入、大规模的交流、对话。

当今世界宗教冲突和以宗教冲突为背景的民族冲突、地区冲突不断，美国学者亨廷顿曾经预言基督教文明与伊斯兰教文明的冲突将是下一个热点问题，并认为儒教文明也是其冲突的热点，它将与伊斯兰教文明联合共同对付西方社会。亨廷顿的预言只对了一半，至今为止，西方文明与伊斯兰教文明的冲突已经是触目惊心的事实，而中华文明与伊斯兰教文明、与西方文明还没有形成不可调和的冲突。我认为这根本原因是儒家有一些核心价值观念，如以人为本，仁者爱人，贵和尚中，和而不同，以和为贵，中庸之道，忠恕之道等核心价值观，使儒家在历史上可以与外来的各种思想文化交流融会，"万物并育而不相害，道并行而不相悖"（《中庸》），可以包容土生土长的、外来的各种文化成分，只要不使自身发生质变，都能心胸开阔，兼收并蓄，百川归海，不择细流。儒学又在漫长复杂的中国文化演进过程中，起着一种制衡作用，通过与时俱进，满足社会的要求，整合不同文化因素，不断更新发展，于是就形成了中国文化多元并发、并行，而以儒居中制衡的独特形态。这样，在中国文化史上，无论什么宗派流派，诸子百家，异端邪说，八面来风，都能经过一代又一代的儒者的努力，兼综和合，最终形成相反相对、相辅相成、同中有异，异中有同，你中有我，我中有你的既多元又一体的文化体系。这对中国文化而言，意义重大，能够体现中国文化的兼容并包，融会贯通，多元一体的基本特征，使得中国文化极端的宗教偏见，极端的宗教狂热很罕见，没有发生激烈的宗教冲突和大规模的宗教战争，使得各种外来宗教传进中国以后，其争斗的锋芒都被磨钝，逐渐实现"中国化"，进而能够与其他宗教相互尊重，彼此共存，不断融合，使得中国成为世界各种宗教的大熔炉。

德国著名学者汉斯·昆（HansKung）长期致力于宗教对话，化解宗教冲突，他再三强调："没有宗教间的和平，就没有民族间的和平。没有宗教间的对话，就没有宗教间的和平。没有全球伦理标准，就没有宗教之间的对话。没有建立在全球伦理标准之上的国际关系新模式，人类无法在和平与正义中生存。"[1] 他从世界各大宗教和文化的道德准则中概括出了"己所不欲，勿施于人"这条被称为"黄金律"的全球伦理的普适原则，即是体现在各宗教和"非宗教传统"中的全球伦理标准。"己所不欲，勿施于人"就是儒家的恕道，是推己及人的否定方面，如果再加上"己欲立而立人，己欲达而达人"，是推己及人的肯定方面，就构成了完整的忠恕之道。忠恕之道是实现儒家最高价值理想——仁道的基本途径与方法。解决多元文明冲突

---

① 刘金光：《孔汉思：求索宗教和平之路》，《中国宗教》2009 年第 12 期。

的最理想办法是在多元中寻求统一。如何在多元中寻求统一？将忠恕之道经过现代诠释，并运用到多元文明的人类社会，实现"超时空"的结合，这样人类就有可能通过忠恕之道走向"天下归仁焉"的"仁道"。所以，要解决当今世界的文明冲突，以儒家为主体的中华文明可以发挥积极作用，为人类社会的和平安宁，走向大同做出更大的贡献。谢里夫·海塔塔提出一个期待："对抗全球经济和文化霸权的可能性在于一种真正为各国、各族人民所共享的文化的出现。这种文化超越边境，兼济各国；它人道而普遍，但也尊重差异；它立足于统一性，但也保护多样性；在承认个人、社区、国家、文化、阶级、种族和性别等各种同一性时它探寻一致性。"[①] 我想这种文化可以以中华文化为基础，融合世界多元文化而形成。对此，我们不仅期待，更应努力。

（作者单位：中国人民大学国学院）

---

① 谢里夫·海塔塔：《美文化·解体和上帝》，载弗雷德雷克·杰姆逊、三好将夫编：《全球的文化》，南京大学出版社 2002 年版，第 236 页。

儒家伦理的现代转化

"生意"考——以仁为中心

王 建 宝

"生意"在当今社会成了一个常用词语，商务谈判为"谈生意"，买卖流通叫"做生意"，赚钱则谓"生意好"，亏本则说"生意坏"，做生意的态度和方法总称为"生意经"，不一而足。在精神人文主义的"天地群己"[①] 的框架中，"生意"本身也是一个重要的概念，古有《易》"天地之大德曰生"的"生生之意"，中有宋明儒仁者"感而遂通"之"生意"，后有明清商人取财治生之"生意"。"生意"从"生"字和"意"字二者组合而来，从儒家之理学用语而变为商业用语，其内涵已经完全不同。为能找到儒家商业伦理精神的源头活水，对"生意"一说颇有考辨源流之必要，也许不能得正本清源之效，或许能在"日用而不知"中发其意蕴，使得"生意"考对于重建儒商精神也许不无裨益。本文所考，先辨"生与性"以溯其源，次论"生生之意"以返其本，再辨"治生与生意"以析其流，虽不中，庶几不远矣。

一、生与性——以孟子为中心

傅孟真先生有专著《性命古训辨证》专论"生与性"[②]。按傅先生，

① 关于精神人文主义以仁为中心的天地框架，参见王建宝：《从精神人文主义看儒家生态伦理》，《船山学刊》2017 年第 3 期。
② 傅斯年：《性命古训辩证》，《傅斯年全集》第二册，台湾联经出版事业公司 1980 年版。

独立之性字为先秦遗文所无，先秦遗文皆用生字为之。至于生字之含义，在金文及《诗》《书》中，并无后人所谓性之一义，而皆属于生之本义。后人所谓性者，其字义自《论语》始有之，然犹去生之本义为近。至《孟子》，此一新义始充分发展。[1]

孟真先生厚生而薄性，"其所厚者"是生，"其所薄者"是性。这种想法其来有自。告子的生之谓性就是显例之一。

> 告子曰："生之谓性。"
> 孟子曰："生之谓性也，犹白之谓白与？"
> 曰："然。"
> "白羽之白也，犹白雪之白；白雪之白，犹白玉之白与？"
> 曰："然。"
> "然则犬之性，犹牛之性；牛之性，犹人之性与？"（《告子上》）

根据傅先生的研究，"寻上文之意，'生之谓性'之性字，原本必做生，否则孟子不得以'白之为白'喻也"。傅先生甚至做出大胆的结论：

> 《孟子》一书中虽有性之一义，在原文中却只有生之一字，其做性字者，汉儒传写所改也。[2]

这种胶柱鼓瑟得出的结论已经基本上站不住脚。[3] 不过，生与性这两字之间的关系还是很紧密的。牟宗三先生说：

---

[1] 傅斯年：《性命古训辨证》，《傅斯年全集》第二册，台湾联经出版事业公司1980年版，第173—174页。

[2] 傅斯年：《性命古训辩证》，《傅斯年全集》第二册，台湾联经出版事业公司1980年版，第241—244页。

[3] 参见徐复观：《中国人性论史·先秦篇》，《徐复观文集》第三卷，湖北人民出版社2002年版。

到孟、荀时，这两字还是时常通用的，虽然孟子并不这样通用。但孟子说"形色天性也"，这个"性"字就是"生"。"生"即是出生之生，是指一个体之有其存在而言。①

傅先生所考的性由生字而来，其意义在于可以帮助说明性有生的根源和动力。《中庸》"天命之谓性"揭示了性与天之间的关系，朱子曰：

天以阴阳五行化生万物，气以成形，而理亦赋焉，犹命令也。②

天是创造者或者说是命之者，然而人有"修道"之自觉，以彰显生之意义，通过人道之践履以上达天道，所谓"践仁以知天"③，证成"天人合一"的大道，臻至"天德流行"之境界（唐君毅先生语）。孟子将孔子之仁"十字打开"（象山语）的纵向维度就是在"上下与天地同流"中挺立起人性善的觉知和信仰，夫孟子使得"修道之谓教"成为一种自觉，"孔子是圣人，孟子是教（智慧学）之奠基者"④。或者说是《孟子》一书才使得良知一体朗现，"所不虑而知者，其良知也"。的确，性曾经就是生，但是性从孟子始，别开生面也。"此别开生面不是平面地另开一端，而是由感性层、实然层，进至超越的当然层也。"⑤孟子曰：

乃若其情，则可以为善矣，乃所谓善也。若夫为不善，非才之罪也。恻隐之心，人皆有之；羞恶之心，人皆有之；恭敬之心，人皆有之；是非之心，人皆有之。恻隐之心，仁也；羞恶之心，义也；恭敬之心，礼也；是非之心，智也。仁义礼智，非由外铄我也，我固有之也，弗思耳矣。

---

① 牟宗三：《圆善论》，吉林出版集团有限公司2010年版，第5页。
② 朱熹：《四书章句集注》，中华书局2012年版，第17页。
③ 卢雪昆整理，杨祖汉校订：《牟宗三先生讲演录之壹》，台湾财团法人东方人文学术研究基金会2019年版，第43页。
④ 牟宗三：《圆善论》，吉林出版集团有限公司2010年版，第8页。
⑤ 牟宗三：《圆善论》，吉林出版集团有限公司2010年版，第18页。

故曰:"求则得之,舍则失之。"或相倍蓰而无算者,不能尽其才者也。诗曰:"天生蒸民,有物有则。民之秉夷,好是懿德。"孔子曰:"为此诗者,其知道乎! 故有物必有则,民之秉夷也,故好是懿德。"(《告子上》)

"情"者,实也,后世有实情一词,"'其情'就是人之为人之实情。"① "可以为善"的实然之"情"本身就是价值层面的"善","其情"既是一个善的本体,"可以为善矣",又是一个善在实然层面的发用,"乃所谓善也"。既是一个即存有即活动的本体,也是一个生生不息的发用过程,"沛然莫之能御"。"才"者,能也,"才字即表示人之足够为善之能力,即孟子所谓'良能',由仁义之心而发者也,非是一般之才能。"② 但是,"若夫为不善,非才之罪也"。孟子曰:

> 富岁,子弟多赖;凶岁,子弟多暴,非天之降才尔殊也,其所以陷溺其心者然也。(《告子上》)

"陷溺其心"则"子弟多赖"、"子弟多暴","非天之降才尔殊也","非才之罪也。"而是"舍则失之",如濯濯牛山之木。孟子反复申言这种善的生生之意,所谓"天生蒸民,有物有则",民所秉持的,就是这个善的美德,也就是所谓"民之秉夷,好是懿德"。故此,孔子感叹"为此诗者,其知道乎!"然而"苟失其养,无物不消",人性之善亦如是。"牛山之木未尝美矣","人见其濯濯也,以为未尝有材焉,此岂山之性也哉?"(《告子上》)人未尝不善也,"人见其禽兽也,而以为未尝有才焉者,是岂人之情也哉?"本体上的善之存有和行动上的善之发生扩充同时进行,"乃若其情,则可以为善矣,乃所谓善也"。在孟子,"天命之谓性",而性由心所显露出来的即是仁义礼智四端,正如杜维明先生指出的,"从'天生人成'来理解人的创造性,从超越

---

① 牟宗三:《圆善论》,吉林出版集团有限公司 2010 年版,第 19 页。
② 牟宗三:《圆善论》,吉林出版集团有限公司 2010 年版,第 18 页。

而内在的天命来认知道德主体的终极基础，从内外交养的修身哲学来体现自我的价值——一种'性由心显'的人文精神便应运而生"①。心来显性，是思孟学派的一个光辉灿烂的成就。"仁义礼智，非由外铄我也，我固有之也"。此谓"人人皆可为尧舜"，此谓"孟子言必称尧舜，道性善。"用哲学的语言来讲，实然和应然成为一体，本体和过程没有断裂，此谓"大化流行"。

然而天之生民，有凡有圣，有上智与下愚。孟子曰："天之生斯民也，使先知觉后知，使先觉觉后觉。"（《万章下》）民为天之所生，但是有先知后知之分，先觉后觉之殊，唯有"先知觉后知，先觉觉后觉"才能够将天所生之斯民都能被觉、被知。人是被天所生，但是人也有创造性，是一个协同创造者（co-creator），换言之，人最终完成了"天生斯民"的工程，所谓"天生人成"。这一天生人成的过程虽然缓慢，但是总有突破的临界点，孔子无疑是代表。夫仲尼之生最终完成了中国文明的基本形态，实现了人的自觉。所以孟子曰："否。自有生民以来，未有孔子也。"（《公孙丑上》）孟子十字打开，打开的也是这种知和觉，后世承继孔孟精神者，即是承继这种自知、自觉，有此自知自觉者即是士。一般来讲，士是没有阶级区分的，是没有职业分野的，虞农工商，帝王将相，皆可为士，皆可不为士，所谓"求则得之，舍则失之"，"求在我者也"，在我者即是这种自知与自觉。至于是否为虞农工商还是帝王将相，则是"求之有道，得之有命"，"求在外者也。"这种外在的社会职业归属和贫富贵贱在外不在我，虽也"求之有道"，但是"得之有命"。如此理解天命之性，生之意义，则可以理解吾国文明何以可能绵延不绝，生生不息。孟子曰："君子所过者化，所存者神，上下与天地同流，岂曰小补之哉！"（《尽心上》）

以上浅析"生与性"的关系。首先，生之谓性是一种实然的表达，是对自然特质的描述，在这个层面上，牛生、马生、草木之生都是一个自然现象。其次，"天生蒸民，有物有则。"人之生虽然也是一种自然现象，但是人有其特殊性，因为"民之秉彝，好是懿德"，人之生，性本善，与草木牛马之生"天

---

① 《杜维明文集》第五卷，武汉出版社 2002 年版，第 63 页。

之降才尔殊也",人是万物之灵,"乃若其情","乃所谓善也"。人之性得于天之生,但是在天之所生的万类之中,以人为贵。复次,天生还需要人成,不然"舍则失之","则其违禽兽不远矣"。孟子曰:"无或乎王之不智也,虽有天下易生之物也,一日暴之,十日寒之。未有能生者也。吾见亦罕矣,吾退而寒之者至矣。吾如有萌焉何哉!"(《告子上》)生是永不停息的,否则一曝十寒,"未有能生者也"。生而又生谓之生生,下节讨论"生生之意"。

二、生生之意与生意

(一)生生之谓易

刘大钧认为:"《易大传》之《彖》、《象》、《文言》为思孟学派所整理润色,《系辞》中亦有思孟学的内容,当是比较清楚的事实。"[1] 林忠军认为,"《论语》与《易传》同属于一个学派,故笔者同意侯外庐先生与刘大钧先生的观点,《易传》属于曾子后学思孟学派的作品"[2]。当然也有将《易传》归属于老庄的观点。[3] "但就《彖》的思想内容说,除受道家影响外,同孟子的学说有密切关系。"刘先生梳理出时中说、顺天应人说和养贤说,"以上三条,说明《彖》同孟子学说,不仅在思想上,而且在术语、概念和命题上都存在着继承关系。"出土文献的研究也进一步认定《易传》即使不是孔子所作,至少与孔子渊源很深,有学者认为帛书本《易传》是孔子对《周易》的解释。[4] 以上回顾前辈学者的研究成果,只是想在《易》与孔孟之间建立一个义理的桥梁。这样讲就使得本文以仁为中心的讨论更加丰富和扎实。"康节云:'老子得易之体,孟子得易之用。'康节之学,意思微似庄老。"或曰:"老子以其不能发用否?"(朱子)曰:"老子只是要收藏,不放散。"[5] 不管朱子如何评价

---

① 刘大钧:《周易概论》,齐鲁书社 1986 年版,第 37 页。

② 林忠军:《象数易学发展史》,齐鲁书社 1994 年版,第 34 页。

③ 如陈鼓应先生等。

④ 参见刘大钧:《周易概论》,齐鲁书社 1986 年版,第 148 页。

⑤ 《朱子语类》卷八十七,中华书局 1986 年版,第 2259 页。

康节之学，"孟子得易之用"一句足见《孟》、《易》之渊源。

按《周易》[①]，"生生"有见如下：

> 富有之谓大业，日新之谓盛德，生生之谓易，成象之谓乾，效法之谓坤，极数知来之谓占，通变之谓事，阴阳不测之谓神。(《系辞上》)[②]

朱伯崑先生说，"生生是生而又生，亦不断变化之义"[③]。这句一共有八个"之谓"[④]，一气呵成。生生之谓易之前两个"之谓"实指"大业"与"盛德"，后两个"之谓"谈到"乾"与"坤"，生生之谓易这一句是承前启后的。朱子说：

> 既说"盛德大业"，又说他只管恁地生去，所以接之以"生生之谓易"，是渐渐说入易上去。乾只略成一个形象，坤便都呈见出许多法来。到坤处都细了，万法一齐出见。[⑤]

朱子还说：

> 万物资乾以始而有气，资坤以生而有形。气至而生，生即坤元，徐

---

① 黄寿祺、张善文：《周易译注》，上海古籍出版社 2012 年版。
② "生生"见于《易》还有如：《讼》：生生不绝之谓道，六位不居，返为游魂；八卦复位，六爻迁次，周而复始，上下不停，生生之义，《易》道祖也；新新不停，生生相续。
③ 朱伯崑：《易学哲学史》，北京大学出版社 1986 年版，第 91 页。
④ 戴震著，何文光整理：《孟子字义疏证》，中华书局 1982 年版。"古人言辞，'之谓''谓之'有异：凡曰'之谓'，以上所称解下，如中庸'天命之谓性，率性之谓道，修道之谓教。'""凡曰'谓之'者，以下所称之名辨上之实。"一般的理解：古语"之谓"不同于"谓之"。甲"谓之"乙，甲就叫做乙，甲是对乙的解释，乙是甲的称谓。甲"之谓"乙，是甲也可以称作乙，就像女子也可以称作人，是一种隶属关系。
⑤ 《朱子语类》卷七十四，中华书局 1986 年版，第 1901 页。

说亦通。(徐指弟子徐焕)①

(二)宋明儒重开"生"面

宋明儒对生生之意的讨论可谓是继孟子"别开生面"(牟宗三先生语)之后的重开"生"面。这一重开生面也是儒家第二期② 发展的主要贡献。

首先,仁有生生之意,此谓仁之生意。③ 在理学史上,周子不除窗前草、横渠驴鸣、明道观雏是三个有名的以生生之意来明仁的案例。

> 问:"周子窗前草不除去,云:'与自家意思一般。'此是取其生生自得之意邪?抑于生物中欲观天理流行处邪?"曰:"此不要解。得那田地,自理会得。须看自家意思与那草底意思如何是一般?"淳。道夫录云:"难言。须是自家到那地位,方看得。要须见得那草与自家意思一般处。"④

就不除窗前草与天理流行的关系,朱子强调的是"得那天地,自理会得",与孟子深造自得、左右逢源之教若合符节。再看横渠驴鸣章和明道观雏章:

> 问:"周子窗前草不除去,即是谓生意与自家一般。"曰:"他也只是**偶然**见与自家意思相契。"又问:"横渠驴鸣,是天机自动意思?"曰:"固是。但也是**偶然**见他如此。如谓草与自家意一般,木叶便不与自家意思一般乎?如驴鸣与自家呼唤一般,马鸣却便不与自家一般乎?"

---

① 《朱子语类》卷六十九,中华书局 1986 年版,第 1734 页。

② 彭国翔指出,有学者曾经在杜维明的三期说之外提出"四期"说、"五期"说。事实上,无论是"四期"说还是"五期"说,其实都不应当构成三期说的挑战。关键在于如何理解"儒学三期说"。(参见彭国翔:《宗教对话:儒学第三期开展的核心课题》,《孔子研究》2006 年第 3 期)

③ 朱子曰:"如程子说生意处,非是说以生意为仁,只是说生物皆能发动,死物则都不能。"(《朱子语类》卷二十,中华书局 1986 年版,第 464 页)

④ 《朱子语类》卷九十六,中华书局 1986 年版,第 2477 页。

问："程子'观天地生物气象'，也是如此?"曰："他也只是偶然见如此，便说出来示人。而今不成只管去守看生物气象!"问："'观鸡雏可以观仁'，此则须有意，谓是生意初发见处?"曰："只是为他皮壳尚薄，可观。大鸡非不可以观仁，但为他皮壳粗了。"[1]

　　仁，鸡雏初生可怜意与之同。意思鲜嫩，天理著见，一段意思可爱，发出即皆是，切脉同体。说多不能记，盖非言语可喻也。孟子便说个样子。今不消理会样子，只如颜子学取。孔子教人仁，只要自寻得了后自知，非言可喻，只是天理。当其私欲解剥，天理自是完备。只从生意上说仁，其全体固是仁，所谓专言之也。又从而分，则亦有仁义分言之仁。今不可于名言上理会，只是自到便有知得。上蔡所谓"饮食知味"也。[2]

　　上引第二段中，朱子强调的是"偶然"见如此，才说出来示人，这可以从孔子赞颜子三月不违仁中一窥端倪，子曰："回也，其心三月不违仁，其余则日月至焉而已矣。"(《论语·雍也》)如果"君子无终食之间违仁"，则"万物皆备于我"，草与木叶都是自家意思，何必说草。驴鸣、马鸣都是自家意思，何必说驴鸣。三子皆有自家意思，"自理会得"，"天理流行"，又"偶然"见如此，才说出来示人，所谓"先觉觉后觉"。换言之，三子所觉，都是"天地生物气象"之人道践履。从"得那天地，自理会得"到"偶然见如此，才说出来示人"，其要是"今不可于名言上理会，只是自到便有知得。上蔡(谢良佐)所谓'饮食知味'也。"因此，"只从生意上说仁，其全体固是仁，所谓专言之也。"这是所引第三段的意思。上引三段分别从濂溪不除窗前草、横渠驴鸣、明道观雏三个体悟的故事说明仁之生意，最后用上蔡先生的"饮食知味也"做了一个总括。

　　以上是"只从生意上说仁，其全体固是仁，所谓专言之也。"然而仁的

---

① 《朱子语类》卷九十六，中华书局 1986 年版，第 2477—2478 页。
② 《朱子语类》卷六，中华书局 1986 年版，第 119 页。

内涵还可以"共看"才能说到紧要处。

> 蜚卿问:"仁恐是生生不已之意。人唯为私意所汩,故生意不得流行。克去己私,则全体大用,无时不流行矣。"曰:"此是众人公共说底,毕竟紧要处不知如何。今要见'仁'字意思,须将仁义礼智四者共看,便见'仁'字分明。如何是义,如何是礼,如何是智,如何是仁,便'仁'字自分明。若只看'仁'字,越看越不出。"曰:"'仁'字恐只是生意,故其发而为恻隐,为羞恶,为辞逊,为是非。"①
> 问:"仁包四者,只就生意上看否?"曰:"统是一个生意。"②

所引第一段说明,仁的生生之意"要从初处看","圣门却只以求仁为急者,缘'仁'却是四者之先。"但是,"今要见'仁'字意思,须将仁义礼智四者共看,便见'仁'字分明。"如果见得分明,就会明白所谓生生之意,"唤做一齐有也得,唤做相生也得"。当然,仁与性的关系是"性是统言",仁之生激活了人之性,仁成就了人,所以孟子曰:"仁也者,人也。合而言之,道也。"(《尽心下》)此意已经在"生于性"中有所讨论。总之,"统是一个生意。"

其次,不仅仁或者仁义礼智"统是一个生意",因为性由心显,所引心也具备生道。伊川云:

> "心,生道也。"方云:"生道者,是本然也,所以生者也。"曰:"是人为天地之心意。"(本文云。)又曰:"生亦是生生之意。盖有是恻隐心,则有是形。"方曰:"满腔子是恻隐之心。"③
> 心须兼广大流行底意看,又须兼生意看。且如程先生言:"仁者,天地生物之心。"只天地便广大,生物便流行,生生不穷。④

---

① 《朱子语类》卷六,中华书局1986年版,第110—111页。
② 《朱子语类》卷六,中华书局1986年版,第2416页。
③ 《朱子语类》卷六,中华书局1986年版,第2440页。
④ 《朱子语类》卷九十五,中华书局1986年版,第85页。

（三）生生之意与孟子道性善

以上从《易》切入讨论了"生与性"，以濂溪不除窗前草、横渠驴鸣、明道观雏三者感悟朱子生意之教。仁者生生之意，除了上述濂溪、横渠与明道三子之外，可以说北宋五子于此皆深造自得之，伊川未及弱冠就深论"孔颜之乐"，康节"以物观物"而忘去物我间之情累①，都是此意之体现。下文从生生之意回到孟子，先从"继之者善"展开。《系辞上传》曰：

> 一阴一阳之谓道，**继之者善也**，成之者性也。**仁者见之谓之仁**，知者见之谓之知。百姓日用而不知，故君子之道鲜矣。"

朱子认为系辞所讲"继之者善"即是"孟子言性之本体以为善者是也"。《朱子语类》记载：

> 问："天理变易无穷，由一阴一阳，生生不穷，'继之者善'，全是天理，安得不善！**孟子言性之本体以为善者是也**。二气相轧相取，相合相乖，有平易处，有倾侧处，自然有善有恶。故禀气形者有恶有善，何足怪！语其本则无不善也。"曰："此却无过。"②

天之大德曰生，由一阴一阳之道而产生生生不已的运动过程。人所承继的"全是天理，安得不善。"因此，朱子认为"此却无过"，"孟子言性之本体以为善者是也。"虽然"语其本则无不善也"，但还有一个以己推己的过程。"推得去，则物我贯通，自有个生生无穷底意思，便有'天地变化，草木蕃'气象。"

> 寓因问："推广得去，则'天地变化，草木蕃'；推广不去，'天地闭，

---

① 陈来：《宋元明哲学史教程》，生活·读书·新知三联书店 2010 年版，第 78 页。
② 《朱子语类》卷四，中华书局 1986 年版，第 68 页。

贤人隐',如何?"曰:"亦只推己以及物。**推得去,则物我贯通,自有个生生无穷底意思,便有'天地变化,草木蕃'气象。**天地只是这样道理。若推不去,物我隔绝。欲利于己,不利于人;欲己之富,欲人之贫;欲己之寿,欲人之夭。似这气象,全然闭塞隔绝了,便似'天地闭,贤人隐'。"①

"天地只是这样道理。若推不去,物我隔绝。"这个推的动力就是仁,其源头本身也是仁,"仁'字有生意,是言人之生道也。"不仅有生意,而且,"生生不已,所谓'日新'也。"如下文所示。

又曰:"显诸仁",德之所以盛;"藏诸用",业之所以成。譬如一树,一根生许多枝叶花实,此是"显诸仁"处;及至结实,一核成一个种子,此是"藏诸用"处。**生生不已,所谓"日新"也**;万物无不具此理,所谓"富有"也。②

孟子对仁者之生不仅是窗前草与"自家意思一般",其极致是"万物皆备于我矣"。孟子曰:

万物皆备于我矣。反身而诚,乐莫大焉。强恕而行,求仁莫近焉。(《尽心上》)

综合以上由《易》到朱子再回到孟子的曲曲折折,儒家从夫子以仁发明斯道,浑无罅缝,到孟子十字打开,"别开生面",再到宋儒"重开生面",可谓生生不已,可谓"一阴一阳之谓道,继之者善也,成之者性也",可谓生之者仁也,显之者心也。至少从朱子那里,生意一词返生生之意之本,开仁义

---

① 《朱子语类》卷二十七,中华书局1986年版,第690页。
② 《朱子语类》卷七十四,中华书局1986年版,第1898页。

礼乐之新。

总之,本小节所讨论的核心是,以仁为本的道体生生不息,充满生意,故万物生生不息,充满生意。以此启下文:商业活动或治生活动作为社会活动的一种,本来也当秉承道体流行之精神,生生不息,道体之生意即治生之生意。试论之如下。

三、生生之意—治生—生意

(一)从生生之意到治生

生生之意在《易》、《论》、《孟》、《庸》之中一以贯之,夫宋儒使之重开生面;由本生息是隋唐故事;儒者治生是长期的实践。三者结合,作为商业俗语的"生意"一词呼之欲出。

生生之意在上文已经略加探讨。至于由本生息,杨联陞先生指出:

> 在隋唐两代,经常将政府资金作为投资托付给称为"捉钱令使"和"捉利钱户"的商人和富户。(略)这种资金称为"公廨本钱"或"食利本钱"。[1]
>
> 一般而言,投资生息与政府在需要时向人民借贷几乎是密不可分的。王莽在1世纪以及王安石在11世纪所实行的著名的公债可能是从《周礼》描述的慈善制度抄袭来的,但是由于公债有利息,自然就让人怀疑它有牟利的动机。[2]

唐亡宋兴,"公廨本钱"这一制度虽然被晚唐政府滥用而声名狼藉,但"本钱"一词逐步成为日常商业用语。由本生息而获利倒是能明"治生"之理,颇得"生意"之谛。

---

[1] 杨联陞:《汉学书评》,商务印书馆2016年版,第179页。
[2] 杨联陞:《汉学书评》,商务印书馆2016年版,第178—179页。

承续上文，再回看一眼"生"。《系辞下》："天地之大德曰生。"《序卦》："有天地，然后万物生焉。"天与地在生的过程中扮演的角色是不一样的，《系辞上》：

> 夫乾，其静也专，其动也直，是以大生焉。夫坤，其静也翕，其动也辟，是以广生焉。

乾为天，司**大生**，坤为地，司**广生**。"广大配天地"。《坤·彖传》曰："至哉坤元，万物资生，乃顺承天。"万物以坤之资（本）而生，是为广生。"生生之谓易"，生的过程从《屯》卦开始。《屯·彖传》："屯，刚柔始交而难生。"《序卦》："《屯》者，盈也。屯者，物之始生也。物生必蒙，故受之以《蒙》。"生之后必蒙。生的机理是《咸》。《咸·彖传》："天地感而万物化生，圣人感人心而天下和平，观其所感，而天地万物之情可见矣。"《系辞下》："天地氤氲，万物化醇，男女构精，万物化生"。《系辞下》："往者屈也，来者信也，屈信相感而利生焉。"往和来这间互相感应，一往一来，产生一屈一伸，"屈伸相感而利生焉。"《易》生之说影响深远，儒家圈（Confucian Sphere）中就有著名企业"资生堂"①，取"万物资生"之意；现代儒商张謇开办的第一个纱厂取名曰"大生"。

再说意。子曰："书不尽言，言不尽意。然则圣人之意，其不可见乎。"子曰："圣人立象以尽意，设卦以尽情伪，系辞以尽其言，变而通之以尽利，鼓之舞之以尽神。"（《系辞上》）**圣人通过立象以尽意，因为圣人之意其不可见，圣人之意就是天德流行之意。**圣人立象以后，后人从所立之象中以理解圣人之意，甚至与圣人之意浃洽，从而体会天道，到达天人合一的境界。②

----

① 资生堂成立于公元1872年，迄今140余年。"资生堂"之名，便是由年轻的药剂师从《易经》"至哉坤元，万物资生"中取得，意为"赞美大地的美德，她哺育了新的生命，创造了新的价值"。"堂"则意味着"汇聚"。见资生堂官网：http://www.shiseido.com.cn/brand/origin/，2017年3月检索。

② 参见王葆玹：《正始玄学》，齐鲁书社1987年版，第362页。

探孔子之辞气，是否可以这样理解，"立象尽意"、"立言明象"是圣人之事，羲卦文爻是也，仲尼"宪章文武，祖述尧舜"是也，所谓前圣后圣之斯文在兹是也。"忘象尽意"或"得意忘象"、"得象存言"等都是后人之事，后人从"圣人之教"中以尽"圣人之意"而得"圣人之道"。"圣人之道"者何？"一"以贯之也，"庶之、富之、教之也"，"老者安之，朋友信之，少者怀之"也，圣心如照。

"生"和"意"结合在一起出来"生意"一词，从何开始，已经不得考。在以下行文之中，让个体的生活得到幸福或者使得社群更加和谐的获取财富的方法都叫做"生意"。"生意"是一个中性词，没有褒贬之意，都是与精神和物质生活息息相关的，通过"仁"之发用，遍润于"天地群己"的整个系统之中。一个词内涵的变化，既是文化的演进也是实际生活发展之需要。生意一词亦如是。

在宋以前，"生意"二字一般都只是指生生之意，与商业至少表面上没有任何联系。前文不厌其烦所引《朱子语类》即在明此，当然主要目的还是用仁之创生以提撕本文商业伦理之讨论以得儒学之血气精魂。下文略把视域延伸扩大，考镜源流或不可得，些许消息或可探到。先检《书》：

> 禹曰："于！帝念哉！德惟善政，政在养民。水、火、金、木、土、谷，惟修；**正德、利用、厚生，惟和**。九功惟叙。九叙惟歌。戒之用休，董之用威，劝之以九歌俾勿坏。"（《大禹谟》）

> 失于政，陈于兹，高后丕乃崇降罪疾，曰"曷虐朕民？"汝万民，**乃不生生**。（《盘庚中》）

> 朕不肩好货，敢恭生生。鞠人谋人之保居，叙钦。今我既羞告尔于朕志若否，罔有弗钦！无总于货宝，**生生自庸**。式敷民德，永肩一心。（《盘庚下》）

以上所引《书》之三段，第一段的与本文主题联系紧密的关键词是"厚

生"。"正德以率下，利用以阜财，厚生以养民，三者和，所谓善政。"① 蔡沈的解释是，

> 正德者，父慈子孝、兄友弟恭、夫义妇听，所以正民之德也。利用者，工作什器、商通货财之类，所以利民之用也。厚生者，衣帛食肉，不饥不寒之类，所以厚民之生也。②

如果按照孔子的话来说，"厚生"就是使民"庶矣哉"，"利用"即是富之，"正德"者，教之也。三者惟和，即是善政。蔡沈继续注经曰：

> 淳典敷教以正其德，通功易事以利其用，制节谨度以厚其生。使皆当其理而无所乖，则无不和也。③

其中，利用则富民，富民则能厚生。从这个解释出发，也许以下说法不会错很多，"治生"即是如何"利用"，就是工如何作什器，商如何通货财。如此，商业意义所用的"生意"一词即是利用以厚生之意。如果不和失政，"乃不生生"。蔡沈对盘庚此语的解释是，"乐生兴事，则其生也厚，是谓生生。"盘庚自己则"不肩好货"，在此，蔡沈释"肩"为任、敢、勇之义，不肩好货即不敢好货，"惟用于敬民，以其生生为念"④。如此，王"无总于货宝"，民"**生生自庸**"，"总"，聚也。"'庸'，民功也。""此则直戒其所不可为，勉其所当为也。"⑤

从《书》经可知，正德、利用、厚生三者惟和以成善政，在工则作什器，在商则通货财，在君则正德以率下，失于政，"乃不生生"，"朕不肩好货，敢

---

① 李学勤主编：《十三经注疏·尚书正义》，北京大学出版社 1999 年版，第 89 页。
② 蔡沈：《书经集传》卷一，世界书局 1936 年版，第 12 页。
③ 蔡沈：《书经集传》卷一，世界书局 1936 年版，第 12 页。
④ 蔡沈：《书经集传》卷三，世界书局 1936 年版，第 58 页。
⑤ 蔡沈：《书经集传》卷三，世界书局 1936 年版，第 58 页。

恭生生""惟用于敬民，以其生生为念。"如此，则民"生生自庸。"

把以上各节所讨论的《书》经与《易》之经传结合在一起，或许可以更加全面地理解生生之意。《书》、《易》之间的义理血脉，正如荀子所论：

> 天地者，生之始也；礼义者，治之始也；君子者，礼义之始也；为之，贯之，积重之，致好之者，君子之始也。故天地生君子，君子理天地；君子者，天地之参也，万物之摠也，民之父母也。无君子，则天地不理，礼义无统，上无君师，下无父子、夫妇，是之谓至乱。君臣、父子、兄弟、夫妇，始则终，终则始，与天地同理，与万世同久，夫是之谓<u>大本</u>。故丧祭、朝聘、师旅一也；贵贱、杀生、与夺一也；**君君、臣臣、父父、子子、兄兄、弟弟一也；农农、士士、工工、商商，一也。**（《王制》）

大哉荀子！天地之生，礼义之始，人伦之治，君子之教，都是"与天地同理，与万世同久，夫是之谓大本"。故"农农、士士、工工、商商，一也"，故士农工商，一也，故"四民异业而同道"（阳明子之语）[1]。在士则"学以致其道"，在工则"居肆以成其事"，在农则"既种既戒，既备乃事"[2]，在商则通货取财，各行各业"莫如为仁"，千载百世"居仁由义"，成为了文化中国共同的心灵积习，成为一个活系统。士农工商，其治生者一也。即便为士亦如此。孟子曰："士之仕也，犹农夫之耕也，农夫岂为出疆舍其耒耜哉？"（《滕文公下》）"劳心者食于人"，如果不能致其道，不能化民成俗，则无法食于人而不得其生。如此族群，"天下之生久矣，一治一乱。"虽然没有其他轴心文明形态中出现的长老、僧侣和传教士阶层，但总能"复以见天地之心"（《复卦·彖辞》），每次礼崩乐坏之时，总能"礼失求诸野"而生生不息。

再检《史记·货殖列传》。

---

① 《王阳明全集》卷二十五，上海古籍出版社1992年版，第941页。
② 程俊英：《诗经译注·大田》，上海古籍出版社2012年版，第237页。

司马迁用了"治生"这个词来描述陶朱公范蠡为"善治生者","能择人而任时",十九年之中三致千金。又,"盖天下言治生,祖白圭"。白圭曰:

> 吾治生产,犹伊尹、吕尚之谋,孙吴用兵,商鞅行法是也。是故其智不足与权变,勇不足以决断,仁不能以取予,强不能有所守,虽欲学吾术,终不告之矣。①

可见白圭在陶朱、子贡之后于商业历史中的重要性。根据原文,"治生"与"治生产"意思相近。② 生者,养家全身也,产者,家庭财富也。关于"产",孟子有"无恒产者无恒心"之说。按白圭自道,至少具备智、勇、仁、强诸德者,才能治生。在先秦时期,治生或可与治国等量齐观,司马迁用了"素封"来彰显商人的地位。司马迁曰:

> 德者,人物之谓也。今有无秩禄之奉,爵邑之入,而乐与之比者。命曰"**素封**"。(略)今治生不待危身取给,则贤人勉焉。是故本富为上,末富次之,奸富最下。无岩处奇士之行,而长贫贱,好语仁义,亦足羞也。③

按此,太史公是鼓励"治生"的。只要不是"危身取给"的治生,都是贤人所勉的。如果没有"岩处奇士之行",而自认为贫贱是好事,喜欢谈仁义,这也是足以令人羞愧的。至于如何治生,史迁所载如下:

> 夫纤啬筋力,**治生**之正道也,而富者必用奇胜。田农,掘业,而秦扬以盖一州。掘冢,奸事也,而田叔以起。博戏,恶业也,而桓发用富。

---

① 司马迁:《史记》第十册《货殖列传》,中华书局1982年版,第3258—3259页。
② 班固《汉书·货殖传》,无"产"字。参见许嘉璐主编:《二十四史全译·汉书》,汉语大词典出版社2004年版,第1824页。
③ 司马迁:《史记》第十册《货殖列传》,中华书局1982年版,第3272页。

行贾,丈夫贱行也,而雍乐成以饶。贩脂,辱处也,而雍伯千金。卖浆,小业也,而张氏千万。洒削,薄技也,而郅氏鼎食。胃脯,简微耳,浊氏连骑。马医,浅方,张里击钟。此皆诚壹之所致。

由是观之,富无经业,则货无常主,能者辐凑,不肖者瓦解。千金之家比一都之君,巨万者乃与王者同乐。岂所谓"素封"者邪?非也?①

治生的正道是"纤啬筋力","而富者必用奇胜"。治生不仅仅是指商业,也包括农业(农)、林木鱼业和矿业(虞)、制造业(工)和商业(商)。**当然也包括专有技术,而且专有技术具有很大的重要性**。比如"洒削",虽然是"薄技",但是也可以"鼎食";比如"胃脯",虽然是"简微",但也可以"连骑";比如"马医",虽然是"浅方",但也可以"击钟"。在先秦,治生之道多也,不仅仅限于狭隘的商业。本文讨论的"生意"也不仅仅局限于流通领域的商业,而是把农业、工业、服务业、新兴产业、**技术创新**都应该涵盖进去,如此才符合"治生"之本意,更适合当下之时代。

(二)从治生到"生意"

以上,从《易》到《书》再到《史记》,试图找到生生之意与治生之间的联结。有了如此铺垫,则以下试图从治生说到作为商业活动的生意就不见得全是穿凿之论。

至迟到了明代,"生意"一词用指谋生的职业,大凡渔樵耕读、士农工商,只要是养家糊口之业,皆是生意,甚至杀人越货也可称作生意,此用法屡见于话本小说,兹不赘举。生意最早本来是草木繁茂生长蕃息之意,生意之于宋明儒本来是仁者生生之意如不除窗前草,何以变为谋生之手段?又何以专指以商业进行谋生的手段?

再回到治生以接上文。治生之用,不绝于史。到了宋代,朱熹也论及治生。按《朱子语类》,朱子曰:

———
① 司马迁:《史记》第十册《货殖列传》,中华书局1982年版,第3282—3283页。

> 譬如人治生,也须先理会个屋子,安著身己,方始如何经营,如何
> 积累,渐渐须做成家计。①

当然朱子在此是以治生打比方来告诉弟子先"求放心"。

上引虽多,即便是朱子直接谈治生,也大多是以治生为比喻来说儒家义理,从治生到生意(经商义)依旧缺少关联。《世说新语》中殷仲文叹道:"槐树婆娑,无复生意。"②可见魏晋隋唐时期生意多是指草木蕃息。有宋一代,朱子论"生意"颇多,前文略窥一斑。为找到治生何以在明代成为商业意义乃至整个谋生意义上的"生意",本文先从宋明之间的元代开始寻找端倪,有元一代之硕儒或以许衡为祭酒。

许衡(1209—1281),字仲平,号鲁斋,世称"鲁斋先生"。金末元初著名理学家、教育家。杜维明先生曾就许衡所说"不如此则道不行"与刘因所说"不如此则道不尊"这二者之选择指出,"考虑到环境以及深涉其中的个人感受,从道德角度观之,两种选择都是正确恰当的。尽管南北之间存在分歧,使道尊和使道行对于所有相关的儒家学者而言都是极其重要的"③。直到现在,"使道尊"还是"使道行"依然是一个艰难的选择。同样,士与商的选择也是艰难的,特别是在干禄之世。学界常引清儒沈垚(1798—1840)所言来阐述这种矛盾:

> 宋儒先生口不言利,而鲁斋先生乃有治生之论。盖宋时可不言治
> 生,元不可不言治生,论不同而意同。所谓治生者,人己皆给之谓,非
> 瘠人肥己之谓也。④

---

① 《朱子语类》卷一〇四,中华书局 1986 年版,第 2617 页。
② 徐震堮:《世说新语校笺·黜免第二十八》,中华书局 1984 年版,第 464 页。
③ 《杜维明文集》第三卷,第 565 页。另外,杜先生也指出《辍耕录》所记许刘二人于 1260 年会面的可能性微乎其微。
④ 沈垚:《落帆楼文集》卷九《外集三》,《续修四库全书》影印本,第 478 页上。

沈垚寒士，引鲁斋之言以自重，虽有"不可不言治生"之无奈，却以"论不同而意同"以续宋儒先生口不言利之道德。如果顺着本文之思路，则"意同"者何？生生之意也。庶几可解开沈子敦之心结。许鲁斋原文如下：

> **为学者治生最为先务**。苟**生理**不足，则于为学之道有所妨。彼旁求妄进，及作官嗜利者，殆亦窘于**生理**所致也。士子多以务农为生。**商贾虽为逐末，亦有可为者**。果处之不失义理，或以**姑济一时**，亦无不可。(乾隆五十五年刊《许文正公遗书》卷末，邓士范撰《许鲁斋先生年谱》，页五上下)①

虽然鲁斋先生说"为学者治生最为先务"，不过他是从生理不足妨碍为学之道说起，甚至认为"作官嗜利者，殆亦窘于生理所致"。可见，鲁斋先生还是认为商贾为末，"商贾虽为逐末"，还是认为只是不得已而为之，"或以姑济一时，亦无不可。"鲁斋先生并没有回到本文前揭论孟易庸"生生之意"的源头活水，而是将学与商视作一对矛盾，将农与商判为本末两途。尚有现代学者还经常引用鲁斋之说、沈垚之论，为商人辩护甚至作为中国商人精神得以建立或者转向的源头活水之一。这种立论方法如果不是缘木求鱼也是郢书燕说。鲁斋所论治生的出发点还是被生计所迫而不得已为之以姑济一时的轻商之论，既无儒家通阴阳则通有无、明分工、生生自庸之精神，更无孟子薄税赋、不征关、反垄断的仁政思想，只有一句空挂的"处之不失义理"的道德说教，却不知正德之外，尚有"利用"、"厚生"之古训。鲁斋所论之得，在于其以一代硕儒为治生张目，鲁斋之失是汨没于汉儒轻商之暗流而不能孤明先发。

另外，"为学者治生最为先务"辞气颇急，导致后世聚讼不已。阳明与弟子就此有过几次讨论。阳明说：

---

① 方旭东：《儒学史上的治生论》，《学术月刊》2006 年第 6 期。方教授对此段引文多有考证辨析之功。

许鲁斋谓儒者以治生为先之说亦误人。[1]

这句话在阳明师弟之间没有展开讨论,玩阳明辞气,"以治生为先"是阳明所不能同意的,但是阳明并不反对儒者治生,而是认为治生谋利与讲学成人之间有先后轻重之区分,因此阳明认为鲁斋之说"亦误人"。《传习录》还有一条记载了阳明与弟子黄直之间的问答,可以更好地理解阳明对于儒者治生的教导。

（黄）直问:"许鲁斋言学者以治生为首务,先生以为误人,何也?岂士之贫,可坐守不经营耶?"先生曰:"但言学者治生上尽有工夫,则可。若以治生为首务,使学者汲汲营利,断不可也。且天下首务,孰有急于讲学耶?虽治生,亦是讲学中事,但不可以之为首务,徒启营利之心。果能于此处调停得心体无累,虽终日做买卖,不害其为圣为资,何妨于学?学何贰于治生?"[2]

阳明认为"学何贰于治生?""虽终日做买卖,不害其为圣为贤,何妨于学?"按阳明,治生做买卖也是为圣为贤的工夫。若以治生为首务,则断不可也。阳明没有反对治生,而且认为治生上尽有工夫,此话深得孔孟精神。申言之,治生本身也需要工夫,不光学者不能汲汲营利,即便是商人也是要利在义中求,得义之和者方能最终得利,否则就是短期之利,就是一己之利,终归一败涂地。在当今的共享经济时代,只有分享才能获利,所谓义得之、仁守之。孟子曰"不可枉道而从彼",治生何尝不是如此,枉尺而直寻是诡遇之道,虽"一朝而获十","孔子奚取焉?""志士不忘在沟壑,勇士不忘丧其元",治生不忘为圣贤。

对于治生的必要性,鲁斋首倡于前,虽然失之于"以治生最为先务";

---

[1] 邓艾民:《传习录注疏》,上海古籍出版社 2015 年版,第 46 页。

[2] 邓艾民:《传习录注疏》,上海古籍出版社 2015 年版,第 285 页。

对于治生的重要性，阳明提撕于后。将治生谋利与为学成人二者都看做为圣为贤的工夫，"学何贰于治生"。有明一代，治生逐渐成为士人共识，这一在前辈学者研究的基础上做出的结论也许不会太错。更需要提及的是，明代儒者治生颇为踊跃，儒贾的群体正式登场，儒商逐渐成为一个广泛接受的身份认同（identity），甚至出现了十大商帮这样的商人自治团体。这种关于儒商历史的考察不是本文的重点。本文既不取明代末期的资本主义萌芽说，也不认为明代儒家商业伦理是新禅宗和新道教转化的结果，虽然佛道二家的影响或许会有。本文从《论》、《孟》、《易》、《庸》到北宋五子，从朱子之生意到鲁斋阳明关于治生之辩难，一路追溯心灵轨迹至此，或许可以认为，经过宋代新儒家的努力，宋明儒重继孔孟源头活水，儒家自古以来就有的重视生产的精神传统得以继承，使得仁的生生之意得以重现，使得"正德、利用、厚生"的古训重入人心，从而在一定的政治经济时代，出现儒者治生踊跃的历史现象。根据一些历史学家的研究，中晚明时代的政治经济使得治生重新活跃，王阳明更将治生提撕为圣为贤的工夫。治生不忘圣贤之教差可算是明清之儒的共识，正如阳明先生所教：

> **古者四民异业而同道，其尽心焉，一也**。士以修治，农以具养，工以利器，商以通货，各就其资之所近，力之所及者而业焉，以求尽其心。**其归要在于有益于生人之道，则一而已**。士农以其尽心于修治具养者，而利器通货，犹其士与农也；工商以其尽心于利器通货者，而修治具养，犹其工与商也。故曰：**四民异业而同道**。①

按阳明子，"四民异业而同道"，其根据是"其尽心焉，一也。"孟子曰：

> 尽其心者，知其性也。知其性，则知天矣。存其心，养其性，所以事天也。殀寿不贰，修身以俟之，所以立命也。（《尽心上》）

---

① 《王阳明全集》卷二十五，上海古籍出版社1992年版，第941页。

阳明遥契孟子,陆象山更是"读孟子而自得之",象山还说:

> 宇宙便是吾心,吾心即是宇宙。千万世之前有圣人出焉,同此心,同此理也;千万世之后有圣人出焉,同此心,同此理也;东南西北海有圣人出焉,同此心,同此理也。①

象山在此从时间之宙(千万世之前与后)、空间之宇(东西南北之海)两个方向,不厌其烦,反复为说。孔思孟荀,程朱陆王,只是一心,前圣后圣,其揆一也。既然四民同道,其心一也,那么,《易》生生之意,《书》生生之庸,宋明儒之生意,陶朱、子贡、白圭之"治生",鲁斋论治生,"论不同而意同",不管天地之生还是利用厚生,都是仁之生意。夫子之仁道,经孟子十字打开而别开生面,经宋明儒动心忍性而重开生面,天之大德曰生,民之利用厚生为治生,仁之发用为生意,"其尽心焉,一也",尽心则知性知天,据此,将治生一转而为生意以明治生之道,实为宋明儒诸君子化民成俗之功,"民日迁善而不知为之者"矣!(《尽心上》)这或许才是儒家商业伦理的精神源泉。如此,一些历史学研究者将中国近世商业伦理归因于新禅宗、新道教的两个转向的结论或许就成了刻舟求剑式的穿凿之论。儒家自有孔颜之乐、思孟之学,自有子贡之商、荀子之礼。子贡可谓一代鸿儒而商、而仕,甚至"国君无不分庭与之抗礼",学、商、仕皆有所成,尤其重要的是子贡生前亲炙孔圣,"受业身通",后世陪祀孔庙,作为十哲之一的子贡已经优入圣域。当然,象山曰:"曾子得之以鲁,子贡失之以达。"② 然而,"传道者,道岂可真传? 亦只是德慧生命之前后相辉映、相启悟,故能相续不断耳"③。象山夫子自道:

> 世儒耻及簿书,独不思伯禹作贡成赋,周公制国用,孔子会计当,《洪范》八政首食货,孟子言王政亦先制民产、正经界,果皆可

---

① 《陆九渊集·杂说》,中华书局 1980 年版,第 273 页。
② 牟宗三:《从陆象山到刘蕺山》,吉林出版集团有限公司 2010 年版,第 122 页。
③ 牟宗三:《从陆象山到刘蕺山》,吉林出版集团有限公司 2010 年版,第 123 页。

耻乎？①

象山之言，掷地有声！象山认为，"于此有志，于此有勇，于此有立，然后能克己复礼，逊志时敏，真地中有山谦也"②。在象山，天地群己打并为一体，仁体如如，天德流行，士农工商，异业同道，天子庶人，"壹是皆以修身为本"，"不为此等所惑，则自求多福，何远之有？"最终，"蔽解惑去，此心此理我固有之，所谓'万物皆备于我'。昔之圣贤先得我心之所同然耳。故曰：周公岂欺我哉？！"③

（三）生意之余论

还有学者考据，生意是由"生业"讹误过来的，成为一种职业谋生的活动。明代凌濛初在《二刻拍案惊奇》中提到，"徽州风俗以商贾为第一等生业，科举反在次着"④。存此以备一说。本文最要紧的意思还是生意一词在流变过程之中体现的"民日迁善而不知为之者"的人文精神，故虽考镜辨流而不得亦无大憾。

杨联陞先生曾经提到《习贾须知》一书，其中所提"生理"一词也见于前揭鲁斋先生所论。原文是：

> 凡出门学习**生理**，无论做何项角色，须要谨慎为主。（略）平日用油，最宜谨慎，切勿倒卸，此事虽小，**生意**场中，以为极不利者。⑤

---

① 《陆九渊集》卷五《与赵子直》，吉林出版集团有限公司 2010 年版，第 70 页。

② 牟宗三：《从陆象山到刘蕺山》，吉林出版集团有限公司 2010 年版，第 131—132 页。牟先生按：谦卦为艮下坤上。艮为山，坤为地。象曰："地中有山：谦。"象山于"地"上加"真"字，明"地"为真实地也，即本心实地也，即本心实理为"真地"。朱子注云："以卑蕴高，谦之象也。"

③ 《陆九渊集》卷一《与侄孙濬》，中华书局 1980 年版，第 13 页。

④ 凌濛初：《二刻拍案惊奇》卷三十七《叠居奇程客得助 三救厄海神显灵》，讲徽州商人程宰兄弟经商亏本的尴尬。（参见叶莼：《重商思潮与崇官心理的变奏》，2007 年华中师范大学硕士论文）凌濛初本人出自诗礼簪缨之家，父辈又有雕刻之技，印刷之术，以出版业名重士林，可谓儒商。

⑤ 杨联陞：《国史探微》，中信出版集团 2015 年版，第 63 页。

简而言之，生理是治生的道理和方法。本文不就此展开。有趣的是，杨老师的引文中，前说学习生理，后说生意场中，可知生意一词之使用已经是"百姓日用而不知"了。

总之，从治生到生意，经历了漫长的历史阶段。生意有广义和狭义之分。广义者，凡是谋生立命之手段都可以称作生意。狭义者，生意仅仅是指商业活动，特指行商坐贾。本文取前者的广义。生意应该有形而上之意，也有形而下之意。形而下者，指上述之广义，谋生立身之职业也。形而上者，就是万物生生之意。从万物生生之意，一转而成个人立业成家的谋生手段，又转成为任何获利之手段，意蕴深长，举凡农、虞、工、商皆属生意，甚至水泊梁山的抢劫杀人、市井无赖的坑蒙拐骗都成了所谓"生意"。从万物生生之意的生意到民之生生自庸，从民之生生自庸到治生，从治生到获利之生意，最后到现代汉语的狭隘的以商业为内容的生意，使用语言的人的内在的心灵积习也在潜移默化。

以上是在天地群己的框架中以仁为枢纽做了一番"生意"考，其要是把精神人文主义思想中的仁的意义世界揭示出来，以仁来溯孔孟之源，汇宋元明圣贤之流，为儒家商业伦理找到源头活水。天地之大德为生，"天何言哉，万物生焉，四时行焉。"仁之纵贯挺立使仁之生意体现了天之道体的生生之意，也涵摄了生财有道的商业意义中的"生意"。只有仁体的明通公溥，才能使得道体生生不息，充满生意，故万物生生不息，充满生意。商业活动或治生活动作为社会活动的一种，也当秉承道体流行之精神，生生不息，道体之生意即治生之生意。

（作者单位：北京大学高等人文研究院、
长江商学院人文与商业伦理研究中心）

人文通识教育与"君子力"涵养

——以"文化中国人才计划"为出发点的思考

雷 博

多年以来，杜维明先生一直在倡导和推动儒家思想，特别是精神性人文主义思想在现代人文通识教育中的应用实践。从 2012 年开始，杜先生在北京大学发起"文化中国人才计划"，该项目每年从北京大学的本科生中挑选出 30 名优秀的学生，在保持其现有专业不变的基础上，以参加周末与假期的课程、实践、访学等活动的方式，进行人文通识教育。笔者有幸于 2013—2016 年在北京大学高等人文研究院从事博士后研究工作，在杜先生的指导和支持下，负责该项目的工作。

杜先生认为，现代教育模式使学生面对升学、求职、出国等各种现实选择的压力，也很容易陷入现实利益的窠臼之中，惟其如此，"为己之学"的意义才格外凸显出来。杜先生引用王阳明"不患妨功，惟患夺志"的说法，强调"立志"在人的心灵成长和人格塑造中不可替代的核心作用。

在杜先生这一思想的指导下，笔者尝试以"君子力"这一概念作为抓手，以"山川大地"为基本脉络，整合中国人文传统中最重要、最具有长时段贯穿性的一些问题意识、经典文本和学术研究成果，聘请相关领域的学术名家与优秀青年学者，进行讲座、阅读与讨论相结合的教学模式探索，目的在于启发学生的批判性思维、系统性思维和建构性思维，培养光明伟岸、质朴刚健的君子人格。本文即对这一教学体系的问题意识、哲学理念和实践方法进行简单的梳理总结。

一、"学以成人"的理念如何应用于现代人文通识教育

中国传统人文教育在现代教育体系中,面临非常突出且深刻的矛盾。职业教育对于通识教育的挤压,工具理性对价值理性的侵迫,使得人文教育的定位有很多模糊或尴尬处。我们固然可以从审美、情感、人格、综合能力等方面论证其意义,但人文知识与人格修养之间究竟有怎样的内在联系? 如何通过知识的学习与积累,培养刚强宽厚的人格力量? 这些问题并没有得到很好的分析解释。换言之,传统教育中不言自明的核心理念"学以成人"①,在当代语境中依然是一个需要去探讨、阐释的命题。

从中国哲学的长时段传统角度来看,这个命题中包含着"格物致知"和"致良知"的辩证关系,也是从"见闻之知"到"德性之知"的工夫论中的关键环节。因为教育如果想要体系化、普及化,并降低教育成本,势必要弱化其中因人而异的部分,更强调其统一、简便、可操作的形式,所以对知识的学习就必然成为主流的手段,而知识的学习与检验是一个非常容易被模式化、固化的过程,老师和学生都很容易在教与学的过程中重视内容与技巧的习得,而忽略精神层面的追问与砥砺。

这样一来,我们就会看到,在当前的主流教育体系中,尽管人文科目已经占据了不小的篇幅,然而高中以下是应试导向,而在大学以上则是专业导向。这样的结果是中学生重视分数不求甚解,更不注重对人文精神的领会体悟。到了大学以上,文史哲专业的学习囿于一隅,虽然专精却往往难以会通。至于非人文社科专业的学生,更是基本失去了相关领域的系统学习机会,只能通过个人的阅读涉猎进行兴趣型的自我提升,缺乏整体的有计划的全面培养。

---

① 杜维明先生提出的 "Learning to Be Human"(学以成人)的理念,是对中国儒家文教传统的概括总结,同时也是一个新的哲学命题。该论题也是 2018 年北京世界哲学大会的主题。

更重要的是，这类学习并没有和人格塑造之间建立起真正的联系，在学校里的所学所思，和人生道路上的所立所行之间，有着难以弥合的裂痕。那些关系到每一个人心性与命运的重要问题，并没有在合适的教育阶段被提出、讨论和反思，更缺乏针对性的引导。这样在全社会层面带来的结果就是知识碎片化、情感冷漠化、志趣空洞化和价值虚无化，个人在其中很容易陷入不问是非、唯利是图的心灵陷阱，又或者容易被宗教吸引，而在彼岸世界的构建中寻求精神上的慰藉依赖。

以上这些问题都驱使我们不能满足于传统和当下的人文启蒙教育模式，必须探寻新的发展方向——既不能胶柱鼓瑟、抱残守缺，也不能完全丢开传统自行其是，而是需要在深刻领悟中国哲学传统精神的基础上，结合现代教育与人学的观念，进行探索与创造。

笔者认为这一工作应当包含如下四个层面：

首先是传统教育模式与教育观念的继承与现代发展。在中国传统教育中有很多非常深刻的理念和行之有效的形式，如洒扫应对、学诗学礼、致良知、成人之道和大学之道等等。上述教育理念与形式都非常注重从内在的层面上养成人的品格与情操，以德性为提摄个体生命的抓手与动力，这些都是极其珍贵的文化精髓，也是推动中华民族生生不息的内在力量。将这些内容进行创造性转化不仅是适应当前社会需求的必要之举，也是我们继往开来的历史责任。

其次是传统人文启蒙教育经典文本的再解读与发展延伸。如"三百千"、《唐诗三百首》、《古文观止》等经典文本，其记诵学习不能仅仅停留在"传统需要被继承"的层面，而应当有更加系统的研究、阐释和说明——为什么好，怎么好，应当如何学，都须有深入的、科学的研究和论证。

特别值得注意的是，传统经典文本体系中居于核心地位的文本《四书》。"四书"这一概念是在唐宋孟子升格运动[①]和《中庸》被重视的时代背

---

① 参见徐洪兴：《唐宋间的孟子升格运动》，《中国社会科学》1993年第5期；郭畑：《唐宋孟子诠释之演进与孟子升格运动》，《孔子研究》2016年第5期。

景下①，最终通过朱子的章句集注所完成的一次先秦经典的提炼与解读，从而形成中华民族精神脉络中一座重要的里程碑。在传统文本的现代解读与转化中，《四书》有不可忽视、不可替代的地位。对其进行细密、深刻、生动而又契合时代精神的解读，应当是整个传统人文经典体系传承发展的核心工作之一。

第三是传统文化资源与历史故事在现代人文教育中的应用。这部分工作是目前学界与教育界做得最好的部分，近年来的努力卓有成效。一方面，大量的传统文化资源与人物、故事，通过各种形式的文艺载体与受众亲近，另一方面，一些有代表性的优秀电视节目如中国成语大会、中国诗词大会、朗读者等受到观众喜爱，都让传统以鲜活生动的方式不断开出新的生命力量。在这方面依然有大量的资源可以发掘探索，值得长期耕耘。

最后也是最重要的一点，是立足于传统思想资源，对人文教育背后的教育哲学进行深入的思考和建构。这个层面的工作，不单纯是古代传统的现代转化，而是要深入到人之为人的哲学本质，从人的根本生存情态和可能性的角度进行面向真理与必然性的体系阐释。显然，只有在本体层面上夯实学理基础，上述应用层面的展开才有源头活水。

这种教育哲学层面的思考，需要我们立足于当代社会的现实情况与现实需求，充分吸收发掘现代人文教育的理念和研究成果。在此基础上，以中国传统哲学为框架，进行相关核心概念与话语模式的探索，并以此为本，对当代人文通识教育的各种发展形态进行反思与重构。

二、"君子力"：学以成人的关键抓手

在上述四个层面的探索方向中，笔者最为关注的是传统思想资源在教育哲学层面的建构与开新。在"文化中国人才计划"的探索实践中，尝试以"君子力"这一概念作为抓手，而以中国的"山川大地"为线索，进行人文通

---

① 王晓薇：《宋代〈中庸〉学研究》，2005 年河北大学博士论文。

识教育课程体系的设计。

"君子力"这一概念可以溯源于宋明理学传统，特别是其中对《周易》、《论语》、《孟子》、《中庸》等儒家经典中"君子"之意义的诠释。君子通常被理解为温柔敦厚、文质彬彬的人格形象，一般多强调其谦冲柔和的一面。然而通观先秦经典，我们可以看到"君子"是一个蕴含了强大力量的概念，如"天行健，君子自强不息"，"君子坦荡荡，小人长戚戚"等。其中特别典型的是《中庸》"子路问强"一章，孔子对君子之"强"给予了雄浑厚重的阐释：

> 子路问强。子曰："南方之强与？北方之强与？抑而强与？宽柔以教，不报无道，南方之强也，君子居之。衽金革，死而不厌，北方之强也，而强者居之。故君子和而不流，强哉矫！中立而不倚，强哉矫！国有道，不变塞焉，强哉矫！国无道，至死不变，强哉矫！"

这一段论述，将君子宽裕温柔、发强刚毅、中立不倚、视死如归的生命境界进行了非常充分的开显，字字刚健沉毅、掷地有声，其中所蕴含的伟岸豪迈的人格力量透纸而出。可以说，君子所发显出的德性光辉，正是由其这种内在的强力人格所支持的。因此"君子力"是一个非常厚实的概念，有极为丰富的古代经典和非常细密的哲学义理作为其成立的依据。

《论语》中孔子的言行为"君子"这一理想人格境界提供了很好的范例。通过对《论语》的解读阐释，结合其他先秦经典中的思想，我们更进一步将"君子力"细化为感知力、汲纳力、再思力、经纬力、涵容力和持守力六个方面。这六个方面的内在人格力量都可以再由浅入深提炼出不同层面的含义。

首先是感知力，包括四个层次。一是理性层面的洞察判断，所谓"视其所以，观其所由，察其所安"[1]。二是情感层面的体知与感动，如孔子知颜回之死而恸哭。[2] 三是文化上的敏感与自觉，如孔子在齐闻韶，三月不知

---

[1] 《论语·为政》："子曰：'视其所以，观其所由，察其所安，人焉廋哉？人焉廋哉？'"

[2] 《论语·先进》："颜渊死，子哭之恸。从者曰：'子恸矣。'曰：'有恸乎？非夫人之为恸而谁为？'"

肉味。① 四是对于整体态势与历史命运的觉知和体悟，如孔子至邦，必闻其政。②

第二是汲纳力，其意在形容一种开放包容的学习态度和生命境界，既有主动的孜孜汲取，也有从容的涵养吸纳。在孔子的思想体系中，"好学"本身就是一种崇高的美德，同时也是一种很难达到的境界。孔子认为"十室之邑，必有忠信如丘者焉，不如丘之好学也"。他所推许的弟子颜回，也是"不迁怒、不贰过"的好学典范。从《论语》中总结，汲纳力包括四个方面：一是好学并善于发现、观察与提炼；二是能够从复杂信息流中截取出关键内容；三是能够将各种碎片化的信息整合进自身的学养与价值体系中；四是勇于接纳批评意见并进行自我调适。③

第三是再思力，其说出自《论语·公冶长》："季文子三思而后行。子闻之曰：'再，斯可矣。'"。朱子章句引程子说曰："为恶之人，未尝知有思，有思则为善矣。然至于再则已审，三则私意起而反惑矣，故夫子讥之。"可见所谓"再思"即强调反思的审慎与行动的果决。再思力包括四个层面：一是持续性并不断深入思考的意志；二是疑问、学习与反思的敏锐性；三是反思基础上再理解与再建构的能力；四是防止思量过度的决断与行动。④

第四个方面的人格力量，笔者用"经纬力"来概括，其内涵包括四个方

---

① 《论语·述而》："子在齐闻韶，三月不知肉味，曰：'不图为乐之至于斯也。'"

② 《论语·学而》："子禽问于子贡曰：'夫子至于是邦也，必闻其政，求之与？抑与之与？'子贡曰：'夫子温、良、恭、俭、让以得之。夫子之求之也，其诸异乎人之求之与？'"

③ 《论语》中的相关论述如："子曰：'三人行，必有我师焉。择其善者而从之，其不善者而改之。'""子曰：'不愤不启，不悱不发。举一隅不以三隅反，则不复也。'"（《述而》）"子绝四，毋意，毋必，毋固，毋我。"（《子罕》）"子曰：'好仁不好学，其蔽也愚；好知不好学，其蔽也荡；好信不好学，其蔽也贼；好直不好学，其蔽也绞；好勇不好学，其蔽也乱；好刚不好学，其蔽也狂。'"（《阳货》）

④ 《论语》中的相关论述如："子曰：'学而不思则罔，思而不学则殆。'"（《为政》）"子贡问曰：'孔文子何以谓之"文"也？'子曰：'敏而好学，不耻下问，是以谓之"文"也。'"（《公冶长》）"举一隅，不以三隅反，则不复也。"（《述而》）"子路问：'闻斯行诸？'子曰：'有父兄在，如之何其闻斯行之！'冉有问：'闻斯行诸？'子曰：'闻斯行之！'……子曰：'求也退，故进之；由也兼人，故退之。'"（《先进》）

面：一是高远的志向与宏大的抱负；二是学养与价值体系的纵横架构能力；三是对事业进行有序的规划与组织的能力；四是将微观问题置于宏观图景中进行思考把握的能力。"经纬力"既是形容一种经天纬地、经世安民的人生理想，同时也是一种在具体和整体、微观与宏观、当下与历史等不同维度的问题中进行纵贯思考把握的能力。①

第五个层面的人格力量是涵容力，笔者将《论语》中呈现出的温润包容的人格气象用"涵容"来概括，意在强调这种包容不是无原则的接受甚至包耻纳垢，而是在内在涵养基础上的从容接纳、与时消息。其意义包括四个方面：一是对他者、异见与陌生性的接纳；二是对消极性因素的理解、接受与对治；三是对自我的克制、鼓励与包容；四是应时权变的意识与智慧。②

第六个方面是持守力，这是君子之为君子的人格基石，也是儒家传统中最看重的内在品质。持守不是固执不变，而是在前面五种人格力量的基础上，对理想抱负与大是大非的择取、笃定与坚守。《论语》等经典中呈现出的持守力包括四个方面：一是选择价值信念与立场时的审慎态度；二是选择以善为导向的生活方式时的坚决无畏；三是持续追求理想的勇气和韧性；四是面对困境与挫折的沉着与刚毅。③

如上所论，"君子力"的六个方面及其细分层次，都可以在《论语》中找

---

① 《论语》中有诸多论述可以提炼"经纬力"这一概念的相关内涵，包括："曾子曰：'士不可以不弘毅，任重而道远。仁以为己任，不亦重乎，死而后已，不亦远乎。'""子曰：'兴于《诗》。立于礼。成于乐。'"（《泰伯》）"子以四教：文，行，忠，信。"（《述而》）子张问："十世可知乎？""子曰：'殷因于夏礼，所损益，可知也；周因于殷礼，所损益，可知也。其或继周者，虽百世，可知也。'"（《为政》）

② 《论语》中关于"涵容力"的论述有："子曰：'伯夷、叔齐不念旧恶，怨是用希。'"（《公冶长》）"颜渊问仁。子曰：'克己复礼为仁。一日克己复礼，天下归仁焉。为仁由己，而由人乎哉？'"（《颜渊》）"子曰：'可与共学，未可与适道；可与适道，未可与立；可与立，未可与权。'"（《子罕》）

③ 《论语》中关于持守力的论述有："子曰：'饭疏食饮水，曲肱而枕之，乐亦在其中矣。不义而富且贵，于我如浮云。'"（《述而》）"子曰：'譬如为山，未成一篑；止，吾止也！譬如平地，虽覆一篑；进，吾往也！'"（《子罕》）"子曰：'富与贵，是人之所欲也；不以其道得之，不处也。贫与贱，是人之所恶也；不以其道得之，不去也。君子去仁，恶乎成名？君子无终食之间违仁，造次必于是，颠沛必于是。'"（《里仁》）

到相关的论述,在《周易》、《尚书》、《孟子》、《礼记》等儒家经典和先秦诸子思想中也能找到大量相关的佐证。可以说,在中国哲学传统中,"君子"绝不仅是一个道德良善的符号,也不仅是描述某种外在的气质威仪,而是一种内在于精神中的统率力、领导力的反映。在人文通识教育中尝试培养君子人格与内在力量,是非常有意义的尝试,也会为其未来人生奠定一个坚实厚重的基础。

三、"山川大地":君子力的哲学根基与历史脉络

君子人格是传统中国士大夫的生命理想典范,所谓"士希贤,贤希圣",而培养"君子力"的修养功夫也是一个源远流长的教育传统。显然,这样的人格力量不是凭空而来的,需要系统的人文知识素养来搭建其"力学结构"。孔子以"好学"自居,而以"礼、乐、射、御、书、数"六艺来教授门下弟子。[①] 朱子强调"格物致知"与"豁然贯通"[②],阳明强调在应事处物之间致良知[③]。都是从具体的、知识性的道理法则中,体会根本性的天理良知,并塑造自身的挺立人格。

那么在当代的教育模式和学科分类条件下,我们应当如何搭建君子力内在的知识结构呢?笔者认为中国的山川大地是一个非常好的视角和线索。这一选择有如下三个原因:

首先,君子人格的强大精神力量,源于对中国长时段历史中的大问题、真问题和复杂问题的思考与理解。一方面,这样的思考能够将人的心性从眼前的利害纠葛中超拔出来,从宏大时空的角度面对一些根本性的甚至是

---

① 六艺之说出于《周礼·保氏》:"养国子以道,乃教之六艺:一曰五礼,二曰六乐,三曰五射,四曰五御,五曰六书,六曰九数。"

② 朱熹:《四书章句集注》,中华书局1983年版,第6—7页。

③ (陆澄)问:"静时亦觉意思好,才遇事便不同,如何?"先生曰:"是徒知养静,而不用克己功夫也。如此,临事便要倾倒。人须在事上磨,方立得住,方能静亦定,动亦定。"(王阳明:《传习录》卷二,《王阳明全集》,上海古籍出版社1992年版,第12页)

终极的问题；另一方面，"中国"又提供了一个相对有限的视域，使人的思考不至于漫无边际，而始终落实在关于国家治理、世道人心的真切关怀上。

"中国"是一个抽象的国族与人群概念，同时也是一个具体而生动、丰富而深刻的精神现象，她拥有广土众民的地理空间、悠长连续的历史过程。在这一视域中呈现出的问题往往都复杂难缠、矛盾重重，很难用单一的理论原则进行简单解释。① 可以说，"中国"这个概念本身就是一个绝佳的问题意识视角，既是我们作为中国人了解自身的必由之路，同时也缘于中华文明一脉相承，很多问题可以放在长时段语境下进行连续而完整的思索和检讨。从时移世易到兴衰沉浮，从治国良策到天道追问，这一历史脉络能够在充养知识的过程中，不断逼问砥砺人的思考力和行动力，使人的思维之刃更加敏捷锐利，同时也可以让人在面对各种矛盾的时候，不断拓展自身心灵的涵容与担当。

其次，君子人格的恢弘豁达与心灵世界的超迈高远，与"山川"的建构作用有很大的关系。山川虽然通常被理解为地理的概念，但其意义显然不仅仅局限在地理的范围之内。孔子云："知者乐水，仁者乐山；知者动，仁者静；知者乐，仁者寿。"（《论语·雍也》）《论语》中记载孔子"子在川上曰：'逝者如斯夫！不舍昼夜。'"（《论语·子罕》）《孟子》记孔子"登东山而小鲁，登泰山而小天下"。（《孟子·尽心上》）在这些记述中，我们可以看到山川以一种非常独特的形式，为君子人格提供了深层次的基石作用。

世界上各个民族都会将故乡的山川土地和民族历史、民族感情联系起来，这是一种很普遍的现象，而中国的山川和中国人心灵世界之间的情感纽带格外微妙、深沉。"长江长城，黄山黄河，在我心中重千斤。"这种联系仿佛是镌刻在血脉和灵魂中的烙印，会让人在某些特别的时刻，从内心深处澎湃出悲伤、怀恋、勇气、希望等等诸多复杂的情绪。

山川在我们的精神世界中也呈现出多彩的面貌：山水的秀美雄奇、山

---

① 参见楼劲：《近年"中国"叙说和构拟的若干问题》，《中国社会科学评价》2017年第1期。

河的命运缩系、山岳的魂魄精神,都是不可或缺的维度。"天门中断楚江开,碧水东流至此回"、"山河破碎风飘絮,身世浮沉雨打萍"、"会当凌绝顶,一览众山小"、"大江东去浪淘尽,千古风流人物",这些伟大的诗词文赋勾勒出活泼生动的意象,跨越时空,将历史与当下关联起来,大大丰富了人的心灵空间。在审美的、情感的维度之外,还会引导我们去思索历史事件的前因后果、偶然机缘中潜藏的内在规律、制度与人心的复杂关系、博弈纷争与道德法度之间的张力。可以说,山川既是自然、地理的呈现,也是人文、历史的寄托,能够让人的心灵温柔细腻而又刚强弘毅,是人文教育中不可或缺的视角。①

最后,也是最根本的一点,笔者认为:当前世界范围内的精神危机与价值危机,归根结底源于人和"大地"的疏离。人在一个现代化的、高度结构功能化的世界中,迷失了和大地之间的本真联系。

需要注意的是,这里的"大地"不是地缘、地理、土地、地产等功能性概念,而是一个蕴含着大历史视野和深层次生存体验的哲学概念。当代人在自己的生活世界中将"大地"简单化为空间、地域、场所、资源等等工具性、资源性的对象,以主体和客体之间的占有、掠取为主要关系,缺少从根源上对主客对立的消泯,也缺乏对于大地真正深入的感知与亲近。这样就很难将个体的经历遭遇和宏大的普遍命运衔接起来——生活被眼前的琐事充斥又割裂,无法建立真正的意义感与价值秩序。

如果用哲学语言来描述,大地是一个深刻的精神性范畴,它是人的本己良知与崇高天命的相逢之所——既是命运将自身以"天命"的形式展开并道出的所在,也是人在行走、观察、思考与实践的过程中,逐渐扬弃卑微凡俗的自我,将自身以"良知"的形式呈现并张扬的所在。在这个意义上,人对于大地的理解感受越深,自身的心量也就越广大、深邃、刚健、宽厚。

基于以上三方面的原因,笔者认为,立足于中国传统的人文教育创新,可以以"山川大地"为出发点,构建一个包括意象情感体系、问题意识体系

---

① 参见萧驰:《杜甫夔州诗作中的"山河"与"山水"》,《中华文史论丛》2016 年第 1 期。

和人文知识体系的三重框架。这三重体系共同构成"君子力"内在的"力学结构",是君子德行实践的智性根基。从"知行合一"的角度来看,这一结构也是人的工具理性、知识理性与道德理性、道德行为相衔接的轴承。

第一是意象情感体系,笔者认为这是最关键但同时也是从哲学上最需要进行深入研究和论证的部分。因为"山川大地"在中国文化的语境中有非常深邃的意蕴,其中沉淀了历代先哲对自然世界、家国历史与自身生命境遇的沉思和抒写。里面有满载历史典故与人文遗迹的山河风光,有富含禅意理趣的山水诗画,有探幽寻奥的地理游记,也有分析形势利害的政治军事策论。最重要的是,中国的山川大地中似乎蕴含着一种特殊的哲学气质,让人可以通过亲近"地"来理解"天",在"厚德载物"的坤道之中,体会"自强不息"的乾道,进而产生跨越时空的同理心、同情心,即仁民爱物的情怀。这方面笔者以"象"这一哲学概念为切入点进行了一系列研究,[①] 目前还处在将理论思考和具体的形式、手段进行探索结合的阶段。

第二是问题意识体系。即通过提出一组重要的"元问题",形成一个连贯的外向探究与内向反思的逻辑链条。首先,理解"中国"这一概念以及其中包含的层次和历史上发生的种种变化;其次,从历史地理的角度看,中国的山川勾勒出怎样的地缘形势与利害关系;再次,探索从地缘角度可以把握到中国历史命运中哪些深层次的脉络;复次,回顾分析中国古人如何理解历史命运中的波澜与张力;最后落回到自我上面,思考自己如何运用理性与良知,在宏大命运中做出抉择。

第三是人文知识体系。这一思路应用于"文化中国人才计划"的课程体系中,即选取中国山川中具有特别象征意义的泰山、嵩山、黄河、长江,作为纽带引出四个重要的核心主题:第一,如何为人的生活与政治奠定理性的天道依据;第二,如何将有不同观念文化习俗的方域整合为一;第三,如何有效治理广土众民并维护社会的正义公平;第四,如何在历史兴衰往

---

① 参见雷博:《张载〈正蒙〉"象"概念精析及其工夫论意义》,《中国哲学史》2015 年第 4 期;雷博:《范围天地,通乎昼夜——张载〈正蒙〉"一阴一阳"概念解析》,《中国哲学史》2017 年第 4 期。

复中寻找内在逻辑与方向。

这四点既是中国历史命运中最为复杂的课题，也是具有全人类普遍意义的关怀，而这四个问题又恰好可以放在中国的山川格局中进行深度解读。泰山部分的主题是"明辨天人"，可以梳理中国思想史上关于天人关系的种种思考；嵩山部分以"宅兹中国"为核心，从都城建设和制度因革的角度认识中国政治史；黄河部分侧重"心系苍生"，通过社会经济和基层治理的视角，理解蕴藏在人民大众中的雄浑伟力；而长江部分则从"文质相胜"的视角，结合中国文学与艺术的发展历程，思考历史演变的方向与内在逻辑。

总之，我们希望以中国山川格局勾勒出一个宏大的时空场域和宽博的问题视域，在构建人文启蒙知识体系的同时，也能够拓展受众的心灵广度与深度。这是宋代哲人张载提出的一个非常重要的为学工夫"大心"①，其中应当包含如下三个层次：

首先是大命运，即通过山川格局与地缘形势，勾勒历史命运的宏观脉络，使学习者在课程、讲座、会读、讨论与游学访问等形式中，体会命运、规律与自身主体能动性的意义。

其次是大格局，即通过长时段历史中因果关系的展示与讨论，打开学习者的心灵格局，思考感悟中国历史、政治、思想与文化的深层曲折，胸中容纳山川丘壑，也可以包容不同的理念、信仰与价值取向。

最后是大是非，即以历史为脉络，揭示人类群体与社会生活中的一些根本性的价值判断方向。不必用道德说教进行灌输，而是引导学习者在行走、聆听、观察、思考中，逐渐树立属于自己的是非观、道德判断力与人生信念。

人文通识教育面临的一个不可回避的重要课题，就是如何用"知识"涵泳心灵、锻塑人格。在这方面，中国文化传统特别是儒家的文教传统，能够

---

① "大其心则能体天下之物，物有未体，则心为有外。"（林乐昌：《正蒙合校集释·大心》，中华书局2012年版，第371页）

提供非常丰富的历史经验和思想资源，既可以截取其中较为成熟的文本与教学模式嫁接在现代教育的枝干上，也可以从现代教育理念出发，进行纵向的梳理整合，形成新的教学观念与内容体系。在"文化中国人才计划"中，以"山川大地"为线索的尝试，正是后者的思路，同时也是在杜先生精神性人文主义的指导下，对"学以成人"这一理想的实践。

参加文化中国人才计划的同学对项目中的收获和体验给出了各种不同形式的反馈：

在这个时代，能找到一群志趣相投于经典，气象却又各有不同的同道师友，实为幸事。读书涵泳，切磋琢磨，回想起来，当真是最静好的时光。课程因小而精，会读因慢而深，未名湖畔的笑语，嵩阳书院的书声，点点滴滴积累下来的，都是经得起时间冲刷的记忆。而在学识的涵养与收获之外，更是结识了一群才思敏捷、神通各异的同学，以道相投，自不寻常，众人皆有斐然君子相，交淡如水，义高于天，给我在前行的道路上以勇气、温暖与启发。

——第一期学员，过群，经济学院 2010 级

或者说，这里为你提供了一种跳出书斋打量世界的思维方式。在每周不同的人文讲座和讨论面前，你可以有充足的余地跳出师徒授受框架下的学生身份，而以另一种实践的姿态去观察他们作为个人的学识观点、品性态度，去体会同样的知识在不同的心灵那里会引发怎样的激荡。如侍坐曾点，师问其志之时，不疾不徐，"鼓瑟希，铿尔"，惟其如此，方才有之后的"浴乎沂"之妙答。非师之功，但细想来，又确乎是师之功。大抵师道之意存乎此。而某种程度上，"文中"的存在不啻于告诉我们，即便身处一个春服不成的时代，却依旧可以保持这样一种风乎舞雩的境界。

——第四期学员，陈昌嫒，中文系 2013 级

同学们的体悟和反馈，同时也是对于"君子力"和"学以成人"等核心理念的思考。通过这类思考，在一个更深的意义上，把大家联结成思想、精神乃至生命的共同体。遗憾的是，由于各种原因，文化中国人才计划的核心课程于2017年暂停，此后以经典会读的形式继续保持。但对于笔者来说，对人文通识教育的志趣不会中止，还会继续沿着精神性人文主义的理念思考探索，并期待得到学界和教育界方家的指正。

（作者单位：中国社会科学院古代史研究所）

儒家文化动力、心理资本与
外派跨文化适应

刘高升

一、研究背景

随着全球经济一体化和新兴经济体实力的增强,发展中国家的跨国公司近二十年来积极参与国际化经营。在"走出去"战略的影响下,一大批中国企业通过并购、直接投资等多种方式加快国际化进程。因为直接派遣母公司员工能显著提升母公司和海外分支的管理效率和绩效[1],各跨国公司不断增加外派人员到海外分支机构工作。与源自发达国家的跨国公司相比,中国跨国公司由于国际人力资源管理系统不发达并欠缺国际市场经验,所以高度依赖外派人员。[2] 例如,华为公司、中兴公司和中石油等大型中国跨国集团每年都有大批外派经理人驻扎在全球各地的分公司或者办事处,负责与当地的政府、客户和业务伙伴对接业务。截至 2015 年底,中国公司已

---

[1] See Fang Y, Jiang G L F, Makino S, Beamish P W., "Multinational Firm Knowledge, Use of Expatriates, and Foreign Subsidiary Performance", *Journal of Management Studies*, 2010, 47 (1): 27–54.

[2] See Child J, Rodrigues S B., "The internationalization of Chinese firms: A Case for Theoretical Extension", *Management and Organization Review*, 2005, 1 (3): 381–410. Shen J, Eewards V., "Recruitment and Selection in Chinese MNEs", *The International Journal of Human Resource Management*, 2004, 15 (4–5):814–835.

经在海外 188 个国家和地区建立了 3.08 万家公司,外派海外 161.2 万员工,占中国在海外建立的企业总雇员人数的 56.8%。[1] 研究显示,中国外派人员遇到了种种跨文化适应问题,诸如语言不通、社会互动障碍和社会支持缺乏等。[2] 更有甚者,一部分中国外派人员因为不能适应国外环境,在外派任务未顺利完成时便提前返回国内,或者中途跳槽,给企业造成了管理成本和经济损失。[3]

尽管外派跨文化适应的实证研究对于降低跨国企业管理成本和提高外派工作绩效有着重要的参考意义,但中国跨国企业庞大并日益增长的外派群体和日渐突出的外派跨文化适应问题并没有引起学术界的广泛重视。目前为止,尽管有少量研究考察了文化距离和跨文化培训以及英语能力等常见变量对中国外派适应性的影响,但很少有研究关注造成中国外派跨文化适应问题的深层次原因。现有的研究意识到了外派母国和东道国之间的文化差异或文化距离对于外派适应的影响,但是对于外派母国的文化传统如何影响外派适应行为缺少针对性的考察。儒家文化传统是东亚经济发展的重要推动力,也是文化中国和儒家文化圈的主要文化基因,其对个体、组织乃至国家都有着重要影响。在儒家文化传统中,霍夫斯泰德提出的儒家文化动力作为一个既具有儒家特色又具有普遍意义的文化变量势必与中国外派的跨文化行为密切相关,因而,有必要从实证分析的角度加以检验。

此外,现有外派适应的相关研究绝大多数基于外派压力管理的视角,从消极心理的角度考察外派适应过程中消极的社会心理的去除策略、手段

---

[1] 参见中华人民共和国商务部:《2015 年度中国对外直接投资统计公报》,中国统计出版社 2016 年版。

[2] See Wang Z., *Displaced Self and Sense of Belonging: A Chinese Researcher Studying Chinese Expatriates Working in the United States*, University of South Florida, 2006. Xu X, Du-Babcock B., "Impact of English-Language Proficiency on Chinese Expatriates' Adjustment to Overseas Assignments", *Global Advances in Business Communication*, 2012, 1 (1): 1–20.

[3] 参见姜秀珍、金思宇、包伟琴、宛雅婧:《外派人员回任意愿影响因素分析——来自中国跨国经营企业的证据》,《管理学报》2011 年第 8 期。

和能力。当代的积极心理学运动强调人的积极功能诸如特长、能力和资源而非仅关注人的缺点、负面经历和消极心理状态。因此,积极心理运动及相关理论有利于理解人类态度和行为中积极的、有适应能力和创造性的侧面,而应用积极心理和相关的构念也将为外派研究提供一个崭新视角,有助于理解外派适应行为。积极心理资本,作为个体的积极心理的发展状态,整合了自我效能、希望、乐观和韧性几个积极心理构念,已经在多个工作研究领域被证明是一种有助于个体工作绩效的重要资源。鉴于个人拥有心理资本的重要性,外派在跨文化情境下的心理资本水平将可能助益他们的跨文化适应行为。

目前,几乎很少有针对跨文化心理能力,诸如跨文化的心理资本对于外派适应和绩效影响的研究。因此,本研究尝试探索中国外派的跨文化心理资本的影响机制。同时,以广泛应用于组织行为研究的资源保存理论为基础,结合儒家文化动力和外派心理资本两个重要的资源变量,综合分析儒家文化传统和心理资本对外派适应的影响及其影响机制,以贡献于现有的外派适应研究、儒家文化传统的现代发展和积极心理学的理论探索。

二、理论分析和研究假设

(一)外派跨文化适应的前因变量

跨文化适应是一个多层面构念,主要是指外派人员与新环境在工作和生活方面的适合程度。[1] 它包括社会文化和心理两个方面:社会文化适应是指对东道国社会文化的适应情况,主要包括一般生活适应、互动适应和工作适应[2];而

---

① See Aycan Z.,"Expatriate Adjustment as A Multifaceted Phenomenon: Individual and Organizational Level Predictors", *International Journal of Human Resource Management*, 1997, 8 (4): 434–456.

② See Black J S.,"Work Role Transitions: A Study of American Expatriate Managers in Japan", *Journal of International Business Studies*, 1988, 19 (2):277–294.

心理适应则是指一个外派人员的心理健康和舒适程度①。现有研究已经验证两类适应的显著差别②，故而本研究同时采用社会文化适应（一般适应、互动适应、工作适应）和心理适应两类适应概念，以全面考察外派的适应情况。

有关外派跨文化适应的前因变量，现有的文献中分为两大类变量群组，一大类为压力类变量，另一大类为资源类变量。常见的压力类变量包括角色类压力因素和文化类压力因素。角色类压力因素主要包括角色新奇、角色冲突、角色模糊和角色超负荷等；文化类压力因素主要包括文化新奇、文化距离和文化相似程度等。在资源类变量中，以往的研究主要关注在两个方面：一个是个人资源方面，另一个是社会资源方面。根据 Lazarova 等人的研究划分，个人资源主要包括外派个人的统计学变量（如年龄、性别、国际经验等），跨文化培训和个人的性格及能力差异等。③ 社会资源主要是指社会支持，包括源于工作的支持，如组织支持，上级支持和同事支持，以及来源于非工作环境的家庭、配偶的支持。

个人资源中的个人差异（如性格及能力）是以往外派研究中的重点，关注最多的两个变量是大五人格（Big Five Personality）和文化智商（cultural intelligence）。大五人格和文化智商分别代表了两类个人差异，即稳定能力和动态能力。现有的研究主要关注稳定能力，而对于动态能力，除了文化

---

① See Searle W, Ward C., "The Prediction of Psychological and Sociocultural Adjustment during Cross-Cultural Transitions", *International Journal of Intercultural Relations*, 1990, 14（4）: 449–464.

② See Fenner C R, Selmer J., "Public Sector Expatriate Managers: Psychological Adjustment, Personal Characteristics and Job Factors", The International Journal of Human Resource Management, 2008, 19（7）:1237–1252. Ward C, Kennedy A., "Psychological and Socio-cultural Adjustment during Cross-cultural Transitions: A Comparison of Secondary Students Overseas and at Home", *International Journal of Psychology*, 1993, 28（2）: 129–147.

③ See Lazarova M, Westman M, Shaffer M A.,"Elucidating the Positive Side of the Work-Family Interface on International Assignments: A Model of Expatriate Work and Family Performance", *The Academy of Management Review*, 2010, 35（1）: 93–117.

智商,其他的个人资源变量少有研讨。基于此,本论文从资源和资本的视角重点分析外派的个人资源尤其是动态能力对于外派人员跨文化适应的影响。

（二）儒家文化动力对于外派适应的影响

1.儒家文化动力的提出

"儒家文化动力"又称"儒家动力论",或称"儒家工作文化动力",由 Hofstede（霍夫斯泰德）于 20 世纪 80 年代引入其国家文化维度研究体系中,并定为其国家文化的重要维度。[①] 基于对 76 个国家的 IBM 员工样本进行的价值观问卷分析,霍氏提出了跨文化管理领域的四个国家文化变异性维度:即权力距离、个人主义和集体主义、对不确定性的回避程度以及男性特质和女性特质。而后,其在这四个维度的基础上补充了儒家文化动力（Confucian Dynamism）作为第五个维度。儒家文化动力中提到的儒家伦理特点包括八个指标:(1) 坚忍;(2) 节俭;(3) 以地位和观察秩序为基础的秩序关系;(4) 具有羞耻感;(5) 对祝福、帮助和礼物的回报;(6) 尊重传统;(7) 保全面子;(8) 追求个人的稳定。他认为儒家伦理与经济发展有着直接关联,东亚经济的快速增长是儒家伦理和道德规范发挥作用的结果。

2.儒家文化动力作为个体跨文化资源

儒家文化在中国有着两千多年的历史传承,其哲学思想,尤其是以"仁、义、礼、智、信"为代表的价值观念,已经深入渗透到中国乃至儒家文化圈的思维模式、生活习惯和商业实践中。尤其是"儒"与"商"的结合,自古即有之,远有子贡的儒魂商才,中到明清的徽、晋"儒贾",以及近代中国和日本的儒商群体,无不受到儒家文化的影响。儒家文化不仅是区域文化,其所囊括的诸多文化理念具有跨文化的普适意义。例如,Drucker 就曾指出,儒家伦理具有普适性,是适合所有个人的行为规范和准则。[②]

---

① See Hofstede G., *Culture's Consequences; International Differences in Work-Related Values,* Newbury Park, CA: Sage, 1980.

② See Drucker P.,"Ethical Chic", *Forbes,* 1981, 128（6）: 160–173.

同时，儒家文化动力不仅体现在国家文化层面，还体现在儒家文化伦理对个体工作和生活的影响上。儒家文化动力在个体层面是指个人对儒家文化价值的认同程度。尽管儒家伦理有着重要性，但是目前学术界对儒家文化动力在跨文化管理过程中的作用缺少足够的关注，对于个体层面的儒家文化动力则更是鲜有研究。近年来，有学者发现美国人的个体层面的儒家文化伦理作为一种个体资源，与市场伦理正相关。[①] 这间接说明个体层面的儒家文化同样具有非常积极的作用和跨文化共通性，因而有必要从个体文化资源的视角审视儒家文化动力的当代价值。

3. 儒家文化动力对于外派绩效的影响

资源保存理论（Conservation of Resources Theory，简称 COR 理论）是研究工作压力和激励资源相关研究中最重要的理论之一。[②]COR 理论作为理论依据可以从资源和资本的视角解释个体的自身资源对于工作相关的结果变量的影响。从资源基础观的视角，外派适应代表一种有价值的"人与环境匹配"资源，因为外派适应反映了个人对于自身资源和环境需求两者关系的自我评价。[③]

个人资源是 COR 理论的一个核心概念。[④]Lazarova 等人进一步为外派个人资源做出定义：个人资源是指与积极的外派经历相关的各项个

---

① See Yoo B, Donthu N.,"The Effect of Personal Cultural Orientation on Consumer Ethnocentrism: Evaluations and Behaviors of U.S.", *Consumers toward Japanese Products. Journal of International Consumer Marketing,* 2005, 18（1–2）: 7–44.

② See Halbesleben J R B, Buckley M R.,"Burnout in Organizational Life", *Journal of Management,* 2004, 30（6）: 859–879.

③ See Wheeler A R, Halbesleben J R B, Shanine K., "Exploring the Middle Range of Person-Environment Fit Theories Through a Conservation of Resources Perspective", In Kristor-Brown A L, Billberry J (eds.), *Organizational Fit: Key Issues and New Directions* (pp. 170–194). Chichester, West Sussex, UK: Wiley, 2012.

④ See Hobfoll S E.,"Conservation of Resource Caravans and Engaged Settings", *Journal of Occupational and Organizational Psychology,* 2011, 84（1）: 116–122. Hobfoll S E, Freedy J., *Conservation of Resources*: "A General Stress Theory Applied to Burnout", In Schaufeli W B, Maslach C, Marek T (eds.), *Professional Burnout: Recent Developments in Theory and Research,* pp. 115–133. Washington, DC: Taylor & Francis, 1993.

人特质。[①] 根据 COR 理论,个体的资源是有限且宝贵的,为了防止资源流失,个体有强烈的动机去投资自身的既有资源以获取额外的资源。[②] 按照这个资源投资—产出的逻辑,外派会投入自身的个人或社会资源去获取个人与环境匹配,即更好地适应。儒家文化动力代表了个体所禀赋的儒家传统倡导的具有积极意义的文化特性,如节俭、坚持、温良恭俭让等。根据资源保存理论,儒家文化动力属于个体的积极文化资本,故而能够降低外派人员在适应国外工作环境中所产生的生活、互动和工作压力,也有利于外派的心理舒适和健康状况。基于上述分析,本文提出如下假设:

H1:儒家文化动力与外派适应正向相关。

H1a:儒家文化动力与外派一般性适应正向相关。

H1b:儒家文化动力与外派互动适应正向相关。

H1c:儒家文化动力与外派工作适应正向相关。

H1d:儒家文化动力与外派心理适应正向相关。

(三)跨文化心理资本与外派工作绩效的关系

心理资本,也称为积极心理资本或正向心理资本,是 21 世纪初的积极心理学运动中衍生出来的心理学概念,由 Luthans 等人提出。[③]Luthans 等人将积极组织行为学的理念作为思考的基础框架,在比较人力资本、社会资本和经济资本三个构念的内涵特征的基础上,将心理资本定义为一种正向的心理状态。这种心理状态是由四个心理要素构成,分别为希望、自我

① See Lazarova M, Westman M, Shaffer M A.,"Elucidating the Positive Side of the Work-Family Interface on International Assignments: A Model of Expatriate Work and Family Performance", *The Academy of Management Review*, 2010, 35 (1): 93–117.

② See Hobfoll S E, Freedy J., "Conservation of Resources: A General Stress Theory Applied to Burnout", In Schaufeli W B, Maslach C, Marek T (eds.), *Professional Burnout: Recent Developments in Theory and Research*, pp. 115–133. Washington, DC: Taylor & Francis, 1993.

③ See Luthans F, Youssef C M, Avolio B J., *Psychological Capital: Developing the Human Competitive Edge*, New York: Oxford University Press, 2007.

胜任感、乐观与韧性。由这四种心理素养组合而成的正向心理状态与一般的稳定特质（如性格）不同，它的可塑性和可发展性较强，能够通过培训和激发，促使个体获得一种积极的心理能量，从而对个体的工作绩效等结果变量产生正向性的影响。

跨文化心理资本源于心理资本概念，它是心理资本在跨文化情境下的子概念，指的是个体在跨文化环境下的积极心理状态和能力。跨文化心理资本同样包括四个维度，即跨文化希望、跨文化自我胜任感、跨文化乐观与跨文化韧性。外派的跨文化心理资本反映了外派个体的跨文化动态能力，不同于性格等稳定性特质，跨文化心理资本可以通过干预和开发，进而对跨文化情境下的个体的工作结果产生积极影响。

根据 COR 理论，一个个体的积极心理资本对于有效地适应和管理工作和生活是必不可少的条件。[1] 个人资源包括所有的个体内在资源尤其强调心理资源，故而外派的跨文化心理资本可以作为资源投入以提升跨文化的适应状态。也即是说，越是富有跨文化心理资本的外派人员就越能"心安"，即更能适应国外的日常生活、互动和工作，并具有更高的心理舒适和健康水平。因此，本研究假设：

H2：跨文化心理资本与外派适应正向相关。

H2a：跨文化心理资本与外派一般性适应正向相关。

H2b：跨文化心理资本与外派互动适应正向相关。

H2c：跨文化心理资本与外派工作适应正向相关。

H2d：跨文化心理资本与外派心理适应正向相关。

（四）外派跨文化适应及内部关联

外派适应从内涵上划分主要分为社会文化适应和心理适应：社会文化适应主要代表外派适应的行为层面，而心理适应则主要反映情感和态度层面。良好的社会文化适应代表外派与社会文化的匹配程度，可以划分为个

---

[1] See Gorgievski M J, Halbesleben J R B, Bakker A B.,"Expanding the Boundaries of Psychological Resource Theories", *Journal of Occupational and Organizational Psychology*, 2011, 84（1）: 1–7.

人社会资源的范畴；良好的心理适应反映外派自身的心理健康状态，属于个人心理资源的范畴。根据 COR 理论，个人的社会资源和个体资源是一个个体身份的不可缺少的方面，二者之间既相互关联，同时社会资源又有助于提升个人资源。[①] 外派的社会文化适应 (社会资源) 将有利于提升自身的心理适应 (心理资源)。因此，本研究提出如下假设：

H3：外派人员的社会文化适应与心理适应正向相关。

H3a：外派人员的一般适应与心理适应正向相关。

H3b：外派人员的互动适应与心理适应正向相关。

H3c：外派人员的工作适应与心理适应正向相关。

（五）儒家文化动力与跨文化心理资本

从资本和资源的视角，儒家文化动力与跨文化心理资本反映了两类个人资源。表 1 是从一个资源和资本视角分析不同类型的资本概念，可以看出，跨文化心理资本和儒家文化动力分别属于心理资本和文化资本。二者的价值来源不同，心理资本是在某类情境下自我的心理状态，而儒家文化动力来源于个体的成长环境。

表 1　资本类型、概念焦点、价值来源和示例[②]

资本类型	概念焦点	价值来源	例子
实物资本	有形资产	你拥有什么？	钱、土地、体力
人力资本	知识技能	你知道什么？	知识、技能、智力
社会资本	社会关系、人际网络	你认识谁？	网络、社会支持

---

① See Gorgievski M J, Halbesleben J R B, Bakker A B.,"Expanding the Boundaries of Psychological Resource Theories", *Journal of Occupational and Organizational Psychology*, 2011, 84（1）: 1–7.

② See Hobfoll S E, Freedy J, Lane C & Geller P.,"Conservation of Social Resources: Social Support Resource Theory", *Journal of Social and Personal Relationships*, 1990, 7 (4):465–478. Middlebrooks A, Noghiu A.,"Leadership and Spiritual Capital: Exploring the Link between Individual Service Disposition and Organizational Value", *International Journal of Leadership Studies*, 2010, 6（1）: 67–85.

续表

资本类型	概念焦点	价值来源	例子
心理资本	心理状态	你是谁?	希望、乐观、自我效能
跨文化心理资本	跨文化心理状态	在跨文化情境下,你是谁?	跨文化乐观心态
文化资本	文化背景、宗教传统	你在哪里长大的?	资本主义精神、儒家文化动力
精神资本	志向、愿景	你信仰什么?	顿悟、正念

作为两类不同的资本,文化资本相对稳定,代表文化基因的传承,而心理资本则代表动态的心理能力;文化资本强调"善"与"仁",心理资本强调"正向"和"积极"。重视勤俭和善的儒家文化品质强调自强不息、厚德载物,已欲立而立人,已欲达而达人,是一种崇德广业和修己安人的文化哲学观。具有这样的文化导向的外派人员将更容易在跨文化环境中保有自信、乐观、希望和抗压的积极心态。因此,本文假设:

H4:儒家文化动力与外派的跨文化心理资本正向相关。

(六)跨文化心理资本对儒家文化动力与外派适应的调节影响

外派任务本身既有挑战性,也会令人兴奋。[①] 新颖的国外文化一方面会带来新鲜感,同时也会带来文化冲突。尽管儒家文化动力有可能提升跨文化适应,但文化资本的作用也并非万能。在外派跨文化适应过程中,良好的跨文化心理状态可以起到催化剂的作用,促进形成一个善能量(儒家文化资本)与正能量(跨文化心理资本)的结合,帮助经历文化冲突和不适应的外派人员提升与环境的适应性,同时也让适应外派环境的个人表现得更加卓越。一个外派人员的两类不同的个人资源在跨文化情境下有可能交互影响外派人员的社会文化和心理适应,也即是说,跨文化心理资本将加强儒家文化动力与外派绩效的正向关联。因此,本研究提出如下假设:

---

① See Tungr L & Miller E L.,"Managing in the Twenty-First Century: The Need for Global Orientation", MIR: *Management International Review*, 1990, 30 (1): 5–18.

H5：跨文化心理资本加强儒家文化动力与外派适应的关系。

H5a：跨文化心理资本加强儒家文化动力与外派一般适应关系。

H5b：跨文化心理资本加强儒家文化动力与外派互动适应关系。

H5c：跨文化心理资本加强儒家文化动力与外派工作适应关系。

H5d：跨文化心理资本加强儒家文化动力与外派心理适应关系。

三、研究设计

（一）研究结构模型

根据上述理论分析和研究假设提出本研究的结构模型，见图1。在该模型中，共有4组关于直接效应的假设和1组调节效应的假设。

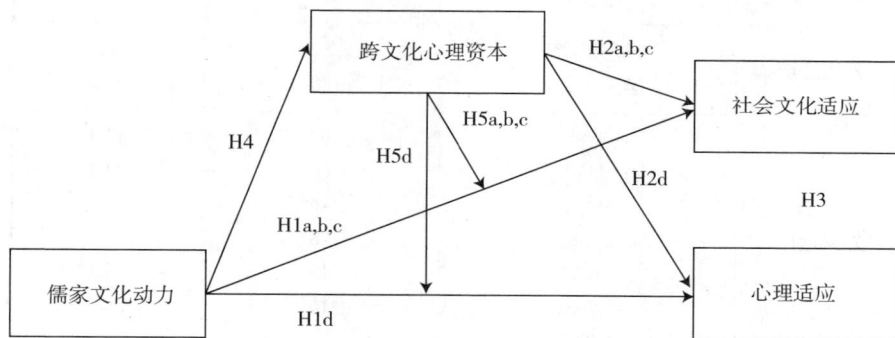

图1　研究结构模型

（二）样本特征分析

本研究共发放电子邮件问卷和网络问卷两种形式的问卷408份。经过同参与调研的中国跨国公司的人力资源经理和高管的沟通，最终得到了212个可用回复，包括32份网络问卷回复和180个完整的电子邮件回复，有效率达52%。

表 2　样本特征信息统计

变量划分		频数	占比（%）
性别	男	181	85.4
	女	31	14.6
婚姻状况	已婚	125	59.0
	未婚	87	41.0
年龄分组	≤20	1	0.5
	21—30	94	44.3
	31—40	86	40.6
	41—50	29	13.7
	51—60	2	0.9
	>60	0	0
学历	高中及以下	9	4.2
	本科	124	58.5
	研究生	79	37.3
外派经历	有过外派经历	82	38.7
	第一次外派	130	61.3
外派地区	亚洲	92	43.4
	非洲	60	28.3
	欧洲	16	7.5
	北美	8	3.8
	南美	13	6.1
	大洋洲	16	28.3
	不确定	7	3.3

　　如表 2 所示，参与本研究调研的外派人员绝大多数在亚洲和非洲国家工作，占比 71.7%；其他的参与者分散在亚非之外全球各地。从外派的分布情况可以看出，亚洲和非洲是目前中国跨国企业的主要投资目的地。女性回复者占 14.6%，说明目前中国跨国公司仍然倾向于选择男性作为外派人员；59.0% 的外派人员已婚，绝大多数的外派人员具有本科以上学历，占 95.8%；多数外派人员是第一次被派出国，占总数的 61.3%。年龄结构上，21—40 岁的外派是目前外派的主力军，其中，21—30 岁的年轻外派人数最多，占比 44.3%（94 人）；31—40 岁的其次，占总数的 40.6%（86 人），其

他几个年龄阶段总计约占 15.1%。

（三）同源偏差处理

在国际管理研究中，学者在讨论处理同源方差问题时建议：如果不能执行事前补救措施，例如从不同来源进行数据收集，综合使用事后补救也可以有效降低同源偏差。[①] 为了降低同源方差问题影响，本研究采取三种事后补救办法。第一是本研究在问卷设计的时候混合了各类量表并将前因变量和结果变量混合编入调查问卷的不同部分。第二是执行 Harman 单因子测试。主成分分析法的结果显示，最大的因子解释了 19.8% 的方差，远远低于 50% 的临界值，所以，同源方差问题并不显著影响本研究设计。第三是本研究使用年龄作为标记变量测量同源方差水平。Lindell 和 Whitney建议如果一个变量在理论上与至少一个其他的变量不相关，即可以用作标记变量。[②] 在以前的外派研究中，国际管理学者成功地采用过"年龄"作为标记变量测量同源偏差。[③] 此外，在有关外派适应的元分析中，Hechanova等确认年龄与外派社会文化适应的三个方面均不显著相关。所以，本研究也采用年龄作为标记。[④]

表 3 显示了本研究中年龄标记变量与 6 个主要变量的相关系数和显著性。所有路径系数的 t 统计值都小于 1.65（$t>1.65$ 即 $p<0.1$），表明本研究的同源方差问题并不严重。通过以上三种组合方法，本研究有效控制了同源方差问题。

[①] See Lindell M K, Whitney D J.,"Accounting for Common Method Variance in Cross-Sectional Research Designs", *Journal of Applied Psychology*, 2001, 86 (1):114–121.

[②] See Lindell M K, Whitney D J.,"Accounting for Common Method Variance in Cross-Sectional Research Designs", *Journal of Applied Psychology*, 2001, 86 (1):114–121.

[③] See Griffith D A, Lusch R F.,"Getting Marketers to Invest in Firm-Specific Capital", *Journal of Marketing*, 2007, 71 (1): 129–145.

[④] See Hechanova R, Beehr T A, Christiansen N D.,"Antecedents and Consequences of Employees' Adjustment to Overseas Assignment: a Meta-Analytic Review", *Applied Psychology*, 2003, 52 (2):213–236.

表 3　标记变量与本研究主要变量的关系

标记变量与模型中主要变量关系	路径系数	t 统计量	p 值
年龄 -> 一般适应	−0.05	0.58	0.56
年龄 -> 互动适应	−0.03	0.40	0.69
年龄 -> 儒家文化动力	0.07	1.07	0.29
年龄 -> 工作适应	−0.04	0.59	0.55
年龄 -> 心理适应	−0.11	1.39	0.16
年龄 -> 跨文化心理资本	0.02	0.19	0.85

（四）变量测量方法

1. 儒家文化动力

Robertson 和 Hoffman 研究了美国人的儒家动力的个体差异程度和对其他文化变量的影响。[①] 在这一研究中，他们开发出儒家文化动力的量表，用于计量儒家文化动力倾向在个体上的差异。值得一提的是，他们所用的量表源自霍夫斯泰德及同事的早期研究。

本文用于计量的量表正是基于 Robertson 和 Hoffman 的研究[②]，并稍微调整修正个别题项，以更加符合中国情境。本研究先在 50 位中国留学生群体中做问卷实验性研究，以保证测试问卷的可靠性。问题包括"经理人必须坚持完成目标"等 8 项。量表设计采取 6 点 Likert 量表格式。

2. 跨文化心理资本

为了更好地适应外派研究的跨文化情境，本文没有使用 Luthans 开发的 24 题或 12 题心理资本问卷[③]，而是采用一个 20 题的跨文化心理资本量

[①] See Robertson C J, Hoffman J J.,"How Different Are We? An Investigation of Confucian Values in the United States", *Journal of Managerial Issues*, 2000, 12（1）: 34–47.

[②] See Robertson C J, Hoffman J J.,"How Different Are We? An Investigation of Confucian Values in the United States", *Journal of Managerial Issues*, 2000, 12（1）: 34–47.

[③] See Luthans F, Youssef C M, Avolio B J., Psychological Capital: Developing the Human Competitive Edge, New York: Oxford University Press, 2007.

表。该跨文化心理资本量表由 Clapp-Smith 开发的 16 题文化积极心理资本量表[①]，和本文作者自行开发的 4 个外派跨文化心理资本题项组成。该 16 题量表包括 4 个维度：希望 (4 题)、自我效能 (4 题)、乐观 (4 题) 和韧性 (4 题)。因为 16 题的跨文化心理资本量表只是包括了 4 个心理资本维度的 16 个构成性指标，本文作者进一步开发了 4 项反映性指标用于直接测量外派跨文化心理资本。这 4 个题项包括："总体而言，我是一个充满希望的外派"；"总体而言，我是一个抗压的外派"；"总体而言，我是一个乐观的外派"；"总体而言，我是一个具有自我效能的外派"。跨文化心理资本量表同样采取 6 点 Likert 量表格式。

3. 外派适应

为了评价外派社会文化适应的三个方面，即一般适应、互动适应和工作适应，本研究采用 Black 开发的 14 题项量表。[②] 该量表在以前的研究中已经被证明具有非常好的可靠性。其中，一般适应包括 7 个问题，互动适应包括 4 个问题，工作适应包括 3 个问题。另外，本研究采用 12 题项的一般健康问卷[③] 来测量外派的心理适应。Selmer 在他的外派研究中曾有效运用该量表测量外派的心理适应。[④] 本研究同样对以上两个量表做了 6 点 Likert 量表改造。

4. 控制变量

本研究中共有四个控制变量，分别是性别、英语水平、以前的外派经历和在东道国的时间。Ang 等研究中发现性别和外派经历可能影响外派适

① See Clapp-Smith R., "Global Mindset Development during Cultural Transitions", The University of Nebraska-Lincoln, 2009.

② See Black J S., "Work Role Transitions: A Study of American Expatriate Managers in Japan", *Journal of International Business Studies*, 1988, 19 (2):277–294.

③ See Goldberg D P., *The Detection of Psychiatric Illness by Questionnaire: A Technique for the Identification and Assessment of Non-Psychotic Psychiatric Illness*, London and New York: Oxford University Press, 1972.

④ See Selmer J., "Psychological Barriers to Adjustment of Western Business Expatriates in China: Newcomers vs Long Stayers", *The International Journal of Human Resource Management*, 2004, 15 (4–5):794–813.

应。[①] 英语能力也被发现可以显著影响中国外派的适应情况[②]，因此，本研究也控制了外派的英语掌握情况。此外，因为研究显示外派在东道国的时间也可能影响适应状况，本文也将该变量作为控制变量[③]，以提升测量准确性。

（五）统计分析工具

本研究主要采取问卷调查的方式进行数据收集，并运用偏最小二乘法（PLS）结构方程工具 SmartPLS 3.0[④] 进行数据分析和假设验证。采用 PLS 的主要理由是：第一，本文中的核心变量跨文化心理资本是构成型变量，以偏最小二乘法为基础的结构方程模型可以同时适用于反应性和构成性指标的分析[⑤]；第二，本研究的样本量相对较小，通常协方差为基础的结构方程需要较大的样本量[⑥]，PLS 则可以容忍相对小的样本测量[⑦]；第三，PLS 结构方程方法还有一个比较优势，就是无需对总体和量表做分布假设[⑧]。

---

① See Ang S, Van Dyne L, Koh C, NG K Y, Templer K J, Tay C, Chandrasekar N A.,"Cultural Intelligence: Its Measurement and Effects on Cultural Judgment and Decision Making, Cultural Adaptation and Task Performance", *Management and Organization Review*, 2007, 3 (3):335–371.

② See Xu X, Du-Babcock B., "Impact of English-Language Proficiency on Chinese Expatriates' Adjustment to Overseas Assignments", *Global Advances in Business Communication*, 2012, 1 (1): 1–20 .

③ See Shaffer M A, Harrison D A, Gilley K M.,"Dimensions, Determinants, and Differences in the Expatriate Adjustment Process", *Journal of International Business Studies*, 1999, 30 (3): 557–581.

④ See Smartpls: Ringle C M, Wende S, Becker J M. "SmartPLS 3.0" Boenningstedt: SmartPLS GmbH, http://www.smartpls.com, 2005.

⑤ See Hair J F, Ringle C M, Sarstedt M.,"PLS-SEM: Indeed a Silver Bullet" , *The Journal of Marketing Theory and Practice*, 2011, 19 (2):139–152.

⑥ See Reinartz W, Haenlein M, Henseler J.,"An Empirical Comparison of the Efficacy of Covariance-Based and Variance-Based SEM", *International Journal of Research in Marketing*, 2009, 26 (4): 332–344.

⑦ See Falk R F, Miller N B., *A Primer for Soft Modeling: Akron*, OH: University of Akron Press, 1992.

⑧ See Haenlein M, Kaplan A M.,"A Beginner's Guide to Partial Least Squares Analysis", *Understanding Statistics*, 2004, 3 (4): 283–297.

四、数据分析与结果

(一)测量模型检验

本研究采用 Chin 使用的方法[①],运用 SmartPLS 3.0 对测量模型的信度和效度等进行评估。本研究通过对比变量的平均提取方差值(AVE)与该变量和其他变量的相关性来检验他们的区分效度。按照经验法则,AVE 的平方根应大于模型中的其他相关系数。[②] 为了便于检验,表 4 构建了从 PLS 导出的相关矩阵与 AVE 的平方根对比,每一列数据的最上方加下划线的数值就是该列变量的 AVE 平方根,其他数值为该列变量与其他变量的相关系数。从结果可以看出,所有反映性潜变量的 AVE 的平方根均大于 0.5,说明具备足够的收敛效度。此外,除了跨文化乐观与跨文化坚韧两变量的 AVE 的平方根小于但十分接近最大的相关系数之外,其他 AVE 的平方根都明显大于相关系数。可见,本研究测量模型具有较好的区分效度。

表 4　构念相关性与 AVE 的平方根 (在对角线上划线数值)

	一般适应	互动适应	儒家文化动力	在东道国时间	外派经验	工作适应	年龄	心理适应	性别	英语水平	跨文化乐观	跨文化坚韧	跨文化希望	跨文化自我效能
一般适应	0.84													
互动适应	0.64	0.79												
儒家文化动力	0.46	0.45	0.80											
在东道国时间	−0.02	0.04	0.03	1.00										

---

① See Chin W W.,"How to Write up and Report PLS Analyses", In Vinzi V E, Chin W W, Henseler J, Wang H (eds.), *Handbook of Partial Least Squares: Concepts, Methods and Applications in Marketing and Related Fields* (pp. 655–690). Berlin: Springer, 2010.

② See Chin W W.,"Issues and Opinion on Structural Equation Modeling", *Management Information Systems Quarterly*, 1998, 22 (1): 1–8.

续表

	一般适应	互动适应	儒家文化动力	在东道国时间	外派经验	工作适应	年龄	心理适应	性别	英语水平	跨文化乐观	跨文化坚韧	跨文化希望	跨文化自我效能
外派经验	0.02	0.04	−0.05	−0.01	1.00									
工作适应	0.56	0.61	0.54	0.06	0.06	0.87								
年龄	−0.01	0.02	0.05	0.32	0.11	0.02	1.00							
心理适应	0.33	0.43	0.47	0.05	0.00	0.50	0.00	0.80						
性别	−0.04	−0.04	0.02	0.17	0.14	−0.03	0.20	0.07	1.00					
英语水平	0.15	0.19	0.12	0.02	0.14	0.18	−0.12	−0.01	0.01	1.00				
跨文化乐观	0.47	0.46	0.51	−0.05	0.02	0.40	0.06	0.44	0.02	0.10	0.78			
跨文化坚韧	0.42	0.47	0.43	0.08	0.12	0.45	0.00	0.37	0.07	0.19	0.71	0.75		
跨文化希望	0.48	0.49	0.41	−0.06	0.08	0.47	0.05	0.33	0.06	0.19	0.74	0.78	0.79	
跨文化自我效能	0.47	0.58	0.48	0.05	0.07	0.48	0.09	0.44	0.03	0.11	0.80	0.80	0.77	0.81

　　本研究所使用的问卷经过 PLS 计算程序删减不合适的题项后，各部分的 Cronbach's α 值见表 5。根据 Barclay 等的建议[①]，在 PLS 分析中载荷值低于 0.7 的反映性指标均被删除，以保证测量模型题项的效度。同时，所有量表的 Cronbach's α 值都高于 0.6，α > 0.6 即可视为量表可靠性可接受的水平。其中，修订后的儒家文化动力 7 个题项量表的 Cronbach's α 值达到了 0.91，表明其信度较高。此外，Hair 及同事建议测量模型中量表的组合信度应大于 0.7。[②] 修正后的量表的组合效度都高于 0.8，显示测量模型已

---

① See Barclay D, Higgins C, Thompson R., "The Partial Least Squares (PLS) Approach to Causal Modeling: Personal Computer Adoption and Use as an Illustration", *Technology Studies*, 1995, 2（2）:285–309.

② See Griffith D A, Lusch R F., "Getting Marketers to Invest in Firm-Specific Capital", *Journal of Marketing*, 2007, 71（1）: 129–145.

经具备充足的内部一致性。

表5　结构模型中变量量表信度

变量名称	Cronbach's α 值	组合信度	题数
一般适应	0.60	0.83	2
互动适应	0.80	0.87	2
儒家文化动力	0.91	0.92	7
在东道国时间	1.00	1.00	1
外派经验	1.00	1.00	1
工作适应	0.67	0.86	2
年龄	1.00	1.00	1
心理适应	0.73	0.85	3
性别	1.00	1.00	1
英语水平	1.00	1.00	1
跨文化乐观	0.79	0.86	4
跨文化坚韧	0.75	0.84	4
跨文化希望	0.79	0.87	4
跨文化自我效能	0.83	0.89	4

（二）结构模型检验

PLS 结构模型检验是通过检验路径系数和显著性水平。按照 Chin 的建议，PLS 分析中的结构模型应通过 R^2 来判定。[①] 因变量的 R^2 值按照 0.67、0.33 和 0.19 作为边界值，分别表示强解释、中度解释和弱解释。本研究中因变量一般适应、互动适应、工作适应和心理适应的 R^2 值分别为 0.32、0.37、0.37 和 0.37，均接近和超过中等解释水平，说明本研究的结构模型的拟合状况是良好的。

---

① See Chin W W.,"Issues and Opinion on Structural Equation Modeling", *Management Information Systems Quarterly*, 1998, 22（1）: 1–8.

（三）假设检验结果

如表6所示，儒家文化动力与跨文化心理资本与所有适应变量均显著正向相关，因此，假设 H1（H1a、H1b、H1c、H1d）和 H2（H2a、H2b、H2c、H2d）成立。外派的社会文化适应与心理适应同样存在正向关联，主要体现在外派的工作适应与心理适应正相关，但外派的一般适应和互动适应与心理适应并不显著相关。因此，H3a 和 H3b 不成立，H3c 成立。儒家文化动力与跨文化心理资本显著相关，因此，H4 成立。在调节效应假设方面，跨文化心理资本加强儒家文化动力与心理适应的关联，但跨文化心理资本并不影响儒家文化资本与社会文化适应各变量的关联，也即 H5a、H5b 和 H5c 不成立，H5d 成立。

表6　假设验证结果

假设变量关系	具体假设	路径系数	t 值	p 值	结果
儒家文化动力 -> 外派适应	H1a: 儒家文化动力 -> 一般适应	0.27***	2.68	0.01	支持
	H1b: 儒家文化动力 -> 互动适应	0.23**	2.18	0.03	支持
	H1c: 儒家文化动力 -> 工作适应	0.39***	3.37	0.00	支持
	H1d: 儒家文化动力 -> 心理适应	0.28***	3.30	0.00	支持
跨文化心理资本 -> 外派适应	H2a: 跨文化心理资本 -> 一般适应	0.37***	5.08	0.00	支持
	H2b: 跨文化心理资本 -> 互动适应	0.44***	6.15	0.00	支持
	H2c: 跨文化心理资本 -> 工作适应	0.29***	3.84	0.00	支持
	H2d: 跨文化心理资本 -> 心理适应	0.19**	2.29	0.02	支持
社会文化适应 -> 心理适应	H3a: 一般适应 -> 心理适应	-0.08	0.91	0.36	不支持
	H3b: 互动适应 -> 心理适应	0.14	1.41	0.16	不支持
	H3d: 工作适应 -> 心理适应	0.28***	2.67	0.01	支持
儒家文化动力 -> 心理资本	H4 儒家文化动力 -> 跨文化心理资本	0.50***	8.65	0.00	支持

续表

假设变量关系	具体假设	路径系数	t 值	p 值	结果
儒家文化动力 × 跨文化心理资本 -> 外派适应	H5a: 儒家文化动力 × 跨文化心理资本 -> 一般适应	0.00	0.11	0.92	不支持
	H5b: 儒家文化动力 × 跨文化心理资本 -> 互动适应	0.02	0.51	0.61	不支持
	H5c: 儒家文化动力 × 跨文化心理资本 -> 工作适应	0.02	0.27	0.78	不支持
	H5d: 儒家文化动力 × 跨文化心理资本 -> 心理适应	0.10**	2.33	0.02	支持

注:* :$p<0.1$;** :$p<0.05$;*** :$p<0.01$。

五、分析与讨论

(一)研究结论

在资源保存理论和个人资本类型的视角下,本研究对儒家文化动力和跨文化心理资本与外派适应的关系进行检验,并探讨了跨文化心理资本对儒家文化动力与外派适应关联的调节作用。本研究得到以下五点主要结论:(1)儒家文化动力是外派人员的宝贵文化资本,越具有儒家文化动力的外派人员越能适应外派社会文化环境,包括日常生活、互动和工作,并越能保持心理舒适和健康;(2)跨文化心理资本是外派人员的重要心理能力,能够促进外派的社会文化适应和心理适应;(3)文化资本与心理资本密切相关,儒家文化动力是跨文化心理资本的重要推动力,也即是说,外派的儒家传统文化禀赋可能促进跨文化自信、乐观、希望、坚韧等积极心理状态;(4)外派的工作适应与心理适应密切相关,但中国外派的一般生活适应和互动适应并不显著影响心理适应;(5)文化资本与心理资本交互影响外派的心理适应,即外派的跨文化心理资本加强儒家文化动力与外派心理适应的关系,但并不显著影响儒家文化动力与外派各类社会文化适应的关系。

根据资源存储理论,个体的某类资源可以制造和转化成其他资源。在本研究中，个体的文化资源和心理资源都有助于外派跨文化适应的"人—环境相符"资源的获取。在本研究中，外派个人的文化传统资源是赋能给外派绩效的。儒家文化动力系中国外派的重要文化资本，代表了他们的文化基因、宗教传统、生活方式等，是一项深层次的文化禀赋和资源，而非包袱。与其他文化传统相对，儒家文化传统具有相对比较开放和包容的特点，在空间上，儒家文化传统强调"四海之内皆兄弟"，"有朋自远方来，不亦乐乎"；在时间上，儒家文化动力凸显重视长期结果的倾向，而非偏重短期效果；在人际互动上，讲究"忠"与"恕"，特别倡导对他人"己欲立而立人、己欲达而达人"、"己所不欲，勿施于人"式的互惠与尊重。儒家文化传统同时强调对他人也包括对其他文化的"恭宽信敏惠"，加之强调勤劳、节俭、忍耐，因而，具有良好的儒家文化动力资源的外派更容易适应外派任务中的日常生活、工作和人际互动，在心理上也更容易表现出乐观、坚韧的积极心态，体现出较好的心理适应水平。

与儒家文化动力的作用类似，跨文化心理资本同样是资源保存理论中重要的个人资源。但与大五人格、多元文化人格等稳态性特质资源不同，跨文化心理资本具有动态性特点，即可以通过学习、培训和激励等方式发展而提升。与儒家文化动力的正向相关性，说明了外派个体的儒家文化传统禀赋能够有效地给外派赋能，使其展现出自我效能、乐观、希望和坚韧等诸方面的动态心理能力。而跨文化心理资本与中国外派的社会文化适应和心理适应的显著正向相关，则说明积极的动态心理能力是构建外派与跨文化环境相适应的重要资源，甚至可以说在跨文化环境中的积极心理状态本身就是外派适应性的主要表征。跨文化心理资本与儒家文化动力以及外派适应的相关性，从某种角度验证了资源保存理论中资源保存和互通转化的论断。

在本研究中，有几个具体假设未获得支持。其一，在直接效应方面，当考察中国外派的社会文化适应与心理适应的关系时，发现仅外派的工作适应与心理适应相关，一般生活适应和互动适应则不影响心理适应。这一结果说明中国外派人员的心理健康状态更直接地受外派工作相关的状况影响，而非受日常生活和与当地人互动方面的问题困扰。这也许跟中国跨国企业提供较好的基本生活支持（如饮食、住宿、交通等）以及中国外派人员较少与当地人互动有关。同时，也与中国人本身能吃苦耐劳的"克勤克俭"的文化基因有关，因而，在东道国的日常生活和与当地人交往的状况未能明显影响中国外派人员的心理适应状况。

其二，跨文化积极心理资本并不能显著加强对心理资本与社会文化适应的关联。产生这一结果的，跨文化积极心理资本作为个体心理资源的属性更直接地与心理相关的结果变量有关，与中国的古话"心病还需心药医"异曲同工，而与其他类结果变量（如本研究中的社会文化适应）的加强作用则并不显著。这一点发现似乎能够给资源保存理论提供一定补充，即同类或者相近似的资源更容易相互促进和转化，异类或者差别较大的不同资源之间的相互转化则相对较难。此外，这一结果也证明了心理类变量即本文中的跨文化心理资本和心理适应具有较强的动态性的特点，从而补充印证了Luthans等学者对积极心理资本的"动态"属性的判定，也对外派人员的积极心理资本和心理适应的开发与管理有建设性启示。

（二）理论贡献

（1）系统探讨儒家文化动力对外派适应的影响，丰富了外派适应研究的内容和结论。儒家文化动力，不仅仅是国家文化变量儒家文化动力的发展，更是基于个体层面和资源保存理论视角的重要概念和外派研究的崭新角度，是众多个人资本资源中的重要类型。以往对于外派的前因变量的研究多集中在跨文化培训和文化距离等常见变量，且大多着眼于外派的压力源问题。本研究从个人资源的视角出发，检验了儒家文化动力对外派适应的正向影响，对前人的研究进行了有益补充。另外，本研究还发现并证实了工作适应对于外派心理适应的影响，扩展了心理适应的前因研究。

（2）本研究提出了心理资本的情景化概念——跨文化心理资本，并整合出跨文化心理资本的测量工具。本文对于心理资本构念在跨文化应用领域开启了有益的尝试。同时，本文分析了儒家文化动力与跨文化心理资本的关联，为跨文化心理资本的前因变量提供了重要线索。另外，本研究也研讨了跨文化心理资本对于儒家文化动力和外派适应之间的调节功能，证实了心理资本和文化资本对于外派心理适应会产生加强性的交互影响，进而为外派人员乃至其他场景下的个体的心理行为研究提供了新的视角和思路。

（3）拓展了中国情境下的儒家文化动力、跨文化心理资本与外派适应行为的理论研究。尽管中国作为新兴经济体的代表在国际市场越来越有影响力，但多数有关中国管理的研究还停留在对中国跨国企业的战略层面的分析，对于跨国经营的微观实施者——中国外派的研究严重不足。鉴于此，西方环境下的理论和实证研究结果不能盲目直接应用到中国情境中来。本研究基于资源保存理论和个人资源视角，以我国跨国企业的外派人员作为研究样本，分别考察和验证了儒家文化动力量表、跨文化心理资本量表和外派适应量表在中国情境和跨文化场景下的有效性，拓展了这些量表应用的文化情境和范围；有助于儒家文化动力和心理资本理论在中国情境下的进一步应用。

（三）实践启示

（1）中国跨国企业应该重视外派人员的儒家文化动力和跨文化心理资本的作用，多方位关心外派人员的社会文化适应和心理适应状况，并设法提高员工的跨文化心理能力和儒家文化动力。

当前，越来越多的中国企业"走出去"并外派大量高级管理人员和技术专家以角逐海外市场。作为中国跨国企业的开路先锋，外派人员尤其是外派高管的跨文化适应表现直接影响到外派任务的成效和企业的国际竞争力。本研究实证检验了儒家文化动力和跨文化心理资本两个文化心理资源对于外派跨文化适应的正向影响，首先启示中国跨国企业重视外派人员的选拔与培训。儒家文化动力和积极心理资本在一定程度上可以评估并通过学习和培训予以开发，并进一步提升外派人员的适应能力。其次，跨国企业应关心外派人员在外派任务中的心理资源状况和心理适应情况。一方面，外派人员的心理适应与工作适应相互关联，让外派人员保持积极的心理状态对他们的工作适应非常重要；另一方面，心理积极乐观不仅有利于跨文化的工作适应还有利于他们适应东道国的日常生活和与当地人的互动,乃至保持良好的心理健康水平。

(2) 中国跨国企业和中国外派人员应对儒家传统文化有自信,充分发挥儒家文化的动力作用,在跨文化互动过程中和而不同,文化双融。

中国跨国企业在做好外派东道国文化的相关培训的同时,也应当重视外派人员中国儒家传统文化的培训和修习,做好东西文化双融。在企业跨国经营中,公司母国的文化传统是企业的软实力源泉,所以,本研究通过验证儒家文化动力和跨文化心理资本对外派适应的重要作用,启示中国跨国企业和外派人员重视传统文化等软实力的培养。

仔细分析儒家文化动力的量表,本研究发现该量表中所体现的内容其实质与"温良恭俭让"的德行是高度一致的,比如:强调节俭,态度温和,保持良心,避免冲突,尊敬长者等品德。从而我们看到儒家传统教化表现出的德行榜样和儒家所提倡的伦理原则具有非常重要的现实意义和普适价值。儒家传统固然有其消极的部分,但源于中国、通于世界的儒家文化动力与西方新教伦理提倡的价值观一样也充满了积极向上的力量,中国跨国企业和外派人员要对儒家文化传统有自觉,有自信,这样也更有利于在跨文化互动当中求同存异,和合共赢。

(3) 儒家文化动力与跨文化心理资本的显著相关性启示儒家传统文化有利于积极心理资本的培养。在楚简《五行》篇中谈到"仁之思也清,清则察,察则安,安则温,温则悦,悦则戚,戚则亲,亲则爱……"[①] 说明在两千多年前,中国古人就论证了内在美德(仁)与正向心理状态(安、悦)和人际关系(亲、爱)的密切关联。本研究中的儒家文化动力代表着"善"能量,跨文化心理资本代表着"正"能量,善与正的关联启示我们应重视儒家的以仁为核心等的善德文化。这一点也给企业的人力资源管理以重要的提示,即儒家传统文化的禀赋和熏习,对于积极心理资本的开发的重要作用。具体到

---

① 庞朴:《竹帛〈五行〉篇与思孟五行说》,《竹帛〈五行〉篇校注及研究》,万卷楼图书有限公司 2000 年版。

国际人力资源管理中,跨国企业可以考虑通过打造有利于提升儒家文化动力的组织文化,比如以人为本、强调修养、尊重传统、褒奖善德等,进而提升跨文化人员的积极心理资本水平,以加强组织在跨文化管理中的软实力和竞争力。

(四)研究局限

本研究也存在一定的局限性:①问卷设计时并没有采用不同的数据源,有可能会有一些同源偏差问题。②在探讨儒家文化动力和跨文化心理资本对外派适应的影响机理时,只分析了跨文化心理资本的调节效应,并未分析其中可能存在的中介效应或者被调节的中介效应。③并未引入外派绩效、外派满意等其他外派结果变量。④跨文化乐观和跨文化坚韧量表的区分效度还不够良好。这些都有待于在后续的研究中进一步予以完善。

(作者单位:北京大学高等人文研究院)

祝寿诗文

恭贺杜维明先生八十华诞

七 绝

吴 根 友

小序：杜先生学术堂庑广大，贡献甚多，几本专著未必能道尽意蕴。小诗仅应当前之景，拈出"对话文明"上论，以略表晚辈对先生先见之明的景仰之情。

儒家代代有豪雄，济世安邦颇动容。

对话文明天下计，泛观上论谁争锋。

（作者单位：武汉大学哲学学院）

贺杜先生八十华诞

七 律

陈 霞

先生华诞八十春，维我斯民耿耿心。
学贯古今扬孔孟，道通中外合精神。
尊崇文脉勤传统，萃取哲思更化新。
若谷胸怀天地广，提携后辈有来人。

（作者单位：中国社会科学院哲学研究所）

口占七律贺杜维明先生八十寿庆

彭 国 翔

儒心早发由东海，择术成学缘西来。

栖栖中外弘法意，惶惶古今忧道衰。

莲花舌灿愚瞽化，四端体知生面开。

同群鸿鹄非鸟兽，转世人间法鲁斋。

（作者单位：浙江大学人文学院）

杜西樵先生八秩寿颂

七　律

胡 治 洪

物欲盛张精意枯,西潮决荡防检疏。

滔滔天下胥及溺,梦梦瞑氓何可淑?

转世常怀伊尹志,徒与更追仲尼步。

陈辞不懈仁心见,天命木铎锡巨龉!

亲炙弟子胡治洪屏营学句再拜以贺

时己亥年暑月十三,当西历 2019 年 7 月 15 日

(作者单位:武汉大学中国传统文化研究中心)

恭贺杜维明先生八十华诞

七　律

温 海 明

牟师点慧体仁机，道悟阳明赞圣希。

精神人文阳复振，仁学试与先贤齐。

继绝道统斯文返，对话文明燕园期。

佳文显允通今古，鸿儒恺悌贯中西。

（作者单位：中国人民大学哲学院）

恭祝杜维明先生八秩华诞

对　联

何　俊

维新继绝学拔本塞源良知活水出东海
明心系苍生道一风同仁术增寿比南山

己亥大暑
晚学何俊贺

（作者单位：复旦大学哲学学院）

敬祝杜公维明先生八十华诞

对　联

方　旭　东

溯思孟喜阳明究十力师唐牟用功六十载不觉耄耋先生自是心学正脉

尊民主爱自由讲人文重宗教传道五大洲授业中外西樵最无门户宗派

（作者单位：华东师范大学哲学系）

责任编辑：崔秀军　段海宝
版式设计：顾杰珍
封面设计：石笑梦

图书在版编目（CIP）数据

儒学第三期的人文精神：杜维明先生八十寿庆文集／陈来 主编 . —北京：
  人民出版社，2019.10
ISBN 978－7－01－021233－3

I. ①儒…　 II. ①陈…　 III. ①哲学－中国－文集　 IV. ① B2–53

中国版本图书馆 CIP 数据核字（2019）第 191402 号

儒学第三期的人文精神
RUXUE DISANQI DE RENWEN JINGSHEN
——杜维明先生八十寿庆文集

陈　来　主编

人民出版社 出版发行
（100706　北京市东城区隆福寺街 99 号）

北京新华印刷有限公司印刷　新华书店经销

2019 年 10 月第 1 版　2019 年 10 月北京第 1 次印刷
开本：710 毫米 ×1000 毫米 1/16　印张：49.25　插页：4
字数：720 千字

ISBN 978－7－01－021233－3　定价：189.00 元

邮购地址 100706　北京市东城区隆福寺街 99 号
人民东方图书销售中心　电话（010）65250042　65289539